KB266862

마틴 셀리그만의
무기력 학습

마틴 셀리그만의
무기력 학습

Learned Helplessness

개인의 통제력은 어떻게 무너지고 다시 회복하는가

마틴 셀리그만·크리스토퍼 피터슨·스티븐 마이어 지음
우문식·우정현 옮김

도서출판 물푸레

통제 불가능한 사건을 경험하면 앞으로 닥칠 사건들 또한 통제가 되지 않을 것이라는 인식이 형성될 수 있다. 그 결과 동기·정서·학습의 붕괴가 일어나곤 하는데, 우리는 이를 '무기력 학습(Learned Helplessness)'이라고 부른다. 1960년대 처음 보고된 이후 무기력 학습은 기초 연구는 물론, 응용 연구 분야에서도 다양한 학문적 흐름을 만들어냈다. 이 책은 무기력 학습의 출발부터 현재까지 여정을 담고 있다.

이는 개인적 기록이기도 하다. 마틴 셀리그만(Martin E. P. Seligman)과 스티븐 마이어(Steven F. Maier)는 무기력 학습을 처음 발견한 미국 펜실베이니아대학교 동물 학습 연구실에서 대학원생들을 대상으로 연구를 시작했다. 이후 크리스토퍼 피터슨(Christopher Peterson)이 여정에 합류했는데, 처음에는 콜로라도대학교에서 마이어와 함께, 그리고 나중에는 펜실베이니아대학교에서 셀리그만과 함께 연구했다. 우리는 직접 참여한 당사자의 관점에서 무기력 학습 연구가 어떻게 전개되었는지, 이 이론이 학문적으로 인기를 끌면서도 왜 논쟁거리가 되었는지를 설명하고자 한다. 아울러 무기력 학습에 대해 현재까지 밝혀진 것과 여전히 알려지지 않은 것들을 분명히 하려 한다. 또한 개인주의와 개인적 통제를 중시하는 현대 사회라는 더 큰 맥락에서 무기력 학습을 살펴볼 것이다.

연구는 결코 혼자 힘으로 할 수 없다. 우리는 해당 연구와 이 책에 기여한 수많은 이의 공헌에 깊이 감사한다. 그동안 이 연구는 미국 국립정신건강연구소(National Institute of Mental Health), 국립노

화연구소(National Institute on Aging), 국립과학재단(National Science Foundation), 해군연구청(Office of Naval Research), 맥아더재단(MacArthur Foundation)의 연구비 지원을 받아 진행되었다.

저술도 혼자 힘으로 가능한 일이 아니다. 리사 보시오(Lisa M. Bossio)는 우리의 세 목소리를 하나로 조화롭게 엮었고, 그 일관성에 감사드린다. 프랭크 핀참(Frank Fincham)은 원고 초고에 대해 사려 깊은 조언과 제안을 해주었다. 또한 옥스퍼드대학교 출판부 모든 직원과 함께 일할 수 있어서 즐거웠다. 특히 담당 편집자인 조앤 보서트(Joan Bossert)는 각별한 지원과 도움을 아끼지 않았다.

마틴 셀리그만, 크리스토퍼 피터슨, 스티븐 마이어

지난 20여 년 동안 긍정심리학을 연구하고 가르쳐온 나는 학문과 실천 두 영역에서 긍정심리학의 진화를 가까이 지켜볼 수 있었다. 그런데 그 과정에서 늘 한 가지 아쉬움이 남아 있었다. 바로 긍정심리학의 뿌리이자 토대인 '무기력 학습'에 관한 체계적 이해와 번역이 부재하다는 점이었다.

마틴 셀리그만의 저서는 이미 여러 권 국내에 소개되었다. 《낙관성 학습》, 《긍정심리학》, 《플로리시》, 《낙관적 아이》, 《긍정심리치료》 등은 한국 독자들에게 긍정심리학을 알렸고, 많은 사람이 삶 속에서 그것을 활용하는 데도 크게 기여했다. 그러나 정작 그의 학문적 여정에서 출발점인 무기력 학습은 국내에 온전히 번역·출판되지 못한 채 남아 있었다. 우리나라에 긍정심리학을 처음 소개하고, 지금도 연구하며 가르치는 한 사람으로서 나는 이 공백을 메워야 한다는 사명감을 오래도록 느껴왔다.

무기력 학습은 1965년 펜실베이니아대학교 실험실에서 셀리그만이 발견했다. 통제 불가능한 전기 충격을 반복적으로 경험한 동물이 이후 회피할 수 있는 상황에서도 아무런 시도조차 하지 않는 모습이 보고된 것이다. 이는 단순한 행동실험 이상의 의미를 지닌 발견이었다. 인간의 동기, 정서, 학습이 어떻게 무너질 수 있는지를 보여주는 핵심적 이론이자, 우울증 같은 심리적 장애를 설명하는 강력한 틀로 자리 잡은 것이다.

무기력 학습은 단지 동물실험에 머무르지 않았다. 곧바로 인간의 우울증, 학습 실패, 사회적 무력감 등에 적용되며 심리학의 주요한 연구 흐름을 형성했다. 그러나 동시에 학문적 논쟁도 불러일으켰다. 무기력 학습이 정말로 우울증을 설명하는 핵심 모델이 될 수 있는지, 혹은 다른 인지적 요인이나 사회적 변수가 더 중요한지에 대한 격렬한 토론이 이어졌다.

바로 이 지점에서 긍정심리학 창시자인 셀리그만의 문제의식이 드러난다. 그는 무기력 학습이라는 부정적 현상을 밝히는 데서 멈추지 않았다. 오히려 "무기력의 반대는 무엇인가?"라는 질문을 던졌다. 그 결과 등장한 것이 '낙관성 학습(Learned Optimism)'이며, 이는 곧 긍정심리학의 탄생으로 이어졌다. 다시 말해 무기력 학습은 단순한 하나의 이론이 아니라, 긍정심리학이 태동하게 된 출발점이었다.

무기력 학습을 다룬 셀리그만의 대표 저서는 두 권이다. 첫 번째는 《Helplessness: On Depression, Development and Death》(1975)로, 무기력 학습이 우울증은 물론, 죽음의 과정과 어떻게 연결되는지를 다룬 기념비적 저술이다. 두 번째는 피터슨, 마이어와 함께 집필한 《Learned Helplessness: A Theory for the Age of Personal Control》(1993)이다. 이 책은 무기력 학습을 처음 발견한 이후 30여 년간 축적된 방대한 연구 성과를 집대성한 저작으로, 무기력 학습의 실험적 기초부터 인간 연구, 생물학적 기전, 우울증, 사회문제와 건강, 그리고 귀인 이론에 기반한 재정식화까지 총체적으로 다루고 있다.

나는 고민 끝에 두 책 중 후자를 번역하기로 결정했다. 해당 저작이 단순히 실험 보고서에 머무르지 않고 무기력 학습의 역사와 발전, 이론적 공헌과 한계, 인간 삶의 여러 영역에 미치는 영향 등을 종합적으로 담고 있기 때문이다. 다만 독자의 이해를 돕고자 1부에서는 첫 번째 저서의 핵심 내용과 맥락도 함께 소개했다.

이 책의 구성은 크게 두 부분으로 나뉜다.

1부는 무기력 학습의 발견에서 출발해 낙관성 학습, 긍정심리학, 회복력, 긍정심리치료(Positive Psychotherapy·PPT)로 이어지는 셀리그만의 학문적 여정을 따라간다. 이는 일반 독자들이 무기력 학습의 개념을 쉽게 이해하고, 나아가 그것이 일상과 삶의 문제해결에 어떤 도움이 되는지를 파악하는 데 중요하다. 우울증 극복, 자녀 교육, 행복 증진, 군대 회복력 훈련(MRT), 긍정심리치료 같은 주제에 적용되는 개념과 실제 응용 사례가 포함되어 있어 독자는 무기력 학습이 단순한 이론이 아니라, 삶을 변화시키는 실천적 학문임을 확인할 수 있을 것이다.

2부는 심리학 연구자와 전문가에게 더욱 의미 있는 내용을 담고 있다. 즉 무기력 학습의 기초 실험, 동물 및 인간 연구, 생물학적 기전, 귀인 재정식화, 우울증 모델, 사회문제와 건강 영역으로 확장 등 학문적으로 방대한 논의를 세밀하게 다룬다. 특히 '우리가 아는 것'과 '우리가 모르는 것'을 반복적으로 정리한 서술 방식은 무기력 학습 연구의 현 위치와 앞으로의 과제를 명확히 보여준다. 이는 학문적 논쟁 속에서도 연구가 어떻게 축적되고 발전해가는지를 잘 드러내는 대목이다.

나는 이 책을 번역하면서 무기력의 반대 개념을 다시금 성찰하게 되었다. 많은 이가 무기력의 반대를 자존감이나 자신감으로 이해하지만, 셀리그만의 문제의식과 앨버트 반두라(Albert Bandura)의 연구를 함께 고려할 때 그 반대는 바로 '자기효능감(Self-efficacy)'이라고 할 수 있다. 셀리그만은 긍정심리학이 인본주의 심리학에서 비롯된 것이 아니라, 니체와 반두라의 실험실, 그리고 무기력 학습의 반대편에 놓인 낙관성 학습에서 출발했다고 강조한다.

자기효능감이란 스스로 문제를 해결할 능력을 지니고 있다는 믿음이며, 자신을 통제할 수 있다는 확신이다. 이러한 자기효능감은 오늘날 회복력 연구와 긍정심리치료 분야에서 핵심적 자원으로 자리 잡았다. 따라서 무기력 학습을 이해한다는 것은 곧 자기효능감의 본질을 아는 것이며, 이는 개인의 회복과 성장, 행복의 실질적 기반이 된다.

이 책은 단순히 심리학 이론을 소개하는 번역서가 아니다. 무기력 학습은 오늘날에도 여전히 우리 삶 곳곳에서 반복되고 있다. 학교에서 학습 실패부터 직장 내 무력감, 관계 속에서 좌절, 사회에서 경험하는 구조적 불평등, 우울증까지 무기력 학습은 개인의 심리적 경험을 넘어 사회적 현상을 이해하는 틀이 된다. 동시에 이를 극복하는 낙관성 학습과 자기효능감, 회복력, 긍정심리학, 긍정심리치료는 우리가 더 나은 삶을 설계하고 플로리시를 만들어가는 데 실제적 길잡이가 될 것이다.

나는 이 책이 심리학을 전공하는 학생과 연구자, 전문가뿐 아니라 우울과 불안을 겪는 이들, 자녀 교육과 행복에 관심 있는 부모들, 회복력 있는 조직을 만들고자 하는 지도자들에게 두루 도움이 되기를 바란다. 더 나아가 긍정심리학의 바탕을 이해하고 한국 사회에 긍정심리학이 더 깊이 뿌리내리는 데 하나의 디딤돌이 되기를 기대한다.

한국긍정심리연구소 소장 우문식

차례

1부
마틴 셀리그만의 무기력 학습부터 긍정심리학까지

2부

무기력 학습 이론

마틴 셀리그만의 무기력 학습부터 긍정심리학까지

　무기력 학습은 심리학의 여러 이론 가운데서도 독특한 위치를 차지한다. 그것은 한 실험실에서 우연히 발견된 작은 현상에서 출발했지만 이후 우울증과 불안, 질병과 건강, 나아가 행복과 회복력까지 설명하는 핵심 개념으로 확장되었다. 1부에서는 이러한 여정을 따라가면서 무기력 학습이 어떻게 태동했고, 어떤 방식으로 심리학의 지형을 바꾸어 놓았는지를 살펴볼 것이다.

　1960년대 중반, 젊은 연구자였던 셀리그만과 마이어는 개 실험을 통해 충격적인 사실을 발견했다. 동물이 반복적으로 통제 불가능한 사건을 경험하면 이후 회피할 수 있는 상황에서도 전혀 회피를 시도하지 않는다는 점이었다. 이 단순한 행동 패턴은 인간에게서도 동일하게 나타났고, 이는 무력감·좌절·우울로 이어지는 심리적 과정을 설명하는 결정적 단서가 되었다.

　이후 셀리그만의 학문적 여정은 단지 무기력을 밝히는 데서 멈추지 않았다. 그는 무기력의 반대편에 자리한 심리적 자원을 탐구하기 시작했다. 바로 낙관성 학습과 자기효능감, 그리고 그것이 인간의 행복과 웰빙에 미치는 긍정적 효과였다. 이 과정은 긍정심리학 탄생으로 이어졌으며, 나아가 회복력 훈련과 긍정심리치료 등으로 확장되었다.

　1부는 독자들에게 무기력 학습의 발견과 그 이론적 전환점을 소개한다. 또한 무기력이 어떻게 우울증 연구와 연결되고 낙관성 학습, 긍정심리학이라는 새로운 길로 이어졌는지를 다룬다. 자녀 교육, 군대 훈련, 치료 현장 등 다양한 사례는 무기력 학습이 단순한 학문적 개념이 아니라 삶을 변화시키는 실제적 지식임을 보여준다.

한마디로 1부에서는 무기력 학습이 탄생한 역사와 맥락을 통해 "왜 인간은 무기력해지는가? 그리고 어떻게 다시 일어설 수 있는가?"라는 근본적인 질문에 답하고자 한다. 이는 2부에서 이어질 좀 더 전문적이고 논쟁적인 문제로 나아가기 위한 필수적인 기초이자, 긍정심리학을 이해하는 출발점이 될 것이다.

1장

무기력 학습

셀리그만은 어린 시절 갑작스러운 발병으로 장기간 무력한 상태에 놓여 있던 아버지를 지켜보면서 인간의 무력함이 삶과 정신에 미치는 파괴적인 영향력을 깊이 인식하게 되었다. 이러한 경험은 그가 심리학 연구의 길로 나아간 중요한 배경이기도 했다. 그는 또한 청소년기에 지그문트 프로이트(Sigmund Freud)의 저작들을 접하면서 인간의 꿈과 심리적 갈등을 설명하려는 시도에 큰 매력을 느꼈다. 그러나 프로이트의 연구 방법이 적은 사례에 지나치게 의존한다는 한계를 발견한 그는 오직 실험을 통해서만 무기력 등 정서적 문제의 인과관계를 과학적으로 규명할 수 있다는 확신을 갖게 되었다.

미국 프린스턴대학교에서 철학을 전공한 셀리그만은 심리학 문제를 실험적으로 탐구하기 위해 펜실베이니아대학교 대학원에 진학했다. 1964년 리처드 솔로몬(Richard L. Solomon) 교수의 동물 학습 실험실에서 연구를 시작했는데, 그곳에서 무기력 학습의 결정적 단서를 발견했다. 당시 브루스 오버미어(Bruce Overmier)가 진행하던 '전이(transfer)' 연구에서 개들은 파블로프적 조건형성을 통해 소리와 전기충격을 연합하도록 훈련받았다. 즉 소리가 나온 뒤 전기충격이 가해지는 과정을 반복함으로써 나중에는 소리만 들어도 공포 반응을 보이도록 만든 것이다.

이후 개들은 두 칸으로 나뉜 '왕복 상자(shuttle box: 일부 문헌에서는 이동 상자)'에 들어갔다. 전기충격을 피하려면 낮은 칸막이만 넘으면 되는 구조라 보통의 경우 회피 행동을 쉽게 학습했어야 한다. 그러나 실험실의 일부 개는 전기충격이 시작되자 끙끙거리며 바닥에 엎드릴 뿐 회피하려는 시도를 하지 않았다. 셀리그만은 이 현상에 주목했다. 개들이 충격을 피할 수 있는 방법이 있음에도 시도조차 하지 않은 것은 조건형성 과정에서 "무엇을 해도 소용없다"는 '행동 − 결과의 비수반성'을 학습했기 때문이라는 가설로 이어졌다. 동물조차 '행동의 무용함'을 배운다면 인간의 무기력 또한 같은 원리로 설명할 수 있다는 가능성이 제기된 것이다. 셀리그만은 곧 다음과 같은 연구 질문을 분명히 했다.

- 무기력은 어떻게 발생하는가?
- 예방하거나 치료하려면 어떤 방법이 필요한가?
- 특정 약물이나 심리적 개입은 효과가 있는가?
- 무기력에 특히 취약한 사람은 누구인가?

무기력 학습 현상은 실험실에서 이미 간헐적으로 관찰되었으나, 대개 실험을 방해하는 변인으로 취급되어 독립적 주제로 다루어지지 않았다. 셀리그만은 이 현상을 연구 가치가 있는 대상으로 재정의했고, "무기력은 학습될 수 있으며 재학습을 통해 소거될 수도 있다"는 점을 과학 공동체에 입증하는 데 약 10년을 투자했다. 당시 연구 방법이 개에게 전기충격을 가하는 단계를 포함했기 때문에 그는 동물복지 및 연구윤리에 관한 고민을 공개적으로 밝혔다. 사례 연구만으로는 인과 추론이 어렵다는 것을 확인하고, 원인 검증과 치료법 탐색에 통제된 실험이 필요하다는 점에 동의했다.

동물실험의 정당화와 관련해서 그는 두 가지 기준을 스스로에게 부여했다. ①단기적 고통보다 장기적으로 더 큰 고통을 줄일 현실적 가능성이 있는가? ②동물로부터 얻은 결과를 인간에게도 일반화할 수 있는가? 두 기준에 모두 '예'라고 판단하되, ⓐ핵심 기제가 분명해지는 시점에 개 실험을 중단하고, ⓑ동물이 필요한 주요 질문들에서 해답을 찾으면 동물실험을 전면 중단하겠다고 다짐했다.

이후 셀리그만은 마이어, 오버미어와 함께 '통제감(controllability)' 자체 효과를 분리해내기 위한 정교한 절차를 고안했다. 같은 강도의 스트레스를 주되 "행동이 결과를 바꾸는가?"를 독립변수로 조작해 검증하는 방법, 곧 '삼중 설계(triadic design)'가 그것이다. 동물실험에서 세 개 집단은 병렬로 운영된다.

첫째, 통제 가능한 집단은 개가 코로 패널을 누르면 전기충격이 즉시 멈추도록 만들어 '반응 → 결과'의 수반성(contingency)을 경험한다.

둘째, 통제 불가능한 집단은 첫 집단의 충격 시간표에 '짝지어(yoked)' 노출되지만, 아무리 반응해도 충격이 계속되게 만들어 비수반성("무엇을 해도 소용없다")을 경험한다.

셋째, 무충격(정상 통제) 집단은 어떤 스트레스도 겪지 않는다.

이 1단계를 마친 뒤에는 모든 동물을 새로운 환경(왕복 상자)으로 옮겨, 낮은 칸막이만 넘으면 충격을 피할 수 있는 회피 과제를 부여한다. 결과는 일관되었다. 통제를 배운 집단과 사전 충격이 없던 집단은 곧장 회피를 학습했지만, 통제 불가능을 학습한 집단은 반대편의 안전지대가 눈앞에 있음에도 바닥에 엎드린 채 시도조차 포기했다. 반복된 실험에서 무기력 집단의 다수(8마리 중 6마리)가 이러한 포기 반응을 보였고, 통제 가능한 집단에서는 포기가 관찰되지 않았다. 같은 강도, 같은 양의 스트레스라도 통제 가능성 여부가 이후 행동을 가른다는 점이 분명해진 것이다. 이는 "강화·처벌이 반응에 수반될 때만 학습이 일어난다"는 고전적 학습이론의 전제를 넘어 반응－결과의 수반성이 학습의 핵심임을 천명한 전환점이었다.

이 설계는 인간 실험으로도 확장되었다. 도널드 히로토(Donald Hiroto)가 시작해 수많은 연구가 반복적으로 검증한 절차에서 피험자는 크고 불쾌하되 신체 손상은 없는 소음 스트레스에 노출된다. 한 집단은 버튼을 누르면 소음이 멈추는 회피 가능 조건을, 다른 집단은 무엇을 해도 소음이 멈추지 않는 회피 불가능 조건을 경험한다. 세 번째 정상 통제 집단은 아무 소음도 겪지 않는다. 이어지는 2단계에서 모두를 새로운 장치(예: 손을 2인치, 즉 약 5센티미터 옮기면 소음이 꺼지는 왕복 상자)로 옮겨 과제를 시켜보면, 회피 가능 집단과 정상 통제 집단은 금세 해결책을 찾아 손을 옮긴다. 그러나 회피 불가능한 집단은 대체로 손을 움직이지 못한다. 1단계에서 비수반성의 규칙을 학습했기 때문에 전혀 다른 상황인 2단계에서도 예상과 시도 자체를 포기해버리는 것이다.

삼중 설계의 강점은 단순히 무기력 유도에 성공하는 데 그치지
않는다.

① 집단 간 스트레스 양과 강도는 동일시하고 통제 가능성만 조
작함으로써 무기력이 스트레스 자체가 아니라 비통제성의 학
습에서 비롯된다는 점을 말끔하게 보여준다.
② 2단계를 새 맥락, 새 반응 요구로 설계함으로써 "혹시 1단계
에서 지친 것은 아닐까?", "특정 반응만 방해받은 것은 아닐
까?" 같은 대안 설명을 차단한다.
③ 무엇보다 양방향 추론이 가능하다. 2단계 수행을 정상 통제
집단과 대조할 경우 '회피 불가능＜정상 통제'라면 "무기력은
해로운가?"(병리적 질문)에 "그렇다"고 답하게 되고, '회피 가
능＞정상 통제'라면 "심리적 지배(통제 경험)는 이로운가?"(긍
정심리학적 질문)에 "그렇다"고 답할 수 있다. 즉 무기력의 약화
효과와 심리적 지배의 강화 효과가 서로 독립적으로 검증되는
것이다. "지배 집단이 무기력 집단보다 낫다"는 상대 비교를
넘어 각각을 정상 통제와 양방향으로 비교하는 결과가 과학
적으로는 더 의미가 크다.

절차를 요약하면, 노출 단계(1단계)에서 피험자를 통제 가능, 통제
불가능, 무충격 등 세 가지 조건에 무작위 배정해 같은 강도의 스트레
스를 주되, '내 행동이 결과를 바꾸는가?'만 다르게 만든다(통제성 학
습 조작). 전이·검증 단계(2단계)에서는 완전히 새로운 장치와 다른 반
응 요구를 제시해 실제 수행을 측정함으로써 1단계에서 형성된 기대

가 새로운 상황으로 일반화되는지를 본다. 분석은 정상 통제 집단을 기준으로 이루어지며, '회피 불가능 < 정상 통제'라면 비통제 경험의 해로움, '회피 가능 > 정상 통제'라면 통제 경험의 이로움을 각각 입증한다.

여기에 하나의 핵심이 더해진다. 동물실험 연구 1단계에서 회피 가능성을 먼저 경험한 개체들은 이후 비통제적 스트레스를 겪더라도 무기력해지지 않는 '면역(immunization)'을 보였다. 처음부터 도망칠 수 있었던 동물은 이후 역경에서도 포기하지 않았다. 반대로 비통제적 경험을 먼저 한 개체는 뒤이어 간단한 회피 기회가 주어져도 이를 활성화하지 못하는 취약성을 보였다. 이 면역−취약성의 비대칭은 통제 경험이 단순한 '증상 방지' 차원을 넘어, 미래 도전에 맞서는 인지적 기대와 행동 레퍼토리 자체를 재구성한다는 점을 시사한다. 다시 말해 통제 학습은 이후 학습을 촉진하고, 비통제 학습은 이후 학습을 저해한다.

정리하면, 두 단계로 이루어진 삼중 설계는 무기력 학습 이론의 심장이다. 1단계에서 비통제를 학습하면 2단계 새로운 과제에서도 시도 자체가 소거되고, 1단계에서 통제를 학습하면 2단계에서 탐색과 회피가 촉진된다. 세 번째 정상 통제 집단은 양방향 비교의 기준점을 제공해 무기력의 병리와 지배의 강화 효과를 동시에 가시화한다. 동물실험 연구에서 시작된 이 정리는 인간에게 그대로 확장되어, 교실·직장 등에서 통제 가능성의 미세한 경험을 설계하고 축적하는 일이 왜 회복력의 핵심 개입이 되는지를 설명해준다.

오랫동안 심리학·의학은 프로이트의 전통과 의학적 모델을 따르며 병리학적 관점에서 세계를 바라보고, 해로운 사건의 영향에만 시선을 고정했다. 그러나 셀리그만 등이 병리학의 반대편, 즉 이로운 사건이 가져오는 긍정적 영향을 묻기 시작한 순간 이 전제는 흔들렸다. 치료 중심의 개입부터 영양·면역·복지·정치·교육·윤리에 이르기까지 많은 실천이 이 관점을 놓친 채 임무의 절반만 수행하고 있다. 결점은 교정하지만 강점은 체계적으로 구축하지 못하고 있는 것이다.

마지막으로, 셀리그만과 마이어의 핵심 논문은《실험심리학 학술지(Journal of Experimental Psychology)》에 게재되어 대표 논문으로 채택되었다. 이는 전 세계 학습이론가에게 도전장을 던진 사건으로 받아들여졌다. 당시 행동주의 진영은 "동물은 '사실'을 학습하지 못하고 오직 '반응'만 학습한다"는 전통 입장을 고수하면서 강하게 반박했지만, 본 연구는 통제성/비통제성이 학습과 동기의 핵심 변수임을 실험적으로 제시했으며 이후 무기력 학습 연구의 출발점이 되었다.

무기력 학습의 전환점

1960년대 중반 셀리그만과 마이어는 당시 미국 심리학계를 지배하던 행동주의에 정면으로 이의를 제기했다. 행동주의는 인간과 동물의 행동을 '자극 → 반응 → 강화'의 연쇄로 설명하면서 기대·계획·기억 같은 인지 과정을 불필요하거나 부수적인 것으로 취급했다. 반면 두 연구자는 유기체가 '행동 결과를 예측'하고, 그 예측이 반복적으로 무너질 때 무기력이 발생한다는 점에 주목했다.

행동주의적 해석에 따르면 개가 전기충격 상황에서 움직이지 않고 주저앉는 이유는 '우연히 가만히 있을 때 충격이 멈춘 경험'이 강화되어 정지 반응을 습득했기 때문이다. 그럼 같은 맥락에서 가만히 있어도 충격이 멈추지 않는 경험이 반복된다면 이 경험은 정지 행동을 억제하는 처벌로 작용해야 한다. 이 모순을 행동주의는 설득력 있게 풀지 못했다. "정지 행동이 학습되었다"는 진단만으로는 왜 동일한 정지에서 때로는 충격이 멈추고 때로는 멈추지 않는 불안정한 결과가 같은 '정지'를 반복하게 만드는지 설명할 수 없었다.

마이어는 이 난점을 정면으로 검증하는 조작을 설계했다. 핵심은 정지 자체를 보상하면서도 그것이 통제 가능성 학습이라는 인지적 효과를 불러일으키는지를 가리는 것이었다. 개에게 "5초간 가만히 있으면 충격이 멈춘다"는 규칙을 부여하면 어떻게 될까? 행동주의 예측은 간단했다. 정지에 관한 보상이 일관되게 주어졌으니, 개는 이후 더 깊은 수동성으로 가라앉아야 한다. 반면 셀리그만과 마이어의 가설은 달랐다. 정지를 통해서도 결과를 통제할 수 있다는 경험이 각인되면 그 통제성의 기대가 일반화되어 오히려 환경을 다루는 시도가 살아날 것이라는 가설이었다.

실제 실험은 세 조건으로 구성되었다. 첫째, 정지-보상 조건에서는 개가 5초간 움직이지 않으면 충격이 즉시 멈추었다(정지 → 충격 중단의 일관된 수반성 제공). 둘째, 짝지은 조건에서는 충격의 중단이 다른 개의 행동에 의해 결정되게 함으로써 해당 개의 어떤 행동도 결과에 영향을 미치지 못하도록 했다(비수반성 경험). 셋째, 무충격 조건에서는 충격을 전혀 주지 않았다. 이 조작으로 '정지 자체가 보상받는 경험'과 '정지 여부와 무관한 결과'가 명확히 분리되었다.

그다음 모든 개를 다른 장치로 옮겨 낮은 칸막이만 넘으면 충격을 피할 수 있는 상황을 제시했다. 예측은 또다시 엇갈렸다. 행동주의는 두 조건 모두 '가만히 있는 것이 충격 소거와 연결된 경험'을 했으니 결국 정지가 유지될 것이라고 봤다. 특히 일관된 보상을 받은 정지 - 보상 조건에서 더 심할 것이라고 예측했다. 하지만 결과는 정반대였다. 짝지은 조건의 개는 대부분 바닥에 주저앉아 포기했고, 무충격 조건의 개들은 즉시 장애물을 넘어 회피했다. 흥미로운 부분은 정지 - 보상 조건이었다. 이 집단의 개들은 새로운 장치에서 잠시 이전 규칙(가만히 → 중단)을 시도하듯이 멈춰 서 있었지만, 충격이 계속된다는 점을 곧 인지하자 규칙을 신속히 경신해 장애물을 넘어 회피를 성공적으로 학습했다. 요컨대 정지 반응의 강화 여부가 관건이 아니라, 행동 - 결과의 결속(수반성)을 스스로 만들어낼 수 있는지가 이후 시도와 학습을 갈랐다. "무기력은 정지의 습득이 아니라, 비통제성의 학습"이라는 명제가 한층 또렷해진 것이다.

이 실험은 무기력 학습 연구의 전환점이 되었고, 동시에 60년 가까이 주류였던 행동주의 패러다임에 균열을 냈다. 인지적 기대 및 통제성 개념은 이후 인지심리학의 대전환과 보조를 맞추면서 낙관성 학습, 긍정심리학의 출발점으로 이어졌다. 노엄 촘스키(Noam Chomsky)와 장 피아제(Jean Piaget), 그리고 정보처리 이론가들이 '마음의 계산'을 탐구하며 심리학 패러다임을 전환하던 흐름 속에서 셀리그만과 마이어의 데이터는 '행동은 인지적 예측의 함수'라는 입장을 실험적으로 뒷받침했다.

결정적 조작을 한 번 더 정리하면 이렇다. 초기 단계에서 정지 - 보상 집단은 "내 행동(정지)이 결과(충격 중단)를 낳는다"는 규칙을 습득한다. 반면 짝지은 집단은 동일한 충격의 양과 강도를 경험하지만, 어떤 행동도 결과를 바꾸지 못한다는 규칙을 학습한다. 이어지는 새로운 맥락에서는 전체 집단에 동일하게 "칸막이를 넘어서 회피하라"는 전혀 다른 해결책이 요구된다. 이때 정지-보상 집단은 이전 규칙과의 불일치를 탐지하는 즉시 전략을 전환해 회피를 습득한다. 반대로 짝 지은 집단은 "무엇을 해도 소용없다"는 비수반성의 기대를 고수해 시 도 자체를 하지 않는다. 같은 양의 스트레스를 주고도 결과가 갈리는 원인이 통제성 학습 여부라는 점이 여기에서 극명해진다.

이 발견은 동물에서 인간으로 깔끔하게 확장되었다. 히로토는 피 험자들을 소음을 끌 수 없는 조건, 버튼으로 끌 수 있는 조건, 소음이 없는 조건에 각각 배정한 뒤 전혀 다른 장치에서 손을 다른 면으로 이 동하면 소음이 꺼지는 과제를 제시했다. 결과 패턴은 동일했다. 처음 에 비통제를 경험한 사람들은 새 과제에서도 움직이지 않았고, 통제 를 경험했거나 소음을 듣지 않은 사람들은 신속히 해결책을 찾아냈 다. 특히 중요한 사실은 개인차였다. 비통제를 겪어도 일부(대략 3분의 1)는 끝내 무기력에 빠지지 않았고, 소음을 겪지 않은 사람 중에도 소 수(약 10퍼센트)는 처음부터 포기했다. 동물 자료와 대칭을 이루는 이 비율은 취약성과 저항성의 학습적 기원을 강하게 시사했다. 차이는 막연한 '의지'가 아니라, 과거 통제 경험과 현재 사건에 대한 해석에서 비롯된다는 것이다.

그렇다면 무기력은 되돌릴 수 있는가? 두 연구자는 실험실에서 이 미 가역성을 확인했다. 무기력에 빠진 개를 장치 안에서 부드럽게 이 끌어 칸막이를 넘게 하면, 곧 자기 행동이 결과를 바꾼다는 감각이 복 원되고 스스로 움직이기 시작했다. 일단 이 '전환'을 경험한 개는 다시 무기력으로 돌아가지 않았다. 치유는 완전하고 지속적이었다. 더 나 아가 사전에 통제 경험을 충분히 쌓은 개는 이후 비통제 상황에서도 쉽게 무기력해지지 않았다. 연구자들은 이를 '무기력 면역'이라 불렀고, 강아지 때 경험이 성견 시기 저항성을 예측할 수 있다는 발달적 시사점을 확인했다. 교육과 임상에서 작은 승리의 반복이 왜 강력한 예방·회복 인자가 되는지를 설명하는 대목이다.

무기력 학습 이론이 제시된 이후 관련 논쟁이 길게 이어졌다. 하지만 초기 불신과 비판에도 학계는 점차 무기력을 가르치고 연구하기 시작했다. 무엇보다 이 이론은 실험실을 넘어 삶의 현장을 설명하는 프레임이 되었다. 실연, 취업 실패, 배우자 상실처럼 대처가 어려운 사건을 반복해서 겪으면 사람은 "무엇을 해도 소용없다"는 인식을 형성하고, 그 인식이 행동의 단념으로 이어진다. 그러나 이는 학습된 것이기에 재학습으로 바꿀 수 있다. 강제 탐색이든, 점진적 성공 경험이든, 혹은 인지적 재해석("이번은 다르다")이든 통제성의 단서를 눈앞에서 다시 연결해주면 무기력은 풀린다.

무기력 학습 연구를 마치며

무기력 학습 연구는 동물실험에서 출발했지만 곧 인간에게도 동일한 심리 과정이 작동한다는 점을 보여주었다. 통제 불가능한 사건이 반복되면 "무엇을 해도 소용없다"는 비수반성 인식이 형성되고, 이 인식이 새로운 맥락으로 일반화되어 시도 자체의 단념으로 이어진다.

그러나 모든 개, 모든 사람이 같은 방식으로 무기력해지는 것은 아니다. 일정 비율은 끝내 포기하지 않고 새로운 상황에서 적극적으로 해결을 모색한다. 이 차이는 타고난 기질이나 의지의 문제가 아니라, 학습과 인지적 해석의 차이로 설명할 수 있다. 다시 말해 무기력은 누구에게나 일어날 수 있는 보편적 현상이지만, 그 강도와 지속은 개인이 사건을 어떻게 해석하고 무엇을 기대하며 어떤 과거 경험(특히 통제 경험)을 지녔는지에 따라 달라진다.

연구들은 또한 무기력이 실험실의 특수 현상이 아니라, 삶의 좌절·상실·실패를 이해하는 유용한 틀임을 입증했다. 특히 중요한 점은 무기력이 치유될 수 있고 예방도 가능하다는 것이다. 강제 탐색 또는 작은 성공 경험을 체계적으로 쌓게 하거나, 사전에 통제 가능성을 학습시키면 무기력은 소거 또는 면역화되곤 한다. 이는 교육·상담·조직 관리 등 다양한 분야에서 실천 가능한 개입 원리로 확장된다.

이에 무기력 학습 이론은 동물실험의 산물을 넘어, 인간의 적응 → 좌절 → 회복 → 성장을 설명하는 심리학의 핵심 개념으로 자리 잡았다. 행동주의가 강조한 단순 자극－반응 연결을 넘어, 인지적 기대와 해석이 행동을 결정하는 데 중추적 역할을 한다는 사실을 명료하게 드러냈기 때문이다.

셀리그만은 무기력 학습 연구를 통해 사람이 통제 불가능한 상황에 반복적으로 노출될 경우 우울증과 유사한 심리적 증상이 나타난다는 사실을 밝혀냈다. 즉 환경에 대한 조절감이 상실되면 단순히 특정 행동이 억제되는 수준을 넘어 사고·정서·행동·신체 반응 전반에 변화가 나타나는 것이다. 이러한 현상은 임상적 우울증에서 관찰되는 증상들과 놀라울 만큼 닮았다.

셀리그만은 무기력 학습을 겪은 사람들이 보이는 특징을 다음과 같이 제시했다.

- **부정정서 심화:** 피할 수 없는 소음이나 풀 수 없는 문제에 직면했을 때 우울한 기분을 나타냈다. 반복되는 통제 불가능한 상황 탓에 기분이 지속해서 저하되었다.

- **흥미·의욕 상실:** 통제 불가능한 충격을 경험한 사람들은 일상 활동에서도 흥미를 잃었다. 경쟁하지 않았고, 공격을 받아도 반격하지 않았으며, 때로는 자녀 돌봄 같은 본능적이고 중요한 행동마저 소홀히 했다.

- **식욕·성적 욕구 변화:** 음식과 물 섭취가 줄어 체중이 감소했고, 성적 흥미도 상실했다. 반대로 술이 제공되면 과도하게 마시는 양상을 보였다. 이는 우울증 환자에게서 흔히 나타나는 식습관 변화, 중독적 행동과 유사하다.

- **수면 장애:** 불면증이 생겼고, 특히 새벽에 깨어 다시 잠들지 못하는 전형적인 양상을 보였다. 임상 우울증에서 흔히 보고되는 특징과 일치한다.

- **정신운동성 지체:** 움직임과 반응이 둔화하고 활기가 사라졌다. 충격을 피하거나 문제를 해결하려는 시도를 하지 않았으며, 기본적인 생존 활동도 게을리했다.

- **수동성과 회피:** 공격이나 모욕을 당해도 반격하지 않았고, 새로운 과제를 쉽게 포기했으며, 낯선 환경에서는 탐색하려 하지 않았다. 행동적 무기력의 전형적 모습이다.

- **자기비하적 해석:** 문제해결 실패의 원인을 외부가 아니라 자기 내부의 무능력·무가치함에서 찾았다. 우울 정도가 심할수록 이러한 비관적 설명양식이 두드러졌다.

- **인지적 손상:** 새로운 것을 배우는 데 큰 어려움을 겪었고, 보상이나 안전을 알리는 결정적 단서에도 주의를 기울이지 못했다. 이는 우울증 환

자의 집중력·주의력 저하와 일치한다.

이러한 증상들은 단순한 실험실 반응이 아니라, 실제 우울증 환자에게서 관찰되는 양상과 대부분 겹친다. 이에 셀리그만은 무기력 학습을 우울증의 핵심 메커니즘으로 이해할 수 있다고 봤다. 통제 불가능한 상황에 반복적으로 노출되면 인간은 "내가 무엇을 해도 소용없다"는 신념을 학습하고, 이는 곧 삶 전반의 절망과 무가치감으로 확장된다. 그 결과 사고는 비관적으로 굳어지고, 기분은 지속해서 가라앉으며, 행동은 무기력해지고, 신체적 활력마저 감소한다. 결국 무기력 학습과 우울증은 별개의 현상이 아니라, 서로 긴밀히 연결된 연속선상에 위치한다.

이 장에서는 무기력 학습의 발견 및 정립 과정을 따라가면서 셀리그만과 마이어가 지배적인 패러다임을 넘어 새로운 심리학의 길을 어떻게 열었는지 살펴봤다. 이후 무기력 학습은 우울증, 학업/사업 실패, 직무 부적응, 사회적 무기력, 암, 심혈관계 질환, 감염성 질환 등 다양한 영역에서 높은 설득력과 응용 가능성을 지닌 이론으로 발전했다. 더 나아가 무기력 학습의 반대편에 있는 '낙관성 학습'으로 이어졌으며, 이는 곧 긍정심리학의 탄생과 전개에 중요한 기반이 되었다.

2장

무기력과 우울증

우울증은 하나의 단일한 상태가 아니며 성격과 원인, 경과에 따라 서로 다른 양상으로 나타난다. 이 장은 우울을 단순한 기분 저하나 의학적 진단 범주로 환원하지 않고, 무기력이 어떻게 학습되고 그 결과 우울증이 어떻게 구조화되는가라는 질문에서 출발할 것이다. 이는 우울증을 병리화하기 위한 접근이 아니라, 인간의 심리 반응과 회복 가능성을 좀 더 정확하게 이해하려는 관점의 전환이다.

우울증은 크게 세 가지 유형으로 구분할 수 있다. 이러한 구분은 치료를 나누기 위한 기술적 분류라기보다, 우울증이 어떤 경로로 형성되고 유지되는지를 이해하기 위한 개념적 틀이다.

정상적 우울은 삶에서 피할 수 없는 상실과 좌절에 대한 자연스러운 심리 반응이다. 이때는 사고와 기분, 행동, 신체 반응 전반에 일시적인 저하가 나타나지만 일정 시간이 지나면 대체로 자연스럽게 회복된다. 이는 인간이 미래를 예측하고 의미를 구성하는 존재이기에 겪게 되는 보편적 경험으로, 특별한 병리라기보다 정상적인 적응 과정의 일부라고 할 수 있다.

단극성 우울은 조증 없이 우울 증상만 지속되거나 반복되는 형태로, 정상적 우울과 동일한 심리 구조를 지니되 증상 강도와 지속성이 현저히 크다. 사고와 기분, 행동, 신체 반응에서 나타나는 변화 양상은 정상적 우울과 다르지 않지만, 그 상태가 고착되면서 개인의 일상 기능과 삶의 흐름을 심각하게 제한한다.

양극성 우울은 우울 증상과 함께 조증이 반드시 포함되는 질환으로, 유전적 영향이 크고 약물 치료에 비교적 명확하게 반응한다. 이 경우 우울증은 심리적 반응이라기보다 생물학적 요인의 영향을 크게 받는 의학적 장애로 이해하는 편이 타당하다.

이러한 구분 하에서 셀리그만은 정상적 우울과 단극성 우울을 질적인 면에서 다른 질병으로 보지 않았다. 그는 두 상태가 본질적으로 동일한 심리 구조를 공유하며, 차이는 원인의 종류가 아니라 증상의 강도와 지속성에 있다고 봤다. 다시 말해 정상적 우울은 비교적 가볍고 일시적인 형태로 나타나는 반면, 단극성 우울은 그 동일한 구조가 더 깊고 오래 고착된 상태라고 할 수 있다. 그러나 두 경우 모두 같은 방식으로 작동하며, 동일한 차원에서 관찰된다.

셀리그만이 무기력 학습 이론을 통해 밝히고자 했던 핵심 역시 여기에 있다. 우울증은 단순한 감정 상태가 아니라, 통제할 수 없다고 학습된 심리 구조의 결과라는 점이다. 반복적인 실패와 좌절을 경험한 개인은 자신의 행동이 결과를 바꾸지 못한다는 결론에 이르게 되고, 이렇게 학습된 무력감은 점차 사고와 기분, 행동, 신체 반응 전반으로 확산된다. 이 지점에서 무기력 학습은 우울증의 인지적 토대가 된다.

셀리그만에 따르면 우울증은 특정 감정 하나로 정의되지 않는다. 우울증은 반드시 사고, 기분, 행동, 신체 반응이라는 네 가지 차원에서 부정적 변화를 동반한다. 이 네 차원은 우울증을 이해하고 설명하는 핵심 틀이며, 무기력 학습이 실제 삶에서 어떻게 구현되는지를 보여주는 구조적 지표다.

먼저 사고 변화가 나타난다. 사람들은 자신은 물론 세계와 미래에 대해서도 극도로 비관적인 평가를 내린다. 작은 실수조차 삶 전체의 붕괴로 해석하고, 성취마저 의미 없는 일로 폄하한다. 고등학생 시절 반 회장이자 인기도 많았던 소피는 명문대에 진학한 뒤 학업과 대인관계에서 좌절이 누적되자, 스스로를 '매력도 재능도 없는 낙오자'로 규정하고 절망에 빠졌다. 책상 위에 쌓인 과제는 태산처럼 느껴졌고, 무엇부터 시작해야 할지 결정하지 못한 채 멍하니 앉아 있다가 포기하곤 했다. 부분적 실패를 전체 무가치로 일반화하는 이러한 사고는 전형적인 인지 왜곡이다.

다음으로 기분(정서) 변화가 나타난다. 슬픔과 자포자기가 반복되고, 흥미와 즐거움이 현저히 감소한다. 기분은 하루 종일 동일하지 않고 일정한 변동성을 보이며, 아침에 가장 심각한 우울을 경험하는 경우가 많다. 과거의 실패와 오늘도 반복될 상실에 대한 생각이 이어지며 하루의 시작을 짓누른다. 소피 역시 아침에 침대에서 일어나지 못한 채 점심때까지 흐느끼곤 했다. 이러한 일중 변동성은 임상적으로 중요한 관찰 지점이다.

행동 변화도 뚜렷하다. 새로운 일을 시작하기 어렵고, 시작하더라도 지속하지 못한 채 쉽게 포기한다. 사소한 결정조차 부담으로 느껴져 선택을 미루거나 회피한다. 행동 감소는 다시 실패 경험을 줄이지 못하고, 무기력을 강화하는 악순환으로 이어진다. 우울은 때로 자살에 대한 생각과 행동으로 연결되기도 한다. 이는 단순한 '죽음 선택'이 아니라, 견딜 수 없는 고통을 끝내려는 욕구와 대인관계적 메시지가 결합된 행동으로 이해해야 한다.

마지막으로 신체 반응 변화가 동반된다. 식욕과 체중 변화, 성적 흥미 상실, 수면 장애가 대표적이다. 많은 환자가 새벽에 일찍 깨어 다시 잠들지 못한 채 뒤척이며, 하루를 시작하기도 전에 이미 극도의 피로를 느낀다. 심한 경우 정신운동성이 현저히 저하되거나, 반대로 안절부절못하는 초조가 두드러지기도 한다.

이처럼 사고와 기분, 행동, 신체 반응이라는 네 가지 차원에서 부정적 변화가 함께 나타날 때 우울증으로 이해할 수 있다. 물론 네 가지 증상이 모두 동시에 나타나야만 하는 것은 아니며, 특정 증상이 반드시 있어야만 진단되는 것도 아니다. 다만 증상 수가 많고 강도가 클수록 우울증일 개연성은 높아진다. 셀리그만이 지적했듯이, 정상적 우울이든 단극성 우울이든 동일한 네 가지 구조가 작동한다는 사실은 우울증 이해의 핵심이다.

특히 중요한 점은 이 모든 변화의 중심에 비관적 설명양식이 자리한다는 사실이다. 나쁜 일은 내적·영속적·만연적 원인으로, 좋은 일은 외적·일시적·부분적 원인으로 해석하는 사고방식이 반복될수록 개인은 자신의 행동이 결과에 아무런 영향을 미치지 못한다고 믿게 된다. 이 믿음이 바로 무기력 학습의 핵심이며, 우울증을 유지하고 심화하는 결정적 요인이다.

이번 장의 목적은 "왜 우울증은 무기력에서 비롯되는가?"라는 질문에 대해 이론 → 증거 → 실천 흐름으로 분명한 답을 제시하는 데 있다. 무기력 학습 이론은 반복되는 실패 경험이 동기 저하, 주의와 사고의 협소화, 부정 정서 지속이라는 삼중 변화를 낳는다고 설명한다. 이는 우울증의 핵심 양상과 정확히 맞물리며, '반응−결과 무관성'에 대한 기대가 일반화할수록 삶 전체가 통제 불가능한 장면으로 지각된다.

우울증은 단순한 기분 저하가 아니라 세계를 해석하는 방식의 변화다. 실패와 상실을 영속적이고 만연적이며 자기 귀인적으로 해석할수록 포기는 학습된다. 반대로 어려움을 일시적이고 부분적이며 외부 요인으로 재구성하는 훈련은 다시 시도할 이유를 회복하게 한다. 이 장에서는 설명양식 전환이 어떻게 무기력의 소거로 이어지고 그 결과 우울증이 완화되는지를 다룬다.

우울증은 대부분 생물학적 요인보다 심리적 학습과 인지적 해석의 궤도에서 심화되거나 완화된다. 이 과정에서 핵심 조절 변수는 자기효능감이다. "하면 된다"가 아니라 "하면 달라진다"는 경험의 누적이 자기효능감을 높이고, 이는 다시 시도 → 피드백 → 성장의 선순환을 가동한다. 회복력 또한 동일한 회로에서 작동하며 낙관성 학습, 자기통제력, 끈기, 판단력, 예견력 같은 대표강점 사용을 통해 촉진된다.

임상적으로는 증상의 폭과 깊이를 동시에 살피는 접근이 필요하다. 따라서 우울증을 다룰 때는 행동 활성화, ABC 분석, 설명양식 재학습, 대표강점의 표적 사용이 함께 설계되어야 한다. 이번 장 후반부에 나오는 개입 절차는 이러한 개념을 실제 현장에서 실행 가능한 형태로 전환한다.

동시에 자기점검은 조기 개입의 관문이 된다. 우울감이 일시적인 기분 저하인지, 전문적 도움이 필요한 수준인지를 가늠하려면 표준화된 선별 도구가 필요하다. 이를 위해 이번 장에서는 '우울증 자기진단법(CES-D)'을 제시한다. 이 도구는 지난 일주일간의 경험을 바탕으로 사고와 기분, 행동, 신체 반응을 폭넓게 포착하며, 점수 구간별 해석과 재평가 시점은 물론, 자살 사고가 동반된 경우의 위험 신호와 대응 원칙도 함께 안내한다.

우울증 자기 진단법(CES-D)

우울감이 일시적 기복인지, 개입이 필요한 수준의 문제인지 스스로 가늠하는 데는 표준화된 자기보고 검사가 도움이 된다. 이번 장에서는 미국 국립정신보건원 산하 유행병연구센터가 개발한 'CES-D(Center for Epidemiological Studies–Depression)' 간이척도를 사용할 것이다. 이 검사는 지난 일주일간 경험한 증상을 바탕으로 우울과 관련된 사고와 기분, 행동, 신체 반응을 폭넓게 포착한다. 검사 방법은 다음과 같다.

20문항을 읽고, 지난 일주일 동안 자신에게 해당되었던 빈도를 고른다.

- 0점: 전혀/거의 없다(하루 미만)
- 1점: 약간 있었다(1~2일)
- 2점: 때때로/꽤 있었다(3~4일)

- 3점: 거의 항상/늘 그랬다(5~7일)

한 문항에 두 응답이 걸리면 더 높은 점수를 택한다. 전 문항을 끝냈다면 점수를 모두 합산한다(총점 범위 0~60점).

지난 일주일 동안 상태 확인	
1	평상시에는 아무렇지 않던 일에 마음이 쓰였다.
0	전혀 또는 거의 그런 적이 없다(하루 미만).
1	약간 그런 적이 있다(1~2일).
2	때때로 또는 꽤 그런 적이 있다(3~4일).
3	거의 항상 또는 늘 그랬다(5~7일).
2	음식을 먹고 싶은 마음이 별로 들지 않았다. 입맛이 없었다.
0	전혀 또는 거의 그런 적이 없다(하루 미만).
1	약간 그런 적이 있다(1~2일).
2	때때로 또는 꽤 그런 적이 있다(3~4일).
3	거의 항상 또는 늘 그랬다(5~7일).
3	식구나 친구들이 곁에서 거들어줘도 울적한 기분이 가시질 않았다.
0	전혀 또는 거의 그런 적이 없다(하루 미만).
1	약간 그런 적이 있다(1~2일).
2	때때로 또는 꽤 그런 적이 있다(3~4일).
3	거의 항상 또는 늘 그랬다(5~7일).
4	자신이 남들만 못하다는 느낌이 들었다.
0	전혀 또는 거의 그런 적이 없다(하루 미만).
1	약간 그런 적이 있다(1~2일).

| 2 | 때때로 또는 꽤 그런 적이 있다(3~4일). |
| 3 | 거의 항상 또는 늘 그랬다(5~7일). |

5	하는 일에 마음을 집중할 수 없었다.
0	전혀 또는 거의 그런 적이 없다(하루 미만).
1	약간 그런 적이 있다(1~2일).
2	때때로 또는 꽤 그런 적이 있다(3~4일).
3	거의 항상 또는 늘 그랬다(5~7일).

6	우울한 기분이 들었다.
0	전혀 또는 거의 그런 적이 없다(하루 미만).
1	약간 그런 적이 있다(1~2일).
2	때때로 또는 꽤 그런 적이 있다(3~4일).
3	거의 항상 또는 늘 그랬다(5~7일).

7	쉬운 일이 하나도 없다는 느낌이 들었다.
0	전혀 또는 거의 그런 적이 없다(하루 미만).
1	약간 그런 적이 있다(1~2일).
2	때때로 또는 꽤 그런 적이 있다(3~4일).
3	거의 항상 또는 늘 그랬다(5~7일).

8	미래가 암울하게 느껴졌다.
0	전혀 또는 거의 그런 적이 없다(하루 미만).
1	약간 그런 적이 있다(1~2일).
2	때때로 또는 꽤 그런 적이 있다(3~4일).
3	거의 항상 또는 늘 그랬다(5~7일).

9	실패한 인생이라는 생각이 들었다.
0	전혀 또는 거의 그런 적이 없다(하루 미만).
1	약간 그런 적이 있다(1~2일).

2	때때로 또는 꽤 그런 적이 있다(3~4일).
3	거의 항상 또는 늘 그랬다(5~7일).

10	**뭔가 두렵다는 느낌이 들었다.**
0	전혀 또는 거의 그런 적이 없다(하루 미만).
1	약간 그런 적이 있다(1~2일).
2	때때로 또는 꽤 그런 적이 있다(3~4일).
3	거의 항상 또는 늘 그랬다(5~7일).

11	**잠을 설쳤다.**
0	전혀 또는 거의 그런 적이 없다(하루 미만).
1	약간 그런 적이 있다(1~2일).
2	때때로 또는 꽤 그런 적이 있다(3~4일).
3	거의 항상 또는 늘 그랬다(5~7일).

12	**불행하다는 느낌이 들었다.**
0	전혀 또는 거의 그런 적이 없다(하루 미만).
1	약간 그런 적이 있다(1~2일).
2	때때로 또는 꽤 그런 적이 있다(3~4일).
3	거의 항상 또는 늘 그랬다(5~7일).

13	**평상시보다 말수가 적었다.**
0	전혀 또는 거의 그런 적이 없다(하루 미만).
1	약간 그런 적이 있다(1~2일).
2	때때로 또는 꽤 그런 적이 있다(3~4일).
3	거의 항상 또는 늘 그랬다(5~7일).

14	**외롭다는 느낌이 들었다.**
0	전혀 또는 거의 그런 적이 없다(하루 미만).
1	약간 그런 적이 있다(1~2일).

2	때때로 또는 꽤 그런 적이 있다(3~4일).
3	거의 항상 또는 늘 그랬다(5~7일).

15	**사람들이 불친절했다.**
0	전혀 또는 거의 그런 적이 없다(하루 미만).
1	약간 그런 적이 있다(1~2일).
2	때때로 또는 꽤 그런 적이 있다(3~4일).
3	거의 항상 또는 늘 그랬다(5~7일).

16	**삶을 즐기지 못했다.**
0	전혀 또는 거의 그런 적이 없다(하루 미만).
1	약간 그런 적이 있다(1~2일).
2	때때로 또는 꽤 그런 적이 있다(3~4일).
3	거의 항상 또는 늘 그랬다(5~7일).

17	**갑자기 울음을 터뜨릴 때가 있었다.**
0	전혀 또는 거의 그런 적이 없다(하루 미만).
1	약간 그런 적이 있다(1~2일).
2	때때로 또는 꽤 그런 적이 있다(3~4일).
3	거의 항상 또는 늘 그랬다(5~7일).

18	**슬픔을 느꼈다.**
0	전혀 또는 거의 그런 적이 없다(하루 미만).
1	약간 그런 적이 있다(1~2일).
2	때때로 또는 꽤 그런 적이 있다(3~4일).
3	거의 항상 또는 늘 그랬다(5~7일).

19	**사람들이 나를 싫어한다고 느꼈다.**
0	전혀 또는 거의 그런 적이 없다(하루 미만).
1	약간 그런 적이 있다(1~2일).

	2	때때로 또는 꽤 그런 적이 있다(3~4일).
	3	거의 항상 또는 늘 그랬다(5~7일).
20		일이 굴러가지 않는다는 느낌이 들었다.
	0	전혀 또는 거의 그런 적이 없다(하루 미만).
	1	약간 그런 적이 있다(1~2일).
	2	때때로 또는 꽤 그런 적이 있다(3~4일).
	3	거의 항상 또는 늘 그랬다(5~7일).

CES-D는 점수를 기준으로 현재의 우울 정도를 가늠할 수 있도록 고안된 도구다. 총점이 0점에서 9점 사이에 해당한다면 일반 성인 평균에도 미치지 못하는 수준으로, 임상적으로 우울증과는 무관한 상태라고 볼 수 있다. 10점에서 15점 사이라면 경미한 우울증 경향이 있다고 해석되며, 일상에 큰 지장을 주지 않더라도 감정 기복이나 의욕 저하가 간헐적으로 나타난다. 16점에서 24점은 이미 뚜렷한 우울증 증상이 나타난 수준으로, 일상생활의 여러 영역에서 어려움을 경험할 가능성이 크다. 25점 이상이라면 심한 우울증 증상으로 분류되어 전문적인 개입이 요구되는 단계라고 할 수 있다.

다만 CES-D는 어디까지나 선별을 위한 도구일 뿐으로, 엄밀한 의미에서 진단을 내리는 검사로는 사용될 수 없다. 우울증 여부를 확정하려면 증상이 얼마나 오래 지속되었는지, 일상 기능이 얼마나 저하되었는지, 그리고 자살 생각 같은 위험 요소가 동반되는지를 함께 고려해야 한다. 이러한 평가는 반드시 자격 있는 심리학자나 정신건강의학과 전문의와의 면담을 통해 이루어져야 한다.

도움을 구해야 하는 시점은 분명하다. 총점이 25점 이상이거나 점수와 관계없이 자살 생각 또는 계획이 있다면 지체 없이 전문가에게 상담을 요청해야 한다. 16점에서 24점 사이에 해당하면서 자살 충동이 동반된다면 이 역시 즉각 전문적인 도움을 받아야 한다. 반면 16점에서 24점 사이지만 급성 위험이 없는 경우에는 2주 후 검사를 다시 시행해볼 것을 권한다. 만약 재검에서도 비슷한 수준의 점수가 나온다면 전문 상담을 받는 것이 바람직하다.

이 검사를 지금 활용해야 하는 이유는 분명하다. 우울증은 "삶을 즐길 수 없다"거나 "미래가 암울하다" 같은 비관적 설명양식이 고착화될 때 심화한다. 따라서 조기에 인식하고 개입하는 것이 중요하며, 이를 통해 사고의 영속성과 만연성을 줄이고 회복을 앞당길 수 있다. 오늘날 우울증은 매우 흔한 심리적 고통으로, 여러 조사에서 확인되듯이 유병률이 높고 의료 이용 또한 증가하고 있다. 학자들이 현대 사회를 '우울의 시대'라고 부르는 것도 이러한 맥락에서다. 따라서 자신의 상태를 정기적으로 점검하는 일 자체가 곧 중요한 예방적 행동이라고 할 수 있다.

우울증을 극복하는 법

20세기 중반까지 우울증은 주로 조울병의 한 변형으로 이해되었다. 전통 생의학은 이를 신체 질환으로 봤고, 전통 정신분석은 자아에 대한 분노로 해석했다. 그러나 두 입장은 실제 환자 치료에서 충분한 성과를 내지 못했다. 오히려 모든 감정을 무차별적으로 토로하도록 권장하는 접근은 증상을 악화하거나 자살 위험을 높이는 경우마저 있었다.

이 국면에서 등장한 인물이 앨버트 엘리스(Albert Ellis)다. 그는 우울증을 깊은 무의식적 갈등의 산물이 아니라, 잘못된 사고와 비합리적 신념의 결과로 봤다. 환자가 "사랑 없이는 살 수 없다" 같은 당위적 사고에 사로잡혀 있을 때 엘리스는 직설적이고도 도발적인 방식으로 이를 반박했다. 사랑은 가끔 주어지는 것이 정상이며, 이를 절대적 조건으로 붙잡는 태도야말로 우울증을 자초한다는 것이다. 엘리스의 치료는 무의식 탐구가 아니라 사고 습관 교정에 집중되었으며, 그 결과 많은 환자가 단순한 인지 전환만으로도 상태가 호전되었다.

애런 벡 역시 정신분석적 치료의 한계에 문제의식을 품었다. 그는 환자들의 의식적 사고를 직접 관찰하면서 우울증이란 사실상 부정적 자동 사고의 집합이라는 통찰에 이르렀다. 자기 자신, 세상, 미래를 비관적으로 바라보는 '인지 삼제(cognitive triad)'는 우울증 환자에게서 공통으로 나타났다. 벡은 이 사고들을 체계적으로 교정하는 방식을 고안했고, 이를 '인지치료'라고 불렀다. 이 접근은 환자의 실패, 패배, 상실에 대한 해석을 수정함으로써 환자 스스로 새로운 설명양식을 학습하도록 도왔다.

셀리그만은 무기력 학습 연구를 통해 이 논의에 새로운 차원을 보탰다. 동물실험은 'DSM-5(Diagnostic and Statistical Manual of Mental Disorders-5)' 진단 기준의 주요 증상 9개 가운데 8개를 재현했다. 회피 불가능한 전기충격은 우울한 기분, 무기력, 식욕 상실, 불면, 흥미 저하 등으로 이어졌다. 단지 자살 생각만 실험실에서 확인되지 않았을 뿐이다. 이는 무기력 학습이 단순한 동물 행동 현상이 아니라 우울증의 실험적 모델이 될 수 있음을 보여주었다.

핵심은 설명양식이었다. 실패와 패배를 어떻게 해석하느냐에 따라 우울증 경과가 달라졌다. 비관적 설명양식을 가진 사람은 작은 좌절도 영속적이고 만연적인 것으로 받아들여 완전한 우울증으로 이어졌다. 반면 낙관적 설명양식을 가진 사람은 실패를 일시적이고 부분적인 사건으로 해석해 빠르게 회복할 수 있었다. 특히 여성들의 높은 우울증 발병률은 '반추(rumination)'라는 사고 습관과 연결되었다. 여성은 자신의 실패와 상실을 곱씹으며 원인을 분석하려는 경향이 강했고, 이는 비관적 설명양식과 결합해 우울증을 심화하는 촉매제가 되었다.

그러나 희망도 존재했다. 비관적 설명양식과 반추는 학습된 것이기에 학습을 통해 변화될 수 있다는 점이다. 벡의 인지치료는 사고 습관을 교정해 낙관적 설명양식을 촉진하고, 셀리그만의 무기력 학습 연구는 작은 통제 경험이 무기력을 해소해 회복을 앞당길 수 있다는 것을 보여주었다. 결국 우울증은 불가해한 무의식이나 단순한 화학적 결함이 아닌, 설명양식과 사고 패턴에서 비롯된 것이며, 따라서 충분히 바꿀 수 있다. 이 사실이야말로 우울증 극복의 가장 중요한 출발점이다.

실패를 겪은 사람은 누구나 잠시 무기력해진다. 기운이 빠지고, 앞날이 어둡게 느껴지며, 다시 힘을 내는 일이 아득하게 멀어 보인다. 그런데 회복 속도는 크게 갈린다. 어떤 이는 무기력 징후가 몇 시간도 안 되어 사라지지만, 다른 이들은 몇 주, 때로는 몇 달째 무기력한 생활이 이어지기도 한다. 이 차이가 바로 일시적 사기 저하와 임상적 우울증을 가르는 핵심이다. 앞서 본 것처럼 DSM-5의 주요 우울증 진단 증상 9개 중 8개는 실험실에서 '무기력 학습'만으로도 재현된다. 다만 진단되려면 이런 증상이 적어도 2주 이상은 지속되어야 한다.

무기력이 오래간다는 것은 대개 설명양식이 비관적이라는 뜻이다. 비관적 설명양식을 가진 사람은 나쁜 일을 내부적("내 탓이다"), 영속적("항상 이럴 것이다"), 만연적("무슨 일이든 다 그렇다")으로 해석한다. 한 번의 이별을 "앞으로도 누구에게나 버림받을 것"으로, 한 번의 낙방을 "평생 아무 데서도 통하지 않을 것"으로 확장하는 식이다. 또한 현재의 실패를 미래 전체에 투사하며, 한 영역의 좌절을 삶 전반으로 확대한다. 여기에 "나는 원래 매력이 없다" 같은 자기 비난이 결합하면 자부심까지 손상된다. 이런 틀로 세상을 읽는 사람에게서 무기력은 넓고 길게 퍼지고, 결국 우울증으로 굳어진다. 반대로 실패를 일시적이고 부분적인 사건으로 한정하는 낙관적 설명양식은 무기력을 짧게 묶어둔다. 요컨대 비관성은 우울증의 위험 요인인 것이다.

이 예측을 검증하고자 연구팀은 가장 단순한 방법부터 시작했다. 다양한 정도의 우울감을 호소하는 수천 명의 사람에게 설명양식 질문지 조사를 실시한 결과, 우울감이 클수록 설명양식이 일관되게 비관적이었다. 그러나 이 상관만으로는 "닭이 먼저냐, 달걀이 먼저냐"라는 문제가 남는다. 우울해서 비관적으로 얘기하는 것인지, 비관적이라서 우울해지는 것인지, 아니면 제3의 생물학적 요인이 둘을 동시에 끌어올리는 것인지 구분해야 했다.

이에 정교한 자연실험이 필요했다. 대학교 중간고사가 그 무대가 되었다. 학기 초 학생들의 우울감 수준과 설명양식을 측정한 뒤 중간고사 직전에 그들에게 각자가 '실패'로 여기는 성적 기준이 무엇인지 물었다. 다수는 B+를 실패로 간주했다. 시험 성적 평균이 C인 수업이었으니 상당수가 실제로 '실패'를 경험할 것이 뻔했다. 결과는 또렷했다. 실패만 한 집단의 30퍼센트, 비관적 설명양식만 가진 집단의 30퍼센트가 성적을 받은 뒤 우울감을 느꼈다. 비관적이면서 실패도 경험한 집단에선 70퍼센트가 우울감에 빠져들었다. 특히 실패 원인을 영속적·만연적으로 해석한 학생들은 학기 말까지 우울감이 가시지 않았다. 이는 비관성이 미리 깔려 있으면 실패가 우울감으로 직행한다는 의미다.

더 가혹한 환경에서도 같은 패턴이 나타났다. 남성 수감자들을 수감 전후로 추적해 관찰한 연구를 보면 수감 당시에는 대부분 심각한 우울증 증상이 없었지만, 출감 때는 대다수가 기분이 크게 가라앉아 있었다. 그중에서도 수감 당시 비관적이던 이들이 가장 깊이 오랫동안 우울해했다. 즉 비우호적 환경은 비관성에 우울감을 '자라게 하는 토양'인 셈이다.

종단 연구(동일한 대상을 시간 흐름에 따라 반복 관찰해 변화와 인과를 추적하는 연구 방법-편집자 주)에서도 결과는 마찬가지였다. 초등학교 3학년 학생 400명을 6학년까지 매 학기 두 차례씩 추적해 설명양식·우울·성적·또래 평판을 살폈더니, 초기 비관적이던 학생들이 새롭게 우울감을 느끼거나 우울증에 빠지는 확률이 높았다. 큰 악재(부모 이혼 등)가 닥치면 그 영향은 더욱 컸다. 초기 낙관적이던 학생들은 우울감을 느끼는 경우가 적었고, 우울감이 생겨도 빠르게 회복했다. 성인 초기 표본에서도 동일한 양상이 나타났다.

남은 반론은 이렇다. "비관성은 원인이 아니라, 자신이 쉽게 무너진다는 사실을 오랫동안 관찰해서 생긴 표지가 아닐까?" 속도계를 돌려도 차 속도는 변하지 않듯이, 표지를 바꿔도 반응은 그대로일 수 있다는 주장이다. 이 논리를 꺾는 방법은 단 하나, 비관성을 직접 바꾸고 결과를 지켜보는 치료 연구다.

임상 현장에 들어온 타냐의 사례가 이를 보여준다. 그는 악화된 부부관계와 양육 스트레스로 심한 우울증을 호소했고, 자신의 문제를 "늘 그렇고, 모든 게 망가지며, 다 내 탓"이라고 설명했다. 12주간 표준 인지치료와 항우울제 복용을 병행하자 한 달 안에 낙폭이 뚜렷해졌고 치료 종료 시점에는 우울증이 사라졌다. 외적 환경은 거의 변하지 않았지만, 타냐의 설명양식이 달라졌다. 사건을 일시적·부분적 요인으로 해석했으며, 그것에 맞춰 구체적으로 행동하기 시작했다.

여기서 중요한 점은 세 가지다. 첫째, 항우울제 복용도, 인지치료도 단독으로 유효했다는 점이다. 이 둘을 병행하면 약간 더 좋은 결과가 나왔다. 둘째, 인지치료의 효율성은 비관적 설명양식을 낙관적 설명양식으로 교정하는 데 있다는 점이다. 회기가 충분하고 기법 적용이 숙련될수록 설명양식 전환이 컸으며, 전환이 클수록 우울증 감소 폭도 컸다. 반면 약물은 활력(기운)을 끌어올리지만, 관점 자체를 낙관적으로 바꾸지는 않았다. 셋째, 재발에서 차이가 극명했다는 점이다. 약물군은 재발률이 높았고 인지치료군, 즉 낙관적 설명양식을 습득한 집단은 재발이 드물었다. 약물이 지금 당장 기분 저하를 개선하는 데는 탁월하지만, 인지치료는 실패·상실을 다르게 해석하고 그에 대응하는 기술을 몸에 익히게 해 장기적으로 더욱 효율적이다.

결론은 분명하다. 비관성은 단순한 표지에 불과하지 않다. 그것을 낙관성으로 바꾸면 우울감에 대한 반응 자체가 달라진다. 물론 우울증의 원인은 하나가 아니다. 유전, 호르몬, 일상 사건 등이 모두 작용한다. 그럼에도 비관적 설명양식은 주요 원인이며, 치료도 가능하다. 다시 말해 사람은 실패를 지워버릴 수는 없지만 실패를 설명하는 언어는 바꿀 수 있다. 그리고 그 변화가 무기력 기간을 짧게 만들 뿐 아니라, 우울증을 예방하고 재발을 막는다.

사람은 누구나 실패나 상실을 겪으면 한동안 마음이 그 자리에 붙들린다. 그런데 같은 '붙들림'이라도 결이 다르다. 어떤 이는 "왜 이런 일이 생겼지?"라며 원인을 훑어보고 필요한 대책을 메모한 뒤 움직인다. 또 어떤 이는 "내 탓이야. 앞으로도 이럴 거야. 이 일 때문에 다른 일들도 다 망가질 거야"라는 생각을 머릿속에서 끝없이 되풀이한다. 이러한 두 번째 방식, 즉 파고들고 되새기며 다시 묶는 것을 심리학에서는 '반추'라고 부른다. 반추는 그 자체로 선악이 없다. 문제는 반추가 비관적 설명양식과 결합할 때다. 이때 반추는 생각을 분석으로 발전시키지 못하고, 오히려 스스로를 소진하며 사고를 고착 상태로 이끈다.

타냐가 바로 그랬다. 남편과 갈등, 아이들 문제, 그리고 무엇보다 "나는 원래 이런 사람"이라는 자기 평가에 따라 머릿속으로 같은 문장을 수십 번 되풀이했다. 말은 많았지만 계획이 없었고, 구체적인 행동으로 옮기지도 않았다. 치료가 진행되면서 변화 순서는 명확했다. 먼저 반추의 사슬이 끊겼고, 그 빈자리에 작은 행동이 들어섰다. "하루 4시간짜리 일부터 시작하자", "집에만 있지 말자", "수입에 조금이라도 보태자" 등 말이 계획으로, 계획이 시도로 바뀌었다. 반추의 강도가 줄자 비관적 설명양식도 힘을 잃었다. 같은 사건을 보더라도 '내 탓, 항상, 어디서든'에서 '이번, 이 분야, 이 맥락'으로 문장이 바뀌었으며, 우울증 지속시간도 짧아졌다.

비관성과 반추가 우울감으로 이어지는 경로는 이렇게 요약된다. 먼저 무기력을 예고하는 사건이 발생한다. 비관적 설명양식은 그 원인을 내부적·영속적·만연적으로 묶어 해석하기 때문에 '내가 원래 그래서', '항상 그럴 것', '다 망가질 것'이라는 결론이 나온다. 이 같은 인식이 앞으로 닥칠 일들에 대한 무기력을 예상하게 한다. 그리고 반추 경향이 강할수록 그 예상은 하루에도 여러 번 자동 재생된다. 원래의 위협을 떠올리게 하는 작은 단서, 예를 들면 메시지 한 줄, 표정 하나만 있어도 생각의 사슬이 다시 길게 돈다. 그 결과 우울감은 깊어지고 더 쉽게 재발한다. 반대로, 반추 경향이 약하거나 설명양식이 낙관적이라면 같은 사건이라도 머릿속을 오래 점유하지 못한다. 생각의 사슬이 짧게 끊기고, 행동이 개입할 틈이 생긴다.

이러한 관점은 우울증의 성별 차이를 설명하는 유력한 단서가 된다. 20세기 내내 여성의 우울증 비율이 남성의 약 두 배로 관찰되었는데, 이는 단순히 '여성이 치료를 더 받기 때문'도, '여성이 더 많이 털어놓기 때문'도 아니었다. 연구 대상자들의 직업과 소득 수준을 맞추거나 익명 조사로 바꿔도 비율은 크게 달라지지 않았다. 호르몬 또는 유전 영향이 없지는 않지만, 2 대 1 비율을 만들 만큼의 영향은 관찰되지 않았다. 남는 설명 중 하나가 바로 '반추 가설'이다. 곤경에 처했을 때 여성은 더 자주 "왜 이런 기분이 들지?"를 반복해서 따지는 반면, 남성은 비교적 빨리 주의 전환이나 행동으로 넘어간다는 것이다. 실제로 일상 기록과 선택 과제 연구에서 여성은 슬픈 기분이 느껴질 때 감정 기술 과제를, 남성은 다른 주제에 몰입하는 과제를 더 자주 택했다. 부부 갈등 상황에서도 여성은 자신의 감정에 초점을 맞춰 언어화했고, 남성은 주의를 돌리거나 밖으로 나가 몸을 움직였다. 요지는 명료하다. 우울증이 '생각의 장애'라면 비관적 설명은 불씨를 만들고, 반추는 거기에 기름을 붓는다. 반대로 행동은 산소를 차단하듯이 불길을 줄인다.

그렇다고 "생각하지 마라"는 얘기가 아니다. 핵심은 어떤 방식으로, 어디까지 생각할 것인가다. 인지치료가 하는 일은 두 갈래다. 하나는 반추의 고리를 눈치채고 제한하는 것(시간·장소를 정한 '걱정 시간', 주의 전환, 신체 활성화 등), 다른 하나는 사건을 해석하는 설명 자체를 재구성하는 것이다. '내 탓, 항상, 어디서든'을 '이번, 이 분야, 이 맥락'으로 바꾸면 같은 실패에도 무기력에 대한 예상은 짧아지고 일부화된다. 또한 반추의 고리가 느슨해지고 행동이 들어설 자리가 생긴다. 타냐가 그랬듯이 말이 계획이 되고, 이후 계획이 반복되면 기분은 뒤따라 바뀐다.

결국 중요한 사실은 세 가지다. 첫째, 반추는 비관성과 결합할 때 우울감을 길고 깊게 만든다. 둘째, 반추를 줄이고 설명양식을 낙관적으로 조정하는 기술은 학습이 가능하다. 셋째, 이 기술은 단기 완화뿐 아니라 재발 예방에도 효과적이다. 실패를 지울 수는 없지만 실패를 설명하는 법을 바꾸는 일, 그것이 반추와 우울증을 완화하는 실질적인 지렛대다.

우울증은 치료될 수 있다

한 세기 전만 해도 인간의 나쁜 행동을 설명하는 핵심어는 '성격'이었다. 비열함, 멍청함, 사악함 같은 낙인은 잘못의 원인을 고정된 본성에 두었다. 정신질환 역시 "미쳤다"는 말 한 마디로 정리되곤 했다. 이런 언어는 사람을 바꿀 수 없는 존재로 묶어두었고, 재활보다 격리와 응징을 정당화했다. 스스로 "나는 원래 멍청해"라고 믿는 사람에게 노력은 무의미하며, 사회 역시 변화 가능성에 투자하지 않는다.

그런데 19세기 말부터 균열이 생겼다. 대중 정치의 부상과 이민 물결은 실패를 성격이 아닌, 환경과 양육에서 찾는 관점을 키웠다. 무지는 교육 기회의 부족, 범죄는 빈곤의 그림자로 이해되었다. 이 흐름은 20세기 중반 행동주의를 떠받친 배경이 되었고, "조건과 보상·처벌을 바꾸면 행동이 바뀐다"는 낙관을 남겼다. 이어서 등장한 인지심리학은 변화 가능성이라는 토대를 자아의 능동성으로까지 확장했다. 치료가 더는 전문가 손에만 달린 일이 아니며, 당사자가 스스로 사고 습관을 바꿔나갈 수 있다는 전망이 열렸다. 다이어트와 금주부터 대인 습관 교정, 공포증 극복, 우울증 치료까지 '자기 개선'이라는 문화가 공허한 구호가 아니라, 실제 변화를 이끌어내는 실천이 될 수 있음을 보여주었다.

이러한 전환의 중심에는 엘리스와 벡이 개척한 인지치료가 있다. 핵심 주장은 간단하다. 우리가 의식적으로 어떻게 생각하느냐가 우리가 어떻게 느끼고 행동하느냐를 주로 좌우한다는 것이다. 따라서 실패·패배·상실·무기력에 대한 설명양식을 바꾸면 감정도 따라 바뀐다. 인지치료는 이를 위해 다섯 가지 책략을 훈련시킨다.

첫째, 자동 사고 포착: 기분이 가라앉을 때 머릿속을 번개처럼 스치는 문장, 예를 들어 "나는 못된 엄마야", "역시 나는 안 돼" 등을 잡아채는 연습부터 시작한다. 대부분은 이 문장을 사실로 취급한 채 흘려보낸다.

둘째, 반증 수집: 자동 사고와 모순되는 구체적인 장면들을 되짚어 기록한다. 아이와 놀아준 시간, 다정한 대화, 해결한 과제 같은 실제 증거가 낙인을 느슨하게 만든다.

셋째, 재귀인(다시 설명하기): '내부적(내 탓)·영속적·만연적'으로 수렴하던 설명을 '이번·이 분야·이 맥락'으로 재구성한다. "아침에는 예민하지만 오후엔 잘 지낸다"는 문장은 같은 사실을 훨씬 '외부적(남 탓)·일시적·부분적'으로 풀어낸다.

넷째, 반추 차단: 생각의 내용뿐 아니라 생각의 시기를 다룬다. 걱정 시간 제한, 주의 전환, 신체 활성화로 '생각의 고리'를 끊는다. 잘하려는 압박이 생길수록 멈춤이 필요하다.

다섯째, 비합리적 전제 교정: "사랑 없이는 못 살아", "완벽하지 않으면 실패야" 같은 전제가 하루하루를 실패로 채운다. 이를 "사랑은 귀하지만 드물어", "성공은 최선을 다하는 거야" 같은 인간적인 기준으로 바꾼다.

한때 '골든 걸'이던 소피의 사례는 이 원리를 압축해 보여준다. 그는 어떤 칭찬을 들어도 "듣기 좋은 소리일 뿐"이라며 깎아내리고, 무슨 일에서 삐끗하면 "여성은 결국 안 돼"라고 일반화했다. 치료 과정에서 소피는 먼저 이런 자동적 문장을 말로 꺼내고, 그것에 맞서는 사실의 목록을 쌓았다. 같은 밤에 일어난 똑같은 사건도 "내가 역겨워"에서 "그 사람이 술을 많이 마셨어"로 재귀인할 수 있게 되자 설명의 축이 바뀌었다. 반추가 줄어들면서 행동이 들어섰다. 수업 참여, 학업 루틴, 관계 경계의 설정 같은 작은 시도가 반복되자 기분도 따라서 움직였다. 몇 달 뒤 소피의 설명양식은 비관에서 낙관으로 영구 전환되었고, 재발 방지를 위한 '자기 대화' 기술이 손에 쥘 수 있는 도구가 되었다.

인지치료가 효과적인 이유는 두 가지다. 먼저, 기계론적으로는 우울감을 길어지게 하는 두 축, 즉 비관적 설명양식과 반추를 직접 겨냥해 설명과 사고 습관을 바꾸고, 그 변화가 지속되도록 훈련시키기 때문이다. 약물은 기운을 북돋우는 활성제로는 유용하지만, 세계를 덜어둡게 보게는 하지 않는다. 인지치료는 세계를 해석하는 프레임을 바꾸고, 그 결과 활력이 따라온다. 또 다른 이유는 철학적으로 오늘의 개인이 가진 자율성과 자기 개선 능력을 신뢰하고 그 힘을 구체적인 기술로 조직하기 때문이다. 컴퓨터가 목푯값과 실제값의 오차를 줄여가듯이, 인간의 마음도 비교 → 조정 → 반복의 루프를 운용할 수 있다. 그 방법을 배울 때 감정은 더는 우연이 아니라 훈련 결과가 된다.

결론은 분명하다. 우울증은 정체된 성격의 운명이 아니다. 설명하는 법과 생각하는 법을 훈련하면 기분은 바뀐다. 더 중요한 것은 그 변화가 내 손으로 가능하다는 사실이다.

3장

무기력과 질병

무기력 연구가 신체 질병의 심리학으로 이어진 것은 자연스러운 흐름이었다. 셀리그만은 "무엇을 해도 소용없다"는 무기력 학습이 마음에만 머무르지 않고 몸의 방어체계까지 약화할 수 있는지, 반대로 통제와 지배 경험이 건강을 북돋울 수 있는지에 주목했다.

이를 검증하고자 그는 동물실험에서 확립한 삼중 설계를 질병 모형에 적용했다. 그의 제자 매들린 비신테이너(Madeleine Visintainer)와 조지프 볼피첼리(Joseph R. Volpicelli)는 치사율이 약 절반에 이르는 종양을 생쥐 옆구리에 이식한 뒤 개체들을 △경미하지만 회피 가능한 전기자극을 경험한 집단, △동일한 강도의 자극을 회피 불가능하게 경험한 집단 △아무 자극도 받지 않은 집단으로 무작위 배정했다. 이어서 아무런 개입 없이 어느 개체가 암으로 사망하고 어느 개체가 이겨냈는지를 관찰했는데, 자극이 없던 집단의 사망률은 50퍼센트로 기준치와 같았고, 회피 불가능한 자극을 겪은 집단은 75퍼센트로 더 높았다. 반대로 자극을 피할 수 있었던 집단은 25퍼센트만 사망했다. 같은 종양, 같은 환경에서도 통제 가능성 유무가 생존을 가른 것이다. 스트레스 총량이 아니라, "내 행동이 결과를 바꿀 수 있는가?"라는 수반성 학습이 면역·생리체계에까지 장기적 흔적을 남길 수 있다는 점을 시사하는 결과였다.

이 연구를 1982년 국제 학술지 〈사이언스〉에 발표한 셀리그만은 이후 동물실험에서 손을 뗐다. 윤리적 이유가 컸다. 평생 반려동물과 지내온 그에게 고통을 유발하는 절차는 점점 더 받아들이기 어려운 일이었다. 동시에 과학적 이유, 즉 외적 타당성 문제가 더 크게 다가왔다. 통제된 실험은 인과를 밝히는 내적 타당성의 황금 기준이지만, 전기자극과 인간이 일상에서 겪는 상실·재난은 다르고, 설치류에 이식한 종양과 사람에게서 자연적으로 발생한 암 역시 다르다. 동물에게서 명료한 인과를 얻더라도 그것을 인간 질병에 그대로 일반화하기는 어렵다. "수행할 가치가 없는 것은 올바로 수행할 가치도 없다"는 말을 남긴 셀리그만은 가능한 한 반복 가능하고 윤리적으로 허용되는 범위에서 인간을 직접 연구하는 쪽이 외적 타당성 문제를 줄이는 길이라고 봤다.

셀리그만은 개체 간 무기력 학습 차이에도 일찍부터 주목했다. 피할 수 없는 소음이나 전기자극을 겪어도 모두가 무기력해지는 것은 아니었다. 대략 3분의 1은 끝내 포기하지 않았고, 반대로 약 10퍼센트는 개입이 없어도 처음부터 수동적이었다. 그는 이 변이를 따라가면서 사람마다 좌절을 해석하는 습관, 즉 설명양식이 다르다는 점을 체계적으로 검토했다. 좌절 원인을 일시적이고 부분적이며 바꿀 수 있다고 보는 사람은 실험실에서도 무기력에 강했고, "금방 지나갈 거야.

이건 이 일에만 해당돼"라고 자연스럽게 생각했다. 반대로 사건을 내부적·영속적·만연적 원인으로 해석하는 사람은 쉽게 포기하는 것은 물론, 한 영역의 실패를 다른 영역으로 옮겨 가중했다. 여기서 '학습된 낙관성 프로그램'이 탄생했으며, 연설문·기사·일기 등을 내용 분석해 낙관성 수준을 측정한 연구들은 비관적 설명양식이 우울증, 낮은 성취, 대인 문제와 밀접하게 연결돼 있음을 거듭 보여주었다.

이제 질문은 신체로 옮겨간다. 비관과 낙관, 즉 확장된 형태의 무기력과 지배가 심혈관 질환, 감염성 질환, 암, 그리고 전체 사망률 같은 지표에 실제로 영향을 미치는가? 그렇다면 어떤 경로를 통해 작동하는가? 스트레스–호르몬 축, 자율신경계, 면역(예컨대 자연살해세포, 일명 NK세포) 조절이 그 사이 연결고리일 수 있다. 셀리그만이 제시한 메시지는 간명하다. 통제가 불가능하다는 '비통제 학습'은 마음뿐 아니라 몸에도 해로운 반면, 통제가 가능하다는 '통제 학습(심리적 지배)'은 역으로 신체 기능을 강화할 수 있다. 다음 단계 과제는 이 물음을 인간 자료에서 외적 타당성을 확보한 설계로 검증하는 일이다. 결국 핵심은 스트레스 총량이 아니라, 통제 가능성의 설계와 그것을 뒷받침하는 인지적 해석이다. 작은 지배 경험을 축적해가는 환경은 자기효능감과 회복력뿐 아니라, 건강에도 자원을 보탠다.

▎심장 질환

"무기력과 심리적 지배(통제 학습)가 마음뿐 아니라 몸에도 흔적을 남기는가?"라는 물음은 셀리그만이 무기력 학습에서 인간의 질병으로 시야를 넓히면서 붙든 화두였다. 그는 가능한 한 현실에 가까운 인간 대상의 연구를 통해 답을 찾고자 했다. 첫 심근경색을 겪은 미국 샌프란시스코 거주 남성 120명이 그 출발점이었다. 셀리그만은 이들의 혈압, 콜레스테롤 수치, 체질량지수, 심근 손상 정도, 생활 습관 같은 전통적 위험 요인은 물론, 가정·직장·취미에 대해서도 장시간 인터뷰를 통해 촘촘히 기록했다. 셀리그만과 그레고리 뷰캐넌(Gregory Buchanan)은 인터뷰 영상을 일일이 검토해 '~때문에'로 이어지는 문장을 모두 추린 뒤 각자가 실패와 역경을 어떤 틀로 설명하는지, 즉 낙관적인지, 비관적인지를 코딩했다. 8년 6개월 뒤 추적 결과를 확인했을 때 전통적 위험 요인들은 두 번째 심근경색으로 누가 사망할지 가려내지 못했다. 오직 초기 설명양식만이 그것을 예측했다. 가장 비관적인 남성 16명 가운데 15명이 세상을 떠난 반면, 가장 낙관적인 16명 중에서는 5명이 사망했다. 사건 자체보다 사건을 해석하는 설명 습관이 장기 예후와 맞물려 있다는 사실이 선명해진 순간이다.

이 단서는 더 큰 집단에서도 같은 방향을 가리켰다. 재향군인 1,306명을 10년간 추적한 연구에서는 흡연·음주·혈압·지질·체질량·가족력·학력은 물론, 불안·우울·분노까지 통계적으로 균등화했음에도 낙관성 효과가 남았다. 낙관성이 평균보다 한 표준편차 정도 큰 남성들의 심혈관 질환 발병률은 평균 대비 25퍼센트 낮았고, 반대로 한 표준편차 정도 작은 남성들의 발병률은 25퍼센트 높았다. 유럽 조사에서도 비슷한 그림이 나왔다. 영국 성인 20,000여 명을 6년 동안 따라가며 "내가 인생의 중요한 것을 바꿀 수 있는가?" 같은 7개 문항으로 지배력(통제력)을 측정한 결과, 지배력이 한 표준편차 정도 큰 사람들은 심혈관 질환 사망률이 평균보다 20퍼센트 낮았고, 무기력이 강한 사람들은 사망률이 20퍼센트 높았다. 전체 사망률에서도 같은 경향이 반복되었다.

노년층 역시 패턴이 다르지 않았다. 덴마크의 65~85세 노인 999명을 9년간 추적한 연구에서 건강·생활습관·혈압·지질 등을 통제한 뒤 4개 문항으로 낙관성을 측정하니, 낙관적인 사람의 심혈관 질환 사망률은 비관적인 사람의 23퍼센트에 불과했다. 전체 사망률 또한 낙관적인 사람이 비관적인 사람의 55퍼센트 수준이었다. 흥미롭게도 "항상 기분이 좋다" 같은 정서 문항은 예측력이 약했고, "여전히 계획이 많다" "앞으로를 기대한다" 같은 미래 지향적 기대, 즉 낙관성이 견고한 보호 효과를 보였다. 캐나다 노바스코샤주에서 실시한 건강조사 또한 이 같은 결과를 강화했다. 간호사가 평가한 기쁨·열의·만족 같은 긍정정서가 1점씩 높아질 때마다 향후 10년간 심혈관 질환 발병이 22퍼센트씩 줄었다. 낙관성을 직접 측정한 연구는 아니지만, 긍정정서 축적이 심장에 유리한 길을 열 수 있다는 점을 시사한다.

여성도 결과가 비슷했다. 1994년 시작된 '여성 건강 구상(Women's Health Initiative·WHI)' 연구에서 건강한 여성 97,000여 명을 8년간 추적한 결과, 낙관성이 상위 사분위인 여성들은 하위 사분위에 비해 심혈관 질환 사망률이 20퍼센트 낮았다. 전체 사망률에서도 낙관성이 클수록 사망률이 낮았다. 특히 우울증 증상을 함께 통제한 뒤에도 낙관성의 보호 효과가 남았다는 점은 '비관 → 우울 → 심장'이라는 간접 경로뿐 아니라, 낙관성 자체가 독립적으로 작동할 수 있음을 방증한다.

문화권이 달라도 맥락은 이어졌다. 일본에서는 '이키가이(いきがい·사는 보람)'가 높은 사람일수록 심혈관 질환 사망 위험이 일관되게 낮

왔다. 전통적 위험 요인과 주관적 스트레스를 통제하고도 경향은 유지되었고, 어떤 연구에서는 '이키가이'가 없는 사람들의 심혈관 질환 사망률이 있는 사람들보다 160퍼센트 높게 나타났다. 의미와 목적의식이 행동(운동·복약·수면의 꾸준함), 생리(자율신경·염증·면역 조절)를 매개로 심장을 지킬 수 있다는 해석이 설득력을 얻는다.

그렇다면 우울감이 '진범'일까? 비관성은 우울감과 밀접하게 연동되지만, 다수 연구에서 우울감을 통계적으로 제거해도 낙관성/비관성 효과는 남았다. 세상을 외부적·일시적·부분적으로 보는 해석 습관과 "내가 할 수 있는 몫이 있다"는 지배력이 우울감과는 다른 경로로 심장을 보호할 수 있다는 뜻이다. 왜 이런 차이가 생길까를 묻는다면 경로는 세 갈래로 설명된다. 첫째, 행동 경로다. 낙관성과 지배력은 운동·식이·복약·금연 같은 일상을 '지속가능한 습관'으로 만든다. 둘째, 생리 경로다. 만성 무기력은 HPA 축(시상하부 – 뇌하수체 – 부신 축)과 교감신경을 불리하게 설정하고 염증 표지자를 높이는 반면, 낙관성과 지배력은 그 반대 방향의 조절을 돕는다. 셋째, 사회 경로다. 낙관성은 관계망 유지와 도움 요청을 촉진해 위기에서 완충 작용을 가져온다.

실천으로 옮기면 메시지는 간명해진다. 중요한 것은 스트레스 총량이 아니라 통제 가능성의 설계와 해석 습관이다. 직장과 가정에서 노력 – 성과의 수반성이 또렷한 작은 과제를 반복함으로써 '작게 성취하는 경험'을 설계하고, 설명양식 훈련(ABCDE)을 통해 "아무리 해도 소용없다"는 비수반성 신념을 다루며, 삶의 의미와 목적(이키가이)을 구체화하는 등 이 세 가지 축이 만나면 심장에 해로운 행동·생리의 고리를 끊고 보호적 고리를 강화할 수 있다.

요컨대 여러 코호트(cohort)와 장기 추적 연구가 한목소리로 말하는 바는 분명하다. 낙관성과 지배력은 심혈관 질환 측면에서 일종의 심리적 예방접종인 반면, 비관성과 무기력은 취약성을 키운다. 전통적 위험 요인을 교정한 뒤에도 이 경향은 남는다. 무기력의 반대편, 즉 "내가 결과를 바꿀 수 있다"는 학습된 믿음(지배력·자기효능감)을 생활 속에서 체계적으로 키우는 일은 마음의 회복력뿐 아니라, 심장의 회복력을 위한 가장 실천적인 처방이다.

감염성 질환

감염성 질환을 보면 사람마다 취약성이 뚜렷하게 갈린다. 어떤 이는 감기에 거의 걸리지 않거나 사흘이면 지나가는 반면, 또 어떤 이는 한 번 걸리면 2~3주를 앓기도 한다. 직관적으로 "면역이 약해서"라고 말하기 쉽지만, 동일한 바이러스 노출에도 누가 더 감기에 잘 걸리고 얼마나 오래 앓는지는 면역 지표만으로 깔끔하게 설명하기 어렵다. 이 지점에 정서와 인지가 개입한다는 사실을 가장 단단한 방식으로 보여준 연구가 셸던 코헨(Sheldon Cohen)의 '바이러스 도전' 실험들이다.

코헨은 카네기멜론대학교에서 건강한 지원자들을 선발해 일주일가량 면담으로 일시적 정서 상태를 평가했다. '원기왕성하다, 평온하다, 행복하다' 같은 긍정정서와 '우울하다, 분노하다, 신경이 곤두서다' 같은 부정정서를 따로 점수화하는 동시에 나이, 성별, 체질량, 수면, 식단, 운동, 기존 건강, 기저 항체 수준, 성향적 낙관성 등 혼입 변수를 가능한 한 세밀하게 측정·통제했다. 그다음 모두의 콧속에 리노바이러스(rhinovirus)를 동일하게 점적해 노출을 표준화한 뒤 며칠간 격리 관찰했다. 감염 여부는 자기보고 증상만으로 판단하지 않았다. 분비물의 객관적 중량과 비강 울혈 같은 생리 지표도 함께 확인해 "행복한 사람은 증상을 축소 보고한다"는 해석의 여지를 줄였다. 이 절차는 인플루엔자(influenza) 바이러스 실험에도 똑같이 적용되었다.

결과는 간단하고도 일관되게 나왔다. 바이러스 노출 전 긍정정서가 높았던 사람일수록 감기에 걸릴 확률이 낮았다. 긍정정서가 중간인 집단은 그 사이였으며, 낮은 집단의 감기 발병 확률이 가장 높았다. 즉 긍정정서는 양극적으로 작용했다. 강하면 보호 효과가, 약하면 취약 효과가 나타난 것이다. 부정정서도 약하게 관련 있었지만 주된 예측력은 긍정정서에서 나왔다. 이 패턴은 수면, 운동, 식단, 기저 질환, 항체 수준, 나아가 성향적 낙관성 차이를 통계적으로 제거한 뒤에도 유지되었다.

정서가 어떻게 감염 결과에 영향을 미치는지는 염증 경로에서 단서가 나왔다. 감염 후 연속으로 채혈해 염증 유발 단백질인 인터류킨-6(Interleukin-6·IL-6)의 변화를 추적하니, 긍정정서가 높을수록 IL-6 상승이 완만했다. 바이러스 노출 자체는 같았지만, 염증 반응의 '가속페달'이 덜 밟혔다고 볼 수 있다. 코르티솔(cortisol) 분비, 수면, 식단, 운동, 아연 보충 같은 변수들은 격리 및 모니터링을 통해 크게 줄였기 때문에 정서 상태가 자율신경계와 면역·염증 축의 기본 설정을 완만하게 바꾼다는 조건만 남은 것이다.

다만, 해당 연구는 사람을 실제로 감염시켜 진행되는 만큼 임상시험심사위원회(Institutional Review Board·IRB)의 높은 문턱을 넘어야 했다. 그럼에도 이 방식의 의의는 분명하다. 실제 감염과 발병이라는 가장 견고한 조건을 통해 정서가 감염성 질환의 민감성에 독립적으로 기여한다는 점을 이론이 아닌 데이터로 보여주었기 때문이다.

실천으로 옮기면 메시지는 단순하다. "면역력을 키워라"라는 추상적 구호 대신, 일상에서 정서와 통제력을 설계하는 편이 더 현실적이라는 점이다. 의미와 즐거움을 주는 작은 활동들을 자주 하고, 노력─성과의 연결이 보이는 목표와 피드백을 설정해 "해볼 만하다"는 인식을 체험하며, 사건─믿음─결과─반박─활력(ABCDE) 같은 인지 훈련으로 "무엇을 해도 소용없다"는 자동 사고에 이견을 다는 것이 방법이다. 이런 설계는 행동 경로(수면·운동·복약의 꾸준함), 생리 경로(과도한 염증 반응의 완충), 사회 경로(지지망 동원)를 통해 결국 감염 취약성을 낮춘다.

바이러스는 감염을 일으키지만 누가 더 자주 걸리고 오래 앓는가는 바이러스만 결정하는 것이 아니다. 감염 세계에서 긍정정서와 지배력은 보호 요인으로, 만성적 무기력과 정서 침체는 위험 요인으로 작동한다. 무기력 학습의 반대편, 즉 "내가 일부를 바꿀 수 있다"는 체험과 이에 동반되는 작은 기쁨들의 누적을 일상에서 설계해나가는 것이 마음의 회복력뿐 아니라 몸의 회복력까지 키운다.

암 사망률과 전체 사망률

"긍정정서가 만병통치약인가?"라는 물음 앞에서 셀리그만은 처음부터 신중했다. 그는 무기력과 질병의 연관을 추론하던 1970년대에는 말기·불치 영역에서 정서가 미치는 영향은 적을 수 있다고 봤다. 이후 담론은 첨예해졌다. 바버라 에런라이크(Barbara Ehrenreich)는 《긍정의 배신(Bright-Sided)》에서 "'웃든지, 아니면 죽든지' 식의 긍정정서 강요를 비판했고, 마이클 셔머(Michael Shermer) 같은 회의주의자들은 긍정정서 효과의 과학적 근거가 빈약하다고 평가했다. 그러나 축적된 자료를 차분히 훑어보면 결론은 좀 더 균형 잡힌 지점에 선다. 낙관성·웰빙은 암에서도 일정한 보호 효과가 관찰되지만, 효과의 크기와 일관성은 심혈관 질환이나 전체 사망률에서 더욱 두드러진다.

이를 뒷받침하는 대표적 근거가 2009년 〈행동 의학 회보〉에 실린 메타분석이다. '낙관성과 신체 건강'이라는 제목의 이 연구는 83편의 개별 연구를 통합했고, 그중 암을 다룬 18편(암환자 총 2,858명 대상)을 따로 분석했다. 결과는 단순했다. 낙관성이 높은 집단이 치료 경과가 더 좋았다. 앞서 심혈관 질환에서처럼 큰 효과는 아니었지만, "긍정정서가 암에는 무력하다"는 단정은 지지될 수 없었다. 같은 맥락에서 여성 97,000여 명을 8년간 추적한 '여성 건강 구상'에서는 낙관성이 높은 사람이 심혈관 질환으로 사망할 확률이 약 20퍼센트 낮았고, 전체 사망률도 계단식으로 낮아지는 것으로 나타났다. 비관성과 냉소적 적대감(분노)은 암으로 인한 사망과도 관련 있었는데, 특히 아프리카계 미국 여성에게서 그 경향이 뚜렷했다. 우울증 증상과 전통적 위험 요인을 통제한 뒤에도 이러한 관계는 남았다.

대중에게 널리 알려진 '미소와 수명' 연구는 오해의 소지가 있지만 단서 하나를 준다. 1952년 메이저리그 선수들의 얼굴 사진을 분석했을 때 '뒤센 미소(Duchenne Smile: 19세기 프랑스 신경학자 기욤 뒤센의 연구에서 유래한 용어로, 진짜 행복이나 기쁨이 느껴질 때 자연스럽게 나타나는 미소를 뜻함-편집자 주)'를 짓는 선수들이 그렇지 않은 선수보다 평균 7년 더 살았다는 보고가 있다. 이를 '가짜 미소의 약효'로 읽는 것은 과잉 해석이다. 좀 더 온당한 해석은 미소가 긍정정서(Positive Emotion), 몰입(Engagement), 관계(Relationships), 의미(Meaning), 성취(Accomplishment) 등 광의의 긍정 자원을 나타내는 '팔마(PERMA)'의 표지일 수 있다는 점이다. 결국 건강과 생존을 좌우하는 것은 억지 미소가 아니라, 의미·관계·성취와 결합된 긍정정서다.

사망률 전체로 넓히면 그림은 더 분명해진다. 요이치 치다(Yoichi Chida)와 앤드루 스텝토(Andrew Steptoe)가 70편의 연구를 통합 분석한 결과, 현재 건강한 사람 가운데 심리적 웰빙(행복)이 높은 이들은 사망원인별 사망률이 18퍼센트 낮았다. 이미 질환을 가진 환자군에서도 이득이 완전히 사라지지 않았고, 소폭이지만 유의미한 감소가 관찰되었다. 한마디로 '크레인이 덮칠 때'도 웰빙은 전혀 무기력하지만은 않다.

물론 한계는 있다. 낙관성을 무작위로 배정할 수 없다 보니 인과 추론에는 항상 주의가 필요하다. 암은 질환군 내부 이질성이 크고, 진행이 빠른 말기의 경우 심리 개입의 창이 좁다. 그럼에도 잘 설계된 대규모 코호트들은 흡연·비만·혈압·콜레스테롤·우울증·스트레스 같은 교란 요인을 엄격히 통제해도 효과가 남는다는 사실을 반복해서 보여주고 있다. 그리고 데이터가 꾸준히 강조하는 것은 하나다. 비관성은 암에서도 위험 요인일 개연성이 크며, 최소한 "비관이 이롭다"는 결과는 나오지 않는다는 점이다. 반대로 낙관성·희망·행복은 암에도 전면적으로 부정할 수 없는 이득을 제공하며, 심혈관 질환과 전체 사망률에서는 그 이득이 더 크고 견고하다.

따라서 현실적인 메시지는 이렇다. 긍정은 치료제가 아니라 보건 자산이고, 강요할 것이 아니라 설계하고 키울 대상이다. 환자에게 필요한 것은 '억지로 웃기'가 아닌, 치료선택(환자 본인의 건강 상태, 치료 효과, 부작용, 경제적 여건, 개인적 가치관 등 다양한 요소를 종합적으로 고려해 결정하는 과정–편집자 주)에 참여해 통제력을 회복하고, 일상에 작은 목표를 세워 성취를 축적하며, 중요한 관계와 의미를 지켜내는 일이다. 건강한 시기에는 이러한 자원을 미리 축적해 1차 예방의 창을 넓히고, 질병 시기에는 우울·불안을 함께 다루어 행동·생리의 경로를 열어야 한다. 그렇게 할 때 우리는 '더 오래, 더 낫게' 살아갈 확률을 미세하지만 실제로, 그리고 꾸준히 높일 수 있다.

웰빙(행복) 효과

웰빙(행복)이 건강을 단지 '좋아 보이게'만 하는지, 아니면 실제로 병의 발생과 경과를 바꾸는 요소인지에 대한 질문은 심리학과 의학이 함께 풀어야 할 핵심 과제다. 지금까지 축적된 증거를 한데 모으면 낙관성은 건강한 심혈관 기능과 꾸준히 연결되고, 비관성은 그 반대와 맞물린다. 긍정정서는 감기·독감 같은 감염성 질환에 대한 민감성을 낮추는 경향이 있는 반면, 부정정서는 그 민감성을 높인다. 현재 건강한 사람 가운데 심리적 웰빙 수준이 높은 이들은 모든 사망원인별 사망률이 낮고, 일부 연구에서는 높은 낙관성이 암 관련 예후와도 우호적인 연관성을 지니는 것으로 나타났다. 문제는 이것이 단순한 상관인지, 아니면 인과를 가리키는지 여부다.

관찰 연구는 언제나 제3의 변수 가능성을 안고 있다. 양육, 사회

경제적 지위, 유전 같은 요소가 동시에 웰빙과 건강을 설명할 수 있기 때문이다. 그래서 최근 대규모 코호트는 흡연, 운동, 혈압, 콜레스테롤, 체질량, 수면, 음주, 우울·불안 등 교란 요인들을 가능한 한 폭넓게 통제한 뒤에도 웰빙과 건강의 연관성이 남는지를 확인해왔다. 그럼에도 '원인'이라는 이름표를 붙이려면 무작위 배정 실험이 필요하다. 이 분야에서 드물지만 시사적인 연구가 있다. 셀리그만과 뷰캐넌은 펜실베이니아대학교 신입생 가운데 비관적 성향을 가진 학생들을 각각 회복력·낙관성 훈련 집단과 비개입 통제 집단에 무작위로 배정해 30개월간 추적 관찰했다. 개입군은 낙관성이 높아지고 우울·불안이 낮아졌을 뿐 아니라, 신체 증상 보고가 적었고, 의료 이용이 감소했으며, 예방검진과 건강행동 준수가 높았다. 무작위 배정이 제3의 변수를 최소화한다는 점을 고려하면 웰빙 상승이 건강 지표를 실제로 개선했을 개연성이 크다. 물론 아직 심근경색 같은 '경질 사건'을 직접 줄였다고 할 만한 무작위 배정 실험은 없지만, 관찰 연구의 일관된 패턴과 개입 연구의 방향성은 웰빙의 보호 효과를 지지한다.

왜 이런 효과가 생길까? 설명 경로는 크게 세 갈래로 살펴볼 수 있다. 첫째는 행동 경로다. 낙관적인 사람은 "내 행동이 결과를 바꾼다"는 기대가 크다. 금연, 체중 관리, 규칙적 운동, 수면 위생, 치료 순응, 예방검진 수검에서 일관된 이득이 관찰된다. 위험 상황에서도 조기 대피와 사전 대비를 더 자주 선택해 손실 자체를 줄인다. 반대로 비관적인 사람은 "무엇을 해도 소용없다"는 무기력으로 이어져 회피와 지연을 반복한다.

둘째는 사회적 경로다. 넓고 질 높은 관계망과 정서적 지지는 강력한 건강 보호 요소인데, 낙관성은 대체로 더 풍부한 지지망과 연결되는 반면, 비관성에서 비롯된 고립과 외로움은 염증 증가와 심혈관 질환 위험 증대로 이어진다. '새벽에도 전화할 수 있는 사람' 같은 실용적 지표가 실제 예후를 설명하는 경우가 적지 않다.

셋째는 생물학적 경로다. 퍼즐 조각처럼 흩어져 있지만 방향은 같다. 긍정 상태는 인터루킨-6 같은 염증 매개체의 과잉 분비를 억제하고, T세포 증식 등 방어적 면역반응을 효율적으로 조절하는 경향이 있다. 반대로 비관과 무기력은 만성 스트레스 반응을 길게 끌며, 코르티솔 과분비와 카테콜아민(catecholamine: 아드레날린, 노르아드레날린, 도파민 등을 포함하는 신경전달물질이자 호르몬-편집자 주)의 불균형을 통해 동맥경화를 촉진하고 염증을 지속한다. 스트레스 상황에서 피브리노겐(fibrinogen: 혈액 응고에 관여하는 혈장 단백질-편집자 주)이 과도하게 증가해 혈액 점도가 높아지는 소견도 반복된다. 자율신경 수준에서는 심박변이율(HRV)이 높은 사람이 더 건강하고 심혈관 위험이 낮으며 우울감도 낮다는 결과가 축적되고, 웰빙과 심박변이율의 정적 연관성도 관찰된다. 요컨대 여러 기전이 겹쳐서 작동하며, 그 결과는 대체로 양극적이다. 높은 웰빙은 평균 수준에 비해 보호 효과를 끌어올리는 반면, 높은 비관은 평균보다 해로운 방향으로 밀어붙인다.

남은 과제는 더 큰 무작위 개입 시험과 다수준 매개분석이다. 심혈관 질환 고위험군을 대상으로 체계적인 낙관성·회복력 훈련과 주의 통제 개입을 비교하고, 수년 동안 경질 사건(사망, 심근경색, 뇌졸중)과 행동·생리 중간 지표(심박변이율, 염증, 응고, 약물 순응)를 함께 추적한다면 웰빙이 어디에서 어떻게 건강으로 해석되는지 그 경로의 크기를 정량화할 수 있다. 장기 코호트에서는 웰빙이 행동·사회·생물 경로를 거쳐 질병과 사망에 이르는 매개 효과를 모델링해 어느 고리가 가장 크고 개입 가능한지를 가늠할 수 있다.

정책과 실천의 메시지는 분명하다. 웰빙은 약이 아니라 자산이다. 강요하거나 가장할 것이 아니라, 일과 생활의 구조 속에 의도적으로 설계하고 축적해야 한다. 작은 목표와 빠른 피드백, 눈에 보이는 성취를 반복함으로써 통제력과 지배력을 회복하고, 관계·의미·몰입 같은 토대를 일상 루틴에 넣는다. 임상 및 보건에서는 예방검진·복약·생활습관을 돕는 선택 구조와 인지·정서 개입을 결합해 행동 및 생리 경로를 동시에 누른다. 로버트 우드 존슨 재단(Robert Wood Johnson Foundation)의 폴 타리니(Paul Tarini)가 제안했듯이, '긍정 건강'을 겨냥한 연구와 심혈관 질환 예방을 위한 낙관성 개입 연구를 병행하면 이 자산을 공중보건의 정식 도구로 편입할 근거가 더욱 명확해진다.

결론적으로, 현재까지 최선의 증거는 웰빙이 결과만 꾸미는 장식이 아니라, 실제로 질병을 덜 불러오고 회복을 빠르게 하는 보호 요소로 작동한다는 점을 보여준다. 인과의 마지막 고리를 메울 대규모 무작위 연구가 남아 있긴 하지만, 여러 층위의 증거가 같은 방향을 가리키는 지금, 웰빙을 건강 정책과 임상·교육·업무에 의도적으로 심는 일은 과학적으로도, 실무적으로도 충분히 정당하다.

긍정(낙관) 건강

긍정 건강(Positive Health) 연구는 셀리그만의 두 갈래 제안에서 출발했다. 하나는 심근경색을 한 번 겪은 환자들을 무작위로 나누어 '펜실베이니아 회복력 훈련' 효과를 시험하는 임상 개입 연구였고, 다른 하나는 긍정 건강 자체를 정의하고 검증하는 개념 연구였다. 전자는 펜실베이니아대학교 심장학과와 함께 설계했으며, 후자는 로버트 우드 존슨 재단이 '긍정 건강'을 명료하게 규정할 수 있으리라는 기대 속에서 지원을 결정했다. 연구를 시작하고 1년 반이 지난 현 시점에 그들은 정의를 세우고, 대규모 종단 연구 자료를 다시 읽으며, 심혈관 건강 자산을 규명하고, 운동을 핵심 자산으로 검증하는 일에 힘을 쏟고 있다.

핵심 물음은 간단하다. 건강을 단지 '질병 없음'으로만 볼 것인가, 아니면 몸과 마음을 보호하고 회복력을 키우는 건강 자산(health assets)으로 볼 것인가? 그들이 취한 길은 후자다. 자산은 대체로 세 갈래로 나뉜다. 첫째, 낙관성·희망·활력·삶의 만족처럼 스스로 건강하다고 느끼는 주관적 자산이다. 둘째, 높은 심박변이율, 적절한 옥시토신(oxytocin), 낮은 피브리노겐과 인터루킨-6, 더 길고 안정적인 텔로미어(telomere·말단소체) 같은 생물학적 자산이다. 셋째, 안정된 결혼과 우정, 의미 있는 일과 취미, 70대에도 숨 가쁘지 않게 계단을 오를 수 있는 일상 기능, 직장에서의 플로리시 같은 기능적 자산이다. 연구자들은 이 자산들이 실제로 수명을 늘리고, 발병을 줄이고, 의료비를 낮추고, 정신건강을 호전하고, 건강수명을 연장하며 아플 때 예후를 좋게 만드는지, 말하자면 '결손을 덜어내는 것'을 넘어 '건강을 덧셈하는 것'이 가능한지를 데이터로 확인하고자 한다. 경험이 긍정 건강의 정의를 만들어갈 것이라는 전제 하에서다.

이를 위해 그들은 원래 '위험 요인'에 초점을 맞췄던 6개의 대규모 장기 연구를 다시 열었다. 성격강점 연구 선구자인 피터슨과 하버드 대학교 심장역학자인 로라 쿱잔스키(Laura Kubzansky)가 이 작업을 이

끈다. 많은 코호트가 혈압·콜레스테롤뿐 아니라 행복, 결혼 만족감, 주관적 건강 등 긍정 지표도 수집해두었다. 재분석의 초기 결과는 분명하다. 전통적 위험을 통제한 뒤에도 자기통제력 같은 강점은 심장 질환 위험을 뚜렷이 낮춘다. 우리는 효과 크기를 일상 언어로 번역하려 한다. 이를테면 '낙관성 상위 25퍼센트에 속하는 것'이 심혈관 질환 예방에서 '담배를 하루에 두 갑을 피우지 않는 효과'에 근접한가 같은 가설을 세우고 검증하는 식이다. 나아가 어떤 자산들이 어떤 배열로 함께 있을 때 특정 질환을 가장 잘 막는지도 살핀다. 자산이 확인되면 곧바로 개입 후보가 된다. 낙관성, 관계, 심박변이율, 규칙적 운동이 사망률을 낮춘다면 각각은 비용 대비 효과가 큰 실행 목표다. 약물·수술 같은 전통적 개입과 긍정 개입을 결합해 비용－효과를 비교하는 일도 병행한다.

또 하나의 큰 축은 미국 육군과의 공동 연구다. 110만여 장병이 복무 기간 내내 전통적인 위험과 긍정 자산을 함께 측정하는 전반적 평가 도구(Global Assessment Tool)를 주기적으로 완수한다. 이 데이터는 의료 이용, 진단과 약물, 체질량지수, 혈압·콜레스테롤, 부상·사고, 체력, DNA(신원 확인), 직무 수행 같은 기록과 연결된다. 덕분에 그들은 정밀한 질문을 던질 수 있다. 다른 변수들을 통제하면 심리적으로 단련된 장병은 감염병에 덜 걸리고 걸려도 빨리 낫는가? 결혼 만족감은 실제로 의료비를 낮추는가? 관계망이 풍부한 장병은 분만·골절·열사병에서 더 빨리 회복하는가? 주관·기능·생물학 자산이 고르게 높은 '초건강' 집단이 존재하는가? 회복력 훈련은 전장과 자연 발생 질병에서 생존율을 높이는가? 지도자의 건강은 좋을 때도, 나쁠 때도 부하에게 전염되는가? 이로써 인구 수준의 긴 시간 축에서 '자산

→ 경로(행동·사회·생물) → 건강/사망'의 사슬을 해부할 수 있는 기반
이 갖춰진 셈이다.

심혈관 영역에서도 초점을 바꿔야 한다. 오랫동안 연구는 "무엇
이 우리를 아프게 하는가?"를 쫓았다. 이제는 같은 무게로 "무엇이 우
리를 강하게 하는가?"를 물을 차례다. 미국 질병통제예방센터(Centers
for Disease Control)의 심장역학 책임자인 다윈 라바르스(Darwin
Labarthe)가 이 전환을 이끄는 운동위원회를 맡았다. 셀리그만은 두
가지만 권했다. 과거에 안주하지 말고 미래 지향적으로 살 것, 그리고
운동할 것. 한 세대 만에 60대의 심혈관 건강이 눈에 띄게 좋아졌다.
그 변화의 핵심 자산 가운데 하나가 바로 신체 활동이다.

운동위원회는 레이먼드 파울러(Raymond D. Fowler)의 조언으로 스
티븐 블레어(Steven N. Blair)가 이끌었다. 블레어의 메시지는 직설적이
다. 미국의 진짜 전염병은 비만 그 자체가 아니라 '무활동'이라는 것이
다. 대규모 연구 결과에서 체중(혹은 체지방)을 통제해도 신체적 운동
량이 많을수록 모든 원인사망률과 심혈관 질환 사망률이 낮아졌다.
이른바 '뚱뚱하지만 단련된' 사람의 사망 위험은 '뚱뚱하고 비단련된'
사람의 절반 가까이까지 떨어지는 것이다. 반대로 날씬하지만 비단련
된 사람은 결코 안전지대에 있지 않다. 실용적 함의는 크다. 단기 다
이어트는 대개 체중 재증가로 돌아오지만, 신체 활동은 지속되기 쉽
고 자기강화적이다. 수술·약물에 보수적인 진영조차도 이제 운동의
예방·예후 개선 효과를 수용한다. 공중보건의 권고는 분명하다. 성인
은 하루 10,000보에 해당하는 활동을 하고, 5,000보 미만은 피해야
한다. 걷기만이 답은 아니다. 수영, 달리기, 댄스, 근력운동, 요가 등 다
양한 경로로 채울 수 있다.

행동을 지키는 데는 사회적 책무성이 큰 힘을 발휘한다. 셀리그만은 강연 다음 날 만보계를 사고 걷기 동호회를 만들었다. 회원들은 이틀에 한 번 각자의 걸음 수를 서로 공유하며 수행을 강화한다. '9,000보'로 잠들기 어렵다면 밤 산책으로 10,000보를 채운다. 누군가는 러닝머신 책상(treadmill desk)을 추천하고, 다른 이는 신발 핏을 조언한다. 이렇게 관계－행동－정서가 엮인 루틴은 건강 자산을 축적하는 장치가 된다. 셀리그만은 '연간 500만 보'라는 목표를 세우고 달성했다. 숫자는 사소해 보이지만 메시지는 분명하다. 움직임은 누적될수록 자산이 된다는 것이다.

결국 긍정 건강은 병을 '빼는 기술'이 아니라, 건강을 '더하는 전략'이다. 주관적(낙관성·의미·활력), 기능적(관계·일·운동), 생물학적(심박변이율·염증·응고) 자산을 측정해 쌓고 연결하면 발병은 늦어지고 예후는 좋아지며 의료비는 줄어든다. 이는 전통적 위험 관리와 대립하지 않는다. 혈압·지질·혈당을 다스리는 결손의 교정과 낙관성·운동·관계를 키우는 자산의 구축은 병행되어야 한다.

다음 과제는 분명하다. 더 큰 무작위 개입 시험으로 인과 고리를 메우고 군과 지역사회, 학교와 직장에 자산 설계를 스며들게 하는 일이다. 낙관성을 키우고, 관계를 돌보며, 몸을 꾸준히 움직이는 작은 실천을 오래 이어가도록 돕는 장치가 바로 긍정 건강의 요체다. 건강 자산은 그렇게 복리로 붙는다.

4장

낙관성 학습

1975년 봄, 셀리그만은 영국 런던 모즐리 병원 정신의학과에서 안식년을 보내던 중 옥스퍼드대학교에서 무기력 학습에 대한 강연을 했다. 청중에는 니콜라스 틴베르헌(Nikolaas Tinbergen), 제롬 브루너(Jerome Bruner), 도널드 브로드벤트(Donald Broadbent), 마이클 겔더(Michael Gelder), 제프리 그레이(Jeffrey Gray) 등 심리학과 인접 분야의 거장들이 함께 자리했다. 젊은 연구자는 위대한 학자들 앞에서 긴장한 채 강연을 시작했다.

강연은 대체로 호응을 얻었지만, 토론자로 지정된 존 티즈데일(John Teasdale)은 내내 비판적 태도를 유지했다. 강연 후 티즈데일은 단호하게 말했다.

"연사의 이야기는 매혹적이지만, 이론은 부적절합니다. 피험자 중 3분의 1은 무기력해지지 않았습니다. 왜 그랬을까요? 또 무기력해진 사람 중 일부는 곧 회복했으나, 일부는 그러지 못했습니다. 어떤 사람들은 오직 원래 상황에서만 무기력을 보인 반면, 다른 사람들은 새로운 상황에서도 포기했습니다. 왜 이런 차이가 생겼을까요? 어떤 사람들은 실패의 책임을 자신에게 돌렸고, 다른 사람들은 연구자에게 돌렸습니다. 왜 서로 달랐을까요?”

이 질문은 학계에 큰 울림을 주었다. 무기력 학습은 분명히 강력한 현상이었으나, 모든 사람에게 똑같이 나타나는 것은 아니었다. 왜 어떤 사람은 무기력에 빠지고, 또 어떤 사람은 그렇지 않은가? 이것이 핵심 문제였다.

셀리그만은 이날의 충격을 계기로, 무기력 학습 이론을 넘어 인간의 사고방식과 해석 패턴에 주목하기 시작했다. 바로 여기서 ‘설명양식(Explanatory Style)’이라는 새로운 연구 주제가 열리게 된다.

낙관성 자기 진단법

아래 문항에 차분히 답하기 바란다. 검사는 15분가량 소요된다. 이 검사에는 맞거나 틀린 답이 없다. 반드시 검사를 완료한 후에 해석 부분을 읽어야 한다. 그렇지 않으면 답변이 왜곡될 수 있다.

각 항목에 제시된 상황을 읽고, 자신이 실제로 그 상황에 놓였다고 생생하게 상상해보라. 직접 경험한 적이 없는 상황이라도 상관없다. 경우에 따라 어떤 답변도 딱 맞지 않는 것처럼 느껴질 수 있다. 그래도 반드시 A와 B 중 하나를 선택해야 한다. 본인에게 조금이라도 더 그럴듯한 이유를 고르면 된다.

답변이 마음에 들지 않을 수 있지만, 중요한 것은 다른 사람의 눈에 바람직해 보이는 선택이 아니라, 자신의 솔직한 판단이다. 따라서 가능한 한 직관적으로 답하길 권한다.

각 문항에서는 반드시 하나의 답변에만 동그라미를 친다. 문항 옆에 제시된 기호와 숫자 코드는 채점을 위한 것이니, 검사 과정에서는 무시해도 좋다.

	문항	
1	내가 책임자인 사업 계획이 크게 성공했다.	PsG
	A 내가 팀원들의 일을 꼼꼼히 감독했기 때문이다.	1
	B 팀원들이 모두 많은 시간과 노력을 쏟았기 때문이다.	0
2	남편(또는 아내/남자친구/여자친구)과 다툰 뒤 화해했다.	PmG
	A 내가 상대를 용서했다.	0
	B 나는 상대를 늘 용서한다.	1
3	차를 몰고 친구 집을 찾아가다 길을 잃었다.	PsB
	A 내가 길을 잘못 들었다.	1
	B 친구가 길을 엉터리로 알려줬다.	0
4	남편(또는 /아내/남자친구/여자친구)이 뜻밖에 선물을 했다.	PsG
	A 그 사람이 직장에서 돈이 생겼기 때문이다.	0
	B 어젯밤 내가 근사하게 한턱냈기 때문이다.	1
5	남편(또는 아내/남자친구/여자친구)의 생일을 깜빡 잊었다.	PmB
	A 나는 원래 사람들 생일을 잘 기억하지 못한다.	1
	B 요즘 다른 일 때문에 정신이 없었다.	0
6	나를 흠모하는 누군가가 꽃을 보냈다.	PvG
	A 그 사람이 나를 매력적이라고 봤다.	0
	B 나는 사람들에게 인기가 좋다.	1

7	지방자치단체 공직에 출마해 당선했다.	PvG
	A 선거운동에 온 힘을 기울였다.	0
	B 나는 무슨 일이든 열심히 한다.	1
8	중요한 약속을 지키지 못했다.	PvB
	A 나는 가끔 무엇을 잊을 때가 있다.	1
	B 나는 가끔 메모 수첩을 확인하는 것을 잊는다.	0
9	지방자치단체 공직에 출마해 낙선했다.	PsB
	A 선거운동을 충분히 하지 못했다.	1
	B 당선된 상대 후보가 더 많은 사람을 알고 있었다.	0
10	집에서 손님들을 위한 훌륭한 저녁 모임을 가졌다.	PmG
	A 그날 나는 유난히 멋지게 행동했다.	0
	B 나는 그런 모임을 마련하는 데 재능이 있다.	1
11	제때 경찰에 신고해 큰일을 막았다.	PsG
	A 이상한 소리가 들렸기 때문이다.	0
	B 그날 나는 주의를 놓치지 않고 있었다.	1
12	1년 내내 아주 건강했다.	PsG
	A 주위에 아픈 사람이 별로 없어 전염될 위험이 낮았다.	0
	B 잘 먹고 충분히 쉬려고 노력했다.	1
13	도서관에 연체료로 10,000원을 냈다.	PmB
	A 독서에 몰두하다 보면 책 반납을 잊곤 한다.	1
	B 보고서 작성에 열중하다 보니 반납을 잊었다.	0
14	주식으로 돈을 많이 벌었다.	PmG
	A 내 주식중개인이 훌륭한 결정을 했다.	0
	B 내 주식중개인은 일류 투자자다.	1
15	운동경기에서 내가 우승했다.	PmG

	A	그때는 누구든 이길 자신이 있었다.	0
	B	나는 언제나 열심히 연습한다.	1
16		중요한 시험을 망쳤다.	PvB
	A	나는 다른 사람들만큼 똑똑하지 않다.	1
	B	시험 준비를 충분히 하지 못했다.	0
17		정성껏 요리했는데 친구가 거의 손도 대지 않았다.	PvB
	A	나는 요리에 소질이 없다.	1
	B	내가 요리를 너무 서둘러 했다.	0
18		오랫동안 연습했는데도 경기에서 졌다.	PvB
	A	나는 운동에 별로 소질이 없다.	1
	B	이 종목은 내가 잘 못한다.	0
19		한밤중 어두운 길을 운전하다가 휘발유가 떨어졌다.	PsB
	A	잔량을 점검하지 않았다.	1
	B	휘발유 계량기가 고장 났다.	0
20		더는 참지 못하고 친구에게 화를 냈다.	PmB
	A	그 친구는 늘 성가시게 군다.	1
	B	그 친구는 그날따라 기분이 안 좋았다.	0
21		소득세 신고서를 제때 제출하지 않아 벌금을 물었다.	PmB
	A	나는 세금 내는 일을 늘 미루는 편이다.	1
	B	올해는 세금 내는 일을 게을리했다.	0
22		데이트 신청을 했는데 거절당했다.	PvB
	A	그날은 제대로 되는 일이 하나도 없었다.	1
	B	신청할 때 말이 꼬였다.	0
23		게임쇼 사회자가 청중 중 나를 뽑아 참여하게 했다.	PsG
	A	좋은 자리에 앉아 있었다.	0

	B	내가 가장 열성적으로 보였다.	1
24		파티에서 함께 춤추자는 제의를 자주 받았다.	PmG
	A	나는 원래 파티 체질이다.	1
	B	그날 밤 내 모습이 완벽했다.	0
25		남편(또는 아내/남자친구/여자친구)이 내 선물을 마음에 들어 하지 않았다.	PsB
	A	선물을 고를 때 깊이 생각하지 않는 편이다.	1
	B	그 사람이 까다로운 편이다.	0
26		입사 면접을 아주 잘 치렀다.	PmG
	A	면접 동안 자신감이 넘쳤다.	0
	B	나는 원래 면접을 잘 본다.	1
27		내 농담에 모두가 웃었다.	PsG
	A	내가 생각해도 재미있는 농담이었다.	0
	B	농담을 꺼낸 타이밍이 완벽했다.	1
28		회사에서 너무 촉박한 과제를 받았지만 제때 해냈다.	PvG
	A	나는 회사 일을 잘한다.	0
	B	나는 모든 일을 잘한다.	1
29		요즘 많이 지친 느낌이 든다.	PmB
	A	평소에 쉬지 않기 때문이다.	1
	B	이번 주에 특히 바빴기 때문이다.	0
30		누군가에게 함께 춤추자고 했다가 거절당했다.	PsB
	A	내가 춤을 잘 못 추기 때문이다.	1
	B	그 사람이 춤추는 것을 좋아하지 않기 때문이다.	0
31		질식할 뻔한 사람을 살려냈다.	PvG
	A	질식 막는 법을 알고 있다.	0
	B	위급 상황에서 어떻게 해야 하는지 알고 있다.	1

32	애인이 잠시 냉각기를 갖자고 했다.	PvB
A	내가 너무 자기중심적이었다.	1
B	애인에게 충분히 시간을 쓰지 못했다.	0
33	친구의 말에 마음의 상처를 입었다.	PmB
A	그 친구는 늘 다른 사람을 배려하지 않고 말한다.	1
B	그 친구가 기분이 언짢아 내게 화풀이했다.	0
34	사장이 내게 조언을 구했다.	PvG
A	내가 그 분야를 잘 알기 때문이다.	0
B	내가 훌륭한 조언을 잘하기 때문이다.	1
35	친구가 어려울 때 도와줘서 고맙다고 했다.	PvG
A	나는 그 친구가 어려울 때 기꺼이 돕는다.	0
B	나는 사람들을 잘 돕는다.	1
36	파티에 참석해 사람들과 아주 즐거운 시간을 보냈다.	PsG
A	모두 매너가 좋았다.	0
B	내 매너가 좋았다.	1
37	의사가 내 몸매가 좋다고 말했다.	PvG
A	나는 운동을 게을리하지 않으려 애쓴다.	0
B	나는 건강에 신경을 많이 쓴다.	1
38	남편(또는 아내/남자친구/여자친구)의 제안으로 낭만적인 곳에서 주말을 보냈다.	PmG
A	그 사람은 며칠 쉴 필요가 있었다.	0
B	그 사람은 평소 새로운 곳을 찾아다니길 즐긴다.	1
39	의사가 내가 설탕을 너무 많이 먹는다고 했다.	PsB
A	나는 식습관에 별로 신경 쓰지 않는다.	1
B	모든 것에 설탕이 들어 있어 안 먹기가 어렵다.	0
40	중요한 사업의 책임자 자리를 제안받았다.	PmG

	A	최근 비슷한 사업을 성공적으로 마무리했기 때문이다.	0
	B	내가 관리·감독에 재능이 있기 때문이다.	1
41		최근 남편(또는 아내/남자친구/여자친구)과 크게 다투었다.	PsB
	A	요즘 내가 스트레스를 많이 받아 신경이 날카로웠다.	1
	B	요즘 그 사람이 화를 잘 냈다.	0
42		스키를 타다 크게 넘어졌다.	PmB
	A	스키는 어렵다.	1
	B	노면이 얼어 있었다.	0
43		회사에서 멋진 상을 받았다.	PvG
	A	내가 중요한 문제를 해결했기 때문이다.	0
	B	내가 최고의 사원이기 때문이다.	1
44		내 주식 가격이 떨어져 오를 기미가 보이지 않는다.	PvB
	A	살 때 경기 동향을 잘 몰랐다.	1
	B	주식 선택을 잘못했다.	0
45		로또에 당첨됐다.	PsG
	A	운이 좋았을 뿐이다.	0
	B	번호를 잘 골랐다.	1
46		휴가 때 늘어난 체중이 줄지 않는다.	PmB
	A	다이어트는 장기적으로 효과가 없다.	1
	B	내가 선택한 다이어트 방법이 나빴다.	0
47		병원에 입원했는데 방문객이 별로 없다.	PsB
	A	나는 아프면 신경이 날카로워진다.	1
	B	내 친구들은 번거로운 일을 모른 척한다.	0
48		상점에서 내 신용카드가 거절당했다.	PvB
	A	나는 때때로 내가 돈이 많다고 착각하곤 한다.	1

B 나는 때때로 청구서 지불을 잊곤 한다.	0

채점표	
PmG(Permanent Good: 좋은 일 영속적) ______	PmB(Permanent Bad: 나쁜 일 영속적) ______
PvG(Pervasiveness Good: 좋은 일 만연적) ______	PvB(Pervasiveness Bad: 나쁜 일 만연적) ______
PsG(Personalization Good: 좋은 일 내부적) ______	PsB(Personalization Bad: 나쁜 일 내부적) ______
HoB(Hope Score for Bad Events: 희망 점수=PmB+PvB) ______________	
G(좋은 일) 총점 ______________	B(나쁜 일) 총점 ______________
낙관성 점수 G(좋은 일) − B(나쁜 일) ______________	

이제 자신의 점수를 계산해보자. 먼저 세 가지 B 점수(PmB, PvB, PsB)를 모두 합산한다. 이 점수가 곧 '나쁜 일'에 대한 개인의 총점이다. 이어서 세 가지 G 점수(PmG, PvG, PsG)를 합산한다. 이는 '좋은 일'에 대한 총점이다. 마지막으로 G 총점에서 B 총점을 뺀 값, 즉 G−B가 최종 점수다. 이 점수가 전체적인 낙관성 수준을 보여주는 지표다.

해석은 다음과 같다.

B 총점이 3점에서 6점 사이면 놀라울 정도로 낙관적인 사람이다. 6점에서 9점은 꽤 낙관적인 편이고, 10점에서 11점은 평균에 해당한다. 반대로 12점에서 14점 사이는 꽤 비관적인 범주에 속하며, 14점 이상이면 변화가 절실하게 필요하다.

한편 G 총점이 19점 이상인 사람은 좋은 일을 매우 낙관적으로 해석한다. 17점에서 19점 사이는 꽤 낙관적이고, 14점에서 16점 사이는 평균이다. 11점에서 13점 사이는 좋은 일마저도 비관적으로 받아들이는 편이며, 10점 이하면 극단적인 비관성에 해당한다.

마지막으로 G 총점에서 B 총점을 뺀 최종 점수를 살펴보면, 8점

이상은 전반적으로 매우 낙관적인 사람이다. 6점에서 8점 사이는 꽤 낙관적이고, 3점에서 5점 사이는 평균 수준이다. 1점에서 2점은 꽤 비관적이며, 0점 이하면 전체적으로 매우 비관적인 상태라고 할 수 있다.

사람마다 설명양식이 다르다

무기력 학습 이론이 처음 발표되었을 때 그것은 통제 불가능한 사건을 경험한 동물과 사람이 왜 쉽게 포기하는지를 설명하는 강력한 모델이었다. 그러나 동시에 곧바로 치명적인 질문에 직면했다. 왜 어떤 사람은 무기력에 빠지지만, 또 어떤 사람은 결코 포기하지 않는가? 바로 이 문제는 무기력 학습 이론을 심리학의 주류 담론으로 정착시키느냐, 아니면 일시적 가설로 남게 하느냐를 가르는 시험대였다.

이 물음을 본격적으로 제기한 인물은 영국 심리학자 존 티즈데일이었다. 셀리그만은 옥스퍼드대학교에서 강연하던 중 그의 반론을 들었다. 그는 실험 참가자 중 약 3분의 2는 무기력에 빠졌지만, 나머지 3분의 1은 끝내 포기하지 않았다는 사실을 지적하면서 이 역설이 해소되지 않는 한 무기력 학습 이론은 불완전할 수밖에 없다고 언급했다. 그때만 해도 셀리그만은 이 반론이 향후 우울증 치료와 예방에 새로운 길을 열어줄 것이라고는 미처 생각지 못했다. 강연 후 그와 함께 캠퍼스를 걸으며 셀리그만은 물었다. 왜 어떤 사람은 무기력해지고, 또 어떤 사람은 그렇지 않은가? 그의 대답은 단순했지만 결정적이었다. 사람들이 나쁜 일을 어떻게 설명하는지가 관건일 것이다. 특정 방식으로 설명하는 사람은 무기력에 취약하고, 다른 방식으로 설명하는 사람은 끝내 무기력에 굴하지 않는다는 얘기였다. 만약 그렇다면 설명 습관을 바꾸도록 돕는 것이 우울증 치료의 새로운 방법이 될 수 있었다.

셀리그만이 이 문제의식을 안고 귀국하자마자, 연구실의 젊은 동료들도 동일한 의문을 던졌다. 린 아브램슨(Lyn Abramson)과 주디 가버(Judy Garber)는 당시 심리학계에서 큰 반향을 일으키던 버나드 와이너(Bernard Weiner)의 '귀인(歸因: 원인의 귀착) 이론'에 주목하고 있었다. 와이너는 사람들이 성공과 실패를 어떻게 해석하느냐에 따라 성취 수준이 달라진다고 주장하면서 이를 '귀인 이론'이라고 불렀다. 쥐나 비둘기에게서는 일정하게 나타나는 부분강화 소거 효과가 사람에게서는 일관되게 나타나지 않는 이유도 사람들의 해석 방식 차이에 기인한다고 봤다. 실패 원인을 영속적이라고 생각하는 사람은 곧 포기했지만, 그것을 일시적인 교란으로 해석한 사람은 오래도록 시도를 이어갔다. 결국 중요한 것은 강화 절차 자체가 아니라, 사람들이 그 절차를 어떻게 설명하는가였다.

귀인 이론은 개별 사건의 귀속 방식에 집중했다. 그러나 셀리그만과 동료들은 한 걸음 더 나아가 사람들이 반복적으로 사용하는 해석 습관, 즉 설명양식에 주목했다. 설명양식은 순간의 임기응변적 반응이 아니라, 아동기와 청소년기에 형성되어 성인기의 정서와 행동을 지배하는 인지적 틀이었다. 같은 실패를 경험하더라도 어떤 사람은 "내 잘못이고 앞으로도 계속 그럴 것이다"라고 설명하며 무기력에 빠지는 반면, 어떤 사람은 "상황이 안 좋았지만 곧 나아질 테고 이것이 삶의 전부는 아니다"라고 설명하면서 회복을 선택한다. 설명양식은 곧 낙관과 비관, 심리적 지배와 무기력을 가르는 결정적 요소였다.

이후 그들은 무기력 학습 이론을 재정식화해 설명양식을 세 가지 차원으로 구분했다.

첫째, 영속성이다. 실패 원인을 영속적인 것으로 보는가, 아니면 일시적인 것으로 보는가에 따라 결과는 크게 달라진다. 영속적으로 해석하는 사람은 "나는 늘 실패할 수밖에 없다"는 결론에 도달해 장기적인 무기력에 빠진다. 반대로 일시적이라고 보는 사람은 실패를 극복 가능한 사건으로 해석하며 재도전에 나선다.

둘째, 만연성이다. 실패를 특정 상황에만 국한하는가, 아니면 삶 전반으로 확장하는가에 따라 차이가 난다. 만연적으로 해석하면 한 영역의 실패가 다른 영역으로 번져나가 전반적인 무기력으로 이어진다. 그러나 부분적으로 해석하는 사람은 실패를 특정 사건 안에 가둠으로써 새로운 도전에 나설 수 있는 여지를 남긴다.

셋째, 내부성이다. 실패 원인을 전적으로 자신의 내부 문제로 돌리는가, 아니면 상황과 외부 요인의 상호작용 속에서 해석하는가에 관한 차원이다. 과도한 자기 비난은 자존감과 자기효능감을 약화하고, 이는 곧 무기력으로 이어진다. 반대로 상황적 요인을 균형 있게 고려하는 사람은 자기 책임을 회피하지 않으면서도 자기 파괴적 해석을 피할 수 있다.

이 세 가지 차원의 조합은 한 사람의 설명양식 프로필을 형성한다. 영속적·만연적·내부적(내 탓) 설명양식을 가진 사람은 무기력과 우울증에 취약하다. 반대로 일시적·부분적·외부적(남 탓) 설명양식을 가진 사람은 역경 속에서도 회복하고 다시 도전할 가능성이 크다.

재정식화된 이론은 곧 측정 도구 개발로 이어졌다. 그들은 설명양식을 간편하게 평가할 수 있는 질문지를 고안했으며, 이를 통해 무기력 이론은 연구실의 실험을 넘어 교육 현장, 상담실, 임상 치료로 확장될 수 있었다. 이제 설명양식은 실패 후 동기 저하를 예측하고, 개인별 맞춤 개입을 설계하는 도구로 자리 잡았다. 실제 우울증 치료에서는 자동 사고를 수정하면서 새로운 설명 습관을 재훈련하는 것이 핵심 개입으로 자리매김했다.

설명양식 교정은 몇 가지 원리에 따라 이루어진다. 첫째, 증거와 대안의 원리로, 즉각 떠오른 파국적 해석에 반증을 제시하고 여러 대안적 설명을 탐색한다. 둘째, 범위 축소의 원리로, 실패의 영향을 해당 영역에 국한함으로써 삶 전체로 확산하는 것을 막는다. 셋째, 시간 한정의 원리로, 실패를 일시적 사건으로 배치함으로써 회복 가능성을 연다. 넷째, 균형 책임의 원리로, 책임을 회피하지 않으면서도 과도한 자기 비난을 줄이고, 통제 가능한 요소를 찾아 개선한다. 다섯째, 행동 재개와 미세 성공의 원리로, 작은 행동을 즉시 재개함으로써 성공 경험을 축적하고 설명양식 변화를 강화한다.

무엇보다 이 재정식화 과정은 과학적 학문의 주요 본보기다. 무기력 학습 이론은 비판을 통해 더욱 정교해졌다. 티즈데일과 아브램슨, 가버 같은 동료들의 반론은 셀리그만의 이론을 무너뜨리기보다 오히려 보완하고 확장하게 만들었다. 학문은 권위에 굴복하거나 비판을 억누르는 방식이 아니라, 반론과 검증을 통해 전진한다. 설명양식 이론은 바로 이러한 과정을 증명하는 산물이었다.

결국 설명양식은 무기력 이론이 제기한 역설, 즉 왜 어떤 사람은 무기력에 빠지지만 또 다른 사람은 결코 포기하지 않는가라는 질문에 대한 하나의 답이 되었다. 설명양식은 우리가 역경을 어떻게 바라보고 해석하는지가 단순한 사고 습관을 넘어 삶 전체의 태도와 미래를 결정한다는 사실을 보여준다.

어떤 사람이 포기하지 않는가

사람은 누구나 살면서 크고 작은 불행을 겪는다. 그러나 그 불행을 어떻게 해석하는지에 따라 결과는 전혀 달라진다. 쉽게 포기하는 사람은 흔히 이렇게 말한다. "이건 내 탓이야. 앞으로도 계속 이럴 거야. 아무리 해도 소용없어." 이처럼 원인을 자신에게 고정하고, 그것이 영속적이며 만연적이라고 믿는 순간, 무기력과 절망은 빠르게 자리 잡는다.

반대로 불행에 굴하지 않는 사람은 전혀 다른 방식으로 설명한다. "상황이 나빴을 뿐이야. 시간이 지나면 나아질 거야. 이것이 인생의 전부는 아니잖아." 그들에게 불행은 일시적이고 일부 상황에 국한된 사건이며, 자기 존재 전체를 규정하지 않는다. 따라서 시련 속에서도 다시 일어설 수 있는 힘이 생긴다.

이처럼 불행에 대한 해석은 단순히 실패했을 때 내뱉는 말 이상의 의미를 지닌다. 그것은 오랜 성장 과정에서 형성된 사고 습관, 즉 설명양식이다. 설명양식은 자신을 세상에서 가치 있는 존재로 보는지, 아니면 무가치하고 희망 없는 존재로 여기는지에 따라 크게 달라진다. 바로 이 지점에서 낙관적인 사람과 비관적인 사람이 갈린다. 낙관적인 설명양식은 회복과 도전을 가능하게 하고, 비관적인 설명양식은 포기와 무기력으로 이어진다.

앞에서 다룬 검사는 바로 이러한 설명양식을 드러내고자 고안된 도구다. 그것은 개인이 역경을 해석하는 방식을 객관적으로 살펴보고, 자신의 사고 습관을 인식하도록 돕는 과정이다. 결국 어떤 사람이 포기하지 않는가라는 질문에 대한 답은 불행 원인을 어떻게 설명하느냐에 달렸다.

다음 '표'는 설명양식의 세 가지 차원과 각 차원에서 드러나는 비관적·낙관적 해석의 차이를 정리한 것이다.

영속성(지속성) 차원 (시간적 차원)	만연성 차원 (공간적 차원)	내부성 차원 (개인적 차원)
나쁜 일(비관적) '항상(영속적)'	나쁜 일(비관적) '전체(만연적)'	나쁜 일(비관적) '내 탓(내부적)'
나쁜 일(낙관적) '가끔(일시적)'	나쁜 일(낙관적) '일부(부분적)'	나쁜 일(낙관적) '남 탓(외부적)'
좋은 일(비관적) '가끔(일시적)'	좋은 일(비관적) '일부(부분적)', '전체(만연적)'	좋은 일(비관적) '남 탓(외부적)'
좋은 일(낙관적) '항상(영속적)'	좋은 일(낙관적) '전체(만연적)'	좋은 일(낙관적) '내 탓(내부적)'

설명양식 검사
팀 프로젝트 평가가 기대 이하였다면?
① 난 협업에 소질이 없어. 앞으로도 팀 프로젝트만 하면 망할 거야.
② 이번엔 일정·역할 분담이 헐거웠어. 다음엔 킥오프 때 책임과 마감부터 명확히 잡자.
자격시험에 떨어졌다면?
① 역시 나는 머리가 나빠. 시험은 내 인생에 안 맞아.
② 이번에는 계산 부분에서 시간 관리가 흔들렸어. 약점을 집중 보완해서 다음 회차에 다시 보자.

소개팅 후 연락이 오지 않는다면?
① 나는 사람들에게 매력적이지 않은 게 분명해. 영원히 연애는 못 할 거야.
② 일정이 안 맞았거나 취향이 달랐을 수 있어. 내 이야기를 너무 길게 한 건 아닌지 점검하고, 다음 만남에선 질문 비중을 늘리자.
발표 중 질문을 제대로 못 받았다면?
① 나는 발표만 하면 얼어붙는 사람이야. 앞으로 발표는 절대 못 해.
② 범위를 벗어난 질문이었고 준비가 부족했던 부분이야. 예상 질문 리스트를 늘리고, 모의 발표에서 교차 질문을 연습하자.
상사가 메신저에 답이 없다면?
① 상사가 나를 싫어하나 봐. 회사에서 내 입지는 끝났어.
② 회의 중이거나 알림을 못 봤을 수 있어. 이메일로 정리해 보내고, 필요하면 10분간 미팅을 잡자.
건강검진에서 경고 수치가 나왔다면?
① 원래 체질이 안 좋아. 아무리 해도 건강해질 수 없어.
② 최근 수면·운동이 무너졌던 영향일 거야. 4주간 생활기록을 작성한 후 재검 예약을 잡고, 저녁에는 탄수화물 섭취를 줄이면서 주 3회 걷기부터 시작하자.
출근길에 회사에 많이 늦었다면?
① 나는 항상 중요한 날에 사고를 친단 말이야. 내 운명이지 뭐.
② 오늘은 호우로 교통이 마비되었어. 비가 오는 날에는 20분 정도 여유를 가지고 출발하고, 대체 경로를 내비게이션에 즐겨 찾기를 해두자.
친구가 약속을 취소했다면?
① 사람들이 나를 우습게 봐서 인간관계가 늘 이렇게 끝나.
② 급한 일이 생겼을 수 있지. 다른 날로 약속을 잡고, 약속을 확정하기 전에 서로 일정을 공유해야겠어.

각 문항에서 ①을 선택하면 비관적 설명양식, ②를 선택하면 낙관적 설명양식에 가깝다. ①은 영속적·만연적·내부적(내 탓) 요인으로 해석하고, ②는 일시적·부분적·외부적(남 탓) 요인으로 재귀인하는 패

턴을 보인다.

영속성: 일시적 원인 대 영속적 원인

영속성은 시간 차원의 설명양식이다. 즉 불행한 사건의 영향이 일시적으로 그친다고 보는가, 아니면 영속적으로 이어진다고 보는가를 가늠한다.

예를 들어 한 스타트업이 자금난으로 폐업하면서 직원 현우와 소라는 일자리를 잃었다. 현우는 충격을 받았지만 "이 시기가 지나면 새로운 기회가 올 거야"라고 생각했다. 그는 몇 주간 힘들어했지만, 곧바로 이력서를 준비하고 다른 프로젝트에 참여하면서 재도약을 시도했다. 반면 소라는 "나는 언제나 불운해. 앞으로도 계속 이런 일이 반복될 거야"라며 좌절했다. 시간이 지나도 무기력에서 벗어나지 못했고, 스스로 미래를 닫아버렸다.

현우처럼 사건을 일시적 어려움으로 한정하는 사람은 다시 기운을 차린다. 그러나 소라처럼 사건을 영속적인 불운으로 해석하는 사람은 오랫동안 무기력에서 벗어나지 못한다.

나쁜 일에 대한 설명양식

영속적 원인(비관적)

- "이제 내 인생은 끝이야."
- "나는 언제나 실패해."
- "다이어트는 해도 소용없어."

일시적 원인(낙관적)

- "이번에는 너무 지쳤을 뿐이야."

- "이번 프로젝트가 유난히 힘들었어."
- "요즘 생활 습관이 흐트러졌어."

검사와 해석

낙관성 자기 진단법에서 'PmB(나쁜 일 영속적)' 문항은 5, 13, 20, 21, 29, 33, 42, 46번이다. 점수를 합산해 자신의 성향을 파악할 수 있다.

- 0~1점: 매우 낙관적
- 2~3점: 꽤 낙관적
- 4점: 평균
- 5~6점: 꽤 비관적
- 7~8점: 매우 비관적

사례로 본다면 소라는 나쁜 사건을 영속적인 불운으로 해석했고, 현우는 일시적인 어려움으로 한정했다.

좋은 일에 대한 설명양식

좋은 일을 해석할 때는 반대 원리가 적용된다.

- 낙관적인 사람은 좋은 일의 원인을 영속적 특성에서 찾는다.
- 비관적인 사람은 좋은 일을 일시적 사건으로 축소한다.

일시적 원인(비관적)

- "오늘은 운이 좋아서 합격했어."
- "이번에는 준비를 잘했을 뿐이야."
- "상대방이 우연히 실수한 거야."

영속적 원인(낙관적)

- "나는 언제나 성실하기 때문에 합격할 수 있었어."

- "나는 꾸준히 실력을 쌓아왔어."
- "나는 발표할 때 늘 설득력이 있어."

검사와 해석

낙관성 자기 진단법에서 'PmG(좋은 일 영속적)' 문항은 2, 10, 14, 15, 24, 26, 38, 40번이다. 여기서 1점은 낙관적, 0점은 비관적 반응이다.

- 7~8점: 매우 낙관적
- 6점: 꽤 낙관적
- 4~5점: 평균
- 3점: 꽤 비관적
- 0~2점: 매우 비관적

현우가 임시직 제안을 받았을 때 "내 성실함 덕분에 앞으로도 기회가 이어질 거야"라고 해석한 반면, 소라는 "이번에는 운이 좋았던 거야. 다음은 없을 거야"라고 한정적으로 받아들였다.

만연성: 부분적 원인 vs 만연적 원인

영속성이 시간 차원에 관한 것이라면 만연성은 공간 차원의 설명 양식이다. 즉 한 영역에서 실패가 다른 영역으로도 확산되는가, 아니면 특정 영역에 국한되는가를 가늠한다.

예를 들어 한 정보기술(IT) 기업에서 대규모 구조조정이 있었다. 민수와 지석도 이 과정에서 해고당해 큰 충격을 받았다. 두 사람 모두 몇 주간은 의욕이 없었고 우울했다. 그러나 이후 반응은 달랐다.

민수는 해고 후 자신감을 잃었지만, 여전히 가정에서는 따뜻한 남편이자 아빠였다. 꾸준히 운동하고 친구들과도 어울리면서 다른 생활 영역을 유지해나갔다. 반면 지석은 회사에서 잘린 이후 모든 일에서 무력했다. 배우자와 대화를 피하고, 아이들과 시간을 보내는 것도 거부했다. 친구 모임을 모두 끊었으며, 건강 관리조차 소홀히 해 잦은 병치레에 시달렸다.

민수처럼 나쁜 사건을 특정 영역에 한정하는 사람은 삶의 다른 부분을 유지할 수 있다. 반면 지석처럼 사건의 원인을 삶 전체로 확산하는 사람은 모든 영역에서 무기력에 빠진다. 삐져나온 실오라기 하나가 직물 전체를 풀어버리듯이 한 사건이 인생 전반을 무너뜨리는 것이다.

나쁜 일에 대한 설명양식

만연적 원인(비관적)

- "직장 상사는 다 불공평해."
- "나는 대체로 인간관계가 서툴러."
- "요즘 모든 게 다 엉망이야."

부분적 원인(낙관적)

- "우리 팀장은 이번엔 공평하지 못했어."
- "그 사람과의 대화가 잘 안 풀렸어."
- "이번 프로젝트가 유난히 힘들었네."

검사와 해석

낙관성 자기 진단법에서 'PvB(나쁜 일 만연적)' 문항은 8, 16, 17, 18, 22, 32, 44, 48번이다.

- 0~1점: 매우 낙관적
- 2~3점: 꽤 낙관적

- 4점: 평균
- 5~6점: 꽤 비관적
- 7~8점: 매우 비관적

지석은 만연적 설명양식을 택해 인생 전체를 부정적으로 해석했고, 민수는 부분적 설명양식을 택해 실패를 한정된 문제로 받아들였다.

좋은 일에 대한 설명양식

좋은 일에 대한 설명은 반대로 적용된다. 낙관적인 사람은 성공 원인을 전체적인 특성과 능력으로 돌리고, 비관적인 사람은 특정 상황에 국한한다.

부분적 원인(비관적)

- "이번 시험은 운이 좋아서 잘 본 거야."
- "이 분야에만 내가 좀 소질이 있지."
- "오늘은 우연히 발표가 잘 됐어."

만연적 원인(낙관적)

- "나는 원래 시험에 강해."
- "나는 다양한 분야에서 꾸준히 성실하지."
- "나는 발표할 때 늘 설득력이 있어."

검사와 해석

낙관성 자기 진단법에서 'PvG(좋은 일 만연적)' 문항은 6, 7, 28, 31, 34, 35, 37, 43번이다.

- 7~8점: 매우 낙관적
- 6점: 꽤 낙관적
- 4~5점: 평균

- 3점: 꽤 비관적
- 0~2점: 매우 비관적

민수는 임시직 제안을 받았을 때 "내 성실함 덕분에 어디서든 기회가 온다"고 해석한 반면, 지석은 "이 회사가 지금 인력이 부족해서 어쩔 수 없이 나를 부른 거야"라고 한정적으로 해석했다.

희망과 절망

희망은 오래도록 설교자나 정치인, 혹은 장사꾼이 사용하는 단어처럼 들렸다. 그러나 설명양식 이론은 희망을 실험실로 끌어와 그것이 어떤 원리로 작동하는지를 과학적으로 분석할 수 있게 했다.

사람이 희망을 가질 수 있는지 여부는 주로 영속성과 만연성, 이 두 차원에 달렸다.

- 불행의 원인을 일시적이고 부분적인 것으로 바라보는 사람은 역경 속에서도 희망을 유지한다. 일시적 원인은 무기력을 어느 시간으로 한정하고, 부분적 원인은 무기력을 특정 상황에만 제한하기 때문이다.
- 반대로 불행의 원인을 영속적이고 만연적인 것으로 해석하는 사람은 쉽게 절망에 빠진다. 영속적 원인은 무기력을 미래까지 확장하고, 만연적 원인은 삶 전반에 무기력을 확산하기 때문이다.

절망적 설명

- "내가 원래 어리석어서 그래."
- "남자들은 다 폭군이야."
- "이 혹은 암일 확률이 50퍼센트나 돼."

희망적 설명

- "그날은 술에 취해 판단이 흐려졌어."

- "남편이 그날따라 기분이 안 좋았어."
- "이 혹이 암일 확률이 50퍼센트지만, 아무것도 아닐 확률도 50퍼센트야."

검사와 해석

낙관성 자기 진단법에서 'PmB(나쁜 일 영속적)'와 'PvB(나쁜 일 만연적)' 점수를 합산하면 이것이 곧 희망 점수(HoB)가 된다.

- 0~2점: 매우 희망적
- 3~6점: 꽤 희망적
- 7~8점: 평균
- 9~11점: 꽤 절망적
- 12~16점: 매우 절망적

역경에 처했을 때 불행을 영속적이고 만연적 원인으로 해석하는 사람은 장기간에 걸쳐 여러 영역에서 좌절에 빠진다. 반면 일시적이고 부분적 원인으로 이해하는 사람은 어려움 속에서도 회복할 수 있는 내적 자원을 지닌다.

따라서 희망 점수는 설명양식 검사에서 가장 중요한 단일 지표라고 할 수 있다. 이 점수는 단순히 낙관과 비관을 가르는 수준을 넘어 실제로 사람이 얼마나 빨리 다시 일어서서 삶을 이어갈 수 있는지를 예측한다.

내부성: 내부적 원인(내 탓) vs 외부적 원인(남 탓)

설명양식의 세 번째 차원은 내부성이다. 이는 불행의 원인을 자기 내부(내 탓)에서 찾는지, 아니면 외부(남 탓)에서 찾는지를 가늠한다.

예를 들어 한 회사에서 중요한 프로젝트가 실패로 끝났다. 지훈은 "내가 실력이 부족했어. 원래 나는 이런 일을 잘 못해"라고 스스로를 탓했다. 그 결과 자기효능감이 크게 손상되었고, 이후 자신감 있는 행동조차 할 수 없었다. 반면 명진은 "이번엔 팀워크가 잘 안 맞았어. 일정도 너무 촉박했고"라며 외부 요인을 원인으로 봤다. 그는 자신의 능력에 상처를 덜 입었고, 다시 다음 프로젝트를 시도할 힘을 얻었다.

한마디로 내부 귀인은 자기효능감과 자부심을 약화하는 경향이 있고, 외부 귀인은 심리적 회복을 더 용이하게 만든다.

나쁜 일에 대한 설명양식

내부적 원인(비관적, 약한 자기효능감)

- "내가 어리석어서 일을 망쳤어."
- "나는 원래 능력이 부족해."
- "내 생활 태도가 엉망이라 실패했어."

외부적 원인(낙관적, 상대적으로 강한 자기효능감)

- "상대방이 협조하지 않았어."
- "운이 따르지 않았을 뿐이야."
- "환경이 불리했어."

검사와 해석

낙관성 자기 진단법에서 'PsB(나쁜 일 개인적, 내부적, 내 탓)' 문항은 3, 9, 19, 25, 30, 39, 41, 47번이다. 이 가운데 1점은 내부적 원인(비관적), 0점은 외부적 원인(낙관적)이다.

- 0~1점: 자기효능감이 매우 강함
- 2~3점: 꽤 강함

- 4점: 평균

- 5~6점: 꽤 약함

- 7~8점: 매우 약함

지훈은 실패를 자기 탓으로만 돌려 무기력에 빠졌고, 명진은 외부 요인으로 해석해 회복력을 유지했다.

좋은 일에 대한 설명양식

좋은 일에서는 반대로 적용된다.

- 낙관적인 사람은 좋은 일을 자기 내부 요인 덕분이라고 해석한다.

- 비관적인 사람은 좋은 일을 외부 요인 덕분이라고 축소한다.

외부적 원인(비관적)

- "운이 좋아서 된 거야."

- "동료들 덕분에 성공했어."

내부적 원인(낙관적)

- "내가 원래 이 일을 잘해."

- "내 실력이 빛을 발한 거야."

검사와 해석

낙관성 자기 진단법에서 'PsG(좋은 일 내부적)' 문항은 1, 4, 11, 12, 23, 27, 36, 45번이다. 여기서는 1점이 내부적 원인(낙관적), 0점이 외부적 원인(비관적)이다.

- 7~8점: 매우 낙관적

- 6점: 꽤 낙관적

- 4~5점: 평균

- 3점: 꽤 비관적

- 0~2점: 매우 비관적

책임에 관한 경고

낙관적 태도를 배우는 것은 분명 유익하다. 나쁜 일을 일시적이고 부분적이라고 해석하는 습관은 빨리 회복하는 데 도움을 준다. 누구나 우울감이 오래 지속되지 않기를 바랄뿐더러, 가능한 한 빨리 기운을 되찾기를 원한다. 그러나 여기에는 한 가지 중요한 문제가 따른다. 실패를 외부적 요인(남 탓)으로만 돌리는 것이 과연 바람직한가 하는 점이다.

사람은 누구나 스스로 잘못을 인정하고 자기 행동에 책임 지기를 기대한다. 그러나 일부 심리학 이론은 개인의 책임 의식을 약화해 사회에 해를 끼친 측면도 있다. 악행을 정신질환으로만 환원하거나, 나쁜 품행을 신경증의 발현으로 설명하는 경우가 그렇다. 이러한 관점은 책임 있는 행동을 회피하게 하고, 치료를 환자의 내적 참여와 무관한 절차로만 여기도록 만든다. 따라서 실패를 외부적 요인으로만 귀인하는 태도는 책임 의식을 약화할 수 있다.

그러나 예외가 있다. 바로 비관적이거나 우울증에 시달리는 경우다. 우울한 사람은 이미 자신에게 과도한 책임을 전가하는 경향을 보인다. 이때 "내가 잘했더라면 실패는 없었을 거야" 같은 자책감, "역시 나는 그것을 감당할 능력이 없어"라는 무능감, "내 성격이 이 모양인데 무엇을 하겠어"라는 체념이 쉽게 뒤따른다. 무조건적인 '남 탓'이 문제인 것처럼, 무조건적인 '내 탓' 역시 위험하다. 습관적으로 갖는 '내 탓'이라는 생각을 버리는 것이 중요하다. 따라서 이때는 내부적 설명양식을 완화하고 외부적 설명양식을 학습할 필요가 있다.

궁극적으로 중요한 것은 실패 원인을 일시적이라고 해석하는 태도다. 나쁜 일이 무엇 때문에 생겼든 그 일이 변할 수 있다고 믿는 것이 핵심이다. 반대로 "나는 원래 어리석어", "재능이 없어"와 같이 실패를 영속적 원인으로 해석한다면 변화 가능성은 사라진다. 반면 "그때 기분이 나빴어", "준비가 부족했어"와 같이 일시적 요인으로 해석한다면 변화를 향한 노력이 가능해진다.

최종 점수 해석

1. B(나쁜 일) 총점 = PmB+PvB+PsB

    → 나쁜 일에 대한 비관성 수준

2. G(좋은 일) 총점 = PmG+PvG+PsG

    → 좋은 일에 대한 낙관성 수준

3. 최종 점수 = G(좋은 일) − B(나쁜 일)

B(나쁜 일) 총점

- 3~6점: 매우 낙관적
- 6~9점: 꽤 낙관적
- 10~11점: 평균
- 12~14점: 꽤 비관적
- 14점 이상: 변화 필요

G(좋은 일) 총점

- 20점 이상: 매우 낙관적
- 17~19점: 꽤 낙관적
- 14~16점: 평균
- 11~13점: 꽤 비관적

- 10 이하점: 매우 비관적

최종 점수 G(좋은 일) − B(나쁜 일) 총점

- 9점 이상: 매우 낙관적
- 6~8점: 꽤 낙관적
- 3~5점: 평균
- 1~2점: 꽤 비관적
- 0점 이하: 매우 비관적

만약 자신이 비관적인 설명양식을 자주 사용한다면 이는 간과할 수 없는 문제다. 앞선 검사에서 좋지 않은 점수를 받은 사람은 다음 네 가지 영역에서 어려움을 경험할 가능성이 크다.

① 쉽게 우울해지고 회복이 더디다.
② 자기 능력에 비해 낮은 성과를 내기 쉽다.
③ 신체적 건강과 면역체계가 약화될 수 있다.
④ 삶의 즐거움이 줄어들고 매사 의욕이 없다.

평상시에는 별문제가 없을 수 있지만, 위기 상황에서는 문제가 커진다. 사랑하는 사람과의 이별, 경제적 손실, 실패 경험 앞에서 필요 이상으로 좌절할 수 있다. 이러한 반응은 흔히 정상적인 것으로 여겨지지만, 그렇다고 해서 그대로 받아들여야 하는 것은 아니다.

새로운 설명양식을 배우면 위기 상황을 좀 더 잘 극복할 수 있다. 단순히 우울감을 줄이는 차원을 넘어 삶의 성취와 신체 건강에도 긍정적 영향을 미친다. 평균 점수 수준의 비관적인 사람도 재능에 못 미

치는 성과를 내고, 더 빠른 노화와 건강 저하를 겪을 수 있다는 점에
서 이는 매우 현실적인 문제다.

앞으로 제시될 기법들은 낙관성을 일상적으로 훈련하도록 돕는
다. 이를 통해 사람들은 좌절 속에서도 더 빨리 일어서고, 더 많은 성
과를 거두며, 장기적으로는 신체적 건강까지 증진할 수 있다.

5장

자녀의 설명양식

셀리그만은 설명양식이 성인기의 광범위한 영역, 즉 우울증 취약성, 회복력, 성취, 대인관계, 심지어 신체 건강까지 예측한다고 봤다. 같은 실패를 겪어도 누구는 곧 기운을 되찾고, 누구는 장기간 무기력에 빠지는 차이는 설명양식에 그 뿌리가 있는 것이다. 이러한 설명양식은 아동기에 형성되어 이후 좌절과 성공을 해석하는 필터가 되고, 사고 습관으로 굳는다. 따라서 언제 어떻게 형성되고, 어떻게 측정하며, 어떻게 바꿀 수 있는지가 핵심 과제다.

셀리그만은 아동기 측정 도구로 'CASQ(Children's Attributional Style Questionnaire: 아동 귀인양식 질문지)'를 표준화했다. 8~13세 아동이 대상으로, 약 20분이 소요된다. 아동은 7세 전후부터 설명양식 골격이 드러나기 시작하는데, 13세 이상은 성인용 검사가 더 적합하고 8세 미만은 필기검사 신뢰도가 낮아 관찰 기반 대안이 권장된다.

다음은 검사를 실시하는 방법이다. 아이가 준비되면 부모(또는 교사)는 이렇게 안내한다.

"사람마다 같은 일을 다르게 생각하곤 해. 여기 작은 이야기들이 있어. 각 이야기마다 A와 B 중 '너라면 더 그럴듯한 쪽'을 골라보자. 정답은 없어. 네 생각을 고르면 돼."

아이가 글을 더디게 읽으면 속도를 맞춰 큰 소리로 읽어주고 선택만 아이가 하게 한다.

아이의 낙관성 진단법(아동 귀인양식 질문지)

각 문항에서 A 또는 B 한 가지만 고르되, 오른쪽 끝 숫자는 채점에 쓰이는 것이니 질문지 작성 때는 신경 쓰지 않아도 된다. 괄호 표시가 된 Pm(영속적·늘/가끔), Pv(만연적·전체/부분), Ps(내부적·내 탓/남 탓), G(좋은 일), B(나쁜 일)는 하위 차원이다.

문항	
1 시험을 봤는데 100점을 받았다. (PvG)	
A 내가 똑똑하기 때문이다.	1
B 이 시험과목은 내가 잘한다.	0
2 친구들하고 게임을 했는데 내가 이겼다. (PsG)	
A 친구들이 못해서 내가 이긴 것이다.	0
B 내가 잘해서 이긴 것이다.	1

3	친구네 집에서 저녁 늦게까지 재미있게 놀았다. (PvG)	
	A	그날 저녁 친구가 나한테 잘해줬다.	0
	B	그날 저녁 친구네 가족 모두가 나한테 잘해줬다.	1
4	방학 때 단체로 놀러 갔는데 재미있었다. (PsG)	
	A	그때 내가 기분이 좋았기 때문에 재미있었다.	1
	B	그때 함께 간 친구들이 기분이 좋았기 때문에 재미있었다.	0
5	나만 빼고 친구들이 모두 감기에 걸렸다. (PmG)	
	A	요즘 나는 건강한 편이다.	0
	B	원래 나는 건강하다.	1
6	내 강아지가 차에 치였다. (PsB)	
	A	내가 강아지를 잘 돌보지 못했다.	1
	B	운전사가 조심스럽게 운전하지 않았다.	0
7	내가 아는 몇몇 아이는 나를 싫다고 한다. (PsB)	
	A	가끔 아이들이 나한테 짓궂게 군다.	0
	B	가끔 내가 아이들한테 짓궂게 군다.	1
8	학교에서 시험을 봤는데 좋은 성적을 받았다. (PsG)	
	A	문제가 쉬웠기 때문이다.	0
	B	내가 열심히 공부했기 때문이다.	1
9	한 친구를 만났는데 그 친구가 나보고 멋있다고 말했다. (PmG)	
	A	그 친구는 그날따라 사람들 외모에 관심이 많았다.	0
	B	그 친구는 원래 사람들 외모에 관심이 많다.	1
10	내가 좋아하는 친구가 어느 날 내가 싫다고 말했다. (PsB)	
	A	그 친구가 그날 기분이 안 좋아서 그런 것이다.	0
	B	내가 그날 친구한테 짓궂게 굴어서 그런 것이다.	1

11	우스운 이야기를 했는데 아무도 웃지 않았다. (PsB)	
	A 내가 원래 우스운 이야기를 잘 못한다.	1
	B 다들 그 이야기를 알고 있어서 더는 우습지 않았다.	0
12	수업시간에 선생님의 설명을 이해할 수 없었다. (PvB)	
	A 그날은 모든 일에 관심이 없었다.	1
	B 선생님의 설명에 주의를 기울이지 않았다.	0
13	학교에서 시험을 봤는데 성적이 좋지 않았다. (PmB)	
	A 우리 선생님은 언제나 시험문제를 어렵게 내신다.	1
	B 우리 선생님은 요즘 시험문제를 어렵게 내신다.	0
14	체중이 많이 늘어서 뚱뚱해 보이기 시작했다. (PsB)	
	A 요즘 주로 살찌는 음식을 먹었다.	0
	B 내가 원래 살찌는 음식을 좋아한다.	1
15	어떤 사람이 내 돈을 훔쳤다. (PvB)	
	A 그 사람은 정직하지 못하다.	0
	B 사람들은 정직하지 못하다.	1
16	내가 어떤 일을 했는데 부모님이 칭찬하셨다. (PsG)	
	A 그것은 내가 잘하는 일이었다.	1
	B 내가 무엇을 하면 부모님은 늘 칭찬하신다.	0
17	게임을 해서 돈을 땄다. (PvG)	
	A 나는 언제나 운이 좋다.	1
	B 나는 게임을 하면 언제나 운이 좋다.	0
18	강에서 수영을 하다가 물에 빠져 죽을 뻔했다. (PmB)	
	A 나는 평소에 조심성이 없는 편이다.	1
	B 가끔 조심성 없게 행동할 때가 있다.	0
19	여러 모임에 초대를 받았다. (PsG)	

	A	요즘 여러 사람이 나에게 친절하게 행동했다.	0
	B	요즘 내가 여러 사람에게 친절하게 행동했다.	1
20		길에서 한 어른이 나에게 소리를 질렀다. (PvB)	
	A	그 사람이 제일 먼저 본 사람이 나였기 때문일 것이다.	0
	B	그 사람은 그날 여러 사람에게 소리를 질렀을 것이다.	1
21		다른 아이들과 함께 숙제를 했는데 결과가 좋지 않았다. (PvB)	
	A	나는 그 아이들과 함께 숙제하는 것을 좋아하지 않는다.	0
	B	나는 다른 아이들과 함께 숙제하는 것을 좋아하지 않는다.	1
22		새로 친구를 사귀었다. (PsG)	
	A	나는 사람들한테 인기가 좋다.	1
	B	내가 알게 된 사람들이 착한 사람들이었다.	0
23		요즘 가족과 마음이 잘 맞았다. (PmG)	
	A	가족과 있으면 언제나 마음이 잘 맞는다.	1
	B	가족과 있으면 때때로 마음이 잘 맞는다.	0
24		사탕을 팔려고 했는데 아무도 사려 하지 않았다. (PmB)	
	A	요즘은 물건 파는 아이가 많아서 사람들이 아이들한테 물건을 사려 하지 않는다.	0
	B	사람들은 원래 아이들한테 물건을 사려 하지 않는다.	1
25		게임을 했는데 내가 이겼다. (PvG)	
	A	때때로 나는 게임을 매우 열심히 한다.	0
	B	때때로 나는 뭐든지 매우 열심히 한다.	1
26		학교에서 나쁜 성적을 받았다. (PsB)	
	A	나는 머리가 나쁘다.	1
	B	선생님들은 점수를 공평하게 주시지 않는다.	0
27		문으로 들어가다 부딪혀 코피가 났다. (PvB)	

	A	주변을 잘 살피지 않았다.	0
	B	요즘 정신이 없는 편이다.	1
28		**운동경기에서 내가 공을 놓치는 바람에 우리 팀이 졌다. (PmB)**	
	A	나는 그날 운동경기를 열심히 하지 않았다.	0
	B	나는 보통 운동경기를 열심히 하지 않는다.	1
29		**체육시간에 발목을 삐었다. (PsB)**	
	A	지난 몇 주 동안 체육시간에 위험한 운동경기를 했다.	0
	B	지난 몇 주 동안 나는 체육시간에 잘하지 못했다.	1
30		**부모님과 함께 바닷가에 가서 아주 재미있게 놀았다. (PvG)**	
	A	그날은 바닷가에서 모든 것이 재미있었다.	1
	B	그날은 바닷가 날씨가 참 좋았다.	0
31		**기차가 늦게 도착하는 바람에 약속에 늦었다. (PmB)**	
	A	요즘은 기차가 늦게 도착하곤 한다.	0
	B	기차는 거의 언제나 늦게 도착한다.	1
32		**어머니가 내가 좋아하는 음식을 차려 주셨다. (PvG)**	
	A	어머니는 가끔 나를 위해 무엇을 해주신다.	0
	B	어머니는 늘 나를 위해 무엇을 잘 해주신다.	1
33		**우리 팀이 경기에서 졌다. (PmB)**	
	A	우리 팀 선수들은 서로 잘 맞지 않는다.	1
	B	그날따라 우리 팀 선수들은 서로 잘 맞지 않았다.	0
34		**숙제를 금세 끝마쳤다. (PvG)**	
	A	나는 요즘 뭐든지 빨리한다.	1
	B	나는 요즘 숙제를 빨리한다.	0
35		**선생님의 질문에 잘못 대답했다. (PmB)**	
	A	원래 질문을 받으면 당황한다.	1

	B	그날따라 질문을 받고 당황했다.	0
36		버스를 잘못 타는 바람에 길을 잃고 방황했다. (PmB)	
	A	그날은 정신이 없었다.	0
	B	나는 평소에 정신이 없는 편이다.	1
37		놀이동산에 가서 재미있게 놀았다. (PvG)	
	A	나는 보통 놀이동산에 가면 재미있게 논다.	0
	B	나는 보통 재미있게 논다.	1
38		나보다 큰 아이가 내 뺨을 때렸다. (PsB)	
	A	내가 그 아이의 동생을 놀려서 그랬다.	1
	B	그 아이의 동생이 내가 놀렸다고 일러서 그랬다.	0
39		갖고 싶던 물건들을 생일선물로 많이 받았다. (PmG)	
	A	사람들은 언제나 내가 무엇을 갖고 싶어 하는지 잘 맞힌다.	1
	B	이번 생일에는 사람들이 내가 무엇을 갖고 싶어 하는지 잘 맞혔다.	0
40		방학 때 시골에 가서 아주 재미있게 지냈다. (PmG)	
	A	시골은 참 좋은 곳이다.	1
	B	때를 잘 맞춰 시골에 갔기 때문이다.	0
41		이웃집에서 저녁을 먹으러 오라고 말했다. (PmG)	
	A	사람들은 때때로 친절하게 행동한다.	0
	B	사람들은 언제나 친절하게 행동한다.	1
42		수업시간에 교생선생님이 들어오셨는데 그 선생님이 나를 예쁘게 보셨다. (PmG)	
	A	나는 그날따라 수업시간에 얌전히 있었다.	0
	B	나는 거의 언제나 수업시간에 얌전하다.	1
43		친구들이 나 때문에 재미있어 했다. (PmG)	
	A	나는 언제나 재미있는 이야기를 잘한다.	1
	B	나는 때때로 재미있는 이야기를 잘한다.	0

44	아이스크림 장수한테 공짜로 아이스콘을 얻어먹었다. (PsG)	
	A 그날 내가 아이스크림 장수한테 상냥하게 굴었다.	1
	B 그날 아이스크림 장수가 기분이 좋았다.	0
45	마술공연을 보던 중에 마술사가 나에게 조수 역할을 해달라고 부탁했다. (PsG)	
	A 내가 조수로 뽑힌 것은 순전히 우연이었다.	0
	B 내가 아주 관심 있게 지켜봤기 때문에 조수로 뽑힌 것이다.	1
46	친구한테 함께 영화를 보러 가자고 했다가 거절당했다. (PvB)	
	A 그날은 친구가 기분이 영 좋지 않았다.	1
	B 그날은 친구가 영화 보러 갈 기분이 아니었다.	0
47	부모님이 이혼하셨다. (PvB)	
	A 사람들이 결혼해서 함께 산다는 것은 쉬운 일이 아니다.	1
	B 우리 부모님이 결혼해서 함께 사는 것은 쉬운 일이 아니었다.	0
48	어느 동아리에 가입하려다가 거절당했다. (PvB)	
	A 나는 다른 사람들과 잘 어울리지 못한다.	1
	B 나는 그 동아리 사람들과 잘 어울리지 못했다.	0

채점표	
PmG: _____	PmB: _____
PvG: _____	PvB: _____
PsG: _____	PsB: _____
HoB(PmB+PvB): _____	
G 총점(PmG+PvG+PsG): _____	B 총점(PmB+PvB+PsB): _____
G−B(전체 척도): _____	

이제 점수를 계산하자. 점수 결과를 자녀에게 보여줘도 무방하다. 다만 점수를 알려줄 때는 단순히 수치만 전달하는 것이 아니라, 그 점

수가 무엇을 뜻하는지 함께 설명해주는 것이 바람직하다.

먼저 PmB(나쁜 일 영속적) 점수를 계산한다. PmB 점수는 13, 18, 24, 28, 31, 33, 35, 36번 문항에서 선택한 항목의 오른쪽 끝 숫자를 모두 더한 뒤 채점표의 PmB 칸에 기입한다. 이어서 PmG(좋은 일 영속적) 점수를 계산한다. PmG 점수는 5, 9, 23, 39, 40, 41, 42, 43번 문항에서 해당 숫자를 더해 채점표 PmG 칸에 적는다.

다음은 만연성 점수다. PvB 점수(나쁜 일 만연적)는 12, 15, 20, 21, 27, 46, 47, 48번 문항의 숫자를 합산한다. 그리고 PvG 점수(좋은 일 만연적)는 1, 3, 17, 25, 30, 32, 34, 37번 문항의 숫자를 합산해 산출한다. PmB와 PvB를 합하면 HoB 점수가 되는데, 이는 '나쁜 일에 대한 희망 점수'로 이해할 수 있다.

이제 내부적 차원 점수를 구할 차례다. PsB(나쁜 일 내부적) 점수는 6, 7, 10, 11, 14, 26, 29, 38번 문항을 더한다. 그리고 PsG(좋은 일 내부적) 점수는 2, 4, 8, 16, 19, 22, 44, 45번 문항을 더한다.

이제 모든 점수를 종합한다. 나쁜 일에 대한 총점은 'PmB+PvB+PsB' 합으로 계산해 채점표의 B 총점 칸에 적는다. 좋은 일에 대한 총점은 'PmG+PvG+PsG' 합으로 계산해 G 총점 칸에 기입한다. 마지막으로 G 총점에서 B 총점을 뺀 값(G-B)을 계산해 전체 척도 점수를 기록한다.

이제 산출된 자녀의 점수를 어떻게 해석할지 살펴보자. 이 검사는 아동 수천 명을 대상으로 시행되었으며, 그 결과와 비교하면 다음과 같은 의미를 읽을 수 있다.

첫째, 남녀 사이에 분명한 차이가 존재한다. 사춘기가 되기 전까지는 여자아이가 남자아이보다 뚜렷하게 더 낙관적인 경향을 보인다. 9

세에서 12세 사이 여자아이의 평균 G-B 점수는 7.0점이며, 남자아이는 평균 5.0점이다. 따라서 여자아이가 4.5점 미만이면 상당히 비관적이라 볼 수 있고, 2점 미만이면 매우 비관적일 뿐 아니라 우울증 위험까지 안고 있다고 평가할 수 있다. 남자아이의 경우 G-B 점수가 2.5점 미만이면 비관적이고, 1점 미만이면 역시 우울증 위험이 크다.

둘째, B 총점을 보면 9세에서 12세 사이 여자아이의 평균은 7.0점, 남자아이의 평균은 8.5점이다. 이 평균치보다 3점 이상 높으면 매우 비관적인 경향을 지녔다고 해석할 수 있다.

셋째, G 총점의 경우 같은 연령대 남녀 모두 평균이 13.5점이다. 이보다 3점 이상 낮으면 매우 비관적인 것으로 간주된다. 특히 좋은 일에 대한 세 차원(PmG, PvG, PsG)의 각 평균이 약 4.5점인데, 어느 차원에서든 3점 이하면 역시 심각한 비관성에 해당한다.

마지막으로 나쁜 일에 대한 세 차원(PmB, PvB, PsB)의 평균을 보면 여자아이는 약 2.5점, 남자아이는 약 2.8점이다. 이 차원들에서 4점 이상을 기록했다면 이는 중요한 우울증 위험 신호로 봐야 한다.

셀리그만은 CASQ로 포착되는 영속성(Pm), 만연성(Pv), 내부성(Ps) 패턴이 이후 우울증 취약성과 회복력, 성취 지속성, 또래 관계 평판을 예측한다고 봤다. 특히 나쁜 사건을 항상·전부·내 탓으로 설명하는 경향이 강할수록 단기적 낙담이 장기적 우울감으로 이행될 위험이 크다. 반대로 좋은 사건을 영속적·만연적·내부적으로 귀인하는 습관은 자기효능감과 목표 지속을 강화한다.

핵심은 아동기의 설명양식이 변경 가능하다는 점이다. 즉 칭찬의 구체화 및 노력과 전략 귀인 강화 같은 일상 피드백, 반추 감소 루틴, 문제해결 행동의 작은 성공 축적 등을 통해 아이는 '일시적·부분적·

외부적' 설명양식으로 전환하는 법을 배울 수 있다. 셀리그만은 이 전환이 성인기의 우울증 예방과 회복력 증진으로 이어진다는 점을 반복적으로 확인했다.

아이가 무기력할 수 없는 이유

사춘기 이전 아동들의 설명양식을 성인과 비교하면 놀라운 차이가 드러난다. 전체적으로 아동들은 지극히 낙관적이다. 좋은 일이 일어나면 그것을 자기 덕분이라 생각하고, 그 일이 앞으로도 계속될 것이며, 어디서나 유효할 것이라고 믿는다. 반대로 나쁜 일은 다른 사람 탓이거나 우연히 일어난 일이며, 곧 사라질 것이라고 본다. 이러한 낙관적 편향 때문에 아동들의 평균 점수는 메트로폴리탄 생명보험사의 성공적인 영업사원들과 비슷하게 나왔다. 흥미롭게도 우울한 아동의 점수는 여전히 한쪽으로 기울어 있으면서도 우울하지 않은 보통성인의 점수와 유사했다. 이는 아동이 성인보다 훨씬 강력한 희망 능력을 지니고 있음을 시사한다.

아동도 성인만큼 자주 우울하고, 때로는 심각한 수준의 우울증을 겪는다. 그러나 아동의 우울증에는 뚜렷한 특징이 있다. 바로 절망으로 이어지지 않는다는 점이다. 성인의 자살을 가장 잘 예측하는 지표는 현 고통이 영원히, 모든 상황에서, 결코 바뀌지 않고 이어질 것이라는 믿음이다. 그러나 7세 미만 아동은 이런 절망적 상태를 지속할 수 없으며, 실제로 자살 사례도 보고되지 않는다. 미국에서 매년 수만 명의 성인이 자살하지만, 아동 자살은 연간 약 200명 수준에 머무른다.

아동 역시 죽음의 개념을 이해하고 때로는 공격성을 보이긴 해도 절망을 장기간 유지하지 못하기 때문에 자살에 이르지는 않는다.

이처럼 아동이 절망을 모르는 이유는 진화적 보호장치 덕분이라고 볼 수 있다. 아이들은 미래를 이끌어갈 씨앗이기에 자연은 이들이 사춘기까지 안전하게 성장하도록 신체적·심리적 방어막을 마련해놓았다. 사춘기 이전 아동의 자살률이 낮은 것처럼, 심리적으로도 과잉된 희망이 절망을 막는다. 덕분에 아동은 좌절 속에서도 쉽게 회복한다. 심한 우울증에 빠진 아동이 더욱 안쓰러운 이유도 그래서다.

그러나 사춘기에 접어들면 상황이 달라진다. 낙관적 태도가 급격히 줄어들고, 성인이 되면 다시 아동기 수준으로 돌아가지 않는다. 인지 능력이 발달하고 추상적 사고가 가능해지면서 사건을 더 영속적이고 만연적인 방식으로 해석하기 때문이다. 이 시점부터 설명양식은 우울증 취약성, 성취, 대인관계, 심리적 건강을 결정짓는 중요한 요인으로 작용한다.

셀리그만은 8세에서 13세 사이 아동을 대상으로 CASQ 검사를 실시했다. 상위 절반, 즉 남자아이의 경우 낙관성 점수(G-B)가 5.5점 이상, 여자아이는 7.5점 이상이면 성인이 되어서도 낙관적이고 더 높은 성취와 건강 상태를 보였다. 반면 B(나쁜 일) 총점이 또래 평균보다 3점 이상 높은 아동은 우울증 취약성이 뚜렷했다. 이는 아동기의 설명양식이 성인기의 정서적 회복력과 성취를 장기적으로 예측한다는 사실을 보여준다. 설명양식의 기원에 관해서는 크게 세 가지 가설이 있다. 첫 번째는 아동의 어머니와 관련된 가설이다.

어머니의 설명양식

설명양식은 언제, 어떻게 생길까? 셀리그만은 초등학교 3학년 무렵이면 설명양식 틀이 거의 굳어진다고 봤다. 그 기원에 관한 가장 강력한 근거는 바로 어머니의 언어습관이다. 아이는 부모, 특히 어머니가 나쁜 일을 어떻게 설명하는지를 세심하게 듣는다. "나는 왜 늘 이런 거야?"라는 영속적이고 만연적이며 내부적인 설명을 반복해서 듣는 아동은 세상을 그렇게 이해한다. 실제 연구에서도 어머니의 설명양식과 자녀의 설명양식 사이에는 높은 상관성이 확인되었다. 반면, 아버지의 설명양식과는 유사성이 나타나지 않았다.

그렇다면 설명양식은 유전되는가? 쌍생아와 그 가족을 연구한 결과 설명양식은 지능이나 정치 성향처럼 유전적 영향을 크게 받지 않는 것으로 보인다. 오히려 일상에서 부모가 사용하는 언어와 설명양식이 아이의 사고 습관에 강력한 영향을 미쳤다. 이를 확증하고자 셀리그만은 입양 가정을 대상으로 한 연구를 제안했다. 만약 아이의 설명양식이 양부모와 닮았다면 학습 결과이고, 친부모와 닮았다면 유전의 영향을 입증할 수 있기 때문이다. 현재까지는 학습 기원설에 무게가 실리고 있다.

어른의 꾸짖음

초등학교 3학년 교실을 들여다보면 아이들은 어른의 말 내용뿐 아니라 형식, 즉 '어떻게' 말하는지에도 민감하게 반응한다. 캐럴 드웩(Carol Dweck)의 관찰이 보여주듯이 여학생과 남학생은 교실에서 서로 다른 피드백을 받고, 그 피드백의 영속성·만연성·내부성이 아이의 설명양식을 서서히 빚어낸다.

수업이 시작되면 여학생들은 대체로 얌전하게 규칙을 지키는 반면, 남학생들은 산만하게 떠들며 주의력을 잃곤 한다. 성적이 나쁘게 나왔을 때 교사가 남학생에게 주는 피드백은 보통 "잘 안 들었다", "열심히 안 했다", "수업시간에 떠들었다" 식이다. 이런 꾸짖음은 일시적이고 부분적인 원인을 지목한다("지금 이 시간에 네가 한 행동 때문"). 반대로 여학생에게는 "수학이 약하구나", "언제나 대충 쓴다", "검토를 안 한다" 같은 말을 주로 한다. 이는 영속적이고 만연적인 특성을 지적한다("네 능력/성향이 그렇다").

드웩은 초등학교 4학년 학생들에게 풀 수 없는 철자 재배열 과제를 주고 실패 이유를 물었다. 여학생들은 "단어 문제에 약해요", "머리가 빨리 안 돌아가요"처럼 영속적·만연적·내부적 원인을, 남학생들은 "집중이 안 됐어요", "충분히 안 했어요" 같은 일시적·부분적 설명을 주로 내놓았다. 메시지는 분명하다. 아이가 반복해서 듣는 꾸짖음의 형태가 장차 그 아이의 설명양식이 된다는 점이다. "머리가 나쁘다"는 말을 들은 아이는 실패를 영원하고 어디에든 영향을 미치는 자기 결함으로 해석하는 반면, "이번에 덜 집중했다"는 말을 들은 아이는 실패를 고칠 수 있는 부분적인 문제로 이해한다.

어릴 적에 겪는 삶의 위기

글렌 엘더(Glen Elder)의 버클리·오클랜드 코호트 연구는 1930년대 대공황 이전에 시작되어 수십 년간 이어졌다. 결과는 대비적이었다. 중산층 여자아이들은 전쟁·호황을 거치며 가정경제가 회복되는 과정을 직접 경험했고, 노년기에 이르러서도 신체적·심리적으로 비교적 건강했다. 반면 하층 여자아이들은 가난이 지속되었고, 중·노년기에 더 큰 좌절과 건강 악화를 겪었다. 엘더의 해석은 이렇다. 회복을 목격한 아이들은 '나쁜 일은 일시적이고 부분적이며 외부적'이라는 설명양식을, 끝나지 않는 궁핍을 겪은 아이들은 '나쁜 일은 영속적이고 만연적이며 내부적'이라는 설명양식을 배웠다는 것이다.

이 가설을 검증하고자 셀리그만은 피터슨과 함께 'CAVE(설명 문장 내용 분석)' 기법을 사용했다. 당시 면접 속기록에서 연구 참가자들의 인과적 설명 문장을 추출해 제3의 평가자가 영속성·만연성·내부성 점수(각 1~7점)를 매겼다. "바람이 반대로 불었다"는 실패 설명은 영속성 1점, 만연성 1점, 내부성 1점 등 매우 낙관적으로 채점되었다. 이 방식으로 아동기 기록과 중·노년기 기록을 함께 분석하자, 엘더의 추정을 전반적으로 확인할 수 있었다. 경제를 회복한 가정의 여자아이일수록 낙관적 설명양식을, 궁핍이 지속된 가정의 여자아이일수록 비관적 설명양식을 보였다.

이 '타임머신'은 세 가지 효과를 남겼다. ①질문지를 작성하지 않은 사람도 기록만 있으면 설명양식을 계량화할 수 있게 되었고, ②어머니와 자녀의 설명양식 유사성(특히 딸과의 높은 상관성)을 기록 자료로 재확인했으며, ③어릴 적 현실 위기가 성인기의 낙관성·비관성에 장기적인 흔적을 남긴다는 1차 증거를 제공했다.

조지 브라운(George Brown)은 영국 런던 남부 빈곤 지역의 가정주부 400명 이상을 장기 면접해 우울증 예방 요소 3가지를 제시했다. ①친밀한 배우자/애인 관계 ②가정 외 일자리 ③14세 미만 양육 아동 3명 미만이 그것이다. 이 중 하나만 있어도 극심한 궁핍과 상실 속에서 임상적 우울증을 겪을 확률이 크게 낮았다. 반대로 위험 요소 2가지는 최근의 중대한 상실, 더 강력하게는 사춘기 이전 어머니의 사망이었다. 여자아이에게 어머니의 죽음은 삶 전반을 뒤흔드는 영속적·만연적 상실로 각인되기 쉽다. 이후 아이는 모든 이별과 상실을 같은 틀로 해석하고, "다시는 회복되지 않는다"는 비관적 설명양식을 강화한다.

따라서 아이의 설명양식은 위 세 가지 '손'이 서서히 빚어간다. 첫째 손은 일상에서 부모, 특히 어머니가 사건을 설명하는 말투다. "비가 와서 오늘 계획이 틀어졌네, 내일 다시 해보자"처럼 일을 일시적·부분적·외부적 요인으로 풀어내면 아이는 세상을 수정 가능한 곳으로 배운다. 반대로 "우리는 원래 운이 없어", "너는 늘 이런 식이야"처럼 영속적·만연적·내부적 요인으로 말하면 실패는 곧 성격의 낙인이 되고, 세상을 바꾸는 것은 불가능하다는 비관적 틀이 스며든다.

둘째 손은 아이가 잘못했을 때 듣는 꾸지람의 형태다. "머리가 나빠서 그래" 같은 내부적·영속적 메시지는 노력의 여지를 지워 절망을 가르치는 반면, "이번엔 덜 집중했네", "방법을 바꿔보자" 같은 일시적·부분적 메시지는 다음 시도를 준비하게 하고 개선 가능성을 학습시킨다.

셋째 손은 어린 시절 현실 위기의 질이다. 갈등·실패·상실 같은 위기가 적절히 완화되고 회복되는 경험을 반복하면 아이는 '나쁜 일은 지나간다'는 것을 체득한다. 반대로 위기가 끝없이 이어지거나 돌봄과 통제가 결여된 환경이 지속되면 '나쁜 일은 계속된다'는 기대가 굳어져 새로운 상황에서도 시도 자체를 접기 쉽다.

이렇게 세 가지 손이 함께 빚어낸 설명양식은 사춘기를 지나면서 더욱 정교해지고, 평생 우울증 취약성과 회복력, 성취와 건강을 가르는 분기점이 된다. 그래서 개입의 출발도 분명하다. 아이가 매일 듣는 말의 형태를 바꾸고, 실패를 일시적·부분적·외부적으로 재귀인하는 방법을 대화 속에서 연습시키며, 현실 위기에서 작게라도 회복되는 경험, 이를테면 작은 성공, 선택 가능성, 노력─성과의 가시화 등을 계획적으로 설계한다면 아이의 설명양식은 비관에서 낙관으로 미세 조정되고, 그 미세한 조정이 장기적으로는 포기의 습관을 줄이면서 다시 시도하는 힘을 키운다.

6장

비관적인 사람에서 낙관적인 사람으로

셀리그만은 비관적인 생각을 눈앞에 세워두고 정면으로 반박할 때 낙관성이 자란다고 봤다. 사람들은 타인의 부당한 비난에는 조목조목 반박하면서, 정작 자기 안에서 울리는 비관적 독백에는 순순히 굴복한다. 해법은 간단하다. 마음속 비난의 목소리를 마치 당신을 쫓아내려는 경쟁자의 공격처럼 취급하고 사실과 논리로 반박하는 것이다. 핵심은 먼저 그 생각의 정체, 즉 무엇을 사실로 단정했고 무엇을 예언하듯이 내다봤는지를 정확히 붙잡는 일이다.

ABCDE: 사건에서 활력으로

비관성을 다루는 절차는 다섯 단계로 정리된다. 출발점은 'ABC 키우기'다. 불행한 사건(Adversity)이 생기면 우리는 거의 자동으로 하나의 믿음(Belief)을 세우고, 그 믿음이 감정과 행동의 결과(Consequence)를 낳는다. 문제는 우리가 종종 사건에서 곧장 결과로 점프(A → C)한다는 점이다. 실제로 세상은 A → B → C 순서로 작동한다. 즉 우리를 무너뜨리는 것은 사건 자체가 아니라, 그 사건을 해석한 믿음이다. 그래서 첫 번째 단계는 사건-믿음-결과를 분리해 이름 붙이고("지금 내가 느끼는 건 A 때문이 아니라 B 때문") 왜곡된 믿음의 내용을 들어내는 것이다. 일상의 비관적 사고는 이 ABC 키우기만으로도 상당 부분 약화될 수 있지만 트라우마, 고착된 증상, 반복되는 실패 국면에서는 한 단계 더 나아가야 한다.

그 전환점이 바로 네 번째 단계인 '반박(Disputation)'이다. 떠오른 생각을 사실로 취급하지 않고 검증 가능한 주장으로 다루는 단계로, 가장 간결한 방법은 네 가지 질문을 조용히 적용하는 것이다. ①증거: 정말로 그럴 근거가 있는가? ②대안: 같은 사실을 설명하는 다른 해석은 무엇인가? ③함축: 설령 사실이라 해도 그 결과가 내가 상상한 만큼 치명적인가? ④유용성: 이 생각이 현 목표에 도움이 되는가?

이렇게 믿음을 재구성하면 마지막 단계인 '활력(Energization)'이 뒤따른다. 이는 황홀감이 아니라 가벼워진 정서, 되살아난 실행 의욕, 회피하던 장면에 다시 다가갈 힘 등 체감 가능한 회복 신호다.

요컨대 ABCDE는 '사건이 결과를 결정한다'는 자동 고리를 끊고, '믿음이 결과를 바꾼다'는 사실을 반복 연습을 통해 체화하는 절차다. 매일 짧게 오늘의 ABC를 적고, D를 통해 믿음을 시험·수정한 뒤, E 단계에서 몸과 마음의 변화를 한 줄로 기록하자. 이 누적이 비관성의 관성을 꺾고 다시 시도할 힘을 키운다.

셀리그만이 거듭 강조한 점은 단순하다. 마음속 믿음은 '생각'일

뿐이며, 검증되기 전까지는 사실이 아니라는 것이다. 오랜 습관, 엄격한 양육, 유년의 굴욕 같은 과거가 비관적 자동 사고의 문장을 쓴다. 그것이 내면에서 들려오는 목소리라는 이유만으로 '진리' 대우를 할 필요는 없다. 비관의 문장을 한 걸음 물러서서 조사하고, 충분한 시간을 가지면서 사실 관계를 확인하며, 필요하다면 새 해석을 실천으로 입증해야 한다.

비관을 깨는 네 가지 반박하기

비관적 설명양식은 사건보다 생각이 문제라는 점을 보여준다. 같은 상황에서도 어떤 사람은 "모든 것이 끝났다"고 절망하고, 또 다른 사람은 "일시적인 어려움일 뿐"이라고 해석한다. 따라서 비관의 틀에서 벗어나려면 단순히 긍정적 사고를 강제하기보다, 왜곡된 믿음을 합리적으로 반박하는 힘이 필요하다. 설득력 있는 반박은 '증거 → 대안 → 함축 → 유용성' 순서에 따라 과장된 비관을 사실에 맞게 바로잡는 과정이다.

먼저 증거를 본다. 떠오른 부정적 생각이 실제와 맞는지 확인하는 것으로 기록, 점수, 타인의 피드백, 숫자 같은 객관적 자료를 대조해 "정말 그런가?"를 묻는다. 승진에서 탈락했다고 곧바로 "나는 리더 자격이 없어"라고 단정했다면, 최근 프로젝트 성과와 동료 평가, 맡았던 역할의 결과를 확인해본다. 아이가 "반 친구들이 다 비웃었어"라고 느꼈다면 "친구가 몇 명이었지?"처럼 숫자로 좁혀 사실을 바로잡는다. 파국화된 문장은 대개 이 단계에서 힘을 잃는다.

둘째는 대안으로, 같은 사건이라도 원인은 여러 개일 수 있으니 더 가변적이고 특수하며 외부적인 설명을 찾아본다. 승진은 능력뿐 아니라 인력, 예산, 조직의 정치적 판단 등에 의해 좌우될 수 있다. 시험을 망친 이유도 "머리가 나빠서"가 아니라 "이번 범위가 특히 어렵고 준비 시간이 부족해서"가 더 정확할 때가 많다. 아이에게는 "이번 주만 반 짝꿍 자리가 바뀐 걸 수도 있어"처럼 상황 한정의 설명을 보여준다. 한 가지 파국적 설명에 매달리는 습관을 가능한 모든 설명 지도로 바꾸는 단계다.

세 번째는 함축을 줄이는 일이다. 설령 부정적 생각의 일부가 맞더라도, 그것이 곧 '항상·전부·영원히'를 뜻하지는 않는다. 탈락이 커리어의 종말은 아니고, 한 끼 과식이 폭식가를 의미하지도 않는다. 최악·최선·가장 그럴듯한 시나리오 등을 나눠보고 범위(어떤 영역), 강도(얼마나), 기간(얼마 동안)을 축소해 현실적 의미를 찾는다. 아이가 '오늘 꾸중을 들었다=모두가 나를 바보로 본다'로 일반화했다면 반박을 통해 '오늘, 이 수업, 이 규칙 위반'으로 맥락을 되돌려준다.

마지막은 유용성이다. 지금 이 생각이 나를 돕고 있는지를 따져본 뒤 행동 가능하고 도움이 되는 생각을 선택한다. 정확성 검토가 중요하지만, 행동이 즉각적으로 필요한 순간에는 반박보다 주의 전환이나 루틴 실행이 더 실용적일 수 있다. "세상은 불공정해"라는 생각에 매몰되는 대신 "지금 내가 할 수 있는 한 가지는?"으로 전환한 뒤 문의, 재시도, 휴식 같은 구체적인 행동을 붙인다. 아이와는 "그 생각이 너를 돕고 있니?", "내일 같은 일이 또 생긴다면 스스로에게 뭐라고 말할래?"로 마무리한다.

이 네 단계를 거친 다음에는 'E', 곧 활력이 뒤따른다. 감정은 사건이 아니라 해석에 따라 달라진다는 사실을 몸으로 확인하면 감정의 무거움이 줄어들고, 회피하던 과제에도 다시 손이 간다. 반박은 근거 없는 긍정이 아니라, 사실에 근거한 더욱 유용한 해석으로의 교체다. 정확한 반박 한 줄이 다음 한 걸음의 회복 행동을 가능하게 만든다.

다음은 자신의 반박 기록을 연습할 수 있도록 작성한 6가지 예시다. 각 사례는 A(사건) → B(믿음) → C(결과) → D(반박: 증거·대안·함축·유용성) → E(활력) 순으로 서술했다.

① 사례 1: 면접 후 연락이 오지 않았을 때

- A(사건): 최종 면접을 치르고 2주 동안 연락이 오지 않았다.
- B(믿음): 나는 분명 탈락했고 실력이 형편없다고 생각한다.
- C(결과): 무력감을 느끼고 다른 지원도 중단한다.
- D(반박)
  - 증거: 면접장에서 포트폴리오가 인상적이라는 피드백을 들었고, 최종 결정에 3주가 걸릴 수 있다는 안내를 받았다.
  - 대안: 내부 결재 지연, 채용 규모 조정, 예산 확정 대기 등 외부 요인이 개입했을 수 있다.
  - 함축: 한 건의 결과가 커리어 전반의 가치를 결정하지 않으며, 평가 지연이 곧 탈락을 뜻하지도 않는다.
  - 유용성: 감사 이메일과 1회 팔로업을 보내고, 동시에 2~3곳에 추가 지원하는 편이 실질적이다.
- E(활력): 감사 이메일과 팔로업을 보내고 새로운 지원 일정을 잡으니 긴장이 완화되면서 행동 에너지가 돌아왔다.

② 사례 2: 승진 심사에서 탈락했을 때

- A(사건): 직장에서 오랫동안 준비해온 승진 심사 결과, 내 이름이 명단에 없음을 알았다.
- B(믿음): "나는 리더가 될 자격이 없어. 다시는 이런 기회가 오지 않을 거야"라고 믿었다.
- C(결과): 깊은 절망감이 들었고, 사표를 쓰고 싶다는 충동이 일었다.
- D(반박)
  - 증거: 최근 1년간 프로젝트 성과와 동료·상사 평가가 대체로 우수했던 만큼 '리더 자격 없음'이라는 단정은 사실과 모순된다.
  - 대안: 승진은 자신의 역량 외에도 인력 배치, 예산, 상사의 정치적 판단 등 외부적·일시적·부분적 요인의 영향을 크게 받는다.
  - 함축: 이번 탈락이 커리어의 종말을 뜻하지 않을뿐더러, 기회는 주기적으로 돌아오고 오히려 준비 기간을 얻은 것에 가깝다.
  - 유용성: 지금 필요한 것은 재정비이며, 다음 분기 핵심 과제를 선점해 가시적 성과를 만들고 멘토 피드백을 수집하는 것이 현실적이다.
- E(활력): '끝이 아니라 리허설'이라고 재구성하고 나니 새 프로젝트를 계획하며 시작할 기력이 되살아났다.

③ 사례 3: 상대가 메시지를 읽었는데 답이 오지 않을 때

- A(사건): 중요한 제안을 보냈는데 읽고도 답이 오지 않았다.
- B(믿음): 상대가 나를 불편해하고 관계를 끊으려 한다고 생각한다.
- C(결과): 불안이 커지고 추가 연락을 피한다.
- D(반박)

— 증거: 과거에도 회신이 늦었지만 만나서는 늘 친절했고 협업이 성사된 경험이 있다.

— 대안: 회의 또는 운전 중이거나, 휴대전화 배터리가 방전되는 등 즉답이 어려웠을 수 있다.

— 함축: 응답 지연이 곧 관계 단절을 의미하지는 않으며, 내 제안의 가치와도 무관할 수 있다.

— 유용성: "상황이 괜찮을 때 이야기하자"는 짧은 리마인드와 함께 구체적인 시간을 제안하는 편이 건설적이다.

- E(활력): 간단한 리마인드를 보낸 뒤 내 할 일을 하니 마음이 가벼워지고 집중력도 회복되었다.

④ 사례 4: 건강검진에서 콜레스테롤 수치가 '경계치'로 나왔을 때

- A(사건): 총콜레스테롤 수치가 경계 영역으로 확인되었다.
- B(믿음): 내 건강은 끝났고 병에 걸릴 운명이라고 생각한다.
- C(결과): 체념하다 보니 운동과 식단 관리 의욕도 떨어진다.
- D(반박)

— 증거: 다른 지표는 정상이고, 지난해 대비 상승폭도 크지 않았다.

— 대안: 연휴 기간 과식과 운동 공백이 일시적으로 수치에 영향을 미쳤을 수 있다.

— 함축: 경계치가 곧 질환을 의미하지 않으니 생활 습관으로 충분히 개선 가능하다.

— 유용성: 8주 식단·운동 계획을 실행하고 재검 일정을 잡는 편이 현실적이다.

- E(활력): 만보 걷기와 지중해 식단을 시작하고, 캘린더에 재검 일정을 표시하니 통제감이 살아났다.

⑤ 사례 5: 반복적으로 우울감에 빠져들 때

- A(사건): 몇 주째 무기력과 피로가 지속되고, 성과가 정체되며, 상사의 피드백도 없다.

- B(믿음): "나는 쓸모없는 사람이야. 회사에서도 필요 없고 집에서도 짐이야"라고 스스로를 낙인찍었다.

- C(결과): 아침 기상이 힘들고 고립이 심화해 병가를 고민하고 있다.

- D(반박)

  — 증거: 최근 작성한 보고서가 부서 회의에서 활용되었고, 가족이 나의 도움에 고마움을 표했으니 '전면적 무가치'라는 결론은 사실에 상충된다.

  — 대안: 현재의 무기력은 실력 부족이 아니라 수면 부족과 과로, 불규칙한 생활에 따른 에너지 고갈일 개연성이 크다.

  — 함축: 현 침체가 영원히 지속된다는 근거는 없으며 과거에도 회복한 경험이 있다.

  — 유용성: 상담을 예약하고, 수면 위생을 정비하며, 매일 20분씩 걷기와 하루 한 가지씩 작은 과제를 완료하는 것이 첫걸음으로서 유익하다.

- E(활력): "나는 지쳤을 뿐"이라고 재정의하니 산책과 상담을 실행할 수 있었고, 업무에 대한 불안이 완화되었다.

⑥ **사례 6: 암 선고를 받았을 때**

- A(사건): 건강검진에서 치료 가능한 초기 암이라는 진단을 받았다.

- B(믿음): "이제 끝이야. 곧 죽을 테고, 가족에게 짐만 될 거야"라고 체념했다.

- C(결과): 병가를 내고 고립되었으며, 치료 일정이 지연되었다.

- D(반박)

  — 증거: 주치의가 초기 암이고 치료 성과도 좋은 유형이라고 명시했으며, 생존율 자료에서도 최악이 아님을 확인했다.

  — 대안: 결말이 '죽음' 하나뿐이라는 믿음은 무의미하며, 치료와 생활 관리로 예후를 개선할 수 있는 초기 암인 데다, 과거에 수술 후 회복한 경험도 있다.

  — 함축: 암 진단이 삶의 종결을 의미하지 않고, 치료는 기간 한정의 고비이며, 그 후 일상 회복이 가능하다.

  — 유용성: 주치의와 치료 일정을 확정한 뒤 식이요법과 가벼운 운동, 심리상담, 가족 동행 체계를 마련하는 것이 당장 유익하다.

- E(활력): '무력한 말기 서사'를 '치료 가능한 과제'로 전환하자 가족과 함께 치료에 착수할 힘이 생겼다.

ABCDE 기록하기

다음 서식을 복사해 이번 주 '작고 나쁜 일' 다섯 개를 포착해 네 가지 기술(증거·대안·함축·유용성)로 반박한 뒤 활력의 변화를 짧게 적어보자.

- 나쁜 일(사건):

- 믿음:

- 결과:

- 반박: 증거·대안·함축·유용성

- 활력:

- 나쁜 일(사건):

- 믿음:

- 결과:

- 반박: 증거·대안·함축·유용성

- 활력:

- 나쁜 일(사건):

- 믿음:

- 결과:

- 반박: 증거·대안·함축·유용성

- 활력:

- 나쁜 일(사건):

- 믿음:

- 결과:

- 반박: 증거·대안·함축·유용성

- 활력:

- 나쁜 일(사건):
- 믿음:
- 결과:
- 반박: 증거·대안·함축·유용성
- 활력:

셸리그만이 제안한 것은 맹목적 긍정이 아니다. 실패 대가가 큰 의사결정에서는 냉정한 현실 평가가 우선이다. 그러나 회복, 의욕, 성과가 필요한 대부분의 일상에서는 ABCDE가 강력한 심리적 근육이 된다. 사건이 마음을 휩쓸기 전 믿음을 붙잡고, 증거와 대안을 근거로 반박하며, 작게라도 행동을 통해 확인하라. 이 같은 반복이 설명양식을 바꾸고, 설명양식이 결국 삶의 궤적을 바꾼다.

7장

자녀의 낙관성 키우기

아동기의 정서 세계를 흔히 '진지한 삶이 시작되기 전 보호받는 휴지기'라고 상상하지만, 앞서 확인했듯이 비관성과 그에 따른 우울은 아동기라고 비켜 가지 않는다. 많은 아동이 이미 비관성으로 고통받고 있으며, 이는 학업과 또래 관계, 자존감, 장래 행복을 위협한다. 학령기 아동은 성인 못지않은 비율과 강도로 우울증 증상을 경험하기도 하는데, 더 우려스러운 점은 비관적 설명양식이 이 시기에 고착되기 쉽다는 사실이다.

아동기의 비관성은 성인기의 비관성으로 이어지는 모체가 되곤 한다. 일부 연구는 아동이 가진 비관성의 상당 부분이 주양육자, 특히 어머니의 언어 습관과 태도, 그리고 어른의 꾸짖음에서 학습된다고 지적한다. 그러나 학습된 것은 다시 배움을 통해 바꿀 수 있다. 살면서 겪는 실패와 좌절을 좀 더 낙관적으로 설명하는 법을 익히면 비관성은 약해진다. 수천 명 단위의 성인을 통해 검증된 ABC 기법은 아동에게도 적용 가능한데, 다만 부모가 아이를 지도할 만큼의 실천 지식을 축적해야 한다. 낙관성을 가르치는 일은 근면이나 정직만큼이나 중요하다. 그만큼 자녀의 장래에 결정적 영향을 미치기 때문이다.

그렇다면 어떤 아이에게 특히 낙관성 훈련이 필요할까. 첫째, 5장에서 실시한 CASQ(아동 귀인양식 질문지) 점수가 낮다면 적극 권한다. 딸이 7.0점 미만, 아들이 5.0점 미만이면 또래보다 우울증을 경험할 확률이 두 배 가까이 높아진다. 점수가 낮을수록 이번 장에서 얻을 수 있는 이득이 크다. 둘째, 2장 우울증 자기 진단법(CES-D) 점수가 10점 이상이라면 이번 장의 기술이 도움이 되고, 16점 이상이면 반드시 배우길 권한다. 셋째, 부부 갈등이나 별거, 이혼 등 큰 생활 사건이 진행 중이거나 예상된다면 시급하다. 이때 아이들은 흔히 깊게 우울해지고, 학교 성적과 설명양식이 지속적으로 악화될 수 있다. 부모의 즉각적인 개입이 장기적 손상을 막는다.

부모에게도 이 훈련은 유익하다. 누군가에게 가르치는 일은 곧 가장 빠른 자기 학습이기도 하기 때문이다. 진행 순서는 간단하다. 먼저 앞 장의 내용을 다시 읽고 성인 대상 연습을 직접 해본 뒤 자녀와 30분 정도 함께 진행해보자고 시간을 약속한다. 핵심 메시지는 "감정은 진공 상태에서 생기지 않는다"는 것이다. 일이 잘 풀리지 않을 때 아이가 무엇을 생각하느냐에 따라 어떻게 느끼는지가 달라진다. 슬픔·분노·걱정·당황은 언제나 어떤 생각(신념)이 촉발하는 감정이다. 그 생각을 찾아내는 법을 배운다면 바꾸는 방법도 배울 수 있다.

아이와 함께 세 가지 예시를 읽고, 매번 아이의 입으로 나쁜 일(A)−믿음(B)−결과(C)의 연결을 다시 말해보게 하자. 초점은 언제나 믿음과 결과의 연결이다. 믿음이 바뀌면 결과도 달라진다는 사실을 아이 스스로 깨닫는 것이 중요하다.

자녀를 위한 ABC 모델

자녀가 낙관성을 배우는 첫걸음은 나쁜 일(A) - 믿음(B) - 결과(C) 사이의 연결을 스스로 깨닫는 데 있다. 아래 연습은 이 연결을 알아차리도록 돕고자 고안되었고, 권장 연령은 8~14세다. 7세 아동도 충분한 인내와 설명이 전제된다면 따라올 수 있으며, 15세 이상에게는 성인용 연습이 더 적합하다.

시작은 부모부터다. 먼저 앞선 장을 차분히 읽고 성인용 ABC 연습을 직접 해본다. 스스로 사건(A) - 믿음(B) - 결과(C)를 적어보면 아이를 안내할 때 설명이 훨씬 구체적이고 자연스러워진다. 그런 다음 자녀와 30분 정도 시간을 약속하고, 방해받지 않는 조용한 공간에서 "오늘은 마음 연습을 함께해보자"고 예고한 뒤 시작한다.

아이에게 전할 핵심은 간단하다. 감정은 진공에서 저절로 생기지 않는다는 점이다. 같은 사건이라도 어떻게 생각하느냐에 따라 느끼는 감정과 이어지는 행동이 달라진다. 이 메시지를 짧게 전한 뒤 책에 나와 있는 세 가지 예시를 아이와 천천히 읽는다. 예시마다 아이로 하여금 자신의 입으로 사건(A) - 믿음(B) - 결과(C)를 다시 말해보게 하고, "네가 그렇게 생각했기 때문에 그런 기분이 들었구나"처럼 연결을 확인해준다. 초점은 언제나 믿음(B)과 결과(C)의 연결에 둔다. 아이가 "무서웠어", "창피했어"라고 말하면 부모는 "그 감정이 들기 직전에 어떤 생각이 먼저 지나갔니?"라고 자연스럽게 되묻는다. 아이가 자신의 말로 믿음(B)을 분명히 찾으면 결과(C)가 달라질 수 있다는 사실을 스스로 깨닫기 시작한다.

이렇게 부모가 먼저 모델을 보여주고, 약속된 시간에 반복하며, 믿음(B) - 결과(C)의 연결을 또렷이 짚어주는 꾸준함이 자녀의 낙관성 학습을 여는 가장 좋은 출발점이다. 이후에는 아이가 일상에서 직접 찾아온 작은 사건들을 가지고 짧게 ABC를 얘기하고, "이 다음에 같은 사건을 다르게 생각해보면 어떤 기분과 행동이 나올까?"를 함께 상상 해본다. 작은 연습이 쌓일수록 아이는 사건이 아닌 '생각'이 감정을 이 끈다는 사실을 체득하게 된다.

① 사례 1: 교실에서 꾸중을 들었을 때

- 나쁜 일(A): 반 친구들 앞에서 선생님이 큰소리로 나를 꾸짖었고 모두 가 웃었다.
- 믿음(B): "선생님은 나를 미워해. 친구들도 이제 나를 바보로 볼 거야."
- 결과(C): 너무 슬퍼서 책상 밑으로 숨고 싶었다.

아이에게 물어보기

- 왜 슬펐을까? '선생님이 큰소리로 꾸짖었다'는 사건 때문일까, 아 니면 "모두가 나를 바보로 볼 거야"라는 생각 때문일까?
- "선생님이 불공정하다는 사실을 친구들도 다 알 거야"처럼 다른 생 각을 했다면 기분과 행동이 어떻게 달라졌을까?

포인트: 신념이 바뀌면 결과도 바뀐다.

② 사례 2: 절친(절친한 친구) 자리 바꾸기

- 나쁜 일(A): 가장 친한 친구 수전이 "이제 조애니가 내 절친이야"라며

급식실에서 조애니 옆에 앉겠다고 했다.

- 믿음(B): "나는 매력이 없어. 그래서 수전이 나를 싫어해. 이제 아무도 내 옆에 앉지 않을 거야."
- 결과(C): 급식실에 가기가 무서워서 꾀병을 부리고 의무실에 갔다.

아이에게 물어보기

- 전학까지 생각한 이유가 사실(수전의 선택) 때문일까, 아니면 "아무도 내 옆에 안 앉을 거야"라는 예측 때문일까?
- "수전은 변덕스러워. 이번 주만 그럴지도 몰라"처럼 다른 설명을 했다면 기분과 행동이 어떻게 달라졌을까?

③ 사례 3: 놀림을 당했을 때

- 나쁜 일(A): 버스정류장에서 중학교 3학년 아이들이 친구가 다 있는 앞에서 '뚱보'라고 놀렸다.
- 믿음(B): "그 말이 맞아. 친구들도 나를 비웃고 내 옆에 앉지 않을 거야. 그냥 참고 넘어가야 해."
- 결과(C): 너무 당황해서 도망치고 싶었고, 고개를 숙인 채 버스 맨 앞자리에 혼자 앉았다.

아이에게 물어보기

- 왜 도망치고 싶었을까? 놀림 때문일까, 아니면 "친구들이 나를 따돌릴 거야"라는 생각 때문일까?
- "내 친구들은 의리가 있어", "저 중학생들은 철이 없어" 등 대안을 생각했다면 어떻게 달라졌을까?

일상에서 ABC 찾기

다음 날 같은 시간에 다시 30분을 잡아 ABC 연결을 짧게 복습하고, 필요하면 위 예시 중 하나를 다시 살펴본다. 그다음 자녀로 하여금 하루 동안 직접 겪은 ABC 한 가지를 적게 한다.

- 처음엔 막막할 수 있으니 부모가 자신의 ABC 기록 한두 개를 보여줘도 좋다.
- 며칠 동안 방과 후 집에 오면 '오늘의 ABC'를 함께 적고 이야기한다.
- '슬픔·화·걱정·포기'는 자신의 생각을 거쳐서 생긴다는 점, 그 생각은 바꿀 수 있다는 사실을 반복해서 아이에게 상기시킨다.

자녀의 ABC 기록 양식

- 나쁜 일(A):
- 믿음(B):
- 결과(C):

- -

- 나쁜 일(A):
- 믿음(B):
- 결과(C):

- 나쁜 일(A):

- 믿음(B):

- 결과(C):

- 나쁜 일(A):

- 믿음(B):

- 결과(C):

- 나쁜 일(A):

- 믿음(B):

- 결과(C):

자녀의 ABCDE

아이가 나쁜 일(A) – 믿음(B) – 결과(C)의 연결을 이해했다면 이제 반박(D)과 활력(E)을 덧붙여 ABCDE로 확장할 차례다. 여기서 반박(D)은 "내가 그렇게 생각했다고 해서 그것이 곧바로 사실이 되는 것은 아니다"를 배우는 과정이고, 활력(E)은 반박 뒤에 자연스럽게 따라오는 가벼워진 감정과 다시 시도하려는 힘을 뜻한다.

한 번의 과정은 45분이면 충분하다. 먼저 아이가 직접 쓴 ABC 기록 두 가지를 함께 읽으면서 핵심을 짚는다. 그다음 역할을 바꾸어 상상하게 한다. 그리고 아이에게 "네가 제일 싫어하는 친구가 방금 그 말을 너에게 했다면 뭐라고 되받아칠까?" 같은 질문을 던져 외부의 부정적 말에 반박할 수 있다는 감각을 체득하게 한다. 이 감각을 자기 생각에도 적용하도록 이끈 뒤, 반박을 만드는 연습을 이어간다.

반박은 네 가지 질문을 차례대로 던지는 방식으로 진행한다. 첫째, 증거가 정말로 있는지 묻는다("그게 사실이라는 근거가 뭐지?"). 둘째, 다른 설명이 가능한지 찾아본다("다르게 볼 수 있는 이유는 없을까?"). 셋째, 설령 사실이라 해도 그래서 무엇이 달라지는지를 따져본다("그렇다 해도 반드시 여기까지 이어질까?"). 넷째, 지금 이 생각이 도움이 되는지 점검한다("이 생각이 지금 너에게 유익할까, 아니면 발목을 잡을까?").

이 과정을 거친 뒤에는 활력(E)을 확인한다. 방금 연습한 반박을 통해 감정이 어떻게 달라졌고, 행동이 어떻게 바뀌려 하는지 아이의 말로 짧게 적어보게 한다.

마지막으로 숙제를 내준다. 닷새 동안 매일 한 건씩 실제 생활 경험에 대한 ABCDE를 기록하게 하고, 저녁때마다 함께 읽고 점검한다. 이렇게 '생각을 붙잡아 살피고 근거와 대안으로 바로잡은 다음, 작게라도 행동으로 확인'하는 반복이 아이의 설명양식을 조금씩 낙관적으로 재구성하며, 그 재구성이 결국 더 탄탄한 회복력으로 이어진다. 아래는 ABCDE 사례다.

① 사례 1: 교실에서 꾸중을 들었을 때

- 나쁜 일(A): 반 친구들 앞에서 선생님이 큰소리로 나를 꾸짖었고 모두가 웃었다.
- 믿음(B): "선생님은 나를 미워해. 친구들도 이제 나를 바보로 볼 거야."
- 결과(C): 너무 슬퍼서 책상 밑으로 숨고 싶었다.
- 반박(D)

— 증거: 선생님은 여러 학생에게도 종종 큰소리로 지적을 하셨다.

— 대안: 내가 규칙을 어겨서 순간적으로 화가 나셨을 수 있다.

— 함축: 한 번의 꾸중이 '미움'을 뜻하지는 않는다.

— 유용성: '미워한다'고 믿기보다 규칙을 고치는 것이 지금은 더 도움이 된다.

- 활력(E): 여전히 민망하지만 수업을 계속 들을 힘이 생겼다.

② 사례 2: 절친(절친한 친구) 자리 바꾸기

- 나쁜 일(A): 가장 친한 친구 수전이 "이제 조애니가 내 절친이야"라며 급식실에서 조애니 옆에 앉겠다고 했다.

- 믿음(B): "나는 매력이 없어. 그래서 수전이 나를 싫어해. 이제 아무도 내 옆에 앉지 않을 거야."

- 결과(C): 급식실에 가기가 무서워서 꾀병을 부리고 의무실에 갔다.

- 반박(D)

  — 증거: 수전은 전에도 코니, 그 전에는 재클린이 절친이라고 했다. 지난주에 나와 수전은 같은 옷을 샀다.

  — 대안: 수전은 절친을 자주 바꾸는 성향일 수 있다.

  — 함축: 오늘의 자리 선택이 나의 됨됨이나 내 모든 관계를 정의하지는 않는다.

  - 유용성: 오늘은 제시카나 란타냐와 앉는 것이 현실적이다.

- 활력(E): 혼자인 것 같은 두려움이 줄고, 급식실에도 갈 수 있었다.

③ 사례 3: 팀 선발에 뒤늦게 뽑혔을 때

- 나쁜 일(A): 체육시간에 발야구를 하면서 선생님이 정한 두 주장 크리

시와 세스가 팀원을 정할 때 나를 거의 끝에서 세 번째로 뽑았다.

- 믿음(B): "애들이 나를 싫어해. 나는 등신이야. 아무도 나랑 놀기 싫어 할 거야."

- 결과(C): 울컥했고 공이 오지 않기만 바랐다.

- 반박(D)

  — 증거: 학습 조를 짤 때는 친구들이 먼저 나와 같은 조를 하려고 했 다. 미국 독립전쟁 수필 대회에서 1등을 했다.

  — 대안: 주장은 실력 위주로 순서를 정했을 개연성이 크다.

  — 함축: 발야구 선발 순서가 내 가치 전체를 말해주지는 않는다.

  — 유용성: 오늘은 수비 한 가지 목표(공을 잡아 1루에 보내기)에 집중하 는 편이 도움이 된다.

- 활력(E): 마음이 가벼워져서 공이 오면 피하지 않고 쳐보겠다는 생각 이 들었다.

④ 사례 4: 동생 생일에 섭섭했을 때

- 나쁜 일(A): 동생 생일이라 부모님이 선물과 큰 케이크를 준비하셨고, 나를 별로 살피지 않으셨다.

- 믿음(B): "부모님은 동생만 좋아해. 나는 없어도 되는 존재야."

- 결과(C): 서럽고 외로웠다.

- 반박(D)

  — 증거: 내 생일에도 선물과 케이크로 축하해주셨다. 성적표에서 과 학 성적과 수업 태도를 칭찬하셨다.

  — 대안: 오늘은 행사의 중심인 동생에게 더 집중하신 것이다.

  — 함축: 오늘의 장면이 항상이나 영원을 뜻하지는 않는다.

— 유용성: 지금은 함께 축하하고, 내 생일 계획을 미리 상의하는 편이 낫다.

- 활력(E): 버려질지 모른다는 두려움이 사라지고 가족과 함께 행사에 참여할 마음이 생겼다.

아이가 예시를 잘 따라오지 못하면 그날은 거기까지로 충분하다. 다음 날 40분 정도 다시 시간을 내어 전날 아이가 가장 잘 이해했던 한 가지 예로 시작해 반박(D)과 활력(E)의 연결을 천천히 다시 보여주자. 핵심은 '꾸준함이 완벽함을 이긴다'는 점, 그리고 '부모는 심판이 아니라 코치'라는 점이다.

이제 아이 차례다. 아이가 적어놓은 ABC 기록 다섯 가지를 하나씩 꺼내어 매번 네 개 질문(증거·대안·함축·유용성)으로 생각을 흔들어 보게 하자. 물론 용어들을 굳이 가르칠 필요는 없다. "그게 사실이니?", "다른 설명은 없을까?", "그게 사실이라도 그래서 꼭 그렇게 되는 걸까?", "지금 그 생각이 너를 돕니?" 같은 짧은 질문이면 충분하다. 숫자가 있으면 더욱 좋다. 예를 들어 "25명 중 몇 명이 웃었니?" 같은 식이다. 대답은 아이의 말로 1~2개 문장이면 된다.

숙제는 간단하다. 닷새 동안 매일 생활 사건에서 ABCDE 한 건을 기록하고, 저녁에 함께 5분씩 검토한다. 잠들기 전에는 내일 예상되는 '까다로운 순간'을 하나 떠올린 뒤 그때 사용할 '한 줄 반박'을 미리 정하게 하자. "오늘만 힘든 거야, 내 친구들은 의리가 있어" 같은 반박이면 된다. 이 한 줄이 다음 날 자동 사고를 바꾸는 스위치가 된다.

진행이 잘되고 있는 신호는 분명하다. 즉 감정의 강도가 0~10 척도에서 조금씩 낮아진다, 힘든 감정에서 회복되는 시간이 짧아진다,

회피가 줄고 시도가 늘어난다, 부모가 묻지 않아도 아이가 스스로 반박 문장을 꺼낸다 등등 변화가 보이면 결과가 아니라 과정(관찰·질문·시도)을 구체적으로 칭찬하자. 스티커나 체크리스트로 '연속 일수'를 눈에 보이게 만드는 것도 동기를 높인다.

막히는 순간에는 도구를 바꿔보자. 역할 바꾸기("친구가 이런 생각을 했다면 뭐라고 말해줄래?"), 사실 질문("항상? 한 번? 몇 번?"), 장면 축소("지금 여기서 내가 할 수 있는 한 가지는?")가 효과적이다. 아이가 너무 흥분해 있다면 먼저 마음을 가라앉히는 짧은 호흡, 즉 숨을 4초간 들이마시고 4초간 멈추고 6초간 내쉬기를 반복한 뒤 다시 사고 연습으로 돌아간다.

안전망도 함께 기억하자. 2주 이상 뚜렷한 우울·불안 표출, 수면·식욕의 큰 변화, 일상 기능 저하, 자해·자살 생각이 보이면 바로 학교 상담실이나 전문기관의 도움을 받아야 한다. ABCDE는 치료를 대체하지 않지만, 전문적인 도움과 함께할 때 더 큰 효과를 발휘한다.

마무리는 늘 한 줄로 아이와 약속하자. "사건이 내 감정을 정하지 않아. 내 해석이 정해. 그리고 나는 그 해석을 매일 연습해." 오늘 이 한 줄의 반박이 내일의 더 큰 활력으로 이어진다.

자녀의 ABCDE 기록하기

- 나쁜 일:

- 믿음:

- 결과:

- 반박:

- 활력:

- 나쁜 일:

- 믿음:

- 결과:

- 반박:

- 활력:

- 나쁜 일:

- 믿음:

- 결과:

- 반박:

- 활력:

- 나쁜 일:

- 믿음:

- 결과:

- 반박:

- 활력:

- 나쁜 일:
- 믿음:
- 결과:
- 반박:
- 활력:

- 나쁜 일:
- 믿음:
- 결과:
- 반박:
- 활력:

8장

긍정심리학

셀리그만의 연구는 무기력 학습에서 시작해 낙관성 학습을 거쳐, 마침내 긍정심리학이라는 새로운 학문적 패러다임으로 이어졌다. 무기력 학습을 통해 인간이 통제 불가능한 사건 앞에서 쉽게 무너질 수 있음을 발견한 그는 반대로 낙관성을 학습하면 어려움 속에서도 회복하고 적응할 수 있음을 보여주었다. 이러한 연구는 심리학이 단순히 병리와 결손을 다루는 데 머물러서는 안 되며, 인간의 성장과 번영을 탐구해야 한다는 새로운 비전을 열었다.

그렇다면 왜 지금 긍정심리학인가? 그 답은 우리가 직면한 시대적 위기와 연결된다. 우리는 물질적으로는 풍요롭지만, 심리적으로는 가장 취약한 시대를 살아가고 있다. 우울, 불안, 분노, 중독, 자살이 전 세계적으로 증가하는 것은 물론, 청년부터 노년까지 삶의 의미를 상실한 채 살아가는 사람도 많다. 기존 심리치료는 결함을 교정하고 병리를 완화하는 데 크게 기여했지만, 그것만으로는 이 시대의 총체적 심리 위기를 해결하기 어렵다. 이러한 상황에서 인간의 강점, 의미, 회복 가능성을 과학적으로 탐구하는 긍정심리학이 필연적으로 대두되었다.

긍정심리학은 "무엇이 잘못되었는가?"보다 "무엇이 잘되고 있는가?", "어떻게 하면 더 잘 살 수 있는가?"를 묻는다. 단순한 낙관적 사고를 권하는 것이 아니라, 과학적으로 검증된 개입을 통해 긍정정서, 강점, 몰입, 관계, 의미, 성취를 증진하는 데 초점을 둔다. 셀리그만은 긍정심리학의 궁극적 목표를 단순한 행복이 아닌 '플로리시(Flourish)', 즉 전인적 번영으로 규정했다. 이는 순간적인 기분이 아니며 의미와 관계, 성취와 자율성, 긍정정서가 균형 있게 작동하는 삶의 방식이다. 고통 없는 삶이 아니라, 고통 속에서도 회복하고 성장하는 삶이 긍정심리학이 지향하는 최종 지점이다.

이러한 관점을 구조화한 것이 바로 플로리시를 위한 웰빙 이론인 'PERMA(팔마) 모델'이다. 긍정정서(Positive Emotion), 몰입(Engagement), 관계(Relationships), 의미(Meaning), 성취(Accomplishment)는 인간이 번영하는 데 필요한 핵심 요소다. 이후 긍정심리학은 한 걸음 더 나아가 이 다섯 요소가 실제로 작동하려면 반드시 성격강점(Strengths)이 기반이 되어야 한다는 점을 명확히 했다. 강점은 단순히 개인의 특성이 아니라, PERMA의 다섯 요소가 살아 움직이는 심리적 토대다. 이로써 PERMA는 'PERMAS(팔마스)'로 확장되었으며, 이는 긍정심리학이 단순한 행복 탐구를 넘어 회복력 훈련과 긍정심리치료로 진화하는 데 핵심 구조로 기능한다.

PERMAS는 긍정심리학의 진화 과정을 잘 보여준다. 첫째, 행복 연구 단계에서 긍정정서와 성격강점은 삶을 충만하게 만드는 심리적 자산으로 확인되었다. 둘째, 회복력 연구 단계에서는 강점과 낙관성이 역경을 이겨내는 핵심 자원으로 작동했다. 마지막으로 긍정심리치료에서는 PERMAS가 구체적인 치료 개입 구조로 자리 잡아 우울·불안·외상 같은 심리적 고통을 단순히 완화하는 것을 넘어, 내담자가 강점을 활용해 의미와 관계를 회복하고 다시 플로리시한 삶을 살아가도록 이끈다.

결국 긍정심리학은 인간이 가진 최선의 자원을 발견해 그것을 삶 속에서 실천하도록 안내하는 학문이다. 이는 단지 기분을 좋게 하는 기술이 아니라, 인간 존재의 회복과 번영을 위한 심리학을 의미한다. PERMAS는 그 여정의 핵심 지도로서 행복, 회복력, 심리치료라는 셀리그만의 학문적 진화를 관통하는 틀이 되었다. 따라서 긍정심리학은 오늘날 가장 요구되는 심리학적 혁신이자, 인간의 미래를 위한 과학적 희망의 언어라고 할 수 있다.

펜실베이니아대학교 PRP 프로그램

펜실베이니아대학교에서 연구는 한 학생의 질문에서 출발했다. 셀리그만은 우울증 강의 도중 "우울증이 시간이 지나 자연히 호전된다면 기존 이론은 이를 어떻게 설명하는가?"라는 질문을 받았다. 생물학적 이론, 정신분석적 이론, 인지적 이론 모두 우울증의 발생과 유지에 대해서는 설명했지만, 자연 호전과 예방 과정에 관해서는 답하지 못했다. 이 물음은 우울증을 치료해야 할 질병에서 예방 가능한 위험으로 새롭게 바라보는 전환점이 되었다.

그는 이후 메트로폴리탄 생명보험사와 협력해 비관적 성향의 영업

사원을 낙관적 태도로 변화시키는 프로젝트를 수행했다. 인지치료와 행동 기법을 예방 프로그램으로 재구성한 뒤 실패 상황에서 자동으로 떠오르는 사고를 교정하고 재도전 행동을 유도한 것이다. 이 프로젝트의 성과는 정상 집단을 대상으로도 우울증 예방이 가능하다는 확증을 안겨줬다.

셀리그만은 곧 새로운 연구팀을 꾸렸다. 인지와 회복 탄력 연구에 강점을 가진 캐런 레이비치(Karen Reivich), 발달심리학을 전공한 제인 길햄(Jame Gillham), 가족 및 아동 임상에 밝은 리사 제이콕스(Lisa Jaycox)가 합류했다. 연구의 인지적 기반은 벡이 정립한 인지치료였다. 특히 비극화를 완화하고 자동 사고를 교정하는 기법은 아동과 성인 모두에게 적용할 수 있는 핵심 전략으로 자리 잡았다. 여기에 셀리그만이 프린스턴대학교의 조앤 기르구스(Joan Girgus), 스탠퍼드대학교의 수전 놀렌호크세마(Susan Nolen-Hoeksema)와 함께 진행한 아동 종단 연구 결과가 더해졌다. 사춘기 전후의 아동 상당수가 우울증 증상을 보였고, 비관적 설명양식을 지닌 아동은 특히 취약했다. 한 번 우울증을 겪은 아동일수록 이후 더 비관적 시각에 빠지면서 재발 위험이 높았다.

연구팀은 인지적 기술에만 의존해서는 아동 우울증 예방이 충분하지 않다는 사실도 확인했다. 부모의 갈등이나 이혼, 또래 집단에서 따돌림 같은 사회적 요인 역시 아동에게 직접적인 위협이 되었다. 이에 따라 프로그램은 인지적 기술과 사회적 기술이라는 두 축으로 설계되었다. 인지적 기술 축에서 아동들은 사건 → 믿음 → 결과 → 반박 → 활력으로 이어지는 ABCDE 절차를 훈련했다. 즉 실제 생활 사건을 기록하고, 자동 사고를 찾아내 반박하며, 그 결과 다시 도전할 힘을 얻도록 지도받았다. 사회적 기술 축에서는 또래 관계 기술, 갈등 해결, 교사 및 부모와 의사소통, 가정 내 스트레스 신호 인식 등을 훈련했다.

예비 실험에서 이 프로그램은 아동들이 실패를 새로운 시각에서 해석하고 다시 시도할 수 있도록 돕는 효과가 있었다. 실제 실험에서는 우울·무기력 지표 감소, 실패 후 재도전율 증가, 비관적 설명양식 완화, 사회적 스트레스 상황에서 기능적 대처 능력 향상 등이 입증되었다. 이 결과는 아동기에 심리적 면역력을 키울 수 있다는 가능성을 보여주었다.

이 과정에서 교육 환경과 가정 문화에 대한 반성도 뒤따랐다. 일부 학교는 근거 없는 자존감 중심 교육을 강조했지만, 이는 단기적으로 기분을 좋게 만들 뿐 역경을 맞닥뜨릴 때 쉽게 무기력에 빠지게 만들었다. 연구팀은 근거 없는 칭찬 대신 실제 성취, 구체적 기술, 검증된 사고 전략을 통한 '근거 있는 자신감'을 가르쳐야 한다고 봤다. 결국 중요한 점은 '잘한다는 말을 듣는 것'이 아니라 '다시 해내는 법을 배우는 것'이다.

'펜실베이니아 예방 프로그램(Penn Prevention Program·PPP)'은 이렇게 완성되었다. 아동들은 역경 상황에서 자동 사고를 붙잡고, 증거를 확인하고, 대안을 탐색하고, 숨은 의미를 찾아내고, 실질적인 대처 방안을 선택하는 훈련을 반복했다. 이 과정을 통해 감정은 해빙되고 행동은 회복되었다. 사건 자체가 삶을 결정하는 것이 아니라, 사건에 대한 믿음이 결과를 낳는다는 사실을 아동 스스로 체득한 것이다.

그 결과 펜실베이니아대학교에서 시작된 연구는 우울증 치료 영역을 넘어 예방과 회복 탄력 교육으로 확장되었다. 무기력 학습에서 출발한 이 흐름은 설명양식 연구와 낙관성 학습 개념으로 이어졌고, 임상 현장을 넘어 학교·가정·직장 등 일상 맥락에서 활용 가능한 표준화된 예방 모델을 제시하는 성과로 이어졌다.

초기 펜실베이니아 연구 프로그램은 1990년대 들어 '펜실베이니아 회복력 프로그램(Penn Resilience Program·PRP)'으로 발전했다. PRP는 세계적으로 가장 널리 연구되고 검증된 우울증·회복력 프로그램으로 자리매김했다. 이 프로그램을 기반으로 1998년 긍정심리학이 탄생했고, 2008년에는 미군 전 장병을 대상으로 '회복력 전문가 훈련(Master Resilience Training·MRT)' 프로그램이 시행되었으며, 2016년에는 '긍정심리치료(PPT)'가 발전적으로 정립되었다. 이제부터는 PRP의 구성과 성과를 살펴볼 것이다.

PRP는 학교 현장에서 웰빙을 교육시킬 수 있는지에 대한 실증적 검증을 목적으로 개발되었다. 모든 심리적 개입이 그러하듯이, 웰빙 교육도 반드시 과학적 근거에 기초해야 한다는 원칙 아래 설계된 것이다. PRP의 핵심 목표는 일상에서 마주하는 다양한 문제에 좀 더 현실적이고 유연하게 대처하도록 청소년들을 돕는 데 있다. 이를 위해 프로그램은 비관적 설명양식을 교정하고 낙관적 사고를 증진하는 훈련은 물론, 자기주장, 창의적 브레인스토밍, 의사결정, 이완 기법 등 다양한 대처 기술을 포함하고 있다.

PRP는 현재까지 세계에서 가장 광범위하게 평가된 우울증 예방 프로그램이다. 지난 20여 년간 무작위 배정 및 통제 집단 실험을 포함해 21편 넘는 연구가 진행되었으며, 8세에서 21세 사이 아동·청소년 3,000여 명이 참여했다. 연구 표본은 인종, 사회경제적 배경, 지역(도시·교외·농촌), 그리고 미국·영국·호주·중국·포르투갈 등 다양한 국가를 아우른다. 프로그램을 운영한 지도자 또한 교사, 상담가, 심리학자, 사회복지사, 군 부사관, 대학원생 등 폭넓게 구성되었다. 이러한 결과는 PRP 효과가 특정 집단에 국한하지 않고 폭넓게 일반화될 수 있음을 보여준다.

PRP 연구 성과는 다음과 같이 일관되게 긍정적이었다.

- PRP는 우울 증상을 예방하고 감소시키는 효과가 있었으며, 메타분석 결과 최소 2년 이상 효과가 유지되었다.
- 무기력이 감소하고 낙관성과 전반적 웰빙은 향상되었다.
- 임상적 수준의 우울·불안 증상에 대한 예방 효과가 입증되었으며, 초기 연구에서는 중등도 이상 우울증이 2년 동안 절반으로 줄어들었다.
- 불안 증상과 품행 문제(공격성, 비행 등) 역시 유의미하게 완화되었다.
- 효과는 인종, 민족, 사회경제적 배경과 무관하게 나타났다.
- 건강 관련 행동도 개선되어 참여 학생들은 병원 내원이 줄었고, 더 건강한 식습관과 운동 습관을 보고했다.
- 지도자의 훈련·감독, 교육 충실도는 효과를 결정하는 핵심 요인으로 확인되었다. 철저히 훈련받은 지도자 집단에서는 효과가 강력하게 지속적이었으나, 최소한의 훈련만 받은 집단에서는 효과가 약하게 나타났다.

이처럼 PRP는 청소년의 우울증, 불안, 품행 문제를 예방할 수 있는 가장 신뢰할 만한 프로그램으로 자리 잡았다. 그러나 셀리그만 연구팀은 회복력만으로는 충분하지 않다고 봤다. 웰빙은 단순히 부정정서를 줄이는 데 그치지 않고 성격강점, 긍정정서, 의미, 관계 같은 삶의 총체적 요소를 포괄해야 한다는 점에서 그렇다.

이에 따라 연구팀은 미국 교육부의 지원을 받아 스트래스헤이븐고등학교에서 긍정심리학 교육과정을 적용하고 평가했다. 9학년 학생 347명을 대상으로 80분 수업을 20회 이상 진행하는 과정이었으며 성격강점 발견과 활용, 일상 적용, 성찰 일기 작성, 긍정정서 훈련 등이 포함되었다. 대표적 활동으로는 '세 가지 좋은 일 기록하기'와 '새로운 방식으로 대표강점 사용하기'가 있었다.

평가 결과, 참여 학생들은 학습 몰입과 학교 생활의 즐거움, 유의미한 학업 성적 향상을 보였다. 또한 공감, 협력, 자기통제 같은 사회적 기술이 강화되었으며, 부모들의 보고에 따르면 품행 문제도 감소했다. 특히 웰빙 교육은 전통적인 학업 성취를 약화하지 않았을 뿐 아니라, 오히려 학업 몰입과 성과를 증진하는 결과를 나타냈다.

호주 절롱그래머스쿨 사례는 '긍정 교육'을 학교 전반에 도입한 최초의 대형 프로젝트로, 펜실베이니아 팀(레이비치 등)이 개발한 회복력·낙관성 교육을 실제 학교 운영에 접목한 전형이다. 2005년 트렌트 배리(Trent Barry) 운영위원의 제안으로 시작된 이 프로젝트는 '건물보다 학생들의 웰빙이 우선'이라는 공감대와 신임 교장의 지지 속에서 1,600만 달러를 모금하며 웰빙센터 건립 및 교육과정 개편으로 이어졌다.

핵심 설계는 '교사 우선'과 '전교 임베딩'이었다. 2008년 펜실베이니아 팀은 교사 100명을 9일 동안 집중 훈련시켜 교사 스스로 회복력·강점·감사·의미 등을 실습한 뒤 이를 수업으로 전환하게 했다. 이후 1년간 긍정심리학 전문가들이 상주·순회하면서 수업 설계와 피드백을 제공했고, 미국·영국 석학들이 월별로 방문해 커리큘럼 자문을 더했다. 초기에는 회의적이던 교장도 효과를 확인한 후 강력한 지지자가 되었다.

교육은 세 축으로 구현되었다. 첫째, '가르치기'다. 10학년은 VIA 강점 검사, 강점 서사, 감사 편지, '세 가지 좋은 일 찾기' 일기 등 긍정 교육과정을 체계적으로 수행했고, 9학년은 혹독한 환경 속에서 ABC 모델과 '실시간 회복력'을 훈련했다. 둘째, '끼워 넣기'다. 영어·수학·종교·지리·체육·예술·예배 등 모든 교과 및 활동에 강점과 의미, 회복력 개념을 삽입했다. 셋째, '따라 살기'다. 학급의 아침은 '잘된 일' 공유로 시작했고, 가정·봉사·회의 등 일상 전반이 긍정 교육의 장으로 확장되었다.

효과 평가는 무작위 통제 실험은 아니었지만 교사 이직률 감소, 학생 지원 및 기부 증가, 교실 분위기 개선 등이 보고되었다. 무엇보다 '교사 훈련−전 교과 임베딩−생활 문화화'의 삼중 구조를 정착시켰다는 점이 큰 성과였다. 이 사례는 회복력·강점·감사·의미·관계·긍정정서를 별도의 특강이 아니라, 정규 수업과 학교 문화 전반에 통합할 때 지속성과 확산성이 극대화된다는 사실을 보여준다. 동시에 긍정 교육의 확산을 위해서는 '훈련된 교사'와 '적극적인 학교'라는 조건이 필수적임을 드러낸 대표 사례라고 할 수 있다.

결론적으로 PRP, 스트래스헤이븐고등학교의 긍정심리학 교육과정, 그리고 호주 절롱그래머스쿨의 전교적 긍정 교육 실험은 공통적으로 하나의 사실을 증명한다. 웰빙이 더는 개인의 사적인 과제가 아니라, 학교라는 제도화된 공간에서 과학적으로 설계하고 체계적으로 가르칠 수 있는 교육 내용이라는 점이다. 이 사례들은 긍정심리학이 단순한 임상적 개입을 넘어 교실·교과·학교 문화 전반에 통합될 때

학생들의 회복력과 행복, 나아가 공동체적 번영이 실질적으로 증진될 수 있음을 보여주는 대표적 성취라고 할 수 있다.

미 육군 회복력 전문가 훈련(MRT)

미국 육군은 오랜 기간 병사들의 신체적 강인함만 강조했다. 하지만 이라크전쟁, 아프가니스탄전쟁을 거치면서 장기적인 전투 스트레스와 외상후스트레스장애(PTSD), 우울증, 자살 문제 등 심리적 요인이 전투력과 생존력에 결정적 영향을 미친다는 사실이 드러났다. 이러한 맥락에서 미 육군은 2008년 '종합 군인 체력 프로그램(Comprehensive Soldier Fitness·CSF)'을 도입했고, 그 핵심 축 가운데 하나로 '회복력 전문가 훈련(Master Resilience Training·MRT)' 과정을 개발했다. MRT는 펜실베이니아대학교 긍정심리학센터 연구팀이 오랜 세월 축적해온 PRP를 군대 환경에 맞게 재구성한 훈련 체계로, 군 역사상 가장 대규모로 진행된 심리학적 개입 중 하나로 평가받는다.

MRT 과정은 열흘간 진행하는 집중 훈련으로 설계되어 있다. 훈련 대상은 주로 하사관(NCO·부사관)이며, 이들은 향후 자신이 지휘하는 병사들에게 회복력 기술을 교육시킨다. 따라서 MRT는 단순한 개인 훈련 과정이 아닌, '훈련자를 훈련하는 모델(train the trainer model)'로 운영된다. MRT를 수료한 부사관은 공식적으로 '회복력 전문가'라는 자격을 부여받고, 이후 부대에서 정규 교육 일정에 따라 회복력 수업을 진행한다. 이로써 회복력 훈련은 한 개인의 심리 훈련을 넘어 군 전체에 전파되는 구조를 갖게 되었다.

처음 8일간은 PRP 기반의 준비 단계로, 회복력의 핵심 개념과 기술을 배우는 데 초점을 맞춘다. 이때 첫 5일 동안 참가자들은 대규모 강의와 소규모 분반 훈련을 병행한다. 대강의에서는 주요 개념을 배우고, 소그룹에서는 실제 사례 적용과 반복 연습을 통해 체화한다. 이때 민간 연구자와 군 지도자가 함께 훈련을 진행하는데, 이 민·군 협력 구조가 참여자들에게 높은 몰입도와 신뢰를 준다는 평가를 받았다. 마지막 3일은 배운 기술을 다른 병사들에게 어떻게 가르칠지를 학습하는 시간이다. 참여자들은 모의 강의, 역할극, 동료 피드백을 통해 교수법을 연습하고, 자신이 병사들을 가르칠 때 활용할 수 있는 자료와 매뉴얼을 직접 다룬다.

준비 단계는 크게 4개 모듈로 구성된다.

첫째, 회복력의 기초를 배우고 스트레스 반응과 인지 과정의 오해를 바로잡는다.

둘째, 정신적 근력과 문제해결 능력을 훈련한다. 이때 '확인 편향' 같은 인지적 오류를 다루며, 문제 원인을 정확히 규명하고 해결책을 탐색하는 6단계 문제해결 모델을 적용한다.

셋째, 성격강점을 탐색하고, 이를 과업 수행 및 팀워크에 적용하는 법을 배운다. 참여자들은 VIA 성격강점 검사를 통해 자신의 상위 강점을 확인한 뒤 이를 리더십 모델과 연계해 토론한다. 또한 동료의 강점을 인식하고 칭찬하면서 팀 전체가 강점을 기반으로 임무를 달성하는 실습을 한다.

넷째, 관계 강화를 다룬다. 여기에는 셸리 게이블(Shelly Gable)의 적극·건설적 반응(Active Constructive Responding), 드웩의 칭찬 연구, 그리고 비폭력적·적극적 의사소통 기술이 포함된다. 병사들은 역할극을 통해 네 가지 반응 유형(적극·건설적, 소극·건설적, 소극·파괴적, 적극·파괴적)을 연습하고, 자신이 일상적으로 사용하는 반응 양식을 성찰한다.

9일 차에는 유지 단계가 진행된다. 이는 병사들이 군 경력 전체에서 배운 기술들을 지속적으로 활용할 수 있도록 돕는 교육이다. 특히 배치 주기(파병 전·중·후)에 따른 심리적 요구를 다루는데, 이전의 '배틀마인드(Battlemind)' 프로그램을 발전시킨 형태다. 병사들은 파병 전 예상되는 심리적 도전과 귀환 후 겪을 수 있는 변화에 대해 배우고, 이를 완화하기 위한 의사소통 및 회복 전략을 실습한다. 이 과정은 특히 전투 스트레스와 PTSD 예방에 중요한 기능을 한다.

마지막 10일 차는 향상 단계로, 스포츠심리학 기법을 접목해 개인과 조직의 성과를 극대화하는 데 초점을 둔다. 여기에는 멘털 스킬 기초, 자신감 형성, 목표 설정, 주의 집중, 에너지 관리, 심상 훈련 등이 포함되어 있다. 예를 들어 병사들은 통제된 호흡, 명상, 근육 이완을 통한 에너지 관리법을 배우고, 긍정적 심상과 자기 대화로 집중력을 높인다. 또한 '세 가지 좋은 일 찾기'와 감사일기를 통해 긍정정서를 강화하는 훈련도 한다. 이는 단순히 기분을 좋게 하는 수준을 넘어 수면 개선, 관계 만족, 건강 증진 같은 장기적 효과가 입증된 기법이다.

MRT는 시행 초기부터 병사들의 만족도가 높았다. 2009년 첫 공식 훈련 후 진행한 설문조사에서 참여자들은 5점 만점에 평균 4.7~4.9점을 주었으며, 다수의 병사가 "군 생활에서 가장 유용한 교육이었다"고 평가했다. 특히 "이 훈련이 내 삶을 바꾸었다", "가족과의 관계가 달라졌다"는 피드백은 MRT가 단지 전투 수행 능력뿐 아니라, 개인의 삶 전반에 긍정적 영향을 미쳤음을 보여준다.

　MRT는 군 조직 전체에 확산되면서 심리적 체력과 신체적 체력을 동등하게 중시하는 문화 전환을 이끌었다. 100만 명 넘는 병사들을 대상으로 회복력 교육이 시행되자 미 육군은 '심리적으로 강인한 군대'를 구축한다는 새로운 목표를 설정했다. 이는 회복력이 더는 개인의 기질이나 운에 의존하는 힘이 아니라, 체계적 훈련을 통해 습득 가능한 기술임을 보여주는 역사적 전환점이었다.

9장

긍정심리치료^(PPT)

셀리그만의 연구 여정은 무기력 학습 발견에서 출발해 설명 양식과 낙관성 학습, PRP, 긍정심리학과 회복력 연구를 거쳐 최종적으로 긍정심리치료(PPT)에 수렴한다. PPT는 '문제 고치기' 중심의 전통 치료에 강점 키우기를 정식으로 병치한 모델이다. 내담자의 결점과 증상만을 축으로 해 개입하지 않고 성격강점, 긍정정서, 의미, 관계를 치료 동력 삼아 증상을 완화하는 동시에 기능과 삶의 만족을 끌어올린다.

지난 한 세기 동안 심리치료는 대체로 무엇이 잘못되었는지를 밝혀내는 일에 집중했다. 내담자는 어린 시절 상처, 왜곡된 사고, 기능장애적 관계를 진술하고, 치료자는 그 부정적 패턴을 찾아 교정하는 데 힘썼다. 이러한 전통은 위험을 줄이고 증상을 완화하는 데 일정 성과를 냈지만 삶을 지속적으로 살아가게 하는 힘, 의미 및 목적, 관계의 충만함, 성취에서 오는 만족 등 행복과 웰빙은 치료의 명시적 목표로 설정되지 못했다. 다시 말해 전통 심리치료는 고통을 줄이는 데는 성공했으나, 행복을 증진하는 데는 한계가 있었다.

바로 이 지점을 전환점으로 삼은 PPT는 단순한 결점 교정에서 벗어나 긍정 경험과 강점을 증대하는 과정을 심리치료의 본질적 과제로 여긴다. 이에 PPT에서는 내담자의 강점, 긍정정서, 의미, 관계, 몰입, 성취를 측정하고 가르치며 훈련시킨다.

PPT는 긍정심리의 경험적 토대 위에 선 임상 실천이다. 긍정심리학은 개인, 공동체, 조직이 번영할 수 있는 조건과 절차를 과학적으로 탐구할 뿐 아니라, 단순히 무엇이 고장났는가에 머물지 않고 무엇이 효과적이고 옳은지, 의미 있고 선한지, 최선인지를 겨냥한다. PPT는 이러한 지식을 치료 현장으로 옮겨 증상과 강점, 위험과 자원, 약점과 가치, 후회와 희망을 하나의 틀에서 통합적으로 다룬다.

PPT의 접근 방식은 내담자의 고통을 축소하거나 무시하지 않는다. 오히려 트라우마와 상실에 공감해 주의를 기울이는 동시에 성장 가능성을 체계적으로 탐색한다. 따라서 PPT는 전통 치료를 대체하는 새로운 분야가 아니라, 이미 효과가 입증된 감축 전략, 예를 들어 인지 재구조화, 노출, 행동 활성화 등에 증가 전략(강점 사용 루틴, 감사와 용서, 표현적 글쓰기, 의미 설계 등)을 병렬로 결합한다.

치료자는 결점 진단자라는 전통적 권위를 넘어 강점 촉진자이자 행복 설계자로서 역할을 한다. 이를 통해 내담자가 자신의 대표강점을 파악하고, 긍정정서를 키우는 기술을 익히며, 긍정적 관계를 회복·확장하면서 삶의 목적을 일상 맥락에 구체적으로 연결할 때 증상 완화와 기능 회복이 서로를 강화하면서 나타난다. PPT의 궁극적 목적은 내담자가 즐겁고 의미 있으며 만족스러운 삶을 살기 위해 강점을 최대한 활용하도록 돕는 데 있다.

그렇다면 PPT가 필요한 이유는 무엇일까? 첫째, 심리치료 효과의 한계 때문이다. 관련 연구에 따르면 심리치료 내담자의 20~30퍼센트는 의미 있는 변화를 경험하지 못하고, 5~10퍼센트는 오히려 상태가 악화된다. 이른바 '65퍼센트 장벽'으로 불리는 현실은 단순히 더 강력하게 개입한다고 극복되지 않는다. 고통을 줄이는 것만으로는 사람을 움직이게 할 수 없다. 사람들이 오래 버티는 것은 끌리는 목표가 있을 때다. PPT는 증상 감소만을 최종점으로 삼지 않으며, 내담자가 살아보고 싶어 하는 삶을 선명히 보여주면서 그 삶으로 가는 작은 경로를 설계해 동기를 부여한다.

둘째, 인간의 부정 편향 때문이다. 진화적으로 인간의 주의 체계는 위협에 더욱 민감하다. 치료가 부정의 해체에만 머물면 내담자는 희망 결핍 상태에서 맴돌 수 있다. PPT는 감사, 음미, 강점 사용 같은 의도적 긍정 경험을 초기부터 삽입해 정서의 기저선을 끌어올리고, 넓어진 인지 자원으로 문제해결과 학습을 가능하게 한다. 이는 현실을 회피하는 낙관이 아니라, 가능한 최선의 결과를 향해 구체적인 경로와 의지를 함께 설계하는 현실적 낙관성이다.

셋째, PPT가 의료 모델의 협소함을 보완하기 때문이다. 심리치료는 뇌, 유전, 신경전달물질 등에 관한 설명이 필요하지만 이것만으로는 충분하지 않다. 실제 심리치료는 대인적·맥락적 요인에 따라 크게 좌우된다. 이에 PPT는 질환의 기제를 부정하지 않으면서도, 강점이 위험을 완충하고 삶의 질, 행복, 학업·직무 성과와 연결된다는 경험적 증거를 임상 언어로 번역한다. 따라서 평가 과정은 증상 선별뿐 아니라 강점·가치·자원 선별을 포함하며, 개입은 감소 모듈과 증가 모듈을 교차해 배치된다.

넷째, 회복 개념의 확대가 필요하기 때문이다. 오늘날 회복은 단순히 증상을 줄이는 것을 넘어 원하는 삶을 살 수 있는 상태를 포함한다. PPT는 목표·자원·강점의 명시적 평가와 활용 계획, 진행 점검, 피드백을 표준 과정에 포함해 내담자가 자기 치료의 주체가 되도록 돕는다. 이는 치료자-내담자 관계에도 변화를 가져온다. 치료자는 절차 관리자뿐 아니라, 희망 공급자로서 근거 있는 낙관을 제시하고 작은 변화를 가시화해 동기를 부여한다.

마지막으로, PPT는 치료자 보호 기능을 수행하기 때문이다. 부정적 사건에 장기간 몰입하는 일은 치료자에게 소진, 동정 피로, 냉소를 초래할 수 있다. PPT는 강점 언어, 감사, 음미, 의미 작업을 통해 내담자와 치료자의 웰빙을 지키는 환경적 개입을 실천한다.

PPT의 핵심 원리는 단순하다. '증상은 줄이고, 강점은 늘린다'가 그것으로, 이 두 날개를 동시에 작동시킨다. 오리엔테이션 단계에서는 PPT의 목적과 구조, 역할을 명확히 하고 강점 지도를 작성한다. 개입은 감소 모듈과 증가 모듈을 병렬로 설계해 행동 활성화, 수면 위생, 인지 재구조화 같은 증상 완화 기법과 감사, 용서, 표현적 글쓰기, 강점 사용 루틴 같은 긍정 개입을 함께 시행한다.

목표는 PERMA 요소와 연결해 내담자가 자기 삶의 경로를 설계하도록 돕는 것이다. 이때 치료자는 주기적인 측정과 피드백을 통해 효과가 있는 것은 강화하고, 효과가 적은 것은 변형한다. 또한 재발 위험 요인을 미리 정의하고, 긍정 루틴을 통해 대응할 수 있도록 계획을 세운다. 이 과정에서 치료자는 단순한 고통 해소자가 아니라, 강점과 희망 설계자로 기능한다.

PPT는 새로운 유행이나 전통 치료의 대체물이 아니다. 그것은 임상 실천의 균형을 재조정하는 시도다. 고통을 덜어주는 기술과 더불어 원하는 삶을 살아가게 하는 기술을 치료 표준에 편입함으로써 치료는 단순히 덜 아픈 상태에 멈추지 않고 더 잘 사는 상태로 나아간다. 이제 치료에 관한 질문은 바뀌어야 한다. "무엇이 당신을 아프게 했는가?"에서 멈추지 말고, "무엇이 당신을 다시 움직이게 하는가?"를 물어야 한다. PPT는 이 질문에 체계적으로 답하는 방법으로서 내담자의 회복과 번영을 동시에 지향하는 새로운 심리치료의 지평을 열어가고 있다.

증상 치료와 강점 치료

PPT가 제안하는 정신병리학의 새로운 시각은 전통적인 증상 중심의 접근에 머무르지 않고 강점을 함께 평가하는 데 있다. 지금까지 임상 현장은 주로 내담자의 부정 경험과 증상에 집중했다. 우울, 불안, 충동, 관계의 어려움은 치료 현장에서 쉽게 드러나고, 치료자와 내담자가 공통의 언어를 공유하는 만큼 평가와 개입의 출발점이 되었다. 그러나 증상에만 초점을 맞추면 내담자의 복잡성과 다양성이 간과되고, 치료 성과는 문제 감소로만 제한된다. 이는 '증상이 줄었지만 행복하지 않은 환자'라는 아이러니를 낳는다.

PPT는 이러한 한계를 넘어 인간의 삶을 온전히 이해하려면 증상과 더불어 강점을 탐색해야 한다고 강조한다. 강점은 결코 방어기제나 증상 완화의 부산물이 아니다. 성격강점은 모든 문화권에서 가치 있는 보편적 자원이자, 삶의 번영을 가능하게 하는 핵심 요소다. 따라서 치료자는 우울, 불안, 충동성, 대인 문제를 단순히 결핍으로만 보지 말고 강점의 부족·편향·남용이라는 맥락에서 재해석해야 한다. 예를 들어 우울증은 희망과 열정, 자기통제력의 부족으로 설명될 수 있으며, 불안은 예견력의 과도한 사용과 용감성의 위축이 함께 작용한 결과일 수 있다. 대인 갈등은 공정성과 정직, 사회성지능의 결핍과 맞닿아 있고, 충동 문제는 끈기 및 자기통제력의 저하와 연결된다. 이렇게 보면 정신질환은 단순한 병리가 아니라, 강점의 균형이 무너진 상태, 즉 '강점조절장애'로 이해할 수 있다.

이런 시각은 진단 자체를 부정하는 것이 아니다. 'DSM-5 진단'은 분류와 안전을 위해 필요하다. 그러나 진단이 내담자에게 꼬리표로 작용할 때 그 사람의 가능성과 회복력은 가려지기 쉽다. 따라서 치료자는 증상 평가와 함께 내담자의 강점, 즉 지금도 작동하는 긍정적 자원을 동시에 탐색해야 한다. 실제 사례에서 볼 수 있듯이 동일한 내담자가 특정 맥락에서는 불안하고 위축되어도, 다른 상황에서는 유쾌하고 공감적이며 관계를 이끄는 모습을 보이기도 한다. 증상 중심의 언어는 이 차이를 "불안이 덜하다"라고 설명하지만, 강점 중심 언어는 "사회성지능과 유머가 발현된다"라고 표현한다. 이 차이는 단순한 언어 선택의 문제가 아니라, 내담자가 자신 안의 가능성을 자각하고 치료적 변화를 맞이하는 출발점이 된다.

치료 현장에서 중요한 부분은 강점을 단순히 '갖고 있다'는 사실을 확인하는 데 그치지 않고, 내담자에게 강점을 언제·어떻게·어느 정도 사용할지를 학습시키는 것이다. 과거 성공 경험에서 강점 사용의 단서를 찾아 현재의 문제해결로 전이할 수 있도록 내담자를 돕는 과정에서 변화가 생긴다. 예를 들어 사회불안을 겪는 내담자가 모국어 환경에서 보였던 유쾌함과 공감을 다른 맥락으로 확장할 때, 혹은 완벽주의로 지친 내담자가 창의성과 유머를 끌어올려 일상에 적용할 때 증상 감소와 강점 활성이 동시에 일어난다.

결국 PPT의 정신병리학은 증상을 줄이는 것과 강점을 키우는 것을 하나의 연속된 과정으로 본다. 우울과 행복, 불안과 이완은 별개의 개념이 아니라 같은 연속선상에 있는 극이다. 따라서 치료는 부정 경험을 완화하는 동시에 긍정 자원을 키워야 한다. 이러한 이중 접근은 내담자를 단순히 덜 아픈 사람을 넘어, 더 잘 살아가는 사람으로 변화되도록 돕는다. PPT는 정신병리학의 시선을 결핍에서 번영으로 확장함으로써 증상과 강점을 함께 다루는 통합 치료의 지평을 열었다.

회기 – 실습 – 치료 과정

뒤에 나오는 '긍정심리치료 15회기'의 목적은 전문적 배경이 서로 다른 치료자라 하더라도 다양한 환경에서 PPT를 수행할 수 있도록 핵심 기술을 습득하고, 맥락에 맞게 수정하며, 임상적 세련도를 지속적으로 연마하도록 그들을 돕는 데 있다. 이를 위해 '긍정심리치료 15회기'는 증거에서 경험으로 이어지는 다리를 놓는다. 즉 PERMA 요소와 회복·회복력 지향 목표를 실제 치료 현장에서 작동하는 조건으로 번역하고, 그 조건을 회기 단위 실습과 과제로 구현한다. PPT 오리엔테이션에서 치료자는 먼저 PPT의 관점을 간명하게 제시한다. PPT는 증상을 강점으로, 약점을 미덕으로, 결함을 기술로 대응하는 접근이며, 부정에 예민한 인간의 주의 편향을 교정해 긍정을 학습·증폭하는 반경험을 설계한다. 행복과 웰빙은 긍정정서, 몰입, 관계, 의미, 성취 등 다섯 가지 축으로 측정·훈련할 수 있고, 이 축들이 강화될수록 고통은 감소하고 삶의 만족은 증가한다. 다만 이는 현실 회피가 아니라, 실용지혜 훈련이다. 위험과 혁신, 공정성과 친절, 공감과 객관성 사이에서 균형점을 찾도록 돕고, 때로는 슬픔·불안·분노 같은 부정정서가 더 적응적일 수 있는 상황적 맥락을 분별하게 한다. 치료자는 내담자의 고통을 존중하는 동시에 그 고통 속에서 의미를 탐색하는 동반자임을 분명히 한다.

일반 회기의 구조는 일정한 리듬을 가진다. 회기는 짧은 이완으로 시작된다. 3~5분간의 호흡·신체 이완은 주의 산란을 줄이고 정서적 과잉 각성을 낮추어 학습의 창을 연다. 이어 감사일기 검토가 이루어진다. 지난주에 기록한 크고 작은 좋은 사건을 회상하면서 그때 동원된 성격강점을 말로 구체화한다. 치료자는 최근 신문·방송 등에 나온 긍정적 사건을 짧게 소개함으로써 긍정정서의 사회적 감염을 촉진할 수도 있다. 전 회기의 핵심 개념과 과제를 간단히 되짚은 뒤 이번 회기의 핵심 개념을 쉬운 언어로 제시하고, 즉시 회기 중 실습으로 연결한다. 실습은 회기 사이에도 이어질 수 있도록 작고 분명하며 측정 가능해야 한다. 실습 직후에는 체험을 말로 정리해 무엇이 쉽고 어려웠는지, 어떤 강점이 개입했는지를 성찰한다. 책에 수록된 실제 사례는 개념의 개연성을 높이되, 기밀은 철저히 보호해야 한다. 모든 회기는 문화적 고려를 반영하며, 모든 실습은 만능이 아니라는 점을 전제로 적합성과 융통성을 확보한다. 회기 말에는 실습 효과를 유지하는 생활 전략과 참고 자원을 안내하고, 시작과 대칭을 이루는 짧은 이완으로

문을 닫는다.

치료자의 대면 설명은 내담자의 기대를 조율하는 데 결정적이다. 내담자는 종종 "좋은 이야기처럼 들리지만 내 증상은 구체적으로 어디서 다루나요?"라고 묻는다. 치료자는 PPT가 세 단계로 전개된다는 점을 알린다. 1단계는 다양한 관점에서 강점을 탐색해 균형 잡힌 자기 서사를 만들고, 대표강점을 사용해 의미 있는 목표를 세우는 과정이다. 2단계는 긍정정서를 의도적으로 증대하는 동시에 부정 기억, 부정 경험, 부정 감정을 안전하게 다루는 과정이다. 부정에 사로잡히면 심리적 공간이 협소해져 앞으로 나아가지 못하는 만큼, 경험을 해체·재구성하는 기술이 병행된다. 3단계는 긍정 관계를 확장·강화하고 삶의 목적과 의미를 구체화해 행동과 일치시키는 과정이다. 이는 "증상을 어떻게 다루는가?"라는 질문에 대한 답이기도 하다. PPT는 안전한 치료 관계만으로는 충분하지 않다고 보면서 증상 감소와 강점 증대를 병행하는 적극적인 치료 방법이다. 행동 활성화, 인지 재구조화, 노출·반응 방지, 수면·활력 위생 같은 '감소 모듈'과 감사, 용서, 표현적 글쓰기, 강점 사용 루틴 같은 '증가 모듈'이 교차 배치되며, 두 모듈 모두 회기 내 실습과 생활 과제로 이어진다.

치료 과정의 미시적 요소는 회기 품질을 좌우한다. 첫째, 기본 규칙은 초기에 합의하고 수시로 갱신한다. 지연, 비밀성, 과제 이행, 피드백 방법을 명료하게 하고, 이탈이 반복되면 공감적으로 사유를 탐색하되 필요시 치료 종결·전원을 포함한 전문적인 결정을 내린다. 둘째, 비밀성은 특히 집단 치료에서 구체적이다. 개인적 경험은 집단 내 비밀로 유지하되, 배움은 밖으로 가져가도록 명확히 구분한다. 셋째, 치료 관계는 개입의 도관이다. 의견 불일치, 과제 회피, 진전 정체, 소통 단절은 균열의 신호이며, 조기 수선이 곧 치료의 진전이다. 넷째, 내재적 동기는 당연하지 않다. 다수의 내담자는 상담을 오락이 아니라 수단으로 인식한다. 치료자는 내담자의 가치·목표와 과제를 정렬해 "왜 이 실습인가?"를 설득할 수 있어야 한다. 다섯째, 적극적 몰입이 없으면 결과도 없다. 실습은 작게, 즉시, 일상에 맞물리도록 설계되어야 하며 치료자는 실행을 돕는 환경적 지지를 함께 조정한다.

희망은 초기에 특히 중요하다. 따라서 치료자는 '희망 공급자'로서 추상적 격려가 아니라 근거 있는 희망을 제공해야 한다. 내담자의 최근 변화, 사회적 지지, 이미 보유한 강점을 가시화하고 긍정 소개, 감사편지, 강점 평가 등 이야기 생성 실습을 통해 "나는 할 수 있다"가 아니라, "하면 달라진다"는 자기 효능감의 서킷을 점화한다. 동시 치료나 생활지침이 있는 경우에는 PPT와의 상호 보완성 및 경합성을 검토해 간섭을 최소화한다. 변화는 선형이 아니다. 외적 위탁, 급성 스트레스, 만성 패턴 인식 등 변화의 진입 경로가 다양한 만큼, 치료자는 낙관적 현실주의를 바탕으로 장기 행동 변화를 가치와 연결해 내담자가 재개념화하도록 도와야 한다. 융통성은 저하된 동기를 구제하는 열쇠다. 프로토콜은 뼈대일 뿐, 내담자의 흥미와 요구에 맞추어 순서·난도·강도를 조정할 권한과 책임이 치료자에게 있다. 또한 모든 실습이 모든 내담자에게 맞는 것은 아니라는 점을 인정하고, 대안을 제시할 수 있을 만큼 기법 레퍼토리를 넓혀 접근성과 포용성을 높여야 한다.

피드백은 치료를 살아 있게 만든다. 치료자는 내담자의 주관적 체험과 과제 체감 난이도, 개념 이해도를 자주 점검하고, 무엇이 효과적이었는지 구체적으로 언어화하도록 유도한다. 정기적 결과 측정은 필수다. 내담자의 30~40퍼센트는 치료 이득을 체감하지 못하고 5~10 퍼센트는 악화될 수 있는 만큼, 신뢰도·타당도가 확인된 도구로 상태 변화를 감시하고, 비몰입·비개선·악화 신호에 즉시 개입한다. 동료인 슈퍼비전은 치료자의 맹점을 줄이고 몰입을 재정렬하는 안전장치다. 재발 방지는 예방 계획에서 시작한다. 기념일·장소·인물 같은 촉발 신호를 사전에 정의하고, 감사·음미·창의 활동·대표강점 사용 같은 긍정정서 유발 루틴을 일상에 심어 사고 폭을 넓힌다. 긍정정서는 지루함·냉소보다 정보 수집과 동기 회복에 우호적이며, 치료 지속성을 높이는 연료로 작동한다. 진척은 오르내림을 반복하는 만큼, 치료 목표는 변화 준비도에 따라 유연하게 조정한다. 증거 기반 이론에 대한 치료자의 탄탄한 이해는 특이 상황에서 실습을 현장 친화적으로 변형하는 힘의 원천이다.

결국 다음 부분에서 다룰 '긍정심리치료 15회기'는 이러한 원리를 바탕으로 15회기를 제시한다. 각 회기는 핵심 개념, 회기 내 실습, 성찰·토의 질문, 실제 사례, 적합성과 융통성, 문화적 고려, 유지 전략, 참고 자원을 포함하며 시작과 끝의 이완을 통해 학습과 정서를 조율한다. 치료자는 위험을 정밀하게 선별하고, 증상 감소와 강점 증대를 병렬로 설계하며, 내담자의 가치와 맥락에 맞춘 실용지혜를 훈련시킴으로써 내담자가 다시 시도하고, 다시 연결되며, 다시 성장하는 경로를 함께 구축한다. PPT의 회기와 실습, 치료 과정은 그래서 하나의 메시지로 수렴한다. 부정 감소만으로는 충분치 않으며, 긍정 증대 없이는 회복력도 없다. 두 날개를 동시에 쓰는 것이 곧 임상에서의 확실한 변화다.

긍정심리치료 15회기

PPT는 크게 세 단계 총 15회기로 구성된다. 1단계에서는 내담자가 자신의 대표강점을 발견하고 긍정적 경험을 통해 자기 이해를 넓히는 과정이 중심이다. 2단계에서는 과거 기억을 새롭게 재조명한 뒤 부정 감정을 다루고, 용서와 감사, 균형 있는 삶의 태도를 배운다. 마지막 3단계에서는 희망과 낙관성을 회복하고, 긍정적 관계와 소통을 강화하며, 삶의 의미와 목적을 재구성한다.

1단계의 회기는 치료 환경에 적응하면서 긍정 경험을 기록하는 것으로 시작한다. 내담자는 역경 속에서도 최상의 자신을 보여준 순간을 회상해 글로 서술하고, 그날 잘 되었던 일 세 가지를 매일 밤 기록하는 감사일기를 작성한다. 이어서 성격강점과 대표강점을 탐색하는 시간이 주어진다. 검사, 주변인의 피드백, 자기 성찰을 통해 강점 프로필을 작성한 뒤 이를 토대로 대표강점이 개인의 성장과 행복에 어떻게 기여하는지를 배운다. 이후 회기에서는 대표강점을 균형 있게 활용하는 지혜를 연습한다. 네 가지 전략, 즉 구체화하기, 적절성 찾기, 충돌 해소하기, 성찰하기를 실제 상황에 적용하면서 강점을 실용적으로 사용하는 방법을 익히고, 이어서 자신을 더 나은 모습으로 발전시키기 위한 구체적인 목표와 자기계발 계획을 세운다. 1단계 마지막 회기에서 내담자는 '더 나은 버전의 나'라는 주제로 강점을 활용한 자기계발 계획을 완성한다.

2단계에서는 과거 기억을 다루는 데 초점을 맞춘다. 내담자는 종결된 기억과 종결되지 않은 기억을 구분해 기록하고, 고통스러운 기억을 적절히 다루는 방법을 배운다. 이어서 용서를 주제로 한 회기에서는 용서가 사건이 아니라 과정임을 이해하고, '리치(REACH)' 기법을 활용해 용서 편지를 작성한다. 이어지는 회기에서는 최대자와 만족자의 태도를 구분해 탐색하면서 '충분히 괜찮은 것'을 선택하는 만족자의 삶이 주는 의미를 경험한다. 감사 훈련을 다루는 회기에서는 감사 편지와 감사 방문을 통해 진심 어린 감사를 표현하고 긍정정서를 확장한다.

3단계에서는 내담자가 미래를 향해 나아갈 수 있는 힘을 얻는다. 희망과 낙관성 회기에서는 닫힌 문과 열린 문을 비유적으로 탐색하면서 새로운 가능성을 바라보는 법을 배운다. 외상 후 성장 회기에서는 고통스러운 경험을 글로 표현하고, 이를 통해 내적 대처 능력을 강화한다. 이어지는 회기에서는 느림과 음미, 마음챙김 명상을 실습하며, 일상에서 속도를 늦추면서 현재를 충분히 경험하는 훈련을 한다. 긍정적 관계를 주제로 한 회기에서는 사랑하는 이들의 강점을 인정하고 칭찬하는 활동을 통해 관계를 강화한다. 소통을 다루는 회기에서는 적극적이고 건설적인 반응 기술을 연습해 중요한 타인과의 관계 만족도를 높인다. 이타성 회기에서는 자신의 강점을 활용해 시간을 선물하는 계획을 세우고 실행하며, 마지막 회기에서는 삶의 의미와 목적을 주제로 다룬다. 내담자는 자신이 어떤 사람으로 기억되고 싶은지, 어떤 긍정적 발자취를 남기고 싶은지를 성찰하면서 좀 더 나은 선을 위한 의미 있는 삶을 설계한다.

이와 같이 긍정심리치료 15회기는 감사, 강점, 용서, 희망, 관계, 의미라는 핵심 주제를 순차적으로 다루면서 내담자가 자신의 고통을 새로운 시각에서 바라보고 삶을 재구성하도록 돕는다. 이를 통해 내담자는 단순히 증상을 줄이는 데 그치지 않고, 강점을 기반으로 회복력과 행복을 실질적으로 키워나가게 된다.

실제 사례를 살펴보면 그 효과는 분명하다. 외상에 집착하며 분노에 사로잡혀 있던 엠마는 '용서=무조건 화해'라는 고정관념에서 벗어나 경계와 안전을 전제로 한 다양한 용서 스펙트럼을 학습했다. 그 결과 공감과 친절이라는 강점을 안전하게 확장할 수 있었고, 수치심과 분노가 점차 완화되었다. 우울과 자살 사고에 시달리던 알레한드로는 예견력과 현실 검증이라는 자신의 강점을 발견했다. 이를 통해 상황을 '비극화'하기보다 가능성을 평가하고 대응 계획을 세울 수 있었으며, 감사와 관계 증진 과제를 실천하면서 수면의 질과 기분이 호전되었다. 진단이 불분명한 환각 경험으로 어려움을 겪던 미리엄은 창의성과 끈기를 기능 회복의 지렛대로 재배치했다. 학업과 일상 루틴에 강점을 맞춤 적용하면서 증상 민감도가 감소했고, 자기효능감을 회복할 수 있었다.

PPT는 또한 다문화적 맥락을 중시한다. 실행 지침은 몇 가지 원칙을 따른다. 첫째, 평가 이중화를 통해 우울·불안 같은 증상 측정뿐 아니라 강점, 의미, 관계, 희망 같은 웰빙 측정도 동시에 적용한다. 둘째, 문화 적합성을 고려해 감사, 용서, 의미의 표현 방식이 문화권마다 다름을 인정하고, 가족이나 공동체 중심의 가치를 반영해 과제를 재설계한다. 셋째, 안전과 윤리를 최우선으로 삼아 자살 위험이나 외상 반응을 보이는 고위험군의 경우 반드시 안전 계획과 의학적 협력을 병행하며, 용서를 강요하지 않고 경계와 정의감을 보존한다.

긍정심리치료: 회기별 구조

단계	회기	제목	내용	주요 실습
1단계	1	긍정 소개 및 감사일기	치료 환경에 적응하고, 치료자와 내담자의 역할 및 책임을 명확히 한다. 긍정 경험을 기록하며 감사가 행복에 미치는 영향을 탐색한다.	**긍정 소개** 역경을 극복하고 최상의 자신을 보여준 사건을 떠올려 한 장 분량으로 서술한다. **감사일기** 매일 잘 되었던 일 3가지와 그 이유를 기록한다.
	2	성격강점과 대표강점	성격강점과 대표강점 개념을 이해하고, 강점이 성장과 행복에 기여한다는 점을 학습한다.	**성격강점 탐색** 검사·평가·가족·친구 의견을 토대로 대표강점 프로필을 작성한다.
	3	대표강점과 실용지혜	대표강점을 균형 있게 활용해 문제해결에 적용하는 법을 배운다.	**강점 활용 전략** 3가지 상황을 4가지 실용지혜 전략(구체화, 적절성, 충돌 해소, 성찰·계측)으로 해결한다.
2단계	4	더 나은 버전의 나	긍정적이고 실용적인 자기계발 계획을 세우고 실행한다.	**자기계발 계획** 구체적이고 측정 가능한 목표를 정해 강점을 융통성 있게 활용하면서 '더 나은 나'를 설계한다.
	5	종결된 기억 / 종결되지 않은 기억	과거 부정적 기억을 떠올리고 기록하며 처리하는 기술을 배운다.	**긍정 평가** 긴장을 풀고 종결되지 않은 기억을 기록한 뒤 그것을 다루는 4가지 방법을 탐색한다.
	6	용서하기	용서를 단순한 사건이 아닌 과정으로 이해하고, 진정한 용서와 그렇지 않은 것을 구분한다.	**REACH 모델** 용서 과정을 단계적으로 학습한다. **용서 편지** 전하지 않아도 괜찮다는 전제 아래 용서 편지를 작성한다.
	7	최대자 vs 만족자	최상의 선택(최대자)과 충분히 좋은 선택(만족자)의 차이를 이해한다.	**만족자 지향** 자신의 생활 영역을 탐색하고 만족을 높이는 계획서를 작성한다.

단계	회기	제목	내용	주요 실습
2단계	8	감사	과거에 도움을 받았으나 감사를 표현하지 못한 사람을 떠올리고 감사를 확장한다.	**감사편지** 감사 인사를 전하지 못한 사람에게 편지를 쓴다. **감사 방문** 직접 만나 감사편지를 읽어준다.
3단계	9	희망과 낙관성	현실적인 최선의 결과를 상상하고 낙관성을 기르는 방법을 배운다.	**닫힌 문과 열린 문** 닫힌 문 3개와 열린 문 3개를 기록해 희망을 모색한다.
	10	외상 후 성장	트라우마 이후 충격적 경험을 탐색하고 성장 가능성을 찾는다.	**표현적 글쓰기** 고통스러운 경험을 글로 작성해 건전한 대처 기술을 강화한다.
	11	느림과 음미하기·마음챙김	속도를 늦추고 음미하며 마음챙김을 실천한다.	**음미·마음챙김** 자신에게 적합한 느림 기법과 음미법을 선택하고, 마음챙김 명상을 실습한다.
	12	긍정 관계	사랑하는 사람의 강점을 인정하고 긍정 관계를 강화한다.	**긍정 관계 나무** 가족·친구와 함께 강점을 공유하고 칭찬하며 관계를 돈독히 한다.
	13	긍정 소통	긍정적 소식에 반응하는 4가지 기술 중 관계 만족을 높이는 방식을 배운다.	**적극·건설적 반응** 중요한 사람의 강점을 탐색하고 긍정적으로 반응하는 기술을 실습한다.
	14	이타성	자신과 타인 모두에게 도움이 되는 이타적 행동을 학습한다.	**시간 선물** 자신의 대표강점을 활용해 타인에게 시간을 선물하는 계획을 세운다.
	15	의미와 목적	더 큰 선을 위한 의미 있는 노력을 찾고 추구하는 법을 배운다.	**긍정 유산** 어떤 사람으로 기억되고 싶은지, 어떤 긍정적 발자취를 남기고 싶은지 기록한다.

마지막으로, 셀리그만의 연구는 우울증을 이해하고 그것에 개입하는 길을 네 겹의 다리로 잇는다. 첫째, 무기력 학습은 반복된 좌절과 통제감 상실이 어떻게 반응-결과의 비수반성을 학습시키고 그 결과 비관적 설명양식, 동기 저하, 정서 침잠으로 이어지는지를 기제 수준에서 밝혀냈다. 둘째, 낙관성 학습과 PRP는 이러한 설명양식을 훈련 가능한 변수로 전환해 인지 재구성, 감정 조절, 문제해결 훈련으로 회복력을 기를 수 있다는 점을 실증했다. 셋째, 긍정심리학은 무기력 학습의 통찰과 낙관성 학습의 성과를 발판 삼아 전통 심리학이 주로 불안·우울·분노·절망 같은 결손을 다뤄온 반쪽짜리라는 점을 넘어, 기쁨·만족·행복·희망 등 긍정적 기능을 동등한 연구·개입 축으로 세움으로써 심리학을 하나의 전일적 틀로 복원했다. 특히 PERMA와 성격 강점은 행복·회복력·심리치료 영역을 관통하는 핵심 구조로 자리 잡았다. 넷째, PPT는 이 축적된 성과를 치료 현장으로 가져와 증상 완화와 웰빙 증진의 동시 추구를 정식화했다. PPT는 PERMA 틀과 대표 강점의 실제 사용을 결합해 내담자가 이미 지니고 있는 강점·관계·의미·성취의 자원을 치료 연료로 쓰도록 유도한다.

이 과정에서 진단과 개입의 지형도 확장된다. 지금까지 우울증을 비롯한 심리적 증상 개입의 중심 도구가 무기력 학습과 설명양식의 교정이었다면, 앞으로는 강점의 사용 부족과 남용이 증상 형성 및 유지에 어떻게 관여하는지를 함께 평가하는 관점이 필요하다. 이는 DSM-5의 병리 분류를 대체하려는 것이 아니라, 임상 판단을 보완하는 제안 수준의 강점 조절 프레임을 더해 치료 선택지의 폭을 넓히자는 취지다. 그렇게 될 때 치료자는 병리를 낮추는 도구와 행복을 높이는 도구를 모두 갖출 수 있다.

핵심 메시지는 단순하다. 사람을 결함의 그릇으로만 보지 말 것! 결함을 줄이는 치료에 강점 증진이 결합될 때 우리는 흔히 말하는 심리치료의 '65퍼센트 장벽'을 넘어설 수 있다. 이것이 곧 무기력 학습과 우울증에서 관찰된 네 가지 축(사고·기분·행동·신체반응)을 재구성해 증상을 완화하고 삶의 질을 높이는 심리치료의 새로운 패러다임을 여는 길이다.

무기력
학습 이론

　1부가 무기력 학습의 발견과 긍정심리학으로의 전환이 중심이었다면, 2부는 한층 더 전문적이고 학문적인 차원에서 무기력 학습을 다룬다. 기초 실험과 동물 연구에서 출발해 인간을 대상으로 한 실험, 생물학적 기전, 우울증 모델, 귀인적 재정식화, 사회문제와 신체 건강까지 지난 수십 년간 축적된 방대한 연구 성과를 체계적으로 살펴볼 것이다.

　무기력 학습은 단순한 행동 현상의 보고가 아니라, 심리학의 다양한 영역을 연결하는 이론적 교두보다. 동물실험에서 드러난 기본 원리가 인간 대상의 연구로 이어지면서 통제와 기대, 인지와 감정의 상호작용을 이해하는 데 핵심적인 실마리를 제공했다. 이어 생물학적 탐구는 무기력 현상이 뇌의 특정 화학적 과정과 어떻게 연결되는지를 밝혀냈으며, 귀인적 재정식화 연구는 인간이 실패·좌절을 어떻게 해석하는지에 따라 무기력과 회복의 길이 달라질 수 있음을 시사한다.

　2부의 가장 큰 특징은 각 장마다 ‘우리가 아는 것’과 ‘우리가 모르는 것’을 구분해 제시했다는 점이다. 이는 무기력 학습 연구가 단순히 과거 지식이 아니라, 여전히 진행 중인 학문적 탐구임을 잘 보여준다. 동시에 독자는 무기력 학습이 갖는 학문적 성취와 한계를 균형 있게 파악하는 것은 물론, 앞으로의 연구 과제를 분명히 인식하게 된다.

　특히 심리학 연구자와 전문가에게는 의미 깊은 내용이 될 것이다. 무기력 학습을 둘러싼 논쟁과 실험적 축적이 어떻게 심리학을 확장해왔는지를 이해하면서 오늘날 긍정심리학, 회복력 연구, 임상심리학, 사회심리학, 건강심리학으로 이어지는 학문적 계보를 분명하게 확인할 수 있기 때문이다.

한마디로 2부는 무기력 학습을 둘러싼 과학적 논의를 본격적으로 탐구하면서 이론과 실험, 응용이 어떻게 맞물려 발전했는지를 보여준다. 이는 무기력 학습이 단순한 역사적 사건이 아니라, 오늘날에도 여전히 살아 있는 이론적 자원임을 증명하는 의미 있는 시간이 될 것이다.

10장

서론

지난 30여 년 동안 사회과학이 인간 행동을 설명하는 방식에는 큰 변화가 있었다. 우리[1]가 학생일 때는 인간 행동이 내적·외적 환경에 의해 밀리고 끌린다고 배웠다. 이러한 '밀고 당김'의 구체적인 과정이 인간 행동을 설명하는 주된 방식이었다. 그리고 우리는 다음과 같은 설명들을 익혔다.

- 유기체는 긍정적 사건이 일어나거나 부정적 사건이 멈출 때 반응을 지속한다.

---

[1] 여기서 '우리(we)'라는 표현은 세 저자가 모든 연구와 이론적 제안에 직접 관여했다는 뜻은 아니다. 무기력 학습 연구는 수많은 학자의 공동 작업이었다. '우리'라는 표현은 단지 본문 전개의 일관성을 위해 사용되었다.

- 유기체는 생물학적 충동이 높을 때 습관을 드러내며, 생물학적 욕구가 감소되는 결과를 경험하면 그 반응을 반복한다.
- 적절한 방출 조건이 갖춰지면 유기체는 고정된 행동 양식을 보인다.
- 성인의 행동은 어린 시절 해결되지 않은 성적·공격적 갈등에 의해 좌우된다.
- 유기체가 좌절하면 공격성이 드러난다.

학자라면 이 간략한 설명들이 스키너(B. F. Skinner)와 클라크 헐(Clark Hull), 니콜라스 틴베르헌(Nikolaas Tinbergen), 지그문트 프로이트(Sigmund Freud), 존 돌러드(John Dollard), 닐 밀러(Neal Miller) 등 이전 세대 주요 동기 이론가들이 대중화한 이론의 의역이라는 사실을 알아차릴 것이다. 이러한 설명들에는 부분적으로 진실이 담겨 있다. 사람은 내적 동기에 의해 행동하기도 하고, 외적 보상에 따라 강화되기도 한다. 그러나 다른 많은 경우 사람들은 분명히 스스로 행동 방식을 선택한다.

과학적 설명은 곧 전략적으로 집중할 것과 무시할 것을 선택하는 문제다. 1920년대부터 1965년까지 심리학 이론은 주로 인간 행동의 외적 결정 요인에 집중해 '반응(response)'이라는 단어를 강조하면서 개인의 주도성은 간과했다. 당시 동기 이론가들이 가장 즐겨 쓴 개념이 '자극(stimulus)'인데, 이는 원래 라틴어로 '소를 몰 때 쓰는 막대기'를 뜻한다.

반면, 오늘날 심리학은 행동의 원천을 개인 내부에서 찾는 설명을 선호한다. 요즘 학생들이 배우는 설명들은 이렇다.

- 어떤 사람이 "나는 무엇을 해도 소용없어"라고 생각하면 무기력해지고, 그 결과 어떤 행동도 시도하지 않게 된다.
- 성공적 행동은 자기효능감에서 비롯된다.
- 개인은 스스로 행동을 만들어내고, 그것을 강화하며, 실패한 행동을 수정한다.
- 개인은 여러 목표 중 선호도가 가장 높은 쪽을 선택한다.

이 설명들은 인간 행동을 바라보는 관점이 근본적으로 달라졌음을 보여준다. 이러한 변화를 이끈 촉매 가운데 하나가 바로 자기통제와 그 반대인 무기력에 관한 연구였으며, 이것이 2부 '무기력 학습 이론'의 주제다.

무기력과 자기통제 현상

다음 사례들은 각 장에서 다룰 주제의 범위를 보여주며 모두 자기통제, 무기력과 관련 있다.

실험실 흰쥐의 수동성

흰쥐 한 마리를 강철 상자에 넣었다고 가정하자. 상자 바닥으로 가벼운 전기충격을 가하면 쥐는 필사적으로 이리저리 뛰어다니며 몸부림친다. 5초 후 전기충격을 껐다가 1분 뒤 다시 켜면 쥐는 또다시 당황해 급하게 벽을 타고 오르려 하거나 바닥을 긁는 등 급하게 움직이다가 결국 얼어붙은 듯 멈춘다. 이런 전기충격의 시작과 끝이 쥐의 행동과 무관하게 80번 반복된다. 실험이 끝날 즈음 쥐는 구석에 웅크린 채 전기충격이 느껴져도 거의 움직이지 않고 충격을 그대로 받아들인다.

이러한 회피 불가능한 충격 경험은 쥐를 변화시킨다. 나중에 쥐를 단순히 반대편으로 달리기만 해도 전기충격이 꺼지는 왕복 상자(혹은 이동 상자)에 넣었을 때 쥐는 거의 미동도 없이 회피 시도조차 하지 않는다. 더욱이 생물학적 방어체계마저 제대로 작동하지 않는다. 만약 쥐가 무기력해지기 전 몸에 암세포가 있었다면 그 세포들은 무질서하게 증식할 수 있다. 쥐의 생물학적 체계 자체가 근본적으로 변화하기도 한다. T 림프구는 정상적으로 증식하지 못하고, 자연살해세포(NK 세포)는 외부 침입자를 예전만큼 활발하게 공격하지 못한다.

단극성 우울

로라에게 이번 달은 끔찍했다. 미래가 절망적이라고 느낄 만한 두 가지 사건이 연이어 일어났기 때문이다. 첫째, 그는 이상심리학 중간고사에서 C 학점을 받았다. 그뿐 아니라 고등학생 시절 내내 사귀었던 남자친구가 다른 사람과 약혼했다는 소식을 들었다.

그 후 로라는 깊은 슬픔에 빠졌다. 잠자리에 들 때면 눈물이 쏟아졌다. 이 일로 심리학 대학원에 진학할 가능성이 사라졌다고 믿었다. 다시는 사랑을 찾지 못할 것이라고 여겼다. 자신에게는 재능이 없고 매력도 없으며, 여러 결함 때문에 앞으로 끝없는 실패와 좌절을 겪을 것이라고 생각했다. 아침에 침대에서 일어나 하루를 시작하는 것조차 고통스러운 일이 되었다. 이번 달은 대부분 침대에 누운 채로 보냈다. 며칠 전에는 지인들과 저녁식사를 하던 중 갑자기 눈물이 터져 나와 자리를 박차고 나오기도 했다. 식욕도 사라져 2주 만에 체중이 4.5킬로그램이나 줄었다. 로라는 차라리 죽는 편이 나을 것 같다고 느꼈으며, 심지어 룸메이트의 수면제를 몽땅 삼키는 생생한 자살 충동까지 일었다.

NBA 사례로 본 패배에 대한 반응

1982년과 1983년 스포츠 신문 지면을 보면 미국프로농구(NBA) 구단 보스턴 셀틱스는 낙관성의 상징과도 같았다. 경기에서 패했을 때 보스턴 셀틱스 선수들이 든 원인은 "공이 도저히 들어가지 않았다", "마지막 슛이 정말 아까웠다" 등이었다. 주목할 점은 패배 원인이 선수 개개인이 아닌, 경기 상황 자체에 있다는 것이다. 구체적인 경기 맥락에 한정된 원인들이었고, 이미 과거에 속한 사건이었다.

반면, 뉴저지 네츠(현 브루클린 네츠—편집자 주) 선수들은 경기 패배 후 전형적인 우울증 환자처럼 말했다. "우리는 제대로 운영하지 못하고 있다", "우리는 해내지 못하고 있다"는 식으로 경기 패배를 자기 자신들에게 돌렸다. 이 같은 설명은 특정 경기에서 원인을 찾기보다 영속적이고 만연적인 원인을 강조했다.

다음 시즌에 이 두 팀의 낙관성와 비관성은 실제 경기력에 영향을 미쳤을 개연성이 있다. 셀틱스는 패배 후 다음 경기에서 예상보다 훨씬 좋은 성적을 거두었는데, 승부 예측 지수(과거 전적, 홈 어드밴티지, 선수 부상 등을 고려해 산정하는 핸디캡)를 무려 69퍼센트 확률로 뛰어넘었다. 반대로 네츠는 패배 후 승부 예측 지수를 이긴 경기가 38퍼센트에 불과했다.

요양원 내 사망률

아든 하우스 요양원에는 2개 층에 걸쳐 약 100명의 환자가 입원해 있었으며, 평균 연령은 80세였다. 심리학자 주디 로딘(Judy Rodin)과 엘렌 랭어(Ellen Langer)는 이 요양원에 약간의 긍정적 요소를 도입하기로 했다. 영화 상영과 장식용 화분이 그것이었다. 1층 환자 모임에서 원장은 환자들에게 이렇게 말했다.

"이곳에 계신 여러분은 자신이 삶에 얼마나 많은 영향을 미칠 수 있는지 잘 모르시는 것 같습니다. 여러분의 삶은 여러분의 것이며, 원하는 대로 만들어갈 수 있습니다. 이곳에 들어오기 전에도 결정을 내렸고, 지금도 마찬가지입니다. 아든 하우스에서 여러분에게 작은 선물을 드리려 합니다."

간호사가 화분을 나누어 주었고, 환자들은 직접 하나씩 선택했다.

"이 화분은 여러분이 원하는 대로 돌보시면 됩니다. 또 한 가지, 다음 주 목요일과 금요일에 영화를 상영합니다. 어느 날 보고 싶은지는 여러분이 결정하세요."

2층 환자들도 동일한 선물을 받았으나 결정권은 없었다. 원장은 이렇게 말했다.

"여러분은 이곳에서 무엇이 제공되는지 잘 모르시는 것 같습니다. 우리는 여러분이 자랑스러워할 만한 요양원을 만들 책임이 있으며, 최선을 다해 돕고자 합니다. 이번 기회에 아든 하우스에서 선물을 드리겠습니다."

간호사가 화분을 하나씩 나누어 주었다.

"이 화분은 여러분의 것이지만, 간호사가 대신 물을 주고 관리할 것입니다. 또한 목요일과 금요일에 영화를 상영하는데, 어느 날 보게 될지는 추후 알려드리겠습니다.”

1층 환자들은 새로 도입된 긍정적 요소들에 대한 선택권과 통제권을 가진 반면, 2층 환자들은 그러지 못했다. 그 결과 1층 환자들은 더 활발해졌고, 사기가 높아졌으며, 우울감이 줄었다. 18개월 후 그들은 여전히 생존해 있을 확률이 더 높았다.

베티 조: 학대받은 여성

10대 시절 결혼한 베티와 남편 폴은 매주 토요일 저녁 함께 동네 술집에 가는 것이 유일한 사회 생활이었다. 둘은 술에 취해 돌아오곤 했는데, 폴은 집에 오면 베티를 폭행했다. 베티가 다른 남자와 눈길을 주고받았다고 의심해 얼굴과 복부를 때렸다. 시간이 흐를수록 폭력은 심해졌고, 베티는 대부분의 시간을 상처를 치료하는 데 썼다.

주변 사람들에게 도움을 청했지만 아무도 진지하게 받아들이지 않았다. 떠날 생각도 했지만 갈 곳이 없었다. 베티는 토요일 밤마다 순종적이고 멍청한 척하려 했으나, 오히려 그것이 폴의 폭력을 부추겼다. 어떤 때는 권총 손잡이로 때리겠다고 위협하기도 했다.

결혼하고 3년이 지난 어느 토요일, 베티는 목숨이 정말 위태롭다고 느꼈다. 폴이 권총으로 베티의 입을 때려 치아 2개가 부러졌다. 베티가 비명을 지르자 폴은 “그럼 어쩔 건데?”라며 조롱했다. 베티는 권총을 빼앗아 그의 머리에 두 발을 쐈다.

보험 판매

캐럴라인과 벤은 메트로폴리탄 생명보험사 버펄로 지점에 채용되었다. 두 사람 모두 높은 적성검사를 통과했고, 값비싼 장기간의 훈련을 받았다.

첫해에 캐럴라인은 지점 신기록을 세웠다. 물론 고객들에게 거절도 많이 당했지만 포기하지 않았다. 누군가 보험계약을 거절하면 단순히 고객의 기분이 나빴을 뿐이라 생각했고, 적절한 논리만 제시하면 마음이 바뀔 것이라고 믿었다. 상대방이 확고하게 "아니요"라고 말하면 그저 예외적 사례라 여기고 곧바로 다음 고객을 찾아갔다. 성공했을 때는 자신의 설득력과 끈기 덕분이라고 믿었다.

반대로 벤은 첫날부터 고통스러웠다. 보험계약을 거절당하면 자신이 재능이 없고 매력적이지도 않아서라고 여겼다. 그 후 벤은 하루 종일 시간을 허비하다가 겨우 새로운 고객을 찾았다. 간혹 계약이 성사되더라도 고객의 기분 덕분일 뿐이라고 생각했다. 벤은 일을 그만두고 싶었지만, 다른 직장을 찾을 수 있을지 몰라 주저했다.

무기력 학습 이론

일부 이론가에 따르면 앞서 살펴본 사례들은 무기력 학습이 무엇을 의미하는지를 잘 보여준다. 이 현상을 설명하는 이론은 비교적 단순하며, 세 가지 핵심 요소로 이루어져 있다. 수반성, 인지, 행동이 그것이다.

- 수반성은 개인의 행동과 결과 사이의 객관적 관계를 뜻한다. 여기서 중요한 것은 통제 불가능성인데, 이는 개인의 행동과 결과가 무작위로 연결된 경우다. 반대로 행동이 신뢰성 있게 결과를 만들어내면 통제 가능

성이 된다.

- 인지는 개인이 이러한 수반성을 지각하고, 설명하며, 미래로 일반화하는 방식을 뜻한다. 먼저 수반성을 지각해야 한다. 지각은 정확할 수도 있고, 틀릴 수도 있다. 예를 들어 통제 가능한 사건을 통제 불가능하다고 오인하는 것이다. 다음 단계는 원인에 대한 설명이다. 실패를 단순히 불운 탓으로 돌리거나, 자신의 무능 탓으로 돌릴 수도 있다. 마지막으로, 개인은 이러한 지각과 설명을 바탕으로 미래에 대한 기대를 형성한다. 자신의 어리석음 때문에 실패했다고 믿는다면 앞으로도 지적 능력이 필요한 상황에서 또 실패할 것이라는 기대를 하게 된다.
- 행동은 수반성과 그것에 대한 인지가 만들어내는 관찰 가능한 결과를 의미한다. 가장 흔한 모습은 수동성이다. 통제 불가능한 상황을 경험하면 이후 새로운 상황에서도 회피하는 행동을 시도조차 하지 않는다. 무기력 학습은 수동성 외에도 인지 둔화, 낮은 자존감, 슬픔, 공격성 감소, 면역체계 변화, 신체 질환을 초래할 수 있다.

무기력 학습의 세 가지 의미

이와 같은 세 가지 핵심 요소를 바탕으로 무기력 학습은 보통 세 가지 방식으로 사용되어 왔다. 첫째는 행동과 결과가 연결되지 않는 비수반성, 둘째는 노력해도 소용없을 것이라는 기대(믿음), 셋째는 아무것도 하지 않고 수동적으로 행동하는 태도다.

이 때문에 무기력 학습 이론은 개념이 다소 모호하다는 비판을 받기도 했다. 그러나 '순수한 무기력 학습 사례'라고 부를 수 있으려면 반드시 이 세 가지 요소가 모두 충족되어야 한다. 즉 노력과 결과 사이의 비수반성, 미래에도 결과가 바뀌지 않으리라는 기대(믿음), 그리고 수동적 행동이 모두 나타나야 하는 것이다.

문제는 무기력 학습이라는 개념이 너무 넓게 사용되어 실제로는 이 세 가지 요소를 모두 충족하지 못하는 상황에도 마구 적용된다는 점이다. 실제 사례들을 보면 세 가지 요소 중 한두 가지만 충족하는 불완전한 경우가 많다. 이 책의 주요 목적 중 하나는 이런 불완전한 사례와 완전한 사례를 정확히 구분하는 것은 물론, 개념 자체를 잘못 사용하는 경우까지 구별하는 것이다.

앞서 제시한 여섯 가지 사례로 돌아가보자. 그중 어떤 것이 무기력 학습의 '완전한 사례'인지 살펴보자.

① 실험실 흰쥐의 수동성은 연구자가 직접 수반성을 조작하고 그에 따른 부적응 행동을 관찰한 경우다. 인지 요소는 면역, 치료, 인지 둔화 연구에서 확인된다. 따라서 완전한 사례다.

② 단극성 우울에서는 수동성(침대에서 일어나지 못함)과 인지가 관찰된다. 그러나 비수반성이 선행 요인인지는 불확실하다. 따라서 불완전한 사례다.

③ 뉴저지 네츠의 패배 반응도 불완전하다. 설명양식이라는 인지 요소가 측정되었고 패배 후 부진에서 수동성이 추론되지만, 수반성은 확인되지 않았다.

④ 요양원 내 사망률은 완전한 사례다. 연구자가 수반성을 직접 조작했고, 인지 요소와 결과(수동성, 사기 저하, 사망)까지 측정했다.

⑤ 베티 사례는 이론 남용에 해당하는 불완전한 경우다. 베티에게서 수동성은 관찰되지만 인지와 수반성은 불분명하다.

⑥ 보험 영업 사례도 불완전하다. 인지와 행동은 관찰되지만, 고객의 거절이 벤의 행동과 무관했는지는 알 수 없다.

이 책 전반에서 우리는 다양한 실험과 현장 연구, 사례들을 검토하고 각각이 완전한 사례인지, 불완전한 사례인지 신중하게 평가할 것이다. 또한 무기력 학습 개념과 단순히 표면적 유사성만 있는 남용 사례들도 밝혀낼 예정이다.

무기력 학습의 내향·하향·외향

이 책의 목표는 무기력 학습을 세 가지 방향으로 확장하는 것이다. 내향, 하향, 외향이 그것이다.

- 내향이란 현상에 내재된 기본 과정을 풀어내는 것을 의미한다. 이는 학습 이론과 관련되며 11장에서 다룬다. 또한 무기력 학습 이론은 사회심리학, 특히 귀인 이론과 충돌했다. 동물실험을 인간 대상으로 재현하려는 시도가 있었으나, 연구자들은 곧 인간에게서 나타나는 현상이 훨씬 더 복잡하다는 점을 발견했다. 이 이야기는 13장과 14장에서 다룬다.

- 하향은 무기력 학습을 뒷받침하는 생물학적 과정으로 내려가는 것이다. 12장에서는 수반성, 인지, 행동 측면이 신경전달물질, 호르몬, 면역 체계와 어떤 관련이 있는지를 설명한다.

- 외향은 무기력 학습을 인간의 고통과 성장 이해에 적용하는 것이다. 15 장은 우울증 모델로서 무기력 학습을 다루고, 16장은 다양한 사회문제에서 무기력의 역할에 대한 가설을 논의한다. 17장에서는 무기력 학습이 신체 건강과 질병에 어떤 영향을 미칠 수 있는지를 검토한다.

무기력 학습이 논쟁적이었던 이유

1960년대 중반 처음 보고된 이후 무기력 학습은 계속해서 논쟁의 중심에 서 있었다. 논쟁 원인을 살펴보면 가장 일반적인 것이 앞에서 이미 언급한 개념의 과잉 사용이다. 우리조차 과거에는 '무기력 학습'이라는 망치를 들고 모든 문제를 못으로 취급했던 적이 있다. 하지만 지금은 무기력 학습이 여전히 유용한 개념이며, 일부 적용 남용이 다른 연구 성과의 가치를 훼손해서는 안 된다고 주장한다.

또 다른 논쟁 원인은 인지주의와 행동주의가 가지는 학습에 대한 이해 차이다. 무기력 학습의 초기 관찰실험은 개를 묶어놓은 상태에서 도망갈 수 없는 충격을 가하는 방식으로 이루어졌다(Overmier & Seligman, 1967). 이후 개들은 소극적이 되었고, 이동 상자로 옮겨진 뒤에도 충격을 피하려고 하지 않았다. 이를 설명하고자 우리는 "개들은 그 충격이 자기들의 반응과 무관하다는 사실을 학습했고, 따라서 이동 상자 안에서도 충격이 통제 불가능할 것이라고 기대한다"는 가설을 세웠다(Maier, Seligman & Solomon, 1969; Seligman, Maier & Solomon, 1971).

문제는 전통 학습 이론에 따르면 개가 무기력해지는 것이 불가능하다는 점이다. 개가 반응과 무관하게 충격이 주어진다는 사실을 학습하려면 반응했을 때와 하지 않았을 때의 충격 확률이 동일하다는 점을 인식해야 한다. 그러나 전통 학습 이론에 따르면 동물이 반응한 뒤에 결과가 오면 '습득'되고, 반응하지 않을 때 결과가 줄어들면 '소거'된다. 결과가 반응과 무관하게 발생한다는 것을 학습하거나, 이를 습득·소거 정보와 통합하는 과정은 허용되지 않는다. 즉 학습 이론은 지식을 다루는 것이 아니라, 단순히 반응을 다루는 것이다. 우리는 동물이 '반응이 무의미하다'는 것을 학습한 결과 수동적이 된다고 주장했지만, 학습 이론은 동물이 단지 반응만 학습한다고 봤다.

행동주의는 엄격한 방법론, 즉 객관적 측정을 고수함으로써 번성했다. 구조주의와 기능주의가 주관적 보고에 얽매였던 것과 달리, 이반 파블로프(Ivan Pavlov)와 에드워드 손다이크(Edward Thorndike)는 영국 경험론자들의 연합주의를 객관화했다. 개는 침방울이 튀는 횟수로, 고양이는 지렛대를 누른 횟수로 연합을 드러냈다. 그러나 이러한 방법론적 집착은 곧 형이상학으로 스며들어 40년간 인식론과 존재론이 혼동되게 만들었다. 측정 가능한 반응이 '학습된 것'이 되었고, 추론적 개념인 연합은 처음에는 중요하지 않은 것으로, 나중에는 아예 존재하지 않는 것으로 치부되었다.

학습 이론가들은 "동물이 반응을 멈추고 포기했다면 그 자료는 잘못된 것이다"라고 주장했다. 즉 무기력해 보이는 동물은 사실 이동 상자 안에서 도약 행동을 방해하는 또 다른 운동 반응을 학습한 것이라고 해석한 것이다. 우리는 이러한 다양한 설명을 수년 동안 검증했다.

무기력 학습을 둘러싼 또 다른 논쟁의 원인은 사회과학에서 오래된 논란, 즉 현상을 단순화하려는 학자(simplophile·심플로필)와 복잡성을 강조하는 학자(complexophile·컴플렉소필) 사이 갈등이었다. 전자는 가능한 한 적은 원리로 많은 인간 행동을 설명하려 했고, 후자는 풍부한 맥락과 복잡성을 중시했다. 우리는 전통적으로 '단순화 지향'의 심플로필이라고 할 수 있다.

무기력 학습은 단극성 우울, 돌연사, 피해 경험 등 매우 복잡한 현상을 단 몇 가지 원리로 설명하려 했다. 우리가 동물 무기력을 설명하면서 제시한 기대(믿음)와 비수반성 학습은 기존 자극－반응(S-R) 학습 이론보다 복잡하기 때문에 한때는 우리도 '복잡화 지향'의 컴플렉소필로 여겨졌다. 그러나 인간의 부적응을 설명하기 위해 무기력 이론을 적용하는 과정에서 오히려 단순화 지향 학자가 되었다.

이 논쟁이 가장 분명하게 드러난 분야가 바로 우울증 연구다. 지난 15년간 우리는 대학생, 생활보호 여성, 수감자, 단극성 우울 환자 등 다양한 집단에서 우울증의 공통 요소를 찾으려 했다. 우리는 '무기력을 학습하고 포기하는 단순한 과정'이 여러 유형의 우울증에 공통적으로 작동할 수 있으며, 동물·인간 실험에서 나타난 무기력 현상이 그 모델이 될 수 있다고 주장했다. 그러나 영국 임상 연구자인 아이작 마크스(Isaac Marks)가 1977년에 이렇게 반박했다.

"현재의 행동적 접근은 우울증 관리에 특별히 유망하지 않다. 동물과 인간에게서 나타나는 '무기력 학습' 상태가 임상적 우울증의 패러다임이라는 주장이 있지만, 지금까지 무기력 학습이 죄책감, 허무주의, 자살 사고, 식욕 부진, 수주일 이상 지속되는 불면증 등 심각한 임상 우울증의 특징을 동반한다는 증거는 없다."

이에 대해 셀리그만은 다음과 같이 답했다.

"당신은 실험실의 우울증 모델이 반드시 자살, 울음, 체중 감소, 죄책감, 허무주의를 만들어내야 한다고 생각하는 듯하다. 그러나 이는 과학적으로 정당화될 수 없는 요구다. 모형 비행기가 대서양을 횡단할 필요는 없다. 단지 비행기의 본질을 구현하면 된다. 불안의 실험실 모델도 반드시 비명, 배변, 공황 발작을 재현할 필요는 없다. 오직 불안의 핵심 속성을 분리해내는 것으로 충분하다."

무기력 학습 연구는 동물 학습이라는 주류 학문에서 시작되었지만, 특정 학문의 경계를 고수하기보다 현상 자체를 추구하다 보니 그 영역을 넘어섰다. 이 책에서 우리는 이상심리학, 인지심리학, 사회심리학, 행동의학을 다루고 역사와 정치학에도 일부 발을 디딜 것이다.

무기력 학습이 주목받은 이유

앞서 살펴본 여러 논란에도 무기력 학습은 왜 이렇게 널리 주목받았을까? 몇 가지 명백한 이유가 있다.

① **연구 도구로서 용이성:** 동물실험이나 인간 대상의 실험에서 무기력 현상을 관찰할 수 있고, 또 '귀인양식 질문지' 같은 도구도 있다.

② **기초 심리학 기반:** 학습 이론, 신경심리학, 귀인 이론 등과 맞닿아 있어 학문적 토대가 탄탄하다.

③ **다양한 인간 문제에 적용 가능성:** 우울증, 암, 학업 부진, 과밀 환경, 학대받는 여성 등 다양한 인간 문제를 설명하는 데 활용될 수 있다. 특히 심리학이 '현실과의 관련성'을 요구받는 시대적

상황에서 더욱 주목받았다.

그러나 이보다 더 근본적이고 잘 드러나지 않은 이유가 하나 있다. 우리는 그것을 이 책 부제로 삼았다. 이 장 첫머리에 언급했듯이 사회과학의 설명 패러다임은 환경에 의해 수동적으로 밀리고 끌리는 인간에서 환경을 스스로 선택하고 통제하는 인간으로 전환되었다. 1960년 이전에는 인간이 행동을 자율적으로 시작하고 주도한다는 설명이 거의 없었다. 그러나 1990년이 되자 이러한 설명이 넘쳐났다. 어떻게 이런 변화가 일어난 것일까?

과학사회학(사회체계로서 과학을 연구하는 사회학의 한 분야-편집자 주)연구자들은 특정 설명이 정당성을 획득하는 힘을 추적한다. 예를 들어 프랜시스 베이컨(Francis Bacon)은 과학이 단순한 관찰에만 국한될 필요가 없고 인간이 자연을 통제할 수 있다는 충격적인 개념을 제안했다. 이러한 실험 개념은 이전 서양 과학이 추구하던 바처럼 자연의 필연적 과정을 수동적으로 예측하는 데 그치는 것이 아니라, 인간이 자연을 적극적으로 조작할 수 있다는 사상을 담고 있었다. 무엇이 베이컨의 개념을 정당화하고 널리 퍼뜨렸을까?

하나의 가능성은 흑사병(페스트)과 그에 따른 유럽 사회의 이동성이다. 흑사병은 수많은 생명을 앗아갔고 1,000년 가까이 계급 이동이 거의 없던 사회에서 새로운 직업과 지위의 기회가 열렸다. 견고하던 봉건사회는 사실 흐르는 강과 같다는 사실이 드러났다. 사회적 지위가 개인의 행동으로 바뀔 수 있다면 자연도 통제할 수 있다는 생각이 가능해진 것이다. 흥미로운 사실은 베이컨의 아버지가 본래 농노 출신 가문에서 태어났음에도 엘리자베스 여왕 치하에서 극적인 신분 상승을 통해 인장을 지키는 영주 자리까지 올랐다는 점이다.

1960년대로 건너가 보자. 미국에서는 어떤 힘들이 작용해 개인적 통제가 인간 행동 설명의 정당한 틀이 되었을까? 우리는 몇 가지 관련 사건을 제안한다.

라인스톤 냉장고

컨베이어 조립 라인은 값싼 가격으로 대량의 상품을 공급했으나 모든 냉장고는 흰색, 모든 포드 모델 T는 검은색이었다. 1960년대 컴퓨터 기술이 조립 라인에 도입되자 기계의 기능을 활용해 소비자 맞춤형 제품을 저렴하게 생산할 수 있었다. 50번째 냉장고를 흰색 대신 라인스톤으로 장식하는 비용이 거의 차이가 없었다. 그러자 대규모 시장에서 개인적·독창적 선택에 대한 수요가 폭발했다. 청바지도 단일한 리바이스가 아니라 수백 가지 종류, 수십 가지 색상, 수많은 디자이너 제품으로 변모했다. 광고가 개인의 선택을 찬미하기 시작하면서 사회과학 또한 이를 설명의 현실적 기반으로 삼았다.

정치적 암살 사건

미국은 제도적 통제력의 신뢰가 약화되는 경험을 했다. 교회에 대한 믿음의 상실, 신의 죽음, 가족의 쇠퇴가 화두가 되었고 정부를 향한 신뢰도 흔들렸다. 베트남전쟁에서 무력 사용 실패, 빈곤층 삶을 개선하지 못하는 무능이 이러한 붕괴를 가속했다. 특히 1960년대 발생한 존 F. 케네디, 마틴 루서 킹, 로버트 케네디 등 연쇄 암살 사건이 치명적이었다. 정치적으로 각성한 젊은 세대는 이들 지도자에게 미래를 걸었으나 모두 총탄에 쓰러졌다. 이후 젊은 추종자들은 거대한 사회

운동이 미래를 통제할 수 있다는 기대 대신, 개인이 자신의 삶을 통제할 수 있다는 희망으로 전환했다. 이 세대는 중년이 되었고, 현대 사회과학의 방향을 형성하는 데 큰 영향을 끼쳤다.

베트남전쟁은 개인에게 또 다른 교훈을 안겼다. 거대한 사회적 힘은 개인의 바람과 무관하게 움직인다는 것, 따라서 관심을 개인적 통제에 두는 것이 낫다는 사실이다. 최근 걸프전에 대한 미국인의 양분된 반응, 즉 전쟁 자체에 대한 혼란과 병사들에 대한 무조건적 지지에서도 같은 양상이 보였다.

전례 없는 경제적 번영

미국은 거대한 부를 가진 나라다. 빈부격차나 부의 환상성에 대한 논쟁은 차치하더라도, 오늘날 많은 미국인이 역사상 그 어느 때보다 큰 구매력을 갖고 있다. 또한 현대의 부는 과거와는 그 의미가 다르다. 중세 부유한 군주는 땅이나 명성을 팔 수 없었지만, 현대의 부는 곧 선택이다. 더 많은 음반, 옷, 교육, 자동차, 공연, 책, 지식 등 구매 가능한 모든 것이 풍부해졌다. 그리고 그것을 선택하는 주체는 바로 개인이다.

물론 단순히 설명 방식이 달라진 것이 아니라, 삶의 조건 자체가 변했을지도 모른다. 오늘날에는 과거 어느 때보다도 개인에게 더 많은 자기통제권이 주어진다. 20세기 후반의 사회·경제적 변화는 자기통제라는 개념을 정당화했을 뿐 아니라, 심지어 만들어냈다고 할 수 있다. 이런 변화 덕분에 인간 행동을 환경의 '밀고 당김', 즉 압력이나 유혹이 아니라, 개인의 주도성을 중심으로 설명하는 것이 설득력을 얻었다. 무기력 학습, 자기효능감, 통제 위치 같은 개념은 라인스톤 냉장고, 정치적 암살 사건, 그리고 경제적 번영의 산물이다.

하지만 다소 어두운 전망으로 이 장을 마무리해야겠다. 자기통제 같은 개념의 미래는 어떨까? 우리는 그것이 제한적일 수 있다고 본다. 자기통제에 대한 과도한 믿음은 두 가지 문제를 낳는다. 우울증을 증가시킬 수 있고, 삶의 의미를 찾기 어렵게 만들 수 있다는 점이다.

11장

동물의 무기력 학습

우리의 무기력 학습 연구는 동물 학습 연구에서 출발했다. 사실 무기력 학습 현상은 1960년대 중반, '이중 과정 학습 이론'의 예측을 실험적으로 검증하는 과정에서 우연히 발견되었다. 당시 스티븐 마이어(Steven Maier)와 셀리그만은 학습 이론을 전공하던 대학원생이었기에 우리가 제안한 설명 원리들은 기존 학습 이론의 영향을 받으면서도 동시에 그것에 대한 반발로서 발전해나갔다. 또한 1967년부터 1975년 사이 무기력 학습을 둘러싸고 벌어진 논쟁은 이 현상의 본질이나 한계 자체보다, 우리가 제시한 설명과 기존 학습 이론의 충돌에 더 초점이 맞춰져 있었다.

이 장에서는 동물 연구 속 무기력 학습의 전개 과정을 살펴보고, 그것이 현재 어떤 위치에 와 있는지를 평가할 것이다.

최초 무기력 학습 실험

우리가 대학원에 입학한 것은 1964년이다. 당시 심리학 주류는 '자극-반응 이론(S-R theory)'이었다. 이 이론은 동물 및 인간의 모든 행동을 현재 혹은 직전 순간에 존재한 자극과 과거에 그 자극과 함께 일어났던 반응·강화의 역사로만 설명하려 했다. 행동은 현재의 물리적 자극으로 설명되었으며, 미래의 목적이나 사건은 고려되지 않았다.

1950년대 연구자들은 겉보기에는 목적 지향적인 행동도 결국 S-R 분석으로 환원될 수 있음을 증명하려 했다. 1960년대 들어서는 동물의 회피 학습이 마치 목적적 행동처럼 보였기 때문에 집중적인 연구 대상이 되었다. 예를 들어 개나 쥐가 이동 상자 한쪽에 가만히 앉아 있고, 상자 안에 불빛이 켜지면 10초 후 발에 전기충격이 가해지는 실험을 한다고 해보자. 이때 상자 안 동물은 장애물을 뛰어넘어 반대편으로 가면 충격을 피할 수 있는데, 마침 동물이 태연히 일어나 장애물을 뛰어넘는다. 순진한 관찰자는 "불빛이 충격을 예고했고, 동물은 충격을 피하려 뛰어넘었다"고 말할 것이다.

그러나 S-R 이론가들은 이러한 설명을 받아들이지 않았다. 그들은 '미래의 사건(충격 회피)을 원인으로 삼아 현재의 반응(도약)을 설명한다'는 점 때문에 이를 거부했다. 실제 원인은 동물이 '뛰어넘으면 충격을 피할 수 있다'는 기대(믿음)를 형성한 것이지만, 기대는 눈에 보이지 않는 정신적 개념이기에 허용되지 않았다. S-R 이론은 기대의 존재 자체를 부정하지는 않았으나, 그것을 설명에 사용하는 일은 부적절하다고 본 것이다.

이에 대한 대안으로 제시된 것이 '이중 과정 학습 이론'이다. 이 이론에 따르면 첫째, 회피 상황에서 동물은 초기 몇 차례 충격을 경험하는 동안 불빛과 충격이 연합되어 불빛에 대한 공포가 조건화된다. 둘째, 표준 회피 절차에서는 동물이 뛰어가면 충격을 피할 뿐 아니라 불빛도 꺼진다. 불빛 소거가 공포를 줄이기에 동물은 불빛을 피하려는 동기로 도약한다는 것이다. 즉 동물은 '미래의 충격 회피' 때문에 뛰는 것이 아니라, '현재의 공포 자극(불빛)으로부터 도망'치기 위해 뛴다는 설명이다. 여기에는 목적적 행동이 아닌, 단순히 고전적 조건 형성과 도구적 강화의 결합만 있을 뿐이다.

그러나 급진적 행동주의자들은 이조차 불필요하다고 주장했다. 공포 같은 정서를 끌어들이지 않고도 단순히 '뛰는 행동은 강화된다'는 설명이면 충분하다고 본 것이다.

바로 이때 우리가 실험에 참여하게 되었다. 우리는 펜실베이니아 대학교에서 리처드 솔로몬(Richard Solomon)과 함께 공부하고 있었다. 솔로몬과 그의 제자들은 이중 과정 학습 이론과 급진적 행동주의 설명 중 어느 쪽이 옳은지를 검증할 방법을 고안했다. 즉 이동 상자로 옮겨 가기 전 개를 하네스 목줄로 묶어놓은 상태로 불빛과 충격을 연합하는 것이었다. 이렇게 하면 불빛은 도약 행동에 대한 자극 통제를 가질 수 없다. 그 후 음향 같은 다른 신호에 대해 회피 학습을 시킨 뒤 불빛을 켜서 반응을 살펴보면 된다. 만약 불빛에 대한 공포가 동기를 제공한다면 개는 불빛을 보고도 뛰어넘을 것이다.

그러나 이 실험은 계획대로 되지 않았다(Overmier & Leaf, 1965). 묶인 상태에서 불빛과 전기충격을 경험한 개들은 이동 상자에 옮겨져도 반응(도약)을 전혀 하지 않았다. 연구실에서는 이를 단순히 실험 진행에 방해되는 '골칫거리'로 여겼다. 그러나 브루스 오버미어(Bruce Overmier)는 1964년 가을, 우리에게 이동 상자 안에서 무력하게 전기 충격을 그대로 받고 있는 개를 보여주면서 함께 이 현상의 의미를 파헤치지 않겠느냐고 제안했다. 우리는 이 현상이 놀랍고 가치 있는 주제임을 깨닫고 연구를 이어가기로 했다.

실험에서 개는 불빛이 켜졌을 때 뛰지 않으면 전기충격을 받는다. 그러나 뛰면 충격은 곧 꺼진다. 그럼에도 개들은 장애물을 넘지 않았고, 매번 60초간 충격을 그대로 받아냈다. 간혹 도약을 하기도 했지만, 다음 시행에서는 다시 충격을 그대로 받아들였다. 마치 '도약과 충격 종료의 관계'를 학습하지 못한 것처럼 보였다. 우리는 이 이상한 결과를 설명하려는 연구를 본격적으로 시작했다.

무기력 학습 이론

1965년 오버미어와 리프는 관련 실험에서 개에게 10초간 음향을 들려준 뒤 0.5초간 발에 전기충격을 가하는 과정을 넣었다. 이후 이동 상자로 옮겨진 개는 회피 학습에 실패했다. 물론 고전적인 조건 형성이었기 때문에 개는 사건의 순서나 발생을 바꿀 수 없었다.

우리는 어떤 요소가 핵심인지 탐구했다. 음향이 반드시 필요한가? 전기충격이 짧아야 하는가? 연구 결과, 중요한 것은 동물이 어떻게 해도 막거나 멈출 수 없는 충격을 충분히 경험한다는 사실이었다. 음향의 존재나 충격의 길이는 본질이 아니었다. 실제로 5초짜리 회피 불가능한 충격을 80회 가하는 것이 무기력 상태를 유발하는 표준 절차가 되었다.

왜 회피 불가능한 충격 경험이 이후 간단한 이동 상자 과제를 학습하지 못하는 결과를 낳을까? 우리는 이렇게 설명했다.

- 충격이 회피 불가능한 상태일 때 개는 어떤 자발적 행동으로도 충격을 통제할 수 없다고 학습한다.
- 이 경험은 미래에도 동일할 것이라는 통제 불가능성에 대한 기대(믿음)로 일반화된다.
- 이러한 기대는 개가 미래에 새로운 회피 행동을 학습하지 못하도록 만든다.

우리는 이 기대가 두 가지 효과를 낳는다고 봤다. 첫째, 도망치려는 동기를 감소시켜 행동 개시의 결핍을 초래한다. 둘째, 실제로 반응-충격 종료 관계를 학습하는 과정 자체를 방해해 인지적 결손을 만들어낸다.

요컨대 무기력 학습 이론은 다음 세 가지 요소로 구성된다.

① 핵심 환경 조건
② 그 조건이 동물의 기대로 전환되는 과정
③ 그 기대가 동물의 심리 과정에 변화를 유발하는 결과

이것이 바로 무기력 학습의 핵심이며, 이후 큰 논쟁이 벌어진 이유이기도 하다.

통제, 수반성, 근접성

동물이 자신의 행동이 환경에 어떤 영향을 미치는지 학습할 수 있다는 것은 자명해 보인다. 그러나 전통적인 자극－반응(S-R) 이론은 이를 고려하지 않았다. S-R 이론가들에 따르면 동물은 단지 운동 반응만 학습할 수 있었고, 학습 강도는 강화가 얼마나 자주 주어지는지, 즉 반응 이후 강화가 따르는 확률에 의해 결정되었다. 이때 모든 도구적 학습을 지배하는 것은 단 하나의 조건부 확률, 즉 반응이 일어날 때 강화가 일어날 확률 'P(Rft/R)'였다.

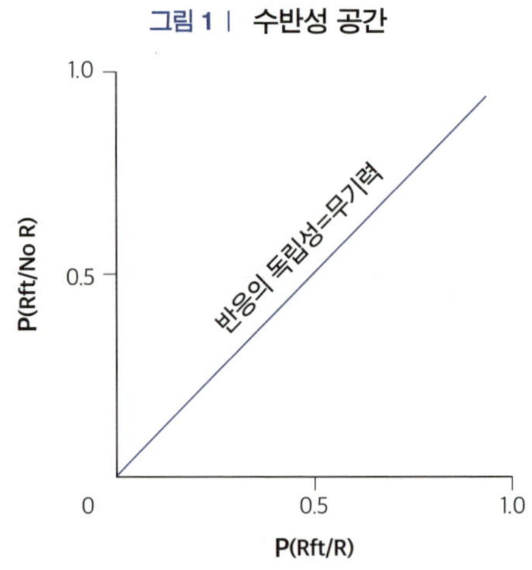

그림 1 | 수반성 공간

그런데 동물이 자신의 행동이 결과를 통제하지 못한다는 사실을 학습하려면 두 가지 조건부 확률과 그 관계를 모두 이해하고 있어야 한다. 행동했을 때 강화가 주어지는 경우 'P(Rft/R)'와 행동하지 않았을 때 강화가 주어지는 경우 'P(Rft/No R)', 그리고 두 확률의 관계를 파악해야 하는 것이다. 또한 동물은 결과가 두 상황에서 같을 때, 즉

P(Rft/R)=P(Rft/No R)일 때 자신의 행동이 아무런 영향을 미치지 못한다는 점도 인식해야 한다.

우리는 전통 S-R 이론이 동물의 민감성을 제대로 설명하지 못한다고 주장했다. S-R 이론은 단지 반응과 강화의 시간적 결합에만 주목했지만, 실제로 동물은 '그림 1'에서 보는 바와 같이 P(Rft/R)와 P(Rft/No R)의 가능한 모든 조합에 민감하며, 이는 곧 반응과 강화의 수반성, 즉 둘 사이의 의존성·상관관계에 민감하다는 뜻이다.

간단히 말해 두 확률이 다르면 동물은 일정 정도 통제권을 갖게 된다. 행동하거나 행동하지 않음에 따라 강화가 일어날 가능성을 더 높이거나 낮출 수 있기 때문이다. 두 확률이 같다면 강화는 반응과 무관하게 일어난다. 따라서 동물은 무엇을 하든 강화에 대한 통제권을 가질 수 없다.

이를 더 분명히 하기 위해 개가 회피 불가능한 충격을 연속적으로 받는 상황을 생각해보자. 만약 개가 충격이 끝나기 직전에 짖었다면 반응과 강화의 근접성 측면에서는 이 우연한 결합이 이후 충격에 대한 반응으로서 짖기를 강화할 것이라고 볼 수 있다. 충격이 짖기 전에 끝났다는 사실은 중요하지 않다. 중요한 것은 짖기와 충격 종료의 결합이 반복될 때마다 둘 사이의 연결이 강화된다는 점이다. 이러한 일이 충분히 반복되면 개는 충격에 대한 반응으로 짖게 될 것이다. 하지만 무기력 학습 이론은 다르게 본다. 개는 짖었을 때와 짖지 않았을 때 충격이 사라질 확률을 비교하고, 따라서 짖기는 충격에 대한 반응으로 유지되지 않는다.

표상, 기대, 지각

우리는 동물이 환경에서 일어나는 결과의 규칙성을 객관적 증거로부터 인지적으로 표상한다고 봤다. 처음에는 이 과정이 다소 불분명했지만(Alloy & Seligman, 1979), 최소한 두 단계가 포함될 필요가 있었다. 첫째, 동물은 현재의 수반성(어떤 행동과 결과가 함께 일어나는 정도-편집자 주)을 지각해야 한다. 이 과정의 세부적인 생물학적 메커니즘은 명확히 밝혀지지 않았다. 둘째, 동물은 이런 수반성이 앞으로도 계속되거나 사라질 것이라는 기대를 만들어야 한다.

우리가 강조한 핵심은 바로 이 '기대'가 무기력 학습을 매개하는 인지적 사건이며, 실제로 관찰되는 결손을 일으키는 원인이라는 점이다. 지각이 기대로 바뀌는 과정에는 신념, 지식, 기존의 기대, 인과적 해석 같은 여러 인지 요소가 개입할 수 있다.

심리적 과정

우리는 통제 불가능한 사건에 대한 기대가 적어도 세 가지 심리적 과정을 변화시킨다고 봤다. 이러한 과정은 우리가 관찰한 행동적 변화를 직접적으로 만들어냈다.

① 동기적 과정

반응과 결과가 독립적이라는 점을 학습하고, 이러한 비수반성이 미래에도 지속되리라고 기대하는 것만으로는 동물이 이후 이동 상자 회피 과제를 배우지 못하는 이유를 충분히 설명하지 못한다. 여기에는 추가 과정이 필요하다. 바로 동기의 변화다.

동기에는 '추동'과 '유인' 두 요소가 있다(Bolles, 1967). 추동은 배고픔, 목마름 등과 같이 생물학적으로 결정된 욕구를, 유인은 미래 강화에 대한 기대를 의미한다. 유인 이론가들(Spence, 1956; Mowrer, 1960)은 동물이 적극적으로 반응하려는 동기의 대부분 혹은 전부가 유인에 의해 결정된다고 주장했다. 만약 동물이 반응-강화 관계가 비수반적이라고 기대한다면 유인은 약화된다. 즉 "아무리 해도 달라지지 않는다"는 기대는 "그렇다면 왜 시도해야 하는가?"라는 상태를 만든다.

② 인지적 과정

우리는 회피 불가능한 충격을 경험한 동물이 이후 학습 과제에서 실제로 반응-결과 관계를 학습하는 데 장애를 겪는다고 봤다. 이는 단순히 반응 감소가 아니라, 과제 관련 정보를 처리하는 방식 자체의 변화다. 예를 들어 회피 가능한 충격 과제에서 무기력 학습 집단의 동물은 간혹 적절히 반응해 충격을 멈추게 한다. 그러나 이 경험을 통해 학습하는 내용과 미래 기대는 정상 집단의 그것과 다르다.

무기력을 경험한 동물은 장애물 뛰어넘기 같은 반응과 충격 종료의 근접성을 제대로 인지하지 못하거나, 인지하더라도 미래에 동일한 관계가 성립할 것이라고 기대하지 않는다. 이때 원인을 찾기 위한 귀인 과정이 개입한다. 동물은 충격 종료를 자신의 반응 때문이라고 보지 않음으로써 미래에도 반응이 무의미할 것이라고 기대하게 된다(Testa, 1975).

요컨대 동물은 개별 시도에서의 반응-강화 관계 인지뿐 아니라, 전체 수반성에 대한 기대에도 손상을 입는다.

③ 정서적 과정

마지막으로, 우리는 통제 불가능성을 학습한 경험이 정서 변화를 유발한다고 봤다. 특히 통제할 수 없는 혐오 사건을 경험하면 불안이 먼저 나타나고, 경험이 지속되면 우울로 이어진다고 제안했다(Maier & Seligman, 1976). 무기력 학습이 우울증 모델이 될 수 있다는 주장은 15장에서 상세히 다룬다.

초기 지지 증거

예상할 수 있듯이 우리가 무기력 학습 이론을 제시한 후 그 핵심 명제를 검증하기 위한 일련의 실험들이 뒤따랐다. 이 이론의 핵심은 피할 수 없는 충격의 효과가 충격 자체에 기안하는 것이 아니라, 그것의 통제 불가능성에 의해 결정된다는 점이다. 동물이 환경적 자극을 자신이 통제 불가능하다는 점을 학습하고, 미래에도 그럴 것이라고 기대할 때 동기는 약화되고 인지는 손상되어 회피 학습 실패로 이어진다.

이 가설을 직접적으로 검증하는 방법은 통제 가능한 충격과 통제 불가능한 충격의 효과를 비교하는 것이다. 통제 가능한 충격은 고통스럽고 불쾌한 경험일 수 있으나 비수반성 학습을 초래하지 않으며, 따라서 이후 다른 상황에서 학습 결손으로 이어지지 않는다. 반면, 통제 불가능한 충격은 무기력 학습을 유발할 수 있다.

이를 엄밀하게 실험하려면 통제 가능 집단과 통제 불가능 집단이 동일한 수준의 충격 노출을 경험하도록 설계해야 한다. 그렇지 않으면 이후 나타나는 행동 차이가 단순히 충격 경험 때문인지, 혹은 통제 가능성의 차이 때문인지 구분하기가 어렵다. 이를 해결하고자 우리가 도입한 것이 '삼분 설계'다.

- 첫 번째 집단은 회피 가능한 충격을 받는다. 레버를 누르거나 바퀴를

돌리는 등의 반응을 통해 충격을 멈출 수 있다.

- 두 번째 집단은 회피 불가능한 충격을 받는다. 이 충격은 첫 번째 집단과 '짝지어진(yoked)' 조건으로, 첫 집단의 반응이 충격을 중단하면 두 번째 집단도 동시에 충격이 중단된다. 개별 동물의 행동과는 무관하며, 두 집단은 충격의 양과 순서를 똑같이 경험한다.

- 세 번째 집단은 충격을 전혀 받지 않는다. 이는 충격 자체의 효과를 비교하는 기준점이 된다.

이 설계를 이용한 연구가 100편 넘게 진행되었는데, 결과는 거의 동일했다. 통제 불가능한 충격만이 무기력 학습 효과를 낳았고, 통제 가능한 충격은 물리적으로 동일하더라도 그런 결과를 만들지 않았다. 따라서 결정적 요인은 충격 그 자체가 아니라 통제 가능성이었다.

다만, 무기력 학습 이론은 객관적 통제 가능성만 강조하지는 않는다. 비수반성에 대한 인지와 미래 통제 불가능성에 대한 기대도 중요하다고 본다. 만약 이 과정들을 방해할 수 있다면 비수반성이 존재하더라도 무기력 학습 효과를 줄일 수 있을 것이다. 실제로 동물이 처음에 회피 가능한 충격을 경험하면 이후 회피 불가능한 충격을 경험하더라도 무기력 학습 효과가 나타나지 않았다(Seligman & Maier, 1967). 우리는 이를 '면역 효과'라고 불렀으며, 이는 뒤에서 자세히 논의할 것이다.

만약 동물의 기대가 핵심이라면 이미 무기력이 형성된 뒤라도 통제 가능성을 경험하게 될 경우 무기력 학습 효과가 사라져야 한다. 실제로 우리는 개에게 회피 불가능한 충격을 주고 이동 상자에서 반복적으로 탈출 실패를 경험하는 상황까지 만든 다음, 장애물을 제거하고 개를 억지로 이동 상자 반대편으로 끌고 갔다(Seligman, Maier & Geer, 1968). 개가 강제로 이동할 때마다 충격은 중단되었고, 30~50회 반복하자 스스로 탈출 반응을 하기 시작했다. 이후 장애물을 다시 설치해도 개는 계속 탈출했다.

이 '치료' 효과는 반드시 동일한 탈출 반응을 통해서만 나타나는 것이 아니다. 즉 전혀 다른 반응을 통해서라도 통제 가능성을 경험하면 무기력 학습 효과는 사라졌다. 예를 들어 회피 불가능한 충격을 경험한 쥐도 발로 작은 바퀴를 돌려 충격을 멈추는 학습을 이미 했다면, 이동 상자에서도 탈출 반응을 성공적으로 학습했다(Williams & Maier, 1977). 한마디로 핵심은 반응 자체가 아니라 동물의 기대였다.

무기력 학습 이론은 개와 쥐, 전기충격, 이동 상자 회피에만 국한되지 않으며 종(種), 강화물, 학습 과제 범위를 넘어 적용될 수 있다. 실제로 고양이, 금붕어, 저빌(사막쥐), 기니피그, 쥐, 사람 등 다양한 종은 물론 레버 누르기, 기둥 오르기, 바퀴 돌리기, 페달 밟기, 수영하기 등 다양한 과제에서도 무기력 학습 효과가 확인되었다(Maier & Seligman, 1976).

그렇다면 무기력 학습 효과는 전기충격이라는 특수한 자극에만 한정될까? 그렇지 않다. 예를 들어 회피 불가능한 물에 노출된 동물은 이후 탈출 학습에 실패하지만, 회피 가능한 물에 노출된 경우에는 실패하지 않았다(Altenor, Kay & Richter, 1977).

더 나아가 무기력 학습 효과는 부정적 사건에만 해당하는 것이 아니다. 긍정적 사건이나 중립적 사건이 비수반적으로 발생했을 때도 나타난다. 동물이 행동과 무관하게 긍정적 사건을 경험한 경우 이후 그 사건이 행동과 연결되었을 때 학습 속도가 느려진다(Engberg, Hansen,

Welker & Thomas, 1973; Welker, 1976). 심지어 빛이나 소리 같은 중립적 사건이 통제 불가능한 방식으로 발생한 경우에도 이후 그것을 통제하는 학습에 장애를 겪는다(Glow & Winefield, 1982).

이러한 간섭 효과가 특정 사건에만 국한되는 것인지, 혹은 일반화되는 것인지가 문제로 제기된다. 이를 검증하기 위해 한 연구에서는 쥐들을 충격 또는 물에 무작위로 노출시켰고, 각각은 통제 가능한 조건과 통제 불가능한 조건으로 구분되었다(Altenor, Kay & Richter, 1977). 그 결과 총 4개 집단이 형성되었으며 각 집단의 절반에게는 물 탈출 과제, 나머지 절반에게는 충격 탈출 과제가 주어졌다. 실험 결과, 회피 불가능한 충격은 두 가지 탈출 학습 모두를 방해했으며, 회피 불가능한 물 역시 동일한 방해 효과를 보였다. 다시 말해 무기력 학습 효과는 특정 혐오적인 자극에 국한되지 않고, 다양한 부정적 사건에서 일반적으로 나타나는 현상임이 확인되었다.

이와 같은 맥락에서 회피 불가능한 충격은 단순한 유해 자극에 그치는 것이 아니라, 심리적 과정에 의해 유발된 혐오적 상태에서 벗어나는 학습조차 방해한다고 보고되었다. 로셀리니(Rosellini)와 셀리그만은 쥐들에게 각각 통제 가능한 충격, 그것과 짝지어진 통제 불가능한 충격, 충격이 없는 조건을 제공했다. 이후 쥐들은 먹이를 얻기 위해 달리기 통로를 통과해 목표 상자에 도달하도록 훈련받았다. 그러나 소거 절차가 도입되면서 목표 상자에 더는 먹이가 제공되지 않았다. 소거 상황은 혐오스러운 좌절 경험으로 알려져 있으며, 일반적으로 쥐들은 이러한 장소에서 벗어나려고 회피 반응을 학습한다. 로셀리니와 셀리그만은 쥐들에게 이러한 좌절적 단서로부터 탈출할 기회를 제공했으나, 이전에 회피 불가능한 충격을 경험한 쥐들은 탈출 학습에 실패했다.

이와 같은 일반화 효과는 혐오적 자극과 더불어 보상적 자극 영역으로도 확장된다. 즉 회피 불가능한 충격을 경험한 동물은 이후 먹이를 얻기 위한 도구적 반응 학습에서 저조한 수행을 보이고(Rosellini, 1978), 반대로 비연속적으로 제공된 먹이는 충격에서 탈출하는 학습을 방해할 수 있다(Goodkin, 1976). 이러한 전이는 단순히 특정한 비연속적 사건에 국한되지 않으며, 실제로 경험된 사건의 범위를 넘어 광범위하게 확장된다.

논쟁들

우리가 무기력 학습 가설을 발표하자 연구자들은 곧 여러 대안적 설명을 제시했다. 이 대안들은 크게 두 부류였다. 하나는 행동적 대안이고, 다른 하나는 생물학적 대안이다. 여기에서는 행동적 대안을 중점적으로 다루고, 생물학적 설명은 12장에서 자세히 논의할 것이다.

상충하는 운동 반응 이론

모든 행동적 대안은 세 단계로 설명된다.

① 동물은 회피 불가능한 충격이 가해지는 동안 특정 운동 반응을 학습한다.
② 이후 시험 상황에서 충격이 가해지면 동물은 그 학습된 반응

을 보인다.

③ 이 반응은 요구되는 탈출 반응이 아니기 때문에 동물은 탈출
에 실패한다.

이 관점에 따르면 동물이 탈출 반응을 배우지 못하는 이유는 다른
행동에 몰두하기 때문이지, 동기나 정보 처리에 결핍이 있어서 그런
것이 아니다. 즉 동물은 충분히 동기화되어 있고 학습할 능력도 있지
만, 올바른 운동 반응을 산출하지 못한다.

예를 들어 브레이스웰(Bracewell)과 블랙(Black, 1974)은 충격을 받
을 때 움직이는 것이 가만히 있는 것보다 더 고통스럽기 때문에 회피
불가능한 충격을 경험한 동물은 움직이지 않는 것을 학습한다고 주
장했다. 그래서 이후에는 점프나 레버 누르기 같은 탈출 반응을 하지
않는다는 것이다.

글레이저(Glazer)와 바이스(Weiss, 1976)는 보통 무기력 학습 실험
에서 충격이 56초간 지속되고 충격으로 인한 동물의 운동 활동은 34
초 만에 사라지기 때문에 동물이 가만히 있는 상태가 우연히 충격 종
료 시간과 맞물려서 강화가 나타난다고 봤다. 이에 따라 동물은 움직
이지 않는 반응을 학습하고, 결과적으로 탈출하지 못한다는 설명이
다. 이와 유사한 주장은 애니스먼(Anisman)과 월러(Waller, 1973), 레비
스(Levis, 1976) 등이 제기했다.

한마디로 이러한 이론들에 따르면 회피 가능한 집단과 회피 불가
능한 집단은 동기나 인지에 차이가 있는 것이 아니라, 충격에 대처하
려고 학습한 특정 운동 반응이 이후 과제에 적합한지, 아닌지가 문제
였다.

생물학적 이론

다른 연구자들은 회피 불가능한 충격이 강력한 스트레스 요인으로 작용해 운동에 필요한 신경전달물질을 고갈시킨다고 주장했다. 그 결과 동물은 탈출 과제를 학습하지 못하는 것이 아니라, 물리적으로 탈출 반응을 수행할 수 없게 된다는 것이다. 예를 들어 바이스와 동료들(1976)은 노르에피네프린(norepinephrine, 일명 노르아드레날린)의 고갈을 주장했으며, 애니스먼(1975)은 노르아드레날린과 아세틸콜린 모두가 관여한다고 봤다.

이 설명들은 행동적 대안과는 수준이 다르지만, 공통적으로 회피 불가능한 충격이 운동 과정을 방해해 탈출 학습 실패로 이어진다고 본다. 즉 무기력 경험은 동물의 인지 변화를 일으키지 않는다는 주장이다.

왜 논쟁이 일어났는가?

무기력 학습 가설이 제시된 직후 여러 대안적 설명이 등장하자, 곧이어 이를 반박하는 논문도 쏟아졌다. 이렇게 단순해 보이는 현상을 두고 이례적으로 많은 불일치와 논쟁이 발생한 이유는 무엇일까? 10장에서 언급했듯이 무기력 학습 가설은 새로운 행동 설명 방식을 대표했다. 이는 전통적인 자극-반응(S-R) 학습 이론과 상충하는 여러 가정을 담고 있었다. 따라서 회피 불가능한 충격 하에서의 행동 효과를 어떻게 설명할지에 관한 격렬한 불일치는 좀 더 큰 틀에서 보면 S-R 대 인지 설명이라는 논쟁의 일부였다.

대안적 설명은 모두 S-R 메커니즘만 가정했다. 예를 들어 상충하는 운동 반응 이론들은 단순히 운동 반응 강화, 공통 자극에 의한 반응 전이, 운동 패턴의 물리적 불일치를 전제로 했다. 생물학적 이론들은 아예 학습에 관한 가정을 하지 않았다.

무기력 학습 가설이 S-R 이론과 갈라지는 지점을 좀 더 구체적으로 살펴보자. 물론 인지 설명과 S-R 이론이 모든 지점에서 상호 배타적인 것은 아니며, 항상 명확히 분리되는 것도 아니다. 그럼에도 무기력 학습 이론은 S-R 이론이 자주 전제해온 네 가지 가정과 분명히 충돌한다.

① 근접성

무기력 학습 이론이 처음 제안되었을 당시 대다수 학습 이론가는 사건 간 시간적 근접성을 학습의 결정적 요인으로 간주했다. 어떤 이들은 그것을 필요조건이지만 충분조건은 아니라고 봤고(Hull, 1943), 어떤 이들은 필요조건이자 충분조건으로 봤다(Guthrie, 1935; Skinner, 1938). 입장은 달랐지만 모두 근접성을 가장 중요한 요인으로 여겼다. 그러나 무기력 학습 가설은 학습을 근접성이 아니라 수반성 개념으로 설명했다.

② 자동적 강화와 연합 과정의 단순성

S-R 이론은 자극과 반응의 결합이 자동적으로 불가피하게, 그리고 동물의 인지 활동과 무관하게 연결을 강화한다고 봤다. 그러나 무기력 학습 가설은 학습을 단순한 우연의 산물로 볼 수 없다고 주장한다. 이 가설에 따르면, 동물은 특정 반응이 있을 때와 없을 때 강화가 주어지는 확률을 비교한다. 단순히 반응과 강화가 시간적으로 결합하는 것만으로는 연결이 강화되기에 충분하지 않으며, 동물은 오히려 환경의 인과적 구조를 분석한다. 나아가 무기력 학습 가설은 동물이 자극과 반응의 결합을 통해 학습하는 방식이 이미 형성된 관계에 대

한 내적 표상과 그것에 기초한 기대에 의존한다고 본다.

③ 반응의 본질

S-R 이론은 고전적 조건 형성이나 도구적 학습에서 얻는 것은 특정 '반응'이라고 봤다. 예를 들어 레버 누르기, 셔틀 이동, 타액 분비 등이 그것이다. 따라서 학습 전이가 일어날 때 그것은 반응 간 기계적 상호작용의 결과다. 한 상황에서 학습된 반응이 다른 상황의 요구 반응과 양립 가능하면 촉진되고, 양립 불가능하면 방해가 된다고 본 것이다.

반면, 우리는 동물이 학습하는 것은 '기대'라고 주장했다. 구체적으로, 반응과 무관하게 충격을 경험한 동물은 환경의 관계를 '독립적'으로 표상하고, 이후에도 그럴 것이라고 기대한다. 이 인지적 상태가 이후 회피 학습을 방해하는 것이지 미신적으로 강화된 운동 반응 때문은 아니다. S-R 이론은 학습된 것이 무엇인지와 그것을 측정하는 방법을 혼동한 셈이다.

④ 전이 범위

대다수 S-R 이론가는 학습이 특정 자극이나 반응에 국한된다고 봤다. 새로운 상황으로의 전이는 물리적 유사성에 따른 자극 일반화가 있을 때만 발생하는 만큼, 유사성이 없으면 전이도 없다는 것이다. 반면 무기력 학습 가설은 동물의 기대가 물리적 유사성과 상관없이 다양한 상황으로 일반화된다고 주장했다.

요약하자면, 무기력 학습 이론은 학습 본질에 대한 전통적인 S-R 이론의 핵심 전제들과 여러 측면에서 다른 길을 걸었다. 이 차이는 '표 1'에 정리되어 있다.

구분	S-R 이론	무기력 학습 이론
학습의 핵심 요인	근접성	수반성
연합 과정	자동적	인지에 의존
무엇이 학습되는가?	반응	기대
학습 전이	제한적	광범위

이제부터는 현상의 성격과 그것을 설명하는 증거들을 좀 더 구체적으로 검토할 것이다. 그 전에 용어 사용에 대해 언급할 필요가 있다. 처음 무기력 학습 가설은 S-R 이론 용어, 즉 반응, 강화자, 그리고 그 관계로 서술되었다. 하지만 시간이 지나면서 우리는 S-R 이론 전체에 대한 인내심을 잃어갔고, 이러한 용어들을 점차 버렸다.

'반응'이라는 단어를 사용하면 동물이 환경 사건에 따라 움직이는 것으로 전제된다. 동기의 근원은 외부에 있으며, 반응은 반드시 어떤 자극에 의한 것이어야 한다. S-R 이론은 그 자극을 직접 관찰 가능한 외부 자극으로 한정했다. 마찬가지로, 충격의 종료나 음식 제시 같은 사건을 '강화자'라고 부르면 그것들이 반드시 연결을 강화하는 방식으로 행동에 영향을 미친다고 전제하게 된다.

우리는 이러한 틀을 벗어나면서 '반응' 대신 '행위(act)', '강화자' 대신 '안도(relief)'나 '긍정적 결과', 혹은 단순히 '결과' 같은 용어를 사용하기 시작했다.

근접성 vs 수반성

앞서 살펴본 바와 같이 전통적인 S-R 이론에서는 반응과 강화물이 시간적으로 근접해 일어나는 것만으로 그 반응이 자동 강화된다고 봤다. 반대로 무기력 학습 이론은 동물이 자신의 도구적 행동을 조절하는 방식은 P(Rft/R)(반응했을 때 강화가 주어질 확률)와 P(Rft/No R)(반응하지 않았을 때 강화가 주어질 확률)를 비교하는 것이라고 주장한다. 두 확률의 차이가 클수록 동물은 해당 반응을 더 자주 산출하거나 억제한다. 여기서는 이 두 입장의 성패를 평가하고자 한다.

근접성

전형적인 도구 학습 상황에서는 강화물이 동물의 반응에 의존적으로 주어지기 때문에 근접성과 수반성을 구분하기 어렵다. 그러나 결과가 반응과 무관하게 나오는 경우 수반성은 사라지고 단순한 우연적 근접성만 남게 된다. 실제로 도구 학습에서 근접성을 지지하는 가장 유명한 근거는 스키너(1948)의 '미신(superstition)' 실험이었다.

스키너는 실험에서 비둘기에게 음식이 행동과 무관하게 주어지도록 했다. 비록 행동과 먹이 사이에는 연구자가 의도한 수반성이 전혀 없었음에도 비둘기들은 특정한 습관적 행동, 예를 들어 벽의 한 지점을 쪼는 행동을 했다. 이런 행동들은 안정적으로 반복되었고, 세션이 이어져도 지속되었다.

왜 이런 일이 일어나는가? 스키너는 음식이 우연히 특정 행동 직후 주어졌고, 그 근접성이 해당 행동을 강화했다고 봤다. 강화된 행동은 더 자주 나타났으며, 그 결과 다시 음식과 가까이 연결될 확률이 높아지는 긍정적 피드백 고리가 형성된다는 것이다. 여기서 비둘기는 반응했을 때와 반응하지 않았을 때 무슨 일이 일어나는지 비교하지 않았고, 단순히 근접성의 덫에 걸린 셈이다.

이후 진행된 다양한 반응 고정화 연구도 이 주장을 뒷받침하는 듯 보였다. 예를 들어 앤토니티스(Antonitis, 1951)는 쥐가 벽에 있는 구멍 아무 곳에나 코를 집어넣으면 먹이를 주는 실험을 했다. 쥐는 구멍 어디에나 코를 넣어도 보상을 받았지만, 결국 가운데 있는 구멍에만 코를 넣는 행동으로 고정되었다. 이러한 반응 고정화 현상도 스키너의 미신적 강화 설명으로 해석되었다.

그러나 이러한 결과들을 근접성으로 설명하는 데는 심각한 문제가 있다. 스태돈(Staddon)과 시멜하그(Simmelhag, 1974)가 비둘기의 행동을 직접 관찰한 결과, 비둘기들은 스키너가 보고한 것과 마찬가지로 고정된 행동 패턴을 보였으나, 그 행동들은 실제로 먹이와 근접해서 발생하지는 않았다. 오히려 먹이가 제시되기 훨씬 전에 행동하는 경우가 더 많았다. 그렇다면 근접성은 설득력이 떨어진다.

혹시 비둘기가 반응과 결과 사이의 지연을 잘 구별하지 못한 것일까? 누시어(Nussear)와 래털(Lattal, 1983)의 연구는 그렇지 않음을 보여준다. 비둘기는 0.2초에 불과한 짧은 지연도 구별할 수 있었다. 따라서 근접성 설명은 근거가 약해진다. 이후 연구들(Killeen, 1978, 1981)은 미신적 강화가 실제로는 강화물의 반응-고정화 속성, 반응 편향, 강화물로 인한 각성 등 다른 요인들에 의해 발생한다고 봤다.

그렇다면 반응-고정화 연구는 어떨까? 이 경우에는 실제로 반응과 강화 사이에 우연적 근접성이 존재한다. 예를 들어 앤토니티스의 실험에서 쥐가 가운데 구멍에 코를 넣자마자 먹이가 주어졌다. 이는 근접성 설명에 더 부합하는 듯하다. 그러나 데이비스(Davis)와 플랫(Platt, 1983)은 대부분의 반응-고정화 연구가 다양한 반응값이 기능적으로 동등한지를 평가하지 않았다는 점을 지적했다. 실험 장치의 물리적 구조 또는 특정 반응이 강화되기에 더욱 쉬운 특성이 결과에 영향을 미쳤을 개연성이 크다는 것이다.

데이비스와 플랫은 이러한 문제를 해결하고자 천장에 매달아 놓은 수직 조이스틱을 이용해 새로운 실험을 설계했다. 쥐는 어느 방향으로든 조이스틱을 움직이면 먹이를 얻을 수 있었고, 초기 실험에서는 모든 방향이 동일하게 강화된다는 것이 확인되었다. 그렇다면 모든 방향이 기능적으로 동등한 상황에서 쥐가 어느 한 방향으로 반응을 고정할까? 근접성이 충분하다면 시간이 지남에 따라 특정 방향으로 반응이 몰려야 한다. 그러나 결과는 그렇지 않았다. 반응-고정화는 나타나지 않았다. 한마디로, 기존에 근접성 증거로 여겨지던 현상들은 더 세밀한 분석을 거치면 그 설명력을 잃는다.

더 나아가 근접성 가설과 정면으로 배치되는 결과들도 발견되었다. 예를 들어 동물이 일정 반응을 통해 보상을 받는 학습을 먼저 한 뒤, 같은 조건에서 반응과 무관하게 보상(강화물)이 추가로 주어졌을 때 근접성 이론이라면 우연한 반응-보상 연결이 늘어난 만큼 반응률도 증가해야 한다. 그러나 실제로는 반응률이 감소했다(Rachlin & Baum, 1972; Zeiler, 1977).

수반성

수반성 관점은 두 가지 명백한 전제를 가진다.[2]

첫째, 동물은 자신의 행동에 따라 달라지는 강화 사건과 행동에 무관하게 일어나는 강화 사건을 구별할 수 있어야 한다. 그렇지 않다면 P(Rft/R)와 P(Rft/No R)는 심리적 의미를 가질 수 없다.

둘째, 수반성 정도가 달라지면 동물의 행동도 변해야 한다. 두 조건부 확률의 관계가 행동을 통제해야 한다는 의미다.

킬린(Killeen, 1978; Killeen & Smith, 1984)은 비둘기가 반응-의존적 결과와 반응-비의존적 결과를 구분할 수 있는지 알아보고자 중요한 실험들을 수행했다. 먼저 비둘기에게 빛이 나는 반응키를 쪼도록 훈련시켰는데 이때 각 쪼기 반응 후 0.05 확률, 즉 20번 중 1번꼴로 불이 꺼졌다. 그러나 비둘기는 어느 쪼기가 불을 끄는지 예측할 수 없었다. 동시에 컴퓨터가 비둘기의 최근 반응률과 동일한 속도로 '가상의 쪼기'를 발생시켰고, 이 가상 반응에도 0.05 확률로 불이 꺼지게 만들었다. 즉 어떤 경우에는 비둘기의 실제 반응 때문에 불이 꺼졌고, 또 어떤 경우에는 컴퓨터의 반응 때문에 불이 꺼졌다.

불이 꺼지면 양옆의 보조 키가 켜졌으며, 비둘기는 가운데 불을 끈 것이 자신의 반응이었는지, 컴퓨터의 반응이었는지를 보고해야 했다. 자신의 행동 때문이면 왼쪽 키를, 컴퓨터 때문이면 오른쪽 키를 쪼아야 했고 정답 시 먹이를 얻었다.

비둘기들은 놀라울 정도로 정확하게 수행했다. 그러나 비둘기와 컴퓨터 반응이 동시에 일어나는 경우에는 구분이 불가능했다. 따라서 이 실험은 비둘기가 얼마나 세밀하게 수반성을 구분하는지 측정하는 좋은 기회를 제공했다. 실험 결과 비둘기는 약 20분의 1초 이내 차이

1　인과성에 관한 본 절과 다음 절의 일부는 마이어(1989)를 토대로 했다.

까지도 구분할 수 있음이 밝혀졌다.

수반성 이론의 핵심은 행동이 P(Rft/R)와 P(Rft/No R)의 차이에 따라 달라져야 한다는 것이다. 다시 말해 P(Rft/R)≠P(Rft/No R)일 때만 반응이 습득되고, 그 차이가 클수록 반응은 강화된다. 반대로, P(Rft/No R)가 P(Rft/R)에 가까워질수록 반응은 약화되어야 한다. 이는 근접성 이론의 예측에 정면으로 배치된다.

그러나 이 예측을 검증하는 것은 쉽지 않다. 연구자가 직접 P(Rft/No R)를 조작해야 하기 때문이다. P(Rft/R)는 비교적 간단하다. 예를 들어 0.33 확률로 강화하고 싶다면, 동물이 반응할 때마다 3번 중 1번만 보상을 주면 된다. 그러나 P(Rft/No R)를 0.33으로 만들려면 '반응이 없었을 때'의 모든 사례를 정의하고 그중 3분의 1에서만 보상을 해야 한다. 그래서 '반응 없음(No R)'을 어떻게 계산할 것인지가 난제다.[2]

해먼드(Hammond, 1980)는 이 문제를 해결하고자 '확률적 강화 일정'을 고안했다. 그는 1초마다 강화 여부를 결정했는데, 이때 직전 1초 안에 반응이 있었는지에 따라 P(Rft/R)를 0.12로 설정했다. 그리고 같은 간격 내에서 P(Rft/No R)를 조정할 수 있게 했다. 그 결과 쥐의 레버 누르기 반응은 P(Rft/No R)가 0에서 0.12로 증가할수록 예측대로 감소했다. 이는 수반성 이론을 지지하는 결과였다. 이와 비슷한 연구를 토미(Tomie)와 루카스(Loukas, 1983)가 다른 반응-강화 조건에서도 재현해냈다.

---

2 다소 추상적으로 들린다면 이렇게 생각해보라. 오랫동안 전화를 걸지 않은 친구가 있다고 하자. '이번 주에 그 친구가 나에게 전화하지 않은 횟수'를 어떻게 계산할 것인가?

그러나 우리의 수반성 제안은 여전히 불명확한 부분이 있다. 동물이 실제로 경험하는 것은 확률이 아니라 자신의 행동, 환경 사건, 그리고 그 시간적 배열이다. 확률은 연구자가 그 빈도를 계산한 추상적 개념일 뿐이다. 이를 따져보기 위해 '2×2 수반성 매트릭스'(표 2)가 제시된다.

표 2 | 수반성 매트릭스

	Rft	No Rft
반응	a	b
무반응	c	d

'표 2'를 보면 2×2 수반성 매트릭스를 형성하는 관련 빈도는 네 가지다. 표의 네 칸에는 각각 반응 대 무반응, 강화 대 비강화의 가능한 결합이 표시되어 있다. a 칸은 동물의 반응 직후 강화가 주어진 경우, b 칸은 동물의 반응 직후 강화가 주어지지 않은 경우, c 칸은 반응하지 않았으나 강화가 주어진 경우, d 칸은 반응하지 않았고 강화도 없는 경우다.

우리는 이 매트릭스 항목들이 확률이 아니라 실제로 결합이 일어난 빈도를 의미한다는 점을 강조하고자 한다. 이와 같은 빈도는 동물이 실제로 경험한 사건들이며, 확률을 계산할 수 있는 유일한 정보다. 예를 들어 $P(Rft/R)=a/(a+b)$, $P(Rft/No\ R)=c/(c+d)$로 표현할 수 있다.

우리는 명시적으로 언급하거나 깊이 생각하지 않은 채 동물이 이런 비율을 계산하고 그 차이를 비교함으로써 연속성을 평가한다고 가정했다. 이는 너무도 자명해 보여서 특별히 주의를 기울이지 않았다. 하지만 이러한 2×2 수반성 매트릭스를 통해 연속성을 계산하는 방법은 여러 가지가 있으며, 동물은 그중 어떤 계산 방식도 사용할 수 있다(Hammond & Paynter, 1983). 예를 들어 기본(Gibbon)과 베리먼(Berryman), 톰프슨(Thompson, 1974)은 동물이 파이계수, 즉 [a/(a+b)-c/(c+d)][a/(a+c)-b/(b+d)]와 유사한 계산을 수행할 수 있다고 제안했다.

우리는 특정 공식을 제안했지만, 수반성 정보를 통합하는 데 사용할 수 있는 다른 지표들이 존재한다는 사실은 알지 못했다. 우리가 그 공식을 선택한 데는 특별한 이유가 없었다. 단지 수반성의 중요성을 일반적 의미에서 강조하고 싶었고, 가장 자명해 보이는 지표를 제안했을 뿐이다. 그러나 동물은 여러 계산 방식을 사용할 수 있으며, 그 각각은 서로 다른 이론을 내포한다. 가장 분명한 해결책은 어떤 매개변수(예: '표 2'의 칸 중 하나의 빈도)를 조작하고, 그 조작으로부터 나타나는 행동을 가장 잘 예측하는 지표가 무엇인지를 알아보는 것이다. 다만, 그러한 실험을 수행하려면 먼저 지표별로 수반성 정도를 계산해야 한다.

안타깝게도 이것은 우리의 수반성 이론에서 또 하나의 불명확한 측면을 드러낸다. 그러한 실험을 수행하려면 표의 각 칸 빈도를 명확히 측정할 필요가 있다. 그러나 이론에서는 강화가 반응 뒤에 얼마나 가까이 따라와야 a 칸으로 간주할 수 있는지를 명시하지 않는다. 다른 칸들에 대해서도 마찬가지다. 분명히 수반성 매트릭스의 네 가지 빈도는 어떤 시간 단위(t)를 기준으로 분류되어야 한다. 해먼드(1980)의 실험과 관련해 앞서 논의했듯이, 표에 사건을 배치하는 과정은 각 시간 단위 t를 살펴보고 그 안에 R 혹은 No R, Rft 혹은 No Rft가 포함되어 있는지를 확인하는 방식으로 이루어진다. 이는 본질적으로 문제가 되지 않는다.

그러나 더 큰 문제가 나타난다. 특정 지표를 사용할 때 시간 단위 t의 값에 따라 서로 다른 수반성 추정치가 산출된다는 점이다. 우리는 t가 얼마가 되어야 하는지 알지 못한다. 실제로 t의 값이 임의적이라서 수반성 추정치 또한 임의적이다. 서로 다른 지표들이 시간 단위 변화에 각기 달리 반응하기 때문에 심지어 순위 예측조차 일관되게 할 수 없다.

이 문제는 시간(시간적 지연)과 관련된 실험에서 특히 두드러진다. 예를 들어 토머스(Thomas, 1981)는 쥐에게 20초 간격으로 먹이를 주되, 레버를 누르면 먹이가 앞당겨 제공되도록 설계했다. 표면적으로는 레버 누름과 먹이 사이에 확실한 근접성이 있었지만 확률적 수반성은 전혀 없었다. 즉 20초마다 반드시 먹이가 주어지므로 P(Rft/R)=P(Rft/No R)=1이 된다. 그러나 쥐는 안정적으로 레버를 눌렀다.

또 다른 예로, 하인라인(Hineline, 1970)은 쥐가 레버를 누르면 전기충격을 즉시 피하는 것이 아니라 단지 지연되는 조건을 만들었다. 이 경우에도 쥐는 꾸준히 레버를 눌렀다. 이처럼 강화 확률이 같아도 '시간적 지연을 단축하는 효과'만 있으면 학습이 일어났다. 바서만(Wasserman)과 뉴네이버(Neunaber, 1986)도 토머스, 하인라인과 비슷한 실험을 했는데, 다만 인간을 대상으로 삼았고 결과는 똑같았다.

이런 실험에서 반응-강화의 수반성을 찾아볼 수 있는가? 답은 t 값에 달려 있다. 토머스의 실험은 어떤가? 이 실험에서 t가 20초라는 시간 간격이라면 레버 누르기와 먹이 제공 사이에는 수반성이 성립되지 않는다. 이런 가정에서 강화 확률은 생쥐가 레버를 누르든 말든 상관없이 1.0으로 똑같다. 먹이도 생쥐의 행동과 무관하게 20초마다 자동으로 제공된다. 하지만 몇몇 t 값의 경우에는 레버 누르기와 강화 사이에 긍정적 수반성이 드러난다. 이는 만족스러운 상황이 아니다.

인과성

앞서 논의는 근접성 원리가 행동의 습득과 수행을 결정하는 요인을 설명하기에 적절하지 않다는 점을 시사한다. 반면 수반성 관점은 일반적으로 동물이 '반응(R)' 이후와 '무반응(No R)' 이후에 어떤 일이 일어나는지를 통합적으로 파악하는 것 같다는 점에서 지지를 받는다. 그러나 우리가 제안했던 조건부 확률 분석은 여러 가지 어려움에 부딪힌다.

아마도 인과성 개념을 고려한다면 이 난관을 넘어설 수 있을지도 모른다. 애초에 결합과 근접성 원리는 철학자들이 사람이 사건 간 인과관계를 어떻게 추론하는지 규명하려는 시도에서 등장한 개념이다. 데이비드 흄(David Hume, 1739)은 《인간 본성에 관한 논고(A Treatise of Human Nature)》에서 사람들이 인과관계를 인식하는 세 가지 원리를 제시했다. 첫째는 시간적 선행성으로, 원인이 결과보다 앞서야 한다. 둘째는 시간적·공간적 근접성으로, 원인과 결과는 시간과 공간상에서 가깝게 일어나야 한다. 셋째는 규칙적 결합으로, 결과는 규칙적으로 원인을 따라야 한다.

인과성 개념은 처음 생각보다 훨씬 복잡하다. 하나의 사건에는 여러 종류의 '원인'(근접 원인, 물질적 원인, 궁극적 원인 등)이 있을 수 있다. 또한 인과성은 물리적 사건이나 사물 자체에 내재하는 것이 아니라, 사건과 사건의 순차적 관계에 우리가 부여하는 심리적 표지다. 흄은 인과성을 물리적 현상보다 심리적 현상으로 간주했다. 또한 경험과 경험의 관계로 이해했다. 실제로 물리적 사건 사이에도 규칙적인 관계가 많지만, 우리는 그것들을 모두 인과적이라고 부르지는 않는다. 예를 들어 어느 시점의 행성 위치가 이후 행성이 다른 위치로 이동하는 원인인가? 대부분은 그렇지 않다고 본다. 그러나 때때로 우리는 어떤 관계에 인과성을 부여하고, 그러한 명명에는 특별한 의미가 담긴다(Michotte, 1963).

인과 추론의 원리와 학습의 법칙 사이에는 흥미로운 유사성이 있다(Testa, 1975). 시간적 선행, 시간적·공간적 근접성, 그리고 규칙적 결합은 모두 고전적 조건 형성과 도구적 학습이 일어나기 위한 핵심 요소다.

- 학습이 일어나려면 동물의 반응은 강화보다 먼저 나와야 한다.
- 반응과 강화 사이에 시간 간격이 있으면 학습은 지연된다.
- 반응과 강화 사이의 공간적 접근성은 학습을 촉진한다(Boakes, 1977).
- 반응과 강화 간 상관관계 또한 중요하다(Hammond, 1980).

이러한 유사성 덕분에 인과성 맥락에서 학습 현상을 살펴볼 수 있다.

이제 이것이 무기력 학습 논의와 어떤 관련이 있는지 살펴보자. 1967년에 우리는 개가 자신의 행동이 충격을 중단하지 못한다는 사실을 학습했다고 주장하려 했다. 또한 동물을 사건의 원인을 탐색하는 존재로 개념화했다. 사건의 원인을 알면 앞으로 그러한 사건과 상호작용하면서 더욱 적응적으로 행동할 수 있기 때문이다. 그리고 우리는 동물이 사건의 우연적 결합과 '진정한' 연관 관계를 구분할 수 있기를 바랐다. 이를 위해 동물이 충분성("내가 반응하면 어떤 일이 일어나는가?")과 필요성("내가 반응하지 않으면 어떤 일이 일어나는가?") 모두에 대한 정보를 사용할 수 있는 체계를 고안해야 했다.

우리는 조건부 확률의 용어로 우리 입장을 제시했지만, 지금 생각해보면 그것은 다소 임의적인 선택이었다. 우리의 실험 절차는 반응 여부에 따라 사건이 발생하거나 종료되는 방식을 포함하고 있었다. 따라서 우리는 반응 혹은 무반응이 주어졌을 때 사건이 발생하거나 종료될 확률로 사고를 구성했다. 만약 초기 실험에서 반응이 사건을 '종료시키는' 대신 '더 빨리 발생하게 하는' 방식이었다면 아마도 우리는 $P(Rft/R)$와 $P(Rft/No\ R)$가 아닌 다른 형태로 우리의 관점을 표현했을 것이다. 어쩌면 수반성 개념의 세부 문제들은 핵심 개념보다 이러한 조건부 확률로 설명하는 과정과 더 관련 있었을지도 모른다.

이와 관련해 반응이 강화의 전체 확률을 바꾸지 않고 단지 강화가 주어지는 시간을 앞당기기만 하는 실험들을 고려해보자. 바서만과 뉴네이버(1986)는 동물을 대상으로 반응 후와 무반응 후에 따르는 강화의 상대적 지연을 비교했다. 이들의 주장에 따르면 동물은 지연되는 강화보다 즉각적인 강화를 좋아하기 때문에 지연 시간이 짧은 경우 무반응보다 반응을 선택한다. 이러한 상대적 지연 원칙으로 수반성 이론의 조건부 확률 설명을 뒷받침하는 많은 연구 결과를 설명할 수 있다.

바서만과 뉴네이버는 지연의 우선성을 주장하면서 그것이 인과성의 지각과 밀접하게 관련될 수 있다고 제안했다. 즉 어떤 사건을 '일어나게 한다'는 것은 그 사건을 시간적으로 앞당기거나 늦추는 것일

지도 모른다. 그들은 또 자신들의 실험과 분석이 인접 이론을 지지하며, 시간을 핵심 변수로 두는 점에서 수반성 이론에 반대된다고 주장했다. 그러나 인접 이론이 단순히 시간이 중요하다고만 주장하는 것은 아니다. 인접 이론은 학습을 '보상에 의한 반응의 자동적 강화'로 본다. 따라서 비교 과정을 허용하지 않는다. 반면, 수반성 이론은 반응과 무반응 후에 일어나는 일을 비교하는 데 초점을 맞춘다. 비록 그 비교가 강화 확률에 대한 것이긴 하지만 말이다. 만약 동물이 반응 후와 무반응 후의 지연을 비교한다고 본다면, 이는 전적으로 인접 이론이 아니라 수반성 이론의 관점에서 이루어지는 것이다.

조건부 확률에 얽매이지 않은 좀 더 일반적인 수반성 관점은 강화의 앞당김/지연 실험 결과와 일치하는 듯하다. 강화의 앞당김/지연 실험에서 동물은 강화가 언제 주어질지를 통제할 수 있지만, 강화 확률 자체는 통제할 수 없다. 앞서 언급했듯이 동물은 확률을 '경험'하지 않는다. 확률이 동물의 실제 경험 사건들로부터 산출되긴 해도 그것을 본질적이라고 볼 이유는 없다.

그렇다고 시간이 본질적인 것도 아니다. 동물이 강화 강도를 변화시킬 수 있는 실험을 생각해보자. 다만, 강화가 일어날 확률과 그 정확한 시간은 동물 행동의 영향을 받지 않는다. 이런 조건에서 동물이 해당 반응을 학습할지 의문이 생기는가? 버시(Bersh)와 앨로이(Alloy, 1978)는 실제로 쥐가 나중에 주어질 충격 강도를 줄이려고 레버를 누르는 법을 배운다는 사실을 발견했다.

우리가 처음부터 주장하려던 바는 동물은 자기 행동의 결과를 분석하고 그 행동이 얼마나 인과적 영향을 미치는지를 학습한다는 점이었다. 일부 철학자는 인과적 효력이란 사건의 흐름(von Wright, 1974)

에 대한 개입을 의미한다고 주장한다. 이러한 개입은 사건 확률뿐 아니라 지연이나 강도에 대해서도 일어날 수 있다. 수반성 분석은 사건 확률 이외의 차원에도 적용될 수 있는 것이다.

수반성 이론이 이런 방식으로 확장된다면 이 이론과 모순되는 듯 보였던 실험들도 타당성을 일부 잃게 된다. 시간 처리 문제 또한 줄어든다. 무기력 학습 실험에서 동물이 확률을 계산하고 있는 것이 아니라, 반응 후 충격이 종료되는 지연과 무반응일 때 충격이 종료되는 지연을 비교하고 있을 가능성을 인정해도 우리 입장에는 아무런 해가 되지 않는다.

표상과 기대

무기력 학습 이론은 회피 불가능한 충격에 노출된 동물이 자신의 행동과 충격 종료 사이의 비수반성을 표상(表象)하고, 이러한 비수반성이 미래에도 지속될 것으로 기대한다고 주장한다. 그러나 동물에게 무엇을 '생각하는가'를 직접 물어보는 것은 불가능하기 때문에 이러한 표상과 기대가 실제로 존재하는지 검증하기는 쉽지 않다. 우리가 할 수 있는 일은 그러한 표상과 기대에서 비롯된다고 가정되는 행동적 결과를 관찰하는 것이다.

우리는 행동과 혐오적 사건 사이의 비수반성에 대한 표상과 기대가 반응 개시 및 인지적 과정에 결손을 일으킨다고 주장했다. 이는 결국 이동 상자에서 관찰되는 것과 같은 탈출 학습의 실패로 이어진다. 그러나 '비활동성 이론' 역시 동일하게 열악한 탈출 학습을 설명할 수 있는 만큼 탈출 수행 저하만으로는 우리가 가정한 표상과 기대를 입증할 수 없다.

이 문제는 '상충 운동 반응 이론'을 지지하는 일부 증거가 종종 잘못 해석되면서 더 혼란스러워졌다. 지금까지 세 가지 유형의 실험이 진행되었고, 결과는 다음과 같다.

첫째, 회피 불가능한 충격이 이후 상황에서 동물의 활동성을 감소시킨다는 사실이 확인되었다(Anisman, deCatanzaro & Remington, 1978; Jackson, Maier & Rapaport, 1978).

둘째, 특정 실험적 처치가 충격에 대한 무조건적 움직임을 감소하는지 여부와 그것이 탈출 습득을 방해하는지 여부 사이에 강한 상관이 있음이 입증되었다. 예를 들어 크로얼(Crowell)과 앤더슨(Anderson, 1981)은 회피 불가능한 충격의 강도와 지속 시간을 조작해 이러한 충격 처치가 활동성과 탈출 학습에 미치는 효과가 서로 연결되어 있음을 발견했다.

셋째, 통제 가능성 여부와 무관하게 활동성을 저하하는 다른 조작 역시 동물의 탈출 학습을 방해할 수 있음이 밝혀졌다. 즉 쥐에게 충격이 가해지는 동안 가만히 있는 것을 탈출 반응으로 학습시키자, 이 쥐들은 이동 상자 탈출 학습에서 현저히 부진한 모습을 보였다 (Anderson, Crowell, Cunningham & Lupo, 1978).

하지만 이러한 실험 논리만으로는 상충 운동 반응 이론과 무기력 학습 이론을 제대로 구분하기 어렵다. 무기력 학습 이론은 동물의 활동성을 떨어뜨리는 조작이 이동 상자 내에서 반응 속도까지 늦출 수 있다는 점을 부정하지 않는다. 어차피 무기력 학습 이론은 이동 상자 자체를 설명하는 이론이 아니기 때문이다. 동물이 이동 상자 내에서 어떻게 반응하는지는 여러 요인의 영향을 받으며, 무기력 학습 이론은 그 모든 요인이 '통제'와 관련되어 있다고 주장하지 않는다.

여기서 문제는 두 가지 관점, 즉 무기력 학습 이론과 상충 운동 반응 이론이 서로 완전히 배타적인 것도 아니고, 모든 경우를 다 설명하는 것도 아니라는 사실이다. 예를 들어 상충 운동 반응 이론이 예측한 것처럼 피험자의 덜 활동적인 모습이 실험에서 나타났다고 해서 그것이 곧 무기력 학습 이론이 틀렸다는 뜻은 아니다.

여기에는 중요한 차이가 있다. 상충 운동 반응 이론은 자신들이 말하는 과정이 실제로 존재한다고 주장할 뿐 아니라, 동시에 무기력 학습 이론에서 말하는 과정은 존재하지 않는다고 본다. 반대로, 무기력 학습 이론은 자신들이 말하는 과정이 실제로 있다고만 할 뿐, 상충 운동 반응과 전이가 존재할 가능성을 부정하지 않는다. 이런 차이는 인간의 무기력 연구(13장)와 우울증 연구(15장)에서도 나타난다.

따라서 두 이론을 구분하는 유일한 방법은 무기력 학습 가설이 제시하는 표상과 기대 과정의 실재성을 탐구하는 것이다. '반응 개시' 및 '인지적 결손'은 표상 과정과 기대 과정의 외형적 반영이다. 그러나 반응 개시와 활동 수준은 서로 밀접하게 연결되어 있어서 이러한 결손만으로는 어느 이론을 지지한다고 단정할 수 없다. 인지적 결손은 두 이론을 가장 뚜렷하게 구분하는 요소다. 무기력 학습 이론은 활동이나 수행의 결손뿐 아니라, 인지적 변화 또한 함께 일어난다고 본다.

인지적 결손

탈출 학습이 잘 이루어지지 않는 것이 인지적 결손을 입증하는 직접적인 증거처럼 보일 수 있다. 그러나 지금까지 사용된 탈출 과제들은 활동 감소와 인지적 변화를 구분하기 어렵게 만든다. 예를 들어 이동 상자나 레버 누르기 과제에서 동물이 보이는 낮은 수행은 학습 과정 자체가 방해를 받아서일 수도 있고, 단순히 활동이 줄어서일 수도 있다.

상황을 더 복잡하게 만드는 부분은 회피 불가능한 충격을 받은 동물은 과제 시도에서 아예 반응하지 않는 경우가 더 많다는 점이다. 이 때문에 이들은 통제 집단에 비해 탈출 수반성에 노출될 기회가 적고, 따라서 수행 차이가 탈출 조건에 대한 민감성 차이로 생긴다고 단정하기 어렵다. 게다가 충격을 회피할 수 없었던 동물은 훈련 초기부터 통제 집단과는 다른 수준에서 수행을 시작하는 경우가 많다.

그렇다면 어떻게 해야 동물의 인지적 결손을 실험적으로 입증할 수 있을까? 이를 위해서는 세 가지 요건이 필요하다. 첫째, 활동 수준과 충격 탈출이 상관관계가 없거나 음의 상관을 보여야 한다. 둘째, 충격을 피할 수 없는 집단과 피할 수 있는 집단은 탈출 조건에 노출되는 기회, 즉 수반성에 동등하게 노출되어야 한다. 셋째, 모든 집단은 탈출 수행 시 동일한 수준에서 출발해야 한다. 이러한 요건들이 매우 까다롭게 보일 수 있으나, 실제로 몇몇 과제가 이 조건을 충족한다.

① 신호화된 처벌

베이커(Baker, 1976)의 연구를 따라 잭슨(Jackson)과 마이어, 라파포트(Rapaport, 1978)는 회피 불가능한 충격이 신호화된 처벌 학습에 어떤 영향을 미치는지 검토했다. 실험은 다음과 같다.

쥐들은 먼저 레버를 눌러 먹이를 얻는 과제로 훈련을 받았다. 일정한 강화 설계에서 안정적인 반응률을 보인 후 쥐들은 다른 장치에서 회피 불가능한 충격을 경험하거나 아무런 충격도 받지 않았다. 24시간 후 쥐들은 다시 레버 상자로 돌아왔고, 레버를 누르면 이전과 동일한 규칙대로 먹이가 제공되었다. 그런데 이번에는 평균 20분마다 한 번씩 3분간 백색 잡음이 울렸다. 이 신호가 울리는 동안에도 여전히 먹이가 제공되었으나, 동시에 각 신호 구간마다 레버 누름에 따라 두 번의 충격이 가해졌다. 즉 이 시기에 레버를 누르는 것은 곧바로 충격을 초래했고, 레버 누름을 중단하면 충격을 피할 수 있었다.

정상적인 쥐들은 신호-충격의 관계를 학습해 백색 잡음이 울릴 때 레버 누름을 억제했다. 즉 반응 억제가 학습의 지표가 된 것이다. 그런데 회피 불가능한 충격을 경험한 쥐들은 이 억제 학습에 실패했다. 그들은 잡음이 울려도 여전히 빠른 속도로 레버를 눌렀으며, 결과적으로 더 많은 충격을 경험했다. 주목할 점은 이 경우 학습 실패가 '행동 감소'가 아니라 오히려 '행동 증가'로 나타났다는 사실이다.

이후 연구자들은 이 결과가 '반응-충격' 학습의 문제가 아니라, 단순히 자극-충격 연합 학습의 실패 때문일 개연성을 검증했다. 즉 동일한 절차를 반복하되, 이번에는 충격이 레버 누름과 무관하게 백색 잡음이 나는 동안 자동으로 주어지도록 설계했다. 정상적이라면 쥐들은 자극-충격 관계를 학습해 레버 누름을 줄여야 한다. 실제로 통제 집단은 그렇게 반응 억제를 학습했다. 회피 불가능한 충격을 경험한 집단도 여기서는 정상적으로 학습했다. 따라서 앞선 실험의 학습 실패는 자극-충격 학습의 실패가 아니라, 반응-충격 학습의 결손임이 확인되었다.

② **선택 과제**

혹자는 신호화된 처벌이 본질적으로 '탈출 학습' 과제가 아니라고 반론을 제기할 수 있다. 따라서 연구자들은 선택 과제를 통해 인지적 결손을 확인하려 했다. 이 과제에서는 충격이 여러 대안 중 올바른 반응을 선택했을 때만 종료되기 때문에 학습은 반응 속도가 아니라 선택의 정확성으로 측정된다.

잭슨과 알렉산더, 마이어(1980)는 Y자 미로를 사용했다. Y자 미로의 3개 통로는 모두 똑같이 생겼고, 쥐가 미로 바깥의 신호를 이용할 가능성을 최소화하고자 미로는 어두운 방에 놓였다. 쥐는 미로 시작 위치에서 왼쪽 방향으로 들어가야 충격이 종료되었다. 오른쪽을 선택하면 다시 왼쪽으로 방향을 꺾어야 하는데, 잘못된 선택은 누적될 수 있었다. 모든 시도는 올바른 왼쪽 선택 시에만 종료되었으며, 60초 이내에 올바른 선택이 없으면 자동으로 종료되었다.

쥐들은 처음에는 3개 집단으로 나뉘어 Y자 미로와 완전히 다른 장치에서 회피 가능한 충격, 회피 불가능한 충격, 무충격 훈련을 받았다. 그리고 24시간 후에 Y자 미로에서 도피 훈련을 100번 수행했다. 여기서 주목할 부분은 10번의 시도에서 한 번 이상 실수(오른쪽으로 방향 꺾기)하는 비율이다. 이 비율은 쥐의 반응 속도가 아니라 선택의 정확성을 보여준다. 실험은 모든 쥐가 처음에는 우연히 정확한 통로를 선택하면서 시작되었다. 하지만 각 집단의 수행 능력은 빠르게 달라졌다. 충격을 받지 않은 쥐와 회피 가능한 충격을 받은 쥐는 머지않아 실수를 줄여나갔고, 훈련이 끝날 무렵에는 전체 시도에서 10퍼센트만 실수를 저질렀다. 이와는 대조적으로 회피 불가능한 충격을 경험한 쥐는 40번을 시도하는 내내 무작위로 방향을 선택했으며, 훈련이 끝날 무렵에도 여전히 전체 시도의 30퍼센트에서 부정확한 선택을 했다.

주목할 점은 이 차이가 '무반응' 때문이 아니라는 것이다. 모든 집단이 결국 충격을 끝내는 반응을 보였고, 회피 불가능한 충격 집단은 단지 더 많은 오류를 저질렀을 뿐이다. 즉 올바른 수반성에 계속 노출되었음에도 학습에 실패한 것이다.

이 결과는 무기력 학습이 실제 인지적 변화를 수반한다는 강력한 증거를 제공한다. 더 나아가 로셀리니와 데콜라(DeCola), 셔피로(Shapiro, 1982)는 먹이를 얻기 위해 두 가지 반응 중 하나를 선택해야 하는 과제에서도 동일하게 회피 불가능한 충격이 학습을 방해한다는 사실을 보여주었다.

③ 인지적 결손의 본질

인지적 변화의 본질은 무엇일까? 가능한 설명은 여러 가지가 존재한다. 예를 들어 회피 불가능한 충격을 경험한 개체는 '주의−지각 결손'을 가질 수 있다. 즉 자신의 반응과 연관된 단서에 주의를 기울이지 못해 그 반응과 충격 사이의 관계를 학습하지 못하는 것이다. 또 다른 가능성은 '기대 결손'이다. 이 경우 동물은 특정 시도의 사건들을 정확히 기록하더라도 이후 그러한 수반성이 유지되지 않을 것이라는 편향된 기대를 가지게 된다.

마이너(Minor)와 잭슨, 마이어(1984)가 수행한 일련의 실험은 주의−지각 결손 가능성을 지지한다. 우리는 먼저 Y자 미로에서 나타나는 선택 정확도의 결손이 미로가 완전히 자동화되었을 때는 잘 나타나지 않는다는 점에 주목했다. 원래 잭슨 등은 Y자 미로에서 쥐의 움직임을 관찰해 쥐가 Y자 미로 각 방향의 광전지(photocell) 빔을 끊을 때 스위치를 눌러 반응을 기록했다. 쥐의 꼬리만 빔을 끊는 경우도 있어서 이럴 때는 실제 반응으로 기록하지 않았다.

이후 광전지 빔은 쥐 꼬리의 영향을 받지 않게 개선되었고, 실험 전체가 컴퓨터로 자동 진행되도록 바뀌었다. 이제 사람 관찰자가 필요 없어졌을 때 쥐 꼬리가 빔을 차단하는 일은 사라졌다! 컴퓨터로 정밀하게 진행된 완벽한 자동화 Y자 미로에서는 회피 불가능한 충격을 경험한 동물조차도 훌륭하게 학습했고 선택 오류도 거의 나타나지 않았다. 이 지점에서 우리는 혼란스러웠다. "혹시 더 강한 충격이 필요하지 않을까?"라는 생각으로 다양한 조작을 시도했지만 소용없었다. 자동화된 조건에서는 회피 불가능한 충격을 받은 동물들이 오히려 학습을 잘해낸 것이다.

결국 우리는 두 가지 개연성에 도달했다. 첫째, 초기 실험에서 인간 관찰자(즉 우리)가 무언가 부정확하게 기록했을 개연성, 둘째, 관찰자의 존재 자체가 중요한 요인일 수 있다는 개연성이다. 관찰자의 역할은 무엇일까? 관찰자는 쥐가 광전지 빔을 끊으면 버튼을 눌러 기록해야 해 올바른 반응과 충격 종료 사이에 작은 지연이 생겼을 수 있다. 그러나 더 미묘한 가능성도 존재한다. 우리는 Y자 미로의 세 방향을 구분할 단서를 없애고 쥐들이 시도하기 전에는 완전히 어두운 환경을 유지했지만, 관찰자는 고정된 위치에 있었다. 그는 특정 방향의 뒤쪽에 늘 자리했고, 시도를 시작하기 전 쥐 위치에 따라 어떤 때는 출발 방향 뒤에, 어떤 때는 정답 방향 뒤에, 또 어떤 때는 오답 방향 뒤에 있었다. 즉 관찰자가 무관한 단서로 기능했을 개연성이 있는 것이다.

마이너 등은 먼저 지연 요인을 탐구했다. 즉 쥐가 올바른 선택을 했을 때 컴퓨터가 충격을 종료하는 시간을 약간 지연했는데 평균 350

밀리초였고, 이는 인간 반응 시간과 유사하다. 그럼에도 피할 수 없는 충격을 받은 쥐들은 여전히 학습을 잘했다. 이어서 지연을 제거하고, 사람을 Y자 미로 한 방향의 뒤에 배치했다. 실험은 컴퓨터가 계속 진행했으며, 사람은 전혀 개입하지 않았다. 이 경우 회피 불가능한 충격을 받은 쥐들은 학습 결손을 보였으나 초기 실험만큼 크지는 않았다.

다음 단계는 두 요인을 결합하는 것이었다. 충격 종료에 약간의 지연을 두고, 동시에 사람을 배치했다. 이 조건에서 회피 불가능한 충격을 경험한 쥐들은 심각한 학습 결손을 보였다. 반면, 회피 가능한 충격이나 충격을 전혀 경험하지 않은 집단은 사람의 존재와 약간의 지연에도 전혀 영향을 받지 않고 학습을 잘했다. 즉 회피 불가능한 충격을 받은 쥐들은 반응을 전혀 하지 않은 것이 아니라, 올바른 학습에 실패한 것이다.

이처럼 사람의 존재가 무관한 단서로 작용해 회피 불가능한 충격 집단의 학습을 방해했다면 불빛이나 소리 같은 다른 무관한 자극도 동일한 효과를 가져와야 한다. 마이너 등은 다음 실험에서 사람 대신 불빛을 사용했다. 미로의 한 방향 뒤에서 불빛이 켜졌고, 올바른 반응 후 충격 종료에는 평균 350밀리초 지연이 계속 발생했다. 불빛은 매 시도마다 무작위로 배치되었으며, 동물 위치와는 무관했다. 결과는 동일했다. 회피 불가능한 충격을 경험한 쥐들만 학습 결손을 보였으며 다른 집단은 영향을 받지 않았다.

지연이 미치는 영향은 비교적 명확하다. 어떤 시도에서 동물이 자신의 행동과 충격 종료 사이의 수반성을 이미 탐지했다면 짧은 지연이 미래의 기대에 영향을 미칠 이유가 없다. 그러나 지연은 단일 시도에서 수반성을 탐지하기 어렵게 만들고, 이는 회피 불가능한 충격이 미치는 '탐지 과정'의 영향을 증폭할 수 있다.

무관한 단서는 더 흥미로운 역할을 한다. 어쩌면 회피 불가능한 충격은 동물을 더 산만하게 만들고, 불빛은 그러한 산만함을 유발하는 자극으로 작용했을 수 있다. 원래 Y자 미로에서는 매 시도 시작 전 세 방향 모두에서 동시에 불이 켜졌는데, 이렇게 불빛이 더 많았음에도 회피 불가능한 충격 집단은 학습을 방해받지 않았다. 즉 회피 불가능한 충격은 단순히 '빛'이 아니라 행동을 유도할 수 있는 구별 단서로서 불빛이 제시될 때만 학습을 방해했다.

이 결과들은 회피 불가능한 충격이 기대 과정을 편향하기보다 행동 시도별로 수반성 정보 처리 과정 자체를 방해한다는 해석을 지지한다. 특히 주의 과정에 변화가 일어난다고 보는 편이 타당하다. 즉 회피 불가능한 충격은 동물로 하여금 자신의 행동이 충격 종료와 무관하다는 사실을 학습하게 만들고, 이러한 기대는 반응 또는 반응 산출 단서의 현저성을 낮추어 그 단서들에 주의를 기울이면서 충격 종료와 연합시킬 가능성을 떨어뜨린다.

그렇다면 왜 외부의 무관한 단서가 있을 때만 학습이 방해받는 것일까? 반응 관련 단서의 현저성이 줄어드는 것만으로는 충분하지 않은가? 아마도 수반성이 매우 분명하고, 주의를 끌 다른 요소가 없다면 내부 단서에 대한 주의 감소는 큰 영향을 미치지 않을 수 있다. 그러나 다른 조건이 동일한 경우에는 내부 단서에 대한 주의가 줄어든 만큼, 동물은 빛이나 냄새 등 외부 단서에 더 많은 주의를 기울일 것이다. 회피 불가능한 충격을 경험한 쥐들은 이러한 외부 단서에 더 민감해지고, 그것이 무관할 경우 학습을 방해받는다. 그러나 외부 단서가 존재하지 않는다면 내부 단서에 대한 주의 감소가 학습에 영향을 미치지 않는다.

이러한 관점은 회피 불가능한 충격이 실제로는 '결손'을 만들어내는 것이 아니라, 단지 다르게 처리하는 방식을 학습하게 만든다고 해석될 여지를 준다. 즉 쥐들은 내부 단서보다 외부 단서에 더 많은 주의를 기울이는 편향을 보이는 것이다. 그렇다면 특정 조건에서는 오히려 학습이 향상될 수도 있다. 예를 들어 Y자 미로에서 불빛이 무관한 단서가 아니라 올바른 방향을 가리키는 관련 단서가 된다면 어떨까? 이 경우 회피 불가능한 충격을 경험한 쥐들이 오히려 회피 가능한 집단보다 더 빠르게 학습할 수 있다.

리(Lee)와 마이어(1988)는 바로 이 가설을 검증하고자 '물 탈출 과제'를 실험했다(그림 2 참조). 쥐는 수영을 잘하지만 물에 있는 것을 싫어하기 때문에 물에서 벗어나려는 강한 동기를 가진다. 실험에서는 직사각형 수조의 한쪽 끝에서 쥐를 출발하게 했다. 수조 반대쪽 끝은 두 개의 칸으로 나뉘고, 각 칸 앞은 물 표면까지 플라스틱 장벽이 놓여 있었다. 쥐는 두 장벽 중 한 개 밑으로 잠수해 들어갈 수 있었지만, 칸 사이를 직접 오갈 수는 없었다. 따라서 한 칸에서 다른 칸으로 이동하려면 일단 수조 밖으로 나와 반대편으로 돌아가야 했다.

그림 2 | 물 탈출 과제

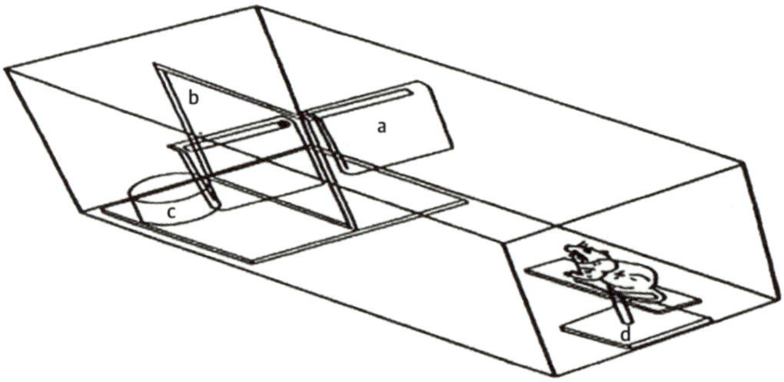

리와 마이어는 먼저 회피 불가능한 충격이 쥐가 물에서 좌우 구별
을 학습하는 능력을 방해하는지 확인했다. 매 시도에서 두 칸 중 한
칸에는 물 위로 올라설 수 있는 플랫폼이 설치되어 있었다. 쥐가 플랫
폼이 있는 칸에 들어가면 물에서 나와 그 위로 올라설 수 있었다. 플
랫폼은 시도 때마다 왼쪽 혹은 오른쪽 중 한쪽에만 놓였고, 쥐는 왼쪽
혹은 오른쪽으로 가야 한다는 규칙을 학습해야 했다. 각 칸 입구의
플라스틱 장벽에는 검은색 카드 혹은 흰색 카드가 무작위로 붙어 있
었는데, 이는 위치와 무관하게 달라졌다. 즉 좌우가 문제해결을 위한
관련 단서였으며 흑백은 무관한 단서였다. 이때 쥐가 외부 단서를 사
용할 가능성을 차단하고자 여러모로 주의를 기울였다. 결과적으로 회
피 불가능한 충격을 경험한 쥐는 문제를 해결하는 능력이 현저히 떨
어졌고, 많은 오류를 범하면서 학습 속도도 느렸다.

쥐는 수조 끝부분(d)에서 탈출 시도를 시작한다. 쥐는 플랫폼(c)으
로 헤엄쳐 가면서 탈출한다. 쥐는 플라스틱 장벽(a) 밑을 헤엄쳐 어느
쪽 칸으로든 들어갈 수 있다. 두 칸은 서로 장벽(b)으로 나뉘어 있기
때문에 쥐는 한 칸에서 다른 칸으로 직접 헤엄쳐 갈 수 없다.

그렇다면 문제의 규칙을 조금 바꾸면 어떨까? 다른 조건은 모두
동일하게 유지하되, 쥐가 따라야 할 규칙만 바꾼다면 어떻게 될까? 이
번에는 플랫폼이 일정하게 좌우 중 한쪽에 놓이지 않고, 매번 검은색
혹은 흰색 카드가 붙은 칸 위에만 설치되었다. 즉 물리적 장치는 동
일하고 물 온도도 같으며 여전히 두 칸 중 하나를 선택해야 하는 상
황이었으나, 이제 쥐는 검은색 대 흰색이라는 외부 자극에 주의를 기
울여야 문제를 해결할 수 있었다. 놀랍게도 이 경우에는 피할 수 없는
충격 경험이 더는 학습을 방해하지 않았다. 오히려 회피 가능한 집단

보다 학습이 향상되는 효과를 보였다.

비수반성 탐지

만약 회피 불가능한 충격이 실제로 비수반성의 표상을 학습하게 만든다면 이후 쥐들은 사건들이 비수반적이라는 사실을 더 빨리 감지할 수 있어야 한다. 테스타(Testa)와 주라스카(Juraska), 마이어(1974)의 연구는 바로 이러한 결과를 보여주었다. 쥐들은 먼저 회피 가능한 충격이나 회피 불가능한 충격, 혹은 아무런 충격도 받지 않았다. 24시간 후 쥐들은 이동 상자에서 탈출을 학습했으며, 해당 절차는 모든 쥐가 학습할 수 있는 방식이었다. 쥐들은 모두 학습 말미에 충격을 효과적으로 회피했다. 이후 충격의 제시 조건이 변경되었다. 이번에는 쥐의 반응과 무관하게 일정 시간 동안 충격이 지속되었다. 즉 쥐의 반응과 상관없이 충격은 고정된 시간 동안 주어졌다. 가설은 쥐가 충격이 반응과 더는 연결되지 않다는 사실을 감지하면 움직임이 감소하리라는 것이었다. 실제로 회피 불가능한 충격을 경험한 쥐들이 다른 집단보다 훨씬 더 빨리 반응을 중단했다.

유사한 연구에서 로셀리니와 데콜라, 피온스키(Pionsky), 워런(Warren), 스틸먼(Stilman, 1984)은 쥐들에게 먹이를 얻기 위한 특정 반응을 학습시킨 뒤 회피 가능한 충격이나 회피 불가능한 충격, 혹은 아무런 충격도 경험하지 않게 했다. 이후 쥐들은 다시 먹이 과제로 돌아와 추가 훈련을 받았고, 세 집단 간 반응 속도 차이는 사라졌다. 하지만 그 직후 먹이가 반응과 무관하게 무작위로 주어지도록 바뀌자, 회피 불가능한 충격을 경험한 쥐들은 다른 집단보다 훨씬 더 빨리 학습된 반응을 멈추었다.

학습된 숙달

만약 동물이 자신의 행동과 결과의 수반성 정도를 표상한다면 과거에 통제 가능한 사건을 경험한 경우 이후 학습이 촉진될 가능성도 있다. 즉 무기력 학습과 마찬가지로 '숙달 학습(learned mastery)' 또한 존재해야 한다. 비수반성에 대한 기대가 동기 저하와 수반성 인식의 손상을 초래한다면, 반대로 수반성에 대한 기대는 동기를 높이고 수반성 지각을 향상할 것이기 때문이다. 그렇다고 회피 가능한 충격을 경험한 동물이 충격을 경험하지 않은 대조군보다 항상 더 빨리 학습하는 것은 아니다.

볼피첼리와 울름(Ulm), 알테노르(Altenor), 셀리그만(1983)은 숙달 학습 효과를 관찰하려면 특별한 조건이 필요할 수 있다고 봤다. 만약 충격을 받는 동안에 있었던 수동성이 통제 불가능성에 대한 기대를 반영한다면, 과거에 충격을 피하도록 훈련된 동물은 회피 불가능한 충격 상황에서도 더 오랫동안 적극적으로 반응할 것이다. 실제로 동물은 통제 불가능한 사건을 경험할 때 점차 능동적 반응을 중단하지만, 과거에 통제 가능한 사건을 경험한 동물은 이러한 중단이 지연되어야 한다.

볼피첼리 등은 회피 가능한 충격이나 회피 불가능한 충격, 혹은 충격을 경험하지 않은 쥐들을 이동 상자에 넣고 고정된 충격을 10초 동안 지속적으로 가했다. 그다음 쥐들이 얼마나 오랫동안 이동 상자 안을 이리저리 움직이는지 측정했다. 예상대로 회피 가능한 충격을 경험했던 쥐들은 대조군보다 훨씬 더 오래 활동을 유지했다.

그러나 이 결과만으로는 회피 가능한 충격이 단순히 동기를 높였는지, 아니면 인지적 처리를 향상시켰는지, 혹은 두 가지가 모두 작용한 것인지를 알 수 없다. 또한 이 결과는 순수하게 동기적 효과만 보여주는 것도 아니다. 이미 회피 가능한 충격을 경험한 쥐들은 우연히 발생하는 반응-충격 종료의 관계에도 더 민감했을 수 있기 때문이다.

볼피첼리 등은 이 개연성을 검증하고자 동일한 실험을 실시하되 이번에는 연속적으로 회피 불가능한 하나의 충격만 가했다. 이 상황에서도 과거에 회피 가능한 충격을 경험한 쥐들이 여전히 더 오랫동안 활동적이었다. 우리는 더 어려운 탈출 학습 과제를 사용해 인지적 처리 향상을 시험했다. 그 결과 회피 가능한 충격은 무조건적 반응 경향, 예를 들어 자동으로 특정 행동을 하는 경향에는 영향을 미치지 않았다. 따라서 단순한 활동성이나 동기 요인으로는 학습 차이를 설명할 수 없다. 실제로 회피 가능한 충격을 경험한 쥐들은 충격을 받지 않은 대조군보다 여전히 더 빨리 학습했다. 따라서 수반성과 비수반성 경험의 영향은 대칭적일 수 있다. 즉 비수반성 경험은 동기 저하와 수반성 인식의 저해를 낳는 반면, 수반성은 동기를 높이고 수반성 인식을 강화한다.

우리가 아는 것

1967년 우리가 무기력 학습 이론을 처음 제안한 이후 이 이론은 어떻게 전개되었을까? 이론의 일반적 수명을 고려할 때, 그리고 당시 우리가 가진 최소한의 자료를 감안할 때 우리는 매우 성공적이었다고 본다. 1990년대에도 여전히 이 이론은 활발히 연구되고 있으며, 많은 학자가 이를 연구의 조직 원리로 삼고 있다. 특히 생물학 분야에서 관련 연구가 큰 진전을 이루었다(12장).

핵심 현상들은 매우 강건하게 재현되었다. 동물실험에서의 기본적인 무기력 효과는 최소 20개 넘는 독립된 연구에서 반복적으로 검증되었으며, 치료 효과와 면역 효과도 여러 연구에서 그대로 나타났다. 물론 간헐적인 실패 사례도 있었지만, 이는 대부분 우리가 설정해놓은 조건과 상당히 다른 상황에서 발생했다.

이론적 관점에서 볼 때 행동과 결과의 수반성은 행동을 통제하며, 회피 불가능한 충격이 초래하는 학습 변화의 양상은 오직 인지적 용어로만 타당하게 설명될 수 있다. 결국 동물의 행동 레퍼토리 중 상당 부분이 실제로 손상된다.

우리는 통제 가능성이 이후 학습에 미치는 영향을 강조해왔다. 이는 이론적 논쟁이 통제 불가능한 충격이 초래하는 학습 결손을 어떻게 설명할지에 집중되었기 때문이다. 그러나 통제 가능성의 효과는 단순한 학습 문제를 넘어 훨씬 더 깊다. 상충 운동 반응 이론에서는 통제 불가능한 사건의 결과가 유사한 사건에서만 제한적으로 나타날 것이라고 봤다. 그러나 무기력 학습 이론은 훨씬 광범위한 영향을 예측한다. 통제 불가능성은 사건 자체의 공포 유발 특성을 강화해 사람이나 동물이 느끼는 두려움을 증폭하고, 이러한 경험이 길거나 강하거나 만성적이 되면 우울증으로 이어질 수 있다. 따라서 통제 불가능한 사건을 겪은 후에는 강렬한 공포나 우울증 가운데 어느 쪽이든 나타날 수 있으며, 그 정도는 노출 기간과 사건의 심각성에 따라 달라진다. 심한 불안과 우울증은 광범위한 행동에 영향을 미치는 만큼 모든 행동이 통제 가능성의 영향을 받을 것이다.

실제로 회피 불가능한 전기충격은 같은 양의 회피 가능한 충격보다 동물에게 더 큰 공포를 유발한다. 그래서 전기충격과 짝지어진 특정 신호는 그 충격을 피할 수 없을 때 동물의 식욕 관련 행동을 더 강하게 억제한다(Desiderato & Newman, 1971). 마찬가지로, 회피 불가능한 충격이 제시된 환경적 맥락은 회피 가능한 충격이 제시된 환경보다 동물의 웅크리기나 배변 활동 같은 공포 관련 행동을 더 많이 유발한다(Mineka, Cook & Miller, 1984). 통제 불가능한 혐오스러운 사건들이 동물에게 우울증을 유발하는지 판단하는 것은 좀 더 복잡한 문제지만 이 역시 사실로 보이며, 관련 연구는 15장에서 다룰 것이다.

우리가 모르는 것

무기력 학습 이론의 각 요소에는 여전히 불확실성이 존재한다. 수반성의 변화가 행동 변화를 일으킨다는 사실은 분명하다. 그러나 동물이 수반성에 민감하게 반응한다고 해서 그것이 곧 수반성 정도를 인지적으로 추출하고 표상한다는 의미는 아니다. 수반성 개념을 전혀 포함하지 않는 더 미시적 수준의 모델도 행동 민감성을 설명할 수 있을 것이다. 예를 들어 레스콜라-바그너(Rescorla-Wagner, 1972) 모델은 단순한 '근접성' 메커니즘만으로도 고전적 조건 형성에서 나타나는 수반성 효과를 설명한다. 나아가 수반성이 심리적으로 실제 존재한다고 하더라도 동물이 어떻게 사용 가능한 정보를 토대로 수반성을 계산하는지를 설명할 모델이 필요하다. 따라서 수반성은 순간적 감각 자료에 존재하는 것이 아니며, 시간에 걸쳐 사건들 간 관계에서 추출될 수밖에 없다.

마찬가지로, 어떤 사건의 통제 가능성 역시 동물의 반응을 결정하는 데 중요한 역할을 한다. 그러나 그것이 정말 '통제력 자체' 때문인지, 아니면 더 미시적인 과정 때문인지는 불분명하다. 문헌에서는 여러 가능성이 제기되어 왔다. 사건의 예측 가능성과 통제 가능성은 서로 영향을 미치기 때문에 통제 효과는 예측을 매개로 나타날 수도 있다(Overmier, Patterson & Wielkiewicz, 1979). 즉 통제력이 있으면 그 자체로 사건에 대한 예측 가능성이 높아진다고 볼 수 있다. 가령 충격을 피할 수 있는 경우 동물은 그 충격이 언제 끝날지 예측하는 것이 가능하다.

그러나 이 논리에는 문제가 있다. 어떤 사건을 예측한다는 것은 그 발생이나 종료 시점을 실제 발생 이전에 미리 안다는 의미다. 하지만 '회피 반응'은 다음 충격이 언제 올지 예측하게 하지는 않는다. 이론은 동물이 회피 반응을 통해 충격이 언제 끝날지 예측한다고 가정하지만, 실제로는 회피 반응 직후 충격이 곧바로 멈추었다. 즉 반응과 사건 사이에는 불과 수십 밀리초, 예를 들면 50밀리초 정도의 아주 짧은 간격밖에 없었는데 이것이 과연 '예측'이라고 할 수 있을까?

또한 회피 반응은 충격 종료 직전에 일어나기 때문에 동물은 충격이 끝나기 '아주 잠시 전'에 정보를 얻을 뿐이다. 이는 예측 가능성의 의미와는 거리가 멀다. 사실 예측 가능성의 효과는 상대적으로 긴 자극에서만 확실히 입증되었다. 예를 들어 동물은 예측 가능한 충격을 선호하지만, 신호가 3초밖에 안 되는 경우에는 그렇지 않았다(Perkins, Seymann, Levis & Spencer, 1966). 게다가 동물이 회피 반응을 학습한 다음에는 충격 지속 시간이 시도마다 크게 달라졌다. 따라서 충격 종료 시점을 예측한다는 것은 애초에 불가능하다. 반면, 회피 반응이 없는 동물은 일정한 길이(예: 2초)의 충격을 받게 되어 오히려 더 '예측 가능'할 수 있었다.

결국 예측 가능성은 통제를 가능하게 하는 한 요소일 수 있지만, 통제가 단순히 예측으로 환원될 수는 없다. 실제로 통제와 예측 사이에는 다양한 상호작용이 있으며, 이를 분리해 내기는 쉽지 않다.

충격 종료를 나타내는 내적 자극들이 두려움과 불안을 매개하는 역할을 할 가능성도 있다. 이러한 자극들은 두려움에 대한 조건 억제자로 작동할 수도 있다. 그러나 통제 불가능한 충격은 통제 가능한 충격보다 더 큰 두려움을 유발하며, 이러한 강렬한 두려움이 '통제력 부재' 자체보다 행동적 결과들의 더 중요한 원인이 되기도 한다(Minor & LoLordo, 1984). 강렬한 두려움을 유발하는 어떤 자극도 유사한 결과를 낳을 수 있다.

정리하자면, 여러 수준에서 여전히 불확실성이 존재한다. 첫째, 인지적 처리 과정이 어떻게 변화하는지에 대한 메커니즘이 명확하게 알려져 있지 않다. 주의집중이 변한다는 증거는 있지만, 구체적으로 어떻게 일어나는지는 알 수 없다. 둘째, 통제 불가능한 혐오 자극의 행동적 결과가 정말 '통제 불가능하다는 인지' 때문에 나타나는 것인지, 아니면 다른 동기적·운동적·정서적·생물학적 요인 때문인지는 불분명하다. 예를 들어 동물의 행동이 방해받는 이유가 '통제 불가능하다는 인지' 때문인지, 아니면 충격 자체가 다른 변화를 일으켰기 때문인지 명확하지 않다.

마지막으로 우리가 잘 모르는 두 가지 영역이 있다. 하나는 통제 불가능한 충격 효과가 어디까지 영향을 미치고 멈추는지에 대한 한계

점이다. 그 영향은 어디에서 끝나는 것일까? 다른 하나는 이전에 언급했던 내용과 관련 있다. 즉 발생하는 행동 변화들이 단일한 원인으로 설명될 수 있는지, 아니면 회피 불가능한 충격으로 유발되는 여러 다른 과정 때문인지에 대한 문제다. 만약 여러 원인이 있다면 그것들은 무엇이며 행동에 어떻게 영향을 미치는 것일까?

12장

무기력 학습의 생물학

무기력 학습의 생물학적 기제를 탐구하는 문헌은 방대하면서도 복잡하다. 수많은 가설이 존재하며, 여러 학자가 다양한 신경전달물질, 호르몬, 뇌 구조를 핵심 매개 요인으로 제시했고 각각의 주장은 그 나름 근거와 증거가 있다. 다만 혼란을 가중하는 점은 이러한 생물학적 결과 가운데 일부가 무기력 학습 이론의 대안적 설명으로 제시되어 왔다는 사실이다. 즉 회피 불가능한 충격 이후 나타나는 '무기력 효과'를 설명하려고 이러한 결과들이 거론된 것이다(11장 참고).

이 장에서 우리 목표는 다음과 같다. 첫째, 무기력 학습을 관련 생물학적 연구 문헌을 바탕으로 검토한다. 둘째, 다양한 생물학적 체계가 스트레스 요인의 통제 가능성에 얼마나 민감한지를 종합적으로 살펴본다. 셋째, 무기력 학습과 관련해 생물학 분야에서 여전히 밝혀지지 않은 내용도 솔직하게 제시한다. 무기력 학습의 생물학 연구는 여러 분야에서 활발히 진행 중이고 상당히 복잡하기 때문에 우리는 혼란스러운 부분들을 명확히 하면서 유망한 가설들을 제시할 것이다. 특히 통제 가능성은 강력한 심리적 변수이며, 이는 생물학적으로도 광범위한 결과를 초래한다는 점을 강조하고자 한다.

연구 초점은 주로 스트레스 요인의 통제 가능성과 비통제 가능성이 신경 및 생물학적 변화를 어떻게 야기하는지, 그리고 이러한 생물학적 변화가 무기력 효과를 매개하는지 여부에 맞춰져 왔다. 그러나 해당 연구에는 근본적인 어려움이 따른다. 실험에 사용되는 스트레스 요인들이 워낙 강력하다 보니 특정 뇌 영역의 거의 모든 신경전달물질을 변화시키거나, 거의 모든 뇌 영역에서 일부 신경전달물질을 변화시키기 때문이다. 다시 말해 스트레스 요인의 효과가 광범위하게 나타나는 만큼 사실상 모든 신경전달물질이 무기력 학습의 매개 후보가 될 수 있는 것이다. 그래서 실제로 많은 신경전달물질이 연구되었고, 연구자들은 통제 가능성과 비통제 가능성이 거의 모든 신경전달물질에 변화를 가져온다는 사실을 발견했다.

이러한 발견들은 흔히 약리학적 연구로 이어졌다. 특정 신경전달물질이나 수용체를 약리학적으로 조작할 때 무기력 학습에 영향을 미친다면 이는 해당 신경전달물질이 무기력 효과를 매개한다는 주장과도 일치한다. 예를 들어 회피 불가능한 충격이 신경전달물질의 변화를 일으키지 못하도록 관련 약물을 투여한다면 이후 이동 상자에서 탈출 학습 결손 같은 무기력 효과는 나타나지 않는다(11장 참고). 반대로, 특정 신경전달물질의 변화를 직접 유발하는 약물을 투여한다면 회피 불가능한 충격을 경험하지 않았어도 무기력 효과가 나타난다. 이러한 결과는 흔히 "신경전달물질 X가 뇌 영역 Y에서 무기력 학습을 매개한다"는 제안으로 이어지곤 했다.

그러나 실제 상황은 그렇게 단순하지 않다. 이 장에서는 여러 사례를 통해 그 부분을 다루고자 한다. 무기력 효과를 매개하는 생물학적 체계는 여러 가지가 있는 것으로 보인다. 여기서는 노르에피네프린(norepinephrine·NE), 감마 아미노부티르산(gamma-aminobutyric acid·GABA), 내인성 오피오이드(endogenous opiates) 등 세 가지 체계를 중심으로 살펴본다. 각 체계는 무기력 학습과의 관련성에서 중요한 증거를 지니고 있다.

노르에피네프린

무기력 학습의 생물학적 연구는 1970년대 초 시작되었으며, 첫 번째 초점은 카테콜아민(catecholamine) 계열의 노르에피네프린(NE)이었다. NE가 연구 출발점으로 선택된 데는 여러 이유가 있었다. 생물학 연구는 본래 말초신경계에서 시작되었는데, 중추신경계보다 훨씬 연구하기 쉬웠기 때문이다. NE는 교감신경 말단에서 분비되는 주요 신경전달물질로, 생물학 역사 초기부터 분리되고 연구되었다. 이후 중추신경계를 탐구할 수 있는 기술이 개발되었고 NE가 중추에서도 신경전달물질로 작용하는지 확인하는 것은 자연스러운 수순이었다. 그 결과 NE는 중추신경계에서 가장 먼저 밝혀진 신경전달물질 중 하나가 되었다. 또한 NE 신경세포를 시각화하는 형광 기술이 곧 개발되었으며, 이를 통해 NE가 포함된 신경의 분포와 조직을 다른 신경전달물질보다 훨씬 빨리 파악할 수 있었다.

NE 경로의 해부학적 특성은 매우 독특하다. NE를 포함하는 세포체는 거의 전적으로 뇌교(腦橋·pons)와 연수(延髓·medulla)에 위치한 일군의 핵들에 집중되어 있다. 이 중 가장 크고 밀집된 핵은 청반(靑斑·locus coeruleus·LC)으로 불리며, 뇌 전체 NE의 약 80퍼센트를 포함한다. 그러나 이 핵은 세포 수가 매우 적어 쥐의 경우 1,500개 정도의 뉴런으로 구성되어 있다. 이 적은 수의 세포가 뇌의 광범위한 영역에 NE를 공급할 수 있는 이유는 각 세포의 축삭(軸索·axon)이 매우 넓게 분지되어 있기 때문이다.

LC의 주요 출력 경로는 등쪽에 있는 노르에피네프린 다발(dorsal NE bundle·DB)이다. 이 경로는 중뇌를 거쳐 확산되며 신피질, 소뇌피질, 해마, 편도체 등 광범위한 영역에 신호를 전달한다. 이는 곧 소수의 세포에서 나온 신호가 뇌의 방대한 영역으로 퍼져 나간다는 것을 의미한다. 더 나아가 LC 뉴런(뇌의 청반 부위에 위치한 신경세포-편집자 주)은 종종 동기화되어 발화한다. 따라서 LC 경로는 세밀한 정보를 전달하기보다 각성, 기분 같은 전반적 기능을 조절하는 데 중요한 역할을 한다고 볼 수 있다.

이에 비해 다른 NE 경로는 덜 명확하게 정의되어 있다. 그중 하나가 배 쪽에 있는 노르에피네프린 다발(ventral NE bundle)인데, 이는 여러 작은 핵들에서 기원해 주로 시상하부에 종착한다. 이들 중 일부는 척수로 하행 경로를 형성해 자율신경계 조절에 중요한 역할을 한다.

NE가 우울증과 연관되어 있다는 가설은 NE 경로가 충분히 규명되기 전부터 제기되었다. 구체적으로 우울증은 중추신경계 NE 결핍과 관련 있다는 주장이다(Bunney & Davis, 1965; Schildkraut, 1965). 이를 뒷받침한 주요 증거는 약물 효과였다. 예를 들어 전문의약품 레세르핀(Reserpine)과 테트라베나진(Tetrabenazine)은 NE를 고갈시키는 동시에 우울증을 유발한다. 반대로, 항우울제로 알려진 모노아민 산화효소(MAO) 억제제 이프로니아지드(Iproniazid)나 삼환계 항우울제는 NE 수치를 증가시킨다. 또한 여러 연구는 동물과 인간이 스트레스에 노출될 때 NE 체계가 활성화된다는 점을 보여준다.

노르에피네프린의 관여 증거

앞서 언급한 내용들을 종합해보면 NE는 무기력 학습 효과의 잠재적 매개체로 선택된 것이 분명하다. 이어서 다음 연구를 살펴보자. 바이스와 스톤(Stone), 하렐(Harrel, 1970)은 첫 번째 주요 연구를 통해 회피나 탈출이 가능한 충격이 아니라, 회피 불가능한 충격에 노출된 쥐의 뇌 전체에서 NE 함량이 감소했다는 사실을 밝혀냈다. 그러면서 NE 감소가 회피 불가능한 충격에 노출된 쥐의 서툰 회피 학습과 다른 무기력 학습 효과의 원인이 될 수 있다고 주장했다. 회피 가능한 충격과 회피 불가능한 충격 모두 NE 시스템을 활성화하지만, 스트레스 요인을 통제할 수 없을 경우 NE 활용이 새로운 NE를 합성하는 NE 뉴런의 능력을 초과해 NE 수치가 감소하게 된다. 이러한 고갈 상태는 스트레스 요인이 사라진 후에도 일정 기간 지속되지만, NE 활용 감소와 새로운 NE 합성이 그것을 대체함에 따라 NE 수치는 결국 정상으로 돌아온다. 만약 스트레스 요인을 통제할 수 있다면 NE 활용은 합성에 의해 충족 가능한 수준으로 유지된다(Anisman & Zacharko, 1986 참조). 정상적 수준의 운동 출력을 유지하는 데 정상적인 NE 수치가 필요하다면 고갈된 NE는 운동 결손을 유발해야 한다. 따라서 무기력 학습 효과는 NE 고갈로 인한 운동 결손을 반영하는 것으로 간주되었다.

동물에게서 관찰되는 무기력 학습 효과에 고갈된 NE가 책임이 있다는 가설을 직접적으로 실험할 수 있는 몇 가지 방법이 있다. 가장 명백한 방법은 회피 불가능한 충격을 주는 대신 동물에게 적절한 약물을 투여해 NE를 감소시키고, 회피 불가능한 충격을 받았을 때와 유사한 결손을 보이는지 관찰하는 것이다.

NE는 여러 방법으로 고갈될 수 있다. 일부 약물(예: 테트라베나진과 레세르핀)은 신경 말단에서 직접적으로 NE를 고갈시키고, 다른 약물(예: FLA-63)은 애초에 NE 합성을 방해한다. 이러한 방법 가운데 하나로 NE를 고갈시키면 쥐는 이동 상자에서 충격을 피하는 학습에 실패하게 되는데, 이는 회피 불가능한 충격에 노출되었던 동물에게서 본 것과 같다(Anisman, Irwin & Sklar, 1979).

NE 고갈을 막는 약물을 사용하는 것도 하나의 명백한 방법이다. 이러한 개입이 이동 상자에서의 탈출 실패 같은 무기력 효과를 막을 수 있을까? 답은 "그렇다"이다. NE 분해 효소(MAO 억제제)를 억제하는 약물은 회피 불가능한 전기충격으로 인한 NE 고갈을 막고, 쥐들은 이동 상자에서 탈출 학습 결손을 보이지 않는다(Weiss, Glazer & Pohorecky, 1976).

또 하나는 NE 수치가 감소했을 때 어떤 일이 일어나는지를 관찰하는 방법이다. 예상되는 결과는 '시냅스 후 NE 수용체'에서 NE 가용성이 감소해 결국 NE 뉴런 간 전달이 줄어드는 것이다. NE가 한 세포에서 다른 세포로 방출될 때 흥분이든, 억제든 어떤 작용을 하더라도 후속 뉴런에서는 이러한 활동이 감소하게 된다. 같은 논리로, 회피 불가능한 전기충격으로 NE가 고갈되더라도 후속 뉴런을 활성화하는 약리학적 약물을 사용하면 무기력 학습 효과를 극복할 수 있어야 한다. 다시 말하지만 연구는 정확히 이러한 결과를 보여준다(Anisman, Suissa & Sklar, 1980).

우리가 살펴본 연구는 쥐의 뇌 전체에서 NE를 측정하고 약물을 전신 또는 뇌실 내로 투여했다. 이 약물은 뇌의 넓은 영역에 도달한다. 최근 연구는 뇌의 어떤 영역과 어떤 NE 시스템이 중요한지를 분리해 내려고 시도했다.

바이스와 동료들은 청반핵의 NE 변화가 매우 중요하다고 주장했다. 물에 빠졌을 때 이전에 회피 불가능한 전기충격을 받았던 쥐들은 회피 가능한 전기충격을 받았던 쥐들보다 더 이른 시간에 헤엄치는 것을 멈춘 채 움직이지 않았다. 이러한 수영 감소 현상은 회피 불가능한 전기충격에 노출되고 최대 48시간 동안 이어지지만, 그 후에는 나타나지 않는다. 바이스 등(1981)은 다양한 뇌 영역에서 회피 가능한 충격과 회피 불가능한 충격에 의해 발생하는 NE 변화의 지속 시간을 측정했다. 그리고 오직 LC 내 NE 고갈만이 회피 불가능한 충격으로 생긴 수영 변화와 일치하는 시간 경과를 보인다는 사실을 발견했다. 즉 NE는 충격 종료 후 48시간 동안 LC에서 고갈되었지만, 72시간 후에는 그렇지 않았다.

왜 그럴까? LC는 NE 신경세포의 세포체를 포함하고 있으며, 이 세포체 자체에도 NE 수용체가 존재한다. NE 수용체에는 여러 종류가 있는데, 그중 '시냅스 전 수용체'는 알파-2 계열에 속한다. 이러한 '자가수용체'가 NE에 의해 활성화되면 뉴런의 활동이 억제되는 효과가 나타난다. 따라서 LC에서 방출된 NE는 LC 뉴런의 활동을 억제한다.

NE 뉴런은 광범위한 영역에 걸쳐 NE를 방출한다는 점을 상기할 필요가 있다. LC의 NE 뉴런이 활성화될 경우 이 경로의 활동을 억제하는 음성 피드백 과정이 일어난다. 이 논리를 이어가면 LC 내에서 NE가 고갈될 경우 음성 피드백의 원천이 줄어들기 때문에 NE 뉴런의 활동이 오히려 증가한다. 그 결과, NE 뉴런의 말단 부위에서 NE가 과도하게 방출될 수 있다.

다음 연구는 LC를 직접 조작하는 것이었다. 바이스와 동료들은 쥐 뇌의 LC에 MAO 억제제를 직접 투여해 NE 고갈을 차단하면 회피 불가능한 전기충격이 수영 실험에서 활동 저하를 초래하지 않는다는 것을 보여주었다. 또한 적절한 약물을 주입해 알파-2 수용체를 자극하면 회피 불가능한 전기충격으로 유발된 활동 저하를 극복할 수 있다고 보고했다. 마지막으로, 알파-2 수용체를 차단하는 약물을 주입할 경우 다시 활동 저하가 유발된다는 연구 결과도 있다(Weiss & Goodman, 1985).

행동적 함의

앞서 검토한 연구들은 NE가 무기력 학습을 매개한다는 점을 시사한다. 그렇다면 NE 가설을 둘러싼 논쟁은 왜 존재하는가? 그 이유 중 하나는 생물학적 설명이 무기력 학습 이론(11장 참고)과는 별개인 대안으로 제시되어 왔기 때문이다. 특히 NE는 이러한 논쟁에서 주로 언급되는 신경화학적 요인이었으며, 따라서 NE의 역할 자체가 더 넓은 범위의 논쟁에 휘말려 있었다.

그러나 이는 생산적이지 못한 논쟁이라고 본다. 무기력 학습 이론이 제시하는 심리적 과정은 반드시 뇌의 화학적·생리적 과정으로 구현된다. 무기력 학습에 대한 생리적 기제가 존재한다고 해서 그것이 심리적 수준에서의 설명 가능성을 부정하는 증거가 될 수는 없다. 다시 말해 심리적 설명과 생물학적 설명 중 어느 하나를 선택해야 한다는 주장은 '소금(셰이커에서 나온 물질)'과 'NaCl(염화나트륨)' 중 어느 것이 맞는지를 묻는 것과 같다. 어떤 수준의 설명을 선호할지는 그것을 어떻게 활용하느냐에 따라 달라진다. 결국 행동 현상에 대한 완전한 이해는 심리적 기제와 생물학적 기제 모두를 필요로 한다. 이는 심리학 혹은 생물학 중 하나가 아니라 '이중의 기반(double bottom line)'이 되는 것이다.

그렇다면 NE 체계는 무기력 학습 이론이 상정하는 심리적 과정을 실제로 매개하는가? 여기서 두 번째 논쟁의 지점이 등장한다. NE의 핵심적 역할을 지지하는 학자들은 NE 감소가 운동성 혹은 움직임 반응 개시의 결손을 초래한다고 주장한다. 따라서 무기력 학습 효과는 인지적 변화라기보다 운동 결손으로 이해해야 한다는 것이다.

NE가 운동성이나 반응 개시·유지에 영향을 미친다는 점은 인정할 수 있다. 그러나 동시에 NE 체계, 특히 LC-DB(청반-등쪽 다발) 시스템의 다른 알려진 기능을 살펴보는 것도 유익하다. 여러 연구는 이 시스템이 주의와 각성 조절에 관여한다는 점을 보여준다(Aston-Jones, 1985). LC-DB 시스템의 활성은 대뇌피질, 해마 등 종말 부위 세포들이 적절한 입력에는 더 선택적으로 반응하고 무관한 자극은 걸러낼 수 있도록 신호 대 잡음비(일명 유용한 정보와 무익한 정보의 비율)를 높인다. 반대로, 이 체계에 이상이 생긴 동물은 무관한 자극에 주의를 억제하지 못한다(Mason, 1980). 비록 이 결론을 둘러싼 논란은 존재하지만(Pisa & Fibiger, 1983), LC-DB 시스템이 주의 과정에 일정한 역할을 한다는 점은 비교적 확실하다.

이러한 맥락에서 주목할 점은 무기력 학습 효과가 학습 시 발생하는 사건을 처리하는 방식에 변화를 가져온다는 것이다. 특히 동물이 외적 자극에 주의를 기울이게 되는 주의 전환이 나타나는데(11장에서 논의), 이는 NE가 단순히 반응 개시·유지에만 관여하는 것이 아니라 주의 과정에도 영향을 미친다는 점을 시사한다.

실제로 회피할 수 없는 충격을 경험한 쥐는 외부의 무관한 단서가 존재하지 않을 경우 Y자 미로 탈출을 정상적으로 학습하지만, 무관한 빛 자극이 추가되면 학습 속도가 현저히 느려진다. 반대로, 회피할 수 있는 충격을 경험한 쥐나 충격을 받지 않은 쥐는 무관한 단서에 방해받지 않고 정상적으로 Y자 미로 탈출을 학습한다. 이러한 데이터는 주의 전환 가설을 뒷받침하는 첫 증거였다.

마이너와 펠리마운터(Pelleymounter), 마이어(1988)는 LC-DB 시스템의 NE가 이러한 주의 효과를 매개하는지 탐구하고자 6-하이드록시도파민(6-hydroxydopamine: 신경과학 연구에 널리 사용되는, NE를 고갈시키는 합성 신경독소-편집자 주)을 쥐의 LC-DB에 직접 주입했다. 그 결과 NE가 고갈된 쥐들은 무관한 단서가 없는 조건에서는 정상적으로 학습했지만, 무관한 빛 단서가 있는 경우에는 학습이 거의 이루어지지 않았다. 120회가량 학습 시도에도 성과 개선이 없었다. 흥미롭게도 NE 고갈은 반응 속도에는 전혀 영향을 미치지 않았다.

감마 아미노부티르산

NE 가설을 뒷받침하는 증거는 매우 설득력이 있다. 그런데 놀랍게도 감마 아미노부티르산(GABA)에 대해서도 마찬가지로 강력한 주장을 제기할 수 있다. GABA는 주요 억제성 신경전달물질로 뇌 전반에 분포하며, 뇌는 GABA를 다른 어떤 신경전달물질보다도 많이 포함하고 있다. GABA는 여러 유형의 수용체에 결합한다. 이 수용체들이 활성화되면 음전하를 띠는 염화 이온(Cl^-)이 뉴런 안으로 들어가 세포막 내부를 더 음전하로 만든다(과분극). 이 경우 뉴런이 활동하는 데 필요한 양전하 쪽으로의 변화(탈분극)를 만들어내기가 훨씬 까다로워져 뉴런의 발화(신호 전달)가 억제된다.

무기력 학습에 GABA가 관여한다는 증거

GABA가 무기력 학습에 중요한 역할을 할 수 있다는 첫 번째 제안은 페티(Petty)와 셔먼(Sherman, 1981)의 연구에서 나왔다. 그들은 쥐 뇌의 해마 조직을 절편으로 분석한 결과, 회피 불가능한 전기충격을 받은 쥐들이 회피 가능한 전기충격을 받은 쥐들에 비해 GABA 수치가 낮다는 사실을 발견했다. 또한 쥐 뇌의 해마에 GABA를 주입했더니 학습 결손이 회복되었으며, 반대로 GABA 수용체 길항제를 주입했더니 무기력 효과가 나타났다. 이러한 연구 결과는 회피 불가능한 충격이 GABA 기능을 방해해 무기력 학습 효과를 유발한다는 주장을 뒷받침한다.

이후 드루건(Drugan, 1989) 등은 연구를 통해 이러한 가설에 대한 더욱 강력한 증거를 제시했다. 그들은 GABA 수용체를 활성화하는 물질로 뉴런을 자극하는 동안 뉴런 내부로 이동하는 염화 이온의 양을 직접 측정했다. 그 결과 이전에 회피 불가능한 충격을 경험한 동물은 피질 뉴런에서 염화 이온의 유입량이 감소한 것을 확인할 수 있었다. 이는 GABA 시스템의 기능 저하가 무기력 학습과 관련 있다는 점을 시사한다.

GABA 가설은 GABA 수용체-염소 채널 복합체(신경계 억제성 신호 전달의 핵심으로, 벤조디아제핀 등 다양한 약물의 표적이 된다-편집자 주)와 관련된 여러 다른 결합 부위가 존재한다는 사실을 통해서도 검증할 수 있다. 여기에서 가장 주목할 것은 벤조디아제핀(benzodiazepine·BZ)의 결합 부위다. 발륨(Valium), 리브리엄(Librium) 같은 약한 진정제는 GABA가 수용체에 결합하는 것을 촉진해 특정 GABA 농도에 의해 유도되는 염소 채널 개방 수를 증가시킴으로써 GABA 전달에 영향을 미친다. 따라서 BZ는 GABA가 없는 상태에서는 GABA성 뉴런의 활동에 영향을 미치지 않지만, 이미 존재하는 GABA에 의해 발휘되는 억제량은 증가시킨다. BZ는 뇌와 행동에 다양한 영향을 미쳐 불안과 공포를 줄이고 뇌의 발작 활동을 감소시키며[3] 근육을 이완하는데, 이는 모두 GABA 작용을 촉진해서 생긴 것이다(Paul, Marangos & Skolnick, 1981).

BZ가 GABA를 촉진한다는 점을 고려할 때 만약 스트레스 요인 전에 BZ를 투여하면 스트레스 요인이 GABA 기능에 미치는 일반적인 영향을 감소시키거나 예방할 수 있다는 것은 놀라운 일이 아니다(Biggio, 1983). 만약 GABA의 변화가 무기력 학습 효과를 생성하는 데

3　걸프전쟁 당시 신경가스 노출 위험에 처했던 미군들이 '발륨(Valium·디아제팜)'을 투여받았다는 이야기를 기억하는지 모르겠다. 이는 신경가스가 신경전달물질을 분해하는 효소를 억제해 결과적으로 신경계를 과도하게 흥분시키기 때문에 취한 조치다. 신경가스 중독자는 근육 마비와 발작으로 사망에 이를 수 있는데, '발륨'은 억제성 신경전달물질의 기능을 강화해 발작과 경련을 억제함으로써 신체를 보호하는 역할을 한다.

필수적이라면 회피 불가능한 충격 전에 BZ를 투여할 경우 무기력 학습이 감소하거나 예방되어야 한다. 실제로 디아제팜(Diazepam), 클로르디아제폭사이드(Chlordiazepoxide) 같은 BZ를 회피 불가능한 충격 전에 쥐에게 투여할 경우 충격을 경험하고 24시간 후에 일반적으로 발생하는 이동 상자 탈출 학습 결손이 예방된다(Drugan, Ryan, Minor & Maier, 1984; Sherman, Allers, Petty & Henn, 1979). 그런데 흥미롭게도 회피 불가능한 충격 전이 아니라 이동 상자 실험 전에 BZ를 투여하면 무기력 학습 효과가 제거되거나 감소하지 않는다. 이는 BZ-GABA 시스템이 이동 상자에서 동물이 탈출하지 못하는 원인으로 평가되는 무기력 학습 유발 과정에 관여할 수는 있지만, 실험 시점에 동물의 탈출 실패를 매개하는 요소는 아니라는 점을 시사한다. 이 부분은 나중에 다시 다룰 계획이다.

마지막으로, GABA가 무기력 학습 유발 과정에 관여한다는 사실은 베타카볼린(β-carboline)이라는 화합물이 BZ 수용체에 결합해 GABA 작용을 방해한다는 흥미로운 사실로도 확인할 수 있다. 구체적으로 베타카볼린은 GABA가 수용체에 결합하고 염소 채널을 여는 것을 더 어렵게 만든다. 이는 베타카볼린이 BZ와 반대되는 효과를 지닌다는 예상을 가능하게 한다. 즉 불안을 유발하고, 발작 활동을 촉진하는 것이다. 동물에게 베타카볼린을 투여하면 두려움과 불안의 특징적인 행동 및 생리학적 변화가 나타난다(Ninan 외, 1982). 인간에게서는 '불안감과 임박한 파멸감'이 유발된다(Dorow, 1982).

쥐에게 베타카볼린 FG-7142를 투여하면 24시간 후 이동 상자에서 충격 회피 학습에 실패하게 되는데, 이는 무기력 학습을 매개하는 과정의 초기 단계에 GABA 전달 방해가 포함된다는 개념과 맞아떨어진다(Drugan, Maier, Skolnick Paul & Crawley, 1985). 다시 말해 FG-7142를 투여한 쥐는 회피 불가능한 충격에 노출된 동물에게서 나타나는 것과 동일한 학습 결손을 보인다. 더욱이 FG-7142의 이러한 효과는 특정 BZ 수용체 길항제(Ro15-1788)를 함께 투여하면 차단되기 때문에 이 효과가 BZ 수용체에 의해 매개된다는 사실이 입증되었다. 또한 통제 불가능한 혐오 자극은 BZ 결합 부위의 변화를 일으켜 전체 수용체 복합체에 영향을 미칠 수 있다. 회피 불가능한 충격에 노출되면 원래는 매우 높은 친화도로 길항제에 결합하는 BZ 수용체의 능력이 변화하게 된다(Drugan 외 1989).

행동적 함의

지금까지 다음과 같은 사실들이 확립되었다.

- GABA 전달을 방해하고 불안을 유발하는 물질들은 무기력 학습 효과를 만들어낼 수 있다.
- GABA 전달을 촉진하고 불안을 줄이는 물질들은 회피 불가능한 충격 전에 투여될 경우 무기력 학습을 예방할 수 있다.
- 회피 불가능한 충격은 GABA 기능을 감소시키고 BZ 결합 부위를 변화시키지만, 회피 가능한 충격은 그렇지 않다.

이러한 사실들은 불안과 무기력 학습이 서로 관계가 있음을 의미한다.

따라서 여러 질문이 제기될 수 있다. 회피 불가능한 충격은 회피 가능한 충격이나 스트레스보다 더 많은 공포와 불안을 유발하는가?

그렇다면 이러한 상태는 스트레스가 끝난 후 일정 기간 지속되는가? 그 기간은 얼마나 되는가? 만약 이런 상태가 회피 불가능한 스트레스에 의해 발생한다면 그것은 BZ 수용체에서 어떤 작용이 일어나기 때문인가? 만약 강화된 공포나 불안이 발생한다면 이러한 상태는 다른 무기력 학습 효과들의 원인이 되는가? 이제 각각의 질문을 차례로 살펴보자.

공포와 불안

공포와 불안을 구분하는 것은 쉽지 않다. 공포는 일반적으로 타고난 것이든, 학습된 것이든 위험 신호에 대한 정서적·생리적·행동적 반응의 집합을 의미한다. 따라서 공포는 위협이 존재한다는 명확한 신호에 의해 촉발되며 걱정과 긴장, 생리적 각성(교감신경계 및 시상하부-뇌하수체-부신 축의 활성화), 종 특유의 방어 행동 등이 나타난다.

한편, 불안은 이러한 정서적·생리적·행동적 변화가 나타나지만, 이를 유발하는 명확한 자극이 존재하지 않는 상태를 뜻한다. 전형적인 정의는 다음과 같다.

"불안은 확인할 수 없는 위험의 존재를 암시하거나, 혹은 확인되더라도 그 위험이 실제 정서 강도를 정당화할 만큼 충분히 위협적이지 않은 상황에서 경험되는 감정이다. 불안은 공포와 다르다. 공포는 알려진 위험의 존재를 의미한다. 공포의 강도는 위험의 정도와 대체로 비례한다."(Goodwin, 1986)

다른 방식으로 말하자면 공포는 환경에 의해 주도된다. 공포를 불러일으킨 상황이 더는 존재하지 않으면 공포는 사라진다. 그러나 불안은 특정 자극에 의해 유지되지 않으며, 따라서 최초 사건이 끝난 후에도 오래 지속되곤 한다.

통제 불가능한 스트레스 요인은 통제 가능한 스트레스 요인보다 더 많은 공포를 유발한다. 이는 처음에 마우러(Mowrer)와 비에크(Viek, 1954)가 연구를 통해 제안했는데, 이 연구에서 회피 불가능한 충격을 받은 쥐들은 동일한 환경에서 먹이를 먹으려 하지 않는 정도가 회피 가능한 충격을 받은 쥐들보다 훨씬 컸다. 이러한 결과는 미네카(Mineka)와 쿡(Cook), 밀러(Miller, 1984)에 의해 확인되었다. 그들은 쥐가 회피 불가능한 충격과 연합된 자극을 맞닥뜨리면 동일한 양의 회피 가능한 충격과 연합된 자극 앞에서보다 더 강한 종 특유의 방어 행동을 보인다는 사실을 입증했다.

쥐가 보이는 지배적인 공포 반응은 타고난 위험 신호(예: 고양이)나 학습된 자극 신호(예: 전기충격 같은 고통스러운 사건이 발생할 것임을 알리는 소리)가 감지되면 그 자리에 얼어붙어 움직이지 않는 '동결'이다. 이러한 반응은 움직이지 않는 것이 포식자의 상황을 더욱 어렵게 만들기 때문에 진화했다고 추측할 수 있다. 어쨌든 분명한 점은 동결 반응 정도가 공포의 양을 결정하는 요인에 비례해 달라진다는 것이다. 즉 동결 반응은 공포 강도의 변화와 밀접하게 일치해 공포를 민감하게 측정할 수 있는 지표가 된다(Fanselow & Bolles, 1979). 실제로 쥐는 동일한 양의 충격이 주어질 때 그것을 피할 수 있는 환경보다 피할 수 없는 환경에서 더욱 강하게 동결 반응을 보였다(Mineka 외 1984).

이러한 데이터와 관련 자료들은 통제 불가능한 스트레스 요인이 통제 가능한 스트레스 요인보다 더 큰 공포를 유발한다는 것을 분명히 보여준다. 그렇다면 그것이 과연 지속적인 불안 상태로 이어질까? 위 실험들은 스트레스 요인이 발생한 상황에서 동물들을 관찰한 것이고, 따라서 동물들의 행동 변화는 스트레스 관련 신호에 대한 즉각적인 반응이었다. 만약 나중에 이 동물들을 스트레스가 많은 환경으로 되돌려보낸다면, 우리는 이 문제를 해결할 수 없을 것이다. 관찰된 모든 효과는 시간이 흐르면서 지속된 상태라기보다 환경 자극에 대한 조건화된 반응을 단순히 반영한 것일 수 있기 때문이다.

예를 들어 당신이 어떤 도시를 처음 방문했을 때 지하철에서 폭행과 강도를 당했다고 가정해보자. 몇 년 뒤 다시 그 도시를 방문해 지하철에 탄다면 당신은 공포를 느낄 가능성이 크다. 그러나 이는 과거 사건이 수년간 지속적인 정서 상태를 만들었다는 것을 의미하지는 않는다. 그 정서 상태는 분명히 과거 경험 이후 의심할 여지 없이 사라졌고, 독특한 지하철 환경에 의해 다시 자극되었을 뿐이다.

우리는 이 문제를 해결하고자 노력했다(Short & Maier 1990). 쥐 등 동물들의 불안을 평가하기 위해 여러 가지 행동 측정 기법을 사용했는데, 특히 우리의 연구 목적에 적합한 방법 가운데 하나가 파일(File)과 동료들이 개발한 '사회적 상호작용 검사'다(File, 1980). 이 검사에서는 서로 낯선 두 마리의 쥐를 밀폐된 상자에 넣은 뒤 쥐들이 적극적인 사회적 교류를 하는 시간을 측정했다. 그 과정에서 불안을 줄이는 것으로 알려진 환경적·약리학적 조작이 사회적 상호작용 시간을 증가시키는 반면, 불안을 키우는 조작은 상호작용을 감소시킨다는 사실을 확인했다. 더욱이 불안 이외에 다른 부분을 변화시키는 물질들은 동물의 사회적 상호작용에 거의 또는 전혀 영향을 미치지 않아 이 검사법이 민감할 뿐 아니라, 특이성을 지닌다는 점을 입증했다. 우리에게 이 사회적 상호작용 검사의 가장 큰 장점은 충격이나 기타 명백히 혐오스러운 자극이 필요하지 않았다는 것이다. 또한 충격과 관련 있는 자극도 필요 없었다.

이 검사를 사용해 회피 불가능한 충격이 지속적인 불안 상태를 유발하는지 알아보기 위한 첫 번째 실험에서 쇼트는 쥐들을 회피 가능한 충격, 회피 불가능한 충격, 충격이 없는 조건 등으로 나눠서 노출했다. 그리고 24시간 후 쥐들을 한 쌍씩 테스트 상자에 넣었다. 이 상자는 개방된 경기장 형태였으며, 충격이 가해졌던 환경과는 전혀 닮지 않았다.

충격은 쥐들이 작은 플렉시글라스(유리처럼 투명한 특수 아크릴 합성 수지-편집자 주) 상자 안에 있을 때 발생했다. 그곳에는 밝은 조명과 꽤 큰 마스킹 노이즈(특정 소리를 인식하지 못하게 하려고 의도적으로 다른 소리를 발생시키는 음향 기술-편집자 주)가 있었다. 한편, 나무로 된 테스트 상자는 단순히 크고 개방된 형태였으며, 조명은 어두웠고 마스킹 노이즈도 전혀 없었다. 다만, 같은 냄새가 두 장소에 모두 존재했을 개연성은 있다. 이것은 중요한 문제다. 왜냐하면 쥐들은 스트레스 요인에 노출될 때 독특한 '스트레스 냄새'를 생성하고, 이것이 두 번째 환경으로 이어져 조건화된 자극으로 작용할 수 있기 때문이다. 이러한 가능성을 최소화하고자 테스트 상자는 충격에 노출되었던 상자와는 다른 방에 있었다. 테스트 상자에서는 충격이 전혀 발생하지 않았고, 연구자들은 테스트 후 상자를 아세트산 용액으로 청소했다.

사회적 상호작용에 할애된 시간을 측정 지표로 사용할 때 한 가지 잠재적인 어려움은 동물들이 동결 반응을 보이거나 움직이지 않으면 활발한 상호작용에 참여할 수 없다는 점이다. 따라서 테스트 상자에서의 활동량과 사회적 상호작용을 모두 측정한 뒤 상호작용 측정치를 움직임의 양에 맞춰 보정하는 것이 일반적인 관례다. 회피 가능한 충격에 노출된 쥐들의 경우 충격을 받지 않은 대조군과 비교했을 때 사회적 상호작용을 위한 시간에 아무런 영향을 받지 않았다. 반면 회피 불가능한 충격에 노출된 쥐들은 상호작용 수준이 감소하는 모습을 보였다. 이러한 효과는 움직임의 양을 보정해도 최소화되지 않았다.

만약 이와 같은 행동 변화가 통제 불가능한 스트레스 요인에 의해 유발된 지속적인 불안 상태를 반영한다면 충분한 시간이 지난 후에는 점차 소멸될 수 있으며, 회피 불가능한 충격 이후 충분히 지연된 시점에 다시 검사를 실시하면 결국 사라졌을 가능성이 있다. 반대로 사회적 상호작용의 감소가 조건화된 공포 상태를 표현한다면 오랜 시간이 지난 후에도 여전히 나타날 것이다. 이는 조건화된 공포가 스트레스 요인이 발생하는 동안 나타나는 자극에 의해 재활성화되기 때문이며 오랜 시간 또는 수 개월이 경과해도 유지될 수 있다(Gleitman & Holmes, 1967). 쇼트의 연구에 따르면 회피 불가능한 충격 후 최대 이틀 동안 사회적 상호작용의 감소가 관찰되었으나, 7일이 지난 후에는 사회적 상호작용 감소 징후가 나타나지 않았다.

BZ 수용체

앞선 연구들은 통제 불가능한 스트레스 요인이 일정 기간 지속되는 불안을 야기한다는 사실을 보여준다. 그렇다면 이는 BZ 수용체에서의 작용 때문일까? 그렇다면 어떤 종류의 작용일까?

여기서 아마도 "왜 뇌가 소량의 진정제를 위한 수용체를 갖고 있는가?"라는 의문이 생길 것이다. 인간의 진화가 발륨 같은 약물을 위해 특별히 수용체를 선택했을 리는 없다. 훨씬 더 그럴듯한 설명은 뇌가 스스로 생성하는 내인성 물질(리간드·ligands)이 존재하고 그것들이 BZ 수용체에 작용한다는 가능성이다. 실제로 이는 활발히 연구되는 주제이며, 연구자들은 여러 후보물질을 제안해왔다. 우리는 이미 앞에서 벤조디아제핀(BZ) 같은 합성 화합물이 BZ 수용체에 작용해 불안을 줄이는 작용제로, 베타카볼린 같은 물질은 오히려 불안을 증가시키는 역작용제로 기능한다는 사실을 살펴봤다. 적응 관점에서 본다면 특정 상황의 경우 뇌에서 방출되는 내인성 항불안 물질이나 불안을 높이는 내인성 불안 촉진 물질, 혹은 양쪽 모두가 존재한다고 추론할 수 있다. 실제로 어떤 연구자들은 BZ 수용체에 결합하는 내인성 항불안 물질 리간드를 분리했다고 주장하는가 하면(DeBlas & Sangameswaran, 1986), 내인성 불안 촉진 물질 리간드를 분리했다고 주장하고(Guidotti 외 1983), 또 다른 연구자들은 두 종류 모두 존재한다고 설명했다.

여기에는 몇 가지 가능성이 따른다. 첫째, 전기충격 같은 스트레스 요인을 "피할 수 없다"는 학습은 내인성 불안 촉진 물질의 방출을 유발하며, 이 물질은 역작용제와 유사한 방식으로 BZ 수용체에 결합해 특정 뇌 부위에서 GABA 기능을 방해하고 불안을 일으킨다는 가능성이다. 둘째, 그 반대 가능성도 있다. 중요한 것은 '통제의 결핍'이 아니라 '통제의 존재'일 수 있다. 불쾌한 충격 자극 자체는 불안을 유발하지만, 그 충격을 통제 가능하다는 학습이 내인성 항불안 물질의 방출을 유발해 BZ 수용체에 작용제로 결합하고 GABA 기능을 촉진해 불안을 감소시킨다는 것이다. 혹은 두 가능성이 모두 맞을 수도 있다.

통제가 있을 때 항불안 물질이 방출되고, 통제가 없을 때 불안 촉진 물질이 방출된다는 두 가능성은 모두 동일한 예측을 낳는다. 즉 충격 경험 전에 BZ를 투여하면 24시간 후 측정했을 때 두 집단 모두 정상 수준의 불안을 보일 것이라는 예측이다. 쇼트와 마이어(1990)의 연구는 이를 확인했다. 즉 충격 전에 BZ 약제인 디아제팜을 투여하면 회피 가능한 충격을 받은 동물과 회피 불가능한 충격을 받은 동물 모두 충격을 받지 않은 대조군과 동일한 수준의 사회적 상호작용을 보였다.

하지만 이 가능성들은 또 다른 예측에서 차이를 드러낸다. 즉 충격 노출 전에 BZ 수용체 길항제를 투여할 경우 어떤 결과가 나올지 다르게 예측한 것이다. 특정 BZ 수용체 길항제(Ro15-1788 같은 약물)는 BZ 수용체에 결합해 작용제나 역작용제가 수용체에 결합하지 못하도록 하지만, 그 자체로는 항불안 또는 불안 촉진 효과를 거의 내지 않는다. 만약 통제의 부재가 불안 촉진 물질을 방출하고 이것이 사회적 상호작용에서 나타나는 효과를 설명한다면 Ro15-1788 투여 시 불안 촉진 물질이 BZ 수용체에 작용하지 못하기 때문에 회피 불가능한 충격을 받은 동물은 불안이 감소해 회피 가능한 충격을 받은 동물과 동일해져야 한다. 반대로 회피 가능한 충격을 받은 동물에게는 아무런 효과가 없어야 한다. 그런데 만약 통제의 존재가 항불안 물질의 방출을 유발한다면 Ro15-1788은 회피 가능한 충격을 받은 동물의 불안을 높여서 회피 불가능한 충격을 받은 동물과 동일해지도록 만들어야 한다.

쇼트와 마이어의 결과는 명확했다. 충격 전에 Ro15-1788을 투여했을 때 이후 사회적 상호작용이 변한 것은 오직 회피 불가능한 충격을 받은 동물뿐이었다. 이 동물들의 불안 수준은 대조군 수준으로 낮아진 반면, 회피 가능한 충격을 받은 동물의 불안 수준은 영향을 받지 않았다. 이는 회피 불가능한 충격 상황에서 내인성 불안 촉진 물질이 방출되고 그것이 BZ 수용체에서 작용한다는 점을 시사한다.

그러나 이것이 통제가 BZ 수용체에서 아무런 효과를 내지 않는다는 의미는 아니다. 다른 연구들은 통제가 내인성 항불안 물질도 활성화한다는 증거를 제시한다. 예를 들어 드루건과 매킨타이어(McIntyre), 알펜(Alpern), 마이어(1985)는 회피 가능한 충격과 회피 불가능한 충격 노출이 GABA 수용체 길항제로 유발되는 발작에 어떤 영향을 미치는지 연구했다. GABA 길항제는 발작을 유발하며, 이러한 발작은 항불안성 BZ 작용제에 의해 완화되고 불안 촉진성 BZ 역작용제에 의해 증폭된다. 연구 결과, 회피 불가능한 충격에 노출된 동물은 이후 GABA 길항제로 유발되는 발작이 증가했는데, 이는 베타카볼린 같은 불안 촉진 물질의 효과를 모방한 결과였다. 이 결과는 회피 불가능한 충격이 내인성 불안 촉진 물질을 방출한다는 점을 지지한다. 그러나 회피 가능한 충격도 효과가 있었다. 회피 가능한 충격을 받은 동물은 오히려 GABA 길항제의 발작 유발 효과로부터 보호되어 발작이 줄어들었다. 이는 항불안성 BZ 작용제의 효과를 모방한 결과였으며, 통제가 내인성 항불안 물질을 활성화한다는 것을 방증한다.

결론적으로, 통제의 부재는 불안 유발 물질을, 통제의 존재는 불안 완화 물질을 각각 활성화해 BZ-GABA 복합체에서 상반된 효과를 나타냄으로써 불안을 양방향으로 조절한다고 볼 수 있다.

무기력 학습에서 공포와 불안의 역할

앞서 언급한 논의를 통해 우리는 다음과 같은 결론을 도출할
수 있다.

- 통제 불가능한 스트레스 요인은 동일한 양의 통제 가능한 스
  트레스 요인보다 더 많은 공포를 유발한다.
- 스트레스 경험 동안 존재했던 단서들에 대해 조건화된 공포는
  스트레스를 회피할 수 없을 때 더 강하다.
- 회피할 수 없는 스트레스 경험 후에는 불안과 유사한 상태가
  48~72시간 동안 지속된다.

공포와 불안은 그 자체로도 다양한 행동 변화를 유발한다. 예를
들어 공포는 여러 방어 행동의 발생을 동기화하고 조직화하며(Bolles
& Fanselow, 1980), 주의 같은 인지적 과정(Eysenck, 1982)에도 영향을
미칠 수 있다.

따라서 무기력 학습 이론이 제안하는 과정보다 오히려 이러한 강
렬한 공포와 불안이 탈출 학습 실패나 주의 전환 같은 무기력 학습
효과를 일으키는 근본 원인일지 모른다. 스트레스의 통제 가능성 혹
은 통제에 대한 표상이 직접적으로 동기 부여나 주의를 전환하기보
다 공포를 조절함으로써 작용하는 것일 수 있다. 즉 공포가 동물에게
서 관찰되는 무기력 학습 증상을 매개하는 요인인 것이다. 예를 들어
이동 상자에서 탈출 학습 결손은 높은 수준의 공포가 유발한 반복되
는 방어 행동의 반영할 수 있으며, 이는 학습 효율성을 저해한다. 윌
리엄스(Williams)와 리어리(Lierle, 1986)도 이와 유사한 가설을 제안한

바 있다.

그럴듯한 이 가설에 따르면 회피 불가능한 충격을 받은 동물은 이후 충격 상황에 처할 때 회피 가능한 충격을 받은 동물보다 더 많은 공포 관련 행동을 보인다(Williams, 1987). 그러나 이러한 행동이 나타난다고 해서 그것이 곧바로 이동 상자에서 탈출 학습 결손 같은 다른 결과의 원인이라고 단정할 수는 없다.

안타깝게도 이 가설을 검증할 방법은 많지 않다. 가장 명확한 전략은 공포 수준과 무기력 학습 효과를 변화시키는 조건을 활용해 공포 수준과 무기력 학습 효과가 함께 변하는지 확인하는 것이다. 만약 이동 상자에서 탈출 학습 결손이 높은 수준의 공포에 기인한다면 이 두 현상은 함께 나타나야 한다. 즉 공포를 제거하거나 줄이는 절차는 무기력 학습 효과도 줄이거나 없애야 하며, 반대로 무기력 학습을 제거하거나 줄이는 절차는 공포 수준 또한 낮추거나 없애야 한다.

마이어(1990)는 이러한 전략을 사용해 공포와 무기력 학습의 관계를 연구했다. 이 연구의 목표는 동일한 동물을 대상으로 이동 상자 탈출 능력과 공포의 크기를 측정하는 것이었다. 많은 행동이 공포를 양적으로 반영한다는 주장들이 있다. 공격성 중단과 섭식 행동 감소, 동결(호흡에 필요한 움직임을 제외한 모든 움직임 부재 상태)은 공포의 크기를 보여주는 민감한 척도인 것 같다. 이 가운데 이동 상자 탈출 학습에서 평가할 수 있는 반응은 동결뿐이다. 동결은 이미 최상의 척도로 인정받고 있으며(Fanselow & Lester, 1987), 충격 강도와 충격 지속 기간, 충격 횟수 같은 매개변수의 변화에 따라 민감하게 달라진다. 따라서 모든 매개변수의 변화는 경험하는 공포 강도를 조절한다고 볼 수 있다.

여기서 주목해야 하는 것은 서로 다른 두 가지 공포 가설이다. 그중 하나는 다음과 같은 단계를 밟는다.

① 회피 불가능한 스트레스 요인은 높은 수준의 공포를 유발한다.
② 이로써 충격 발생 당시에 존재하던 자극에 대한 강렬한 공포 조건화가 일어난다.
③ 이런 자극과 비슷한 자극, 예를 들어 스트레스를 받은 동물이 뿜어내는 냄새 등은 이동 상자 실험 상황에서 나타난다.
④ 이 자극은 조건부 반응으로 극심한 공포를 유발한다.

여기서 핵심 개념은 회피 불가능한 충격이 동물의 지속적인 변화를 가져오지 않는다는 점이다. 그보다는 충격이 발생했을 때 엄청나게 많은 공포가 유발되며, 이 공포가 충격 당시 존재하던 신호에 조건화된다.

또 다른 공포 가설에서도 공포는 신호에 조건화될 수 있다. 하지만 이 가설은 회피 불가능한 충격을 경험하면 공포와 불안의 기초가 되는 생리적 기질이 민감해질 수 있고, 이러한 민감성은 시간이 지남에 따라 점차 약해져 사라지기도 한다고 덧붙였다. 예전에 회피 불가능한 스트레스 요인에 노출되었던 동물은 이동 상자 실험에서 충격을 받으면 과거 충격에 민감해진 공포 체계가 발동되어 공포 수준이 높아진다. 이렇게 민감해진 상태는 불안과 유사할 수 있다.

따라서 실험은 이 두 가지 공포 가설을 모두 측정해야 했다. 이동 상자 환경은 당연히 조건화된 공포를 유발하며, 연구자는 쥐가 이동 상자에 들어간 초기부터 동결을 포함한 다양한 행동을 기록했다. 이

때 첫 번째 가설로 '스트레스 냄새'가 항상 존재하는지 주의를 기울였다. 처음 10분 동안은 어떠한 실험용 사건도 발생하지 않지만 쥐의 행동을 일일이 적었다. 두 번째 공포 가설은 쥐가 이동 상자에서 충격에 반응할 때 나타났다. 쥐는 약간의 충격 탈출을 시도했으며, 이후 추가적인 시도는 20분간 지연되었다. 이 시간 동안에도 쥐의 행동을 기록했다. 이어서 실험을 정상적으로 진행했고 탈출 학습을 측정했다.

방금 설명한 것처럼 회피 가능한 충격이나 회피 불가능한 충격을 받은 동물, 아예 충격을 받지 않은 동물은 24시간 후 실험에서 어땠을까? 첫 충격을 받기 전에는 동결 반응이 적게 발생했고, 공포를 드러내는 다른 행동적 징후도 없었다. 하지만 회피 불가능한 충격을 받은 동물은 다른 동물보다 훨씬 많이 얼어붙었다. 이는 약간의 조건화된 공포가 전이되었다는 뜻이다. 충격은 모든 집단에서 공포를 유발했지만, 예전에 회피 불가능한 충격을 받은 쥐의 공포가 가장 극심했다. 이 동물들은 전체 관찰 시간인 20분 동안 거의 완벽하게 동결 반응을 보였다. 관찰 시간 이후 탈출 훈련 실험에서도 충격을 피하는 법을 배우지 못했다.

이 초기 실험에서는 동일한 동물의 공포와 무기력 학습을 측정할 수 있었고, 공포와 무기력 학습이 함께 움직이는 것 같다는 사실이 입증되었다. 추가 실험에서는 공포와 무기력 학습이 실제로 연관되어 있는지, 아니면 통제 불가능성과 상관없이 독립적으로 나타나는 결과인지를 알아보고자 했다. 이 실험에서 가장 흥미로운 부분은 BZ계인 디아제팜과 아편제 수용체 길항제인 날트렉손(Naltrexone)의 효과 확인이었다. 디아제팜은 불안 완화 속성 때문에, 날트렉손은 이동 상자 실험 전에 투여하면 탈출 학습 결손을 막을 수 있어서 시험해봤다

(Whitehouse, Walker, Margules & Bersh, 1983).

　이 연구를 개략적으로 설명하면 이렇다. 앞서 설명했듯이 쥐는 회피 불가능한 충격에 노출되거나 충격을 아예 받지 않은 상태에서 24시간 후 실험에 들어갔다. 단, 실험 전에 디아제팜과 날트렉손, 혹은 통제 물질을 투여받았다. 디아제팜은 회피 불가능한 충격을 받은 동물의 동결 반응을 충격을 받지 않은 통제군의 동결 반응 수준으로 감소시켰다. 충격을 받기 전이나 이후 모두 똑같은 동결 반응이 나타났다. 하지만 디아제팜은 무기력 학습 효과를 줄이지는 않았다. 회피 불가능한 충격을 받은 동물은 디아제팜 투여로 공포가 회피 가능한 동물의 수준으로 낮아졌음에도 여전히 탈출하는 법을 배우지 못했다. 날트렉손의 경우 충격 발생 전에는 동결 반응에 아무런 영향을 미치지 못했지만, 회피 불가능한 충격을 받았던 쥐가 다시 충격을 받은 후에는 날트렉손의 영향을 받아 동결 반응이 증가했다. 날트렉손은 또한 무기력 학습 효과를 완전히 제거했다. 회피 불가능한 충격을 받은 동물이 날트렉손이라는 길항제를 투여받고 난 후에는 학습 수준이 정상으로 돌아왔다.

　요약하자면 디아제팜은 실험 도중에 공포를 회피 가능한 동물의 수준으로 낮추지만 무기력 학습 효과에 영향을 미치지 못한 반면, 날트렉손은 충격 이후 공포를 높이지만 무기력 학습 효과를 제거했다. 실험을 진행하면서 각기 다른 시점에 공포 수준을 검사해 양상이 다르게 나온 것이라고 이의를 제기하는 사람도 있겠으나 사실은 그렇지 않다(Maier, 1990). 또한 각각 다른 공포 측정 기준이 각기 다른 양상을 낳았을 것이라고 주장하는 사람들도 있었다. 하지만 다른 공포 측정 기준으로 실험해도 똑같은 결과가 나왔다(Maier, Ryan, Barksdale &

Kalin, 1988). 한마디로 이 두 실험이 제시하는 바는 실험 중 높아진 공포와 이동 상자에서 탈출 학습 결손은 인과관계가 없다는 것이다. 이 둘은 모두 통제 불가능성의 결과일 수 있어도, 하나가 다른 하나를 유발하지는 않는다.

그렇다면 공포와 불안이 무기력 학습에서 어떤 역할을 한다고 말할 수 있을까? 이 장 초반부에서 살펴본 증거에 따르면 초기에 스트레스 요인에 노출되어 극심한 공포를 경험하면 이후 이동 상자에서 탈출 학습 결손 같은 무기력 학습 효과가 나타날 수 있다. 스트레스 요인으로 인한 공포를 BZ-GABA 시스템에 작용하는 약리학적 작용제나 행동 조작으로 감소시키면 24시간 후 이동 상자에서 탈출 학습 결손이 사라진다(Jackson & Minor, 1988). 하지만 무기력 학습 행동 실험 기간에 나타나는 공포 수준은 중요하지 않으며, 이동 상자에서 탈출 학습 결손 같은 결과는 공포나 공포에서 유발된 행동 때문에 나타나는 것이 아니다. 다른 행동들은 분명히 공포의 결과일 수 있다. 예를 들어 회피 불가능한 충격을 받은 동물이 이후 실험에서 회피 가능한 충격을 받은 동물보다 동결 반응을 더욱 많이 보였는데, 이러한 통제의 차별성은 행동 발생 당시에 나타난 공포의 결과일 개연성이 크다. 여기서는 공포를 줄여주는 작용제가 행동적 차이를 제거한다. 몇몇 행동은 조건화된 공포나 민감화된 공포 체계의 결과일 수 있다. 이러한 공포 과정은 충격 노출과 실험 사이의 시간 간격을 많이 늘리면 구분이 가능하다. 조건화된 공포는 지속되어야 하고, 민감화된 공포는 지속되지 않아야 한다(Minor, 1990).

따라서 우리는 다음과 같이 요약할 수 있다. 스트레스 요인을 통제 불가능하다는 사실을 학습하는 것은 공포와 불안을 증폭하는데,

이는 아마도 BZ 수용체나 GABA 수용체를 포함한 복합체의 몇몇 다른 부위에 작용하는 내인성 불안 촉진 물질 리간드를 활성화함으로써 공포와 불안이 심화된 결과일 것이다. 반면 통제 가능하다는 사실을 학습하면 불안이 줄어드는데, 이는 아마도 BZ 수용체에 작용하는 내인성 항불안 물질 리간드를 활성화해서 그럴 것이다. 이러한 작용들은 BZ-GABA 복합체의 변화를 유발하고, 이러한 변화는 일정 기간 지속되다가 사라진다. 회피 불가능한 충격을 받은 동물은 'GABA성(GABAergic) 톤'이 감소하는 현상으로 설명할 수 있다(Drugan & Holmes, 1991). 이는 불안과 공포에 대한 민감화된 기질을 나타낸다. 게다가 공포는 충격에 노출될 때 존재하는 자극에 조건화된다.

일부 행동은 조건화된 공포에서 나오고, 또 다른 행동은 민감화된 공포 기질에서 나온다. 예를 들어 회피 불가능한 충격으로 유발된 이동 상자 환경에 대한 강화된 동결 반응은 회피 불가능한 충격과 이동 상자 실험 사이에 72시간 간격을 두어도 감소하지 않았다. 하지만 이동 상자에서 충격을 받고 난 후에 높아진 동결 반응은 완전히 사라졌다(Maier, 1990). 쇼트와 마이어는 높아진 불안이 회피 불가능한 충격 발생 이후 48시간 동안만 지속된다는 사실을 발견했다. 다른 행동들은 공포와 불안의 결과가 전혀 아닐 것이다. 회피 불가능한 스트레스 요인으로 나타나는 BZ-GABA 시스템 변화가 다른 신경화학 체계에 영향을 미치는 것은 명백한 사실이다. 여기서 다른 신경화학 체계는 이동 상자에서 탈출 학습 결손 같은 몇몇 행동 변화를 유발한다. 공포와 BZ-GABA 시스템의 변화는 중요한 초기 사건일 수 있지만 항상 직접적인 원인이 되는 것은 아닐 수 있다.

그렇다면 모든 무기력 학습 효과가 적어도 동물이 한때 경험한 극심한 공포나 불안과 관련 있다는 의미인가? 11장에서는 회피 불가능한 몇몇 결과가 주의집중 전환 같은 인지 변화 때문에 일어난다고 주장했다. 이러한 인지 변화는 동물이 행동과 충격 소멸이 독립적이라는 사실을 학습한 직접적인 결과다. 반면 다른 결과들은 동기 부여와 감정적 과정에서 나왔다. 이처럼 인지 변화로 생겨나는 행동 변화는 극심한 공포나 불안을 느끼는 초기 경험에 좌우되지 않는다. Y자 미로 실험에서 선택 탈출 학습 결손이 행동 변화를 대변한다는 사실을 명심하자. 여기서 주목할 만한 점은 회피 불가능한 충격 전에 BZ를 투여하면 이후 선택 탈출 학습에 미치는 스트레스 요인의 영향력이 없어지거나 줄어들지 않는다는 사실이다. 또한 극심한 불안을 유발하는 작용제(베타카르볼린)를 사전에 투여해도 선택 탈출 학습 결손이 생기지 않는다(Maier, 1992).

요약하자면 유기체는 자기가 받는 스트레스 요인의 특징을 학습한다. 이러한 학습 자체가 일련의 인지 변화를 초래하며, 그것에 따라 일련의 행동적 결과가 만들어진다. 또한 이러한 학습은 공포와 불안을 매개하는 생물학적 체계에도 영향을 미친다. 생물학적 체계는 여러 방식으로 변형되며, 이 체계들의 기능은 일련의 행동적 결과로 이어진다. 공포와 불안 과정은 다시 다른 신경화학 체계에 영향을 미쳐 체계를 변화시키며, 이러한 체계는 또 다른 행동적 결과를 낳는다.

노르아드레날린성 시스템과의 관계

지금까지 우리는 NE와 GABA의 역할에 대해 살펴봤다. 그렇다면 이제 두 신경계가 서로 어떤 관련이 있는지 묻는 것은 자연스럽다. 해부학적 근거는 분명히 그럴 가능성을 시사한다. 특히 주목해야 할 점은 GABA성 신경세포(GABA를 만들고 말단에서 방출하는 뉴런)가 청반 (LC)의 NE 신경세포에 연결되어 그 신경세포의 발화를 억제한다는 사 실이다(Cedarbaum & Aghajanian, 1978). 게다가 원숭이의 LC에 전기자 극을 가하면 공포와 불안 같은 행동적 증상이 나타나고, LC를 파괴하 면 차분하면서도 무반응 상태가 되어 위험 신호에도 공포를 드러내지 않는다(Redmond, 1987). 흥미롭게도 베타카르볼린의 불안 유발 효과 는 NE LC 활동(뇌의 특정 영역에서 일어나는 뉴런의 활동—편집자 주)을 억 제하는 약물에 의해 감소한다(Crawley 등 1985).

이 내용이 의미하는 바는 다음과 같다. GABA 기능이 약해지면 GABA가 억제성 신경전달물질로서 수행하던 LC의 NE 신경세포 억 제, 즉 긴장성 및 위상성 억제가 줄어든다. 그 결과 LC의 NE 신경세 포는 흥분성 입력에 더 강하게 반응하게 되고, 활동이 더 크게 증가할 수 있다. 다시 말해 GABA 기능에 변화가 생기면 LC 신경세포에 걸려 있던 '브레이크'가 풀리고, 이로 인해 앞서 설명한 여러 효과가 나타날 수 있는 것이다. 이런 관점은 NE를 중심으로 한 연구와 GABA를 중 심으로 한 연구를 하나로 자연스럽게 연결해준다.

더 나아가 회피 불가능한 충격이 가해진 후 NE 시스템이 일정 기 간 민감화 상태로 유지된다는 강력한 증거도 있다. 행동적으로 정의 된 공포 시스템에서도 동일한 효과가 나타난 것이다. 애니스먼과 스 클라르(Sklar, 1979)는 회피 불가능한 충격으로 인한 NE 고갈이 빠르 게 회복된다는 사실을 발견했다. 그러나 일정 기간 통제군 동물의 NE 에는 아무런 영향을 미치지 않던 소량의 충격이 이전에 회피 불가능 한 충격을 받은 동물의 NE를 다시 고갈시킬 수 있었다. 겉보기에는 회복된 듯해도 이들의 NE 시스템은 이후 스트레스 요인에 대해 여전히 초민감 상태로 남아 있었던 것이다.

안타깝게도 LC의 NE 세포만이 BZ-GABA 시스템이 작용할 수 있는 유일한 영역은 아니다. 중뇌 봉선핵에서 기원하는 상행 세로토닌 (5-HT) 투사 또한 BZ와 다른 화합물들의 항불안 효과에 관여한다. 이 봉선핵은 정서 조절에 밀접하게 관여하는 구조물들에 5-HT를 분포시키는 역할을 한다. 특히 등쪽 봉선핵은 GABA와 BZ 수용체를 가지고 있다. 만약 GABA나 BZ를 등쪽 봉선핵에 직접 적용하면 이곳에서 기원하는 상행 신경세포들의 말단 영역에서 5-HT의 방출이 줄어든다 (Soubrie, Blas, Ferron & Glowinski, 1983). 게다가 우리는 이러한 투사들이 BZ의 항불안 효과 일부를 만들어내는 데 결정적 역할을 한다는 사실을 알고 있다(Soubrie, Thiebot, Jobert & Hamon, 1981).

따라서 회피 불가능한 스트레스 요인이 만들어내는 불안의 매개자가 NE LC가 될 수도, 5-HT 봉선핵이 될 수도 있다는 주장이 가능하다. 이러한 문제를 탐구하고자 쇼트와 마이어(1990)는 사회적 상호작용 검사를 활용해 회피 불가능한 충격을 받은 쥐와 대조군 쥐의 이후 불안을 측정했다.

앞에서 살펴본 내용을 상기하자면 BZ 수용체 길항제 Rol5-1788은 회피 불가능한 충격 전에 투여했을 때 24시간 뒤 보통 나타나야 할 불안 증가를 막았다. 이번에는 Rol5-1788을 LC나 등쪽 봉선핵에 직접 미세주입했다. 단순하게 생각하면 다이아제팜 효과는 LC에 투여했을 때 나타나고, 봉선핵에 투여했을 때는 나타나지 않아야 한다. 그러나 아쉽게도 결과는 정반대였다. 자연은 단순함에 대한 우리의 바람과는 다르게 행동하는 듯 보인다. 이 효과들의 해부학적 기초를 이해하려면 훨씬 더 많은 연구가 필요하다.

내인성 오피오이드

지난 수십 년간의 발견 중 뇌와 척수에 아편 유사 분자들을 위한 특정 수용체와 이 수용체에 결합하고 활성화하는 내인성 물질이 존재한다는 사실만큼 큰 흥분을 불러일으킨 것도 드물다. 오랫동안 중추신경계가 아편에 대한 특정 수용체를 가지고 있을 것으로 추정되었다. 이는 모르핀 같은 아편제가 자주 특정 분자 형태에서만 효과를 내고, 날록손(Naloxone) 같은 특정 길항제에 의해 그 효과가 역전되기 때문이다. 이 가설을 뒷받침하는 확실한 증거가 처음 제시된 때는 1974년이다. 이 연구는 해당 수용체의 내인성 리간드를 찾는 탐색을 시작했고, 1975년 연구자들은 뇌에서 모르핀과 유사한 작용을 하는 두 가지 물질을 분리해냈다(Hughes 외, 1975). 연구자들은 이것을 각각 류엔케팔린(leu-enkephalin), 메트엔케팔린(met-enkephalin)이라고 명명했는데, '엔케팔린'은 '머릿속에 있다'는 의미다. 이후 다른 내인성 오피오이드(endogenous opioid)들이 발견되었으며, 전체를 통틀어 '내인성 모르핀'이라는 뜻에서 '엔도르핀(endorphin)'이라고 부르기도 한다.

아편제 수용체와 내인성 오피오이드가 발견되면서 그 기능에 관한 궁금증이 생겨났다. 아편이 진통제로도 기능하는 만큼 당연히 통증 영역을 연구해야 했다. 이미 뇌의 분리된 많은 부위, 주로 수도관주위회색질(periaqueductal gray)에 전기자극을 가하면 통증이 현저히 감소한다는 사실이 알려졌으며(Mayer, Wolfle, Akil, Carder & Liebeskind, 1971), 이 부위들이 오피오이드 수용체를 포함하고 있고 자극 시 엔도르핀이 분비될 수 있다는 가설은 충분히 타당해 보였다. 다양한 증거가 곧 이 가설을 뒷받침했다. 실제로 이 부위들은 오피오이드 수용체와 엔도르핀을 포함하고 있었으며 전기자극에 대한 진통 효과는 오피오이드 길항제인 날록손 투여로 역전되었다. 또한 전기자극의 진통 효과와 아편의 진통 효과 사이에는 교차 내성[4]이 존재했다(Akil, Mayer & Liebeskind, 1976). 이에 관해서는 잠시 후 다시 살펴보겠다.

이 내용들은 간략하게 "통증을 억제하는 내인성 시스템이 뇌에 있다"라고 요약할 수 있다. 이러한 시스템이 작동하는 방식에는 여러 가능성이 존재한다. 하나는 뇌가 척수에서 보내오는 통증 신호를 받자마자 그 신호를 '약화'하는 것이다. 또 다른 방식은 뇌 시스템이 척수로 하행성 신호를 보내 척수 수준에서 상행성 통증 신호 전달을 억제하는 것이다. 지금까지 축적된 방대한 증거는 중뇌와 연수의 내인성 통증 억제 부위가 척수로 메시지를 내려보내 통증 신호의 상행 전달을 억제함으로써 진통 효과를 일으킨다는 것을 보여준다(Basbaum & Fields, 1984). 더 나아가 오피오이드 수용체와 내인성 오피오이드는 뇌 및 척수 수준 모두에서 통증 조절에 핵심 역할을 한다.

이러한 내인성 통증 억제 시스템의 존재는 환경적 상황이 진통 효과를 유발할 수 있다는 점을 시사한다. 인간의 진화 측면에서 봤을 때 모르핀 투여나 전극을 통한 전기자극만으로 활성화되는 신경 시스템을 선택했을 리 없다. 만약 내인성 오피오이드가 관여하는 통증 억제

4　교차 내성은 한 작용제에 반복적으로 노출되면 다른 작용에 내성이 생기는 현상을 일컫는다. 교차 내성이 있는 두 작용제는 공통 작용 영역이 있어야 한다. 따라서 오피오이드 모르핀과의 교차 내성은 다른 작용제(이 경우 스트레스 요인)가 오피오이드 영역의 작용에 관여하는지를 평가하는 기준이 되었다.

회로가 뇌에 있다면 그것을 활성화하는 무언가가 존재해야 한다.

스트레스 요인에 노출되면 진통 시스템이 활성화될 수 있다는 보고가 있었고(Hayes, Bennett, Newlon & Mayer, 1978), 이는 우리 중 한 명(SFM)을 스트레스 요인의 통제 가능성이 중요한지를 탐구하도록 이끌었다. 스트레스 요인을 통제할 수 없다는 사실을 학습하면 내인성 오피오이드 시스템이 활성화된다는 개념은 직관적으로도 설득력이 있었다. 고통스러운 사건을 통제 가능하다면 써먹을 수 있는 행동 통제력을 발휘하는 것이 최선의 대처 전략이지만, 사건을 피할 수 없는 경우에는 행동적 대처가 불가능하기 때문이다. 이때는 에너지를 보존하고 그 상황에서 가능한 한 철수하는 것이 합리적이다(Engel & Schmale, 1972). 피할 수 없는 사건을 통제하려고 시도하면서 귀중한 에너지를 낭비하는 것은 의미가 없을뿐더러, 오피오이드는 본래 에너지 보존적 성격을 가지고 있다(Margules, 1979). 즉 소화와 호흡을 느리게 하고, 괄약근을 닫으며, 체온의 기준점을 낮춘다. 따라서 오피오이드가 만들어내는 진통 효과는 자원 보존을 위한 더 큰 반응의 일부일 수 있다.

실제로 피할 수 없는 충격 같은 통제 불가능한 스트레스 요인에 노출되면 진통 효과가 만들어지고, 이 진통 효과는 중간 정도의 고용량 모르핀만큼 강력하다(Jackson, Maier & Coon, 1979). 이와 관련해 동물의 통증 민감성/반응성을 측정하는 전형적인 실험이 있다. 통증 민감성/반응성은 꼬리에 복사열을 가했을 때 쥐가 꼬리를 획 치는 반사(tail-flick test)로 측정한다. 쥐 꼬리에 열이 쌓여 고통스러워지면 꼬리가 반사적으로 움직이는데, 쥐에게 모르핀 같은 진통제를 투여한 경우에는 꼬리가 더 늦게 움직이거나 아예 움직이지 않았다. 꼬리 반사 억제 정도는 인간이 자기보고로 평가하는 진통 효과와 정확히 연관되었다.

피할 수 없는 충격 노출은 진통 효과를 만들어냈을 뿐 아니라, 그 진통을 담당하는 생리적 기제도 충격 후 48~72시간 동안 민감화된 상태로 남아 있었다. 이 기간에 과거 회피 불가능한 충격을 경험했던 동물에게 진통 효과를 낳기에는 부족한 소량의 충격을 가해도 즉시 진통 효과가 나타났다. 이러한 효과는 회피 불가능한 충격에 특이적이었다. 회피 가능 충격이나 통제 가능 충격에 노출될 때는 효과가 나타나지 않는다. 더 나아가 꼬리 반사 억제는 진정한 진통 효과였으며, 꼬리에 대한 통증 자극에만 국한되었다. 쥐는 비통증성 접촉에 대해서는 정상 수준의 지연 시간을 두고 꼬리를 움직였다. 또한 중뇌와 연수에서 척수로 내려가는 하행 경로가 병변 등의 이유로 차단되면 모르핀과 전기자극으로 유발되는 진통 효과가 사라지는데, 회피 불가능한 충격에 따른 진통 효과도 동일하게 사라졌다(Watkins 외, 1984). 따라서 회피 불가능한 충격은 통증 전달을 억제한다고 결론내릴 수 있다.

이러한 진통 효과 입증은 몇 가지 의문을 제기했다. 첫 번째는 이 진통이 정말로 통제 가능성에 민감한 무기력 학습 효과인지 여부였다. 11장에서 다룬 바와 같이, 스트레스 요인을 통제해본 경험은 이후 피할 수 없는 스트레스 요인에 노출되더라도 대체로 무기력 학습 발생을 예방한다. 또한 피할 수 없는 스트레스를 경험한 후 강제로라도 스트레스 요인을 통제하면 무기력 학습이 사라지기도 한다. 따라서 우리는 이러한 면역 효과와 치료 효과가 회피 불가능한 충격의 진통 효과와 관련 있는지를 알아보고자 했다.

그 결과 회피 가능한 충격에 먼저 노출된 동물은 이후 회피 불가능한 충격을 받을 때 진통 효과가 나타나지 않았으며, 회피 불가능한 충격 후에 회피 가능한 충격을 받은 동물도 진통 효과가 사라졌다(Moye, Hyson, Grau & Maier, 1983). 반면 회피 불가능한 충격을 연속해서 경험한 동물은 진통이 오히려 강화되었다. 즉 면역 및 치료 효과는 충격의 통제 가능성 여부에 달려 있었다. 이 실험들은 회피 불가능한 충격에 의한 진통 효과가 단순히 스트레스로 생긴 것이 아니라, 무기력 학습 효과임을 강하게 뒷받침한다. 진통 효과를 제거하는 절차 자체가 곧 스트레스이고, 회피 가능한 충격은 회피 불가능한 충격보다야 스트레스가 적겠지만 그래도 여전히 스트레스를 유발하기 때문이다(Maier, Ryan, Barksdale & Kalin, 1988)

그러나 곧 복잡한 문제가 드러났다. 다른 스트레스 요인들도 진통 효과를 유발했지만, 그 진통은 내인성 오피오이드와 관련 없는 경우가 많았다(Hayes 외, 1978). 즉 날록손이나 날트렉손 같은 오피오이드 길항제에 의해 역전되지 않고 모르핀과의 교차 내성도 나타나지 않았다. 이는 일부 진통 효과가 오피오이드 기전을 따르지만, 일부는 그렇지 않다는 것을 보여주었다(Watkins & Mayer, 1982).

따라서 우리는 회피 불가능한 충격에 따른 진통 효과가 오피오이드 길항제에 의해 차단되는지, 모르핀과 교차 내성을 가지는지를 조사했다. 결과는 명확했다. 이 진통 효과는 날록손과 날트렉손에 의해 완전히 차단되었으며, 사전에 반복적으로 모르핀에 노출되면 완전히 예방되었다.

결국 스트레스 요인을 통제하지 못하는 학습은 내인성 오피오이드 시스템을 활성화해 뇌의 내인성 통증 억제 시스템을 작동시킨다는 결론이 나온다. 이 활성화는 일정 기간 관련 시스템을 민감화된 상태로 남겨둔다. 어쩌면 오피오이드 수용체가 민감해지거나 차후 충격에 반응해 오피오이드가 더 많이 방출되는지도 모른다.

이 주장을 검증할 수 있는 흥미로운 방법이 몇 가지 있다. 만약 회피 불가능한 충격이 내인성 진통 체계를 활성화함으로써 진통 효과를 낳는 것이라면, 굳이 충격을 사용하지 않고도 동일한 효과를 재현할 수 있어야 한다. 즉 내인성 오피오이드 시스템을 직접적으로 활성화하기만 하면 같은 효과가 나타나야 한다. 물론 어떤 요인이 오피오이드 시스템을 활성화하는지 명확히 알기 어렵지만, 확실한 한 가지는 바로 '오피오이드 약물'이다. 모르핀을 투여함으로써 회피 불가능한 충격이 만들어내는 효과를 모방할 수 있어야 하는 것이다. 실제로 모르핀은 진통 효과를 유발한다. 그런데 중요한 점은 회피 불가능한 충격은 단순히 진통만 일으키는 것이 아니라, 진통 시스템을 민감하게 만들어서 보통은 진통 효과를 유발하지 못하는 약한 충격에도 24시간 후 진통 효과가 나타나도록 만든다는 사실이다. 그렇다면 논리적으로 모르핀을 투여하고 24시간이 지난 뒤 약한 충격을 가하면 진통 효과가 나타나야 한다(모르핀의 직접적 진통 효과는 보통 1~2시간에 불과하다). 실제 실험 결과도 이를 뒷받침한다(Grau, Hyson, Maier, Madden & Barchas, 1981).

아직도 확신이 서지 않는가? 위의 실험 논리는 모르핀과 회피 불가능한 충격이 서로 대체 가능한 역할을 한다는 데 있다. 그렇다면 무엇이 회피 불가능한 충격의 진통 효과를 차단하는가? 바로 회피 가능한 충격이나 통제 가능한 충격에 대한 사전 경험이다. 즉 회피 불가능한 충격에 미리 노출되면 모르핀의 진통 효과조차 차단될 것이라는 다소 특이한 예측이 가능하다. 놀랍게도 실제로 그러한 결과가 나타났다(Grau 외, 1981). 나아가 이 논리를 뒤집어 생각해볼 경우 통제 불가능한 스트레스 요인이 오피오이드 시스템을 민감화한다면, 회피 불가능한 충격에는 노출되었으나 회피 가능한 충격에는 노출되지 않은 동물은 모르핀에 대해 과장된 진통 반응을 보이고 더 민감하게 반응해야 한다. 실제로도 그러한 현상이 확인되었다(Grau 외, 1981).[5] 마지막으로, 회피 불가능한 충격을 받은 동물은 모르핀 금단 반응이 과장되게 나타난다는 사실도 밝혀졌다(Williams, Drugan & Maier, 1984).

내인성 진통이 통제 불가능한 스트레스 요인에 의해 유발된다는 점은 매우 설득력이 있지만, 여기에는 또 다른 복잡성이 따른다. 이미 언급했듯이 스트레스 요인은 종종 '비오피오이드(nonopiate: 통증 조절이나 진통 효과를 내지만 오피오이드 수용체와는 직접적으로 작용하지 않는 물질 또는 기전-편집자 주)' 진통을 만들어낸다. 그렇다면 어떤 경우에 어떤 유형의 진통이 나타나는지를 결정하는 것은 무엇일까? 아마도 동물이 스트레스가 통제 불가능하다는 사실을 학습할 수 있을 만큼 충분히 자주, 그리고 반복적으로 스트레스에 노출될 경우 오피오이드 진통이 발생하는 것일 수 있다(Maier, 1986). 반면, 스트레스 요인이 통제 가능하거나, 충분히 반복되지 않아 동물이 그것을 피할 수 없다는 사실을 학습하지 못하면 비오피오이드 진통이 나타날 수 있다.

예를 들어 비오피오이드 진통을 유발하는 스트레스 요인은 무기

---

[5] 마약 복용은 통제 불가능한 세상에 대처하려는 시도를 반영한다는 임상적 통념이 오래전부터 존재해왔다. 이는 약물에 대한 민감성이 높아진 탓인지도 모른다.

력 학습의 행동적 지표, 예를 들면 이동 상자에서의 낮은 탈출 성과를 가져오지 않는다. 반대로, 오피오이드 진통을 유발하는 스트레스 요인은 이동 상자에서 탈출 학습 결손 같은 무기력 효과를 나타낸다(Maier, Sherman, Lewis, Terman & Liebeskind, 1983). 실제로 무기력 학습 효과를 일으키려면 80~100회의 회복 불가능한 충격이 필요하며, 오피오이드 진통을 유발하는 데도 동일하게 80~100회 충격이 있어야 한다.

마지막으로 주목할 만한 복잡한 점이 있다. 5~60회의 회복 불가능한 충격은 비오피오이드 진통을 유발하는 반면, 단 1~2회의 충격은 오피오이드 진통을 만들어낸다. 이때의 진통은 날트렉손이나 날록손에 의해 차단된다. 그러나 1~2회 충격만으로는 통제 불가능성에 관한 학습이 일어나기 어렵다는 점에서 이는 모순처럼 보인다. 왓킨스(Watkins)와 비에르텔락(Wiertelak), 마이어(1992)는 이 문제를 탐구했고 해결책을 제시했다. 날트렉손과 날록손을 사용한 기존 연구들은 약물을 전신에 주사했기 때문에 약물이 뇌와 척수의 오피오이드 수용체 모두에 도달했다. 반면 우리는 실험에서 약물을 뇌나 척수에 직접 투여했는데, 척수에 투여했을 때는 1~2회 충격에 의한 진통이 차단되었지만, 뇌에 투여했을 때는 차단 효과가 나타나지 않았다. 반대로, 80~100회 충격에 의해 생긴 진통은 뇌와 척수 모두에 날트렉손을 투여했을 때 차단되었다. 즉 무기력 학습을 유발하는 조건에서만 뇌 수준의 오피오이드 과정이 개입된 진통이 발생한다는 의미다.

신경계 역할을 보면 이 차이가 설명된다. 1~2회 충격으로 생기는 오피오이드 진통과 5~60회 충격으로 나타나는 비오피오이드 진통은 비교적 낮은 신경계 수준에서 매개되는 것으로 보인다. 실제로 이런 진통 효과는 대뇌피질 기능이 배제된 동물, 예를 들어 마취 상태나 뇌간 수준만 남은 동물에게서도 동일하게 나타난다. 여기서 진통 효과는 척수와 뇌간 차원, 혹은 둘 중 하나에서 통증-억제 회로에 직접 작용하는 감각 입력으로 생겨나는 반응이다. 반면, 80~100회 충격으로 나타나는 오피오이드 진통은 마취 같은 처치로 완전히 차단되며, 높은 수준의 신경계 기능과 사건에 대한 '의식적 처리'를 필요로 한다. 즉 이 진통 효과는 단순한 감각 자극의 결과가 아니라, 동물이 사건에 대해 학습한 바와 관련 있다.

동물이 고통스러운 사건에 직면했을 때 나타나는 무감각, 즉 진통 효과는 그 사건에 행동적으로 대처하거나 통제하려는 동물의 시도를 돕는 역할을 한다. 불쾌한 사건을 겪는 고통이 줄어들면 지금 닥친 상황에 더욱 효과적으로 방어 행동을 취할 수 있다(Fanselow, 1986). 그런데 사건을 통제 불가능하고 동물도 그 사실을 알아차린다면 또 다른 기제가 작동할 수 있다. 이때 진통 효과는 보호적 성격을 가지며, 에너지를 절약하고 철수를 촉진하려는 목적을 갖기도 한다.

이러한 추측은 행동적 특성을 보더라도 타당하다. 예를 들어 1~60회의 회피 불가능한 충격으로 유발되는 진통 효과는 비교적 짧고, 충격이 끝나면 곧바로 사라진다. 또한 위험한 상황에서 동물을 빼내면 이런 진통 효과도 쉽게 없어진다. 반면 80~100회의 회피 불가능한 충격으로 유발된 진통 효과는 훨씬 오래 지속되고, 충격이 끝나도 쉽게 사라지지 않으며, 단순히 동물을 충격 상황에서 빼내는 것만으로는 중단되지 않는다. 진통 효과는 한 번 시작되면 오랫동안 강력하게 유지되고 멈추기도 어렵다(Drugan, Moye & Maier, 1982; Maier & Watkins, 1991).

그렇다면 통증 체계와 내인성 오피오이드의 변화가 앞에서 논의한 문제들과 어떤 관련이 있는지 궁금할 수 있다. 이러한 변화가 NE 시스템, BZ-GABA 시스템, 공포 등과 관련 있을까? 그렇다. 회피 불가능한 고통은 극심한 공포와 불안을 일으키고, 이것이 연쇄적으로 작용해 결국 '통제 불가능성'이라는 부정적 상태를 만들어낸다. 우리가 관찰하는 이동 상자에서 탈출 결손 같은 행동적 결과는 사실 두려움에 의해 BZ-GABA 시스템이 활성화하면서 촉발된 결과일 수 있다. 즉 공포가 직접적인 원인은 아닐지라도 초기 단계에서 중요한 역할을 한다는 점은 분명하다.

이와 관련해 디아제팜 같은 BZ는 80~100회의 회피 불가능한 충격을 받은 쥐에게 투여될 경우 진통 효과가 있는 것으로 밝혀졌다(Maier, 1990). 이는 곧 두려움이 해당 과정에서 핵심적임을 보여준다. 반면 디아제팜은 적은 횟수의 충격으로 유발된 진통 효과에는 영향을 미치지 않았다. 우리는 이러한 종류의 진통이 '통제 불가능성 학습' 때문이 아니라, 신체적 스트레스 요인과 뇌간 메커니즘의 상호작용으로 발생한다고 주장해왔다. 다시 말해 공포와 불안이 여전히 핵심인 것이다.

극심한 공포는 뇌의 오피오이드 시스템을 활성화해 진통 효과를 일으킬 수 있다. 또한 청반(LC)은 척수에 신경세포를 보내는데, 이때 척수는 해당 영역에서 진통 효과를 일으키는 데 관여하곤 한다. 앞서 논의한 시스템들과 통증 메커니즘은 상호 연관된다고 확실하게 말할 수 있을 정도로 충분한 연결 고리를 갖고 있다.

신경전달물질, 신경조절물질, 그리고 호르몬

우리는 지금까지 NE, GABA, 오피오이드에 초점을 맞추었다. 그만큼 관련성이 광범위하게 입증되었고, 또 그것에 집중함으로써 일반적인 논점들을 제시할 수 있기 때문이다. 그러나 무기력 학습에는 아세틸콜린, 세로토닌, 도파민, 부신피질 코르티코스테로이드 같은 호르몬들이 관여한다는 확실한 증거도 존재한다. 여러 실험은 이러한 물질들이 스트레스 요인의 통제 가능성에 따라 다르게 변화한다는 사실을 입증했다. 또한 통제 불가능한 스트레스 요인에 노출되기 전 이러한 물질들을 약리학적으로 조작하면 스트레스 요인의 영향을 받는 몇몇 행동이 달라지고, 반대로 동일한 행동이 유발될 수 있음을 보여주었다.

이처럼 수없이 많고 다양한 시스템이 관여할 가능성을 보여주는 증거들을 어떻게 이해해야 할까? 이런 상황은 우리처럼 단순한 설명을 선호하는 사람에게는 특히 난감한 일이다. 그래서 어쩌면 핵심 역할을 하는 무언가, 예를 들어 어떤 과정, 시스템, 생물학적 요소, 혹은 특정 뇌 영역이 존재해 나머지 변화들이 거기서 비롯된 것은 아닌지 질문해볼 가치가 있다. 이어지는 논의는 어디까지나 추측에 불과하지만, 최소한 원칙적으로는 단순화가 가능하다는 사실을 알리는 것이 중요하다고 생각한다.

코르티코트로핀 방출 호르몬(CRH)

먼저 유기체가 스트레스 요인에 직면했을 때 나타나는 복잡한 생리적 반응들을 통합해주는 것이 있는가라는 질문부터 던져보자. 다시 말해 유기체의 안녕을 위협하는 모든 도전에 의해 공통적으로 유발되는 생리적 변화가 있는가? 이것이 바로 오랫동안 스트레스가 정의되어 온 방식이며, '투쟁 도피 반응(스트레스나 위협 상황에서 신체가 '싸우거나 도망치자'는 본능적 생존 반응을 보이는 현상 – 편집자 주)'을 위해 유기체를 준비시키는 모든 말초의 변화다(Selye, 1956).

이러한 변화에는 두 가지 기본 구성 요소가 있다. 바로 뇌하수체–부신 축의 활성화와 자율신경계의 활성화다. 부신피질자극호르몬(ACTH)과 기타 물질(예: 베타엔도르핀)은 뇌하수체 전엽에서 혈액으로 분비되는데, 그중 ACTH는 부신피질을 자극해 인간의 경우 코르티솔, 쥐의 경우 코르티코스테론 같은 글루코코르티코이드를 합성 및 분비되게 한다. 글루코코르티코이드는 신체 전반에서 다양한 대사적 효과를 일으키며, 위협에 대한 신체 적응 반응의 기초가 되는 것으로 여겨진다.

자율신경계의 교감신경 줄기가 활성화되면 부신수질에서 카테콜아민인 에피네프린과 노르에피네프린이 혈액으로 방출되어 순환하고, 교감신경 말단에서도 다양한 장기에 신경을 분포시키는 노르에피네프린이 분비된다. 이로써 심장과 혈관 같은 말초 장기의 활동이 변화한다. 또한 부신수질에서 방출된 카테콜아민과 특정 교감신경의 활동은 스트레스를 받을 때 나타나는 심박수 증가 및 혈압 상승을 유발한다.

그렇다면 뇌는 어떻게 이러한 변화를 유도하는가? 뇌하수체는 뇌 기저부에 위치하고, 뇌하수체 문맥계에서 혈액을 공급받는다. 이러한 혈액 공급은 시상하부의 정중융기에서 시작된다. 시상하부가 뇌하수체 전엽에서 ACTH의 합성과 분비를 유도하는 특정 물질을 뇌하수체 문맥계로 방출한다는 사실은 오래전부터 알려져 왔다. 이 물질은 코르티코트로핀 방출 인자(CRF) 또는 호르몬(CRH)으로 불리며, 시상하부의 실방핵(PVN)에 있는 세포들이 이를 생산한다(Vale, Spiess, Rivier & Rivier, 1981).

ACTH의 분비 조절에는 CRH 외에도 여러 요인이 관여하지만, CRH가 주요한 조절 요인이라는 점은 분명하다. 이는 CRH에 대한 항혈청이 스트레스에 대한 뇌하수체-부신 반응을 거의 완전히 차단한다는 사실로 뒷받침된다(Rivier, Rivier & Vale, 1982). 다시 말해 뇌는 PVN에서 CRH를 분비함으로써 신경내분비성 뇌하수체-부신 연쇄 반응을 활성화한다.

자율신경계의 교감신경 활성화는 좀 더 복잡하며, 다수의 통제 요인이 관련되어 있다. 그러나 이는 우리가 이미 아는 사실과 무관한 것이 아니다. 우선, PVN은 신경섬유를 뇌간과 척수에 위치한 교감신경 조절 핵으로 직접 보낸다. 이 중 일부는 CRH를 생성하는 PVN 영역에서 기원하며, CRH를 포함하고 있을 수 있다. 또한 연수의 고립로핵 같은 자율신경 핵과 PVN의 CRH 세포 사이에는 상호 투사가 존재한다(Cunningham & Sawchenko, 1988). 고립로핵은 내장 기관으로부터 입력을 받기도 한다. 따라서 PVN과 그 CRH 시스템은 내장성 입력과 출력을 통합하는 주요 장소로 적절한 위치에 있다.

이 같은 논의에 따라 CRH를 소량 뇌에 주입하면 스트레스로 유발되는 변화와 매우 유사하게 교감신경계 양상이 달라진다(Fisher, 1991). 혈중 에피네프린과 노르에피네프린 수치가 증가하고, 혈압과 심박수가 상승하는 것이다. CRH로 심혈관에 변화가 생기는 세부 과정은 스트레스로 그러한 변화가 생기는 과정과 상당히 유사하다. CRH는 혈류를 장간막에서 골격근으로 이동시키고, 심박출량을 높인다(Fisher, 1991). 뇌에 CRH를 주입해 생겨나는 이러한 변화는 CRH가 말초로 유출되거나 뇌하수체-부신계를 활성화해서 나타나는 것이 아니다. 따라서 CRH에 대한 항혈청을 정맥주사해도 뇌에 투여된 CRH가 교감신경계를 자극하는 능력은 변하지 않는다(Brown & Fisher, 1985). 또한 뇌하수체를 제거해도 CRH의 뇌 내 투여가 교감신경 출력을 유도하는 데는 영향을 미치지 않는다(Fisher, Jessen & Brown, 1983).

CRH가 뇌에서 자율신경 출력을 조절하는 몇몇 과정은 시상하부 외 영역에서 비롯되었을 수 있다. CRH 함유 뉴런(Swanson, Sawchenko, Rivier & Vale, 1983)과 CRH 수용체(De Souza, 1987)는 시상하부에 국한되지 않고, 스트레스 및 자율신경 기능과 관련된 수많은 구조물에 존재한다. 여기서 특히 편도체가 중요한 관련성을 가진다. 편도체는 많은 양의 CRH를 포함하고 있으며, 다양한 투사를 통해 CRH가 자율신경 기능에 영향을 미칠 수 있는 다수의 경로를 제공한다.

예상할 수 있듯이, 스트레스 요인에 노출되었을 때 나타나는 행동적 결과를 매개하는 CRH의 역할은 그리 분명하지 않다(Cole & Koob, 1991 참조). CRH를 뇌에 직접 투여하면 불안과 관련된 행동 변화를 일으키는데, 이는 스트레스 요인에 의해 나타나는 행동 변화와 유사하다(Britton, Koob, Rivier & Vale, 1982). 그러나 CRH가 무기력 학습 같은 효과를 실제로 일으키는지는 알려져 있지 않다. 또한 CRH 길항제나 CRH에 대한 항혈청을 투여하면 구속 같은 스트레스 요인으로 유발되는 일부 행동적 효과를 막을 수 있다(Berridge & Dunn, 1987). 그러나 이러한 방법이 무기력 학습 효과까지 차단하는지는 아직 밝혀지지 않았다.

그렇다면 NE 시스템, 청반(LC), BZ-GABA 복합체 등은 어떨까? 흥미롭게도 CRH는 이 모든 것과 상호 작용하는 것으로 알려져 있다. LC 뉴런은 CRH를 포함한 뉴런의 말단과 접촉하며, CRH를 뇌에 투여하면 NE 시스템의 활동이 증가할 뿐 아니라 LC 뉴런의 발화율도 높아진다(Dunn & Berridge, 1987; Valentino, Foote & Aston-Jones, 1983). 또한 여러 스트레스 요인은 LC에서 CRH 농도를 높이는 것으로 나타났으며(Chappell 외, 1986), CRH 길항제는 스트레스가 유발하는 LC 발화율의 증가를 줄이거나 막는다(Valentino & Wehby, 1988). 따라서 스트레스가 NE LC 시스템의 활동에 미치는 영향은 CRH가 LC에서 분비되는 것에 의해 매개될 수 있음을 알 수 있다.

더 나아가, CRH의 행동적 효과 중 일부는 NE 시스템을 통한 작용으로 설명될 수 있다. 예를 들어 CRH의 불안 유발 효과 가운데 일부는 NE 수용체 길항제(Cole & Koob, 1988)에 의해 차단되고, 또 다른 일부는 BZ 수용체 길항제인 Ro15-1788에 의해 차단된다(Britton, Lee & Koob, 1988). 따라서 CRH는 하나의 출발 신호로 작용해 다른 체계에 영향을 미치고, 이는 다시 공포와 불안 같은 행동적·정서적 결과를 매개한다고 볼 수 있다.

CRH에 대한 우리의 초기 논의는 시상하부의 PVN에 초점을 두었다. PVN은 내장성 입력에 반응하고 내분비계와 자율신경계의 출력을 조절하는 신호를 보내는 데 적합한 위치에 있다. 따라서 체성 입력과 출력을 통합하는 장소로 보기 쉽다. 반면 PVN이 스트레스 요인의 '인지적' 또는 통제 가능성 같은 학습된 측면을 통합하는 장소일 수 있는지는 알기 어렵다. 예를 들어 PVN이 스트레스 요인의 통제 가능성 같은 차원에 직접적으로 민감할 수 있을까? 흥미롭게도, 편도체가 CRH를 다량 포함하는 주요 부위라는 사실이 밝혀져 있다. 편도체는 변연계의 핵심 구성 요소이며, 변연계는 대뇌피질과 뇌간·척수 내 체성 운동, 내장 운동, 내분비 출력을 조절하는 영역들 사이를 연결하는 일종의 '중간 다리' 역할을 한다. 편도체는 한편으로 대뇌피질과 직접 연결되어 있고, 다른 한편으로는 PVN 및 뇌간의 자율신경 핵과 연결되어 있다.

편도체는 공포·불안의 경험과 표현을 매개하는 핵심 영역으로 간주된다. 편도체가 자극되면 공포 유사 행동이 나타나고, 혈중 카테콜아민과 당질코르티코이드 농도가 높아진다. 반면 편도체를 파괴하면 조건화된 공포 반응은 사라지지만, 충격 자체가 유발하는 반사적 반응은 줄어들지 않는다(Iwata, LeDoux, Meeley, Arneric & Reis, 1986). 다시 말해 편도체는 조건화된 공포에는 관여하지만, 충격 그 자체에 대한 반사적 반응에는 관여하지 않는 것으로 보인다.

또한 편도체는 여러 표적 영역으로 신호를 보내는데, 이 각각의 표적 영역은 공포의 다양한 측면을 표현하는 데 관여할 수 있다(Gloor, 1978). 여기서 주목할 점은 편도체에 주요 CRH 출력 경로가 존재하고(Gray, 1989), 편도체가 높은 밀도의 BZ 수용체를 지니고 있으며(Niehoff & Kuhar, 1983), LC 및 중뇌 봉선핵과 상호 연결되어 있다는 사실이다. 이미 언급했듯이 편도체는 시상하부, 뇌간, 척수 자율신경

핵과도 연결된다. 마지막으로, 편도체는 중뇌 수도관주위회색질과도 연결되는데, 이 영역은 오피오이드 수용체와 내인성 오피오이드를 포함하고 있으며 통증의 하행 조절에 관여한다.

편도체는 스트레스 경험의 학습된 측면을 행동적·내분비적·자율 신경적 변화로 전환하는 데 아주 중요한 위치에 있다. 시상하부 영역은 스트레스 요인의 내장성 측면에 직접 반응해 그것에 대한 반사적 또는 무조건적인 현상을 조절한다고 볼 수 있다. 반면 편도체는 통제 가능성 같은 학습된 특성을 추가하는 '중간 매개체' 역할을 할 수 있다. 어쩌면 CRH 시스템이 이 과정의 초기 단계에서 중요한 역할을 하는지도 모른다. 만약 그렇다면 통제 가능성이 다양한 경로에 미치는 광범위한 변화가 더는 놀라운 일은 아닐 것이다.

생략된 쟁점들

이 장에서는 매우 선택적으로 주제를 골랐기 때문에 아직 언급되지 않은 주제가 많다. 그중 중요한 몇 가지를 간략히 짚고자 한다.

급성 vs 만성 노출

이 장에서 다룬 모든 논의는 통제성 차이가 있는 스트레스 요인에 단 한 번 노출되었을 때 나타나는 효과에 관한 것이었다. 이는 기존 연구 문헌을 따랐다. 그러나 실제 삶에서 스트레스 요인은 종종 만성적이고, 오랜 기간 지속되거나 자주 반복된다. 따라서 통제 불가능한 스트레스 요인에 반복적 혹은 만성적으로 노출되었을 때도 급성 노출과 동일한 생물학적 변화가 생기는지, 그리고 이러한 만성 노출 이후 관찰되는 행동 변화에 동일한 생물학적 기제가 작용하는지를 묻는 것은 타당하다.

보통 생물학적 시스템은 반복되는 도전에 직면하면 보상적 변화를 겪는다. 즉 교란을 일으키는 요인이 기준선 혹은 정상 기능에서 벗어나게 만들 경우 이를 상쇄할 수 있는 기제들이 가동되곤 한다. 예를 들어, 앞서 언급했듯이 회피 불가능한 충격은 뇌에서 NE 활용률을 증가시키고 합성 속도가 이를 따라가지 못해 순차적으로 고갈이 일어난다. 그러나 실험동물이 매일 반복적으로 회피 불가능한 충격에 노출되면 더는 NE가 고갈되지 않는다(Weiss, Glazer & Pohorecky, 1976). 그 대신 NE 합성 속도를 제한하는 효소인 티로신 하이드록실라제의 활동이 증가해 만성적인 노출이 지속되면 NE 합성이 소모 속도를 따라잡을 수 있게 된다. 따라서 통제 불가능한 스트레스 요인의 대부분 혹은 전부는 그 생물학적 결과가 급성 노출에서 만성 노출로 전환될 것으로 예상할 수 있다. 행동적 결과 역시 일부는 그렇게 될 것이다.

수용체 기능

지금까지 논의는 주로 신경전달물질과 호르몬 변화에 집중했다. 그러나 이러한 물질들은 결국 수용체, 즉 시냅스 후 수용체(신경전달물질이 시냅스를 건너 상대 뉴런에 도달한 후 그 신호를 받아들이는 수용체-편집자 주)와 스냅스 전 수용체(신경전달물질이 방출되기 전 신경세포에서 신호전달 역할을 하는 수용체-편집자 주)에 작용함으로써 효과를 발휘한다. 수용체는 고정적이고 정적인 물질이 아니라, 신경전달물질·신경조절

물질·호르몬 변동에 따라 빠르게 변하는 역동적인 자리다. 세포막에 발현되는 수용체의 수 또는 수용체 자체의 결합 친화도는 빠르게 분 단위로 변할 수 있으며, 이러한 변화는 며칠, 때로는 몇 주처럼 비교적 오랜 기간 지속되기도 한다.

한 번의 회피 불가능한 충격만으로도 수용체 변화가 일어날 수 있다. 바이스와 우드먼시(Woodmansee), 그리고 마이어(1992)는 LC 내 알파-2 NE 수용체가 단 한 번의 회피 불가능한 충격 이후 상향 조절되고, 이 변화가 최소 사흘 동안 지속된다는 사실을 발견했다. 따라서 통제 불가능한 스트레스 요인이 일으키는 행동 변화는 단순히 신경전달물질의 기능 변화가 아니라, 수용체 변화의 산물일 수 있다. 게다가 수용체의 수와 결합 친화도는 물론, 수용체가 뉴런 내부의 '하위 과정'과 연결되는 방식 또한 바뀔 수 있다. 따라서 수용체의 수와 결합 친화도가 그대로일지라도 신경전달물질이 수용체와 결합하면 세포에 미치는 효과가 달라지기도 한다. 상당 부분의 '작용'은 아마도 이러한 차원에서 일어날 것이다.

개체 변수의 조절 효과

인간을 포함한 동물의 다양한 특성은 통제 불가능한 스트레스 요인이 심리와 생리에 어떤 영향을 미칠지를 결정한다.

① **개인차:** 모든 동물이 통제 불가능한 스트레스 요인에 노출되었을 때 무기력 학습 효과를 보이는 것은 아니다. 예를 들어 회피 불가능한 충격을 받은 쥐의 약 3분의 2만이 이후 탈출 학습에 실패했다. 따라서 누가 취약하고 누가 취약하지 않은지

를 구분할 수 있는 원인을 밝히는 것이 중요하다. '지배성' 지위가 중요한 원인 중 하나인 듯하다. 놀랍게도, 순종적인 동물이 오히려 무기력 학습 효과에 취약하지 않았다(Fleshner, Peterson & Maier, 1992).

② **성별:** 개체의 성별은 물론, 암컷의 호르몬 상태와 발정 주기 또한 통제 불가능한 스트레스 요인의 영향을 조절한다(Ryan & Maier, 1988).

③ **생애 단계:** 통제 불가능한 스트레스 요인이 각 발달 시기에 미치는 영향은 다를 수 있다. 어떤 시기에는 그 영향이 다른 시기보다 훨씬 심각하게 나타난다.

우리가 아는 것

무기력 학습의 생물학적 지식은 짧은 기간에 눈에 띄게 확장되었다. 바이스가 충격 통제 가능성이 생물학적 결과에 미치는 영향을 탐색한 초기 연구는 불과 20년 전 시행되었다. 이후 많은 퍼즐 조각이 확인되었고, 이제 개념적 윤곽이 드러나기 시작했다. NE, BZ-GABA 복합체, 내인성 오피오이드의 관여에 대해서도 상당히 구체적으로 알려졌다. 큰 그림은 이렇다. 동물, 그리고 아마도 인간은 자신이 경험하는 혐오 사건의 통제 가능성을 학습하고, 이 학습이 다시 그들이 경험하는 공포의 정도를 변화시킨다는 것이다. 여기서 통제 반응과 안전 예측에서 오는 피드백이 핵심일 수 있다(11장 참고). 스트레스 요인을 통제 불가능하다고 학습하면 공포가 증가할 수 있고, 통제

가능하다고 학습하면 공포가 감소할 수도 있으며, 두 가지 모두 가능하다. BZ-GABA 시스템, CRH, 편도체는 이 과정에서 특히 중요한 역할을 한다.

이 발견들에 주목해야 하는 이유는 지금까지 연구된 통제 불가능한 혐오 사건의 모든 '비인지적' 결과가 공포를 감소시키는 방식으로 BZ-GABA 시스템에 작용하는 약물에 의해 줄어들거나 예방될 수 있다는 점 때문이다. 다른 시스템을 조작했을 때는 이런 효과가 나타나지 않았다. BZ-GABA 시스템에서 시작된 이러한 초기 변화는 이후 NE 같은 다른 시스템을 변화시키고, 결국 모든 것이 행동적 변화를 일으킬 수 있다. 따라서 사회적 상호작용 감소나 이동 상자에서 탈출 결손 같은 통제 불가능성에 따른 특정 행동 결과는 이들 시스템 중 어느 하나, 혹은 여러 시스템의 변화로 발생할 수 있다.

다만, 인지적 변화는 생물학적 변화가 아닌, 스트레스 요인에 대해 학습한 정보에서 비롯되는 것으로 보인다. 생물학적 변화는 주로 통제 불가능한 스트레스 요인의 정서적·동기적 영향과 더 관련 있는 듯하다. 물론 이러한 학습 또한 뇌의 화학적 언어로 표현되어야 하며, 이는 아직 충분히 연구되지 않았다. 요약하면 우리는 무기력 학습에 관여하는 일부 생물학적 '주체들'을 확인했고, 어떤 행동이 어떤 주체와 연결되는지를 조금씩 그려가기 시작했다.

우리가 모르는 것

조금 다르게 비유하자면, 우리는 음표 몇 개는 알지만 교향곡은 이해하지 못하고 있다. 이렇게 다양한 생물학적 변화들이 시간 속에서 어떻게 조율되는가? 어떤 것은 먼저, 어떤 것은 나중에, 또 어떤 것은 더 복잡한 순서로 일어나는가? 변화의 소멸 속도는 각각 다른가? '지휘자'가 있다면 그 지휘자는 어떻게 작동하는가?

이 질문들을 풀어내는 과정은 결코 쉽지 않을 것이다. 어떤 통제 불가능한 스트레스 요인이든 복잡하고 다차원적이며, 그 각각은 각기 다른 신경 시스템 집합에 영향을 미칠 수 있기 때문이다. 회피 불가능한 충격이 만들어내는 진통 효과가 좋은 예다. 충격 자극 자체는 감각 사건으로서 뇌간과 척수 내 회로를 직접 자극해 통증 억제를 만든다. 이 과정은 인지적 매개 없이 일어나며, 동물이 완전히 의식이 없거나 마취 상태에 있어도 발생한다. 그러나 뇌의 더 높은 회로는 동물이 충격에 대해 학습한 것에 반응하고 충격 자체에는 반응하지 않는다. 이 두 회로의 집합은 서로 다른 시점에 활성화되며, 복잡하게 상호작용할 수 있다. 다만, 신경화학이나 해부학 같은 특정 체계가 통제성에 민감한지는 밝혀내기 어렵다. 그것에 대해 대략적으로 정확히 묘사한다면 그 교향곡의 구조를 알아내기까지 많은 노력이 필요할 것이다.

지금까지 연구는 전기충격 같은 단일 스트레스 요인을 사용한 것이 대부분이다. 그러나 스트레스 요인은 그 강도와 성격이 다양하다. 서로 다른 통제 불가능한 스트레스 요인이 유사한 생물학적 변화를 만들어내는가? 반대로, 각 연구실에서는 변수가 크게 다른 회피 불가능한 충격을 사용한다. 그 결과들을 어느 수준까지 비교할 수 있는가?

더 나아가 이러한 생물학적 변화의 연쇄가 어떻게 행동으로 연결되는지도 여전히 불확실하다. 통제 불가능한 스트레스 요인에 노출되면 수많은 생물학적 변화와 행동 반응이 일어나지만, 어떤 변화가 어떤 반응을 매개하는지는 충분히 밝혀지지 않았다. 예컨대 LC 내 NE 고갈은 특정 무기력 학습 효과를 매개할 수 있어도 다른 효과는 아닐 수 있다. 이런 식으로 모든 조합이 가능하다. 하나의 생물학적 변화가 여러 행동에 관여하는 것도 가능하고, 여러 변화의 영향을 동시에 받는 특정 행동도 있을 수 있다. 심지어 더 높은 수준의 특수성도 가능하다. 예를 들어 LC의 전뇌 투사는 통제 불가능한 스트레스 요인이 유발하는 주의 변화에 관여하는 반면, 같은 핵의 소뇌 투사는 운동 변화에 관여할 수 있다. 생물학 분야에서 행동으로 이어지는 연결을 풀어내고 일관된 지도를 만드는 일은 큰 도전이 될 것이다.

모든 행동 반응이 스트레스 요인의 통제 가능성에 민감한 것은 아니다. 예를 들어 회피 불가능한 충격에 노출된 쥐는 자발적인 러닝휠 활동량이 크게 감소하는데, 이 효과는 몇 주간 지속되곤 한다(Desan, Silbert & Maier, 1988). 그러나 회피 가능한 충격도 동일한 결과를 만든다. 따라서 우리는 아직까지 어떤 행동이 스트레스 요인의 통제 가능성에 민감한지 알지 못한다.

마지막으로, '무기력 학습의 생물학'에 관한 관심은 상당 부분 정신병리, 특히 우울증 모델로 무기력에 주목한 데서 비롯되었다. 많은 연구자가 무기력 학습 이론 자체를 탐구하기보다 통제 불가능한 스트레스 요인이 우울증의 기초로 여겨지는 생물학적 변화와 유사한 변화를 일으키는지에 관심을 가져왔다. 그렇다면 무기력 학습의 생물학은 우울증의 생물학과 닮았는가, 아니면 전혀 다른 무언가의 생물학과 닮았는가? 이 질문에 답하려면 우울증의 생물학에 대한 이해가 필요하지만, 이 주제는 아직 미완성이며 논란도 많다.

우리는 15장에서 무기력 학습과 우울증의 연결을 자세히 논의할 것이다. 따라서 여기서는 무기력 학습이 우울증뿐 아니라, 불안과도 깊은 관련이 있을 수 있다는 점을 언급하며 마무리하고자 한다 (Willner, 1985). 최소한 생물학적 차원에서는 불안과 우울이 동일한 연속선상에 있고 공통의 기반을 공유하는 듯하다(Paul, 1988). 앞으로 무기력 학습 관점이 불안과 우울의 관계를 밝히는 데 어떤 빛을 던져줄지 관련 연구가 필요하다.

13장

인간의 무기력 학습

앞서 11장에서 설명했듯이 동물 무기력 학습 연구를 둘러싼 논쟁은 실험실에서 통제 불가능성에 의해 산출된 결손을 무기력 학습 모델이 충분히 설명할 수 있는지에 관한 것이었다. 반면, 인간 무기력 학습을 연구하는 학자들은 다른 길을 걸었으며, 그것과 관련된 논쟁은 전혀 다른 쟁점을 반영한다. 인간 무기력 학습 연구는 사람들이 통제 불가능성 이후 결손을 보이는 이유를 밝히는 인지적 설명, 즉 무기력 학습 모델에서 출발했다. 연구자들의 과제는 이 모델이 설명하는 현상을 실험실에서 실제로 산출하는 것이었다.

따라서 인간 무기력 학습 연구는 동물 연구와 다른 방식으로 전개되었다. 이는 단순히 동물 연구가 먼저 시작되었기 때문이다. 동물 연구가 흥미로운 사실들에서 출발해 그것을 설명하기 위한 이론을 제안하는 귀납적 탐구의 전형이라면, 인간 연구는 흥미로운 가설에서 출발해 그것을 검증하기 위한 사실을 수집하는 연역적 탐구의 전형이었다.

11장에서 다룬 동물실험 모델은 삼중 설계, 통제 불가능성과 무기력 학습의 조작적 정의, 그리고 인간이 통제 불가능한 사건을 경험한 후 나타내는 결손에 대한 설명을 제공했다. 그러나 당시에는 인간에게서 나타나는 결손이 실제로 문서화되기 전이었다. 초기 인간 무기력 학습 연구는 동물실험 모델이 사람에게도 적용될 수 있는지 여부를 평가하는 것에서 출발했다. 연구자들은 곧 이 모델이 인간의 반응 전체를 포괄하기에는 충분히 정교하지 않다는 점을 발견했다. 초기 연구들은 인간의 무기력 학습을 일반적으로 지지했지만 동시에 기존 모델로 설명할 수 없는 이례적인 사실들도 산출했다. 이후 연구자들은 특이한 결과들을 설명하기 위해 귀납적 방향으로 나아가야 했으며, 그것들을 기존 무기력 학습 가설과 통합하고자 했다.

이번 13장에서는 인간 무기력 학습에 관한 초기 연구들을 살펴본다. 우리는 연구 과정에서 나타난 특이한 결과들도 숨기지 않고 자세히 다룰 것이다. 그렇게 할 수 있는 이유는 결국 후속 연구들을 통해 그중 많은 것들을 설명할 수 있는 방법이 밝혀졌기 때문이다. 이런 특이한 자료들을 바탕으로 인간에게 적용된 무기력 학습 모델은 수정되었고, 이렇게 재구성된 이론은 다음 장에서 논의할 것이다.

무기력 학습 기준

10장에서 설명했듯이, 무기력 학습은 여러 가지 의미를 지니기 때문에 인간에게서 이를 식별하는 일이 언제나 단순하지만은 않다. 다시 말해 무기력 학습은 사고·정서·행동의 결손을 가리킬 수도 있고, 이런 결손을 유발하는 조작, 즉 통제 불가능한 사건에 노출 등을 가리킬 수도 있으며, 또는 그 조작이 어떻게 결손으로 이어지는지를 밝히는 인지적 설명 자체를 가리킬 수도 있다. 더 나아가 일부 이론가는 무기력 학습이라는 용어를 실험실에서 관찰되는 현상과 유사한 복잡한 적응 실패 현상을 지칭하는 이름으로 사용하기도 한다(16장 참고).

우리는 무기력 학습이라는 용어가 사용되는 이러한 모든 의미를 인정한다. 그리고 구체적인 사례마다 이 개념이 얼마나 잘 구현되는지가 다 다를 수 있음을 전제로 한다. 좋은 사례란 결손, 인지적 매개, 그리고 통제 불가능한 사건이라는 선행 조건을 모두 반영하는 것이다. 반대로, 단지 한 측면만 반영하는 사례들은 나머지 측면과 연결지을 때 주의가 필요하다.

실험실 연구는 대부분 '좋은 사례'와 '부적절한 사례' 이 두 가지의 중간에 속한다. 통제 불가능성은 실험자가 조작할 수 있어 사례 대부분에 포함되며, 결손 또한 통제 불가능한 사건들에 의해 안정적으로 유발된다. 하지만 이 연구의 난제는 통제 불가능성에서 결손이 나오려면 무기력 학습 모델에서 가정하는 특수한 인지적 과정이 필요하다는 사실을 증명해 보이는 것이다.

실험실에서의 무기력 학습 조작화

앞서 언급했듯이 인간 대상의 최초 무기력 학습 실험들은 동물 연구를 충실히 모방해 설계되었다. 피험자들은 큰 소음, 전기자극, 혹은 어려운 문제 같은 혐오적 사건에 노출되었으며, 실험 설계는 삼중 설계를 따랐다. 먼저, 통제 가능 조건에서는 특정 반응을 통해 혐오 자극을 중단할 수 있었다. 통제 불가능 조건에서는 동일한 자극에 노출되지만 이를 멈출 방법은 없었다(일부 실험은 동물 연구에서와 마찬가지로 통제 불가능 조건의 참여자가 통제 가능 조건의 참여자와 함께 묶여 동일한 자극량을 경험했다. 이들의 결정적 차이는 통제 여부였다. 다른 실험에서는 이보다 덜 정교한 설계를 사용하기도 했다). 마지막으로 대조군은 혐오 자극 자체를 전혀 경험하지 않았다.

이후 피험자는 무기력 학습에 기인한 한 가지 이상의 결손을 반영하는 과제를 수행했다. 동물실험과 마찬가지로 통제 불가능 조건의 피험자들이 다른 두 집단보다 수행에 어려움을 보일 경우 무기력 학습이 추론되었다. 이러한 설계를 사용한 수많은 실험이 이어졌고 (Abramson, Seligman & Teasdale, 1978; McFerran & Breen, 1979; Miller & Norman, 1979; Roth, 1980; Wortman & Brehm, 1975 등), 결과가 완전히 일관되지는 않았지만 많은 연구가 통제 불가능한 사건을 경험한 사람들이 이후 사고, 감정, 행동에서 결손을 보인다는 사실을 발견했다.

묘사적 연구

먼저 히로토(Hiroto)와 셀리그만(1975)이 보고한 연구를 살펴보자. 이 연구는 인간의 무기력을 실험적으로 어떻게 조작할 수 있는지를 보여주면서, 동시에 그 접근의 타당성과 한계점을 모두 드러낸다. 이 연구가 진행될 당시만 해도 인간 무기력 학습에 대한 실험실 연구는 매우 드물었다(Fosco & Geer, 1971; Hiroto, 1974; Roth & Bootzin,

1974; Thornton & Jacobs, 1971, 1972). 자세한 내용은 생략하더라도, 당시 발표된 많은 연구가 방법론적으로 미흡하다는 비판을 받은 데다(Wortman & Brehm, 1975), 학계 전반에서도 인간에게 동물과 유사한 '무기력 학습' 현상이 존재하는지 확신하지 못했다.

당시 히로토와 셀리그만은 무기력 학습 연구에서 가장 중요한 쟁점을 지적했다. 바로 한 상황에서 '학습된' 무기력을 어느 정도까지 일반화해 다른 상황에도 적용할 수 있는가 하는 점이었다. 물론 그 전에도 어떤 사람이 한 환경에서 통제 불가능한 사건을 경험하면 무기력하고 의욕 없는 모습을 보인다는 사실은 알려져 있었다(MacDonald, 1946). 그러나 이런 현상은 단순히 환경적 요인으로도 설명이 가능했다. 예를 들어 특정 자극이 보상과 무관하다는 것이 반복적으로 학습되면 결국 반응이 점차 사라지는데, 이 경우 '소거' 현상으로 해석할 수 있었다.

그럼에도 히로토와 셀리그만이 제안한 무기력 학습 개념이 흥미로웠던 이유는 '반응과 결과가 독립적이라는 기대'가 유기체의 내적 상태로 작용한다는 가정 때문이다(Hiroto & Seligman, 1975). 다시 말해 무기력을 일종의 '성향'처럼 비교적 안정적이고 광범위하게 일반화되는 내적 상태라고 본 것이다. 다만, 당시에는 이를 인간 대상 연구에서 명확히 입증하지 못했다.

히로토와 셀리그만은 동물 연구자들이 그랬던 것처럼 단순한 자극-반응식 말초적 설명에 맞서 인지적 해석을 옹호했다. 그래서 그들은 실험을 설계할 때 '사전 과제'와 '시험 과제' 모두를 다양하게 조작했다. 사전 과제는 두 가지 형태였다. 먼저, 도구적 사전 과제는 피험자들이 '약간 불쾌한 음'을 끄려고 버튼을 눌러야 했고, 인지적 사전 과제는 피험자가 여러 자극 가운데 '큰 빨간 네모'를 고르는 식으로 개념-판단 문제를 풀어야 했다.

시험 과제도 마찬가지로 두 가지 형태였다. 도구적 시험 과제는 피험자가 90데시벨의 '불쾌한 소리'를 피하거나 멈추려고 레버를 좌우로 움직여야 했고, 인지적 시험 과제는 피험자가 20개의 낱말 재배열 퍼즐(애너그램·anagram)을 풀어야 했다.

이들은 삼분 설계를 사용해 통제 가능한 사전 과제 조건, 통제 불가능한 사전 과제 조건, 사전 과제가 없는(비처치) 조건 등 세 집단을 비교했다. 사전 과제가 없는 비교 집단은 불쾌한 소리를 들었지만 그것을 통제 가능하다고 안내받지 못했거나, 개념-판단 문제를 봤지만 실제로 풀라는 지시는 받지 않았다.

연구자들은 통제 불가능한 사전 과제를 경험한 피험자들이 이후 유사한 형태의 시험 과제에서 도구적이든, 인지적이든 수행이 저하될 것이라고 예상했다. 즉 이전 연구에서 확립된 무기력 학습 현상이 재현될 것으로 봤다. 여기서 더 흥미로운 부분은 한 유형의 통제 불가능한 사전 과제가 다른 유형(예: 도구적 → 인지적)에서도 동일한 결손을 초래하는지를 살피는 것이었다. 만약 그렇다면 무기력은 특정 환경에 국한된 반응이 아니라, 좀 더 일반적인 내적 상태라는 점이 입증될 수 있었다.

실제로 연구 결과는 이 가설을 뒷받침했다. 수행 저하의 다양한 지표, 예를 들어 문제해결까지 걸린 시간, 실패 횟수, 해결 패턴을 학습하는 데 필요한 시행 횟수 등에서 통제 불가능한 사전 과제를 경험한 피험자들은 일관되게 더 나쁜 결과를 보였다. 과제 유형이 무엇이든 상관없었다. 단 한 가지 예외는 '인지-인지 조건'이었다. 이 조건에서는 통계적으로 유의미한 차이가 나지 않았지만, 방향성은 동일했다.

히로토와 셀리그만은 이를 근거로 '교차 양식적 무기력'이 나타났다고 결론지었다. 즉 도구적 과제에서 배운 무기력이 인지적 과제에도 전이된다는 것이다. 그들은 이러한 결과가 단순한 말초적 설명이 아닌, 인지적 해석을 뒷받침한다고 주장했다. 또 인간의 무기력 학습 현상이 개, 고양이, 쥐 등 동물에게서 나타나는 것과 본질적으로 유사하다고 봤다.

1990년대 시점에서 보면 이런 도구적 과제와 인지적 과제의 구분은 그리 중요하게 느껴지지 않는다. 두 과제 모두 심리학 실험 맥락에서는 추상적 문제해결 과제로 볼 수 있기 때문이다. 그러나 1975년 당시에는 심리학자들이 '행동'과 '인지'를 매우 엄격히 구분했기 때문에 이 결과는 당시로서는 상당히 놀라운 것이었다. 오늘날 우리가 실험실 과제를 인지적 용어로 자유롭게 해석할 수 있게 된 데는 바로 이 연구처럼 인지적 요인이 중심적 역할을 한다는 점을 보여준 결과들이 큰 기여를 했다.

히로토와 셀리그만은 또한 자신들의 연구 결과를 단순한 자극－반응식 말초적 설명으로부터 방어하면서 인지적 해석이 더 타당하다고 주장했다. 결국 경쟁 이론들이 약화되었고, 남은 것은 무기력 학습의 인지적 설명뿐이었다. 이 이론이 '기본값'으로 받아들여진 이유는 당시에는 다른 인지 이론이 없었기 때문이다.

오늘날 연구자는 대부분 인간의 무기력이 자극－반응 불일치 같은 단순한 말초적 요인 때문에 생긴다고 보지 않는다. 무언가 '중앙적 요인'이 작용한다는 점은 분명하지만, 그 구체적인 본질과 관련해서는 여전히 논쟁 중이다. 히로토와 셀리그만은 자신들의 실험에서 이러한 인지적 과정을 직접 측정하지는 않았다. 그 대신 피험자들이 '반응과 결과가 서로 독립적'이라는 기대를 학습했고, 그것이 다른 상황으로 일반화된다고 해석했다. 그들은 이렇게 설명했다.

"우리는 무기력 학습이 '반응해도 소용없다'는 기대 체계, 즉 성향적 성격의 인지적 기대 체계와 관련되어 있을 가능성을 제안한다."

인간 무기력 학습의 맥락

인간 무기력 학습 연구의 전형적인 실험 모델은 과연 무기력 학습 이론이 요구하는 현상을 충분히 포착할까? 이를 살펴보기 위해서는 먼저 이 모델의 방법론에 대한 몇 가지 비판을 고려할 필요가 있다.

동물 무기력 학습 실험에서 피험 동물은 사육 상자에서 나와 고정 장치에 넣어지고, 그들이 무엇을 하든 상관없이 전기충격을 받는다. 반면, 인간 피험자는 무기력 학습이 유도되는 상황에 들어가기 전 이미 상당한 양의 도구적 행동을 해야 한다. 예를 들어 심리학 개론 과목을 수강하려는 대학교 2학년 학생이 수강 요건을 충족하고자 무기력 학습 실험에 참여한다고 가정해보자. 그가 통제 불가능한 사건에 노출되기 전 해야 할 일들은 다음과 같다.

- 과목을 수강 신청한다.
- 수업 전 강의실을 찾아가 의자에 착석한다.
- 교수의 설명을 듣고 실험 참여 요건을 이해한다.
- 무기력 학습 실험에 등록한다.
- 정해진 시간에 정확한 연구실을 찾아간다.
- 실험 시작 전 연구자로부터 퇴출당하지 않도록 예의 바르게 행동한다.

- 실험 절차와 잠재적 불편을 설명하는 동의서를 읽는다.
- 참여에 동의한다.
- 연구자의 지시를 이해한다.

이 모든 과정을 거쳐야만 비로소 무기력 학습 실험이 시작된다.

통제 불가능성을 단순히 피험자에게 강제되는 사건으로만 조작화한다면 피험자는 아무런 행동을 하지 않아도 이를 경험할 수 있다. 그러나 많은 실험에서 피험자는 오히려 추가적인 반응을 해야만 통제 불가능성을 경험하게 된다. 예를 들어 앞서 언급한 히로토와 셀리그만(1975)의 연구에서는 통제 불가능성이 개념-판단 문제를 해결하면서 조작화되기도 한다. 즉 피드백이 일정한 규칙 없이 무작위로 주어진다면 이 문제해결은 통제 불가능한 것으로 간주된다.

다만, 피험자는 먼저 선택을 해야만 피드백을 받을 수 있다. 동물이 충격을 경험하거나 사람이 헤드폰을 통해 소음을 듣는 경우와 달리, 이런 개념-판단 문제에서는 피험자가 문제를 풀려고 시도할 때만 통제 불가능한 피드백이 주어진다. 다시 말해 통제 불가능성을 경험하는 것은 피험자의 행동에 달렸다. 피험자가 어떤 선택도 하지 않는다면 실험 자체가 성립되지 않을 것이다. 하지만 그러한 사례는 실제로 보고된 바 없다. 피험자들은 어떤 방식으로든 선택을 한다. "선택을 해야 실험이 끝난다"는 사실을 이해하고 있기 때문에 성의 없거나, 무심하거나, 무기력하게 반응할지라도 선택을 하게 되어 있다.

해결 불가능한 문제를 통해 통제 불가능성을 조작화하는 인간 무기력 학습 실험은 동물실험과 엄격하게 병행되기 어렵다. 따라서 인간에게서 나타나는 무기력은 본질적으로 제한적일 수밖에 없다. 또한 피험자는 통제 불가능한 사건을 자신이 한 여러 행동에 귀속할 가능성이 크다. "실험에 참여하러 오지만 않았더라면…", "동의서에 서명하지 않았더라면…", "애초에 이런 실험에 참여하지 않았더라면…" 같은 생각들이다.

이러한 사고를 하는 피험자가 일반적인 '반응–결과 독립'이라는 신념에 도달할 수 있을까? 아마도 쉽지 않을 것이다. 바로 이 점을 인정하면서 인간 무기력 학습 이론은 두 번째 단계(14장)로 발전하게 된다. 여기서는 인간의 무기력 학습이 동물의 무기력 학습과 동일하지 않으며, 피험자가 처한 상황을 어떻게 해석하느냐에 따라 경계 조건이 달라진다는 점을 명시적으로 인정한다.

16장에서 다루겠지만, 피해 경험 같은 실험실 밖 실제 상황에서는 개인이 '완전한 반응–결과 독립'을 믿는 경우가 존재할 수 있다. 다만, 이런 극심한 무기력 상태가 인지적 요인에 의해 주도되는 것인지, 아니면 외상적 사건의 영향 때문인지 분리해서 규명하는 일은 쉽지 않다. 실험실 안에서 나타나는 인간 무기력 학습이 제한적이라는 점은 큰 문제가 되지 않는다. 실험실 밖의 무기력 현상들 또한 일정한 한계를 지니기 때문이다. 무엇보다 실험실은 외상과 통제 불가능성을 구분해 탐구할 수 있다는 최적의 장점을 지닌다.

적절한 비교 집단

동물 무기력 학습 실험에서 적절한 통제 집단을 구성하는 일은 비교적 단순하며, 삼중 설계도 오직 하나의 방식으로만 구현된다. 반면 인간 피험자를 대상으로 할 때는 훨씬 복잡하다. 특히 앞서 언급한 사전 과제가 없는 비교 조건을 어떻게 설정할지가 핵심 문제다. 과연 이 집단의 피험자들이 무엇을 해야 통제 불가능성이 결손을 일으켰다는 주장이 강화될 수 있을까?

동물실험에서는 비교 집단도 다른 두 집단과 동일한 절차를 거친다. 전기충격이라는 혐오 자극에만 노출되지 않을 뿐이다. 다시 말해 상자에서 나와 고정 장치에 넣어진 뒤 일정 시간 동안 그대로 있다가 충격을 받지 않은 채 다시 상자로 돌아간다. 그리고 24시간 뒤 시험을 받는다.

그렇다면 인간 대상 연구에서는 사전 과제가 없는 비교 조건이 어떠해야 할까? 실제로 다양한 방식이 사용되어 왔다. 다만, 각각의 경우 이 비교 집단이 정확히 무엇을 통제하는지에 대한 의문이 제기될 수 있다. 연구자의 의도는 통제 가능 집단과 통제 불가능 집단의 경험에서 핵심 변수만 제외하고 동일하게 유지하는 것이다. 히로토와 셀리그만(1975)처럼 피험자들에게 문제 자극을 보여주거나 만지게 하되, 실제로 문제를 풀지는 않게 한 연구도 있었다.

이 같은 절차는 표면적으로는 일정한 경험을 동일하게 유지하는 듯 보이지만, 오히려 혼란 변인을 낳을 수 있다. 피험자가 '문제처럼 보이는 것'을 받았는데 풀라는 지시가 없다면 어떻게 생각할까? 아마도 스스로 풀어보려 할 수도 있고, 내용을 외우려 할 수도 있다. 어느 쪽이든 그 상황을 이해하려고 시도할 것이다. 그 결과 혼란스럽거나, 지루하거나, 도전감을 느낄 수 있으며, 이는 애초에 비교 집단으로서 목적에 부합하지 않는다.

다른 연구자들은 사전 과제가 없는 비교 집단에 설문 작성이나 슬라이드 평가 같은 '채우기 과제(filler task)'를 제공했다. 또 어떤 경우에는 단순히 대기하게 하거나, 아예 곧바로 시험 과제를 시작하게 했다.

이 모든 방법을 어떻게 평가할 수 있을까? 중요한 점은 넓은 시각으로 바라보는 것이다. 서로 다른 비교 집단을 두었는데도 결과가 일관되게 나왔는가? 실제로 무기력 학습 실험들은 다양한 비교 집단을 사용했음에도 동일한 결과를 보였다.

무기력 학습 연구에 대한 메타분석

지난 20여 년 동안 수백 편의 인간 무기력 학습 연구가 시행되어 온 만큼, 이 방대한 연구 결과들을 정리하는 일은 쉽지 않다. 각각 실험의 방법론적 측면에서 매우 다양한 절차상 차이를 지니고 있기 때문이다. 그럼에도 인간 무기력 학습 연구의 현황을 파악하려면 특정한 한두 편의 연구가 아니라 전체 연구의 종합적 결과를 고려해야 한다. 그렇다면 이 방대한 문헌으로부터 어떻게 일반적 결론을 도출할 수 있을까?

메타분석(meta-analysis)은 개별 연구의 결과를 독립된 자료로 간주하고 연구 설계의 힘과 효과 크기를 동시에 고려해 종합하는 방식이다. 개별 연구는 독립적인 관찰로 처리되며, 이를 통합해 전체 효과가 존재하는지, 존재한다면 그 크기가 어떠한지를 검증한다.

빌라노바(Villanova)와 피터슨(1991)은 인간 무기력 학습 연구들을 메타분석했다. 연구들은 전산화된 초록(抄錄) 검색을 통해 수집되었는데, '무기력 학습'은 〈심리학 초록(Psychological Abstracts)〉과 〈의과학색인목록(Index Medicus)〉에 주요 색인어로 등재되어 있어 검색 과정이 비교적 철저했다. 이후 해당 논문들의 참고문헌을 추적하는 2차

검색이 이루어졌다. 빌라노바와 피터슨은 무기력 유도 후 수행된 검사 과제의 성과를 측정한 연구들에 주목했다. 일부 연구는 문제해결 이외의 종속변수를 사용했으나, 수가 너무 적고 다양해 의미 있는 메타분석을 하기 어려웠다. 모든 연구는 어떤 형태로든 삼중 설계를 채택했다.

메타분석 포함 기준은 두 가지였다. 첫째는 영어로 출판된 연구일 것, 둘째는 메타분석에 필요한 통계자료, 즉 표본 수, 조건별 평균, 표준편차가 보고되어 있을 것 등이다. 최종적으로 연구 132편이 선정되었으며, 이는 수천 명의 피험자를 포함하고 있었다.

메타분석의 전체 결론은 분명했다. 통제 불가능한 사건을 경험한 피험자들은 통제 가능 조건 집단이나 비처치 조건 집단과 비교했을 때 검사 과제 수행이 방해를 받았다. 이 효과의 크기는 통계적으로 '중간 수준'으로 보고되었다. 여기서 말하는 '중간 수준'은 결코 사소하거나 실망스럽다는 뜻이 아니다. 사회과학에서 가장 견고한 결과조차 중간 수준의 효과 크기에 머무르는 경우가 많다. 인간 행동은 수많은 요인에 의해 결정되는 만큼 통제 불가능한 경험 같은 어떤 단일 원인이 기여할 수 있는 정도에는 한계가 있기 때문이다. 다시 말해 인간 무기력 학습 효과는 사회과학의 다른 주요 발견들만큼이나 강력하고 견고하다.

빌라노바와 피터슨은 추가 분석을 통해 인간 무기력 학습 효과가 동물에게서 나타나는 유사한 효과보다 더 강할 수 있다는 결론을 제시했다. 이는 중요한 의미를 지닌다. 동물 무기력 학습 연구는 역사적으로 먼저 이루어져 인간 대상 연구의 기준점으로 활용되어 왔다. 많은 학자가 동물실험에서는 효과가 강력한 반면, 인간 대상 실험에서는 효과가 상대적으로 약하고 인상적이지 않다고 주장했으나, 이번 결과는 그러한 통념이 잘못되었음을 보여준다. 동물실험이 더 극적으로 서술된 데다, 사람들이 동물의 곤경에는 쉽게 공감하면서도 타인의 곤경에는 공감하지 않는 경향이 있어 생긴 오해일 개연성이 크다. 그러나 '극적인 효과'와 '견고한 효과'는 반드시 동일한 것은 아니다.

메타분석을 통해 무기력 학습 효과의 크기에 영향을 미칠 수 있는 요인들도 탐색했다. 전체 효과가 존재한다는 전제하에 어떤 조건에서 더 강한 효과가 나타나는지를 살펴본 것이다. 이는 단순한 호기심 이상의 의미를 가진다. 무기력 학습 이론이 실제로 적용되는 영역에서는 특정인이 더 취약하고, 특정 사건이 더 큰 교란을 일으킨다는 주장이 흔하기 때문이다. 그렇다면 기본적인 실험 연구들은 이러한 주장을 지지할까?

빌라노바와 피터슨은 각각의 연구에 충분히 존재할 수 있는 몇 가지 변수를 선별했다.

① **논문이 게재된 학술지 수준**(심사 여부): 엄격한 학술지는 더 정밀한 연구를 게재할 것이라는 가정

② **표본 특성**: 아동, 청소년, 대학생, 성인, 정신질환자 여부

③ **성별**: 남성과 여성의 차이

④ **무기력 유도 사건의 성격**: 긍정적, 부정적, 중립적 사건

⑤ **검사 과제 유형**: 낱말 재배열 퍼즐, 개념 판별, 버튼 누르기, 이동 상자

⑥ **비교 집단 유형**: 짝지은 대조군 설계 여부

⑦ **과제 중요성**: 중요하게 조작되었는지 여부

그러나 이들 변수는 무기력 학습 효과의 크기에 유의한 영향을 미치지 않았다. 메타분석에서조차 '영(0)의 결과'는 신중히 해석되어야 하지만, 이는 무기력 학습 효과의 존재만큼이나 중요한 의미를 지닌다.

이 결과는 인간 무기력 학습이 매우 견고하다는 점을 다시금 확인케 한다. 또한 특정 요인이 인간에게서 무기력 발생 가능성을 높인다거나 낮춘다고 쉽게 단정하는 것을 경계해야 한다는 점을 보여준다. 인간에게서 무기력이 나타나는 가장 핵심적 요인은 여전히 '통제 불가능성 그 자체'인 것이다.

더불어 이 결과는 적어도 132편의 연구가 다룬 범위에서는 특정 집단이 실험실적 무기력 학습에 더 취약하지 않다는 함의를 제공한다. 이는 중요한 지점이다. 예를 들어 여성의 우울증 발병률이 더 높다는 사실을 설명하기 위해 무기력 학습 개념을 적용하려는 시도가 있을 수 있다(15장). 그러나 이번 결과는 여성이 통제 불가능한 상황에 본질적으로 더 취약하기 때문이라고 단정할 수 없다는 것을 시사한다. 정신질환자, 연령대가 다른 집단 등도 마찬가지다. 만약 특정 집단이 실험실 밖에서 더 무기력해 보인다면, 그것은 통제 불가능한 사건을 더 많이 경험했기 때문일 개연성이 크다.

이 점은 성격 특성과 무기력 학습의 관계에 관한 문헌이 왜 상충적인지를 설명한다. 지금까지 많은 연구가 통제소재(개인이 자신의 삶이나 사건 결과를 스스로 통제할 수 있다고 믿는 정도 – 편집자 주), 성역할 태도 등 개인차 척도에 따라 피험자를 두 집단으로 나눈 뒤 삼중 설계를 통해 성격 특성과 통제 불가능성이 상호작용을 일으켜 수행 결손을 일으키는지를 검증했다. 어떤 경우에는 상호작용이 나타났지만, 대부분은 그렇지 않았다. 우리 판단으로는 대체로 상호작용이 나타나지 않는다.

마지막으로, 여기까지 검토한 연구들에는 한 가지 한계가 있다. 동기적 결핍과 인지적 결핍을 명확히 구분하지 않았다는 점이다. 따라서 우리는 통제 불가능성이 수행을 방해한다는 결론을 내릴 수는 있어도 그것이 문제해결 시도의 저하(동기적 결핍) 때문인지, 아니면 해답을 봐도 그것을 인식하지 못하는 능력 부족(인지적 결핍) 때문인지 단정하기 어렵다. 히로토와 셀리그만(1975)의 연구 등은 '반응 잠시(latency: 자극이 주어지고 그것에 대한 반응이 나타나기까지 걸리는 시간 - 편집자 주)'를 동기 지표로, 해결에 도달하기까지 시행 횟수를 인지 지표로 구분하려 했으나, 이 두 변인은 실험에서 강하게 상관되어 완전히 독립적이라고 보기는 어렵다.

인간 무기력 학습의 다른 측면들

동물 연구에서 무기력 학습은 단순히 문제해결 능력의 손상에 국한되지 않고, 여러 부수적 결과를 동반하는 것으로 나타났다. 그렇다면 인간을 대상으로 한 연구에서는 어떤 결과가 확인되었을까? 전반적으로 볼 때 인간 대상 실험에서 관찰된 손상 역시 동물실험에서 확인된 무기력 학습의 결과와 유사했다.

시간 경과

동물 무기력 학습과 마찬가지로 인간 무기력 학습도 일정한 시간 경과를 따른다. 다시 말해 시간이 흐르면 그 효과가 점차 사라진다. 이 부분은 아직 충분히 체계적으로 연구되지 않아 정확한 시간적 매개 변인을 확정할 수 없다. 다만, 분명한 사실은 실험실에서 유도된 인간의 무기력 학습 효과도 시간이 지나면 소멸한다는 점이다. 이는 검사 과제가 사전 처치 상황과 매우 유사할 때조차 마찬가지였다(Young & Allin, 1986).

정서적 결과

통제 불가능한 사건에 노출되지 않은 사람들과 비교할 때 통제 불가능성을 경험한 사람들은 불안, 우울, 분노 같은 부정 정서를 보고한다(Breier 외, 1987; Gatchel, Paulus & Maples, 1975; Griffith, 1977; Smolen, 1978; Teasdale, 1978; Tuffin, Hesketh & Podd, 1985). 일부 연구는 이러한 정서들이 순차적으로 나타난다고 밝혔다. 즉 통제 불가능성에 직면했을 때 초기에는 분노와 불안이 나타나고, 이후 사건이 누적됨에 따라 우울감으로 이어진다는 것이다(Pittman & Pittman, 1979, 1980). 또한 미쿨린서(Mikulincer)와 캐스피(Caspy, 1986)는 통제 불가능한 과제를 수행한 사람들이 주관적 무기력감을 보고한다는 사실을 확인했으며, 이는 무기력 학습 모델이 일정 부분 기술적 타당성을 지닌다는 것을 방증한다.

이러한 부정 정서들은 11장에서 살펴본 동물 연구에서의 정서적 교란과 유사하다. 다만, 인간의 경우 이러한 교란을 '결손'으로 규정할 수 있는지는 불분명하다. 불안과 우울은 그 자체로 활발히 작용하는 정서이지, 단순히 정서가 결여된 상태는 아니기 때문이다. 실험실에서 무기력해진 사람은 정서적 혼수상태에 빠진 것이 아니라, 오히려 부정

정서로 감정이 흔들리는 상태에 있다고 보는 편이 타당하다.

공격성 감소

통제 불가능한 사건을 경험한 동물은 공격성이 감소하는 경향을 보인다. 인간 대상의 소수 연구에서도 유사한 결과가 보고되었다(Dengerink & Myers, 1977; Sherrod, Moore & Underwood, 1979). 그중 트리스(Trice, 1982)의 연구가 흥미로운데, 통제 불가능성을 경험한 피험자들은 무해한 유머에 대한 선호가 감소한 반면, 적대적 유머에 대한 선호는 증가했다. 프로이트(1905) 해석에 따르면 이러한 성향은 공격 충동의 대리적 만족을 의미할 수 있다. 다시 말해 통제 불가능성은 공격성을 잠재화하거나 상징적 차원으로 이동시킬 수 있다는 뜻이다. 극단적인 경우 통제 불가능성이 모든 유머에 대한 반응 자체를 무디게 만들 수도 있는데, 이는 부정 정서와 유머 감상 능력이 양립하기 어렵기 때문이다.

생리적 결과

동물실험에서 통제 불가능성은 다양한 신체적 변화를 유발한다(12장). 인간 대상의 연구들 역시 무기력 학습과 관련된 생리적 지표를 탐색해왔다. 다만 동물실험에서는 세밀한 생화학적 분석이 가능하지만, 사람을 대상으로는 그럴 수 없기에 인간 무기력에 대한 생리학적 이해는 피부전도도 반응(정서적 각성이나 스트레스로 피부의 전기 전도도가 변화하는 현상 – 편집자 주), 심박수 등 표면적 지표에 제한되었다.

연구 결과, 인간 무기력 학습은 낮은 기저의 피부전도도 수준, 더 작은 일시적 피부전도도 반응, 높은 혈장 부신피질자극호르몬(ACTH)

수치, 그리고 더 많은 자발적인 피부전기 활동 등과 연관되었다(Breier 외, 1987; Gatchel & Proctor, 1976). 이러한 특성들은 일반적으로 각성 증가로 해석되며, 이는 동물 무기력 학습에 동반되는 공포 및 불안의 증가와 유사하다(12장).

면역 효과와 치료 효과

동물 무기력 학습의 또 다른 두 가지 측면, 즉 면역 효과와 치료 효과는 사람을 대상으로 한 연구에서도 잘 확인된다. 즉 사람은 통제 가능성을 먼저 경험하면 이후 통제 불가능한 사건의 영향을 '면역'할 수 있다(Altmaier & Happ, 1985; Dyck & Breen, 1978; Eckelman & Dyck, 1979; Hirt & Genshaft, 1981; Jones, Nation & Massad, 1977; Prindaville & Stein, 1978; Thornton & Powell, 1974).

또한 실험실에서 통제 불가능성을 경험해 무기력한 상태에 빠진 사람도 다양한 '치료' 개입을 통해 결손을 회복할 수 있다. 예를 들면 반응-결과의 연관성을 명시적으로 설명하거나(Thornton & Powell, 1974), 자존감을 강화하거나(Orbach & Hadas, 1982), 기분을 개선하거나(Kilpatrick-Tabak & Roth, 1978; Raps, Reinhard & Seligman, 1980), 초기 실패에 대한 설명양식을 바꾸도록 격려하는(Miller & Norman, 1981) 방식이 있다.

이러한 연구들은 무기력 학습 모델의 예측과 일치하긴 해도 결손이 반드시 모델에서 제시한 특정 인지적 과정에 의해 발생했음을 직접적으로 보여주는 것은 아니다. 면역 효과와 치료 효과는 인과적 인식 및 기대와 관련될 수 있지만, 다른 다양한 메커니즘에 의해 나타나기도 한다.

무기력 대리 학습

인간 무기력 학습에서 흥미로운 부분은 바로 동물에게서는 찾아볼 수 없는 '무기력 대리 학습'이다. 즉 인간은 자신이 직접 통제 불가능한 사건을 경험하지 않아도 그러한 사건에 직면한 타인의 모습을 관찰함으로써 무기력을 학습할 수 있다(Brown & Inouye, 1978). 이는 대리 학습 혹은 모델링(Bandura, 1986)의 한 형태로 볼 수 있으며, 무기력 학습이 단순한 말초적 현상이 아님을 보여주는 중요한 증거다. 대리 학습은 반드시 중앙(인지적) 과정을 통해서만 이루어지기 때문이다.

더 나아가 무기력 대리 학습은 무기력 학습 이론의 적용 범위를 실험실 밖으로 크게 확장한다. 사람은 통제 불가능성을 직접 경험하지 않아도 무기력을 학습할 수 있으며, 타인에게서 그런 모습을 목격하는 것만으로도 충분하다. 전 세계가 텔레비전과 미디어로 연결된 오늘날, 인류는 역사상 그 어느 때보다도 많은 통제 불가능성에 대리 형태로 노출되고 있다고 할 수 있다(16장 참고).

집단 무기력 학습

동물에게서는 관찰되지 않는 인간 무기력 학습의 또다른 측면은 소집단 전체를 무기력하게 만들 수 있다는 사실이다. 심킨(Simkin)과 레더러(Lederer), 셀리그만(1983)은 집단 전체가 해결 불가능한 과제를 수행하도록 요청받은 경우 이후 과제에서도 집단 차원에서 무기력이 나타난다는 것을 확인했다. 이들은 다른 집단은 쉽게 해결하는 문제를 처리하지 못했다. 흥미로운 점은 집단 수준의 무기력이 단순히 개인 구성원의 무기력에 의해 결정되지 않는다는 사실이다. 즉 개인 과제에서 무기력하게 행동한 사람들로만 구성되어야 집단 무기력이 나타나는 것은 아니며, 반대로 개인 과제에서 무기력했던 이들이 반드시 집단 전체를 무기력하게 만드는 것도 아니다.

집단 수준의 무기력은 무기력 대리 학습과 마찬가지로 중요한 함의를 지닌다. 이는 무기력이 단순히 외상에 의한 결과가 아니라는 것을 보여주며, 무기력 개념의 적용 범위를 크게 확장한다. 그렇다면 복잡한 조직, 심지어 전체 문화나 사회 또한 무기력 상태에 빠지곤 한다고 말할 수 있을까?

인간 무기력 학습의 일반성

앞서 논의한 히로토와 셀리그만(1975)의 연구는 유도된 무기력이 성격 특성과 유사하다는 대담한 주장을 담고 있었다. 연구 맥락에서는 이러한 결론이 정당화될 수 있었으며, 무엇보다 인간의 무기력을 주변적 설명이 아닌 인지적 설명으로 해석하는 데 기여했다. 그러나 이미 언급했듯이 실험실에서 유도된 인간 무기력이 시공간을 초월해 보편적으로 나타난다고 보기는 어렵다. 그것은 반드시 시간과 상황에 따른 한계를 지닌다.

실제로 몇몇 연구는 이를 직접적으로 보여주었다. 예를 들어 콜(Cole)과 코인(Coyne, 1977)은 한 상황에서 유도된 무기력이 모든 다른 상황으로 일반화되지 않는다는 사실을 보고했다(Douglas & Anisman, 1975 역시 같은 맥락의 결과 제시). 또한 앞서 살펴본 것처럼 인간 무기력 학습은 일정한 시간 경과를 따른다. 즉 통제 불가능성을 경험한 직후에는 나타나지만 몇 시간 혹은 며칠이 지난 후에는 소멸한다.

그렇다면 이러한 시간적·상황적 한계는 어떤 조건에 의해 결정되는가? 연구자들은 주로 무기력 경험자가 최초의 통제 불가능한 사건의 원인을 어떻게 해석하는지에 주목했다. 이는 심리학의 더 큰 흐름인 '인과적 귀인(attribution)'에 대한 관심과 일치한다. 인간은 자신이 세상을 해석한 바에 따라 행동하는 합리적 존재라는 관점에서 볼 때, 만약 개인이 통제 불가능성을 매우 일반적 원인에 기인하는 것으로 해석한다면 그 원인은 다른 시간과 장소에서도 존재할 테고, 따라서 무기력 또한 일반화될 수 있다. 반대로 원인이 특정 상황에 한정된다고 해석한다면 무기력 역시 제한된 범위에서만 나타날 것이다.

실제로 이러한 해석을 뒷받침하는 다수의 연구가 존재한다. 피험자가 실패를 영속적 요인에 귀인하도록 유도되었을 때 불안정 요인에 귀인할 때보다 무기력 학습 효과가 더 오래 지속되었다(Brewin & Shapiro, 1985; Mikulincer, 1988b; Weiner, 1979). 유사하게 실패를 만연적 요인으로 설명한 피험자들은 부분적 요인으로 설명한 이들보다 더 광범위한 과제 손상을 보였다(Mikulincer, 1986; Mikulincer & Mzan, 1988; Pasahow, 1980). 이러한 연구들은 무기력 학습 모델의 '귀인적 개정 이론'을 촉발했으며, 이는 다음 장에서 상세히 다룰 것이다.

여기서 중요한 사실은 이러한 연구들이 인간 무기력 학습을 인지적 해석으로 더욱 확장했다는 점이다. 이는 무기력이 단순한 말초적 기제로 설명될 수 없음을 분명히 했으며, 이제 논쟁의 초점은 무기력이 무기력 학습 모델에서 제시한 인지 과정에 의해 발생하는지, 아니면 다른 인지 과정에 의해 발생하는지로 옮겨갔다.

인지와 자기보고

동물 연구자들은 때때로 인간을 대상으로 한 연구자들을 부러워한다. 특히 인지적 요인이 주요 관심사일 때 그렇다. 11장에서 자세히 다룬 것처럼 동물의 인지 과정을 추론하려면 매우 정교한 절차가 필요하다. 반면 인간을 연구할 때는 겉으로는 훨씬 간단해 보인다. 곧바로 피험자에게 질문할 수 있기 때문이다.

실제로 연구자들은 "당신은 무기력을 느끼는가?", "당신은 반응과 결과가 무관하다고 생각하는가?", "당신은 미래 사건이 자신의 통제를 벗어날 것이라고 예상하는가?" 같은 질문을 던졌다. 그러나 결과는 일관되지 않았다(Alloy, 1982b; Coyne & Gotlib, 1983; Tennen, 1982). 일부 연구에서는 피험자가 이러한 사고와 믿음을 보고했고, 이는 통제 불가능성 이후 나타난 결손과 정확히 일치했다. 그러나 다른 연구에서는 이러한 보고 없이도 결손이 나타났다. 이러한 불일치는 단순히 직접 "무엇을 생각하는가?"를 묻는 절차의 한계에서 비롯된다.

이 절차로 인해 다소 기묘한 상황이 벌어진다. 자기보고 자료는 연구자가 가진 특정 편견, 즉 그것이 무기력 학습의 인지적 측면에 대해 어떤 의미를 지니는가에 대한 선입견에 따라 받아들여지거나 무시된다. 이러한 경향은 악의적인 것은 아니지만, 바람직한 과학적 접근이라고 보기는 어렵다. 이 점에서 우리뿐 아니라, 무기력 학습 전통에 속한 지지자나 비평가 모두 일정한 책임감을 느끼고 있다.

자기보고 자료가 연구자의 예상을 뒷받침할 때는 강점을 강조하고 그렇지 않을 때는 약점을 부각한다면 그 자료는 결코 공정하게 다뤄질 수 없다. 따라서 무기력 학습 연구에서는 자기보고 자료에 대한 명확한 입장을 사전에 정립해야 한다. 그래야만 올바른 연구가 가능하다.

이제 우리는 무기력 학습 연구에서 자기보고가 어떤 역할을 하는지 보여주는 몇 가지 일반적인 주장을 소개하고자 한다. 다른 연구자들이 우리 견해에 동의하기를 바라지만, 설령 그렇지 않더라도 그들이 인지적 요인과 통제 불가능한 사건을 연결 지어 연구하는 가장 좋은 방법에 대해 어떤 생각을 품고 있는지 살펴볼 필요가 있다.

1. 무기력 학습 모델에서 중요한 인지적 변인들은 실제로 존재하는 것이 아니라, 이론적 구성개념(과학적인 이론이나 설명을 위해 조작적으로 만들어낸 개념 - 편집자 주)이다. 맥코르쿼데일(MacCorquodale)과 밀(Meehl, 1948)은 단순히 이론적 변인과 실제적 변인을 구분했으며, 이 구분은 연구자가 자기보고 자료를 활용해 무기력 예측을 어떻게 평가할 수 있는지를 이해하는 데 도움을 준다.

우리는 '기대' 같은 개념이 피험자 안에 실제로 존재하는 것이 아니라, 오히려 우리의 이론 속에 존재한다고 본다. 따라서 그것은 피험자의 행동을 이해하는 하나의 틀로 작용한다. 다른 과학에서도 이러한 사례를 찾을 수 있다. 예를 들어 중력, 유전, 원자 같은 개념은 모두 순수한 이론적 구성개념으로 다뤄진다.

무기력 학습 개념을 이러한 가설적 추상으로 간주할 때의 방법론적 의미는 그것이 단일한 조작으로는 완전히 설명될 수 없다는 점이다. 물론 여기에는 자기보고도 포함된다. 여러 가지 조작과 측정이 결합되어야만 특정 구성개념을 타당하게 판단할 수 있다. 어떤 한 가지 측정, 혹은 그것들의 단순한 합을 구성개념 자체로 오해해서는 안 된다.

자기보고는 인지를 평가하는 하나의 방법일 뿐, 유일한 방법은 아니다. 같은 논리로 볼 때 다른 측정 방식들도 역시 중요하다. 예를 들어 한 사람이 과제를 수행할 때 무기력하게 보인다고 해서 반드시 "그가 과제 해결이 자신의 통제 밖에 있다고 믿기 때문"이라고 단정할 수는 없다. 어떤 측정도 이론적 구성개념과 일대일로 대응하지 않기 때문이다. 따라서 '무기력한 행동'만 보고 그것을 인지적 변인들의 증거로 삼는 것은 순환논리에 빠지는 일이다.

연구자는 여러 측정 방법을 사용해야 하며, 자기보고는 그중 하나일 뿐이다. 그리고 이러한 다양한 측정 결과가 보여주는 패턴을 함께 살펴봐야 한다. 또한 연구자는 특정 측정 방법이 어떤 구성개념을 포착하기에는 적절하지 않거나 최적이 아닐 수 있다는 점을 인식해야 한다.

결국 인간을 대상으로 하는 연구자의 과제는 인간이 말하거나 설문지를 작성할 수 있다는 점을 제외하면 동물 연구자의 과제와 본질적으로 다르지 않다.

2. 자기보고는 내용은 적합하지만 과정에는 한계가 있다. 예를 들어 피험자가 "개념-판단 과제 해결은 내 통제를 벗어난 것 같다"고 보고한다면 이는 해당 시점의 '인지 내용'을 신뢰할 수 있게 만든다. 그러나 이것이 곧 그의 '인지 과정', 즉 '통제 불가능한 사건 → 반응-결과 간 독립성 인식 → 미래의 통제 불가능성 기대'라는 일련의 인지적 절차를 입증하는 것은 아니다. 니스벳(Nisbett)과 윌슨(1977)이 지적했듯이 사람은 과정에 관한 질문에 답할 때 자신이 실제로 모르는 것을 말하기도 하기 때문이다. 그래서 이러한 답변에 설명적 의미를 부여하는 연구자들은 실망할 수밖에 없다.

이런 현상은 무기력 학습 연구에서 자주 나타난다. 다만, 과정에 관한 질문이 내용에 관한 질문처럼 보이기 때문에 인식하기 어려울 뿐이다. 예를 들어 피험자가 일련의 '개념 식별 과제'를 수행할 때 이 과제가 해결 불가능하게 설정되어 있다면, 그는 이후 해결 가능한 몇 가지 낱말 재배열 퍼즐을 푸는 과정에서 "이 문제들이 내 통제 밖에 있다"고 느낄 수도 있다. 연구자는 피험자에게 7점 척도로 이런 믿음의 정도를 표시하게 하고, 피험자가 '7'을 선택했다면 이는 그가 문제를 통제 불가능하다고 여긴다는 뜻이다.

이때 우리는 연구자가 해당 자기보고를 "그 시점에 피험자가 실제로 그렇게 믿었다"는 유효한 지표로 간주하는 데는 반대하지 않는다. 그러나 많은 연구자는 여기서 한 발 더 나아가 이 자료를 근거로 "피험자가 통제 불가능하다고 인식했기 때문에 수행이 저하되었다"고 주장한다. 즉 인식이 수행 저하를 매개한다고 보는 것이다. 그러나 이는 정당하지 않다.

자기보고는 인지적 과정에 대한 중요한 정보를 제공할 수 있다. 그러려면 연구가 그것에 맞게 설계되어야 한다. 앞선 사례에서 연구자가 개념 식별 과제를 풀고 있는 피험자에게 "이 문제들을 해결할 수 없다고 믿는가?"라고 물었다면 그 믿음이 수행 저하를 매개했는지에 대해 좀 더 타당한 추론이 가능했을 것이다(Tiggemann & Winefield, 1987).

이처럼 과정 연구에서는 질문 시점이 핵심 요소다. 과정에 관한 조사는 시간 흐름에 따라 여러 시점에서 측정이 이뤄져야 하며, 단순히 과정의 끝에서 한 번만 측정해서는 안 된다. 피스크(Fiske)와 테일러(Taylor, 1984)는 인지 과정을 연구하는 일반적인 논의에서 이 점을 명확히 지적했다. 그들이 말한 '과정 추적 측정'에서는 가설화된 메커니즘을 시간 흐름 속에서 평가하며, 특정 시점마다 멈춰서 인지 내용을 측정한 뒤 이를 근거로 인지 과정을 추론한다.

인간을 대상으로 한 무기력 학습 연구에서는 이러한 절차가 자주 사용되지 않았다. 이 방법이 모든 인지 요인을 실험 종료 후 한 번에 측정하는 것보다 우수한데도 말이다. 그 이유는 단순히 실용적인 제약 때문이다. 이상적인 연구 절차는 무기력을 유도하는 여러 단계마다 실험을 중단하고 다른 참여자 집단을 투입해 무기력을 측정하는 것이지만, 이는 매우 많은 참여자와 자원을 필요로 한다. 무기력 학습 모델 자체는 명료해도 이처럼 여러 단계를 전제로 한다.

하지만 지금까지 수행된 연구 가운데 어떤 것도 인간 무기력을 이 모든 단계에서 동시에 조사한 적은 없다. 수백 건의 인간 무기력 연구가 존재하지만, 각 연구는 불가피하게 제약된 여건에서 수행되었고, 연구자들은 항상 일정한 '절차적 단축'을 택한다.

무기력 학습에서 가장 두드러지는 현상은 통제 불가능한 사건 이후 나타나는 수행 결손이며, 연구자들은 주로 이것을 강조하는 방향으로 연구를 설계했다. 하지만 불행히도 이러한 연구 설계는 수행 결손을 야기하는 인지 과정 자체에 대한 철저한 탐구를 등한시하게 만들었다. 이 장에서 소개하는 몇몇 연구는 그 방대한 연구 가운데 극히 일부에 불과하다. 왜냐하면 연구 대부분이 "통제 불가능성이 수행을 방해한다"는 사실은 보여줬으나, 왜 그렇게 되는지에 대한 엄밀한 해명은 제공하지 못했기 때문이다. 1970년대 초 이미 이 현상 자체는 입증되었으나, 1990년대에도 여전히 해당 기제는 분명히 밝혀지지 않았다.

3. 인지 내용은 피험자에게 의미 있는 용어들로 이루어져야 한다.

무기력 학습 이론은 기대, 귀인, 통제 가능, 통제 불가능, 무기력 등 일상 언어에서 차용한 용어들을 사용해 현상을 설명한다. 이 용어들은 이론 안에서 엄밀히 정의되어 있으며, 셀리그만(1975)은 저서《무기력(Helplessness)》에서 '통제 가능성'을 정의하는 데만 12쪽을 할애했다.

하지만 실험 현장에서는 이러한 정의를 충분히 설명하지 않은 채 피험자들에게 관련 용어로만 질문을 던진다. 연구자들은 그 용어가 일상적 의미와 이론적 의미가 상당히 다를 때만 정의를 설명해야 한다고 느낀다. 그리고 대부분 피험자에게 "당신은 이 과제가 얼마나 통제 가능성을 지닌다고 생각하는가?" 같은 질문을 던지면 연구자 자신이 의도한 개념과 동일하게 이해할 것이라고 간주한다. 이는 분명 아니러니다.

예를 들어 오케스(Oakes)와 커티스(Curtis, 1982)의 연구에서는 피험자들이 표적 맞히기 과제를 100회 수행했다. 통제 가능한 집단은 과제 성공 여부를 음향 신호로 정확히 들었고, 통제 불가능한 집단은 통제 가능 집단과 짝지어져 실제 수행에 상관없이 미리 결정된 패턴의 신호를 들었다. 이후 모든 피험자는 해결 가능한 낱말 재배열 퍼즐을 받아서 풀었고, 표적 맞히기 과제를 수행할 때 어떤 생각을 했는지 설문지도 작성했다.

① "나는 성공할 수 있다고 얼마나 믿었는가?"(1~7점 척도)

② "이 과제를 성공적으로 수행할 수 있다고 믿었는가, 혹은 불가능하다고 믿었는가?"(1~7점 척도)

③ "성공이나 실패에 얼마나 책임이 있다고 생각하는가?"(난이도, 노력, 운, 연구자의 통제 등 요인을 백분율로 분배)

이러한 문항들은 무기력 학습 연구자에게는 명확한 조작적 정의처럼 보인다. 그러나 심리학 입문 학생들이 실제로 응답하기에 적합한 문항인가 하는 점에서는 의문이다. 예를 들어 오케스와 커티스는 문항 ①을 '무기력감'을 측정하는 것으로 봤다. 그러나 기대하는 성공 가능성과 반응-결과 간 독립성에 대한 기대는 전혀 동일하지 않다. 피험자는 단순히 연구자가 관대해 보이기 때문에 성공을 예상했을 수도 있다.

문항 ②는 '비수반성의 인식'을 측정한다고 했으나, 피험자가 "훈련받은 군인이라면 할 수 있겠지만 나는 할 수 없다"고 생각했다면 어떻게 응답해야 할까? 이는 실제로는 개인적 능력 판단이지, 수반성 인식이 아닐 수 있다.

문항 ③ 역시 '비수반성 인식'을 측정하려는 의도였으나, 단지 '연구자의 통제'로 귀인한다고 해서 그것이 곧 비수반성을 의미하는 것은 아니다. 오히려 과제 난이도나 개인의 노력이 비수반성과 연결될 수 있음에도 피험자는 "필요한 반응 자체가 나의 구체적인 행동 양식에는 없다"는 식의 응답 선택지를 갖지 못했다.

이 사례는 특정 연구를 비판하기 위함이 아니라, 무기력 학습을 매개하는 '인지' 부분을 측정하는 일이 얼마나 어려운지를 보여주는 것이다. 실제로 사람들은 '상관관계'나 '수반성' 같은 추상적인 개념을 이해하는 데 서툴다. 통계적 구조에는 민감하게 반응하면서도 그 개념적 정의를 제대로 이해하지 못하는 경우가 많다.

따라서 연구자는 자기보고 자료가 이론적 용어와 동일한 의미를 가진다고 전제해서는 안 된다. 피험자가 사용하는 '통제'나 '성공'이라는 단어는 연구자가 의도한 수반성 개념을 반영할 때도 있지만, 의도성이나 도덕성을 반영할 수도 있다. 다시 말해 연구자와 피험자가 같은 용어를 사용하더라도 의미는 반드시 일치하지 않을 수 있는 것이다. 그러나 대다수 무기력 학습 연구에서는 이 전제가 충분히 고려되지 않았다.

4. 대안적 설명은 귀무가설(歸無假說: 표본에 의해 진위가 검증되어야 할 가설－편집자 주)뿐 아니라, 서로 간에도 맞대어 검증해야 한다. 무기력 학습 가설은 부적응적 수동성(자신의 욕구나 감정을 적극적으로 표현하지 못하고, 타인에게 의존하거나 회피하는 소극적·수동적 행동 패턴－편집자 주)이 나타나는 충분조건을 기술하는 것이지 필요조건을 주장하는 것이 아니다. 그런데도 많은 비판 연구는 무기력이 다른 과정으로도 설명될 수 있음을 보여주면서 이를 근거로 무기력 학습 모델이 잘못되었다고 결론짓는다. 그러나 이는 논리적 오류다. 충분조건을 주장하는 이론을 반박하려면 그 조건이 적용되었음에도 예상된 결과가 나타나지 않았다는 사실을 입증해야 한다. 다른 조건이 같은 결과를 낳았다는 사실만으로는 이론을 반박할 수 없다.

따라서 무기력 학습 모델이 옳지 않다는 것을 가장 설득력 있게 설명하려면 무기력 학습 모델과 다른 가설이 내놓은 정반대 예측을 대비시켜야 한다. 그리고 그 대립적 예측을 검증했을 때만 모델의 타당성을 명확히 평가할 수 있다. 13장의 나머지 부분에서는 이러한 경쟁 가설의 대안적 설명들을 소개하고 검토할 것이다.

대안적 설명들

이제부터 무기력 학습 이론과는 다른 관점에서 사람들이 통제 불가능한 사건에 어떻게 반응하는지를 보여주는 대안적 설명들을 살펴볼 것이다. 앞서 강조했듯이 이러한 설명들은 통제 불가능성이 초래하는 손상 효과를 다른 요인들에 초점을 맞추어 다루는 경향이 있다. 그러나 인지적 구성개념을 확인하기 위한 적절한 연구 방법을 확립하기 어렵다는 점에서 이러한 대안적 설명들의 지위 역시 무기력 학습 모델과 마찬가지로 불확실한 상태에 놓여 있다.

반발

무기력 학습 연구자들이 맨 처음으로 사람들을 문제해결이 좌절되는 상황에 놓았던 것은 아니다. 이러한 유형의 연구는 오랜 전통을 가지고 있으며, 여기에서 연구자들은 탐구 대상 개념을 좌절, 실패, 위협, 부분 강화, 혹은 스트레스라고 명명했다.

1960년대에는 이러한 연구의 한 유형이 '심리적 반발'이라는 개념 아래서 주목받았다. 이 개념에 따르면 사람은 자신의 선택이나 자유가 위협받는 상황에서는 그 자유나 선택을 회복하려는 동기가 오히려 강해진다(Brehm, 1966, 1972). 이러한 동기적 상태가 바로 '반발'이다.

반발 연구는 일반적으로 사람들이 원하는 대안을 제거하거나, 선택의 자유를 제한하는 방식으로 진행되었다. 반발 크기를 좌우하는 요인은 다음과 같다.

- 원래 기대했던 자유의 정도

- 위협의 강도
- 위협받은 자유의 중요성
- 그 위협이 다른 자유들에 미치는 함의

반발 결과로는 거부된 선택이 오히려 더 매력적으로 느껴지는 현상, 그리고 위협받거나 제거된 행동에 대한 노력이 증가하는 현상이 있다. 여기에서 우리가 주목해야 할 점은 후자다.

반발은 무기력 학습 패러다임과 접점이 있다. 통제가 기대되고 가치 있게 여겨지는 상황에서 그것이 제거되면 개인은 이를 위협으로 받아들이고 통제를 회복하려는 동기가 강해진다. 따라서 반발 이론은 무기력 학습 설명과 정반대 예측을 제시한다. 즉 통제 불가능한 사건은 문제해결에 대한 동기를 감소하는 것이 아니라 오히려 증가시켜야 한다는 것이다.

그러나 이미 많은 증거가 통제 불가능성이 문제해결을 손상한다는 사실을 보여주었기 때문에 반발 이론이 무기력 학습 이론을 대체하지는 못한다. 다만, 일부 연구에서는 무기력 효과가 아니라 반발 효과가 나타나기도 했으며, 이는 상황에 따라 어느 한쪽이 발생한다는 의미다.

워트먼(Wortman)과 브렘(Brehm, 1975)은 두 이론이 모두 옳을 수 있다고 주장하면서 개인이 통제 불가능성을 경험하는 양에 따라 반응이 달라진다고 판단했다. 즉 사람이 처음으로 통제 불가능한 사건에 직면했을 때는 반발을 경험하고 문제해결에 더욱 매진하게 된다. 그러나 통제 불가능성이 계속되면 반발 동기가 점차 소진되면서 결국 무기력 상태에 이르게 된다. 반발에서 무기력으로 전환되는 지점은 상

황의 맥락과 위협받은 자유의 중요도에 따라 달라지며, 자유가 중요
한 과제일수록 반발이 더 오래 지속된다.

이 반발-무기력 통합 모델은 여러 장점을 가질 뿐 아니라, 상식과
도 부합한다. 예를 들어 자판기가 작동하지 않을 때 사람들의 첫 반응
은 버튼을 반복적으로 누르는 것이다. 특히 과자나 음료를 진심으로
원할 때는 더욱 강하게 버튼을 누른다. 그러나 실패가 계속되면 곧 포
기하고 무기력해진다.

워트먼과 브렘은 또한 자신들의 모델이 '면역 효과'를 더욱 간단하
게 설명한다고 주장했다. 즉 과거에 통제를 경험한 사람은 자유에 대
한 기대를 가지게 되고, 이후 위협에 직면했을 때 반발 동기를 더 오래
유지할 수 있다는 것이다. 이는 반응-결과 수반성에 대한 기대가 결
핍 인식을 '간섭'한다는 무기력 학습 이론의 설명보다 더 직접적이다.

반발-무기력 통합 모델은 무기력 학습 효과가 일정 한계에서만
나타난다고 예측한다. 통제 불가능한 사건이 반발을 불러일으키든,
무기력을 불러일으키든 그 반응은 개인이 새로운 과제를 이전 과제와
유사하게 해석하는 정도에 따라 제한된다는 것이다. 이는 결국 개인
이 원 상황을 어떻게 해석하느냐가 결정적이라는 점을 다시 한 번 강
조한다.

이제 반발 이론의 경험적 증거를 살펴보자. 일부 연구는 예측된 시
간 패턴을 보였다. 앞서 언급한 통제 불가능성 경험 후의 정서적 결
과 연구에서 부정 정서가 드러나는 순서를 보면 불안과 분노가 먼
저 나타나고, 이후 우울과 무기력이 뒤따른다(Pittman & Pittman, 1979,
1980). 이는 반발이 무기력에 앞서 나타난다는 설명과 정확히 맞아떨
어진다.

통제 불가능성의 경험량을 체계적으로 조작한 연구들에서는 경험이 적을수록 문제해결이 촉진되었으나, 경험이 많을수록 손상이 나타났다(Mikulincer, 1988a; Mikulincer, Kedem & Zilkha-Segal, 1989; Winefield & Jardine, 1982). 과제가 개인에게 더 중요하게 여겨질수록 반발 효과가 컸고(Roth & Kubal, 1975), 덜 중요한 과제일수록 더 쉽게 무기력으로 전환되었다.

그러나 반발-무기력 통합 모델에도 몇 가지 단점이 있다. 우선 반발과 무기력의 경계가 어디인지 분명하지 않다는 점이다. 실제로 많은 경우 아주 최소한의 통제 불가능한 경험조차 곧바로 무기력 효과를 초래한다는 것이 관찰된다(앞서 메타분석 결과 참고). 또 실험 과제가 피험자들에게는 중요도가 낮았기 때문에 반발이 오래 유지되지 않고 쉽게 포기했을 개연성이 있다. 이는 모델 자체의 문제라기보다 과제 특성에 기인한 제한이라고 할 수 있다.

또 다른 단점은 반발이 실제로는 통제 불가능성에 대한 반응이 아니라, 문제해결 시도가 좌절된 데 따른 반응일 수 있다는 것이다. 다시 말해 "아직 문제를 풀지 못했다"라고 생각하는 피험자는 반발을 보일 수 있지만, "이 문제는 애초에 해결 불가능하다"라고 생각하는 피험자는 무기력을 보일 것이다. 즉 반발은 통제 불가능성 자체에 대한 반응이라기보다 반응-결과 수반성 학습 과정에서 나타나는 일시적 동기 상태일 수 있다.

가설 검증

통제 불가능한 사건 이후 나타나는 결손을 설명할 무기력 학습 모형의 또 다른 대안은 레빈(Levine)과 로트킨(Rotkin), 얀코빅(Jankovic),

피치퍼드(Pitchford, 1977), 그리고 피터슨(1976, 1978, 1980)이 각각 제안했다. 그들의 제안은 레빈(1971)의 '개념 확인 이론'에서 출발했다. 이는 자연스러운 검토 과정이었는데, 왜냐하면 레빈이 자신의 이론을 검증하려고 고안했던 개념 확인 과제들을 히로토와 셀리그만(1975) 같은 무기력 학습 연구자들이 무기력을 유도하는 절차로 빈번히 사용했기 때문이다.

앞서 설명했듯이 개념 확인 과제들은 형태, 크기, 색상 등 여러 차원에서 달라지는 추상적 자극을 피험자에게 제시한다. 피험자는 일련의 자극을 제시받고, 각각이 획득해야 할 개념의 예시인지 아닌지를 판단할 것을 요구받는다. 당연히 처음 몇 회기는 피험자가 단서를 전혀 알지 못하기 때문에 단순히 추측만 할 수 있다. 그러다가 '맞다/틀리다'라는 피드백이 점차 유용한 정보를 제공하고, 피험자는 이후 반응에 이를 활용함으로써 결국 개념을 습득한다.

예를 들어 피험자가 큰 노란색 정사각형을 보고 개념에 부합한다며 "예"라고 추측했을 때 맞다는 피드백을 받았다고 해보자. 이어서 작은 노란색 정사각형을 보고 또다시 "예"라고 대답했지만 이번에는 틀리다는 피드백을 받았다. 이때 피험자는 몇 가지 단순한 가설을 배제한다. 즉 모든 노란색 자극이나 모든 정사각형이 개념은 아니라는 점이다. 아마도 '큰 자극 대 작은 자극'이 개념일 수 있다는 가설을 세울 것이다. 자극은 유한한 차원에서 변하기 때문에 결국 피험자는 개념을 습득하게 되고, 개념의 복잡성 정도에 따라 습득의 용이함이 달라진다.

그렇다면 피드백이 피험자의 반응과 상관없이 무작위로 제공된다면 어떻게 될까? 피험자는 문제를 풀 수 없게 되고, 이러한 일을 반복적으로 시도한 후에는 설령 해결 가능한 과제가 주어진다 해도 다른 문제에서 결손을 보인다. 그 사이에 무슨 일이 일어나는가? 무기력 학습 모델에서는 피험자가 반응-결과 간 독립성에 대한 신념을 추상화하고, 이러한 무기력 기대를 새로운 상황에도 일반화해 어려움을 겪는 것이라고 본다.

그러나 레빈의 개념 확인 이론은 다른 과정을 제시한다. 레빈에 따르면 사람들은 모든 문제에 잠재적 해결 가설들의 집합을 가지고 접근한다. 이 집합은 "해결 방법은 자극 패턴과 관련 있다" 같은 명시적 지시일 수도 있고, 문제 자체로부터 추론되기도 한다. 피험자는 특정 가설을 머릿속에 두고 반응하며, 그 가설이 '정답' 피드백을 이끌면 유지하고 '오답' 피드백이 나오면 다른 가설로 전환한다.

이처럼 개념 확인을 가설 검증으로 보는 견해는 사람을 능동적 문제해결자로 보는 관점에 기반하는데, 이는 심리학에서 이른바 인지 혁명을 이끌던 시각과 정확히 맞닿아 있다. 1장에서 설명했듯이 무기력 학습 모델은 동물 학습 연구를 인지 혁명으로 끌어들이는 데 중요한 역할을 했지만, 동시에 연합주의적 전통을 그대로 유지함으로써 충분히 나아가지 못했다는 비판을 받을 수 있다. 즉 무기력 학습 모델은 사람들이 자극에 적절히 노출되면 자동으로 반응-결과 수반성을 추상화한다고 가정했을 뿐, 그 과정이 어떻게 이루어지는지는 설명하지 않는다. 반면 레빈은 모든 학습, 즉 반응-결과 관계 학습도 가설 검증에 의해 매개된다고 주장한다.

이제 무기력 실험실로 돌아가보자. 무작위 피드백을 제공받은 피험자는 자신이 세운 가설을 하나씩 폐기한다. 큰 자극, 노란색 자극, 정사각형 자극 등을 차례로 배제하는 것이다.

사람은 보통 단순한 가설로 시작하고, 피드백이 그것을 부정하지 않는 한 유지한다. 그러나 반복해서 오류가 나오면 점차 복잡한 가설로 나아간다. 따라서 레빈, 피터슨 등은 통제 불가능한 사건이 피험자의 문제해결 능력을 손상하는 이유가 피험자가 무기력을 학습했기 때문이 아니라, 사전 과제에서 가능한 가설들이 차례로 무너져 점점 더 복잡하고 극단적인 가설만 남게 되기 때문이라고 설명한다. 사전 과제 경험이 많을수록 더 많은 가설이 배제되고, 결국 비현실적이면서 지나치게 정교한 가설들만 남는다. 따라서 피험자는 새로운 과제에 들어갈 때 단순한 해결책 대신 복잡한 해결책을 기대하게 되고, 그 결과 단순한 해결책이 요구되는 과제에서 어려움을 겪는다.

실제로 레빈, 피터슨 등은 통제 불가능한 경험을 한 후에는 해결책이 단순한 과제일수록 더 큰 결손이 나타나고, 복잡한 과제에서는 오히려 결손이 나타나지 않는다는 것을 확인했다. 이미 복잡한 가설을 기대하고 있는 피험자들이 곧바로 복잡한 해결을 시도했기 때문이다. 이는 무기력 학습 이론으로는 설명할 수 없는 결과다. 무기력 학습 이론이라면 동물 연구 결과와 마찬가지로 더 어려운 과제일수록 더 큰 결손이 나타나야 하기 때문이다(11장 참고).

'가설 검증' 역시 워트먼과 브렘(1975)의 반발-무기력 통합 모델처럼 무기력 학습 이론이 틀렸다고 주장하는 것이 아니라, 실험실에서 보통 일어나는 현상을 설명하기에는 충분하지 않을 수 있다고 본다. 이 대안적 설명은 왜 피험자들이 통제 불가능성을 경험한 뒤에도 여전히 심리학 실험 과제에 참여하려 하는지를 설명할 수 있다. 무기력 학습 모델의 가장 단순한 형태라면 피험자는 완전히 무기력해져서 아무것도 하지 않아야 하지만, 실제로는 문제를 풀지 못하는 모습을 보인다. '가설 검증'은 또한 반발 효과가 나타날 때도 그것을 설명할 수 있으며, 면역 효과(사전 과제가 이후 과제 해결을 위한 가설 집합을 정당화함)와 치료 효과(유효한 해결책 가설을 다시 정당화함)에 대한 설명도 가능하다.

그렇다면 '가설 검증'의 한계는 무엇인가? 피터슨(1980)은 여러 연구를 종합해 심리학 실험에서 피험자들이 의미나 패턴 없이 사건이 무작위로 주어질 수 있다는 점을 거의 고려하지 않는다고 지적했다. 피험자들은 무작위 수열에서도 패턴을 찾고, 반응과 결과가 전혀 관계없는데도 관계를 탐지하며, 주사위 굴리기나 룰렛 돌리기 같은 명백한 우연조차 자신이 통제할 수 있다고 믿는다. 심지어 부조리한 실험 지시에도 성실히 따른다. 그렇다면 사람들이 심리학 실험에서 제시된 과제를 접할 때 '해답이 없을 가능성'을 떠올릴 확률은 얼마나 될까?

피터슨(1980)은 이 질문을 여러 실험을 통해 탐색했다. 한 실험에서는 피드백이 무작위로 주어지는 개념 확인 과제를 실시한 뒤 피험자들에게 피드백을 지배하는 개념이 무엇이라고 생각하는지 물었다. 그 어떤 피험자도 "이 과제는 해결 불가능하다"라고 답하지 않았으며, 오히려 매우 복잡한 가설들을 제시했다. 또 다른 실험에서는 지시문을 통해 일부 문제는 해결책이 없을 수 있다고 알려주었다. 그러자 피험자들은 비로소 문제의 불가해성을 인정했고, 해결 가능한 문제는 여전히 해결할 수 있다고 인식했다. 더 나아가 피험자들은 그와 같은 지시문을 듣고 반응-결과 독립성으로 실험 상황을 정당하게 묘사할 수 있을 때 복잡한 과제를 해결하는 능력이 이전의 통제 불가능성 경험 때문에 저해되었다. 이런 점에서 가설 검증 설명과 일치했다.

이 개념은 실험실 밖에서도 적용할 수 있다. 여러 사회심리학자는 사람들이 "통제가 없다"는 가설을 쉽게 고려하지 않는다는 점을 여러 현상을 통해 확인했다. 예를 들어 레너(Lerner, 1980)의 '공정한 세계 가설(Just World Hypothesis)'에 따르면 사람들은 피해자를 비난하는데, 이런 현상은 이 세계에서는 반드시 반응에 따라 결과가 공정하고 일관되게 나온다고 믿으려는 태도 때문이다. 테일러(Taylor, 1989)는 사람들이 통제에 대해 가지는 다양한 긍정적 착각을 정리했고, 다른 연구자들은 사람이 부정적 사건의 발생 가능성을 일관되게 과소평가하는 인지적 편향에 대해 설명했다.

반면, 실제로 부정적 사건이 발생했을 때 사람들은 세계에 대한 일관성 가정이 도전받고, 때로는 "이러한 일들은 내가 무엇을 하든 독립적으로 발생할 수 있다"는 가능성을 고려하게 된다. 재노프불먼(Janoff-Bulman, 1989)의 연구는 피해 경험이 사람들의 세계관을 어떻게 바꾸는지 보여주었으며, 다양한 피해자가 이후 생길 피해 가능성을 더 크게 고려한다는 점을 밝혀냈다.

'가설 검증' 설명은 일반화에 한계가 있지만, 수반성 탐지를 가설 검증 과정으로 보는 시각은 여전히 타당하다. 언젠가는 무기력 학습 모델이 가정하는 단순하고 '자동적인' 설명을 대체할 수 있을지도 모른다.

자아중심주의

통제 불가능한 상황 뒤에 나타나는 수행 저하를 설명할 또 다른 대안적 설명은 '귀인적 자아중심주의'에 초점을 둔다(Snyder, Stephan & Rosenfield, 1978). 이 이론에 따르면 통제 불가능성은 동기에 영향을 미쳐 수행 부진을 유발한다. 무기력 학습 이론에서는 동기 저하가 반응－결과 간 독립성 기대에 대한 자동적이고 본능적인 반응이라고 보는 반면, 자아중심주의 이론에서는 일종의 '방어적 전략'이라고 본다. 즉 어떤 중요한 결과를 통제하지 못하는 사람은 자신이 그 과제를 해결할 능력이 부족하다는 결론에 이르지 않으려고 일부러 노력을 중단한다는 것이다. 시도조차 하지 않는다면 실패 원인을 자신의 능력 부족이 아니라 '노력 부족'으로 돌릴 수 있고, 이는 자존심을 덜 위협받는 설명이다. 따라서 자아중심주의 가설에 따르면 실험실에서 나타나는 무기력 학습 현상은 실패 뒤 자존심을 유지하기 위한 일종의 전략적 행동이라고 할 수 있다.

몇몇 연구는 이러한 자아중심주의 가설을 지지한다. 예를 들어 프랭클(Frankel)과 스나이더(Snyder, 1978)는 피험자들에게 통제 불가능한 문제를 제시한 뒤 다음 과제를 '보통' 혹은 '매우 어렵다'고 설명했다. 실제로는 같은 난도였다. 그런데 '매우 어렵다'는 설명을 들은 피험자들은 실패하더라도 체면을 구기거나 자존심이 상하지 않을 테니 공을 들이지 않을 이유가 없었고, 노력도 감소하지 않았다. 실제로 이 조건에서는 수행 저하가 나타나지 않았다. 반면, '보통 난도'라는 설명을 들은 피험자들은 수행 저하가 나타났다.

이 연구는 레빈, 피터슨 등의 '가설 검증' 실험과 비슷해 보이지만 중요한 차이가 있다. 레빈 등은 실제로 과제 난이도를 조작한 반면, 프랭클과 스나이더는 난이도 자체를 바꾸지 않고 피험자들이 과제 난이도에 대해 가지는 기대만 조작했다. 그런데 두 경우 모두 무기력 학습 모델이 예측하지 못한 결과를 보여주었다.

또 다른 연구에서는 피험자들에게 수행 저하를 정당화할 수 있는 그럴듯한 변명거리를 제공했다. 예를 들어 실험 중 배경음악을 틀어

놓고 연구자가 "이 음악이 집중을 방해할 수 있다"고 언급하는 식이었다(Snyder, Smoller, Strenta & Frankel, 1981). 이러한 조건에서는 문제 해결 결함이 사라졌다. 반면, 이런 변명을 제공받지 못한 피험자들은 수행 저하를 보였다. 실패 시 체면을 지킬 수 있는 '핑곗거리'가 주어졌을 때 무기력 반응이 나타나지 않은 것이다.

프랭클과 스나이더는 자아중심주의 가설과 이전 연구들의 연관성을 지적했다. 예를 들어 실패에 대한 두려움이 큰 사람은 과제가 '어렵다'는 설명을 들으면 오히려 더 잘 수행했다(Feather, 1961, 1963). 어려운 과제에서는 실패해도 부끄럽지 않기 때문에 두려움을 최소한으로 느끼면서 최대한 노력할 수 있었던 것이다.

이러한 설명은 노렘(Norem)과 칸터(Cantor, 1986)의 '방어적 비관주의' 개념과도 유사하다. 이는 다가올 수행 상황에 대한 불안을 줄이기 위해 사용하는 전략이다. 방어적 비관주의자는 "이번엔 망할지도 몰라"라며 자신의 실패 가능성을 미리 강조하면서 불안감을 낮추지만, 실제로는 과제를 매우 잘 수행한다. 노렘과 칸터는 이 같은 전략을 실험적으로 중단시켜 봤다. 비관적 발언을 한 피험자들에게 "당신은 이번에 잘할 것이다"라고 격려하자, 그들은 오히려 수행 능력이 떨어졌다. 반면, 격려를 받지 않은 피험자들은 여전히 좋은 성과를 냈다.

이처럼 자아중심주의 가설은 통제 불가능한 상황에서 사람들이 체면을 지키려고 사용하는 일종의 전략적 반응이다. 이러한 전략은 일시적으로 수행 저하를 가져올지라도 단순히 '비효율적 행동'이라기보다 자존심을 지키려는 심리적 조치로 해석할 수 있다.

자아중심주의 가설의 강점은 무기력 현상이 개인의 귀인 방식, 즉 통제 불가능한 사건을 해석하는 방식에 따라 달라진다는 점을 잘 설명한다는 것이다. 어떤 과제에서 실패한 후 비슷한 과제에서 자존심을 지키려는 경향이 나타나면 무기력 반응이 생기지만, 서로 다른 과제에서는 그럴 동기가 줄어든다.

또한 이 가설은 '면역 효과'도 설명할 수 있다. 면역 효과는 사람들이 과거에 통제 불가능한 경험을 해도 이후 과제에서 무기력 반응을 보이지 않는 현상이다. 자아중심주의 가설은 이것을 과거 경험이 능력이 충분하다는 증거로 작용하기 때문이라고 본다.

그러나 우리는 자아중심주의 가설이 치료 효과를 설명하는 데 문제가 있다고 생각한다. 이 가설에 따르면 피험자들은 치료적 개입을 강하게 거부해야만 한다. 이는 피험자의 '무기력'이 동기에 의해 발생한다는 가정에서 비롯되는 만큼, 치료자는 단순히 피험자가 반응-결과 비수반성에 대해 잘못 생각하고 있음을 보여주는 것으로는 충분치 않으며, 피험자로 하여금 이 전략 자체를 포기하게 만들어야 한다.

자아중심주의 가설은 무기력 학습 모델과 명백히 상반된다. 하지만 이 가설이 14장에서 다룰 귀인적 재정식화 모델과 어떤 관계인지 궁금해할 사람도 있을 것이다. 두 설명 모두 피험자가 자신이 경험한 통제 불가능한 사건에 대해 적극적으로 해석한다고 본다. 또한 이 두 설명은 낮은 능력에 귀인하는 것보다 낮은 노력에 귀인하는 것이 덜 해롭다고 암시하는데, 이는 후자가 미래 수행력을 더 적게 예측하기 때문이다. 그러나 자아중심주의 가설은 본질적으로 재정식화 모형과 다르다. 무기력이 "동기에 의해 발생한다"고 가정한다는 점에서 그렇다.

무기력 학습 이론은 결코 이러한 가정을 한 적이 없으며, 일반적으로 그것이 유용한 가정이라고 생각하지 않는다(Peterson & Bossio,

1989). 우리도 인정했듯이, 자아중심주의 가설은 일부 사람에게는 실험실 안팎에서 일어나는 일들을 일정 부분 설명해줄 수 있다. 하지만 사람들이 통제 불가능한 사건에 일반적으로 그렇게 반응한다고 보기는 어렵다. 만약 그렇다면 사람들은 실제보다 훨씬 쉽게 통제 불가능성의 효과를 떨쳐낼 수 있어야 한다. 하지만 우리가 봐온 바에 따르면 무기력은 실험실에서도, 실제 세계에서도 꾸준히 부정적 영향을 미친다(16장 참고).

만약 우리가 자아중심주의 가설과 이를 지지하는 연구들에 매우 회의적이라면 원조 무기력 학습에 대해 했던 것과 동일한 비판을 가할 수 있다. 즉 이론가들은 인지적 과정과 내용을 직접 측정하지 않은 채 그것들을 추론한다는 점이다. 이러한 방식은 연구자들이 자신이 이론화하는 대상을 직접 다루기보다 멀리 떨어진 지점에서 "피험자가 이런 방식으로 행동한다면 반드시 이런 생각을 했을 것이다"라고 주장하는 것에 불과하다. 앞서 논의했듯이 이는 매개 인지의 타당성을 의심하게 만든다.

이와 유사하게 자아중심주의 가설에 따르면 무기력 학습 실험에서 문제해결의 가장 큰 어려움은 순수한 동기 지표, 예를 들어 지속성에서 나타나야 한다. 반면 해답을 알 수 있는 능력 같은 인지 지표에서는 그렇지 않아야 한다. 그러나 이러한 점은 명시적으로 탐구되지 않았다. 자아중심주의 연구들은 지속성이라는 동기 지표는 측정했지만, 동시에 인지적 손상이 없었다는 것을 보여주지는 못했다. 덧붙이자면 이는 자아중심주의 가설과 그 연구들만의 문제가 아니라, 무기력 학습 모델과 관련 연구들에도 동일하게 적용되는 일반적인 문제다.

몇몇 연구자는 자아중심주의 가설을 더 직접적으로 검증하고자 했다. 예를 들어 코프타(Kofta)와 세덱(Sedek, 1989)은 무기력 학습 모델과 자아중심주의 가설을 대비하며 사전 처치에서 무엇이 피험자의 시험 과제 수행 저하로 이어지는 핵심 요인인지를 물었다(Barber & Winefield, 1987 참고). 무기력 학습 모델은 명확히 사전 처치의 통제 불가능성, 즉 반응－결과 간 독립성을 지목한다. 반면 자아중심주의 가설은 통제 불가능성 자체보다 실패를 핵심으로 본다. 통제 불가능성 자체는 자존감을 위협하지 않기에 방어할 필요가 없고, 오히려 어떤 목표(문제해결)를 달성하려고 적극 시도했음에도 실패했을 때 이후 수행 저하가 발생한다고 본다.

따라서 무기력 학습 모델과 자아중심주의 가설을 구분하는 중요한 방법은 통제 불가능성과 실패를 분리해 어떤 설명이 맞는지를 보는 것이다. 우리는 이미 메타분석을 통해 '쾌자극적 무기력'이 존재한다는 사실을 알았다. 즉 사전 처치에서 통제 불가능한 성공을 경험했을 때조차 시험 과제에서 여전히 수행 저하가 나타났다. 이는 표면적으로 봐도 무기력 학습 이론을 지지한다. 그러나 이러한 연구들은 통제 불가능성과 실패를 구분하도록 설계된 것은 아니다.

이 점을 명확히 하고자 코프타와 세덱(1989)은 통제 불가능성과 실패를 직접적으로 구분한 연구를 진행했다. 그들은 개념 확인 과제를 사전 처치로 사용했는데, 이때 '맞음/틀림' 피드백을 무작위로 제시하면서 피험자의 응답과 무관하게 절반은 맞고 절반은 틀리도록 했다. 한 조건에서는 피험자들에게 "이 과제가 논리적 사고 및 결론 도출 능력과 관련 있다"고 설명하고, 전체 수행에 대한 피드백은 실험 종료 시 제공된다고 설명했다. 또 다른 조건에서는 "이 과제가 지능의 중요한 측면을 측정한다"고 설명한 뒤 과제마다 수행 피드백을 제시했는데, 매번 결과가 실패했다고 알려줬다. 세 번째 조건에서는 첫 번째 조건과 동일한 지시가 주어졌지만, 피드백은 실제 수행에 따라 정확히 제공되었다.

두 번째 조건은 자아중심주의 가설에서 제시한 과정이 작동하도록 조작된 것이다. 실험 종료 후 설문조사를 한 결과 두 번째 조건의 피험자들은 실제로 사전 처치에서 자신의 수행이 저조했다고 보고했으며, 기분도 나빴다고 했다. 첫 번째와 세 번째 조건의 피험자들은 서로 차이가 없었으며, 두 그룹 모두 두 번째 조건보다 낮은 실패 인식을 보였다.

불쾌한 소음을 끄기 위해 버튼을 눌러야 하는 시험 과제 수행에서 통제 불가능한 첫 번째와 두 번째 조건의 피험자들은 통제 가능한 조건의 피험자들에 비해 지연 시간이 길고 실패 횟수도 많았다. 그러나 두 집단 간에는 차이가 없었다. 즉 자아중심주의를 강조하도록 설계된 조작은 아무런 효과를 보이지 않았다. 코프타와 세덱은 이 결과가 자아중심주의 가설과는 명백히 불일치하며, 무기력 학습 모델과 완전히 부합한다고 결론지었다. 무기력 유도의 핵심은 실패가 아니라 통제 불가능성이었다.

동시에 몇몇 설문 반응은 무기력 학습 모델과 맞지 않았다. 비수반적 사건은 첫 번째 조건 피험자들의 기분을 저하하지 않았다. 반면, 실패 조작은 그러했다. 또한 수행 저하가 뚜렷하게 나타났음에도 시험 과제의 통제 가능성 평가에서는 차이가 없었다. 피험자들은 사전 처치 과제가 좀 더 통제 불가능하다고 인식했지만, 이 기대가 시험 과제로 일반화되지는 않았다. 노력 증가와 관련된 문항에서도 집단 간 차이가 나타나지 않았는데, 이는 자아중심주의 가설이 예측하는 바와 다르다. 오히려 "수행 저하는 존재하지만 사고와 기대에 대한 피험자들의 자기보고에는 차이가 없었다"는, 이제는 익숙한 결과와 일치한다.

이 연구는 자아중심주의 가설이 무기력 학습 모델을 대체할 수 있을지 의문을 제기하지만, 동시에 그 가설이 완전히 무가치한 것은 아니라는 점을 보여준다. 어려운 과제에서의 지속성 증가 현상은 여전히 무기력 학습 이론으로는 설명되지 않는 결과이기 때문이다. 현재 우리가 말할 수 있는 부분은 실패와 통제 불가능한 사건 모두 이후 수행에 영향을 미친다는 점이다. 다만 그 구체적인 과정은 여전히 불명확하다.

상태 지향 vs 행동 지향

쿨(Kuhl, 1981)은 무기력 학습 효과에 대한 또 다른 인지적 해석을 제안했다. 그는 통제 불가능성이 수행 저하로 이어진다는 점에서 무기력 학습 모델, 그리고 다수의 연구 결과와 의견이 일치했지만, 인지적 기제를 달리 봤다. 즉 무기력 학습 이론이 가정하는 미래 무기력에 대한 기대에 비중을 두지 않았다.

그 대신 쿨은 '무기력' 학습 효과를 성취 동기 연구에서 이미 제시되고 탐구된 개념들로 더 잘 설명할 수 있다고 주장했다. 쿨은 실패(통제 불가능성)에 대한 즉각적인 반응이 이후 과제에서 잘하고자 하는 동기의 상승이라고 봤으며 이는 워트먼과 브렘(1975)의 생각, 즉 통제 불가능한 사건 경험이 반발을 유발한다는 주장과 일치했다. 이 가정과 유사하게, 겉으로는 무기력한 피험자들이 시험 과제에 처음 접근할 때는 오히려 활력을 보인다는 보고가 있다(Miller & Seligman, 1975).

이는 무기력 학습 모델이 전혀 예상하지 못한 결과였다. 피험자들은 오직 그 과제에 성공하지 못했을 때만 비로소 포기했다.

그렇다면 피험자의 동기가 온전하고 자신이 잘하지 못할 것이라고 기대하지도 않는데, 왜 시험 과제에서 좋은 성과를 내지 못하는가? 쿨은 문제해결의 두 가지 심리적 접근, 즉 '상태 지향'과 '행동 지향'을 대비했다. 상태 지향은 개인의 과거, 현재, 미래 상태에 대한 초점이다. 예를 들어 "내 기분이 어떤가, 왜 내가 어려움을 겪는가, 이 경험이 내 안녕에 어떤 의미가 있는가?" 같은 자기 성찰적 사고다. 이는 과제와 무관하기 때문에 특히 과제가 어려울 때 수행을 방해한다. 반면 행동 지향은 문제해결에 직접적으로 접근하는 태도로, 당면한 문제와 그것을 해결할 여러 방법에 집중한다.

이에 통제 불가능한 사건 이후의 수행 저하를 설명하는 또 다른 가설이 제시된다. 실패 자체는 개인의 동기를 강화할 수 있지만, 만약 그 실패가 충분한 상태 지향을 유발한다면 그것이 강화된 동기를 압도해 과제 수행을 방해한다는 설명이다. 다시 말해 무기력 학습 효과는 반응-결과 간 독립성에 대한 지각 때문이 아니라, 개인이 과제와 무관한 사고들을 반추하기 때문이라는 것이다. 바로 이 반추가 어려움을 만들어낸다.

흥미롭게도 쿨은 무기력이 매우 인지적인 현상임을 인정하면서도 어떤 특정 인지 활동이 일어나는지는 별로 중요하지 않다고 주장한다. 문제와 관련된 사고가 아닌 한, 오히려 수행을 방해할 가능성이 크다는 것이다. 이는 무기력 학습의 재정식화와는 대조적이다. 재정식화 모델은 특정한 귀인 활동이 핵심이라고 보지만, 쿨의 이론은 오히려 귀인 활동 자체가 문제를 방해한다고 주장한다. 디너(Diner)와 드웩(1978)의 연구 역시 이러한 생각과 일치하는데, 아동들이 통제 불가능한 문제를 경험했을 때 실패 원인을 어떤 방식으로든 귀인할 경우 방해를 더 크게 받았다는 것이다.

쿨은 상태 지향에 의해 발생하는 무기력을 '기능적 무기력'이라 부르자고 제안한다. 반면 무기력 학습 모델이 다루는 무기력은 '동기적 무기력'으로 불리며, 이는 통제 불가능성에 대한 기대로 매개된다. 쿨은 전형적인 실험실 연구에서는 시험 과제와 사전 처치가 매우 유사할 때만 동기적 무기력이 나타날 수 있다고 암시한다. 그래야 피험자가 첫 상황에서 추상화한 반응-결과 간 독립성에 대한 믿음을 두 번째 상황에서도 일반화할 수 있기 때문이다. 그러나 쿨은 시험 과제와 사전 처치가 상이할 경우 이러한 기대의 전이가 일어날 가능성이 낮으며, 관찰되는 결손은 아마 기능적 무기력 때문일 것이라고 주장하면서 실험실 밖에서는 기능적 무기력이 규범이지, 동기적 무기력은 아니라고 봤다.

예를 들어 수학 시험에서 통제 불가능한 경험을 한 대학생은 저녁 식사를 태우고, 친구들에게 서툴게 행동하며, 집단 속에서 자신의 요구를 평소보다 덜 단호하게 표현할 수 있다. 기능적 무기력 이론은 이렇게 보편적인 행동 효과가 일반화된 기대 때문이 아니라, 시험 낙제라는 경험이 만들어낸 상태에 여전히 사로잡혀 있기 때문이라고 설명한다(Kuhl, 1981).

자신의 이론을 지지하고자 쿨은 몇 가지 실험을 보고했다. 한 연구에서 전형적인 무기력을 유도한 후 일부 집단에는 시험 과제 전 추가 경험을 하게 했다. 한 조건은 상태 지향을 강조하는 방향으로 설계되었는데, 피험자들에게 실패 이유와 정서 상태 묘사, 실험 상황에 대한 평가 등을 묻는 설문을 작성하게 했다. 또 다른 조건은 행동 지향을 강조하기 위한 것으로, 피험자들에게 에세이를 읽고 흥미와 유익함에 대한 의견을 제시하는 활동 등 성취한 무관한 과제를 하게 했다. 나머지 집단은 중간 과제 없이 곧바로 복잡한 배열에서 특정 기호를 찾는 시험 과제를 수행했다.

결과적으로 초기에 통제 불가능성을 경험하지 않은 피험자들과 비교했을 때 상태 지향이 유도된 피험자들은 시험 과제에서 방해를 받은 반면, 행동 지향이 유도된 피험자들은 방해를 받지 않았다. 이러한 결과는 쿨의 이론과 일치한다. 그러나 통제 불가능성 인식에 대한 평가는 이러한 효과들이 일반화되고 매개된다는 무기력 학습 모델의 주장을 지지하지 않는다. 더 큰 문제는 통제 불가능한 조건에서 별도의 중재를 받지 않은 피험자들, 즉 표준적인 무기력 조건 집단을 대조군과 비교했을 때 수행 저하를 보이지 않았다는 점이다. 다시 말해 쿨은 자신의 절차가 무기력 결과를 만들어낼 수 있음을 보여주지 못했으며, 이는 그의 다른 연구 결과를 무기력 효과에 대한 대안적 해석 근거로 삼는 데 문제를 남긴다.

인지적 탈진

세덱과 코프타(1990)는 쿨의 상태 지향 개념을 변형한 설명을 제안했다. 그들은 개인이 통제 불가능한 사건을 경험하면 처음에는 문제를 해결하고 자신의 무능력을 이해하려는 많은 인지 활동이 촉발된다고 주장했다. 그러나 비수반성 효과는 이러한 노력이 결국 실패로 이어지게 만든다. 앞서 설명한 '가설 검증'과 마찬가지로 이 관점도 사람들이 자신이 마주한 상황을 설명하기 위해 다양한 가능성을 제시하고 평가한다고 본다. 그러나 피드백이 무작위로 주어질 경우 사람은 끝없이 가설을 제시하고 평가하지는 않는다. 결국 그는 '인지적 탈진' 상태에 이르러 생각 자체를 멈추게 된다. 바로 이러한 인지적 동원의 해제가 이후 과제에서 인지적 손상을 초래한다. 참고로, 바버(Barber)와 와인필드(Winefield, 1986)는 또 다른 변형된 설명을 통해 피험자가 자극에 대한 주의 자체를 멈출 때 무기력 효과가 발생한다고 봤다.

세딕과 코프타는 이 설명을 검증하기 위한 실험을 보고했다. 그들은 무기력 유도에서 피드백을 단순히 무작위가 아니라 명백히 모순되도록 구성했다. 개념 확인 과제에서 동일한 자극에 대해 정반대 피드백을 제공한 것이다. 그 후 피험자들은 단순한 시험 과제와 어려운 시험 과제를 연속으로 수행했다. 첫 번째 과제에서는 방해가 나타나지 않았는데, 이는 인지적 탈진 상태인 사람조차 쉽게 해결할 수 있는 과제였기 때문으로 보인다. 반면 두 번째 어려운 과제에서는 수행 방해가 나타났고, 이는 오직 사전 처치에서 명백히 모순된 정보를 받은 경우에만 그랬다. 이후 피험자들은 불확실함, 주의집중 불능, 성공에 대한 낮은 기대 등을 보고했다.

우리는 이 결과들이 세딕과 코프타가 기대한 만큼 명확하게 인지적 탈진 가설을 지지한다고 보지는 않는다. 모순된 정보를 제공하면 피험자가 혼란스러워할 수 있다는 점은 분명하다. 그리고 이후 어려운, 즉 노력이 요구되는 과제에서 나쁜 수행으로 이어진다는 부분도 합리적이다. 하지만 이것이 모든 무기력 실험에서 인지적 탈진이 핵심 매개라는 점을 입증하는가? 그렇지는 않다. 특히 연구자들이 가장 표준적인 조건의 피험자들에게서는 무기력 효과를 끌어내지 못했다는 점에서 그렇다. 아마도 쉬운 시험 과제를 제공한 것이 무기력 효과를 깨뜨렸을 개연성이 있다. 반면 혼란스러워한 피험자들은 그렇지 않았던 것이다.

'인지적 탈진' 가설을 평가하려면 추가 연구가 필요하다. 다만 이 대안적 설명에서 가장 매력적인 부분은 무기력 학습에서 인지적 결손을 정확히 '사고의 실패'라고 본다는 점이다. 이는 무기력 효과의 인지적 결손을 규명하려는 여러 시도가 왜 그토록 성과를 거두지 못했는지를 설명해줄 수도 있다. 말 그대로 거기에는 규명할 '무언가'가 없는 것이다.

이차적 통제

로스바움(Rothbaum)과 와이즈(Weisz), 스나이더(1982)는 통제 불가능한 사건에 대한 반응과 관련해 또 하나의 대안적 설명을 제시했다. 무기력 이론이 수동성, 후퇴, 복종을 개인적 통제 약화의 일차적 증거로 해석하는 반면(10장), 로스바움 등은 이처럼 겉으로 보이는 무기력 징후들이 사실은 다른 형태의 통제를 반영할 수도 있다고 주장했다.

로스바움 등이 제시한 모델에서 핵심은 일차적 통제와 이차적 통제의 구분이다. 일차적 통제는 개인이 환경을 자신의 바람에 맞추는 능력, 이차적 통제는 개인이 자신을 환경에 맞추는 능력을 뜻하는 개념이다. 무기력 이론과 대다수 설명은 사람들이 나쁜 사건에 어떻게 반응하는지를 다루면서 주로 일차적 통제에 초점을 맞추었다(Peterson & Stunkard, 1989). 로스바움 등에 따르면 일차적 통제는 개인이 통제 불가능한 사건에 직면했을 때 최초이자 우선적으로 선호하는 반응이다. 그러나 일차적 통제가 실패할 경우 이차적 통제가 성공하기도 한다. 즉 통제 불가능한 사건을 받아들이고 그 속에서 의미를 도출해낸다면 그 사건이 방해가 되지 않을 수 있다. 겉보기에는 무기력한 행동이 실제로는 일차적 통제를 벗어난 사건들에 대해 이차적 통제를 유지하려는 시도일 수도 있다는 것이다.

로스바움 등은 이차적 통제의 몇 가지 다른 형태를 설명했다. 각 형태는 특징적인 원인 설명으로 구분되며, 흥미로운 점은 이러한 귀인들이 통제 결여를 심화하는 것으로 해석되는 요인들(14장)과 동일하다는 사실이다.

- **예측적 통제**는 '실망을 피하려고 혐오적 사건을 예측할 수 있는 능력'을 의미한다. 항상 최악을 예상하면 그 최악이 때때로 혹은 자주 일어나더라도 실망하지 않는다. 이는 앞서 설명한 노렘과 칸터(1986)의 방어적 비관성 개념과 유사하다. 예측적 통제는 능력 부족에 대한 귀인으로 특징지어지며, 지속적으로 자신의 능력과 성취를 평가절하하는 개인에게서 찾아볼 수 있다.

- **환상적 통제**는 사람들이 자신을 운이나 숙명과 연결할 때 발생한다. 운과 같은 설명은 흔히 변덕스러운 세계를 반영하는 것으로 보이지만, 로스바움 등은 환상적 통제가 정반대를 나타낸다고 주장한다. 환상적 통제를 가진 사람은 사건을 직접적으로 통제하지는 못해도 사건들이 질서 있게 전개된다고 믿는다. 비록 운명이 카드를 나누어 주지만, 사람은 운명과 자신을 조율할 수 있다고 믿는 것이다.

- **대리적 통제**는 환상적 통제와 유사하다. 다만, 자신을 강력한 집단이나 개인과 동일시함으로써 통제를 성취한다는 측면에서 다르다. 정치 지도자나 운동선수, 음악가 또는 특정 종교나 직업, 취미 등과 동일시하는 것이 이에 해당한다. 스스로 결과를 통제하지 못하는 개인이 결과

를 통제할 만큼 강력한 타인이나 집단과 자신을 동일시하는 것이 심리적 기제다. 이는 에리히 프롬(Erich Fromm)의 저서 《자유로부터의 도피》 (1941)에서 강조된 심리적 메커니즘이다. 프롬에 따르면 파시즘 같은 전체주의 운동은 스스로의 노력으로 자유를 성취할 수 없거나 성취하지 않으려는 개인에게 매력적으로 다가온다. 중요한 것은 보통 '타인'으로의 귀인은 통제 포기로 간주되지만, 로스바움 등은 이것이 오히려 통제를 얻고 유지하는 수단이라고 봤다는 점이다.

이러한 이차적 통제의 다양한 형태를 통틀어 '해석적 통제'라고 부르며, 사람들은 일차적 통제에 실패했을 때 이를 성취하려고 한다. 나쁜 사건 이후 그것을 이해하면서 의미를 찾고, 어떤 형태로든 답을 도출하는 것은 적응적 행위일 수 있다. 이런 관점에서 보면 통제 불가능성에 대한 기대, 원인에 대한 설명, 심지어 수동적이고 철회된 행동조차 유용한 전략일 수 있다. 그것들을 무기력으로 명명하는 것은 그 목적을 놓치는 셈이다.

로스바움 등의 견해는 어떤 경우에는 분명히 합리적이다. 문제는 그 경우들을 각각 구분해 어느 것이 규칙이고, 어느 것이 예외인지를 결정해야 한다는 점이다. 지금까지 연구는 이를 시도하지 않았지만, 적절한 연구라면 무기력 행동이 동기에 의해 얼마나 유지되는지를 살펴봐야 한다. 즉 겉보기에 무기력한 개인이 실제로는 실패가 불가피한 상황을 선호하는 것은 아닌지, 그리고 사람들이 능력 부족, 운, 강력한 타인 같은 원인을 위안으로 보는지, 아니면 고통으로 보는지를 더 면밀히 살필 필요가 있다.

여기서 논리가 매우 복잡해질 수 있다. 만약 수동적 행동이 지속적이지 않은 것으로 나타난다면 이는 무기력 이론 및 수동성을 통제 약화와 동일시하는 다른 이론들을 입증하는 증거일까? 아니면 겉보기에 '무기력한' 무기력이 사실은 삼차적 통제의 한 형태라고 주장할 수 있을까? 로스바움 등이 주장한 '두 과정(two-process) 이론'은 반증이 불가할지도 모른다. 그럼에도 지금까지 살펴본 내용의 전체 요지가 통제 불가능한 사건에 대한 사람들의 사고가 매우 복잡할 수 있다는 것이라면 로스바움 등의 관찰은 이 점을 잘 보여주는 사례라고 할 만하다.

우리가 아는 것

연구자들은 통제 불가능한 사건에 노출된 동물을 연구해 문서화한 현상과 유사한 것이 인간에게서도 나타날까라는 질문에서 무기력 학습 연구를 시작했다. 처음 내린 결론은 인간에게도 그런 현상이 일어난다는 것이다. 다양한 방식으로 조작된 통제 불가능한 사건들은 이후 문제해결 과제에서 일관되게 방해를 일으켰다. 이 같은 통제 불가능성은 인간의 정서, 공격성, 생리적 측면에도 영향을 미친다. 인간의 무기력 효과는 시간 경과에 따라 달라진다. 즉 면역화를 통해 최소화될 수 있고, 치료를 통해 역전되기도 한다. 전반적으로 인간을 대상으로 한 이러한 연구 결과들은 동물에게서 발견된 현상과 강력한 유사성을 나타낸다.

두 번째 결론은 인간의 무기력 학습에는 '경계 조건'이 존재한다는 점이다. 물론 동물의 무기력에도 경계 조건은 있지만, 그것이 인간 연구로 이어지도록 만든 핵심 요인은 아니었다. 무기력 효과가 어느 정도 일반적이기는 하지만 시간과 상황을 초월하는 일반성에는 분명한 한계가 있다. 이 일반성에 신뢰할 만한 영향을 미치는 요인 중 하나가 개인이 최초의 통제 불가능한 사건에 부여하는 인과적 귀인이다. 다음 장에서 논의하겠지만, 이러한 귀인의 역할은 무기력 이론이 귀인적 관점으로 재정식화되는 출발점이 되었다.

세 번째 결론은 인간의 무기력에는 동물 연구에서는 볼 수 없었던 변형들이 존재한다는 점이다. 사람들은 타인을 관찰함으로써 간접적으로 무기력을 습득할 수 있고, 집단 전체가 통제 불가능성에 의해 무기력해지기도 한다. 더욱이 집단 수준의 무기력은 개별 구성원의 무기력으로 환원되지 않는다. 이 현상은 최초 시연 이후 그리 많은 연구가 이루어지지 않았지만, 매우 흥미로운 주제라서 실험실 밖에서도 무기력 개념을 적용할 수 있는 다양한 가능성을 열어준다.

마지막으로, 네 번째 결론은 인간의 무기력은 중추적 요소의 지배를 받는다는 점이다. 인간 대상의 초기 연구들은 동물 현상에서 제시된 것과 동일한 말초적 해석에 맞서 출발했지만, 곧 인간의 무기력에는 어떤 형태로든 정신적 매개가 수반된다는 사실이 명백해졌다. 너무나 많은 효과가 뚜렷하든, 미묘하든 중추적 차원에서 쉽게 설명될 수 있었고, 상충되는 운동 반응이나 생물학적 외상 같은 개념으로는 설명이 불가능했다.

우리가 모르는 것

인간이 무기력 학습 효과, 즉 통제 불가능한 사건을 경험한 후 수행 저하가 나타난다는 것은 확실하지만, 이것이 무기력 학습 모델이 주장하는 바처럼 동기적 결손과 인지적 결손을 모두 반영하는지, 아니면 한 가지 유형의 결손만 반영하는지는 아직 알려지지 않았다. 지금까지 연구자들은 이 두 가지 결손을 독립적으로 조작할 수 있는 현명한 방법을 고안하지 못했다.

또한 우리가 거듭 강조했듯이, 실험실 연구를 통해 유추한 인간 무기력의 매개 과정에 관한 본질은 여전히 명확하지 않다. 무기력 학습 모델은 사전 처치에서 형성된 통제 불가능성에 대한 기대가 이후 과제에서도 일반화되어 무기력 효과를 일으킨다고 제안하지만, 연구들은 실제로 이러한 과정이 일어난다는 사실을 확증적으로 보여주지 못했다. 전형적인 무기력 학습 패러다임에서 인지를 탐구하는 데 따르는 상당한 난관이 이러한 문제해결을 더욱 어렵게 만든다. 우리는 무기력 효과의 인지적 매개를 탐색하는 데 도움이 될 만한 몇 가지 고려 사항을 논의했으나, 지금까지 수행된 연구 가운데 우리 기준에 비추어 칭찬할 만한 것은 거의 없다.

이와 관련해 우리는 무기력 효과에 관한 상당히 많은 수의 대안적 설명을 어떻게 평가할지도 확신하지 못한다. 그 설명들은 무기력 학습 모델과는 다른 매개 과정을 제안한다. 각각은 통제 불가능성에 대한 반응에서 중요한 무언가를 포착하고 있는 듯하지만, 동시에 그 어떤 것도 무기력 학습 모델을 종결짓는 치명적인 반박으로 보이지 않는다. 일부는 개념적·경험적 문제를 자체적으로 안고 있다. 대안적 설명은 대부분 서로를 직접 논박하기보다 무기력 학습 모델에만 비판의 초점을 맞춘다. 그렇다면 이 설명들이 모두 옳을 수 있는가? 아마도 그렇다. 다만, 모든 가능성에 동등한 지위를 부여하는 막연한 절충주의에서는 그렇지 않다. 예를 들어 방해 효과를 '사고 부족'으로 인식하는 '인지적 탈진' 설명과 '사고 과잉'으로 지목하는 '상태 지향' 설명을 비교해보라!

아마도 필요한 것은 사람들이 통제 불가능성에 어떻게 반응하는지를 대안적 설명들이 강조하는 매개변수 범위에서 매우 정밀하게 탐구하는 일련의 연구일 테다. 특히 이러한 연구들은 시간을 고려해야 한다. 대안적 설명은 대부분 통제 불가능한 경험이 증가하면서 전개되는 과정에 관한 가설을 세워야 하기 때문이다. 어쩌면 인지적 내용 및 과정을 연구할 수 있는 좀 더 정교한 전략이 고안되어야 할 것이다. 11장에서 검토한 동물 연구는 조작화에 대한 몇 가지 유용한 힌트를 제공할 수 있을지도 모른다. 이 일이 이루어지기 전까지는 인간 무기력 연구에서 무기력한 사람이 언제, 무엇을, 어떻게 생각하는가 등 구체적인 세부 사항은 여전히 가장 큰 미지수로 남아 있을 것이다.

14장

귀인적 재정식화

무기력 학습 모델은 처음 제기되었을 당시 사람이 통제 불가능한 사건을 경험하면 동기, 인지, 정서에 어려움이 발생한다고 가정했다(11장). 이러한 효과를 매개하는 것은 반응과 결과가 서로 독립적이라는 개인의 기대다. 이 기대는 개인이 자신의 통제를 벗어나는 사건을 극복하려는 시도를 통해 형성되며, 이후 새로운 상황으로 일반화되어 무기력 학습 현상을 구성하는 문제들을 발생시킨다(10장).

이 장의 목적은 앞에서 다룬 초기 인간 무기력 연구들의 한계에 대한 이론적·경험적 반응을 설명하는 데 있다. 이들 반응은 인지적 요인에 초점을 맞춘 결과다. 다양한 요인이 주목받을 수 있었지만, 연구자는 대부분 무기력한 개인이 처음 겪은 통제 불가능한 사건의 발생 원인을 해석하는 방식에 집중했다. 이렇게 개정된 초기 무기력 학습 모델은 인과적 설명을 포함했으며, 이로써 사람들이 통제 불가능한 사건에 어떻게 반응하는지를 더 강력하게 설명할 수 있게 되었다. 특히 사람들은 경험하는 사건에 각자의 습관적인 설명양식을 적용하기 때문에 개정된 이론은 통제 불가능한 사건에 대한 개인의 반응 차이를 설명할 수 있었다.

역사적 배경: 귀인 이론과 이론적 전개

심리학이 사건에 관한 개인의 인과적 해석에 관심을 두게 된 계기는 프리츠 하이더(Fritz Heider)의 《대인관계 심리학(Psychology of Interpersonal Relations)》(1958)으로 거슬러 올라간다. 이 독창적인 저작에서 '소박한 심리학'이라는 개념을 도입한 하이더는 보통 사람들이 세상을 어떻게 이해하는지를 연구할 필요가 있다고 촉구했다. 소박한 심리학은 사람들이 자신의 행동 원인과 타인의 행동 원인을 어떻게 이해하는지에 대한 내용도 포함한다.

하이더는 게슈탈트 심리학 전통에 속했기에 그의 몇 가지 강조점은 명확하다. 첫째, 사람들은 자신의 경험에서 의미를 찾는다. 그렇게 찾은 의미는 이후 생각, 감정, 행동을 결정하는데, 이는 시지각적 해석이 이후 지각을 규정하는 것과 같다. 둘째, 사람들의 해석은 균형 혹은 조화를 특징으로 하며, 이 때문에 사람들은 해석을 즉각적 경험을 넘어 일반화한다. 셋째, 사람들의 '인지적' 해석은 각자의 '지각적' 해석과 유사하다.

특히 마지막 강조점은 미묘하지만 중요한 함의를 지닌다. 하이더는 복잡한 행동을 이해하는 방식을 다루면서도 종종 지각 심리학자 관점에서 이론을 전개했다. 그가 누군가의 관점을 언급할 때 그것은 거의 문자 그대로의 의미였다. 우리는 누군가의 행동을 관찰하면서 그 행동에 원인이 있음을 본다(Michotte, 1963). 11장에서 언급했듯이 특정 조건에서 사건을 경험하는 것은 인과적 지각을 불러일으킨다. 예를 들어 학생이 손을 들면 교사가 그를 지명하고, 누군가가 지루함을 느끼면 텔레비전 채널을 바꾼다.

하이더에 따르면 사람들은 어떤 행동을 이해할 때 그것을 원인 관점에서 해석한다. 물론 궁극적 목표 관점 등 다른 해석 방식도 존재한다. 그러나 목적론적 설명은 지각에 근거하지 않으며, 인과적 설명만큼 근본적이지 않을 수 있다. 우리는 일반 사람들은 사건 원인에 관심을 둔다는 하이더의 견해에 동의한다. 물론 일부 반론이 제기되기도 했지만(Wortman & Dintzer, 1978), 인과성에 대한 관심이 인간 본성의 기본 측면이라는 압도적인 증거가 존재한다.

하이더가 지각과 인과적 설명을 연결한 비유의 또 다른 중요한 함의는 인과적 설명을 근본적으로 내적 원인과 외적 원인으로 구분했다는 점이다. 이는 지각자와 지각 대상, 자아와 세계, 피부의 안과 밖 구분에 해당한다. 오늘날 몇몇 학자는 이 구분이 문제적이라고 지적한다. 예를 들어 두통처럼 모호한 경우가 있는 것이다. 하지만 하이더가 강조한 지각적 관점을 상기하면 이러한 난점은 어느 정도 해결된다. 원인이 외부로부터 강요된 것으로 인식되는가, 아니면 내부에서 비롯된 것으로 인식되는가? 개인의 관점이 결정적인데, 두통은 그것을 경험하는 사람이 누구냐에 따라 내부적이기도 하고, 외부적이기도 하다.

팔이나 다리가 부러진 경험을 한 사람들이 꽤 있다. 깁스로 처음 팔이나 다리를 고정하면 그것은 자아 외부에 있으며 큰 주의를 끈다.

하지만 시간이 지날수록 그것은 자아 내부로 동화되어 더는 주의를 끌지 않게 된다. 시각적 지각에서 전경-배경 전환처럼, 깁스가 자아에 동화된 것이다. 여기서 요점은 깁스가 외적인 것으로도, 내적인 것으로도 해석될 수 있지만 모호하지는 않다는 점이다. 이는 다른 요인들에 따라 내적 또는 외적 어느 한쪽으로 해석된다.

하이더의 아이디어는 존스(Jones)와 데이비스(Davis, 1965), 켈리(Kelley, 1967, 1972)가 대중화했고 심리학, 특히 사회심리학 전반에 자리 잡았다. 이는 오늘날 '귀인 이론'으로 불리는 접근의 기초를 마련했다. 귀인 이론은 사람들의 인과적 신념을 고려해 그들의 행동을 이해하는, 느슨하게 정의된 접근이다. 귀인 이론과 연구는 대체로 내적 원인과 외적 원인을 구분한다. 이후 다른 구분들도 추가되었지만, 내적-외적 구분은 여전히 중요하다(Weiner, 1986).

그렇다면 귀인 이론이 왜 이토록 인기 있었는가? 일부 이유는 시대정신에 있다. 1960~1970년대는 '빈 유기체(empty organism)' 접근이 힘을 잃고, 사람들이 세상에서 얻은 정보를 어떻게 '처리'하는지에 대한 관심이 증가하는 시기였다(Gardner, 1985). 인간 본성에 관한 두 가지 은유가 지배적이었는데, 인간을 과학자로 보는 은유와 컴퓨터로 보는 은유가 그것이다. 귀인 이론은 이 두 은유 모두와 잘 맞는다. 사람들은 과학자처럼 세상을 이해하려 하며, 구체적으로는 미래 사건을 예측하고 통제할 수 있도록 원인을 규명하려 든다. 또한 컴퓨터처럼 정보를 받아들이고, 규칙에 따라 변형하며, 결과를 도출한다. 자극-반응 언어를 입력-출력 언어로 번역하는 것은 쉬웠고, 그 사이에 일어나는 과정도 풍부한 어휘로 설명할 수 있었다.

귀인 이론이 인기 있는 또 다른 이유는 그것이 실제 현상을 잘 포착하기 때문이다. 상대주의가 대세인 오늘날, 과학이 현실을 이해하는 작업이라고 주장하는 것이 유행에 맞지 않을 수도 있다. 그러나 적어도 좋은 작업 가설인 것은 분명하며, 아마도 모든 과학자가 일상의 연구 과정에서 채택하는 가정일 것이다. 따라서 우리는 사람들이 실제로 사건 원인에 주의를 기울이고, 사건에 대한 인과적 해석이 사람들의 행동 방식을 결정한다고 본다. 귀인 이론이 널리 수용된 이유는 단순히 그것이 효과적으로 작동하기 때문이라고 결론내릴 수 있다.

귀인 이론은 사회심리학 영역이었고, 따라서 인과적 귀인의 상황적 결정 요인에 초점을 두고 연구되었다. 앞서 설명했듯이 이러한 연구들은 인간에게 적용된 무기력 학습 모델에 도전했는데, 상황적으로 조작된 귀인이 통제 가능성과는 별개로 유발된 무기력에 영향을 미쳤기 때문이다.

무엇보다 무기력 학습 모델에 귀인 이론을 도입하는 진정한 이점은 개인차를 설명할 수 있다는 것이다. 서로 다른 사람들이 동일한 사건에 대해 서로 다른 인과적 설명을 내놓고, 서로 다른 방식으로 반응한다. 개인차는 사회심리학의 전형적 관심사가 아니라서 무기력 학습의 귀인적 설명은 사회심리학을 넘어 성격심리학과 정신병리학에서 중요한 문제를 설명하게 된다.

인과적 설명과 통제 위치

이제부터는 귀인 이론의 내적 대 외적 '인과적 설명'과 로터(Rotter, 1966)가 사회 학습 이론에서 제안한 내적 대 외적 '통제 위치'

의 관계를 구체적으로 살펴보자. 몇몇 이론가는 이 개념들을 본질적으로 동일하다고 봤으나, 과거의 우리를 포함해 일부 이론가(Peterson & Seligman, 1984)는 완전히 다르다고 판단했다. 현재 우리의 견해는 복합적이다. 인과적 설명과 통제 위치는 어느 정도 겹치면서도 구별되는 차원이 있다. 유사성과 차이는 서로를 참조하지 않고는 이해할 수 없다(Peterson & Stunkard, 1989, 1992).

줄리언 로터(Julian Rotter, 1954)의 사회 학습 이론은 범주화하기 어렵다. 특정 자극에 대한 특정 반응이 어떻게 형성되는지를 다루는 만큼 학습 이론에 속하지만, 로터에게 큰 영향을 미친 것은 정신분석 이론가 알프레트 아들러(Alfred Adler)와 장(field) 이론가 쿠르트 레빈(Kurt Lewin)이다. 하이더 또한 레빈의 영향을 받은 만큼 사회 학습 이론과 귀인 이론 사이에는 어느 정도 수렴되는 부분이 있을 수 있다.

로터(1966)에 따르면 강화는 선행 행동을 기계적으로 강화하지 않는다. 개인은 특정 반응이 미래에도 보상받을 것이라는 기대가 형성될 때만 그 행동의 가능성을 높인다. 이러한 기대는 두 가지 요인으로 결정된다.

첫째, 반응과 강화의 구체적 특성이 미래에 그것들이 연결되리라는 기대를 형성한다. 예를 들어 한 학생이 유기화학에서 A 학점을 받았다고 해보자. A 학점이 그 학생의 학업 경력에서 가장 큰 성취라 해도 다음 학기에 같은 과목을 다시 듣지는 않을 것이다. 반복이 강화될 것이라고 기대할 이유가 없기 때문이다.

둘째, 사람들은 보상 근원이 어디에 있는지에 대한 일반적인 신념을 가지고 있다. 어떤 사람은 보상이 자신의 내부, 즉 노력과 능력에서 비롯된다고 믿는다. 반면 어떤 사람은 보상이 상황, 우연, 타인 등 외부에서 비롯된다고 믿는다. 이 두 극단이 로터의 통제 위치 연속선의 양 끝점, 즉 내적과 외적을 정의한다. 일반적으로 내적인 사람은 특정 행동에 강화가 뒤따를 것이라는 기대를 가질 가능성이 외적인 사람보다 높다. 그러나 로터(1975)가 주의 깊게 설명했듯이 모든 것이 같지는 않다. 특히 인과적 구조가 잘 알려진 상황에서는 성격 차이가 무의미할 수 있다.

애틀랜틱시티에서 슬롯머신을 하는 것과 필라델피아에서 운전면허 시험을 치르는 것을 비교해보자. 전자의 경우 대다수 사람은 강화가 '우연'에 의해 결정된다고 믿지만, 후자의 경우에는 '노력'이나 '기술'이 주된 요인이라고 믿는다. 이러한 상황에서는 통제 위치가 기대(행동)를 결정하는 데 압도적으로 중요하지는 않을 것이다. 내적인 사람도 슬롯머신을 할 수 있고, 결국 흥미가 사라지면 멈출 것이다. 외적인 사람도 운전면허 시험을 준비하고, 결국 합격하면 멈추게 된다.

통제 위치와 인과적 설명은 인간의 행동 변화를 설명하는 인지적 구성물이라는 점에서 유사하다. 둘 다 행동과 결과의 관계를 다룬다. 따라서 얼마나 활기차게 또는 소극적으로 살아가는지를 좌우할 수 있다.

이 둘의 차이는 통제 위치가 보상의 본질, 즉 세상의 보상 및 처벌에 관한 신념인 반면, 인과적 설명은 사건 원인에 대한 판단이라는 점이다. 이것들은 관련은 있지만 동일하지는 않다. 경험적으로도 독립적일 수 있다. 예를 들어 내적 통제 위치를 가진 사람도 "내가 매력적이라면 일자리를 얻겠지만, 내가 매력적인지는 면접관 기분에 달려 있어"라고 외적 설명을 할 수 있다. 혹은 그 반대도 가능하다.

더 정확한 대응 관계는 인과적 설명과 로터의 기대 개념 사이에서 찾을 수 있다. 기대는 반응이 강화로 이어지는지, 다시 말해 결과를 '야기하는지'에 대한 신념이므로 귀인적 언어로 쉽게 표현될 수 있다. 통제 위치는 이러한 기대를 결정하는 요인 중 하나일 뿐이며, 따라서 인과적 설명과는 다른 개념적 수준에 속한다.

무기력 학습 재정식화 모델

1978년 린 에이브럼슨(Lyn Abramson)과 셀리그만, 티즈데일은 인간에게 적용된 무기력 학습 모델에 대한 '비판과 재정식화'를 제시했다. 여기에서 주요 수정 부분은 통제 불가능한 사건이 결핍을 초래하는 과정에서 인과적 귀인이 매개 역할을 한다는 점이었다. 〈이상심리학 저널(Journal of Abnormal Psychology)〉 특집호에 실린 이 논문은 무기력 학습을 우울증 모델로 제시했으며, 그 후 '귀인적 재정식화'는 주로 우울증 장애를 설명하는 틀로 다루어졌다. 하지만 이 재정식화는 우울증 적용뿐 아니라, 무기력 이론 전체를 새롭게 수정한 것이었다.

앞 장에서 언급했듯이 여러 실험 연구는 통제 불가능한 사건에 대한 개인의 인과적 설명이 그 사건에 대한 반응에도 영향을 미친다는 점을 보여주었다. 또한 이번 장에서 다루겠지만, 귀인 이론과 귀인적 사고는 초기 무기력 학습 모델과 결합하기에 딱 좋았다.

에이브럼슨 등(1978)은 재정식화 모델을 제시하면서 인간에게 무기력 이론을 적용할 때 나타나는 두 가지 주요 문제를 지적했다. 첫 번째 문제는 기존 이론이 어떤 결과가 모든 사람에게 통제 불가능한 경우와 특정 사람에게만 통제 불가능한 경우를 구별하지 않았다는 점이다. 에이브럼슨 등은 전자를 '보편적 무기력'이라고 불렀으며, 치명적인 질병에 걸린 아이를 둔 부모를 사례로 들었다. 부모는 어떤 행동을 해도 아이를 건강하게 만들 수 없고, 다른 누구의 도움도 소용없다. 후자는 '개인적 무기력'으로, 수학 미적분을 못해서 어려움을 겪는 학생을 사례로 들 수 있다. 그 학생은 과제나 시험 문제를 해결하지 못하지만, 같은 반 다른 학생들은 아무런 어려움 없이 문제를 푼다.

그렇다면 보편적 무기력과 개인적 무기력의 차이는 무엇일까? 두 경우 모두 개인은 자신의 행동과 결과 사이에 아무런 관계도 없다고 인식한다. 또한 미래의 비수반성을 바라는 기대도 약해진다. 다만, 개인적 무기력의 경우 자기 비난에 빠지고, "그때 그랬다면…" 하는 후회적 사고가 반복되면서 자존감이 급격히 떨어진다. 반면 보편적 무기력의 경우 자존감이 그대로 유지된다.

인간에게 무기력 이론을 적용할 때 나타나는 두 번째 문제는 무기력 결손(통제 불가능한 사건을 반복적으로 겪은 결과 나타나는 행동 및 인지적 부족 현상–편집자 주)이 언제 일반화되는지를 설명하지 못했다는 점이다. 기존 이론에 따르면 무기력한 사람은 일반적으로 행동과 결과가 서로 무관하다고 예상하며, 그 결과 무기력 상태가 매우 넓게 일반화된다고 생각한다. 하지만 상식적으로나 앞 장의 실험 결과를 보더라도 이러한 일반화가 항상 일어나는 것은 아니다.

물론 일반화된 무기력이 존재하긴 하지만 이는 수용소 수감, 자연재해 같은 극단적이고 매우 특수한 상황에서 발생할 가능성이 크다. 따라서 '무기력 학습'이라는 용어를 이렇게 극도로 일반화된 무기력 상태에만 한정해서 쓰는 것은 적절하지 않다. 안타깝게도 초기 이론은 통제 불가능성으로 심신이 약해지는 전형적인 사례를 설명하지 못했다. 구체적으로 말하면 약간 일반적인 무기력과 약간 국한적인 무기력을 잘 설명하지 못했다.

에이브럼슨 등(1978)은 이러한 두 가지 문제를 해결하고자 사람들이 통제 불가능한 사건에 대해 인과적 설명을 만든다고 주장했다. 인과적 설명은 자존감뿐 아니라 결손의 일반화 정도에도 영향을 미친다. 달리 말하자면 중요한 사건을 통제하지 못했을 때 사람들은 "왜?"라는 질문을 던지며, 그 대답이 이후 통제 불가능한 사건에 반응하는 방식에 영향을 미친다.

'그림 3'은 비수반성에서 무기력 행동으로 이어지는 일련의 인지적 과정을 가설적으로 나타낸 것이다. 인간에게 적용된 무기력 학습 이론은 이러한 인지 과정을 훨씬 복잡하게 다룬다. 사람이 실제로 반

그림 3 | 귀인적 재정식화

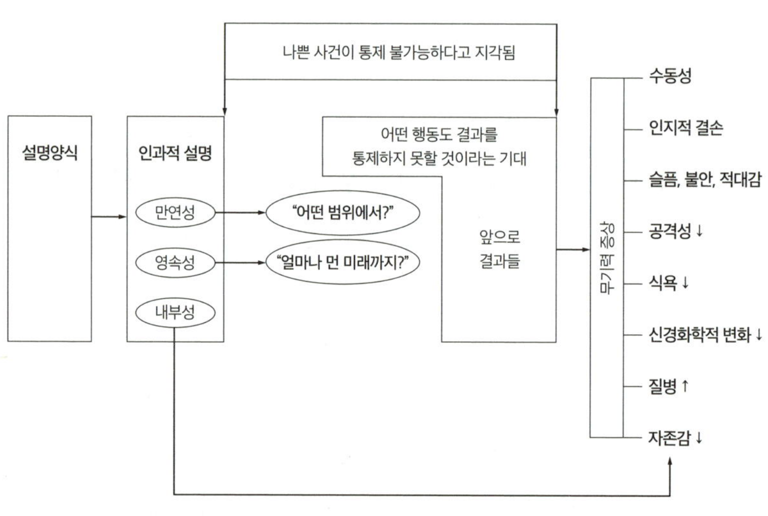

출처: Peterson, C., &Seligman, M. E. P. (1984). Causal explanations as a risk factor for depression: Theory and evidence. Psychological Review, 91, 347-374. © 1984 미국심리학협회. 출판사 허가를 받아 각색함.

복해서 사건을 경험해야만 무기력에 빠지는 것은 아니다. 단지 통제가 불가능하다는 기대만으로도 무기력이 형성될 수 있다. 또한 반응과 결과의 단순화가 이루어져야만 이 둘이 무관하다는 기대가 생기는 것도 아니다. 이러한 기대는 여러 근원에서 비롯될 수 있다. 예를 들어 타인 관찰과 사회적 고정관념, 기대 효과에 대한 구체적인 정보 등이 기대를 낳는다(13장).

사람은 한 번의 반응과 결과가 서로 독립적이라고 기대하게 되면, 그 이유를 찾으려고 인과적 설명을 시도한다. 그 인과적 설명은 이후 비수반성에 대한 기대에 영향을 미치며, 이는 다시 무기력 결손의 성격을 결정한다.

이처럼 인과적 설명은 '기대'에 영향을 미치기 때문에 여러 결정 요인 가운데 하나에 불과하다. 즉 인과적 설명은 비수반성 기대를 만들어내는 데 필요조건도, 충분조건도 아니다. 인과적 설명이 기대에 영향을 미쳐도 다른 요소들이 그 영향력을 무효로 만들 수 있기 때문이다. 기대는 무기력을 '결정'하므로 기대 자체가 하나의 원인이 된다. 기대는 무기력 결손의 충분조건이다.

재정식화된 무기력 학습 모델은 한편으로는 인과적 설명을, 다른 한편으로는 무기력의 결과(행동적·정서적 결핍)를 집중적으로 연구한다. 그러나 '그림 3'에 나타난 인지적 과정에는 그렇게 많은 관심을 두지 않는다.

에이브럼슨 등은 인과적 설명의 세 가지 주요 매개 변인을 제시했다. 첫째 매개 변인은 익숙한 구분, 즉 내적 설명과 외적 설명의 구분이다(연애를 거절할 때 사용할 수 있을 법한 설명 사례는 '표 3' 참고). 통제 불가능한 사건에 대한 내적 설명은 개인적 무기력과 관련 있다. 통제 불가능성이 특정 개인 내부의 어떤 것으로 귀인되기 때문이다. 반대로, 외적 설명은 보편적 무기력과 관련 있다. 통제 불가능성이 상황이나 환경 같은 개인의 외적 요인에 기인하기 때문이다. 따라서 어떤 사람이 통제 불가능성을 내적 요인으로 설명하느냐, 아니면 외적 요인으로 설명하느냐에 따라 이후 자존감이 달라진다. 내적 설명은 자존감 상실을 초래할 가능성이 크지만, 외적 설명은 대체로 자존감을 유지하게 한다.

둘째 매개 변인은 시간을 두고 영속적인 원인과 일시적인 원인을 구별하는 것이다(역시 '표 3' 참고). 예를 들어 대학에서 첫 시험을 망쳤다고 가정해보자. 이때 낮은 성적을 두통 탓으로 돌린다면(이는 일시적 원인일 것이다), 시간이 지나면서 사라질 원인이라 무기력 결손은 단기적으로만 나타난다. 반면 낮은 성적을 "내가 멍청해서 그렇다"(이는 개인의 능력, 혹은 대학교수들의 본질적 특성 같은 영속적 원인일 것이다)라고 설명한다면 무기력 결손은 지속될 수 있다. 개인의 멍청함은 영속적이기 때문이다.

일련의 흥미로운 연구에서 윌슨(Wilson)과 린빌(Linville, 1982, 1985)은 바로 이 논리를 활용해 대학생들의 성적을 끌어올리는 개입을 고안했다. 학생들에게 "대학 생활을 이어갈수록 성적이 점차 좋아질 것이다"라고 알려준 것이다. 다시 말해 초기의 실패와 실망을 일시적 원인으로 설명하도록 격려했다. 이러한 개입을 받은 학생들은 그렇지 않은 학생들과 달리 실제로 성적이 향상되었다.

셋째 매개 변인은 에이브럼슨 등이 제시한 것으로, 만연적(전체적) 원인(다양한 결과와 상황에 영향을 미침)과 부분적 원인(소수의 결과와 상황에 영향을 미침)의 구분이다. '표 3'은 이러한 인과적 설명의 유형을 예시하고 있다. 영속적 설명이 무기력 결손이 시간적으로 일반화되는 방식에 영향을 미친다면, 만연적 설명은 무기력 결손이 상황 전반으로 일반화되는 방식을 결정한다. 첫 대학 시험을 망친 학생을 떠올려 보자. 그 학생이 시험 실패 원인을 "내가 멍청해서 그렇다"라고 설명한다면 이는 역사 시험, 영어 과제, 수학 문제 등 다양한 상황에 적용될 수 있는 전체적 원인이다. 따라서 그의 학업 전반에 걸쳐 광범위한 무기력과 손상이 뒤따를 가능성이 크다. 반대로, 실패 원인을 "나는 객관식 시험에 약하다" 혹은 "화학은 본래 어려운 과목이다" 같은 부분적 원인으로 설명한다면 그가 겪게 될 어려움은 훨씬 더 제한적일 것이다.

표 3 | 연애 거절 시 인과적 설명의 예

		영속적	일시적
내적 요인	만연적	"나는 매력이 없어."	"내 대화가 가끔 지루해."
	부분적	"나는 그/그녀에게 매력이 없어."	"내 대화가 그/그녀를 지루하게 했어."
		영속적	일시적
외적 요인	만연적	"연애는 다른 사람들에게도 어려운 거야."	"사람들은 가끔 상대를 거절하고 싶을 때가 있어."
	부분적	"연애는 그/그녀에게 어려운 일이야."	"그/그녀가 거절하는 기분이 었어."

앞서 설명한 바와 같이 거의 모든 귀인 이론학자는 하이더(1958)의 내적 원인 대 외적 원인의 구분을 받아들인다. 그리고 와이너(1972, 1974)의 이론적 통찰에 따라 최근 귀인 이론가들은 원인을 영속적 대

일시적으로 구분한다. 만연적 대 부분적 차원은 켈리(1967, 1972)가 처음으로 원인의 '독특성'이라는 범주에서 도입했다. 에이브럼슨 등은 이 차원을 학습 이론가들이 전통적으로 관심을 두던 일반화와 변별되는 개념으로 활용했다.

따라서 무기력 학습 이론의 귀인적 재정식화는 초기 이론의 두 가지 문제점을 해결한다. 즉 보편적 무기력과 개인적 무기력, 그리고 자존감의 역할은 통제 불가능성에 대한 내부적 대 외부적 귀인을 통해 설명된다. 무기력 결손의 일반화 정도는 영속적 대 일시적 귀인(시간에 따른 일반화)과 만연적 대 부분적 귀인(상황에 따른 일반화)을 도입함으로써 설명된다.

무기력 학습 재정식화에 대해 논평한 몇몇 학자는 원인 귀인의 추가적 매개변수가 관련될 수 있으며, 원인 신념(어떤 사건이나 현상이 왜 일어났는지에 대한 개인의 믿음-편집자 주) 이외에 인지적 요인들도 통제 불가능성과 무기력의 연결을 조절할 수 있다고 주장한다(Peterson, 1991 참조). 두 주장 모두 타당성이 있으며, 이에 대해서는 이번 장의 마지막 부분에서 다시 언급할 것이다. 다만, 에이브럼슨 등(1978)은 수동성과 관련될 수 있는 모든 인지 변인을 포괄적으로 열거하려는 의도가 아니라, 초기 무기력 이론이 약점을 보였던 영역을 보완하고자 귀인적 재정식화를 제안했다.

에이브럼슨 등의 수정 이론은 또 다른 성과를 낳았다. 사람마다 사건을 습관적으로 설명하는 방식이 다르다는 점을 시사한 것이다. 이러한 '귀인양식'을 이후 피터슨과 셀리그만(1984)이 '설명양식'이라고 칭했으며, 이는 개인이 통제 불가능한 사건에 반응하는 방식의 차이를 설명한다. 앞서 언급했듯이 이러한 개인차 변인은 무기력 이론을 실험/사회심리학적 전통에서 성격/임상심리학적 전통으로 이동하게 했다(Cronbach, 1957). 그 결과 무기력 개념은 우울증 같은 적응 실패를 설명할 때 훨씬 더 설득력을 얻게 되었다.

설명양식은 개인이 통제 불가능한 사건에 직면했을 때 특정 원인을 선택하는 두 가지 결정 요인 가운데 하나다. 다른 하나는 사건 자체의 특성이다. 이 점은 충분히 주목되지 않았기 때문에 여기서 그 논리를 명확히 하고자 한다. 재정식화된 무기력 학습 모델에 따르면 특정 원인 귀인은 통제 불가능한 사건 이후 자존감 손실과 무기력 결손의 일반화 정도에 영향을 미친다. 이러한 특정 귀인은 개인의 전형적 세계관("또 그렇게 되는구나")에서 비롯될 수도 있고, 그러한 사건과 관련해 일반적으로 받아들여지는 원인("내가 부주의해서 차를 망가뜨린 거야")에서 비롯될 수도 있으며, 또는 이 둘의 조합에서 나오기도 한다.

이 말은 곧, 때로는 설명양식이 이후 결핍에 매우 중요하게 작용하지만, 전혀 관련이 없을 때도 있다는 의미다. 여기서 핵심은 통제 불가능한 사건의 '원인 모호성'이다. 어떤 사건은 실제 사건 간 공변(共變) 속에서 '진짜' 원인이 쉽게 드러나거나, 사회적으로 제공된 설명이 통용되기도 한다. 이런 경우 개인의 습관적 설명양식은 뒷전으로 밀려난다.

반면, 다른 사건들은 원인에 대한 합의가 거의 이루어지지 않는다. 사건이 너무 특수해서 인과관계를 추출하기 어렵거나, 잠재적 원인이 너무 많아 서로 뒤엉켜 있는 경우다. 이때는 개인의 습관적 설명양식이 전면에 나서게 되며, 현실이 이를 제약하지 않는다.

이 점은 성격심리학자에게 익숙한 더 일반적인 아이디어의 구체적 사례다. 성격 차이는 매우 제약된 상황에서는 행동을 설명하지 못한다. 예를 들어 결혼식이나 장례식, 특정 심리학 실험은 사람들에게 자신의 성격과 무관하게 특정 방식으로 행동하도록 '요구'한다. 그러나 덜 제약된 상황에서는 개인의 성격이 행동에 영향을 미칠 수 있다.

우리는 설명양식에 관한 일부 연구가 특정 귀인을 선택할 수 있는 사람들의 영향력에 제한을 가한 상황에서 그 효과를 찾으려 했다고 본다. 반응-결과 간 독립성 무기력, 그 밖의 결과에 미치는 영향도 제한되었다. 산후 우울(Cutrona, 1983)이나 교사 스트레스(Hammen & deMayo, 1982) 등을 주제로 한 연구들은 설명양식의 관련성을 보여주는 데 성공적이지 못했는데, 이는 재정식화된 무기력 학습 모델의 이론적 한계 때문일까, 아니면 연구 주제 자체 때문일까? 두 주제 모두 경험하는 고통의 현실적 근거가 충분히 존재하기 때문에 설명양식은 무관할 개연성이 크다.

여기에는 한 가지 위험이 따른다. 연구 결과가 예측을 확인하지 못했다는 이유만으로 사후적으로 그 연구를 '부적절하다'고 치부할 수 있다는 점이다. 이는 바람직한 과학이 아니다. 설명양식 연구 주제의 적절성은 다른 기준으로 판단해야 한다.

첫째, 결과 평가에 충분한 변이가 있는가? 다시 말해 설명할 것이 있는가? 대다수 사람이 동일한 방식으로 반응한다면 설명양식 같은 개인차 변인은 불필요하다. 설명할 여지가 없기 때문이다.

둘째, 연구 참여자들이 제시하는 원인 귀인에도 충분한 변이가 있는가? 변이가 없다면 인과는 모호하지 않으며, 이 경우에도 설명양식은 관련이 없다. 따라서 신중한 연구는 설명양식과 실제 원인 귀인 둘 다를 측정해야 한다. 설명양식의 변이가 반드시 귀인의 변이를 보장하지 않기 때문이다. 설명양식과 결과의 상관관계가 발견되지 않았다는 연구 결과는 특정 원인 귀인의 측정이 없으면 모호하다.

셋째, 사람들이 실제로 제시하는 특정 귀인의 측정이 신뢰할 만한가? 개인이 제시하는 설명이 충분히 다양하더라도, 그것이 신뢰할 만하게 측정된다는 보장은 없다. 원인 귀인의 평가는 질문 문항의 표현 방식 같은 미묘한 요소들에 의해 쉽게 영향을 받을 수 있다(Elig & Frieze, 1979). 따라서 여러 측정 방법을 사용하는 것이 바람직하다. 그러나 실제 연구에서는 이것이 잘 지켜지지 못했고, 유의미하지 않은 결과가 나오면 해석하기 어려워진다.

1984년 우울증 연구들을 검토하면서 피터슨과 셀리그만은 재정식화를 세밀하게 다듬었고, 몇 가지 새로운 용어를 도입했다. 주요 수정 내용은 다음과 같다.

첫째, 피터슨과 셀리그만은 '귀인'과 '귀인양식' 대신 '원인 설명'과 '설명양식'이라는 용어를 사용했다. 이로써 재정식화에 관한 언어가 더욱 명확해졌다. '귀인'은 어떤 속성을 어떤 대상이나 사건에 부여하는 것을 의미한다. 그러나 재정식화된 무기력 학습 모델은 특정 귀인, 즉 사람들이 자신과 관련된 사건에 원인을 부여하는 방식에만 관심이 있다.

둘째, 피터슨과 셀리그만은 원인 설명과 설명양식을 이론적 개념으로 간주해야 한다는 점을 명확히 했다(MacCorquodale & Meehl, 1948). 사람들이 경험한 사건에 대해 원인 설명을 한다고 말할 때, 이는 그것이 현상학적으로 실제 존재한다는 뜻은 아니다. 또한 단일 측정으로 그 의미가 다 설명된다는 뜻도 아니다. 오히려 원인 설명은 이론가가 관찰 가능한 행동을 이해하려고 사용하는 하나의 개념적 틀로서 자연선택, 생명, 에로스, 선호, 보상 같은 개념과 유사하다. 이러한 이론적 개념은 다양한 방식으로 측정될 수 있으며, 서로 다른 측정들이 수렴될 때 그 개념의 타당성이 강화된다.

이러한 명확화는 무기력 학습 연구자들을 하나의 방법론에 모든 이론적 타당성을 의존하는 위험에서 벗어나게 해준다. 하이더(1958) 같은 일부 귀인 이론가는 원인 설명을 현상학적으로 실재하는 것으로 다루었는데, 그 결과 개인에게 내적 성찰을 요구하고 언어적 보고만으로 귀인을 측정하게 만들었다. 만약 이것이 유일한 합리적 측정 방법이라면 다른 전략을 활용한 연구는 일관성을 확보하지 못할 것이다.

셋째, 피터슨과 셀리그만은 '개인적 무기력' 대 '보편적 무기력'의 구분 대신 '내적 귀인' 대 '외적 귀인' 구분을 강조했다. 이는 재정식화된 무기력 학습 모델을 바꾼 것이 아니다. 에이브럼슨 등(1978)은 두 구분이 결국 같은 차이를 만든다고 지적했다. 누군가 보편적 무기력을 경험하면서 내적 귀인을 할 수는 없으며, 개인적 무기력을 경험하면서 외적 귀인을 할 수도 없다(Schwartz, Burish, O'Rourke & Holmes, 1986).

그렇다면 왜 이런 변화가 일어났는가? 이는 의도적이라기보다 연구자들이 무기력 결손을 매개하는 인지, 특히 우울증 환자들의 인지에 점점 더 집중하게 되면서 자연스럽게 생긴 것이다. 무기력 자체보다 원인 설명과 설명양식에 주목하다 보니, 개인적/보편적 구분보다 내적/외적 구분을 말하는 것이 훨씬 편리해졌다.

게다가 우울증 환자들은 보편적 무기력을 잘 경험하지 않는다. 자기 비난과 자책은 특히 서구 문화에서 나타나는 우울증의 중요한 특징이라서 개인적 무기력과 보편적 무기력의 구분은 우울증 환자를 설명하는 데 크게 유용하지 못했다. 하지만 무기력 이론이 피해 경험 같은 다른 부적응 현상에 적용될 때는 원래의 구분이 다시 유용할 수 있다.

넷째, 피터슨과 셀리그만은 '통제 불가능한 사건' 대신 '나쁜 사건'이라는 표현을 사용하기 시작했다. 무기력 이론은 초기 모델과 재정식화 모델에서 통제 불가능성이 결손을 일으키는 핵심 요인이라고 봤다. 충격적인 사건 자체가 사람이나 동물을 혼란스럽게 만들 수 있지만, 만약 그 충격 자체가 손상을 초래한다면 무기력 학습이라고 부를 수 없다. 삼중 설계(11장 참고)는 바로 이러한 통제 불가능성과 단순한 트라우마 효과를 구분하고자 고안되었다.

비수반적 보상으로도 결손이 생길 수 있지만, 소위 '쾌자극 무기력'은 '혐오적 무기력'에 비해 훨씬 드물게 관찰된다. 아마도 사람은 성공할 경우 비수반성을 잘 알아차리지 못하기 때문일 것이다. 대다수 사람은 자신이 직면한 과제에서 성공을 기대하고, 실제로 보상을 얻으면 그것이 자신의 행동과 무관하다고 생각지 않는다. 한 농구 선수가 경기 종료 직전 70피트(약 21미터-편집자 주)짜리 슛을 성공했고, 경기 후 인터뷰에 응했다. 그에게 기자가 "그 슛이 들어가서 놀랐나요?"라고 묻자, 선수는 경멸스럽다는 말투로 대답했다. "내 모든 슛은 다 들어갑니다."

통제 불가능한 사건과 나쁜 사건을 구분하게 된 또 다른 이유는 무기력 이론에 원인 설명이 도입되었기 때문이다. 귀인 연구는 성공과 실패가 다르게 귀인된다는 점을 반복적으로 보여주었다. 또한 동일한 원인 귀인이라도 성공했을 때("내가 똑똑해서 잘했다")와 실패했을 때("내가 똑똑하지 않아서 못했다")는 전혀 다른 의미와 심리적 결과를 가진다. 따라서 우리는 통제 불가능한 사건 일반에 대해 원인 설명을 말할 수 없었고, 좋은 사건과 나쁜 사건을 구분해야만 했다.

많은 나쁜 사건은 통제 불가능한 사건의 부분집합이다. 나쁜 사건에 대해 내부적·영속적·만연적 귀인을 하는 것은 사실상 미래나 다른 상황에서 이를 통제하기 어렵다는 말과 같다. 그러나 어떤 나쁜 사건은 통제 가능한 것으로 인식되기도 한다(Peterson, 1991). 이에 대해서는 지금까지보다 더 세심한 구분이 필요하다. 연구자들은 이 차이가 실제로 중요하다는 것을 보여주었다(Brown & Siegel, 1988; Sellers & Peterson, 1991).

이 네 가지 명확화는 재정식화된 무기력 학습 모델을 최신 상태로 끌어올렸다. 지금부터는 재정식화가 만들어낸 연구들을 살펴볼 것이다. 이들 중 상당수는 설명양식을 중심으로 한다. 우리는 이 개인차 변인이 무기력 학습 재정식화에 많은 연구자를 끌어들인 주요 원인이라고 생각한다. 나쁜 사건은 사람들에게 매우 다양한 반응을 불러일으키는데, 무기력 학습 재정식화는 이러한 반응 범위를 설명할 뿐 아니라, 사람들이 그 범위에서 어디에 위치할지를 예측하게 해준다.

무기력 학습 재정식화가 인기를 얻은 또 다른 이유는 우리가 설명양식을 측정할 수 있는 두 가지 방법을 개발했기 때문이다. 이 두 가지 방법은 모두 단순하고 저렴하며, 신뢰할 수 있고 타당하다. 어떤 이론이든 연구자들이 실제로 그것을 가지고 무언가를 할 수 있어야 관심이 쏠린다. 무기력 재정식화는 연구자들에게 선택지를 제공했다.

설명양식 측정

개인의 설명양식을 측정하는 두 가지 도구는 자기보고식 질문지인 '귀인양식 질문지(ASQ)'와 원문 설명을 내용분석하는 'CAVE(Content Analysis of Verbatim Explanations) 기법'이다. 지금부터는 두 도구를 차례로 살펴보자. 참고로 아동용으로 변형 개발한 CASQ도 있다(Seligman, Peterson, Kaslow, Tanenbaum, Alloy & Abramson, 1984). 주로 아동 우울증을 연구하는 데 사용된 CASQ에 관해서는 15장에서 다룰 것이다.

다른 연구자들도 유사한 측정 도구를 개발했는데 어떤 이들은 질문지를, 또 어떤 이들은 내용분석을 택했다. 우리의 측정 도구들과 직접 비교한 연구는 거의 없지만, 어느 정도 중첩은 있다고 본다.

ASQ

ASQ[6]는 처음에 셀리그만과 에이브럼슨, 셈멜(Semmel), 본베이어(von Baeyer)(1979)가 사용했으며 이후 피터슨과 셈멜, 본베이어, 메탈스키(Metalsky), 셀리그만(1982)이 상세히 기술했다. 응답자에게는 다음과 같은 지시문을 제공한다.

"이후 제시되는 상황을 자신에게 생생히 일어나는 일로 상상하십

6　셀리그만은 ASQ 개발에 기여한 메리 앤 레이덴(Mary Anne Layden)의 공로를 인정한다.

시오. 그런 상황이 실제로 당신에게 일어난다면 무엇이 원인이라고 느끼시겠습니까? 사건에는 여러 원인이 있을 수 있지만 여기서는 단 하나만, 즉 그 사건이 당신에게 일어났다고 할 때의 '그' 원인만 선택하십시오. 각 사건 뒤의 빈칸에 그 원인을 적으십시오. 그리고 그 원인에 대해 몇 가지 질문에 답하십시오. 정리하면 다음과 같습니다."

1. 각 상황을 읽고 자신에게 일어나는 일로 상상한다.
2. 그 상황이 실제로 일어났다고 할 때의 '주요 원인'을 결정한다.
3. 빈칸에 원인 하나를 적는다.
4. 그 원인에 관한 세 가지 질문에 답한다.

참고로, ASQ 초기 판본은 사건 중요도를 함께 물었다. 이 변인이 결손과의 연관성을 조절할 것이라는 가정 때문이다. 그러나 ASQ에 제시된 사건들이 응답자들에게 대체로 비슷한 중요도를 띠는 탓인지 그 가정은 맞지 않았다.

ASQ는 6개의 나쁜 사건(예: 적대적으로 구는 친구를 만난다, 다른 사람들이 기대하는 일을 다 끝내지 못한다 등)과 6개의 좋은 사건(예: 크게 칭찬받는 과제를 한다, 애인이 더 다정하게 대한다 등)을 제시한다. 각 사건의 '원인'을 7점 척도로 표시하라고 요구한 뒤 내부적/외부적, 영속적/일시적, 만연적/부분적 차원에 따라 평정(평가하고 결정함—편집자 주)한다. 피험자는 각 원인에 대해 다음과 같은 질문에 답해야 한다.

— 이 원인은 당신 자신 때문입니까, 아니면 다른 사람이나 상황

때문입니까?

— 앞으로도 이 원인이 다시 나타나겠습니까?

— 이 원인은 이 상황에만 영향을 미칩니까, 아니면 당신 삶의 다른 영역에도 영향을 미칩니까?

내부성·영속성·만연성이 높아지는 방향으로 평정하고, 좋은 사건과 나쁜 사건을 분리해 평균을 낸다. 때로는 세 차원의 점수를 결합해 하나의 종합적 설명양식 점수를 만든다.

테넨(Tennen)과 헤르츠버거(Herzberger, 1986)는 ASQ의 신뢰도와 타당도에 관한 근거들을 검토하고 다음과 같은 결론을 내렸다. 첫째, 다양한 표본이 무리 없이 ASQ를 완성할 수 있다. 둘째, 개별 차원의 내적 합치도는 알파 계수(설문조사나 척도 등에서 각 문항이 동일한 주제를 일관되게 측정하고 있는지를 평가하는 신뢰도 계수로 0~1 사잇값을 가지며, 1에 가까울수록 신뢰도가 높다는 의미임 – 편집자 주)가 0.40~0.70 범위로 중간 정도다. 셋째, 종합 점수의 내적 합치도는 더 만족스러워 알파 계수가 0.70 이상이다. 넷째, 수주에서 수개월 간격의 검사 – 재검사 신뢰도는 알파 계수 0.60 이상으로 꽤 높다. 다섯째, 주로 우울증 연구에서 나온 여러 증거가 ASQ의 구성 타당도를 지지한다. 이 근거들은 이번 장과 15장에서 직접 검토할 것이다.

ASQ와 관련해 더 면밀히 살펴볼 문제가 몇 가지 있다. 최근 연구에서 우리는 제시 사건 수를 늘려(응답자가 원인을 제공해야 하는 사건 수 확대; Peterson & Villanova, 1988) 개별 차원의 신뢰도를 높였다. 이는 심리측정학 측면에서 직관적인 전략으로, 각 차원의 신뢰도를 알파 계수 0.70~0.85 범위로 끌어올린다. 다만 그에 따라 원래 ASQ의 타당도 근거들과는 다소 거리가 생긴다.

응답자들이 ASQ가 무엇을 측정하는지를 눈치채는지 궁금할 수 있다. 만약 일부 응답자가 검사 목적을 간파한다면 분명 '바람직한' 응답 방식이 있어서 답변이 편향될 수 있다. 그러나 이 점에 대해서는 안심해도 된다. 슐먼(Schulman)과 셀리그만, 암스테르담(Amsterdam, 1987)은 측정 투명성을 직접 검증했는데, 해당 검사가 무엇을 측정하는지 노골적으로 가르쳐줬음에도 응답자들은 그에 맞는 점수를 인위적으로 만들어내지 못했다. 심지어 '최고 점수'가 나오면 100달러를 주겠다고 보상까지 약속했지만, 응답 방식에는 영향을 미치지 못했다.

좋은 사건에 대한 설명양식은 아직 충분히 설명되지 않았다. 다만 좋은 사건의 원인 설명이 때때로 우울증 같은 변인과 관련 있으며, 대개 나쁜 사건의 원인 설명과 반대 방향으로 연관되는 것으로 보고된다. 좋은 사건에 대해 외부적·영속적·부분적 설명을 하는 경향은 때로 우울증과 상관을 보인다(Peterson & Seligman, 1984). 또한 좋은 사건에 대한 설명양식은 보통 나쁜 사건에 대한 설명양식과 독립적이다(Peterson & Semmel 외, 1982). 따라서 상반된 상관 패턴은 설명양식이 서로 혼합되어서 생기는 것이 아니다.

세 차원 간 관계도 논의할 문제다. ASQ를 사용한 많은 연구에서 (좋은 사건 내, 나쁜 사건 내에서) 내부성·영속성·만연성이 상당한 상관관계를 보인다. 확장판 ASQ를 사용한 연구에서는 내부성이 종종 독립적으로 남는 반면, 영속성과 만연성은 여전히 긴밀히 얽혀 있다. 그렇다면 설명양식은 셋이 아니라 1개나 2개 차원으로 기술되어야 할까?

무기력 이론이 귀인적 관점으로 재정식화될 때 원인 설명의 세 차원은 학문적 심리학자들이 중시하는 위치/영역, 시간, 공간 등 세 가지 범주를 포괄하도록 구성되었다. 물론 순진한 심리학자(일상적 판단자)는 달리 구성할 수도 있다(Heider, 1958). 다른 이론가들은 설명을 기술할 또 다른 차원들을 제안했다. 설명양식의 차원성에 관한 최종 답은 우리가 종합 점수를 어떻게 취급할지(Peterson, 1991)를 결정할 것이다. 지금까지 우리는 종합 점수를 미래의 무기력을 예측하는 신뢰할 만한 지표로 여겼다. 만약 설명양식이 다차원으로 입증된다면 종합 점수는 계속 만들 수 있겠지만 '신뢰도' 논의는 무의미해질 여지가 있다. '기대' 자체가 다차원으로 재해석되어야 하고, ASQ의 구성 점수가 필요할지도 모른다. 어쨌든 종합 점수를 사용한 기존 연구들은 개별 귀인 차원에 대한 차별적 예측을 엄밀히 검증하지 못했다(Carver, 1989).

ASQ와 관련한 마지막 쟁점은 가상 사건들의 인과 모호성이다. 최종형 ASQ를 만들기 전 우리는 응답자들이 다양한 설명을 제시할 수 있는 사건들을 찾기 위해 예비검사를 실시한다. 어떤 사건들은 작용 원인에 대한 합의가 존재하기 때문에 관련 설명이 심리학적으로 흥미롭지 않다. 예를 들어 ASQ의 한 항목은 구직에 실패했다고 상상하도록 요구하는데, 국가 경제가 불황일 때마다 우리는 이 문항을 바꿔야 하지 않을까 걱정한다. 너무 많은 응답자가 같은 원인을 제시하기 때문이다. "일자리가 없다."

사건을 선정할 때 주의가 필요하다는 점은 자명하다. ASQ는 제시된 사건들이 응답자의 설명을 과도하게 제약하지 않을 때 가장 잘 작동한다는 점에서 일종의 투사검사라고 볼 수 있다(다만, 여기서 원인 설명이 무의식적이라는 뜻은 아니다). 제약과 관련해서는 두 가지를 언급할 수 있다. 하나는 현실(현실적 제약)과 작용 원인에 대한 높은 합의다. 또 하나는 사건이 응답자와 완전히 무관할 때 제약이 발생한다는 점이다. 테넨과 헤르츠버거(1986)는 데이트나 학점에 관한 문항은 임산부 표본이나 노년층 표본에서는 상관관계가 없을 것이라고 주장했다. 하지만 일부 연구는 그런 표본에 ASQ를 그대로 시행했다. 우리는 이 경우 응답자들이 '즉흥적으로' 답하고(Taylor & Fiske, 1978), 자신에 관해 의미 있는 것을 하나도 드러내지 않을 가능성이 크다고 의심한다.

CAVE 기법

무기력 학습 이론에 인과적 설명이 포함되도록 재정식화했을 때 일부 비평가는 사람들이 자신이 겪는 사건에 대해 자발적으로 항상 인과적 설명을 하는 것은 아니라고 주장했다(Wortman & Dintzer, 1978). 이 비판이 타당하다면 심각한 문제다. 그러나 앞서 언급했듯이 지금 일반적 견해는 사람들이 자신이 겪는 많은 사건, 특히 불쾌하고 놀랍고, 혹은 비범한 사건에 대해 누군가 요청하지 않아도 '귀인적 탐색'을 수행한다는 것이다(Wong & Weiner, 1981; Weiner, 1985). 주목할 점은 이런 사건들이야말로 실험실 안팎에서 무기력 학습을 일으켜야 하는 원인이라는 사실이다. 철학자 찰스 샌더스 퍼스(Charles Sanders Peirce, 1955)가 관찰했듯이, 사고(思考)의 목적은 의심을 가라앉히는 데 있다. 참고로, 사람들이 좋은 사건에 대해서는 인과적 설명을 덜 만드는 경향이 있다는 사실은 왜 나쁜 사건이 한 사람의 안녕에 미치는 해가 좋은 사건이 주는 이익보다 큰지를 설명할 수 있다. 어쩌면 좋은 사건을 '음미'하려면 그 가능한 원인들에 대해 '마음챙김(개인의 내적 환경이나 외부 세계의 자극과 정보를 알아차리는 의식적 과정-편집자 주)'을 해야 할지도 모른다(Langer, 1989).

짐작하겠지만 우리는 오래전부터 인과적 설명에 관심을 가져왔고, 그것을 어디에서나 본다. 편지, 신문 사설, 치료 대화 기록은 물론, 학생들의 과제 리포트와 그것을 제출하지 못했을 때의 변명, 방송 인터뷰, 상담 칼럼, 노래 가사, 스포츠 기사, 정치 연설, 소개 글, 광고판, 종교 문헌, 심지어 화장실 낙서까지…. 실제로 이런 자발적인 인과적 설명이 ASQ에서 피험자들이 답하는 개방형 응답과 매우 유사하다는 점이 우리 눈에 들어왔다.

우리가 주변에서 보는 자발적 원인들과 ASQ에서 유도한 원인들의 주된 차이는 후자에는 내부성·영속성·만연성에 대한 평가와 결정이 덧붙는다는 것이다. 그런 점에서 우리가 접하는 말자료 속 자발적인 인과적 설명에도 이러한 평정을 부여할 수 있지 않을까라는 생각이 드는 것은 자연스럽다. 만약 이 일을 신뢰할 만하게 해낼 수 있고, 동일 화자의 서로 다른 설명들이 수렴한다면 설명양식을 평가하는 또 하나의 대안이 생기는 셈이다. 정도 차이는 있겠지만, 이런 내용분석 절차는 설명양식 측정에 '잡음'을 도입한다. 그러나 그 대가로 인생 사건들에 대한 인과적 설명을 담은 기록만 남겨놓는다면 '빨리 구할 수 없는' 피험자들, 심지어 고인이 되었거나 접근 불가능한 사람까지도 연구할 수 있다.

이렇게 해서 CAVE 기법이 탄생했다(Peterson, Luborsky & Seligman, 1983). ASQ만큼 광범위하게 개발되지는 않았지만, 이 방식은 지금까지 열 몇 편 넘는 연구에서 성공적으로 사용되었다. 개요는 다음과 같다(Peterson, Schulman, Castellon & Seligman, 1992).

먼저, 말자료라고 해서 다 적합한 것은 아니다. 연구자는 개인의 '투사된 설명 경향' 이외에 다른 요인이 지배하는 자료를 분석하지 않도록 주의해야 한다. 심리치료 대화 기록은 매우 적합한 자료로 판명되었다. 의외일 수 있지만 스포츠면 인용문도 마찬가지다.

이와 반대로, 우리 중 한 명(CP)은 대학교 장학금 신청용으로 제출된 고등학생 100명의 수필을 읽은 뒤 설명양식을 부호화해 이후 학업 성과와 관련지으려 했다. 하지만 이 수필들은 무용했다. 학생들은 "잘못인 줄 알면서도 당신이 했던 어떤 일을 묘사하라" 같은 개인적으로 중요한 주제로 목적에 맞게 글을 썼지만 바람직한 이미지를 제시하려는 욕구 때문에 사실상 부정적 사건을 거의 인정하지 않았다. 따라서 인과적 설명이 거의 없었고, 드물게 제시된 설명들도 학생 간 변이가 거의 없었다.

적합한 원문 자료가 확보되면 두 번째 단계는 그 속에서 인과적 설명을 추출하는 일이다. 인과적 설명은 식별하기 어려울 수 있으니, 분명한 예시만 추출해내는 보수적인 전략을 권한다. 경계선상의 사례(예: 책임 귀속 같은 진술)는 심리학적으로 의미가 있을 수 있지만, CAVE 기법의 신뢰도는 분명한 인과적 설명만 사용할 때 더 높다.

인과적 설명을 식별하려면 먼저 대상자에게 실제로 일어난 좋은 사건 또는 나쁜 사건을 찾아야 한다. 여기서도 보수적 접근을 권한다. 사건이 명백히 좋거나 나쁜 것으로 보이지 않고("정말 원하던 일자리를 제안받았다"), 대상자가 명확한 평가("끔찍한 저녁이었다")를 드러내지 않을 경우 가치가 모호해지는 사건은 피한다.

사건을 찾으면 그것에 대한 인과적 설명을 탐색한다. '~때문에', '그 결과', '~이므로/~여서', '이것이 그것으로 이어졌다' 같은 표현이 단서다. 그러나 최종 판단 기준은 해당 발화나 글에서 귀속 요인이 문제의 사건에 선행하고 그것과 공변하는지 여부다(대상자 관점에서). 그 요인이 없었다면 사건이 일어나지 않았을까? 그 사건이 일어나지 않았다면 그 요인은 존재하지 않았을까? 이처럼 보수적인 추출 준거를 사용하면 독립 판정자 간 특정 인과적 설명의 존재 여부에 대한 합의가 90퍼센트에 이른다(Peterson, Bettes & Seligman, 1985).

마지막 단계는 추출한 인과적 설명을 평정하는 것이다. 사건과 해당 설명을 카드에 옮겨 적고, 대상자에 대한 다른 정보를 모르는 독립 판정자에게 전달한다. 또 판정자에게 ASQ 지침을 제공한 뒤 각 원인을 7점 척도로 내부성·영속성·만연성 차원에서 판정자 자신의 관점이 아닌, 대상자 관점에 따라 평가하게 한다. 판정자 수는 임의지만 통상 3~4명으로 구성한다. 판정자가 많을수록 평가 신뢰도는 높아진다. CAVE 기법을 처음 개발했을 때 우리는 판정자에게 광범위한 교육과 연습을 시켰고, 부호화 매뉴얼도 만들었다. 판정자 4명 기준으로, 각 차원(내부성·영속성·만연성)에 대한 개별 인과적 설명 평가의 신뢰도는 크론바흐(Cronbach, 1951)의 알파 계수 기준 0.80에서 0.90으로 매우 만족스러웠다.

그런데 별도 훈련을 전혀 받지 않은 판정자들에게 추출된 인과적 설명을 평가하게 해보니, ASQ 지침만으로도 서로 간에, 그리고 훈련된 판정자들과도 높은 수준으로 일치했다. 대상자들이 ASQ를 수월하게 완성한다는 점을 떠올리면 놀랄 일도 아니다. 어쨌든 CAVE 기법에서 가장 단순하면서도 신뢰할 만한 단계는 바로 이 평정 부분이다.

CAVE 기법으로 측정했을 때 개인이 제시하는 인과적 설명은 내부성·영속성·만연성 차원에서 일관적인가? 네 가지 연구가 그렇다는 점을 시사한다. 첫 번째 연구에서는 대학생 66명이 지난 1년 동안 자신에게 일어난 최악의 사건 2개를 글로 기술했다(Peterson, Bettes, & Seligman, 1985). 이 나쁜 사건들에 대한 인과적 설명을 추출해 판정자 4명이 내부성·영속성·만연성을 평정했다.

판정자별 평정을 종합한 뒤 두 가지 나쁜 사건에 대한 각 점수를 서로 관련시켰다. 모든 경우에서 상관은 정(+) 방향이었으며 내부성 $r=0.25(p<0.05)$, 영속성 $r=0.49(p<0.001)$, 만연성 $r=0.33(p<0.01)$이었다. 설명양식의 일관성은 많은 개인차 변인의 일관성(Mischel, 1968)을 능가한다. 사건을 2개보다 더 많이 확보했다면 일관성은 더 높게 나왔을 것이다(Epstein, 1980). 예를 들어 10개의 나쁜 사건을 쓴 경우 스피어먼-브라운(Spearman-Brown) 공식을 적용했을 때 추정 일관성은 내부성 0.77, 영속성 0.91, 만연성 0.83에 이른다.

두 번째 연구에서는 심리치료를 받고 있는 40명의 발화 원문에 CAVE 기법을 적용했다(Peterson & Seligman, 1984). 각 사례에서 최소 5개의 나쁜 사건을 뽑아 인과적 설명을 추출하고 내부성·영속성·만연성 평정의 알파 계수를 계산했다. 값은 각각 0.64, 0.64, 0.60으로 꽤 높았다.

세 번째 연구에서는 제2차 세계대전 당시 가장 힘들었던 경험을 기술한 남성 99명의 개방형 면담 자료에서 인과적 설명을 추출했다 (Peterson, Seligman & Vaillant, 1988). 이들 중 59명이 10개가 넘는 나쁜 사건의 인과적 설명을 제시해 처음 10개를 기준으로 일관성을 산정했다. 알파 계수로 추정한 일관성은 내부성 0.48, 영속성 0.40, 만연성 0.46으로 중간 수준이었다. 앞선 두 연구보다 낮았는데, 이는 전쟁이라는 특수 경험의 성질 때문으로 보인다. 경험의 공통성이 높아 설명

범위를 제한했을 수 있다. 그럼에도 '양식'은 뚜렷했다.

네 번째 연구에서는 대학생 108명의 TAT(Thematic Apperception Test·주제통각검사－편집자 주) 반응 기록에서 나타난 인과적 설명을 CAVE 기법으로 식별·채점했다(Peterson & Ulrey, 1991). 그중 74명이 최소 4개의 인과적 설명을 제공했으며, 영속성과 만연성의 알파 계수는 각각 0.56, 0.55였다. 다만, 내부성은 채점하지 않았다. 인과적 설명이 대상자 자신이 아닌, 그림 속 주인공에 대한 것이어서 동일시 정도가 불분명했기 때문이다.

CAVE 기법으로 평가한 설명양식은 시간에 걸쳐 영속적인가? 번스(Burns)와 셀리그만(1989)의 인상적인 연구가 그렇다고 답한다. 그들은 개인 30명으로부터 50년에 걸친 서신과 일기 자료를 수집했다. 초기 자료에서 부호화한 나쁜 사건에 대한 종합 설명양식 점수는 후기 자료에서의 점수와 유의하고도 크게 관련이 있었다(r=0.54, p<0.002).

CAVE 기법의 구성 타당도에 관한 근거는 ASQ만큼 풍부하지는 않다. 두 측정치는 수렴하지만, 그 정도는 중간 수준에 가깝다(Peterson, Bettes & Seligman, 1985). 우리는 CAVE 기법과 ASQ를 설명양식의 '대안적' 측정치로 취급하긴 해도 동일한 것으로 보지는 않는다. ASQ가 가상 사건에 대해 묻는 반면, CAVE 기법은 대개 대상자에게 실제로 일어난 사건을 평정한다는 사실을 기억하자. 이 때문에 두 절차의 장단점은 다르다. 실제 사건에 대한 인과적 설명은 나쁜 사건 이후 나타나는 어려움과 시간적으로 더 가깝다. 그런 의미에서 CAVE 기법은 ASQ보다 생태 타당도가 높다. 반면, 실제 원인의 내부성·영속성·만연성은 ASQ보다 CAVE 기법의 측정을 더 약화할 가능성이 크다. 그런 측면에서 예측 타당도는 ASQ가 CAVE 기법보다 더 높을 수 있다(Schulman, Castellon & Seligman, 1989).

우리는 아직 두 측정 도구를 한 연구에서 정면으로 맞대어 비교하지는 못했다. 언젠가 반드시 해야 할 일이다. 지금까지는 편의에 따라 한쪽을 선택해 사용했고, 서로 다른 연구의 결과 수렴 정도를 살폈다. 예를 들어 우울증(15장), 질병(11장) 연구에서 ASQ와 CAVE 기법은 유사한 결론을 내놓는다. 그럼에도 두 측정치 간 차이는 늘 염두에 두어야 한다.

설명양식에 관한 실증 연구

무기력 학습 재정식화는 수백 편의 실증 연구를 낳았고, 대다수 연구는 설명양식에 초점을 맞추었다. 그중 상당수는 설명양식과 우울증의 연관성을 다루었는데, 이에 대해서는 15장에서 논하고 여기에서는 '그 밖의' 설명양식 연구들을 개관할 것이다. 지면상 모든 연구를 다룰 수는 없으니, 주로 ASQ나 CAVE 기법을 사용한 연구를 중심으로 살펴볼 생각이다. 우리의 연구가 상대적으로 많이 소개되지만, 최소한 현재까지 수행된 연구 유형을 대표한다고 믿는다.

설명양식은 실제 인과적 설명을 예측하는가?

설명양식은 그 정의상 개인이 내놓은 인과적 설명에 선행적인 성향을 부여해야 한다. 조건이 같다면 내적 성향이 강한 사람은 자신이 겪은 나쁜 사건에 내부적 설명을, 안정적 성향이 강한 사람은 영속적 설명을 제시해야 한다. 이 가설은 세 가지 형태로 제기될 수 있다.

첫 번째는 가장 약한 형태로, 설명양식 측정치가 내부 일관성을 가진다는 점이다. ASQ와 CAVE 기법은 다양한 사건에 대한 설명을 집계해 '양식'을 지표화한다는 점을 기억하자. 만약 이 양식이 개별 설명들과 무관하다면 측정치의 신뢰도는 0에 수렴해야 한다. 그러나 실제로는 그렇지 않으니, 그런 의미에서 설명양식은 (개별) 설명을 예측한다.

두 번째 형태는 ASQ 점수와 CAVE 기법으로 평정한 설명의 관계를 보는 것이다. 앞서 평가 부분에서 이미 언급했듯이, 두 절차의 점수는 우리가 기대한 방향으로 상관관계를 보인다. 지난 1년간 겪은 '최악의 2개 사건'에 관해 글을 쓴 대학생들을 대상으로 한 연구(Peterson, Bettes & Seligman, 1985), 심리치료를 받게 된 사정을 기술한 우울증 환자들을 대상으로 한 연구(Castellon & Seligman, 1985) 모두에서 ASQ로 측정한 설명양식은 CAVE 기법으로 측정한 설명양식과 약 0.30 상관을 보였다. 다만 차원 간 변별 타당도는 뚜렷하지 않았다. 즉 ASQ의 특정 차원이 CAVE 기법의 해당 차원과 상관관계를 보이긴 했지만, 다른 차원들과도 상관을 보였고 그 반대도 마찬가지였다.

아마도 가장 중요한 세 번째 형태는 가상 사건으로 측정한 설명양식이 실제 사건의 인과적 설명을 예측하는가 하는 점이다. 여러 연구에서 설명양식은 ASQ로 측정되었고, 실제 생활에서는 실험실 과제 실패나 최근 피험자에게 일어난 스트레스 생활 사건이 대상이었다. 두 경우 모두 해당 사건들에 대한 인과적 설명을 ASQ로 유도해 평정했다.

대표적 연구로 커트로나(Cutrona)와 러셀(Russell), 존스(1985)는 임신 3분기 여성 85명에게 ASQ를 실시했다. 동시에 대상자들은 지난 2년간 겪은 최대 스트레스 사건 3개를 기술하고, 각 사건의 '주된 한 가지 원인'을 적은 뒤 내부성·영속성·만연성으로 평가했다. 출산 2주 후에는 육아 과정에서 가장 스트레스가 컸던 3개 사건, '산후 우울감'의 대표적인 3개 증상(눈물·불안·과민성), 그리고 지난 2주간 가장 속상했던 사건을 각각 설명하고, 동일 차원에서 평가했다. 출산 8주 후에도 육아 스트레스에 대해 다시 설명했다.

커트로나 등(1985)은 자신들의 연구 결과가 "설명양식이 실제 설명을 예측한다"는 가설을 지지하지 않는다고 보고했지만, 우리는 달리 본다. 그들의 논문에 실린 '표 5'를 보면 계산된 상관계수 가운데 단 하나를 빼고는 모두 예측 방향을 가리키고 있고, 그중 약 절반은 통계적으로 유의미하다. 육아와 산후 증상 같은 사건들은 현실 요인의 비중이 클 수밖에 없다는 점을 감안한다면 설명양식이 대상자들의 실제 설명을 꽤나 잘 예측했다고 판단된다(Gilmor & Reid, 1979; Gong-Guy & Hammen, 1980; Metalsky, Halberstadt & Abramson, 1987).

여기서 설명양식 연구를 둘러싼 논쟁을 이해하는 데 핵심적인 부분을 짚고자 한다. 설명양식은 개인차 변인이라서 연구는 대부분 설명양식과 다른 측정치의 상관계수를 계산한다. 이 상관계수들은 거의 예외 없이 예측 방향을 보이고, 그중 일부는 통계적으로 유의미하다. 이런 기술적 사실에 이견은 없을 것이다. 그러나 유의미한 상관계수의 '크기'를 어떻게 해석할 것인지, 즉 얼마나 커야 큰지, 언제 상관관계를 진지하게 받아들여야 하며 언제 무시할 수 있는지를 놓고는 의견이 갈린다.

이 문제는 몇 해 전 미셸(Michel, 1968)이 성격 특성의 상황 간 일관성에 관한 실증 문헌을 검토하면서 본격화되었다. 많은 결과가 알파계수 $r=0.30$이 상한이었고, 미셸은 이것이 심리학자들이 신경 쓸 만큼 큰 수치는 아니라고 일축했다. 그의 결론은 심리학 전반에 큰 영향을 미쳤으며, 우리가 설명양식 연구에서 듣는 비판 가운데 상당수가 그의 성격심리학 일반 비판을 연상케 한다.

하지만 지금은 1960년대가 아니다. 단순한 비판 대신, 상관성 연구를 평가하는 정교한 관점이 필요하다. 주류 성격심리학 내부에서는 이미 미셸의 비판이 반박되었는데, 안타깝게도 다른 심리학 분야에는 이 '후일담'이 아직 충분히 알려지지 않았다. 자세한 역사 검토는 여기서 적절치 않으니(개관은 Peterson, 1992b 참고), 현 논의와 직접 관련 있는 두 가지 결론만 추려 살펴보자.

첫째, 성격심리학자들은 개인차 측정치를 '합성'해 신뢰도를 높여야 한다는 점을 새삼 인식했다. 이는 '질문지' 측정에서는 오래전부터 상식이었다. 신뢰할 만한 점수를 얻으려면 문항을 여러 개 모아야 한다. 최근에는 같은 인식이 '행동' 측정에도 적용되기 시작했다(Epstein, 1980, 1983, 1984). 다시 말해 성격 질문지가 예측하려는 행동, 여기서는 실제 인과적 설명도 여러 지표를 통해 반복 측정해야 신뢰가 간다. 한두 개 방식만으로 행동을 측정하면 결과가 정확하지 않을 위험이 크다. 이는 사람들이 일관되지 않아서가 아니라, 연구 절차가 불충분하기 때문이다.

둘째, 알파 계수 r=0.30을 '너무 작다'고 치부하는 것은 정당하지 않다. 상관계수를 제곱하면 한 변인이 다른 변인의 분산을 설명하는 비율이 된다. 분산 비율 9퍼센트가 적어 보일 수 있고, 다른 요인들이 더 중요하다고 인식되기도 쉽다. 그러나 잠시 생각해보자. 9퍼센트의 분산 비율은 무엇을 뜻하는가? 로즌솔(Rosenthal)과 루빈(Rubin, 1982)은 r=0.30이 사망 위험을 65퍼센트에서 35퍼센트로 낮추는 의학적 처치의 분산 비율과 같다는 것을 보여주었다. 펀더(Funder)와 오저(Ozer, 1983)는 밀그램(Milgram, 1963)의 파괴적 복종 실험, 그리고 달리(Darley)와 라타네(Latané, 1968)의 방관자 효과 연구에서 상황 조작이 설명하는 분산 비율을 계산했는데, 두 경우 모두 약 9퍼센트였다. 연구자 대부분이 그 의학적 처치를 매우 심각하게 받아들이고, 또 두 사회심리학 연구를 '상황의 힘'을 입증한 고전으로 존중한다면 그토록 폄하되던 r=0.30은 사실 중요하다(Peterson, 1991).

이제 이런 고려 사항들을 설명양식과 실제 설명의 관계를 다룬 연구 해석에 적용해보자. 절차적으로 적절한 연구, 즉 원인 모호성이 있는 사건을 사용하고, 실제 설명을 다회 측정하며, 표본 크기를 충분히 확보한 연구(Peterson, Villanova & Raps, 1985)에서 r=0.30 상관을 얻었다면 이는 가설을 잘 지지하는 증거다. 실제로 그런 연구가 있다. 피터슨과 빌라노바(1988)는 140명을 대상으로 가상의 나쁜 사건 24개에 대한 설명을 유도하는 확장 ASQ를 실시했다. 한 달 후 대상자들은 지난 한 달 동안 겪은 최악의 사건 4개를 기술하고, 각 사건의 '주된 원인'을 내부성·영속성·만연성으로 평정했다. 연구자들은 4개 사건의 평정 값을 평균 냈다.

설명양식은 실제 설명을 예측했다. 내부적 설명양식은 실제 내부적 설명과 0.32($p<0.001$), 영속적 설명양식은 실제 영속적 설명과 0.18($p<0.05$), 만연적 설명양식은 실제 만연적 설명과 0.36($p<0.001$) 상관을 보였다. 다만 "내부적 설명양식이 내부적 설명을 예측한다"는 것과 "그 상관이 내부적 설명양식과 실제 영속성·만연성 설명 간 상관보다 유의하게 더 크다"는 것은 다른 문제다. 피터슨과 빌라노바의 결과에 따르면 내부적·만연적 설명양식은 이 기준을 비교적 충족했으

나, 영속적 설명양식은 그러지 못했다. 특히 영속성은 만연성과 얽혀 있었다. 요컨대 설명양식이 실제 설명을 예측한다는 점은 확인되었지만, 개별 귀인 차원의 변별 타당도는 아직 완전히 입증되지 않았다.

설명양식의 상관관계와 결과는 무엇인가?

무기력 학습 재정식화 모델에 따르면 설명양식은 통제 불가능한 사건 이후 나타나는 결손의 '경계 조건'에 영향을 미친다. 여러 연구는 설명양식과 다양한 인간의 어려움 간 관계를 살펴왔고, 대다수가 설명양식을 사람들이 겪는 곤란의 크기와 상관시켰다. 이것은 엄밀히 말하면 무기력 학습 재정식화의 정확한 가설이라고 할 수는 없다. 연구가 살펴야 할 것은 문제의 '만성성'과 '전반성'이지, 단순한 크기가 아니다. 그러나 문제의 만성성과 전반성이 문제 크기와도 밀접하게 연결된다는 점(이는 합리적 추정이다)을 고려할 때, 이러한 연구들 역시 재정식화 이론에 기여한다고 볼 수 있다. 다만 설명양식의 특정 차원들이 어떤 역할을 하는지는 말해주지 못한다.

또한 설명양식과 결손을 탐구하는 가장 적절한 연구 설계는 '종단(縱斷)적' 접근이다. 즉 1차 시점에 설명양식을 측정하고, 2차 시점에 결손을 측정하는 것이다. 이는 설명양식을 위험 요인으로 이해하는 관점에서 필연적이다. 그러나 우리 연구를 포함해 많은 연구가 모든 측정 결과를 동시에 수집하는 약한 형태의 설계를 사용해왔다. 횡단(橫斷) 연구는 인과적 설명의 방향을 밝히지 못한다. 게다가 반응 양식이나 절차적 혼란 변수가 동시에 측정된 척도의 상관관계를 부풀릴 수 있다. 부분적 해결책은 시간을 두고 연구를 수행하고, 2차 시점에 결손이 예측될 때 1차 시점의 기저 결손 수준을 공변량으로 사용하는 것이다. 만약 기저 결손을 통제한 다음에도 이후 결손을 예측한다면 설명양식이 위험 요인이라는 관점에 대한 강력한 근거가 된다.

우리 역시 이제 막 더욱 엄격하게 연구들을 수행하기 시작했다. 이러한 연구들은 횡단 연구의 지지를 받을 때만 타당해 보이는 것 같기 때문이다. 물론 동시성에서 상관관계가 없다고 해서 시간 간격을 둔 상관관계 역시 0일 것이라는 의미는 아니다. 재정식화 이론에 따르면 설명양식이 해를 끼치려면 나쁜 사건이 누적되어야 한다. 따라서 설명양식이 시간에 걸쳐 영향을 발휘하는 방식은 여전히 중요하다.

실험실 무기력

여러 실험은 특정 인과적 설명이 예상한 대로 '실험실 무기력'에 영향을 미친다는 사실을 보여주었다. 그러나 의외로 기존 설명양식이 실험실에서 조작된 통제 불가능한 사건에 어떻게 작용하는지는 별로 연구되지 않았다. 이는 안타까운 일이다. 왜냐하면 실험실 연구야말로 재정식화를 가장 정밀하게 검증할 뿐 아니라, 특히 내부성·영속성·만연성 차원의 구체적인 역할을 명확히 살펴볼 수 있기 때문이다.

기존 연구들은 일관된 이야기를 전하지만 실험실 기반 증거는 아직 충분하지 않다. 대다수 연구는 재정식화 이론과 일치하는 결과, 즉 설명양식의 특정 차원이 나쁜 사건 이후 특정 결손과 연결된다는 결과를 보여주긴 해도 세 차원 간 '교란'을 명확히 배제하지는 못했다. 예외적으로 앨로이(Alloy)와 피터슨, 에이브럼슨, 셀리그만(1984)은 내부성과 영속성을 공변량으로 처리한 뒤 만연적 설명양식이 통제 불가능한 사건 이후 일반화된 실패와 연결된다는 것을 밝혀냈다. 그러나 이 정도로 정교한 연구는 드물다.

실험실 연구가 저평가된 원인은 두 가지로 보인다. 첫째, 설명양식 같은 성격 차원에 관심 있는 심리학자는 실험실보다 현실 맥락에서 연구하려는 경향이 있다. 둘째, 실험실 연구에서 개인차와 상황 조작을 함께 다루기는 쉽지 않다. 상황 조작은 종속 변인에 영향을 미칠 만큼 강해야 하지만, 동시에 개인차 효과를 압도하지 않을 만큼 절제되어야 한다. 이러한 미세한 균형을 맞추는 데 연구자의 기술과 인내가 요구되기 때문에 많은 이가 이를 기피하는 것이다. 그러나 이는 과학적 이유가 아니라 실용적 태도일 뿐이다. 앞으로는 실험실 연구가 더 많이 이루어져야 한다.

무기력 행동

무기력 연구, 특히 인간을 대상으로 한 연구에서 특이한 점은 정작 '무기력 행동' 자체에는 별로 관심을 기울이지 않았다는 사실이다. 초기 무기력 학습 모델과 재정식화 모델 모두 결과적으로 무기력을 반영한다고 여겨지는 결과(예: 낱말 재배열 실패, 우울한 기분)를 살펴봤을 뿐, 특정 무기력 행동 자체를 연구한 적은 거의 없다.

이를 보완하고자 피터슨(1986)은 사람들이 실제 생활에서 보이는 무기력 행동 사례와 설명양식의 관계를 연구했다. 이 연구에서는 무기력 행동의 후보를 찾는 데 버스(Buss)와 크레이크(Craik, 1984)의 '행위−빈도 접근'을 사용했다. 이는 실험심리학에서 어떤 추상적 개념을 대표하는 구체적인 사례들을 규명할 때 쓰는 전략이다. 피험자들은 과일, 게임, 무기력 같은 특정 개념을 나타낼 수 있는 사례들을 제시하고, 다른 피험자들은 그것들의 '전형성'을 평가한다. 이렇게 해서 합의된 대표적 사례들이 그 개념을 가장 잘 포착하는 프로토타입으로 간주된다.

피터슨(1986)은 이러한 절차를 통해 무기력 행동의 전형적 사례들을 도출했는데, '표 4'에 정리되어 있다. 주목할 점은 이 무기력 행동 가운데 상당수가 본질적으로 사회적 성격을 띤다는 것이다. 예를 들어 혼자서 일하기를 거부한다, 타인에게 결정을 맡긴다, 다른 사람에게 의존한다 등이다. 무기력 연구가 주로 성취 상황에 집중해왔다는 점을 고려하면 이러한 사회적 성격은 예상 밖이면서도 흥미롭다. 이는 앞으로 무기력을 연구할 때 사회적 맥락에 더 주목해야 한다는 점을 시사한다.

피터슨(1986)은 피험자들이 지난 한 달 동안 이런 무기력 행동을 얼마나 자주 했는지 자기보고를 하도록 자기보고식 설문지를 제작했다. 대학생 75명이 이 설문에 응했고, 응답의 타당성을 검증하고자 각 피험자의 친구가 동일한 질문지를 작성했다. 두 보고 간 일치도는 상당히 높았으며, 따라서 이 '무기력 설문지'는 타당한 도구로 보인다.

여기서 두 가지 중요한 결과가 나타났다. 첫째, 피험자들의 무기력 행동 자기보고는 내적으로 일관되었다. 즉 무기력은 일정한 일반성을 지닌 심리적 상태임이 확인되었다. 이는 무기력을 일반적 결손의 집합으로 본 초기 무기력 학습 모델에 부합한다. 둘째, ASQ를 함께 실시한 결과, 나쁜 사건을 내부적·영속적·만연적으로 설명하는 사람일수록 무기력 행동을 더 자주 보고했다($r=0.23$, $p<0.05$). 이는 재정식화 모델과 일치하는 결과다.

추가적 지지는 놀렌호크세마와 기르거스(Girgus), 셀리그만(1986)의 연구에서 나왔다. 초등학교 교사들에게 어려운 문제보다 쉬운 문제 선호 등 학생들이 보이는 무기력 행동을 평가하게 했다. 석 달 전에

CASQ로 측정한 학생들의 설명양식이 교사들의 평정을 예측했다. 이 결과는 피터슨(1986)의 연구와 합쳐져 설명양식이 실제 구체적인 무기력 행동과 연결되어 있음을 보여준다.

표 4 | 무기력 행동의 전형적 사례

○ 나는 하루 종일 집 밖으로 나가지 않았다.
○ 나는 스스로 음식을 해 먹지 않았다.
○ 나는 고장 난 물건을 고치지 못했다.
○ 나는 무언가를 하던 중간에 포기했다.
○ 나는 기회가 주어졌을 때 경쟁하지 않았다.
○ 나는 다른 사람이 나를 이용하도록 내버려두었다.
○ 나는 다른 사람에게 나를 대신해 무언가를 해달라고 부탁했다.
○ 나는 나 자신을 위해 맞서지 않았다.
○ 나는 다른 사람이 나 대신 결정을 내리도록 했다.
○ 나는 다른 사람을 의지 대상으로 삼았다.
○ 나는 혼자서 어떤 일을 하기를 거부했다.

출처: Peterson, C. (1993). Helpless behaviour. Behaviour Therapy and Research. In press.
© 1993 by Pergamon Press Ltd. 출판사 허가를 받아 각색함.

생활 사건에 대한 반응

형식적으로 말하자면 무기력 학습 재정식화는 '취약성–스트레스 모델'이다. 즉 선행하는 약점(비관적 설명양식)이 환경적 스트레스 요인(부정적 사건)과 상호작용해 개인에게 어려움을 초래한다는 것이다. 이 재정식화를 검증하는 특히 적절한 방법은 그것이 개인의 부정적 사건에 대한 반응을 얼마나 잘 설명하는지 살펴보는 것이다. 관련 연구 중 상당수는 우울증을 결과 변수로 삼았는데 자세한 내용은 15장에서 다룰 계획이다. 여기서는 다른 결과들을 검토한 일부 연구를 들여다 볼 것이다.

앞서 언급한 연구에서 피터슨과 빌라노바(1988)는 대학생 140명을 대상으로 설명양식을 측정했고, 한 달 후 학생들은 그사이에 경험한 가장 나쁜 사건 4개를 기술했다. 각 사건을 기술하면서 부정적 사건이 얼마나 장기적인 결과를 가져왔는지, 또 얼마나 광범위한 결과를 가져왔는지를 평가했다. 이후 4개 사건 전체에 대한 평균치를 종합 점수로 환산했다.

사전에 측정한 설명양식은 종합 점수들과 상관관계를 보였는가? 영속적 설명양식은 장기적 결과를 예측했고(r=0.19, p<0.05), 만연적 설명양식 또한 동일하게 예측했다(r=0.18, p<0.05). 반대로 만연적 설명양식은 광범위한 결과를 좀 더 강하게 예측했는데(r=0.38, p<0.001), 이는 영속적 설명양식(r=0.18, p<0.05)보다 큰 영향력이었다. 내부적 설명양식은 부정적 사건의 만성성이나 일반성과 관련이 없었다. 이러한 결과들의 일반된 패턴은 무기력 학습 재정식화와 일치하지만, 차원별 판별 타당성은 충분히 지지되지 않았다.

윌리엄스와 브루인(Brewin, 1984)은 운전면허 시험에 실패한 사람들의 반응을 연구했다. 비록 표본 크기가 매우 작다(n=30)는 한계가 있었으나, 몇몇 결과는 무기력 학습 재정식화와 일치했다. 남성들이 시험 실패를 영속적 요인으로 설명했을 때 이후 시험에 대한 성공 기대도 줄었다. 단, 여성에게서는 이러한 결과가 나타나지 않았다. 이 연구의 다른 결과들은 예측을 지지하지 못했다. 이후 연구자들은 끈기를 조작하기 위해 시험 실패 후 얼마 만에 시험을 재신청하는가라는 흥미로운 측정을 넣었다. 시험 재신청은 실패에 대한 설명과는 상관없었지만, 성공 기대와 성공에 대한 동기로 예측할 수 있었다.

앤더슨(1983)은 실패 이후 끈기에 대한 설명양식의 효과를 연구했다. 그는 자신만의 설명양식 측정을 통해 실패를 인격적 결함(우리 용어로는 내부적·영속적·만연적 요인)으로 설명한 사람들과 행동적 실수(내부적·일시적·부분적 요인)로 설명한 사람들을 구분했다. 이후 피험자들에게 헌혈자를 모집하기 위한 전화를 걸게 했다. 첫 번째 전화는 협조하지 않는 조력자에게 걸리도록 설정되어, 모든 피험자는 초기 시도에서 실패를 경험했다. 이후 다른 사람들의 이름과 번호를 제공하고 다시 전화를 걸게 했다. 예측된 대로 부정적 사건을 인격적 결함으로 설명한 사람들은 성공 기대가 낮았고, 더 적게 전화를 걸었으며, 헌혈자를 모집하는 데 덜 성공했다.

앤더슨(1983)의 연구는 또 다른 상황적 조작을 포함했다. 피험자들에게 조력자의 거절을 인격(설득력 부족) 때문인지, 혹은 행동(잘못된 전략) 때문인지 설명하라고 요구했다. 결과는 기존 설명양식 결과와 유사했다(Anderson & Jennings, 1980). 이러한 결과들을 종합하면, 부정적 사건에 대한 사람들의 반응을 설명할 때 무기력 학습 재정식화가 강력한 지지를 받는다.

메이저(Major)와 뮬러(Mueller), 힐데브란트(Hildebrandt)(1985)는 여성들이 낙태 이후 어떻게 대처하는지를 인과적 설명과 연관 지어 연구했다. 자신의 임신을 인격 탓(내부적·영속적·만연적 요인)으로 돌린 여성들은 행동 탓(내부적·일시적·부분적 요인)으로 돌린 여성들보다 더 많은 신체적 불평을 보고했고, 더 부정적인 결과를 예상했다. 또한 부적응적 대처는 자신이 잘 대처하지 못할 것이라는 기대, 임신 의도, 임신

의미와도 관련 있었다. 흥미롭게도 배우자와 함께 낙태 병원에 간 여성들이 혼자 간 여성들보다 더 잘 대처하지 못했다. 이는 일반적인 상식과 배치되는 듯 보이지만, 설명적 해석은 가능하다. 혼자서 이 스트레스 사건을 경험한 여성들은 자신이 더 유능한 개인이라고 추론했을 개연성이 있다.

뉴먼과 랭어(Langer, 1981)는 여성들이 이혼에 어떻게 반응하는지를 단면 연구(인구 집단을 대상으로 질병 등 어떤 사건의 특성과 기타 변수들을 동시에 조사한 후 그 관계를 찾아내는 연구-편집자 주)를 통해 조사했다. 그들은 '개인 귀인'(결혼 당사자 중 한쪽 문제로 설명하는 경우)과 '상호작용 귀인'(두 사람의 상호작용 문제로 설명하는 경우)을 구분했다. 상호작용 귀인은 개인 귀인보다 훨씬 덜 영속적이고 덜 만연적인 것으로 간주된다. 실제로 이혼을 상호작용 귀인으로 설명한 여성들이 개인 귀인으로 설명한 여성들보다 이혼 후 더 행복하고 활동적이었다.

다수의 연구는 인과적 설명이 신체 부상이나 질병에 대한 반응과 어떻게 관련되는지를 검토했다. 그러나 결과는 일관되지 않았다(Abrams & Finesinger, 1953; Bard & Dyk, 1956; Bulman & Wortman, 1977; Mastrovito, 1974). 이들 연구가 무기력 학습 재정식화와 관련 있는지는 불분명하다. 설명양식 자체가 잘 측정되지 않았고, 특정 질병에 대한 특정 설명만 파악되었기 때문이다. 현실적 요인들이 설명에 다양한 정도로 개입했을 수 있다. 예를 들어 테일러와 릭트먼(Lichtman), 우드(Wood, 1984)는 유방암 환자의 특정 인과적 설명과 적응 사이에는 관계가 없음을 발견했다. 그러나 초기 무기력 학습 모델과 일치하게 암에 대한 지각된 통제성은 긍정적 적응을 예측했다. 이 효과는 환자가 자기 자신이 통제한다고 보든(일차적 통제), 의사가 통제한다고 보든

(이차적 통제) 동일하게 나타났다.

연구의 또 다른 흐름에서 스틸(Steele)과 사우스윅(Southwick, 1981)은 음주를 줄이기 위한 공포 기반의 호소가 과연 효과적인지를 알코올 중독을 어떻게 설명하느냐로 연구했다. 알코올 중독이 치료 불가능한(영속적) 질환이라는 정보를 접한 사람들은 그것이 학습된 행동(일시적)이라는 정보를 접한 사람들보다 금주 설득에 덜 영향을 받았다. 만약 이 결과가 일반적으로 타당하다면 이는 알코올 및 약물 치료 방식에 중요한 함의를 갖는다. 중독자들에게 그것이 진행성 질병이라고 말하는 것(익명의 알코올 중독자 모임 등 12단계 프로그램에서처럼)은 문제를 더 위협적으로 만들 뿐이다(Peele, 1989).

마지막으로, 사랑하는 이가 중대한 부상을 당하거나 질병을 앓는 것에 대한 반응에 인과적 설명이 어떤 영향을 미치는지를 다룬 연구들도 있다. 주산기 합병증(출산 전후 산모와 신생아에게 발생하는 다양한 건강 문제-편집자 주)이 있는 영아의 어머니들은 자녀 문제를 자신의 행동 탓으로 돌리는 경우보다 다른 사람 탓으로 돌리는 경우에 더 큰 양육 문제를 예상했다(Affleck, Allen, McGrade & McQueeney, 1982). 이는 지각된 통제성 차이를 반영한다고 볼 수 있다. 좀 더 최근에 있었던 테넨과 애플렉(Affleck), 거슈먼(Gershman, 1986)의 연구는 이를 명시적으로 지지했다. 즉 위험한 영아의 어머니가 느낀 지각된 통제성이 더 나은 대처를 예측한 것이다.

종합하면 무기력 학습 재정식화는 개인이 부정적 사건에 어떻게 반응하는지를 설명하는 데 대체로 타당하다. 동시에 설명양식의 개별 차원들에 부여된 구체적인 역할은 아직 충분히 입증되지 않았다. 또한 특정 부정적 사건에 대한 단일한 설명은 반응과 훨씬 더 가변적인 관계를 보이는데, 이는 현실 요인의 개입 때문일 수 있다. 설명양식이 실제 부정적 사건에 대한 반응에 어떤 영향을 미치는지 이상적으로 탐구하려면 종단·전향 연구가 필요하다. 물론 이러한 연구에는 실행 상 문제가 따르지만, CAVE 기법은 이러한 어려움을 해결하는 데 도움을 줄 수 있다.

자존감

재정식화 모델은 부정적 사건에 대한 내부적 설명이 자존감 상실과 연결된다고 예측한다. 이러한 주장은 개별 인과적 설명과 설명양식을 모두 다룬 단면적·종단 연구들을 통해 실증적으로 뒷받침되었다(Brewin & Shapiro, 1984; Devins, 1982; Fielstein 외, 1985; Girodo, Dotzenroth & Stein, 1981; Ickes & Layden, 1978; McFarland & Ross, 1982; Rothwell & Williams, 1983; Weiner, 1979). 다만, 내부적 설명양식이 영속적 또는 만연적 설명양식보다 낮은 자존감과 더 강하게 관련 있다고 단정하기는 어렵다. 예를 들어 피터슨과 빌라노바(1986)의 연구 결과에서는 설명양식의 세 차원 모두가 자존감과 상관 있었지만 어느 한 차원이 다른 차원보다 더 강하게 연관된 것은 아니었다. 다시 말해 특정 차원의 판별 타당성에 대한 증거는 부족하다.

정치적 인기

줄로(Zullow)와 셀리그만(1990)은 가장 흥미로운 설명양식 연구를 진행했다. 그들은 1900년부터 1984년까지 공화당과 민주당 대통령선거 후보들의 지명 수락 연설문을 분석해 설명양식을 분류했다. 또한 각 후보가 부정적 사건을 얼마나 반추했는지 정량화했다. 설명양식과 반추를 합성한 지표는 이후 선거 결과를 성공적으로 예측했는데, 22번의 선거 중 18번에서 비관적 반추 성향을 보인 후보가 패배했다. 실제로 패배 격차는 연설에서 드러난 비관적 반추 정도와 함수관계를 보였다. 심지어 현직 여부나 여론조사 초기 지지율 같은 제3의 변수를 통제했을 때도 동일한 결과가 나왔다. 이는 미국 유권자들이 희망 메시지에 긍정적으로 반응한다는 점을 시사한다.

설명양식은 어떻게 생겨나고 변화하는가?

사회심리학자들은 오래전부터 개별 인과적 설명의 결정 요인에 관심을 가졌지만, 설명양식 결정 요인에 대해서는 알려진 바가 적다. 무기력 모델은 이 문제에 중립적이다. 그러나 설명양식이 무기력 학습에 영향을 미치는 방식을 온전히 이해하려면 그것이 어떻게 형성되고, 또 어떻게 변화하는지를 알아야 한다(Fincham & Cain, 1986). 우리는 단순히 인간에게 문제가 유발되는 메커니즘을 기술하는 것에 그치지 않고, 문제가 발생하는 과정에서 원래대로 되돌리고 문제를 예방하는 데까지 나아가고자 한다.

켈리(1973)는 인과적 설명에서 두 가지 일반 결정 요인을 구분했다. 첫째는 실제 사건 발생 속에 담긴 '공변 정보'다. 사람들은 귀납적 추론을 통해 원인−결과 관계를 추정한다. 특정 사건이 시간과 상황을 가로질러 어떤 결과와 함께 반복적으로 나타난다면 사람들은 그 사건을 원인으로 간주할 가능성이 크다.

둘째는 '인과 도식'이다. 이는 특정 사건의 원인에 대해 이미 추상화된 믿음이다. 사람들은 사건을 경험할 때 이 도식에 기대어 원인을 식별한다. 인과 도식은 사회화 과정 속에서 다양한 경로를 통해 개인에게 주입된다.

이 두 결정 요인은 실제로는 명확히 구분되지 않는다. 순수한 귀납 추론은 존재하지 않는 듯하다. 사람들은 이미 존재하는 믿음의 틀 안에서 원인-결과 관계를 판단한다. 또한 구체적인 경험 속에서 인과 도식이 성공적으로 작동할 때 그것에 더 많이 의존한다.

이러한 설명 요인은 설명양식의 기원을 이해하는 것으로 확장될 수 있다. 특정 설명을 반복하게 만드는 사건을 지속적으로 경험하면 결국 일관된 설명양식이 형성된다. 마찬가지로 특정 설명을 지속적으로 하도록 강화하는 인과 도식에 반복해서 노출될 경우 일관된 설명양식이 형성될 수 있다.

몇몇 연구는 삶에서 부정적 사건의 이력이 비관적 설명양식과 연결된다는 점을 보여준다(Brewin & Furnham, 1986; Feather & Barber, 1983; Jackson & Tessier, 1984; Peterson, Schwartz & Seligman, 1981). 그러나 여기에는 복잡성이 따른다. 비관적 설명양식은 개인을 더 많은 어려움으로 이끌 수 있고, 이러한 어려움은 다시금 그가 부정적 사건을 비관적으로 설명하는 경향을 강화하기도 한다. 이는 우울증과도 유사하다. 즉 설명양식은 원인이자 결과가 될 수 있는 것이다(Nolen-Hoeksema, Girgus & Seligman, 1986).

설명양식의 기원을 명시적으로 탐구한 연구도 있다. 놀렌호크세마(1986)는 아이들에게 부정적 사건("다른 아이가 너와 놀고 싶어 하지 않아")을 제시하고, 그 원인을 묻는 방식으로 설명양식이 언제, 어떻게 나타나는지 연구했다. 4세 아동들이 보인 흔한 반응은 사건의 원인 설명이 아니라, 사건 해결책 제시였다("선생님께 말씀드릴래요"). 아마도 해결이 실패할 때부터 아이들은 원인을 고려하기 시작하는 듯하다.

일관된 설명양식은 8세쯤부터 나타난다. 이는 아동의 인지 발달 과정과 관련 있다(Fincham & Cain, 1986). 8세 미만 아동은 성공과 실패를 정확히 판단하지 못하고, 원인의 영속성이나 만연성에 대해서도 잘 사고하지 못한다. 그러나 이러한 능력이 생기면 설명양식은 무기력 학습 재정식화 모델이 예측한 대로 결과와 연결되기 시작한다.

또 다른 연구는 양육 변인과 성인의 설명양식 간 관계를 탐색했다(Peterson & Bossio, 1991). 이 연구는 1950년대에 시작되었고, 어린 자녀를 둔 어머니들은 자녀 양육 방식과 관련해 심층 면접을 받았다. 그리고 약 40년 뒤 그 자녀들이 성인이 되었을 때 설명양식 검사를 실시했다. 그 결과, 아동기에 가혹하고 일관되지 않은 대우를 받은 사람은 중년기에 더 비관적인 설명양식을 보였다.

설명양식 전체가 학습될 수 있다는 증거도 있다. 드웩의 연구는 아동들이 교사의 비판에 담긴 인과 귀인에 따라 학업 실패를 설명하게 된다는 사실을 보여주었다(Dweck, Davidson, Nelson & Enna, 1978; Dweck, Goetz & Strauss, 1980). 아동은 교사가 "너는 가망이 없어"라고 말하면(영속적 설명) 영속적 자기 귀인을, "너는 노력하지 않았어"라고 말하면(일시적 설명) 일시적 자기 귀인을 형성한다.

플라우스(Plous)와 짐바르도(Zimbardo, 1986)는 정신분석가, 행동치료사의 설명양식을 조사했다. 이들은 자신이 훈련해온 방식대로 사건을 설명했다. 즉 정신분석가는 성향적 설명을, 행동치료사는 상황적 설명을 선호했다. 이는 전문 교육의 일부가 곧 인과적 설명의 사회화라는 점을 시사한다. 더 넓게 일반화하면 초등학교 교과서, 교리문답 수업, 가십 칼럼, 텔레비전 쇼, 자동차 스티커, 신문 사설, 대중음악 가사 등에서도 설명양식이 사회화되는 사례를 찾을 수 있다.

셀리그만 등(1984)은 부모와 자녀의 설명양식을 비교했다. 자녀들은 부모 중 특히 어머니의 설명양식을 닮았다. 아버지의 설명양식은 배우자나 자녀와 관련이 없었다. 연구 대상자들이 대부분 중산층 가정이었음을 고려하면 자녀가 아버지보다 어머니와 더 많은 시간을 보낸 것으로 추정된다. 그래서 설명양식의 유사성이 나타난 것이다. 여기에서 종단 연구가 이루어진다면 어머니와 자녀 간 영향의 방향성을 밝힐 수 있다.

최근 몇몇 연구는 설명양식이 유전될 수 있다고 주장한다. 슐먼과 키스(Keith), 셀리그만(1991)은 일란성 쌍둥이(n=115)와 이란성 쌍둥이(n=27)를 대상으로 ASQ를 실시했다. 그 결과 일란성 쌍둥이의 부정적 사건 점수는 높은 상관을 보인 반면, 이란성 쌍둥이는 그렇지 않았다. 이는 어떤 형태의 유전적 영향을 암시하며, 그 영향의 크기는 다른 성격 특성들에서 확인된 수준과 유사하다. 다만 '유전 가능성'이라는 용어가 어떤 특성이 전체적으로 유전된다는 의미는 아니라는 점을 분명히 할 필요가 있다. 오히려 이 용어는 좀 더 기술적 개념을 가지고 있어서 특정 특성(예: 설명양식)의 변이가 유전적 변이와 상관되어 있다는 뜻이다. 유전 가능성은 개인이 아닌 한 집단의 속성이다. 어떤 특성이 유전 가능하다고 해서 환경적 영향이나 변화 가능성이 배제되는 것은 전혀 아니다. 마지막으로, 어떤 특성은 직접적 영향 때문이 아니라 간접적 영향으로 유전 가능성을 보일 수도 있다. 향후 연구는 설명양식이 기질 같은 요인의 영향을 받아 유전 가능한 것으로 나타나는지 탐색할 필요가 있다.

한 개인이 특정 설명양식을 가지고 있다면 그것은 어떻게, 왜 변화하는가? 무기력 학습 모델은 이런 변화의 원인에 중립적이다. 그리고 설명양식이 어떻게 변화하는지에 대해서도 알려진 바가 많지 않다. 이 장 앞부분에서 검토한 증거들은 설명양식이 시간에 따라 영속적이라는 것을 보여준다. 그러나 이러한 안정성이 100퍼센트는 아니라서 설명양식은 어느 정도 변화 가능성도 지닌다고 할 수 있다.

에이브럼슨 등(1978)은 처음으로 무기력 학습 개념을 재정식화하면서 무기력 학습 모델이 시사하는 우울증 치료 전략에 대해서도 논의했다. 그러나 그 논의는 매우 일반적 수준이었다. 즉 "실패에 대한 비현실적 귀인을 외부적·일시적·부분적 요인으로 바꾸고, 성공에 대한 비현실적 귀인을 내부적·영속적·만연적 요인으로 바꾸라"는 것이었다. 이후 셀리그만(1981)은 치료적 함의를 좀 더 구체화하면서 설명양식이 적어도 두 가지 방식을 통해 변화될 수 있다고 가정했다. 첫째, 치료자는 개인이 습관적으로 선호하는 인과적 설명 이외의 가능성을 강조한다. 둘째, 치료자는 개인이 하는 설명 자체를 직접적으로 반박한다. 이는 엘리스나 벡이 인지치료에서 기술한 방식과 유사하다.

우리가 아는 것

이 장에서 우리는 에이브럼슨과 셀리그만, 티즈데일이 1978년에 제안한 무기력 학습 재정식화 모델을 살펴봤다. 우리는 이 모델을 이론적 맥락 속에 두었고, 그것이 어떻게 조사되어 왔는지 설명했으며, 중요한 발견들을 상세히 다루었다. 이제 재정식화에 대한 일반적인 결론을 내려보자. 앞선 장들과 마찬가지로 결론을 우리가 아는 것과 모르는 것으로 나누어 정리하겠다.

확신을 갖고 말할 수 있는 결론은 다음과 같다. 첫째, 나쁜 사건에 대한 사람들의 인과적 설명은 그들이 사건에 반응하는 동기, 정서, 인지, 행동 등 여러 영역에 영향을 미친다. 둘째, 사람들에게는 나쁜 사건을 습관적으로 설명하는 특성적 설명양식이 있으며, 이는 여러 방법을 통해 타당하고 신뢰할 만한 수준으로 측정할 수 있다. 우리가 내세운 측정 도구는 적잖은 비판을 받긴 했어도 우리는 그것이 대다수 개인차 조작만큼이나 만족스럽다고 생각한다(Peterson, 1991). 물론 개선은 가능하지만, 연구자들은 여전히 ASQ를 사용하고 있으며 CAVE 기법도 점점 대중화되고 있다. 셋째, 설명양식은 무기력 학습 재정식화 모델처럼 사람들이 많은 영역에서 활기차게 혹은 수동적으로 행동하는지를 예측한다.

따라서 전반적으로 결론은 긍정적이다. 무기력 학습 재정식화는 일반적 주장과 관련해 이용 가능한 연구들로부터 강한 지지를 받았다. 인과적 설명과 설명양식은 인간 조건(인간 존재의 독특한 특징을 나타내는 용어-편집자 주)의 중요한 측면을 다룬다.

이 긍정적 결론의 맥락에 한 가지 중요한 단서를 덧붙여야 한다. 일부 구체적인 주장들과 관련해서는 무기력 학습 재정식화 모델이 그다지 강한 지지를 받지 못하고 있다. 예를 들어 설명양식의 개별 차원들에 대한 판별 타당성 근거가 부족하다. 부정적 사건의 역할도 종종 제대로 조사되지 않았다. 무기력 이론의 핵심 구성개념인 '미래의 비수반성에 대한 기대'는 그 결정 요인들에 비해 소홀히 다루어져 왔다. 무기력 학습 재정식화 모델이 가정하는 전체 과정은 더 철저히 검증될 필요가 있다. 재정식화와 관련된 여러 질문이 여전히 남아 있으며, 이들은 이론적·경험적 측면 모두에서 더 면밀한 검토가 요구된다. 이제 우리는 그 질문들로 향한다.

우리가 모르는 것

이 장 전반에 걸쳐 문제 부분들을 지적했다. 이를 한데 모아보자.

첫째, 설명양식은 다른 인지적 성격 변수들과 어떻게 관련되는가? 다른 이론들은 인과적 설명 이외의 요인도 사람들이 나쁜 사건에 반응하는 방식에 영향을 미친다고 제안한다. 이러한 구성개념들은 무기력 이론의 구성개념과 추가적인 비교 및 대조가 필요하다. 서로 다르다면 모델에 추가되어야 할지도 모른다. 예를 들어 무기력을 야기하는 나쁜 사건의 중요성(및/또는 빈도, 및/또는 강도)은 뒤따르는 결손 크기를 좌우할 수 있다. 우리는 여전히 영속적·만연적 설명이 각각 결손의 만성성과 전반성에 영향을 미친다고 가정하지만, 이러한 매개변수들은 어려움[7]의 크기와 개념적으로 구별될 수 있다는 점에도 주목한다. 만약 구성개념들이 중복된다면 이것들을 무기력 학습 모델에 통합해 이론적 의미를 풍부하게 해야 한다. 우리는 인과적 설명과 대처가 동전의 양면일지 모른다고 추측해왔다. 그렇다고 가정한다면 그

7　초기 ASQ에는 응답자에게 해당 사건의 중요도를 평정하게 하는 척도가 포함되어 있었다. 이 평정은 결국 전반성 평정과 매우 중복되는 것으로 드러나 삭제되었다. 그러나 중요도와 전반성은 ASQ에서 사용된 사건들보다 더 폭넓은 사건 범위에서 고려될 경우 좀 더 분명하게 구별될 수도 있다.

관계를 인정함으로써 둘 다를 더 잘 이해할 수 있을 것이다.

둘째, 인과적 설명을 기술하는 근본 차원은 무엇인가? 재정식화는 세 가지를 제시한다. 그러나 지금까지 연구는 이것들이 서로 구별된다는 점을 입증하는 데 어려움을 겪었다. 어쩌면 더 단순한 관점이 필요할지 모른다. 우리는 잠정적으로 위치(내부/외부)와 일반성(만연/부분) 두 차원을 제안한다(Peterson, 1991).

셋째, '기대'는 어떻게 되었는가? 우리는 다른 곳에서 기대를 측정하기 어렵고, 그래서 인과적 설명과 설명양식에 초점을 두는 편을 선호한다고 말한 바 있다(Peterson & Seligman, 1984). 그러나 이는 너무 성급한 발언이었을 수 있다. 다른 심리학 전통에서는 사람들의 기대를 큰 어려움 없이 측정한다(Bandura, 1986; Rotter, 1966). 초기 무기력 학습 모델과 재정식화 모델은 모두 기대에 큰 중요성을 부여하기 때문에 새롭게 조작화를 시도하는 것이 절실하다. 인과 귀인과 설명양식에 지나치게 많은 관심이 쏠린 이유는 아마도 모델에 새롭게 추가된 요소들이기 때문일 것이다. 그리고 ASQ와 CAVE 기법이 고안되고 독자적으로 기능하자 기대에 대한 소홀함이 지속되었다.

넷째, 좋은 사건에 대한 설명양식은 어떤 의미를 가지는가? 이 장에서는 그 부분에 초점을 두지 않았지만 이미 알려진 사실을 떠올려 보자. 좋은 사건에 대한 설명양식은 종종 나쁜 사건에 대한 설명양식과는 반대 방향으로 결과와 관련된다. 또한 나쁜 사건에 대한 설명양식과는 독립적이다. 이 두 가지 사실은 낙관적 설명양식과 비관적 설명양식을 함께 보는 연구가 비관적 설명양식만 보는 연구보다 결과를 더 잘 예측할 수 있음을 암시한다. 그러나 우리는 여전히 낙관적 설명양식이 무엇을 의미하는지 알지 못한다. 지금까지 무기력 학습 재정식화 모델을 검증한 연구들은 거의 전적으로 나쁜 사건에 초점을 맞추었다. 앞으로 연구자가 좋은 사건에 대한 사람들의 반응도 함께 본다면 낙관적 설명양식의 의미가 분명해질 것이다.

다섯째, 상황적 요인들은 설명양식과 어떻게 상호작용해 구체적인 설명을 끌어내는가? 우리의 일반적 견해는 그럴듯하지만, 어디까지나 일반적이다. 상황적 요인과 설명양식을 함께 살피는 정밀한 연구가 필요하다.

여섯째, 낙관적 설명양식의 이점에는 어떤 한계가 있는가? 나쁜 사건에 대해 외부적·일시적·부분적 설명을 하는 사람은 대부분의 영역에서 쾌활함과 지속성을 보인다. 그럼에도 분명 절제와 신중함이 요구되는 상황이 있다(Seligman, 1990). 극단으로 가면 우리가 제시하는 심리적 건강의 비전은 불완전하거나 심지어 문제적일 수 있다. 개인의 행복과 성취만이 전부라는 함의를 지니기 때문이다. 10장에서 우리는 무기력 학습이 지금-여기를 위한 이론이라고 제안했지만, 이는 어디까지나 기술적 의미이지 규범적 의미는 아니다. 아마 우리는 '낙관'이 실패하는 상황을 조사함으로써 설명양식의 의미를 완성해야 할 의무가 있는지도 모른다.

마지막으로, 설명양식과 관련해 우리가 충분히 알지 못하는 두 가지를 덧붙인다. 첫째는 절차적 질문이다. 설명양식의 '영역 특이적' 측정 도구를 개발해야 할까? 최근 통제소재나 자기효능감 같은 인접 영역의 연구자들은 예측하려는 결과에 매우 특화된 질문지를 사용하는 경향이 있다. 일부 설명양식 연구자도 이를 따른다(Atlas & Peterson, 1990; Peterson & Barrett, 1987). 물론 예측력이 향상되겠지만 그 향상 폭은 알 수 없다. 관련 쟁점도 있다. 우리는 설명양식을 얼마나 일반적

개인차로 만들고자 하는가? 영역 특이적 측정이 가져올 예측상 이득
이 그것을 고안하는 어려움을 상쇄하는가? 또한 삶의 특정 영역에 한
정함으로써 설명양식 구성개념의 힘을 축소하고 싶은 것은 아닌가?

　둘째는 개념적 질문이다. 나쁜 사건에 대해 내부적·영속적·만연
적 설명을 하는 개인이 여러 부정적 결과의 위험에 처한다는 점을 받
아들일 경우 그중 어떤 결과가 실제로 나타나는지를 무엇이 결정하는
가? 같은 사람들이 우울해지고, 병들고, 수업을 망치고, 직장을 그만
두고, 대통령선거에서 지는가? 만약 그렇다면 특정 문제에 대한 설명
양식의 특이성은 의문시되어야 한다. 이 문제는 우울증 연구에서 특히
첨예해지고 있는데, 설명양식의 우울 특이성이 도전받고 있다. 물론
선행 질문은 불안, 우울, 질병, 학업 실패 같은 문제가 인구 집단 내에
서 함께 나타나는지 여부다. 만약 이것들이 함께 나타나는 경향이 있
다면 설명양식이 그 모두를 예고한다는 사실은 충분히 타당하다.

　하지만 이것들이 눈에 띄게 함께 변하지 않는다면 설명양식이 이
모든 결과를 예측할 수 있는 것처럼 보이는 이유를 설명하기 위해 추
가적인 고려가 필요하다. 현 형태로 보면 무기력 학습 이론은 사람들
이 이미 다른 요인들(예: 학업 실패의 경우 낮은 지능, 우울의 경우 생화학적
이상)에 의해 약해진 불운의 희생자가 되는 이유만 설명할 수 있을지
도 모른다. 아마도 무기력 학습 재정식화는 한두 가지 인간적 어려움
을 설명하는 모델이라기보다, 여러 유형의 문제에 공통적으로 작용하
는 하나의 기제로 보는 편이 더 타당하다. 그럼에도 무기력 학습 재정
식화 모델이 중요한 구성개념들을 성공적으로 규명했다는 점에서 우
리의 결론은 변함이 없다.

15장

무기력 학습과 우울증

무기력 학습이 처음으로 확장 적용된 영역은 우울증이며, 오늘날까지도 가장 심도 있게 연구되고 있다. 이번 장에서는 우울증을 네 부분으로 나누어 논의할 것이다. 첫째, 우울증의 유형과 특징을 서술한다. 둘째, 무기력 학습 이론의 귀인적 재정식화가 우울증에 어떻게 적용되는지를 살펴본다. 셋째, 현대 사회가 불러온 우울증 유행(펜데믹)에 관한 새로운 증거들을 검토하고, 무기력 학습 이론이 이를 어떻게 설명할 수 있을지 고찰한다. 마지막으로, 무기력 학습을 우울증에 적용하는 과정에서 제기된 몇몇 논쟁을 다룬다.

우울증이란 무엇인가

'우울증'은 일시적인 기분 장애부터 만성적 질환까지 포괄하는 넓은 개념이다. 다양한 구분이 가능하지만 여기서는 정상적 우울, 단극성 우울, 양극성 우울에 초점을 맞추고자 한다.

정상적 우울

인간은 존재하는 한 고통과 상실이 불가피하다. 누구나 살면서 흔히 원하는 직업을 얻지 못하거나, 사랑하는 이에게 거절을 당하거나, 부모를 잃거나, 투자에 실패하거나, 형편없는 강의나 저술을 경험한다. 그리고 결국 죽음을 맞게 된다. 이러한 상실이 닥치면 그것이 아무리 특별하게 느껴지더라도 인간의 반응은 비교적 예측 가능하다. 슬픔과 무기력을 느끼고, 수동적이면서 무기력해진다. 미래가 암울하다고 여기며, 자신에게는 상황을 개선할 능력이 부족하다고 생각한다. 즐겁던 활동에서 흥미를 잃고, 음식·사람·성·수면에 대한 욕구마저 사라진다. 그러나 일정 시간이 지나면 마치 자연이 허락한 자비로운 신비처럼 다시 회복되기 시작한다. 이것이 우리가 말하는 정상적 우울이다. 만약 누군가가 고통과 상실 앞에서 이러한 반응조차 보이지 않는다면 오히려 그것이 이상 신호일 수 있다.

우울성 '장애'

진단학적으로 기본 우울성 장애는 두 가지로 구분된다. 첫째는 조증 경험 없이 우울증만 나타나는 단극성 우울이다. 둘째는 우울증과 조증이 교대로 나타나는 양극성 우울이다. 조증은 우울증과 정반대 증상을 보이는데 고양된 기분, 과대감, 과잉 언어와 행동, 과도한 자존감, 불면 등이 그것이다. 이렇게 상반되는 정동(情動)이 존재하기 때문에 이 두 가지 장애와 조증을 아울러 '정동 장애'라고 부르기도 한다.

양극성 우울은 단극성 우울과 확연하게 구분된다. 단극성 우울 환자는 결코 조증을 경험하지 않지만, 양극성 우울 환자는 '조증 삽화'를 경험한다. 또한 양극성 우울은 단극성보다 유전성이 훨씬 강하다. 앨런(Allen, 1976)이 보고한 아홉 건의 쌍생아 연구에 따르면 양극성 장애의 일치율은 일란성에서 72퍼센트, 이란성에서 14퍼센트였다. 단극성 우울은 각각 40퍼센트와 11퍼센트였다. 이는 양극성 우울이 단극성 우울보다 훨씬 더 강력한 유전적 기초를 가진 별개의 질환이라는 점을 시사한다.

약물 반응성 또한 두 장애가 서로 다르다는 사실을 뒷받침한다. 탄산리튬(Li_2CO_3)은 양극성 우울 환자의 조증은 물론, 일정 정도의 우울 증상까지 효과적으로 완화한다. 예방 차원에서 복용 시 위약군의 재발률이 79퍼센트였던 반면, 탄산리튬군은 34퍼센트에 불과했다(Gelenberg & Kierman, 1978). 반대로 삼환계 항우울제(tricyclics)나 MAO 억제제는 단극성 우울에는 효과가 있으나 양극성 우울에는 거의 도움이 되지 않는다(Gelenberg & Klerman, 1978). 이러한 약물 반응 차이는 두 장애가 본질적으로 구분된다는 점을 잘 보여준다. 따라서 이번 장에서는 양극성 우울을 다루지 않고, 주로 단극성 우울과 정상적 우울에 집중할 계획이다.

단극성 우울(의학적으로 진단되는 장애)과 정상적 우울은 어떻게 관련될까? 우리는 이 둘이 본질적으로 동일한 현상이며, 단지 증상의 수와 심각성에서 차이가 있을 뿐이라고 본다. 이는 단극성 우울을 명백한 질환으로 보고, 정상적 우울을 단순히 사기 저하로 치부하는 의학계의 전통 견해와는 대조적이다. 연속성 대 불연속성 논쟁은 중요하면서도 복잡한 문제이며, 뒤에서 다시 다룰 것이다.

우울증 증상

단극성이든, 양극성이든, 혹은 정상적이든 우울증은 사고, 정서, 행동, 생리 등 여러 차원에서 공통적인 증상을 드러낸다. 모든 증상이 반드시 나타나야 하는 것은 아니며, 특정 증상만으로도 진단할 수 있다. 그러나 증상 수가 많고 강도가 클수록 우울증일 가능성이 커진다.

사고

우울한 사람의 사고방식은 우울하지 않은 사람과 다르다. 벡(1967)이 주장한 우울 이론은 우울증 사고를 가장 정확히 묘사하고 있다. 우리 이론과 가장 가깝기도 해 여기서 다루되, 동시에 그 차이점도 지적할 것이다.

벡(1967)은 우울증 사고를 자기 자신, 현재 경험, 미래에 대한 부정적 생각 등 '인지 삼제(cognitive triad)'로 설명하면서 우울한 사람이 논리적 오류를 범한다고 주장했다. 벡이 제시한 여섯 가지 논리적 오류에는 '자의적 추론'(하나의 사실만으로 성급한 결론을 내림)과 '개인화'(자신에게 책임이 없는 나쁜 사건을 자기 탓으로 돌림) 같은 사고 습관이 포함된다.

벡의 우울증 사고 묘사는 정확해 보이지만, 이론가에게는 다루기 어려운 주제다. 우리의 과제는 그 기술적 정확성을 유지하면서도 이론적 명료성을 더하는 것이다(Brewin, 1989; Segal, 1988). 벡의 우울증 사고 개념에는 몇 가지 한계가 있다.

먼저, 인과성 문제가 불분명하다. 우울한 사람의 비관적 사고는 단지 주요 증상 가운데 하나일 뿐인가, 아니면 다른 증상들을 일으키는 중심 증상인가? 벡(1967)은 초기에는 인지적 요인이 인과적이라고 주장했지만, 이후(1984)에는 생물학적 접근에 양보하며 인지를 비인과적 위치로 후퇴시켰다. 만약 인지가 인과적이라면 그것이 어떻게 다른 우울증 증상들을 유발하는가? 14장에서 살펴본 무기력 학습 재정식화 모델에서는 개인의 설명양식을 이미 존재하는 성향으로 보고, 이것이 무기력에 대한 기대에 영향을 미쳐 다른 우울증 증상을 초래한다고 주장한다.

벡의 우울 이론이 가지는 또 다른 한계는 인지 삼제와 논리적 오류 사이의 경험적 관계가 불분명하다는 점이다. '개인화'(자신을 탓하는 경향)가 자기 자신에 대한 부정적 시각을 낳는 것인지, 아니면 그 반대인지 명확하지 않다. 무기력 학습 재정식화 모델에 따르면 이러한 증상들은 개인의 설명양식에서 비롯된다.

마지막으로, 이론 내에서 여러 변수의 개념적 관계 역시 불분명하다. 서로 다른 논리 오류들은 어떻게 구별되는가? 쿡(Cook)과 피터슨(1986)은 전문가 판정자들이 벡의 범주를 사용해 잘못된 추론을 분류하는 과정에서 상당한 의견 불일치를 보였다고 보고했다. 그리고 왜 이론에 아홉 가지(인지 삼제+여섯 가지 오류) 기제가 필요한가? 세 가지나 여섯 가지로는 안 되는가?

이에 비해 무기력 학습 재정식화 모델은 훨씬 간결하다. 이 모델은 우울증의 모든 인지적 메커니즘을 개인의 설명양식에서 비롯된 것으로 파악하는 간결하고 통합적인 설명을 제시한다.

정서

우울한 사람은 모든 일을 끔찍하게 느낀다. 슬프고, 불행하고, 침울하고, 암담할 뿐 아니라, 절망의 구렁텅이에 빠져 있는 듯하다. 자주 울기도 하고, 혹은 눈물이 말라서 울지 못할 수도 있다. 거의 예외 없이 삶의 즐거움이 사라진다. 이전에 즐겁던 활동들이 무의미하게 느껴지고, 농담도 더는 웃기지 않다.

우울증에서 두드러지는 유일한 감정이 슬픔은 아니다. 우울과 불안은 깊은 관련이 있다. 경도나 중등도 우울증을 가진 사람은 거의 항상 불안하다. 흥미롭게도 심하게 우울한 사람은 오히려 전혀 불안하지 않을 수 있다. 이 패턴을 어떻게 설명할 수 있을까? 아마 불안은 위험에 대한 '활성화된 반응'이고, 우울은 '비활성화된 보존적 반응'일지도 모른다. 위험이 한 개인을 위협할 때 그의 불안은 활성화되어 계획과 행동을 자극한다. 그는 어떤 행동이 자신에게 도움이 될 수 있다고 믿는 한, 계속해서 불안을 에너지로 삼는다. 반면 자신이 반드시 무력해질 것이라고 확신하게 되면 불안은 사라지고 그 자리를 우울감이 대신할 수 있다. 우울증은 그의 계획과 행동을 무력화하고, 실제로 아무것도 할 수 없을 때 에너지를 보존하게 만든다. 한 개인이 "나는 무력할 것이다"라는 기대와 "어쩌면 무언가 할 수 있을지도 모른다"라는 희망 사이를 오갈 때 불안과 우울은 공존할 수 있다(Garber, Miller & Abramson, 1980).

슬픔과 불안 외에 적개심, 정확히는 적개심 결여도 우울증과 관련 있다. 프로이트(1917)는 우울증이 자기 자신에게로 향하는 적개심의 내면화 결과라고 봤다. 우울한 사람이 타인에게 거의 화를 내지 않는다는 점에서 이 생각은 어느 정도 타당할 수 있다. 하지만 우리는 프로이트와는 다른 견해를 가지고 있다. 우리는 그 분노가 내면으로 전환되었다기보다 '정지된 상태'에 있다고 판단한다. 우울증 환자에게서 나타나는 적개심 결여는 자발적 행동을 시작하지 못하는 전반적인 결함의 일부로 이해할 수 있다.

행동과 동기

우울한 사람은 수동성, 우유부단함, 자살 행동 같은 전형적인 행동적·동기적 증상을 보인다. 그들은 가장 일상적이고 단순한 과업조차 시작하지 못하거나, 시도하다가도 쉽게 포기한다. 예를 들어 어느 우울한 교수는 논문 첫 문장을 쓰지 못해 멈춰 있다가 겨우 한 줄을 썼지만, 워드프로세서 화면이 잠시 깜박이는 순간 글쓰기를 중단했고 한 달 동안 다시 쓰지 못했다.

우울한 사람은 대안 사이에서 결정을 내리지 못한다. 어떤 학생은 피자를 주문하려고 전화를 걸었는데 "토핑을 원하십니까, 그냥 드시겠습니까?"라는 질문을 듣고는 아무런 대답도 못 한 채 마비된 듯 서 있었고 결국 1분간 침묵한 끝에 전화를 끊어버렸다.

또한 우울한 사람은 강박적으로 죽음을 생각하거나 실제로 자살을 시도하기도 한다. 자살에는 보통 두 가지 동기가 있다. 첫째, 현재의 삶을 더는 견딜 수 없다고 느끼는 경우다. 둘째, 세상에 무언가를 남기고자 하는 욕구가 있어서다. 즉 사랑을 되찾거나, 복수하거나, 혹은 마지막 말 한마디를 남기려는 것이다. 어느 경우든 우울과 자살 사이에는 강한 연관이 있으며, 자살자의 약 80퍼센트가 심한 우울 상태일 때 목숨을 끊는 것으로 추정된다.

생리적 증상

우울증은 흔히 신체적 증상을 동반한다. 앞서 언급했듯이 전반적인 욕구가 약화된다. 음식·성·교제에 대한 욕망이 줄어들고, 사랑하는 지인들조차 이제는 그저 참아내야 하는 대상이 된다. 예전에는 즐거웠던 활동이 지루하게 느껴진다. 불면은 흔한 문제로, 특히 불안과 우울이 함께 있을 때 잠들기 어렵거나 잠을 유지하기 힘들다.

생물학적 변화도 나타난다. 이는 동물에게 무기력 학습을 유발했을 때 나타나는 변화와 유사하다(12장 참고). 생체 아민(biogenic amines)의 가용성이 낮아지는데, 특히 노르에피네프린과 세로토닌이 영향을 받는다. 엔도르핀 수치는 상승해 통증 역치가 높아지고, 면역 체계가 약화되어 질병에 대한 방어력이 감소한다(17장 참고).

무기력 학습과 우울증

이상으로 우리는 주요 우울증 증상들을 간략하게 살펴봤다. 1975년 셀리그만은 이러한 증상들이 인간과 동물에게서 관찰되는 무기력 행동에 잘 대응된다고 주장했으며, 바로 이러한 유사성이 우울증에 대한 초기 무기력 이론을 뒷받침하는 근거가 되었다(표 5 참조). 이후 연구들은 무기력 학습과 우울증이 원인, 치료, 예방 차원에서 어떠한 평행 구조를 갖는지 검증했다(Peterson & Seligman, 1984, 1985).

사람의 경우 우울증과 무기력 학습의 유사성을 이해하기 어렵지 않다. 그렇다면 동물은 어떤가? 바이스와 굿맨(Goodman, 1985)은 이 질문에 답하려면 사람의 우울증 진단에 사용되는 기준을 우선 떠올리고, 그다음으로 회피 불가능한 충격을 경험한 동물들이 이 기준을 충족하는지 살펴봐야 한다고 주장했다. 정신장애 진단 및 통계 편람(DSM-5-R: 미국정신의학회, 2022. 당시는 DSM-3-R, 1987이었으나 최신 버전인 DSM-5-R, 2022로 수정했음-옮긴이 주)은 사람의 우울증을 진단하고자 아홉 가지 증상을 제시한다.

표 5 | 무기력 학습과 우울증 증상 비교

구분	무기력 학습	우울증
증상	수동성 인지적 결손 자존감 결손 슬픔, 적대감, 불안 식욕 저하 공격성 감소 수면 상실 노르에피네프린과 세로토닌 고갈	수동성 부정적 인지 삼제(triad) 낮은 자존감 슬픔, 적대감, 불안 식욕 저하 공격성 감소 수면 상실 노르에피네프린과 세로토닌 고갈
원인	반응이 결과와 무관하다는 학습된 믿음	반응이 효과가 없을 것이라는 일반화된 믿음
치료	반응의 무용함에 대한 믿음 변화 전기경련치료(ECT) 항우울제 REM 수면 박탈 시간	인지행동치료 전기경련치료(ECT) 항우울제 REM 수면 박탈 시간
예방	면역	취약성에 대한 보호 요인

출처: Rosenhan, D. L., &Seligman, M. E. P. (1989). Abnormal psychology (2nd ed.). New York: Norton. © 1989 by W. W. Norton & Company, Inc. 출판사 허가를 받아 각색함.

DSM-5-R의 아홉 가지 우울증(주요 우울 삽화) 증상

① 우울한 기분이 거의 매일, 하루 대부분 지속됨

② 흥미/즐거움의 현저한 저하(무쾌감)

③ 식욕 또는 체중의 유의미한 변화(한 달 내 체중 약 5퍼센트 이상 증감 등)

④ 수면 이상(불면 또는 수면 과다)

⑤ 정신운동성 초조 또는 지체(타인이 눈치챌 만큼 뚜렷함)

⑥ 피로감 또는 에너지 감소

⑦ 무가치감 또는 과도/부적절한 죄책감(단순한 병식 수준의 죄책감과 구별)

⑧ 사고력·집중력 저하 또는 우유부단함(주관적 호소 또는 타인의 관찰)

⑨ 죽음에 대한 반복적 사고, 자살 사고·계획·시도(죽음에 대한 단순한 공포와 구별)

이 아홉 가지 증상 가운데 다섯 가지 이상이 연속해서 2주 넘게 어어질 때(①우울한 기분 또는 ②흥미/즐거움 저하 중 하나는 필수) 주요 '우울 삽화'로 평가한다. 물론 '우울한 기분', '무가치감', '자살 사고'는 동물을 대상으로 평가할 수 없으니 제외한다. 따라서 나머지 여섯 가지 증상 중 다섯 가지 이상이 충족되어야 하는데, 이는 상당히 엄격한 진단 기준이라고 할 수 있다. 그렇다면 회피 불가능한 충격을 경험한 동물들은 이 기준을 충족하는가?

일상 활동에 대한 흥미 상실

여러 연구는 회피 가능한 충격과 회피 불가능한 충격이 쥐의 자연스러운 행동에 어떤 영향을 미치는지 탐구했다. 이 가운데 많은 연구가 공격적 행동에 집중했다.

마이어와 앤더슨, 리버먼(Lieberman, 1972)은 이전에 회피 가능한 충격과 회피 불가능한 충격을 받은 쥐가 '충격 유발 공격' 수준에서 차이를 보이는지 조사했다. 충격 유발 공격이란 두 마리의 쥐가 동일한 공간에서 동시에 발에 짧은 충격을 받았을 때 서로를 향해 공격적 자세를 취하며 싸우는 행동을 가리킨다. 연구 결과, 회피 불가능한 충격을 받은 쥐들은 충격 유발 공격이 감소했으나, 회피 가능한 충격을 받은 쥐들은 감소가 나타나지 않았다.

충격 유발 공격이 인위적 상황처럼 보일 수 있는데, 더 자연스러운 공격 행동 역시 회피 불가능한 충격에 의해 감소했다. 윌리엄스(1982)는 수컷 두 마리와 암컷 한 마리로 이루어진 쥐 무리를 8주 동안 군집 생활하게 했다. 이런 상황에서는 수컷 중 한 마리가 거의 항상 우두머리(알파 수컷)가 된다. 이 집단에 다른 집단의 쥐를 투입하면 알파 수컷은 보통 그 쥐를 공격한다. 8주간 집단이 안정된 후 알파 수컷들만 잠시 빼내어 회피 가능한 충격, 회피 불가능한 충격, 무충격을 각각 경험하게 했다. 그리고 24시간 뒤 다시 침입자를 투입해 반응을 관찰했다.

그 결과, 회피 가능한 충격은 알파 수컷의 공격성에 영향을 미치지 않았다. 반면 회피 불가능한 충격은 낯선 쥐에 대한 공격 행동을 현저히 떨어뜨렸다. 실험 상황에서는 충격이 가해지지 않았는데도 통제 불가능성을 겪은 경험으로 공격 행동이 감소한 것이다.

흥미롭게도, 이 연구에서 무충격을 경험한 알파 수컷은 회피 불가능한 충격을 받은 알파 수컷과 함께 있을 때 경쟁 상대를 공격하는 경향이 더 강했다. 이는 회피 불가능한 충격이 알파 수컷의 지배력을 떨어뜨렸을 개연성을 시사한다. 실제로 라파포트와 마이어(1978)는 지배 서열 변화를 직접 실험했다. 쥐들을 짝지어 놓고 한 번에 한 마리씩만 먹을 수 있는 먹이 그릇으로 경쟁시켰더니 자연스럽게 승자 서열이 정해졌다. 이후 쥐들에게 회피 가능한 충격, 회피 불가능한 충격, 무충격을 주고 다시 경쟁하게 한 결과, 회피 불가능한 충격을 경험한 쥐들은 지배 서열이 하락했다. 즉 먹이를 향한 동기는 유지되었지만 경쟁 상대가 나타나면 쉽게 물러났다. 반면 회피 가능한 충격은 이런 변화를 일으키지 않았다.

이러한 결과는 통제 불가능한 경험이 공격성, 지배력, 모성 행동 등 다양한 활동을 억제한다는 사실을 보여준다. 예를 들어 윌리엄스(1984)는 출산 8일 후 어미 쥐에게 각각 회피 가능한 충격, 회피 불가능한 충격을 주고 24시간과 72시간 후 모성 행동을 관찰했다. 그 결과, 회피 불가능한 충격을 받은 어미 쥐는 새끼에게 다가가는 속도가 느려지고, 둥지에서 머무는 시간과 새끼와의 접촉 빈도가 줄어드는 등 모성 행동이 방해받았다.

아직 연구는 제한적이지만 성행동 억제 등 다른 활동에서도 유사한 결과가 보고되었다. 종합하면 회피 불가능한 충격은 최소 24~72시간 동안 쥐의 다양한 일상 행동을 방해한다고 결론지을 수 있다.

식욕, 체중, 수면 장애

바이스(1968)는 장시간 강하게 주어지는 회피 불가능한 충격이 우울증의 신체적 증상과 유사한 결과를 초래한다는 것을 보여주었다. 회피 불가능한 충격을 경험한 동물은 식사를 덜 하고 체중이 감소했다. 바이스와 굿맨(1985)은 회피 불가능한 충격을 강하게 두 차례 받은 동물의 수면 패턴을 조사했는데 대조군보다 수면 시간이 줄어든 것이 확인되었다. 특히 이른 아침(REM 수면기)에 각성이 두드러졌으며, 이러한 효과는 며칠 이상 지속되었다.

정신운동 지체와 에너지 상실

11장에서 다룬 바와 같이 회피 불가능한 충격은 동물이 충격 상황에 놓였을 때 활동성을 줄인다. 그러나 장시간 이어진 회피 불가능한 충격은 충격이 없는 상황에서도 활동성을 떨어뜨리는 것으로 나타났다. 바이스 등(1981)은 쥐에게 강한 충격을 준 뒤 물이 담긴 수조에 띄웠다. 쥐가 가라앉지 않도록 '물놀이용 부력 장치'를 달아놓은 상태에서 쥐의 발버둥(앞발로 물을 젓는 행동)과 부동(발을 움직이지 않는 상태)을 관찰했다. 회피 불가능한 충격을 경험한 쥐들은 훨씬 빨리 발버둥을 멈추고 무기력하게 떠 있었다.

또한 회피 불가능한 긍정적 충격을 경험한 쥐조차 이후 새로운 환경에 놓였을 때 탐색 행동이 감소했다(Joffe, Rawson & Mulick, 1973). 이는 동물에게서 나타나는 정신운동 지체와 에너지 상실의 유사성을 뒷받침한다.

사고 능력 저하

우리는 회피 불가능한 충격에 노출된 동물들이 행동과 결과의 관계를 학습하는 데 어려움을 겪는다는 증거도 검토했다. 이는 아마도 주의 메커니즘의 변화 때문일 것이다. 나아가 이들은 통제 집단보다 환경적 조건의 복잡성에 더 큰 영향을 받고(Maier & Testa, 1975), 문제 해결 상황에서 더 빨리 포기하는 경향을 보인다. 이러한 양상은 인간에게서는 '사고 능력 저하'라는 이름으로 불릴 수 있을 것이다.

회피 불가능한 충격과 관련된 결과들이 '우울증'이라는 진단을 정당화할 수 있을까? 물론 쥐의 행동을 우울증이라는 용어로 설명하는 것은 추측에 불과하다. 우리는 우울증을 주관적 슬픔과 고통이 수반되는 상태로 생각하기 때문이다. 그러나 회피 불가능한 충격을 받은 쥐의 행동은 만약 그 쥐가 인간이라면 우울증 진단을 받을 만한 특징을 보인다. 즉 DSM-3-R 기준에 따라 평가 가능한 모든 증상이 쥐에게서 나타난다.

회피 불가능한 충격을 받은 쥐들이 인간의 우울증과 관련된 것으로 여겨지는 신경화학적 변화를 보인다는 점도 주목할 필요가 있다(12장에서 논의). 특히 인간의 우울증을 완화하는 약물인 삼환계 항우울제와 MAO 억제제, 그리고 전기충격요법 등은 쥐와 개의 무기력을 해소하는 것으로 밝혀졌다(Dorworth & Overmier, 1977; Martin, Soubrie & Simon, 1987; Porsolt, Anton, Blavet & Jalfre, 1978; Sherman & Petty, 1980). 반면 항우울 효과가 없는 약물들은 동물의 무기력을 해소하지 못한다. 더 나아가 다양한 항우울제는 무기력 발현 자체를 예방할 수 있다(Petty & Sherman, 1980).

인간의 경우 실험실에서 통제 불가능한 사건을 통해 재현되지 않은 유일한 우울증 증상은 자살 사고다. 이는 실험실 내 사건이 실제로 자살을 유발하는 현실에서의 사건보다 훨씬 덜 강렬하기 때문일 것이다. 또 다른 이유는 자살이 수단적일 수 있다는 점 때문이다. 즉 자살은 고통을 끝내거나 다른 목적을 달성하기 위한 행동일 수 있다. 따라서 무기력 학습 개념에 초점을 맞춘 이론은 자살 같은 행동을 설명하는 데 어려움이 있을 것이다. 이런 행동이 아무리 부적응적일지라도 말이다. 이런 관점에서 본다면 자살은 무기력의 직접적인 결과가 아니라 무기력에 대한 반응일 수 있다.

우울증에 대한 무기력 학습 재정식화 모델

임상적 우울증과 실험실 무기력의 증상 및 치료가 이토록 강한 대응 관계를 보이는데 왜 초기 무기력 학습 이론은 수정이 필요했을까? 가장 큰 문제는 이 모델이 불완전하다는 점이다. 인간의 실험실 무기력과 자연적인 우울증 모두에서 이 모델은 경계 조건을 설명하지 못한다. 예를 들어 어떤 경우에는 실험실 무기력이 일반화되어 나타나지만(Hiroto & Seligman, 1975), 다른 경우에는 제한적으로 나타난다(Cole & Coyne, 1977). 또 어떤 때는 부정적 사건이 사람들에게 일시적 혹은 장기적인 우울 반응을 일으키지만(Brown & Harris, 1978; Lloyd, 1980), 그렇지 않을 때도 있다. 그렇다면 무기력과 우울증의 만성성·일반성을 결정하는 것은 무엇인가? 이와 비슷하게 초기 무기력 학습 모델은 우울증 환자에게서 자주 관찰되는 자존감 상실도 설명하지 못한다. 왜 어떤 사람은 자신이 통제할 수 없는 사건에 대해 스스로를 탓하는가(Abramson & Sackeim, 1977)? 초기 모델은 이러한 문제에 침묵하고 있다.

14장에서 설명했듯이 에이브럼슨과 셀리그만, 티즈데일(1978)은 이러한 한계를 보완하고자 무기력 학습 이론을 수정했다. 그들은 개인이 부정적 사건의 원인을 어떻게 설명하는지를 이론에 포함시켰다. 통제 불가능한 상황 이후 사람들은 "왜 이런 일이 나에게 일어났을까?"라고 묻는데, 그 대답이 이후 반응에 영향을 미친다.

우울증과 관련해 특히 문제가 되는 해석 방식은 부정적 사건에 대해서는 내부적·영속적·만연적 설명("이건 내 잘못이야. 이건 영원히 계속될 거야. 내가 하는 모든 걸 망칠 거야")을 하고, 긍정적 사건에 대해서는 외부적·일시적·부분적 설명("그냥 우연히 일어났을 뿐이야. 곧 사라질 거야. 이번 한 번뿐이야")을 한다는 것이다. 이러한 경향을 보이는 사람은 우울증에 걸릴 위험이 높다.

그 이유를 설명하면 이렇다. 어떤 사람이 나쁜 사건에 대해 무기력감을 느끼면 우울증과 매우 유사한 일련의 증상이 나타난다. 이 증상이 몇 주 혹은 몇 달간 지속될 경우 우리는 그것을 '우울증'이라 하고, 짧게 나타났다가 사라지면 단순히 '기분 저하'라고 칭한다. 증상이 삶의 여러 영역에 퍼지면 다시 우울증이라 부르고, 증상이 한 영역에만 국한된 경우에는 '탈진'이나 '의욕 상실'이라고 한다. 따라서 부정적 사건이 발생했을 때 그 원인이 미래와 삶의 여러 영역에까지 영향을 미친다고 생각하는 사람일수록 단순한 기분 저하나 탈진이 아니라, 완전한 우울증으로 발전할 가능성이 크다. 또한 실패를 내부적 원인으로 돌리는 사람은 실패할 때 자존감이 더 떨어지고, 이는 또 다른 우울증 증상을 더한다.

재정식화된 이론에서 핵심 개념은 '설명양식'이다. 이는 다양한 나쁜 사건에 대해 비슷한 유형의 설명을 반복적으로 제시하는 습관적 경향을 의미한다. 동일한 사건에도 사람들이 왜 각자 다른 반응을 보이는지 이해하려면 이러한 개인차를 고려해야 한다. 어떤 사람은 풀 수 없는 문제 이후 무기력해지지만, 다른 사람들은 그렇지 않다(Alloy, Peterson, Abramson & Seligman, 1984; Dweck & Licht, 1980). 왜 어떤 사람은 부정적 사건 이후 우울해지는 반면, 다른 사람들은 그렇지 않은가(Lloyd, 1980; Metalsky, Abramson, Seligman, Semmel & Peterson, 1982)?

재정식화된 모델은 우울증에 취약한 사람은 나쁜 사건을 내부적·영속적·만연적 방식으로 해석한다고 본다. 사람은 대부분 현실이 모호할 경우 자신의 습관적인 설명양식을 그 위에 투사한다. 만약 어떤 사람이 나쁜 사건의 원인을 내부적이고 영속적이며 만연적이라고 설명하는 경향이 있다면 그런 일이 발생했을 때 우울증이 유발될 가능성이 크다. 이것이 바로 재정식화된 모델의 핵심 예측이다. 이제 우리는 이 예측을 뒷받침하는 증거와 여러 형태의 근거를 검토할 것이다.

횡단 연구는 설명양식과 우울증의 관계를 동일한 시점에서 살펴보고, 종단 연구는 설명양식과 우울증의 시간에 따른 변화를 측정한다. 또한 '자연 실험'은 사람들의 설명양식이 미리 파악되어 있을 때 부정적 사건 이후 누가 실제로 우울해지는지를 관찰로써 검증한다.

횡단 증거

스위니(Sweeney)와 앤더슨, 그리고 베일리(Bailey, 1986)는 15,000명 넘는 피험자가 참여한 104편의 연구를 메타분석해 설명양식과 우울증의 관계를 검증했다. 이 연구에는 출판 논문 75편과 미출판 논문 29편이 포함되었으며, 본인들의 연구실에서 나온 논문은 모두 제외했다. 그들이 내놓은 결과는 설명양식 개정 이론을 지지하는 것으로, 내부적·영속적·만연적 차원과 긍정적·부정적 사건 모두에서 일관되었다. '표 6'은 이러한 기본 결과를 보여준다.

표 6 | 메타분석

구분	부정적 사건				긍정적 사건			
	내부적	영속적	만연적	종합	내부적	영속적	만연적	종합
연구 수	90	75	61	42	54	43	33	30
효과 크기	0.36	0.34	0.37	0.44	−0.36	−0.25	−0.12	−0.26
유의 확률	0.0001	0.0001	0.0001	0.0001	0.0001	0.001	0.001	0.001
파일 서랍 통계	12,729	10,254	9,760	6,678	5,114	2,038	262	1,149

출처: Sweeney, P. D., Anderson, K., & Bailey, S. (1986). Attributional style in depression: A meta-analytic review. Journal of Personality and Social Psychology, 50, 974-991. © 1986. 미국심리학협회. 출판사 허가를 받아 각색함.

연구자들은 예측된 효과 크기와 유의성을 평가하고자 두 가지 통계를 사용했다. 첫째는 '효과 크기'로, 우울증 집단이 비우울증 집단과 평균적으로 얼마나 차이가 나는지를 표준편차 단위로 환산한 값이자 측정 신뢰도를 보정한 수치다. 둘째는 '파일 서랍 통계'로, 현재 관찰된 효과를 무효화하기 위해 연구자들 서랍 속에 묻혀 있어야 하는 무효 결과의 수다.

'표 6'에서 확인할 수 있듯이, 여섯 가지 예측 모두에서 중간 정도의 효과 크기가 발견되었다. 우울증 집단은 비우울증 집단에 비해 부정적 사건을 내부적·영속적·만연적으로 설명하는 경향이 더 강했으며(표준편차는 0.34~0.44 범위), 긍정적 사건은 반대로 외부적·일시적·부분적으로 설명하는 경향이 더 강했다(표준편차는 0.12~0.36 범위). 이러한 모든 예측은 통계적으로 명확하게 유의미해 이를 뒤집으려면 엄청난 수의 무효 연구가 필요하다. 무기력 연구가 인기는 있지만, 그 정도로 많지는 않다. 이제 상관관계가 확립된 만큼 우리는 설명양식이 우울증에서 어떤 역할을 하는지에 관한 문제로 시선을 옮겨야 한다.

우울증 환자 vs 대학생

종종 재정식화 모델은 실제 환자 집단을 대상으로 충분히 검증되지 않았으며 사소한 이유로 기분이 나빠진 대학생 집단에서 나온 산물일 뿐이라는 비판을 받는다. 그러나 이는 사실과 다르다. 이 메타분석에는 대학생 집단을 대상으로 한 연구가 52편, 일반 비환자 집단을 대상으로 한 연구가 24편 포함되었고, 실제 우울증 환자 대상 연구도 14편이 들어가 있었다. 흥미롭게도 우울증 환자 집단이 대학생 집단보다 훨씬 강한 효과를 나타냈다. 또한 피험자가 설명한 사건이 가상의 사건(예: ASQ)이든, 실제 경험한 사건(예: CAVE 기법)이든, 실험실에서 방금 경험한 사건이든 상관없이 모든 경우에서 예상대로 '우울적 설명양식'이 관찰되었다.

우울적 설명양식의 특이성

부정적 사건을 내부적·영속적·만연적 원인으로 설명하는 습관은 정신병리 전반에 걸친 일반적인 특성일까, 아니면 우울증에서만 보이는 특유한 현상일까? 이 문제는 우울증 집단과 비교되는 통제 집단이 어떤지에 달려 있다. 관련 연구가 다수 있다.

먼저 랩스(Raps)와 피터슨, 레인하드(Reinhard), 에이브럼슨, 셀리그만(1982)은 단극성 우울 환자와 비우울성 정신분열증 환자를 비교하기 위해 입원 기간을 기준으로 두 집단을 맞추었다. 우울증 환자들은 정신분열증 환자들보다 부정적 사건을 더 내부적·영속적·만연적 원인으로 설명했다. 반면 정신분열증 환자들은 설명양식 면에서 내과/외과 입원환자와 유사했지만, 한 가지 중요한 예외가 있었다. 그들은 부정적 사건을 더 외부적으로 설명하는 경향을 보였는데, 이는 그들의 편집적 사고를 고려할 때 예상 가능한 결과였다.

리스킨드(Riskind)와 카스텔론(Castellon), 벡(1989)은 단극성 우울 외래환자(불안하지 않은 환자)와 일반화 불안장애(GAD) 외래환자(우울하지 않은 환자)를 비교했다. CAVE 기법을 사용해 설명양식을 추론한 결과, GAD 환자들은 단극성 우울 환자들보다 덜 비관적인 설명양식을 보였다.

이브스(Eaves)와 러쉬(Rush, 1984)의 연구에서도 추가적인 증거가 제시되었다. 이들은 ASQ를 진단 도구로 사용해 우울증 환자와 비환자 대조군을 구별하고자 했다. ASQ의 민감도, 즉 환자가 우울할 때 올바르게 우울증으로 진단될 확률은 부정적 사건의 내부적 원인에서는 61퍼센트, 영속적 원인에서는 58퍼센트, 만연적 원인에서는 77퍼센트였다. ASQ의 특이도, 즉 환자가 우울하지 않을 때 올바르게 '우울하지 않음'으로 진단될 확률은 내부적·영속적·만연적 원인이 각각 94퍼센트, 94퍼센트, 88퍼센트였다. 이 수치는 우울증의 생물학적 검사 가운데 가장 우수한 것들과 견줄 만한 수준이다.

또한 부정적 사건에 대한 설명양식은 개인이 우울했던 총 기간, 각 삽화의 평균 지속 기간, 그리고 비내인성 우울증 환자의 현 삽화 지속 기간과 상관이 있었다. 특히 '안정성' 척도가 이런 변수들과 높은 상관관계를 보였는데, 총 우울증 기간과는 0.79, 각 삽화의 평균 지속 기간과는 0.76, 현 삽화 지속 기간과는 0.71 수준이었다(모두 p<0.001). 이러한 자료는 부정적 사건의 영속적 원인이 우울 삽화의 지속 기간을 반영하고 예측할 수 있음을 시사한다.

셀리그만 등(1988)은 단극성과 양극성 우울 환자, 멜랑콜리형과 비멜랑콜리형 우울 환자, 불안형과 비불안형 우울 환자 간 설명양식에 차이가 없다는 점을 발견했다.

몇몇 연구는 우울적 설명양식이 섭식장애, 불안, 병적 도박, 약물 남용 등 여러 정신병리와 관련되어 있음을 보여준다. 겉보기에 이러한 연구들은 설명양식이 우울증에만 특유적 현상이라는 주장을 반박하는 듯하다. 하지만 전부 다는 아니어도 몇몇 연구에서는 설명양식의 진정한 상관관계를 고려해 우울증이 그러한 정신병리 장애에 미치는 역할을 배제하지 않았다는 점을 고려해야 한다. 실제로 역학자들

(Sanderson, Beck & Beck, 1990)은 중증 우울증 환자 대다수가 최소 하나 이상의 다른 장애를 동반한다고 추정한다.

따라서 '특유성' 문제는 생각만큼 단순하지 않다. 그럼에도 우리는 다음과 같이 결론내릴 수 있다. 우울적 설명양식이라는 것이 존재하며, 우울한 사람은 우울하지 않은 사람보다 부정적 사건을 내부적·영속적·만연적 원인으로, 긍정적 사건을 외부적·일시적·부분적 원인으로 설명하는 경향이 더 강하다는 것이다.

이 점에 관한 논쟁은 여전히 있지만, 이제 연구 초점은 이러한 설명양식이 실제로 우울증 유발에 원인적 역할을 하는지로 옮겨 가야 한다. 무기력 학습 재정식화 모델은 설명양식이 우울증의 위험 요인이라고 주장한다. 즉 부정적 사건을 내부적·영속적·만연적 원인으로 설명하는 습관을 가진 사람은 현재 우울하지 않더라도 이후 우울증에 걸릴 위험성이 높다는 것이다. 하지만 메타분석 결과 이러한 관계는 단지 상관관계일 뿐 인과관계를 증명하지는 못한다.

다른 가설들도 가능하다. 예를 들어 우울증이 비관적 설명양식을 유발할 수 있고, 혹은 카테콜아민 고갈이나 자기 분노 전환 같은 제3의 변인이 우울증과 비관적 설명양식을 동시에 일으킬 수도 있다. 아니면 이 관계가 단순한 동어 반복일 가능성도 있다. 즉 어떤 사람이 우울하다고 판단되는 근거가 그가 자신에 대해 비관적인 말을 하기 때문이기도 하다.

결국 '우울하다'는 판단과 '비관적 설명양식을 가진다'는 판단은 같은 현상을 다르게 표현한 것일 수 있다. 이러한 가능성은 시간에 따른 우울증과 설명양식의 변화를 살펴봄으로써 구분할 수 있다. 특히 무기력 학습 재정식화 모델은 다음 세 가지 예측을 제시한다.

① 현재는 우울하지 않지만 우울적 설명양식을 가진 사람은 미래
에 우울증에 걸릴 위험성이 크다.

② 현재는 우울하지만 비우울적 설명양식을 가진 사람은 미래에
덜 우울할 가능성이 크다.

③ 치료나 예방적 개입을 통해 설명양식이 변한 사람은 우울증
수준 또한 그에 따라 변화할 것이다.

이제부터는 위험 요인 가설을 다른 가설들과 비교·검증하기 위한
두 가지 연구 전략을 살펴볼 것이다. 바로 종단 연구와 자연 실험이다.

종단 연구

종단 연구는 동일한 개인을 시간 흐름에 따라 반복적으로 관찰하
고, 여러 시점에서 같은 측정 항목을 사용해 데이터를 수집하는 방식
이다. 이를 통해 초기 시점의 설명양식이 이후 시점에서 우울증 취약
성에 어떤 영향을 미치는지 파악할 수 있다. 특히 초기 시점에 개인이
얼마나 우울했는지를 이해하고 이후 설명양식이 우울증에 독립적인
영향을 미치는지 확인하는 데 효과적이다. 이는 앞서 살펴본 무기력
학습 재정식화 모델의 예측 1번과 2번을 검증하는 방법이다. 현재까
지 종단 연구는 세 집단을 대상으로 이루어졌다. 아동, 일반 성인, 우
울증 환자가 그 대상이다.

아동

놀렌호크세마와 기르구스, 셀리그만은 약 350명의 초등학교 3학
년 아동과 그들의 부모를 대상으로 5년에 걸쳐 종단 연구를 수행했

다(출간 예정). 이 연구는 아동의 설명양식이 장기적으로 우울증과 낮은 학업 성취를 예측할 수 있는지를 검증하고자 했다. 연구에 사용된 주요 도구는 '아동용 귀인양식 질문지(Children's Attributional Style Questionnaire·CASQ)'다.

CASQ는 우리가 고안한 강제 선택식 검사다. 이는 사전 연구에서 아동들이 성인용 ASQ를 제대로 완성하지 못한다는 사실, 특히 만연성 차원을 평가하는 데 어려움을 겪는다는 점이 발견되어 만들어졌다. CASQ에서는 아동과 관련된 가상의 긍정적 또는 부정적 사건이 제시되고, 각 사건에 대한 두 가지 가능한 설명이 뒤따른다. 사건마다 세 가지 설명 차원 가운데 하나만 변하도록 설계되어 있으며 나머지 두 차원은 통제된다. 차원별로 총 16문항이 있는데 절반은 긍정적 사건, 나머지 절반은 부정적 사건에 해당한다. CASQ 예시는 '표 7'에 제시되어 있다.

CASQ 채점 방식은 간단하다. 내부적·영속적·만연적 응답에는 1점을, 외부적·일시적·부분적 응답에는 0점을 부여한다. 이후 차원별 점수를 합산해 척도를 산출하는데, 긍정적 사건과 부정적 사건을 별도로 계산한다. 각 척도의 점수 범위는 0점에서 8점 사이다.

CASQ의 하위 척도는 신뢰도가 중간 정도 수준에 머물지만, 하위 척도를 통합해 합성 점수를 내면 더 만족스러운 신뢰도를 얻을 수 있다(역시 긍정적 사건과 부정적 사건을 구분해 합산). 합성 척도의 알파 계수를 보면 긍정적 사건은 0.66, 부정적 사건은 0.50이다. 이는 성인과 마찬가지로 아동들에게도 설명양식이 일관되게 개인차 변인으로 작용한다는 점을 보여준다.

표 7 | 아동용 설명양식 질문지(CASQ) 예시 문항

문항	사건 가치	변인	고정된 차원
친한 친구가 너에게 너를 싫어한다고 말한다. a. 내 친구는 그날 기분이 나빴다. b. 나는 그날 친구에게 잘해주지 않았다.	부정적 사건	외부적 내부적	영속적·만연적
생일에 갖고 싶었던 장난감을 모두 받았다. a. 사람들은 항상 내가 생일에 원하는 장난감을 잘 맞힌다. b. 이번 생일에는 사람들이 내가 원하는 장난감을 정확히 맞혔다.	긍정적 사건	영속적 일시적	내부적·만연적
시험에서 'A'를 받았다. a. 나는 똑똑하다. b. 나는 그 과목에서 똑똑하다.	긍정적 사건	만연적 부분적	내부적·영속적

출처: Peterson, C., &Seligman, M. E. P. (1984). Causal explanations as a risk factor for depression: Theory and evidence.Psychological Review, 91, 347-374. © 1984 미국심리학협회. 재인용 허락을 받아 수록함.

이 대규모 연구는 그것보다 작은 규모로 초등학교 3~5학년 학생 168명을 대상으로 1년에 걸쳐 수행한 종단 연구에 기반한다. 즉 5개 시점(주기)에 아동 우울 척도(Children's Depression Inventory; Kovacs & Beck, 1977)를 통해 우울과 설명양식을 측정했으며 각 시점마다 일관된 결과가 나왔다(Nolen-Hoeksema, Girgus & Seligman, 1986). 첫째, 설명양식과 우울은 시점에서 시점으로 비교적 안정되게 유지되었다(각각 r=0.36~0.61, r=0.46~0.71). 둘째, 각 시점에서 설명양식과 우울은 상관을 보였다(평균 r=0.29~0.48). 셋째, 이전 시점의 설명양식은 그다음 시점의 우울을 예측했으며, 이전 시점의 우울을 통제한 후에도 이러한 관계가 유지되었다(부분 상관계수 r=0.29~0.37). 이는 평균적으로 다음을 뜻한다.

- 우울적 설명양식을 가진 아동들은 처음에는 우울하지 않더라도 시간이 지나면서 우울해지는 경향이 있다.
- 비우울적 설명양식을 가진 아동들은 우울하더라도 점차 덜 우울해지는 경향이 있다.
- 우울적 설명양식을 가진 아동들이 우울할 경우 그 상태가 지속되는 경향이 있다.
- 비우울적 설명양식을 가진 아이들이 우울하지 않을 경우 계속 우울하지 않은 상태를 유지하는 경향이 있다.

설명양식과 우울의 종단 연구에서 흔히 관찰되는 유형인 다음 결과도 중요하다. 즉 어느 시점의 우울은 해당 시점의 설명양식을 통제해도 다음 시점의 설명양식을 예측했다. 이는 우울이 사람을 더 비관적으로 만들 수 있음을 뜻하며, 동시에 비관적 설명양식이 우울을 악화하는 것과 맞물린다. 이렇게 두 요인이 서로에게 인과적 영향을 미치는 결과의 패턴을 '상호 인과성'이라고 하며, 특히 사고 및 기분과 관련된 사회·행동과학 영역에서 예외라기보다 규칙에 가깝다(Teasdale, 1983).

그렇다면 설명양식은 어느 시점의 우울이 이후의 우울과 비관적 설명양식 모두를 일으킨 결과일 뿐, 우울에 대해 고유한 인과 효과를 갖지 않는다는 뜻일까? 우리가 보기에는 그렇지 않다. 왜냐하면 우울한 기분을 유도해도 개인의 설명양식은 변하지 않는다는 두 연구가 있기 때문이다(Brewin & Harris, 1985; Mukherji, Abramson & Martin, 1982). 다시 말해 설명양식과 우울한 기분은 항상 보조를 맞추어 움직이지는 않는다. 그러나 두 요인의 상호관계 때문에 우리의 결과를 한

번 더 분석할 필요가 있다. 만약 시점 1의 우울이 시점 2의 비관적 설명양식을 만들어낸다면, 시점 2의 비관적 설명양식이 시점 3의 우울을 예측하는 것은 단지 시점 1의 우울이 시점 3의 우울에 영향을 미친 결과일 수 있지 않은가?

결과는 그렇지 않음을 시사한다. 시점 n의 설명양식은 시점 n과 n-1의 우울을 모두 통제한 후에도 시점 n+1의 우울을 예측했다(각 주기에서 동일). 이는 비관적 설명양식이 이후 우울에 진정한(독립적) 효과를 미친다는 것을 뜻한다.

이 대규모 연구는 5년에 걸쳐 10개 주기로 반복해 진행되었다. 우울은 이전의 우울, 비관적 설명양식, 그리고 부정적 생활 사건에 의해 일관되게 예측되었고, 이 세 요인은 각각 독립적으로 기여했다. 즉 어떤 초등학교 3학년 아동이 7학년 말까지 우울을 경험할지를 예측하는 데 세 요인이 각각 제 몫을 했다.

성인

대학생들에게도 유사한 질문을 던졌다. 줄로(1984)는 대학생 154명을 대상으로 3개월 동안 세 차례에 걸쳐 ASQ와 벡 우울척도(Beck Depression Inventory·BDI) 검사를 실시했다. 그 결과 아동 연구와 동일한 패턴이 나타났는데, 비관적 설명양식이 초기 우울을 통제하고도 이후 우울을 예측했다(Golin, Sweeney & Shaeffer, 1981).

좀 더 구체적으로는 우울증이 심한 집단에서 비관적 설명양식은 상태 지향과 결합할 때 특히 해로웠다. 13장에서 논의했듯이 쿨(1981)은 사고 양식을 행동 지향(미래의 생산적 행동에 초점)과 상태 지향(상황이 얼마나 나쁜지에 대한 반추)으로 구분하면서 상태 지향자는 행동 지향자보다 무기력과 우울증에 취약하다고 봤다. 줄로(1984)는 여기에 한 가지를 덧붙였다. 반추하는 동시에 부정적 사건을 내부적·영속적·만연적 원인으로 설명하려는 성향을 가진 사람들이 우울증에 가장 취약하다는 것이다.

설명양식은 사건을 일정 방식으로 설명하려는 성향일 뿐, 특정 시점의 구체적인 설명처럼 시간 속에 존재하는 것이 아니다. 그렇다면 어떻게 실제로 우울증을 야기할까? 이 연구는 그 경로에 대한 실마리를 준다. 상태 지향자는 자기 자신과 자주 대화하는데, 비관적 설명양식은 그 자기 대화에 구체적인 내용을 제공한다. "나는 멍청하고 재능이 없고 사랑받을 수 없고 무능하다"는 식이다. 비관적이면서 반추 성향이 강한 사람이 특히 이런 말을 자주 한다. 반추 성향이 있으면서 반대 설명양식을 가진 사람은 "오늘은 운이 없었어", "그녀가 까다로운 거야", "상사가 기분이 나쁜 거야" 등처럼 덜 우울한 원인을 자주 말한다. 반추를 하지 않으면서 비관적 설명양식을 가진 사람은 이런 우울한 자기 대화를 자주 하지는 않는다.

줄로(1984)는 따라서 반추가 설명양식과 우울증을 잇는 다리라고 봤다. 의식적으로 떠올리는 생각이 우울증을 촉발하는 사슬의 마지막 고리라는 것이다. 부정적 사건에 대해 내부적·영속적·만연적 귀인을 하는 것만으로도 순간적인 우울증 증상을 일으키기에 충분하며, 이런 생각을 자주 할수록 증상은 더 심해지고 길게 간다. 벡의 용어로 말하자면 부정적 사건에 대해 내부적·영속적·만연적 원인을 담은 자동적 사고(집착적 사고)가 우울을 촉발하는 것이다. 캄머(Kammer, 1983)와 드웩, 릭트(Licht, 1980)의 결과도 이를 지지한다. 우울한 성인과 무기력한 아동은 비관적 설명양식을 가질 뿐 아니라, 사건을 더 많이 설명했다. 따라서 우울증은 무엇을 말하느냐(설명양식), 그리고 얼마나 자주 말하느냐(반추)의 산물일 수 있다.

이와 맥을 같이해 사람들은 혐오적 사건에 직면했을 때 특히 더 생각에 잠긴다는 연구 결과도 있다(Wong & Weiner, 1981). 사람들은 나쁜 일이 생기면 생각하고, 나쁜 일이 많아지면 훨씬 더 많이 생각한다. 그래서 스트레스가 쌓인 생활 사건과 우울증 사이에 강한 연관성이 생기는 것일 수 있는데, 이 두 가지는 성향이자 유발 요인으로서 작용한다(Lloyd, 1980). 이러한 연구 결과는 종종 왜 그런 연계가 생기는지에 대한 설명 없이 제시되지만, 우리는 인지가 그 간극을 메운다고 본다. 우울한 상태 자체가 또 다른 '나쁜 사건'이므로 결과적으로 '나쁜 사건 ↔ 우울한 기분 ↔ 인과적 설명 ↔ 반추'가 연쇄적으로 영향을 주고받는다.

환자

퍼스(Firth)와 브루인(1982)은 항우울제 약물치료를 받는 환자들의 우울증 경과를 조사했다. 최근에 일어난 생활 사건을 더 일시적이고 통제 가능한 요인으로 설명한 환자일수록 다음 6주 동안 우울증이 감소했다. 브루인(1985)은 유사한 회복 결과들(Cutrona, 1983)을 근거로 설명양식의 회복 모델을 제시했다. 즉 낙관적 설명양식이 일관되게 비우울증을 예측한 반면, 비관적 설명양식은 상대적으로 덜 일관되게 우울증을 예측했다는 것이다.

환자와 관련된 마지막 종단 연구는 특이하게도 단 한 명(Peterson, Luborsky & Seligman, 1983)만을 대상으로 했지만, 그의 행동을 매우 정밀하고 정확하게 예측했다. 환자 Q 씨는 정신치료 세션을 4년간 진행하는 동안 기분이 급격히 변하는 양상을 보였다(Luborsky, 1964, 1970). 200회 넘는 세션이 녹음되었고 일부가 전사되어, 그의 기분 변화 전후에 나타난 설명 내용들을 면밀히 분석할 수 있었다. 방식은 더 우울한 세션, 덜 우울한 세션, 변화가 없는 세션 등 세 유형을 골라 각 세션에서의 부정적 사건에 대한 설명을 내부적·영속적·만연적 차원에서 평가하는 것이었다. 이는 CAVE 기법의 최초 적용 사례였다.

Q 씨의 우울증 변동을 식별하고자 다음과 같은 기준을 적용했다. ①"방금 기분이 가라앉았어" 같은 자기보고, ②전사문을 읽은 두 명의 판독자가 방금 기분 변화가 있었다는 것에 합의, ③동일 세션 15분 이내에 또 다른 기분 변화가 연달아 일어나지 않을 것 등을 적용한 결과 Q 씨는 우울증이 심화된 변동 4회, 우울증이 완화된 변동 5회가 확인되었다.

우울한 사건에 대한 설명은 각 기분 변화 직전에 Q 씨가 언급한 400개 단어와 그 후 400개 단어에서 추출했다. 비교를 위해 기분 변화가 일어나지 않은 세 번의 치료 세션에서 무작위로 선택한 800개 단어를 통해 인과적 설명을 추론했다. '그림 4'는 이렇게 서로 다른 유형의 세션에서 나타난 평균치를 보여준다.

무기력 학습 재정식화 모델이 예측한 차이는 Q 씨의 기분 변화가 일어나기 전부터 존재했다. 즉 내부적·영속적·만연적인 인과적 설명은 우울증이 심화되기에 앞서 나타난 반면, 훨씬 더 외부적·일시적·부분적 설명은 우울증이 완화되기에 앞서 나타났다.

흥미로운 점은 우울증이 심화되는 방향으로의 변화와 우울증이 완화되는 방향으로의 변화를 앞두고는 인과적 설명 점수가 전혀 중복되지 않았다는 사실이다. 즉 우울증 방향 전환은 거의 완벽하게 설명양식 차이와 일치했다.

이는 매우 세밀한 사례 연구이지만, 실험적 연구가 아니기 때문에 설명 자체보다 설명과 상관관계가 있는 제3의 변인이 Q 씨의 기분 변화를 일으킨 것은 아닌지 검토할 필요가 있었다. 그래서 동일한 전사 자료에서 불안, 절망감, 죄책감, 적대감, 자존감 상실, 오이디푸스 갈등 등에 관해 Q 씨가 언급한 단어들을 분석했다. 이러한 내용적 특성들은 인과적 설명 점수와 중복되지 않았으며, 특정 세션의 기분 수준과 함께 오르내리는 양상을 보였다. 반면, 기분 전환 직전의 인과적 설명은 뚜렷한 차이를 보였다. 이 연구는 무기력 학습 재정식화 모델이 우울증 증상을 보이는 개인에게도 적용될 수 있음을 보여준다. 특

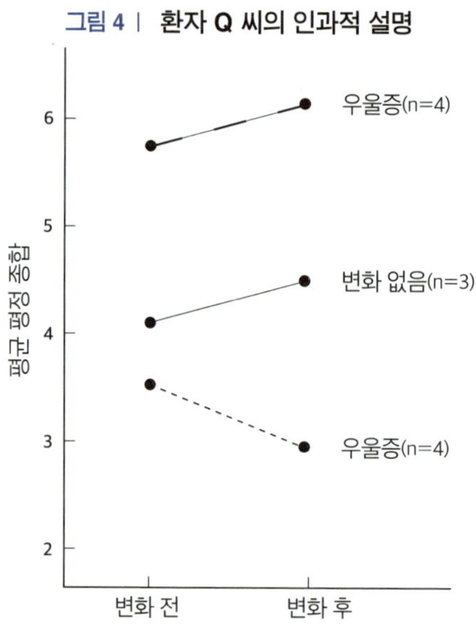

출처: Peterson, C., Luborsky, L., and Seligman, M. E. P. (1983). Attributions and depressive mood shifts. Journal of Abnormal Psychology, 92, 96-103. © 1983 by 미국심리학협회. 출판사 허가를 받아 재수록함.

히 우울증이 심화되는 세션과 완화되는 세션에서 인과적 설명 점수가 전혀 겹치지 않아 기분 전환의 방향을 완벽히 예측할 수 있었다.

요약하자면, 이러한 종단 연구 결과는 대체로 "우울적 설명양식이 우울증 증상에 앞선다"는 예측과 일치했다. 물론 해당 예측을 지지하지 않는 연구들도 존재한다(Peterson, Schwartz & Seligman, 1981). 그러나 이를 하나하나 반박하기보다, 우울증이 본질적으로 매우 안정적인 특성을 가지기 때문에 일정 기간 우울증 수준에 변동이 없으면 설명양식이 영향을 미칠 기회 자체가 사라진다는 점을 지적하는 것이 타당하다. 다시 말해 설명양식은 실제로 우울증 수준이 변화할 수 있을 때만 영향력을 발휘한다. 앞서 소개한 연구들은 모두 피험자 중 일부가 실제로 우울에서 비우울 상태로, 또는 그 반대로의 전환을 경험했다는 공통점을 지닌다.

그러나 지금까지 소개한 연구들에는 심각한 한계가 있다. 부정적 생활 사건을 조작하거나 평가하지 않았다는 점이다. 비관적 설명양식을 지닌 사람들이 더 많은 부정적 사건을 경험하거나 심지어 스스로 초래할 가능성이 있으며, 그렇다면 실제로 그들에게 우울증을 일으킨 것은 단순히 '나쁜 사건들'일 수도 있다. 더욱이 에이브럼슨 등(1978)의 주장에 따르면 우울적 설명양식만으로는 우울증을 유발하는 데 충분하지 않다. 실제로 나쁜 사건이 발생하고, 그것을 내부적·영속적·만연적 원인으로 해석할 때 우울증 증상이 나타날 가능성이 크다. 하지만 종단 연구들은 이 핵심 예측을 직접적으로 검증하지 못했다. 이제부터 소개할 연구들은 기존 우울적 설명양식에 나쁜 사건이 뒤따를 때 우울증이 나타날 가능성이 커진다는 좀 더 강력한 예측을 다루고 있다.

자연 실험

무기력 학습 재정식화 모델을 우울증에 적용해 가장 이상적으로 검증하는 방법은 먼저 개인의 설명양식을 측정한 뒤 절반을 무작위로 선발해 심각한 부정적 사건을 경험하게 하는 것이다. 그렇게 하면 우울적 설명양식을 가진 사람들이 실제로 부정적 사건을 경험할 때 가장 우울해질 것이라는 예측을 검증할 수 있다. 그러나 명백히 윤리적 딜레마가 뒤따른다. 이를 어느 정도 해결하고자 연구자들은 실험 조작 대신 실제 생활에서 자연스럽게 발생하는 부정적 사건을 활용하는 준실험적 방법을 사용한다. 여기에서는 이러한 접근을 활용한 몇 가지 연구를 살펴볼 것이다. 첫 번째는 중간고사 성적 불만족, 두 번째는 수감 경험, 세 번째는 이 논리를 확장해 치료가 설명양식에 미치는 효과를 분석한 연구다.

중간고사 연구

메탈스키와 에이브럼슨, 셀리그만, 셈멜, 그리고 피터슨(1982)은 대학생들이 중간고사에서 낮은 성적을 받았을 때 보이는 반응을 전향적 연구(연구 시점부터 대상자를 추적해 결과를 관찰하는 방식으로, 근거 수준을 가장 높게 평가하는 연구 유형–편집자 주)를 통해 조사했다. 실험 참여자는 심리학개론 수강생들이었다. 시점 1에서 학생들은 ASQ를 작성하고, 중간고사 성적 중 어떤 점수에 만족하거나 불만족할지를 기록했다. 시점 2에는 시험 직전에 MAACL(정서 검사 목록: Zuckerman & Lubin, 1965)로 우울 기분 수준을 측정했다. 시점 3에는 시험 성적을 받은 직후 다시 MAACL을 실시했다.

연구자들은 학생들이 미리 '불만족할 것'이라고 기록한 점수 이하가 나왔을 때 낮은 성적을 받은 것으로 분류했다. 그리고 재정식화 모델의 예측을 검증하고자 부정적 사건에 대한 설명양식 점수와 시점 2에서 시점 3으로 이동하는 우울 점수(표준화된 잔차 증가 점수)를 상관분석했다. 그 결과 낮은 성적을 받은 학생들에게서만 설명양식이 우울증 증가를 예측했다. 즉 그들의 내부적 귀인은 r=0.34(p<0.02), 영속적 귀인은 r=0.04(유의하지 않음), 만연적 귀인은 r=0.32(p<0.02)였다. 반면, 좋은 성적을 받은 학생들에게서는 이러한 경향이 나타나지 않았다.

확장 연구

메탈스키와 할베르슈타트(Halberstadt), 에이브럼슨(1987)은 이 연구를 한층 더 정교하게 확장했다. 기본 결과를 재현하는 동시에 연구자들은 대학생들이 실제로 중간고사 실패를 어떻게 설명했는지 조사했다. 무기력 학습 재정식화 모델에서는 개인의 설명양식이 구체적인 실패 사건을 실제로 설명하는 데 영향을 미치고, 그 영향이 우울증을 강화한다고 주장한다. 연구자들은 대학생들에게 "중간고사에서 왜 그런 결과가 나왔는가?"를 설명하게 했다. 결과는 설명양식이 학생이 제시한 실제 설명을 예측했고, 이 실제 설명이 다시 우울증 반응을 예측했다. 즉 설명양식 자체는 실제 설명을 통해서만 우울 반응에 영향을 미쳤다. 이 실험은 재정식화 모델이 제시한 인과적 연결고리를 직접적으로 지지한다.

수감 연구

설명양식이 수감 생활 이후 우울증을 예측할 수 있을까(Bukstel &

Kilmann, 1980)? 대다수 사람에게 수감은 분명히 부정적 사건이다. 교도소는 삶에서 가장 사소한 부분조차 개인이 통제할 수 없게 만든다 (Goffman, 1961; Taylor, 1979). 따라서 수감에 대한 가장 흔한 반응은 우울증일 것이라고 예측할 수 있다. 더 나아가 비관적 설명양식을 가진 수감자일수록 수감 이후 우울증이 심화될 확률이 높을 것이라는 예측도 가능하다.

이를 검증하기 위한 예비 연구에서 피험자들은 수감 직후 ASQ를 작성했다. 이후 석방 직전에는 벡 우울척도(BDI)를 시행했다(Peterson, Nutter & Seligman, 1982). 이 연구에는 뉴욕, 오하이오, 펜실베이니아의 고위험 교도소에 수감된 남성 245명(연령 17~64세, 평균 27세)이 참여했다. 그들은 수감 후 일주일 이내에 ASQ를 작성했으며, 수감 종료 일주일 전에는 BDI를 시행했다. 수감 기간은 1개월에서 1년까지 다양했다. 그중 28명은 수감 초기에 BDI 점수가 확인되었는데, 평균 1.68점으로 거의 우울하지 않았다. 그러나 수감 종료 직전에는 평균 17.7점으로 나타났다, 이는 중등도에서 중증 우울증 수준에 해당하는 수치다.

더 나아가 수감 종료 직전에 나타난 우울증 증상은 수감 초기의 설명양식과 강하게 연관되어 있었다. 예측대로 부정적 사건에 대한 설명은 우울증 증상 심화와 정적 상관관계를 보였다. 즉 내부적 설명 ($r=0.34$, $p<0.001$), 영속적 설명($r=0.36$, $p<0.001$), 만연적 설명($r=0.35$, $p<0.001$) 모두가 수감 종료 직전 우울증 수준과 유의하게 연결되었다.

이러한 자연 실험들은 무기력 학습 재정식화를 지지할 뿐 아니라, 비극이나 재난에 직면했을 때 비관적 설명양식이 누가 가장 우울해질지를 예측할 수 있다는 점을 시사한다. 현재 이 예측자의 유용성은 사별 경험자, 급속 순환형 양극성 우울 환자, 출산 직후 여성을 대상으로도 연구되고 있다(Cutrona, 1983; O'Hara, Rehm & Campbell, 1982; O'Hara, Neunaber & Zekoski, 1984).

치료

치료 역시 자연 실험의 정의에 부합한다. 환자의 설명양식과 우울증 수준을 치료 전·중·후에 관찰할 수 있기 때문이다. 재정식화 모델은 치료와 관련해 두 가지 예측을 제시한다. 첫째, 설명양식이 개선되어 부정적 사건에 대해 좀 더 외부적·일시적·부분적 원인으로 설명할 때 우울증이 완화된다. 둘째, 치료 중 우울증이 호전되더라도 설명양식이 여전히 부정적이라면 재발 가능성이 크다.

단극성 우울을 완화하는 치료법으로는 네 가지가 대표적이다. 항우울제(특히 삼환계 약물) 복용, 전기경련요법, 인지치료, 대인관계치료가 그것이다. 이 중 삼환계 약물, 인지치료의 경우 설명양식과 우울증의 변화를 동시에 추적한 연구들이 있다.

한 연구에서는 단극성 우울 환자들을 무작위로 삼환계 약물치료군, 인지치료군, 병합치료군에 배정하고 12주간 치료를 진행했다(Hollon, Shelton & Loosen, 1991). 세 집단 모두 우울증이 크게 완화되었다. 그러나 설명양식 변화와 우울증 완화의 관계는 집단별로 달랐다. 삼환계 약물치료군에서는 상관관계가 유의하지 않았다. 삼환계 약물치료와 인지치료를 병행한 집단에서는 상관관계가 매우 높게 나타났다(r=0.55, p<0.001). 인지치료 단독 집단에서도 관계는 매우 강력했다(r=0.77, p<0.001). 셀리그만 등(1988)과 피터슨, 라오(Rao, 1985) 역시 인지치료 과정에서 우울증 완화와 설명양식 개선에 강한 상관관

계가 있었다고 보고했다.

이 결과는 무엇을 의미하는가? 정리하자면, 인지치료를 하는 동안 설명양식이 긍정적으로 변화한 경우 환자의 우울증이 완화된 반면, 약물치료에서는 설명양식 개선과 증상 호전이 무관하다. 이는 약물치료와 인지치료가 우울증을 해소하는 방식이 다르다는 점을 시사한다. 약물치료는 환자의 행동 활성화를 돕고, 인지치료는 원인 해석 방식을 변화시키는 것으로 보인다.

다만 이 결과는 단순히 시간에 따른 상관관계일 뿐이다. 인지치료가 설명양식을 변화시켜 우울증이 개선되었을 수 있지만, 반대로 우울증 개선이 설명양식 개선을 이끌었을 수도 있다. 혹은 인지치료가 긍정적 기억을 활성화해 설명양식과 우울증을 동시에 변화시켰을 개연성도 있다. 현재 우리는 치료 회기별로 치료의 양과 질, 설명양식, 우울증 수준을 지표화해 인과모형 분석을 진행하고 있다. 목표는 '인지치료의 질적 개입 → 설명양식 개선 → 우울증 완화'라는 인과 사슬을 확인하는 것이다.

또 하나 흥미로운 단서는 재발 예측과 관련 있다. 셀리그만 등 (1988)은 인지치료를 한 환자 38명을 1년간 추적 관찰했다. 우울증이 재발한 3명은 인지치료 종료 시점까지 설명양식이 거의 개선되지 않은 4명에 속해 있었다. 인지치료 종료 시점에 우울증이 사라진 환자라 하더라도 설명양식이 변하지 않으면 다시 우울증에 빠질 위험이 높았다. 한마디로 우울증이 호전되고 설명양식까지 개선될 때 치료를 종료하는 것이 바람직하다는 사실을 알 수 있다.

설명양식 변화가 인지치료에서만 나타나고 약물치료에서는 나타나지 않았다는 점은 인지치료의 핵심 작용 기제가 곧 설명양식 변화

일 수 있다는 뜻이기도 하다. 실제로 인지치료 기법을 살펴보면 대부분 '사람의 설명양식을 변화시키는 전략'으로 요약된다. 예를 들어 자동적 사고("나는 형편없는 엄마야, 죽어 마땅해")를 인식하고, 거기에 반증을 제시하는 것이다("아냐, 나는 단지 아침형 인간이 아닐 뿐이야"). 이러한 과정은 부정적 사건에 대한 설명양식을 내부적·영속적·만연적에서 외부적·일시적·부분적으로 바꾸게 한다. 또 다른 기술로는 대안 탐색이 있다("내가 정말 형편없는 학생일까, 아니면 교수님이 전체적으로 점수를 짜게 준 것일까?"). 이는 내부적·영속적·만연적 설명양식에서 벗어나게 하는 탐색이다. 또한 인지치료의 한 기법인 '재귀인 훈련'은 명시적으로 설명양식 변화를 목표로 한다.

요약하면 인지치료는 설명양식의 뚜렷한 개선을 가져오며, 이 개선은 장기간 유지된다. 실제로 셀리그만 등(1988)은 1년간 진행한 추적 연구에서 설명양식의 긍정적 변화가 안정적으로 유지되고 있다고 보고했다. 따라서 우리는 설명양식 변화가 인지치료의 '활성 성분'이라고 추측한다. 앞으로 인지치료는 이러한 '귀인적 접근'을 더욱 명시적으로 반영해야 할 것이다(Forsterling, 1985).

현대성과 우울증

다시 정리하고 넘어가보자. 우리는 이 장을 우울증 증상을 살펴보는 것으로 시작했다. 그 결과 우울증 증상이 무기력 학습에서 나타나는 증상과 상당히 일치한다는 사실을 확인했다. 그러나 초기 무기력 학습 이론은 실험실에서 만들어진 무기력이 곧 우울증 모델이라고 주장해 결함을 노출했다. 즉 경계 조건을 설명하지 못한 것이다. 이에 '우울적 설명양식'이라는 전제를 더함으로써 이 이론은 시간과 상황에 따라 우울증이 어떻게 달라지는지를 설명할 수 있게 되었다. 또한 설명양식은 누가 우울증 위험에 처할지를 예측했으며, 그것에 관한 상당한 증거도 확인되었다.

우울증 위험 요인은 유전, 부정적 생활 사건, 가을과 겨울 같은 계절 요인 등 다양하다. 그러나 개정된 이론이 특히 조명할 만한 위험 요인이 있다. 즉 현대 사회에는 우울증 발병 가능성을 크게 끌어올리는 어떤 요인이 있는데, 바로 개인의 영광을 지나치게 찬미하는 사회적 풍조가 아닐까 싶다.

멜랑콜리 시대?

우리가 지금 멜랑콜리 시대를 살아간다는 증거는 점점 더 늘어나고 있다. 과거에는 우울증 유병률을 시대별로 비교하는 것이 악명 높을 만큼 어려웠다. 시대에 따라 우울증 진단 기준이 달랐다는 점이 가장 큰 문제였다(Jackson, 1986). 오늘날 '우울증' 진단은 50년 전 진단과는 의미가 달라서 1940년대와 1990년대 우울증 유병률을 단순히 표로 비교하는 것은 사과와 오렌지를 비교하는 것이나 다름없다.

최근 여러 연구가 이러한 문제를 극복했다. 구체적으로는 DSM에 근거한 구조화된 진단 면접 방식을 사용해 동일한 분류체계를 적용하기 때문에 1950년에 우울증으로 진단받은 사례와 오늘날 사례는 동일한 기준을 충족해야만 한다.

ECA 연구

1970년대 후반 미국 국립정신건강연구소(NIMH)는 미국 내 다양한 정신질환 발생 빈도에 관한 확정적 통계를 얻고자 했다(Robins 등 1984). 이를 위해 뉴헤이븐, 볼티모어, 세인트루이스 등 세 지역을 선정했고, 1978년부터 1981년까지 성인 1만 명을 대표 표집해 표준화된 진단 면접을 실시했다. 이 연구는 정신병리학 연구자들에게는 일종의 '금광' 같은 자료이며, 여기서는 그중 한 가지 측면인 '연령대별 주요 우울증 장애의 평생 유병률'에 집중하고자 한다.

표 8 | 연령대별 주요 우울증 장애의 평생 유병률

연령대	출생 연도(대략)	표본 수(n)	뉴헤이븐	볼티모어	세인트루이스
18~24세	약 1960년 출생	n = 1,397	7.5%	4.1%	4.5%
25~44세	약 1945년 출생	n = 3,722	10.4%	7.5%	8.0%
45~64세	약 1925년 출생	n = 2,351	4.2%	4.2%	5.2%
65세 이상	약 1910년 출생	n = 1,654	1.8%	1.4%	0.8%

출처: Robins, L. N., et al. (1984). Lifetime prevalence of specific psychiatric disorders in three sites. Archives of General Psychiatry, 41, 949-958. © 1984 미국의학협회. 출판사 하가를 받아 발췌·번역함.

'장애의 평생 유병률'이란 인구 집단 중 일생에 적어도 한 번은 그 장애를 경험한 사람의 비율을 의미한다. 이는 누적 통계라서 만약 어떤 장애의 발병 위험이 역사적 시간대 전반에 걸쳐 동일하다면 단순히 긴 세월 동안 발병 기회에 노출되었던 나이 많은 사람이 젊은 사람들보다 평생 유병률이 더 높을 것이다. 우울증 장애 발생 여부는 조사 대상자들에게 일생 중 어느 시점에든 우울증 증상이 있었는지, 그리고 그 정도가 어떠했는지를 묻는 방식으로 확인했다. '표 8'은 세 지역에서 확인된 연령대별 주요 우울증 장애의 평생 유병률을 보여준다.

이 자료는 주목할 만하다. 1910년 무렵에 태어난 사람이라면 70년 이상 발병 기회가 있었는데도 주요 우울증 장애를 경험한 확률이 1.3퍼센트에 불과했다. 반면, 1960년 이후 태어난 사람들은 20년 남짓한 기간만 살았음에도 이미 5.3퍼센트 확률을 보였다. 이는 세대를 건너면서 우울증 위험이 10배 가까이 증가했다는 사실을 보여주는 충격적인 차이다.

출생 코호트 연구

주요 우울증 장애 환자의 친족들은 유전적 요인 탓에 우울증 발병 위험이 높다. 그렇다면 출생 코호트(출생 10년 단위)에서도 동일한 추세가 나타날까? 이를 확인하고자 기분장애가 있는 환자 523명의 친족 2,289명을 대상으로 주요 우울증 장애의 평생 유병률을 조사하기 위한 구조화된 진단 면접을 실시했다(Kierman 외, 1985).

역사적 시간의 효과는 이 경우에도 막대해서 거의 한 자릿수(10배) 차이에 달했다. 예를 들어 1950년에 태어난 여성과 1910년 이전에 태어난 여성을 비교해보자. 1950년생 여성의 경우 30세가 될 때까지 약 65퍼센트가 우울증 장애를 경험한 반면, 1910년 코호트에서는 30세가 될 때까지 우울증 장애를 경험한 비율이 5퍼센트 미만이었다. 거의 모든 연령대에서 출생 연도가 최근일수록 주요 우울증 장애 발병 위험이 더 크고 더 이른 시기에 나타났다. 전반적으로 두 세대를 건너면서 우울증 발병 위험이 10배가량 증가했다고 추정할 수 있다.

구질서 아미시(Amish) 공동체

이 두 연구가 진행되던 같은 시기에 펜실베이니아 랭커스터 카운티에 거주하는 아미시 집단을 대상으로도 우울증 장애 유병률을 확인했다(Egeland & Hostetter, 1983). 마찬가지로 동일한 방식의 진단 면접 방법이 사용되었다. 아미시는 극도로 엄격한 개신교 종파로, 가정 내 전기 사용이 금지되어 있을뿐더러 교통수단으로 마차와 말을 이용하고, 알코올 중독과 범죄는 사실상 존재하지 않으며, 철저히 평화주의를 고수한다. 그야말로 폐쇄적 집단인 이들은 18세기 30명의 선조에게서 이어져 내려온 사람들이다. 아마시 공동체는 정신질환을 인간에게 닥칠 수 있는 최악의 질병 가운데 하나로 간주하기 때문에 집단 내부의 우울증과 자살에 관한 역학 조사에 적극 협조했다.

1976년부터 1980년까지 5년 동안 아미시 공동체(성인 인구 8,186명)에서 확인된 주요 우울증 장애 사례는 41건이었으며, 이는 약 0.5퍼센트의 5년 유병률에 해당한다. 이를 ECA(Epidemiological Catchment Area) 연구 수치와 비교하면 아미시 공동체의 단극성 우울증 발병 위험은 인근 현대 문화권의 미국인보다 대략 5분의 1에서 10분의 1 수준에 불과하다고 추정할 수 있다.

가능한 설명

우선, 금세기에 '정상적 우울' 유병률이 일정하게 유지되어 왔다고 가정하자. 그리고 과거 사람들은 지금과는 다른 방식으로 우울증을 다루었다고 해보자. 어쩌면 과거에는 정상적 우울에서 나타나는 저조한 기분과 비관적 태도를 지금보다 덜 심각하고 덜 중요하며 더 불가피한 것으로 여겼을 수 있다.

"긍정을 강조하고 부정을 없애라", "우울할 때는 사랑하는 사람을 위해 무언가를 하라", "인생은 장미꽃 길이 아니다", "Arbeit macht das Leben Suess(노동은 삶을 달콤하게 한다)" 같은 문구들은 20세기 전반기에 우울한 기분을 다루기 위한 대중적 지침이었다. 이는 부정적 감정에 대한 자각과 보고를 최소화하는 전략일 뿐 아니라, 더 깊이 들어간다면 정상적 우울이 단극성 우울로 발전하는 것을 예방했을 수도 있다.

반면 개인성, 통제, 쾌락주의를 진지하게 받아들이는 현대 사회는 우울증 증가라는 대가를 치르고 있는지도 모른다. 현대인은 단순히 개인적 통제를 진지하게 받아들이는 수준을 넘어, 그것을 제도적으로 승인하고 미화한다. 그런데 만일 우울증이 일정 부분 개인적 통제에 따른 장애라면 어떨까? 즉 자신이 무력하다는 것을 깨닫고 이어서 절망감을 느끼는 데서 우울증이 비롯된다면 지금처럼 우울증의 전염병적 확산을 예측할 수 있을 테고, 실제로 그 일이 벌어지고 있다.

'현대성'은 우리가 목표를 세운 뒤 달성할 수 있다고 기대하는 수준을 현실과 맞지 않을 정도로 높여 놓았다("모든 문제에는 해답이 있다"). 이는 단순히 무기력을 경험하는 횟수, 즉 실패 경험의 수를 늘렸다. 기회와 선택지가 많아질수록 실패 가능성 또한 커진다. 마지막으로, 현대성이 실패 원인을 내부적·영속적·만연적 설명으로 정당화하고 승인하는 한, 이는 곧 우울적 설명양식을 강화한다. 현시대 사람들은 개인적 통제를 중요하게 여기는 사회에 살고 있기 때문에 누군가 실패했을 때 그것을 자신의 영속적·만연적 결함 탓으로 돌리는 자기 비난이 그럴듯한 설명으로 여겨지는 것이다.

앞서 살펴본 아미시 공동체를 생각해보라. 농경사회를 이루고 있는 그들은 개인의 목표와 선택폭이 제한되어 있다. '통제'는 개인이 아닌, 공동체와 하나님에게 있다. 개인적 목표도 소박해서 성취 가능성이 훨씬 크다. 만약 실패하더라도 그들의 설명 체계는 모든 책임을 개인에게 전가하지 않는다. 실패는 일시적이고 부분적인 원인(내세와 하나님의 계획)으로 이해된다.

현대 사회를 파푸아뉴기니의 칼룰리(Kaluli) 부족과 비교해보는 것도 의미 있다(Schieffelin, 1990). 칼룰리 부족은 우울증이 없는 사회다. 그곳에서는 실패와 상실이 생기면 반드시 보복이나 배상을 요구하고, 실제로 대부분 이루어진다. 그만큼 개인은 무기력을 경험할 일이 거의 없다. 설령 무기력을 느끼더라도 그것을 영속적이고 만연적인 원인으로 해석하기 때문에 무기력을 절망으로 바꾸는 설명 체계가 존재하지 않는다.

논쟁들

무기력과 우울증 영역에서 주요 논쟁은 크게 세 가지다. 첫째, 설명양식이 어떤 메커니즘을 통해 사람을 우울증 위험에 빠뜨리는가? 둘째, 현실을 좀 더 잘 파악하고 있는 이는 우울한 사람인가, 아니면 우울하지 않은 사람인가? 셋째, 정상적 우울은 단극성 우울 증상과 연속적인가, 아니면 불연속적인가?

설명양식 메커니즘

이 증거에 따르면 우울적 설명양식은 이후 우울증 발병 위험을 증가시킨다. 그럼 설명양식이 실제로 이후 우울증을 원인적으로 만들어내는 것인가, 아니면 다른 인과적 요인과 연결되어 우울증이 나타나는 것인가? 만약 원인적으로 만들어내는 것이라면 그 역할은 부수적인가, 아니면 핵심적인가? 이는 단순한 학문적 질문이 아니다. 만약 우울한 기억 같은 다른 과정이 실제로 우울증을 촉발하고, 설명양식은 단지 그것과 연관될 뿐이라면 치료 초점을 설명양식이 아닌, 그 과정에 맞춰야 하기 때문이다.

우리 이론에서 설명양식은 우울증 증상을 유발하는 인과적 연쇄 원인 가운데 매우 상위에 자리한다. 우리는 나쁜 사건을 통제할 수 없다는 개인의 기대가 우울증의 직접적 원인이라고 주장한다. 이러한 기대에는 실제 사건의 성격과 그 사건에 대한 개인의 설명이 영향을 미친다. 설명양식은 단지 개인이 택한 특정 설명에 영향을 미칠 뿐이다. 그러나 지금까지는 이 인과적 연쇄 원인 가운데 단일 고리만 검증된 경우가 대부분이었다(예: 설명양식과 우울증의 연관성). 메탈스키 등(1987)의 연구처럼 두 단계 이상을 동시에 검증한 연구는 드물다. 그러나 이 연구에서도 설명양식은 우울증 변량의 극히 일부만 밝혔을 뿐이며, 이는 다른 종단 연구도 마찬가지다. 다시 말해 다른 심리적 변인이 작동하고 있다는 것이다. 그렇다면 어떤 심리 과정들이 우울증 위험을 높이고, 설명양식과는 어떻게 상호작용하는가?

그중 하나로 '기대양식'이 거론된다. 개인이 나쁜 사건을 설명하는 데 일정한 특성을 보이듯이, 나쁜 사건이 발생할 것이라는 예상에도 일정한 특성이 있을 수 있다. 일반적으로 이 두 과정은 밀접히 연관된다. 예를 들어 "나는 시험에 떨어졌다. 왜냐하면 나는 멍청하기 때문이다"라고 믿는다면 그 사람의 미래 학업 실패에 대한 기대는 영속적이고 만연적일 것이다. 하지만 원인과 결과가 항상 동일한 특성을 가지는 것은 아니다. 예를 들어 불행하게도 음주 운전 차량에 사고를 당해 불구가 되었다면 원인은 일시적이고 부분적일 수 있다. 반면 결과인 '평생 휠체어 생활'은 영속적이고 만연적이다. 따라서 이 사건은 원인이 아무리 국한되어 있어도 매우 우울하게 작용할 수 있다.

이러한 점을 고려해 놀렌호크세마와 스키너, 셀리그만(1984)은 기대양식 질문지(Expectational Style Questionnaire·ESQ)를 고안했다. 이 도구는 참여자들에게 ASQ에 나오는 사건의 결과를 도출해보고 영속성과 만연성 차원에서 평정하게 하는 방식이었다(결과의 내부적 요인성은 큰 의미가 없다). 그 결과 설명양식과 기대양식 사이에는 0.50 상관관계가 있었으며, 두 변인은 우울증과도 유사한 수준의 상관관계를 보였다. 아직 각 변인이 우울증에 어떤 영향을 어느 정도 미치는지는 확정되지 않았지만, 기대양식이 우울증을 촉발하고 설명양식은 단지 그것과 상관될 가능성이 존재한다.

헐(Hull)과 멘돌리아(Mendolia, 1991)는 이러한 가능성을 '인과 모형' 기법으로 탐구하기 시작했다. 그리고 대학생들을 대상으로 한 두 가지 연구에서 설명양식이 기대에 대한 영향을 통해 우울증 증상을 예측한다는 사실을 발견했다. 이는 무기력 학습 재정식화 모델과 일치한다. 또한 그들은 설명양식이 기대와 무관하게 직접적으로 우울증 증상에 영향을 미친다는 점도 발견했다.

에이브럼슨과 메탈스키, 앨로이(1989)는 미래 나쁜 사건에 대한 기대가 우울증을 유발하는 데 결정적인 역할을 할 가능성을 더욱 면밀히 살펴봤다. 연구자들은 이를 '귀인 모델 개정판(즉 재개정)'으로 설명하면서 '무망감(hopelessness)'이 우울증의 표면적이고 직접적인 원인이라고 제안했다. 여기서 무망감은 '반응-결과 간 독립성'이라는 무기력 기대와 더불어 나쁜 사건이 미래에 빈번히 일어날 것이라는 믿음을 포함한다. 이 관점에 따르면 무기력에 대한 단순한 믿음 자체는 반드시 우울증으로 이어지지 않는다. 개인이 나쁜 사건이 일어나지 않을 것이라고 믿는 한, 무기력성은 불편하지 않기 때문이다. 예를 들어 핵전쟁이나 테러 공격의 결과를 통제 불가능하다고 믿으면서도 그것이 실제로 일어나지 않을 것이라고 기대하는 사람은 무망감을 느끼지 않는다.

무망감 이론은 설득력이 있지만 우리가 집필하는 시점에는 아직 검증되지 않았다. 이는 실제 연구에서는 구분하기 어려운, 지나치게 미세한 개념적 구별일 수 있다. 초기 무기력 학습 모델이든, 재정식화 모델이든 가설화된 모든 과정을 한번에 검증한 적이 없다는 것도 이와 비슷한 이유일 테다. 에이브럼슨 등(1989)의 '재개정' 역시 유사한 한계에 직면할 가능성이 크다. 따라서 당장은 재정식화 모델을 버리고 무망감 이론을 채택할 준비가 되어 있지 않지만, 그것이 향후 만들어낼 연구를 주의 깊게 지켜볼 계획이다.

우울증을 촉발할 수 있는 또 다른 과정은 '부정성 지각'이다. 설명양식은 나쁜 사건이 부정적으로 지각되고 평가된 뒤에만 작동한다. 반면 우울증은 설명, 기대, 기억보다 더 낮은 수준의 정보처리 과정에 관여할 수 있으며, 따라서 사건이 더욱 부정적으로 평가될 가능성이 있다. 우울한 사람은 부정적 기억을 더 쉽게 불러내기도 한다(Bower, 1981). 이처럼 부정적 평가나 부정적 기억 접근 같은 과정은 우울적 설명양식을 도출할 가능성이 크다. 따라서 앞으로 필요한 것은 이 개념들을 명확히 정의하고 조작적으로 구체화해 설명양식, 기대양식, 무망감, 부정적 평가, 부정적 기억 접근이 각각 어떻게 개인의 우울증 위험에 고유한 영향을 미치는지 종단 연구로 규명하는 일이다.

이 문제와 관련한 또 하나의 주제는 '생활 사건의 역할'이다. 무기력 학습 재정식화 모델은 우울적 설명양식을 소인(素因)으로, 통제 불가능한 나쁜 생활 사건을 스트레스 요인으로 간주하는 '소인-스트레스 모델'을 표방한다. 반면 증거는 스트레스보다 소인을 더 강하게 지지한다. 예를 들어 놀렌호크세마 등(1986)의 아동 연구나 퍼스(Firth)와 브루인(1982)의 환자 연구에서 설명양식은 우울증을 예측했지만, 생활 사건은 그렇지 않았다. 이는 개념적 문제라기보다 기술적 문제일 수 있다. 일반적으로 사용되는 사망, 이혼 같은 주요 사건 척도가 일상적 성가심(hassles, Kanner, Coyne, Schaefer & Lazarus, 1981)보다 덜 중요할 수도 있다. 다만, 개념적으로 흥미로운 전환도 있는데, 바로 '언더토드(undertoad: 일상생활의 표면 아래 숨겨진 재앙이나 비극의 위협을 뜻하는 은유적 표현-편집자 주)' 개념이다.

존 어빙(John Irving, 1978)의 《가프 이야기(The World According to Garp)》에서 가프의 아들은 부모로부터 "언더토(undertow: 이안류·강한 해류-편집자 주)를 조심하라"는 말을 듣는다. 그런데 아들은 이를 위험한 괴물 이름인 '언더토드'로 잘못 듣고, 수영장 배수구 밑에 그 괴물이 숨어 있다고 상상한다. 마찬가지로, 우울적 사고는 실제 사건뿐 아니라 상상의 사건이나 과장된 사건과도 얽혀 있다. 우울한 사람은 은빛 햇살 가장자리에서도 구름을 보고, 어디에나 언더토드가 도사리고 있다고 상상한다. 우울한 사람에게는 수영장 바닥의 라이너가 손상된 것조차 결혼 생활이 깨진 것만큼이나 마음을 곤두박질치게 만든다. 다시 말해 우울증을 촉발하는 생활 사건은 일상적 성가심이나 중대한 일보다 쉽게 측정되지 않는 언더토드일 가능성이 크다. 바로 이 영역에서 '정신 역동적 사고(인간의 행동, 감정, 정서의 기저에 있는 심리적 힘과 무의식적 충동, 초기 경험의 영향을 강조하는 사고방식 – 편집자 주)'가 우울증 이론화에 기여할 수 있다. 왜 어떤 사람에게는 수영장 라이너의 손상 같은 사소한 생활 사건이 삶의 안녕을 심각하게 위협하는 반면, 다른 이에게는 그렇지 않은가?

다이크마(Dykema)와 버그바워(Bergbower), 피터슨(1992)은 최근 우울증에서 언더토드의 역할을 문서화했다. 그리고 우리는 한 종단 연구에서 비관적 설명양식이 개인이 경험하는 일상적 성가심의 횟수에 영향을 미쳐 이후 우울증 증상으로 이어진다는 사실을 발견했다. 해당 연구에는 주요 생활 사건의 척도가 포함되었지만 그것들은 우울증 증상에 독립적으로도, 설명양식과의 상호작용으로도 영향을 미치지 않았다. 다시 말해 비관적 설명양식을 가진 사람은 낙관적 설명양식을 가진 사람보다 세상을 더 성가시고 위협적인 곳으로 인식하고, 이러한 지각이 결국 우울증으로 이어질 수 있다.

누가 현실을 왜곡하는가?

어쩌면 우울증 환자가 현실을 똑바로 보고, 우울하지 않은 사람이 현실을 왜곡하는지도 모른다. 물론 자신에게 유리한 방향으로 좋게 왜곡하지만 말이다. 많은 사람이 이 우주에 자신이 세운 목표 외에 다른 목표는 없다고 생각할 수 있다. 그렇다면 왜 그렇게 기분이 좋은가? 혹시 우울하지 않은 사람은 인간이라면 누구나 결국 실패하고 우주는 인간에게 무심하다는 사실에 대항할 강렬한 환상이 필요한 것은 아닐까?

이것이 두 번째 논쟁점이다. 벡(1967) 같은 임상가들은 우울한 사람이 현실을 자기 파괴적 방식으로 왜곡한다고 본다. 다른 한편으로 앨로이와 버그바워가 주도한 실험 연구들은 현실을 자신에게 유리하게 왜곡하는 쪽은 우울하지 않은 사람이라는 상당한 증거를 모았다. 두 주장 가운데 벡의 견해가 더 직관적이다. 우울한 사람은 종종 언더토드를 발견한다. 예를 들어 수영장 바닥의 손상된 라이너를 보면서 자기가 부족한 아내라고 생각하거나 노숙자가 되기 직전에 이르렀다는 망상에 빠진다. 이런 임상적 관점은 또 다른 임상적 소망, 즉 우울증을 치료할 때 진실의 전달자이자 행복의 전령이 되고자 하는 욕구에 의해 지지되기도 한다.

이러한 왜곡을 우울증 함수로 평가하는 영역은 다섯 가지다. 통제 판단, 성공 기대, 능력 판단, 기억, 설명양식이 그것이다. 이 자료들을 온전히 다 검토할 수는 없으니 여기서는 앨로이와 에이브럼슨(1988)의 종합 검토에 기대어 각 영역에서 알려진 핵심들을 간략히 살펴보자.

통제 판단

이제는 고전이 된 실험에서 앨로이와 에이브럼슨(1979)은 우울증 증상이 있는 학생과 없는 학생에게 버튼을 누르게 하고, 그다음 켜지는 불빛을 자신이 얼마나 통제할 수 있는지 판단하게 했다. 연구자들은 실제 통제 수준을 100퍼센트에 가까운 수준부터 0퍼센트까지 다양하게 설정했다. 어느 정도 통제가 가능할 때는 모든 피험자의 통제력 평가가 정확했다. 통제가 불가능할 때는 우울한 학생들의 통제력 평가가 여전히 정확했다. 우울하지 않은 학생들은 통제가 불가능한 상황에서도 자신의 통제력이 상당 수준에 달한다고 극히 부정확하게 평가했다. 두 연구자는 우울 집단이 '더 자주 슬픔에 잠기지만 더 현명'하고, 비우울 집단은 자신에게 유리한 방향으로 현실을 왜곡한다고 결론지었다.

통제력을 쥐고 있다는 환상은 비우울 집단이 정보를 왜곡해 받아들여서 생겼다기보다, 받은 정보를 조직하는 방식에서 비롯된 것으로 보인다. 비우울 집단은 버튼을 눌렀을 때와 누르지 않았을 때 불빛이 켜질 확률을 정확히 지각하지만, 그 정보를 통제 판단으로 묶는 과정에서 과대평가한다. 그들은 우울한 학생들과 달리 자신의 통제 실패를 무시한다("그건 카운트가 안 돼, 나는 준비가 되지 않았어"). 더 나아가 이 현상은 '자아 관여'에 국한되어 일어난다. 우울한 사람이 타인의 통제력를 판단할 때는 그들도 환상에 휘말려 타인의 통제력을 과대평가한다(Martin, Abramson & Alloy, 1984).

이 기본 결과는 여러 차례 복제되었다(Tennen & Sharp, 1983; Vazquez, 1987). 그러나 항상 같은 결과가 나온 것은 아니다. 바스케스(Vazquez, 1987)는 비수반적인 결과가 불빛이 아닌 "나의 문제는 대체로 해결 불가능하다" 같은 부정적 진술일 때는 우울 집단이 통제력을 갖고 있다고 믿는 반면, 비우울 집단은 비수반성을 탐지한다고 보고했다. 반대로 진술이 긍정적일 때는 우울 집단이 비수반성을 감지하고 비우울 집단은 통제에 대한 환상을 보였다.

종합해보면 비우울 집단은 대체로 통제에 대한 환상을 드러내는 반면, 우울 집단은 통제력을 정확히 평가했다. 하지만 적어도 어떤 경계 조건에서는 우울 집단이 실제 일어나는 일을 왜곡했고, 비우울 집단은 현실을 정확히 평가했다.

성공 기대

골린(Golin)과 테렐(Terrell), 존슨(Johnson, 1977)은 우울 집단과 비우울 집단에게 주사위를 굴려서 성공 확률을 추정하라고 요구했다. 주사위 2개를 던져서 2, 3, 4, 9, 10, 11, 12가 나오면 승리하는 것으로 정해 객관적 승률은 44퍼센트였다. 우울 집단은 정확했고, 비우울 집단은 자신의 실적을 과대 추정했다.

마찬가지로, 앨로이와 아렌스(Ahrens, 1987)는 학생들에게 학업 성공을 예측하게 했다. 이 경우에도 우울한 학생은 정확했고, 우울하지 않은 학생은 자신의 성공 가능성을 부풀렸다. 우울하지 않은 개인의 낙관성은 수없이 입증된 데다 너무도 보편적이라서 '긍정적 환상'(Taylor, 1989)이라는 이름까지 붙었다. 우리가 흥미롭게 여기는 지점은 비우울의 낙관성에 대응되는 것이 반드시 우울의 비관성이 아니라 우울의 현실성일 수 있다는 사실이다.

능력 판단

몇 해 전《뉴스위크》는 미국 남성의 80퍼센트가 자신의 사회성 기술이 상위 절반에 든다고 생각한다는 조사 내용을 보도했다. 만약 레빈슨(Lewinsohn)과 미셸(Mischel), 채플린(Chaplain), 바턴(Barton, 1980)의 연구 결과가 타당하다면 그 남성들은 비우울 집단에 속할 것이다. 연구자들은 우울 집단과 비우울 집단에게 패널 토론에 참여한 다음 자신의 수행 능력을 평가하라고 요구했다. 관찰자 패널들의 판단에 따르면 우울 집단은 비우울 집단보다 사회성 기술이 적었다. 더 중요한 것은 우울 집단은 자신의 기술을 정확히 판단한 반면, 비우울 집단은 자신의 기술을 과대평가했다는 점이다(Roth & Rehm, 1980; Siegel &

Alloy, 1990; Strack & Coyne, 1983).

기억

우울 집단과 비우울 집단에게 과거에 겪은 좋은 일과 나쁜 일을 회상하게 한 연구들이 여럿 있다(Teasdale & Russell, 1983). 일반적으로 우울 집단은 비우울 집단보다 나쁜 사건을 더 많이, 좋은 사건을 더 적게 회상하고, 비우울 집단은 그 반대였다. 그렇다면 누가 더 정확한가? 실제로 좋은 사건과 나쁜 사건의 발생 횟수가 알려져 있을 때 과거를 왜곡한 쪽은 누구인가?

자료는 상충하지만 대체로 우울 집단은 좋은 사건을 적게 회상하고 나쁜 사건에 대해서는 정확했다. 비우울 집단은 반대 경향을 보였다(Buchwald, 1977; DeMonbreun & Craighead, 1977; Dennard & Hokanson, 1986; Nelson & Craighead, 1977; Wener & Rehm, 1975).

설명양식

"실패는 주인 없는 고아요, 성공에는 아버지가 1,000명 있다." 우리는 이 말이 비우울 집단에게는 들어맞지만, 우울 집단에게는 성공과 실패 모두에 '단 한 명의 아버지'만 존재한다고 본다. 우리가 수행한 설명양식 연구 전반에서 일관되게 나타나는 한 가지 패턴은 비우울 집단의 불균형과 우울 집단의 균형이다. 이를 좋은 사건과 나쁜 사건을 중심으로 살펴보자. 우울한 사람의 설명양식은 좋은 사건과 나쁜 사건에 대해 대체로 비슷하다. 즉 우울한 사람은 나쁜 사건을 내부적·영속적·만연적으로 설명하는 비율이 평균보다 약간 높고, 좋은 사건 역시 내부적·영속적·만연적으로 설명하는 비율이 좀 더 높다. 반면 비우울 집단은 불균형적이다. 나쁜 사건은 외부적·일시적·부분적 원인으로 보지만, 좋은 사건은 내부적·영속적·만연적 원인으로 보는 것이다. 비우울 정도가 클수록 이 불균형도 커진다. ASQ에서 긍정 종합 점수와 부정 종합 점수의 차이는 이 불균형을 지표화한 것으로, 차이가 클수록 불균형도 크다.

앨로이(1982)는 우울 및 비우울 집단의 아동·학생·환자를 표본으로 한 11개 자료를 검토했다. 거의 모든 경우에서 우울하지 않은 사람이 우울한 사람보다 더 큰 불균형을 보였고, 우울한 사람은 편향이 거의 없음을 뜻하는 0 근처에 머무는 경향이 있었다.

한마디로 우울하지 않은 사람은 성공을 자기 덕분이고 지속적이며 앞으로 모든 일을 좋게 만드는 원인이라고 보지만, 실패는 남 탓이고 곧 사라지며 부분적인 현상이라고 여긴다. 반면 우울한 사람은 자신의 성공과 실패를 같은 방식으로 원인화한다. 달리 말해 우울하지 않은 사람은 자신이 이 우주에서 특별히 은총을 입었다고 보는 반면, 우울한 사람은 우주가 자신에게 무관심하다고 생각한다.

이 불균형 연구는 우리가 조심해야 할 부분도 있다는 점을 시사한다. 즉 우울한 사람이 나쁜 사건에는 내부적·영속적·만연적 원인을, 좋은 사건에는 외부적·일시적·부분적 원인을 선호한다고 단정해 말할 때는 그것이 비우울 집단과의 상대 비교에서만 성립한다는 점이다. 실제로 우리가 내놓은 연구 프로그램들은 이런 상대적 관점에서 수행되었으며, 절대적 의미로는 참이 아니다.

종합해보면 통제 판단, 성공 기대, 능력 판단, 기억, 설명양식 등 다섯 가지 영역에서 우울하지 않은 사람은 어떤 사실을 자신에게 유리하게 왜곡하고, 우울한 사람은 정확히 평가한다. 다만, 기억 영역 자료는 다른 영역보다 덜 분명하다. 향후 연구는 이 논쟁과 관련해 두 가지 핵심 질문에 초점을 맞춰야 한다고 믿는다.

첫째, 매우 심한 우울증에서도 왜곡이 나타나는가? 지금까지 연구는 대부분 경도 또는 중등도 우울증과 비우울을 비교했고, 임상적 사례에서 언급되는 '우울 왜곡'은 중증 우울증과 관련 있다. 따라서 조증부터 중증에 이르기까지 우울증 전반에 걸친 다섯 가지 유형의 왜곡을 포괄적으로 다루는 대대적인 연구가 이루어지길 바란다.

둘째, '우울한 현실주의'는 우울증의 위험 요인인가, 아니면 단순한 상관 변수인가? 모든 연구가 횡단적이다 보니 현실주의자들이 우울해지는 경향이 있는지, 또는 긍정적 환상을 가진 사람은 우울증으로부터 안전한지를 알 수 없다. 출발 시점에는 우울하지 않지만 다섯 가지 영역 모두에서 우울한 현실주의를 드러내는 개인을 추적하는 종단 연구가 이 인과 문제에 답할 것이다.

이러한 연구 결과는 무기력 학습 이론이 우울증 현상을 얼마나 잘 포착하는지 평가하는 데 결정적이다. 우리는 무기력 학습이 우울증과 많은 유사성을 가진다고 주장해왔지만, 우울한 현실주의가 계속해서 유효하다면 이는 중요한 차이점이 된다. 무기력은 반응-결과 간 독립성 지각과 얽혀 있다고 여겨지며, 우리는 우울증도 마찬가지라고 가정한다. 이는 아마도 '진실에 부합하는 지각'일 것이다. 그러나 방금 검토한 연구들에 따르면 애초에 우울하지 않은 사람은 그런 지각을 달갑게 여기지 않는다. 그렇다면 무기력 학습의 우울 모델은 이미 우울한 사람들에게만 적용되는 것일까?

연속성 – 불연속성

이론가나 연구자들은 흔히 경도 우울증과 중증 우울증이 서로 실체가 달라 한 현상에서 다른 현상으로 일반화될 수 없다고 주장한다. 이러한 불연속성 관점은 우울증에 대한 의학적 모델에서 직접 도출된 것이다. 이 관점에 따르면 치료나 입원이 필요할 만큼 심한 중증 우울증은 하나의 장애이고, 우리에게 익숙한 정상적 우울과 정도의 차이뿐 아니라 종류 면에서도 구별된다. 그러나 이 주장은 자세히 들여다볼수록 틀렸다는 생각이 들게 한다. 우리는 우울증이 연속적이며, 경도 대 중증의 구분은 단지 양적 차이에 불과하다고 본다. 건전한 이론이나 연구에 근거하지 않는 이 논쟁은 지적 쟁점이 아니라 길드(guild)의 문제다.

먼저, 불연속성 관점을 표현하는 여러 가지 방식을 살펴보자. 자세히 들여다보면 설득력 있는 해석이 하나도 없다. 첫 번째 불연속성 관점에 따르면, 경도 우울증을 겪는 개인과 중증 우울증을 겪는 개인은 콜리와 닥스훈트, 페니와 니켈(미국 동전의 종류—편집자 주), 난쟁이와 단순히 키가 작은 사람처럼 서로 다른 범주에 속한다. 이 주장은 하나 이상의 우울 양상에서 증상 분포의 극단적인 꼬리 부분에 뚜렷한 단절이 존재한다고 본다. 예를 들어 왜소증은 단순히 키가 작은 것과는 종류가 다르다. 키 분포의 극단적인 꼬리에 하나의 '돌출된 구간'이 존재하고, 그 구간에는 몸통에 비해 팔다리 비율이 일반적인 단신들과 형태적으로 다른 이들이 포함되어 있기 때문이다. 반면, 키가 매우 작은 사람들은 분포의 꼬리 부분에 별도의 돌출된 구간이 없고, 즉 왜소증 같은 구분이 없고 분포 상단의 이웃과 종류상 다른 특징을 보이지 않기 때문에 단지 정도의 차이만 있는 것으로 판단된다. 그렇다면 단극성 우울 '장애'는 왜소증과 같은 것일까, 아니면 단순히 키가 작은 사람과 같은 것일까?

우울증은 증상의 개수와 심각도에 따라 진단된다. 불연속성을 주장하려면 불면, 자기 비난, 체중 감소 같은 증상이 우울 집단(그리고 전체 인구)에서 '쌍봉 분포(2개의 최빈수를 갖고 있는 분포-편집자 주)'를 보여야 한다. 하지만 실제로 그렇다는 증거는 아직 없다. 사실 우리는 대다수 우울증 연구에서 설명양식 같은 변수와 우울증 심각도의 상관관계를 일상적으로 계산한다. 당연히 중증 우울 집단은 비우울 집단과 다르고, 이러한 집단 차이는 연속성·불연속성 양쪽에 모두 양립할 수 있다. 그러나 중요한 것은 그 변수와 우울증 심각도 사이에서 늘 선형 관계가 발견된다는 점이다. 더 우울할수록 변수를 더 많이 안고 있는 것이다. 연구자들이 각각 무(無)·경증·중등증·중증 우울증을 보이는 개인들을 대상으로 한 모든 연구에서 연속성 증거가 도출되었다. 반대로 불연속성을 주장하는 연구는 대체로 우울증 증상의 전 범위에 해당하는 개인들을 대상으로 삼지 않았다.

강력한 의학적 진단 검사를 찾는 노력도 고려해보자. 어떤 의학적 절차는 우울증이 의심되는 개인에게 생물학적 과제를 부여하면 그에 따른 생리적 반응이 우울과 비우울을 명확히 구분해줄 것이라는 믿음을 갖게 한다. 그러나 한때 큰 기대를 모았던 덱사메타손 억제 검사(덱사메타손을 투여해 코르티솔 억제를 평가하는 검사-편집자 주)는 비교 집단에 중등도 우울증 환자를 포함하기 시작하자 우울증 진단 검사로서 실패 판정을 받았다(Nierenberg & Feinstein, 1988). 현재 연구자들은 갑상선자극호르몬 방출호르몬(TRH) 반응을 떠받들고 있지만(Loosen, 1988), 머지않아 같은 운명을 맞을 가능성이 크다.

불연속성 관점은 경도 우울증에 취약한 사람이 중증 우울증을 겪을 가능성이 낮고, 그 반대도 낮다고 본다. 그러나 이를 뒷받침하는 증거는 없다. 오히려 정반대로 보인다. 경도 우울증은 중증 우울증의 배양지이고, 중증 우울증 병력이 있으면 경도 우울증 위험이 커진다.

두 번째 불연속성 관점에서는 경도 우울증이 한 가지 증상(군)으로, 중증 우울증은 또 다른 증상(군)으로 특징지어진다고 주장한다. 이를테면 경도 우울증은 비관과 사기 저하로 표현되는 인지적 장애인 반면, 중증 우울증은 식욕 관련 교란 등으로 표현되는 신체적 장애라는 식이다. 다시 말해 경도 우울증에는 신체 증상이 개입하지 않고 중증 우울증에는 인지 증상이 개입하지 않거나, 좀 더 그럴듯하게는 경도 우울증에서는 인지 증상이 신체 증상보다 우세하고 중증 우울증에서는 그 반대라는 것이다. 이 역시 증거가 없다.

세 번째 불연속성 관점에서는 비록 증상이 동일한 연속선상에 놓여 있어도 원인은 다르다고 주장한다. 경도 우울증은 삶의 좌절에 대한 반응이고, 중증 우울증은 유전적으로 매개될 수 있는 생물학적 이상의 결과라는 식이다. 그러나 이 또한 증거가 없다. 오히려 적용 가능한 의견들은 경도 우울증과 단극성 우울 장애가 초기 상실, 통제 불가능한 사건 경험, 비관적 기대, 가족 내 우울 등 동일한 위험 요인을 가진다는 점을 보여준다. 더 나아가 유전적 위험으로는 연속성과 불연속성 가운데 어느 쪽이 맞는지 알 수 없다. 단극성 우울 장애가 유전성을 지닌다는 점을 보여주는 연구 결과들이 있다. 예를 들어 일란성 쌍둥이는 이란성 쌍둥이보다 우울증 일치율이 훨씬 높다(Allen, 1976). 그러나 유전적 위험은 하나의 단일 유전자가 우울증을 일으키는 경우가 아닌 한, 불연속성 증거가 될 수 없다. 연속성 관점은 특정 종류의 유전 물질이 더 많이 존재할수록 우울증 심각도가 커진다고 가정한다. 반면 불연속성 관점은 그 유전 물질이 조금이라도 있으면 우울증이 반드시 발생하고, 없으면 발생하지 않는다고 가정한다.

네 번째 불연속성 관점에서는 경도 우울증의 경우 심리적 치료로 호전되지만, 중증 우울증은 약물이 필요하다고 주장한다. 즉 증상이나 원인 차원에서는 아니더라도 치료 차원에서는 경도 대 중증의 구분이 의미 있다는 것이다. 예를 들어 계단에서 넘어져 다리뼈가 골절되었다고 해보자. 골절은 한 계단 위, 또는 몇 계단 위에서 넘어졌느냐에 따라 경증에서 중증까지 손상 정도가 다양할 수 있다. '경미한' 골절은 안정만으로 낫는 반면, '심한' 골절은 깁스가 필요하다. 그러나 우울증 치료가 경도와 중증에 따라 차등적 효과를 보인다는 증거 또한 없다.

이처럼 불연속성 관점의 다양한 변주들을 검토해보면 지지받을 수 있는 것이 하나도 없다. 연속성 관점이 소극적으로나마 승리한다. 그럼에도 왜 일부 이론가와 연구자는 이 구분을 그토록 강하게 신봉하는가?

세 가지 이유를 추정할 수 있다. 첫째, 정신병리학자들은 진단명이 붙은 현상을 연구하는 편향을 보인다(Persons, 1986). 경도 우울증은 DSM 같은 진단 체계를 충족하지 못하기 때문에 그들은 당연히 진단명이 붙는 중증 우울증과 매우 다를 것이라고 가정한다.

둘째, 정신 역동 또는 생물학적 관점을 가진 정신병리학자들은 삶의 문제를 실체화하는 경향이 있다(Szasz, 1961). 중증 우울증은 증상 발현이 안정적이고 범위가 넓기 때문에 증상이 좀 더 일시적이고 국소적인 경도 우울증에는 없는 어떤 배후 원인이 잠복해 있다는 믿음을 주기 쉽다.

셋째, 그들은 정신과 치료가 필요한 문제들을 주로 연구한다. 환자 대 비환자, 입원 대 비입원은 분명 중증도와 관련 있다. 또한 환자가 되거나 입원을 하면 집단을 구분 짓는 갖가지 사회적·심리적 과정이 촉발된다. 그러나 이것들은 우울증 환자에게 이차적 문제다. 환자가 된다는 것은 증상의 연속선 측면에서도 심각할 뿐 아니라, 치료에 비용을 지불할 의사가 있거나 낙인을 감수할 의향이 있음을 뜻한다. 환자가 되는 일은 개인의 건강보험 세부 조건을 반영하기도 한다. 이것들 가운데 어느 하나도 종류의 구분이 아니다. 어쩌면 경도 대 중증의 구분은 경제학적·사회학적 용어로 가장 잘 설명될지 모른다. 설령 그렇다 하더라도 진단명, 실체화, 입원에 대한 편향들이 우울증의 양적 차이를 실제 이상으로 과장해 '종류의 차이'로 오인하게 두어서는 안 된다.

결국 앞서 암시했듯이 불연속성 관점의 추진력은 길드 문제에서 비롯된다고 본다. 단극성 우울 장애가 일상적 우울과 불연속적이라는 믿음은 현실 세계에서 심대한 함의를 가진다. 이 관점을 따른다면 우울증 치료는 비의료 인력이 아닌, 의료인이 행해야 한다. 치료 방식이 심리학적이라기보다 생물학적이어야 한다는 뜻이다. 또한 우울증을 이해하고 경감하려는 연구자들은 학생이나 공장 노동자, 주부가 아니라 환자를 연구 대상으로 삼아야 한다. 이 경우 적절한 연구 현장은 교실이나 쇼핑센터가 아닌, 병원이나 클리닉이 된다. 불연속성 관점을 지지하는 증거가 존재하지 않는다면 이런 제안들은 설득력이 없다.

우리는 이론가나 연구자들에게 우울증의 '심각성 연속체(어떤 현상이나 상태의 정도가 연속적으로 변화하는 범위-편집자 주)'에 대한 관심을 중단하라고 권하지 않는다. 오히려 이제라도 관심을 가지기 시작하라고 권한다. 무기력 이론 전통을 따르는 연구자들은 우울증 심각도가 제각각인 표본 집단을 대상으로 동일한 질문을 탐구하는 몇 안 되는 소수에 속한다. 빈도와 다양성, 심각도, 지속 기간, 난치성이 제각각 다른 우울증 증상을 드러내는 개인을 연구할 때만 우울증의 과정과 완화를 온전히 이해할 수 있다.

우리가 아는 것

다음은 우리가 알고 있다고 믿는 바다.

① 자연적으로 발생하는 단극성 우울 증상은 동물과 인간에게서 관찰된 무기력 학습 증상과 상당히 잘 맞아떨어진다.
② 우울한 사람은 나쁜 사건에 대해 내부적·영속적·만연적 설명을 하고, 좋은 사건에 대해서는 외부적·일시적·부분적 설명을 하는 경향이 있다.
③ 이러한 우울적 설명양식은 이후 우울증을 유발하는 위험 요인으로 작용할 가능성이 크다.
④ 인지치료는 단극성 우울 증상을 유의미하게 완화하며, 동시에 설명양식도 개선한다.

이 네 가지 사실을 종합하면 무기력 학습 모델은 우울증을 설명하는 데 유용한 이론임이 드러난다. 우울증에 관여하는 과정은 특정 모델이 제시하는 과정보다 훨씬 다양한 것이 분명하지만, 무기력 학습 접근법은 그중 핵심적 요인들을 포착하고 있다(Akiskal & McKinney, 1973, 1975). 여기서 주목할 만한 사실은 체계적이지 않은 관찰과 임상적 시행착오를 통해 도출된 많은 우울증 관련 설명과 달리, 무기력 학습은 일관된 이론적 토대 위에서 우울증을 설명한다는 것이다.

우리가 모르는 것

앞서 우리는 메커니즘, 왜곡, 연속성 여부 등 몇 가지 논쟁점을 다루었다. 이것들은 여전히 이론과 자료 사이의 갈등 주제이며, 향후 연구가 이를 해결해야 한다. 그러나 아직 본격적으로 논쟁조차 이루어지지 않은 두 영역이 있다. 바로 성별 차이의 원인과 우울증 예방이다.

놀렌호크세마(1987, 1990)는 성별과 우울증에 관한 연구들을 종합적으로 검토했다. 해당 연구들은 여성의 우울증 발병 위험이 남성보다 두 배가량 높다는 사실을 설득력 있게 보여준다. 그러나 이러한 성별 차이의 원인이 무엇인지는 여전히 분명하지 않다.

여기서는 방법론적으로 설득력 있는 연구들을 살펴보겠다. 이들 연구는 표준화된 평가 절차와 대규모 표본 크기, 단극성 우울과 양극성 우울을 구분하는 진단 체계를 사용했다. 또한 치료 사례(치료받고 있는 사람들)와 공동체 표본으로 구분된다. 공동체 표본은 연구자들이 직접 방문하는 대상을 말한다. 미국 내 치료 사례 연구 여덟 건 중 일곱 건에서 여성이 남성보다 우울증에 걸릴 평균 확률은 2 대 1로 더 높게 나타났다. 미국 외 지역의 치료 사례 연구 열 건 중 아홉 건에서는 여성과 남성의 우울증 발병 평균 확률이 2.3 대 1이었다.

이러한 치료 사례만으로는 성별 차이를 충분히 설명하기 어렵다. 여성이 남성보다 치료를 더 자주 받을 가능성이 있기 때문이다. 이를 보완하고자 지역사회 연구가 대거 이루어졌다. 그중 가장 종합적인 것이 바로 ECA 연구다. 주요 지역사회 연구는 대부분 여성이 남성보다 더 높은 우울증 발병 확률을 보였으며, 평균 비율은 2 대 1보다 약간 낮았다. 놀렌호크세마의 검토는 이것이 단순한 통계적 착시가 아니라 실제 차이라는 점을 분명히 보여준다.

요약하자면 여성에게서 우울증이 더 많이 발병한다는 사실은 확실하다. 그러나 왜 그런지는 불분명하다. 이에 대해서는 여러 가설이 제기되어 왔다(Nolen-Hoeksema, 1987). 그중 하나는 여성의 사회적 지위 열등감과 초기 사회화가 그들을 더 의존적이고 수동적으로 만들고, 중요한 사건을 통제할 수 없다고 기대하게 한다는 것이다(Radloff, 1975). 또 다른 가설은 여성이 남성보다 우울적 설명양식을 더 많이 학습했을 개연성을 제기한다(Dweck & Gilliard, 1975). 여성이 남성보다 상태 지향적이며, 따라서 나쁜 사건들(특히 우울증 자체)을 걱정하고 설명하는 경향이 강하다는 가설도 있다. 반면 남성은 행동 지향적이라서 덜 생각하고 더 행동으로 옮긴다. 상태 지향성이 우울적 설명양식과 결합하면 우울증이 증폭되고, 행동 지향성은 우울한 기분을 약화해 문제해결로 이어질 수 있다.

이 가설들 가운데 어느 것이 옳은지에 대해서는 자료가 충분치 않다. 먼저 필요한 것은 남녀 간 통제 불가능성 지각, 설명양식, 상태/행동 지향성 등 차이를 교차적으로 비교하는 연구다. 궁극적으로는 이 세 가지 인지가 우울과 관련해 어떻게 발달하는지를 추적하는 종단 연구가 중요할 것이다. 특히 사춘기가 핵심 시기일 가능성이 크다. 루터(Rutter, 1986)에 따르면 사춘기 전에는 남자아이들이 더 우울해하지만, 사춘기 이후에는 상황이 급격히 뒤바뀌어 여자아이들이 더 많이 우울감을 느낀다고 한다. 그럼 혹시 사춘기를 전후로 통제 불가능성 지각, 설명양식, 상태/행동 지향성이 성별 간에 뒤바뀌는 것일까?

일단 우울증이 발병하면 인지치료와 다양한 반(反)무기력 기법을 통해 완화할 수 있다. 그러나 치료를 받으려는 사람은 중증 우울증을 겪는 이들 가운데 일부에 불과하다. 미국 내 젊은이 열 명 가운데 한 명은 인생 어느 시점에 주요 우울 삽화를, 또 다른 열 명 중 한 명은 경미한 우울 삽화를 경험한다. 앞으로 10년 동안 100만 명당 4분의 1이 자살하고, 15퍼센트가 평생 알코올이나 약물에 의존할 것이다. 이 모두가 상당 부분 우울증에서 비롯된다(Robins 외, 1984). 이 가운데 일부 혹은 거의 대부분을 예방할 수 있을까?

우울적 설명양식과 빈약한 무기력 대처 기법은 우울증 발병 위험을 높인다. 인지치료와 더불어 자기주장 훈련, 사회기술 훈련 같은 다양한 행동치료는 설명양식을 개선하고 대처 능력을 향상한다. 우리는 이러한 치료 기술들을 예방 차원에서 가르칠 수 있다고 믿는다. 더 나아가 이 기술들은 교실 환경에서 집단적으로 교육될 수 있다. 특히 결정적 시기는 바로 사춘기가 시작될 때로, 이 무렵 우울증 발병 위험이 몇 배로 증가하기 때문이다.

우리는 다음과 같은 연구를 제안한다. 먼저, 대규모의 6학년 학생 집단을 세 그룹으로 나눈다. 그중 한 집단은 주 1회 교실에서 '개인적 통제 훈련'을 받는다. 여기에는 자동적 사고 인식, 반증 자료 찾기, 재귀속 훈련, 대안적 설명 탐색, 우울증 생성 가정에 도전하기 등이 포함된다. 또 다른 집단은 동일한 시간 동안 성교육이나, 유용하지만 개인적 통제와 무관한 기술을 배운다. 마지막 집단은 아무런 훈련도 받지 않는다. 이들을 청소년 시기 내내 추적하면서 우울증 증상, 우울 장애 발생률, 자살 시도, 약물 남용, 학업 성취 등을 조사한다. 우리의 예측은 개인적 통제 훈련을 예방 차원에서 받은 집단의 경우 우울증 문제가 낮게 나타난다는 것이다.

우리 세대가 겪은 가장 극적인 공중보건 사건은 소아마비 백신의 등장이었다. 보편적 예방접종 덕에 지금은 소아마비가 거의 사라졌다. 이에 우리는 오늘날 만연해 있는 우울증 팬데믹도 학교에서 체계적으로 시행하는 예방적 훈련이라는 '예방접종'을 통해 크게 줄일 수 있다고 믿는다.

16장

무기력 학습과 사회문제

인간 무기력 학습에 관한 두 가지 이야기가 있다. 첫 번째는 실험실에서 개에게 회피 불가능한 전기충격을 가했을 때 관찰된 것과 유사한 현상을 인간에게서 재현하려는 시도와 관련 있다. 두 번째는 무기력 현상을 인간 적응 실패의 여러 형태를 설명하는 틀로 확장하려는 시도와 관련 있다. 이 두 이야기는 분명한 차이를 보인다. 13장에서 설명했듯이 초기 무기력 연구는 논란이 많았다. 반대로, 응용 연구는 대부분 열렬하게 받아들여졌다. 흥미로운 점은 무기력 학습이 가장 철저히 적용된 분야가 바로 우울증이며, 동시에 가장 논란이 많은 영역이기도 하다는 것이다. 15장에서 우리는 이러한 논란이 생기는 이유를 몇 가지 살펴봤다.

이번 장에서는 무기력 학습이 우울증 이외의 사회문제에 어떻게 적용되는지를 살펴볼 계획이다. 적용 범위는 뉴스 속 사건부터 성 바울(Saint Paul)의 고난에 이르기까지 다양하다. 다만, 일부 이론가가 무기력 개념을 무비판적으로 쓰는 경향이 있다 보니, 우리는 이를 균형 있게 다루기 위해 신중하게 접근할 생각이다. 먼저, 특정 부적응 행동에 무기력 학습이 적용될 수 있는지를 평가하는 방법을 논의한 뒤 가장 널리 알려진 적용 영역들을 살펴보고, 우리가 제시한 기준에 따라 경험적으로 평가할 것이다.

우리는 일부 적용이 지나치게 은유적이라는 점도 비판할 것이다. 빈약한 증거만으로 무기력이 작동한다고 주장하는 경우들이 있기 때문이다. 그럼에도 사람들에게 왜 수동성이 나타나는지를 설명하려는 욕구 자체에는 공감한다. 탐욕, 폭식, 정욕 같은 과도한 활동은 열정이나 충동 탓으로 쉽게 설명되지만, 과도한 무활동은 훨씬 난해하게 느껴진다.

대중적인 표현을 빌리자면, 인간이 할 수 있는 극히 짜증 나는 행동 가운데 수동성과 관련된 것은 다음과 같다.

- 그저 앉아서 당하고만 있는 것
- 스스로를 방어하기 위해 손가락 하나 까딱하지 않는 것
- 행동하기 전에 생각하지 않는 것
- 포기하는 것
- 노력을 기울이지 않는 것
- 꾸준히 밀고 나가지 않는 것
- 무슨 일이 일어나든 신경 쓰지 않는 것

이 같은 수동성을 설명하려는 시도는 심리학 전반에 걸쳐 나타났다(Curtis, 1989). 정신분석학자들은 의존성, 피학성, 죽음 본능 같은 복

잡한 개념들을 엮어 사람은 내적 충동에 따라 수동적으로 행동할 뿐 아니라, 오히려 부정적 결과에서 만족을 얻는다고 설명했다. 행동주의자들은 수동성이 단순히 무활동에 대한 보상이나 활동에 대한 처벌 때문에 나타난다고 주장했다(11장).

그러나 정신분석학적 주장은 그것을 어떻게 검증할 수 있는지조차 불분명하다. 행동주의적 설명은 검증 가능하지만 종종 충분치 않다. 현실에서는 보상과 처벌이 활동을 장려해야 하는 상황에서도 수동성이 나타나기 때문이다. 그렇다면 우리는 이 현상을 어떻게 설명해야 할까? 바로 여기서 무기력 학습이라는 설명이 매력적으로 다가온다. 환경적 사건에서 출발한다는 점에서는 도구적 설명들과 유사하지만, 수동성이 마치 독자적 생명력을 지닌 것처럼 지속되는 이유를 설명한다는 점에서 차별화된다.

따라서 우리는 무기력 학습 모델을 사회문제에 적용하는 데 담긴 힘을 인정한다. 동시에 다양한 적용 사례들이 그 타당성 정도에서 차이를 보인다는 점도 인식하고 있다. 우리는 비판적인 태도를 유지할 것이다. 모든 무기력 학습의 적용을 똑같이 설득력 있는 것으로 취급할 경우 이 모델이 가장 잘 작동하는 영역에서조차 그 신뢰성이 훼손될 위험이 있기 때문이다.

무기력 학습 기준

'무기력 학습'이라는 용어가 사용되는 방식을 보면, 이 현상을 인식할 수 있는 세 가지 기준이 있다(10장). 첫째, 무기력 학습은 어떤 집단이나 개인, 혹은 동물이 부적절한 수동성을 보일 때 나타난다. 즉 효과적인 대처가 가능한 상황에서도 정신적·행동적 노력을 하지 않아 요구를 충족하지 못하는 경우다. 둘째, 무기력 학습은 통제 불가능한 사건의 결과로 나타난다. 단순히 나쁜 사건이 일어난다고 해서 무기력이 생기는 것은 아니다. 나쁜 사건이 트라우마는 물론, 수동성을 포함한 부정적인 반응들을 불러올 수 있지만 이는 '학습된' 형태의 무기력이 아니다. 셋째, 무기력 학습은 통제 불가능한 사건에 노출되면서 획득한 특정 인지적 과정에 의해 매개되며, 이러한 과정이 부적절하게 일반화되어 새로운 상황에 적용된다. 다만 그 인지가 정확히 어떤 형태인지는 아직 불분명하다.

이 기준들을 사용하면 특정 사회문제가 무기력 학습 사례에 얼마나 부합하는지를 평가할 수 있다. 이상적인 사례는 다음 세 가지 조건을 모두 충족한다.

첫째, 해당 개인(또는 집단)이 부적절하게 수동적인 행동을 한다. 이 구분은 매우 중요하다. 사람은 다양한 이유로 수동적일 수 있기 때문에 무기력 학습이라는 용어는 활동이 더 효과적인 상황에서조차 활동하지 않을 때 사용한다. 현실에서 많은 수동성이 사실상 도구적으로 쓰인다. 즉 수동성에 대한 보상이나 활동에 대한 처벌 때문에 나타나는 것으로, 이는 상황적 맥락상 '적절한' 수동성이다.

둘째, 해당 개인(또는 집단)은 통제 불가능한 사건의 경험을 갖고 있어야 한다. 실험실에서는 '짝지은 절차'를 통해 통제 가능성이나 통제 불가능성을 전기충격의 물리적 특성과 구분할 수 있지만, 현실 세계에서는 그렇지 않다. 그럼에도 연구자는 통제 불가능성이 중요한지를 입증해야 한다. 귀인 이론 개정 모델은 이 작업을 용이하게 한다.

즉 객관적인 통제 불가능성이 있더라도 사람이 이를 통제 불가능하다고 지각하지 않는 한 무기력은 발생하지 않는다. 따라서 연구자는 '무기력한' 개인이 자기 생활 사건을 실제로 통제 불가능하다고 믿는지 확인해야 한다.

셋째, 자기 패배적 행동이 무기력 학습으로 설명되려면 그 사람의 수동성이 자신의 무기력에 대한 신념에 의해 매개되어야 한다. 다시 말해 무기력 학습은 본질적으로 인지적 현상이다.

무기력 학습을 가장 잘 입증하는 방법은 종단 연구다. 무기력 학습은 과정의 이론이라 시간이 흐르면서 사건들이 이론의 예측대로 전개될 때 무기력이 존재한다고 확신할 수 있다. 그러나 종단 연구는 드물고, 대부분 단면 연구다. 즉 한 시점에서 인지적 설명과 수동성이 상관관계를 보이는지를 확인하는 것이다. 이는 이론과 일치하는 결과일 수는 있으나, 다른 설명도 가능하기 때문에 상대적으로 약한 근거에 불과하다(Peterson & Seligman, 1984).

무기력 학습에 대한 우수 사례는 이 세 가지 기준을 모두 충족하며, 나쁜 사례는 그중 하나도 충족하지 못하거나 단 하나만 충족하는 경우다. 이러한 구분은 무기력 학습 응용을 평가하는 데 유용하다. 실제로 많은 응용 사례가 중간 수준에 머무른다. 일부 기준은 충족하지만 모두를 충족하지는 못하는 것이다. 그렇기에 적용 사례를 전적으로 수용해서도, 전적으로 무시해서도 안 된다. 그래서 늘 "더 많은 연구가 필요하다"는 권고가 따라붙지만, 최소한 앞에서 명시한 기준은 향후 연구가 나아갈 방향을 제시한다.

응용 분야 조사

이제부터는 자기 파괴적으로 보이고 이론가들이 무기력 학습 사례라고 가정해온 다양한 행동을 살펴볼 것이다. 각 적용 사례는 무기력 학습 기준에 비추어 경험적으로 평가했다. 아주 나쁜 사례로 시작해 우수한 사례까지 순서대로 살펴본다. 이어지는 요약 표는 각 기준에 대해 우리가 내린 판단을 정리한 것이다.

무기력 학습 이론의 사회문제 적용을 논할 때 우리는 필연적으로 정치 문제 영역에 발을 들여놓게 된다. 그러니 무기력 학습 모델의 정치적 함의를 잠깐 짚고 가자. 이 모델은 보수적이거나 진보적이라는 딱지로 간단히 구분하기 어렵다. 두 요소가 모두 섞여 있기 때문이다. 한편으로 무기력 학습은 환경에 궁극적 원인을 돌린다는 점에서 인간 본성에 대한 진보적 관점을 제공한다. 환경을 바꾸면 무기력 자체를 예방할 수 있다는 뜻이다. 또한 무기력한 사람들의 수동성은 '동기가 있어서' 발현되는 것이 아니라, 세계가 작동하는 방식에 대해 특정 믿음을 가지고 있을 때 나타나는 '합리적' 반응일 수 있다. 다시 말해 환경적 개입이 무기력을 꺾을 수 있다는 뜻이다.

다른 한편으로 무기력 학습은 보수적 색채도 띤다. 누군가를 무기력하다고 할 때 우리는 "그래, 그는 예전에 통제 밖의 일이 많았고, 그래서 지금 무기력해졌지. 하지만 지금은 결과를 바꿀 수 있어. 단지 시도만 한다면 말이야"라고 말하는 셈이다. 이런 분석은 현 시점의 결과를 실제로 조절할 수 있을 때만 타당하다. 인지적 개입이 합리적인 것도 문제 근원이 세계를 보는 방식에 있을 때뿐이다. 세계가 여전히 만화경처럼 변덕스럽다면 그곳에 사는 사람들이 무기력한 모습을 보인다고 말하는 것 자체가 심각한 오류다.

아주 나쁜 사례

가장 형편없는 무기력 학습 사례들은 연구 문헌에 제대로 실리지조차 않는다. 다만, 〈웜 러너 다이제스트(Worm Runner's Digest)〉에 실린 두 편의 유머러스한 글은 소개할 만하다. 하나는 무기력 학습을 죽은 비둘기에 적용하고(Gamzu, 1974), 다른 하나는 반려 돌멩이에 적용한 내용이다(Brewster & Wilson, 1976). 이 글들은 오히려 교육적이다. 어떤 이론가가 모든 무활동을 곧바로 무기력 학습 탓으로 돌릴 때 얼마나 쉽게 길을 잃는지 보여주기 때문이다(Maier, 1974).

우리가 한 번 읽은, 하지만 정확한 출처는 찾지 못한 어느 책의 한 장(章)을 악의가 전혀 없이 아주 나쁜 사례로 들고자 한다. 그 장은 필리핀을 자주 강타하는 몬순이 섬에 불행을 가져왔다고 주장하면서 몬순이 주민들에게 무기력 학습을 유발했다고 썼다. 우리가 필리핀 전문가라고 할 수는 없지만, 그 논증이 빈약하다는 사실을 판단할 만큼은 안다. 무기력 학습의 어떤 기준도 충족하지 않았기 때문이다. 수년간 필리핀이 격변을 겪었다는 사실은 알지만, 그 문제들을 수동성으로 묘사하는 것이 최선인가? 풀뿌리 지지로 일어난 아키노 혁명(에드사 혁명, 일명 피플 파워 혁명으로 필리핀에서 1986년 페르디난드 마르코스 독재정권을 몰아낸 민주화 혁명 – 편집자 주)은 수동성의 증거와는 거리가 멀다. 설령 수동성이 적절한 묘사라 해도 그 수동성이 부적절한 수동성이었는가? 즉 반응하는 세계에서조차 시민들이 수동적으로 행동했는가, 아니면 위험한 정치 환경에서 전략적으로 무사안일을 택했는가?

마찬가지로, 수동성이 실제로 있다면 그 원인은 몬순의 통제 불가능성인가, 아니면 몬순이 일으키는 물리적 피해인가? 실험실처럼 '통제 가능한 몬순'과 '통제 불가능한 몬순'을 짝지어 비교할 수는 없지만, 동일하게 통제 불가능하되 파괴력은 차이 나는 섬 지역들을 비교하는 연구는 가능하다. 무기력 학습이 작동한다면 피해 정도와 무관하게 수동성이 나타나야 한다. 더 나아가 시민들을 대상으로 몬순의 통제 가능성에 대한 지각을 묻는 면접조사를 시행할 수도 있다. 통제가 덜 된다고 지각한 시민들이 더 수동적으로 행동해야 한다. 그러나 이런 가능성들을 뒷받침하는 어떤 데이터도 제시하지 않았기에 우리는 이것을 아주 나쁜 사례로 결론지었다.

부족한 사례

여기에는 무기력 학습의 관련 기준을 충족하지 못할 뿐 아니라, 오히려 무기력 학습의 의미에 모순되는 것처럼 보이는 내용들이 포함되어 있다. 다시 말해 이미 충분한 연구가 수행되어 무기력 학습 사례가 아닐 가능성이 크다고 결론 내릴 수 있는 사례들이다. 그럼에도 이런 사례들이 무기력 학습 사례로 거론되는 것은 무기력 학습 모델에 대한 오해가 있다는 점을 시사한다.

알코올 의존

알코올 남용이 삶에 가져오는 대가를 고려하면 사람들이 여전히 술을 그렇게 많이 마신다는 사실이 놀라울 따름이다. 알코올 의존증은 개념화와 치료 모두에서 아직 완전히 손에 잡히지 않은 영역이다 (Vaillant, 1983). 무기력 학습 모델이 알코올 남용 설명에 거론된다는 것은 충분히 예상 가능한 일이다(Griffith, 1986). 다만, 이 설명은 만족스러운 수준에 한참 못 미친다.

무기력 학습이 이론가들을 끌어당긴 이유부터 보자. 알코올 남용 관련 서술에는 통제 상실이라는 주제가 일관되게 흐른다. 대표적인 알코올 남용 정의에 따르면 알코올 남용의 핵심 특징은 일단 마시기 시작하면 섭취량을 조절하지 못하는 폭음이다. 알코올 의존자 자신도 본인의 처지를 무기력으로 묘사하고, 우울감이 빈번히 동반된다(O'Leary, Donovan, Cysewski & Chaney, 1977). 놀랍지 않게 비관적 설명 양식도 흔하다(Dowd, Lawson & Petosa, 1986). 익히 알려진 AA(알코올 중독자협회)의 12단계 치료 과정 중 첫 문장은 본인 스스로 "알코올에 무력하며 삶이 감당할 수 없게 되었다"고 인정할 것을 촉구한다. 표면적으로는 무기력을 공표하는 듯하지만, 다른 관점에서 보면 자존감을 북돋우고 금주를 유지하기 위한 장치이기도 하다(Beckman, 1980).

그렇다면 알코올 남용자의 수동성은 어떤가? 맥주를 들이켜는 사람은 이동 상자에 웅크린 개처럼 수동적이지 않다. 알코올 의존증을 수동성으로 규정하려면 수동성을 저항이 가장 적은 길(음주)을 택하고 다른 일은 하지 않는 것으로 넓혀 해석해야 한다. 이 해석은 동물 연구 결과에서도 어긋나지 않는다. 무기력은 단순하고 잘 학습된 과제에서는 좀처럼 드러나지 않는다(Maier, Albin & Testa, 1973). 어쩌면 알코올 의존증이 무기력 학습을 반영하는 지점은 술 앞에서가 아니라 삶의 다른 과제들 앞에서 무기력해진다는 데 있을지 모른다.

음주는 통제 불가능한 사건 앞에서 일어나는가? 노엘(Noel)과 리스먼(Lisman, 1980)은 관련 실험을 보고했다. 그들은 여대생들에게 해결 가능한 문제, 해결 불가능한 문제를 각각 풀게 한 뒤 맛보기 시험을 가장해 맥주와 진저에일을 마실 수 있게 했다. 해결 불가능한 문제를 받은 집단은 실제로 맥주를 더 자주 선택했다. 흥미롭게도 마시는 속도는 동일했지만, 더 오랫동안 계속 마셔 결과적으로 소비량이 많았다.

노엘과 리스먼(1980)은 다른 자료들을 고려해 이를 무기력 학습의 작동으로 해석하지 않았다. 그들은 '통제 불가능성 → 좌절/스트레스 → 알코올 섭취로 완화' 경로를 제시한다. 이 관점에서 알코올 의존증은 최소한 좁은 의미에서는 수단적 행동이다. 더 최근에는 핀(Finn)과 필(Pihl, 1987)의 연구가 이 분석과 일치한다. 가족력이 있는 남성은 회피 불가능한 전기충격에 더 큰 심혈관 반응을 보였고, 음주 후 반응 감소도 더 컸다. 볼피첼리(1987)는 생물학적 해석을 제안한다. 통제 불가능한 사건에 노출되어 높아진 엔도르핀 수준을 알코올이 유지해준다는 것이다(12장 참고).

요컨대 알코올 의존증은 기껏해야 '부족한' 무기력 학습 사례다. 무기력적 사고는 존재하지만, 다른 기준들은 잘 입증되지 않은 상태다. 실제로 알코올 의존자의 수동성은 반응-결과 간 독립성 기대보다 수단적 고려를 더 잘 반영하며, 중독성과 유해성 같은 알코올 자체 속성도 행동 결손을 설명할 때 반드시 고려해야 한다. 또한 알코올 의존자가 비의존자보다 더 많은 통제 불가능한 사건을 경험한다는 결정적 증거도 없다(Vaillant, 1983). 오히려 플래너리(Flannery, 1986)가 제안했듯이 알코올 의존자 본인이 아니라, 그들의 자녀가 진짜로 무기력 학습의 희생자일 수 있다. 부모가 만든 통제 불가능하고 혐오스러운 환경 때문이다.

신체 통제

몇몇 연구자는 생체 피드백(biofeedback)에서 무기력 학습의 역할을 탐색했다. 먼저 간단한 배경부터 살펴보자. 관련 연구에 따르면 우리가 보통 의식하지 못하는 신체의 일부 과정은 바람직한 심리 상태와 함께 나타난다. 예를 들어 특정 뇌파 패턴은 이완 상태와 함께한다. 그럼 이러한 신체 과정을 통제할 수 있다면 바람직한 심리 상태도 통제 가능할까?

생체 피드백은 이를 위한 기술 집합으로, 신체에 기기를 부착해 뇌파, 맥박, 체온 같은 표적 과정을 측정한 뒤 그 수준을 화면/소리로 피드백해 목표에 얼마나 다가가는지 알려준다. 이 같은 학습 영역을 행동에서 생리 과정으로 확장해 사람에게 적절한 정보(피드백)만 제공된다면 시행착오 학습을 통해 신체를 조절할 수 있다는 가정이다. 한때는 질병·손상에 대해서도 치유 반응을 학습시킬 수 있다는 기대가 존재했지만, 지금은 그 기대가 조금 완화된 편이다.

그럼에도 생체 피드백은 계속해서 연구자들의 주목을 받고 있다. 일부는 무기력 학습이 자기조절 기술 습득을 방해할 수 있다고 봤다(Carlson, 1982). 그러나 연구 결과는 이를 뒷받침하지 않는다. 칼슨(Carlson)과 펠드(Feld, 1981), 트라우브(Traub)와 메이(May, 1983)는 각각 통제 불가능한 사건 경험이 이후 생체 피드백의 이완 과제 수행을 오히려 촉진한다는 결과를 보고했다.

13장에서 살펴봤듯이 무기력 학습 연구에서 때때로 심리적 반발 효과가 나타나지만, 언제 발생할지 예측하기는 어렵다. 생체 피드백 연구 참여자들이 그 과제를 충분히 중요하게 여기고 통제 불가능한 사건 경험량이 적어서 오히려 수행이 좋았을 수 있다. 트라우브와 메이(1983)가 제시한 더 흥미로운 가능성은 이렇다. 통제 불가능한 사건이 수동성을 유발했고, 그 수동성이 생체 피드백의 수행을 촉진했다는 것이다. 앞서 설명에서 어떻게 신체 반응을 조절하는지는 말로 규정하기 어렵다고 했다. 실제로 피험자들은 "힘을 빼라", "애쓰지 마라"라는 지시를 받는다. 무기력은 오히려 적절한 '놓아버림'을 보장한다고 해석할 수 있다.

이 가능성이 추가 연구로 지지된다면 "무기력은 늘 나쁜 결과를 낳는다"는 상식을 뒤집는 강렬한 반대 사례가 될 것이다. 이는 무기력한 사람이 무엇을 생각하는지에 대한 논쟁(13장)에도 빛을 비출 수 있다. 답은 '아무것도'일 수 있고, 그것이 특정 상황에서는 이득이 되기도 할 것이다. 어쨌든 이 논의는 현재로선 증거보다 추정이 앞선다. 최소한 신체 조절 실패에서 무기력 학습의 역할은 아직 입증되지 않았다.

아동 학대

일부 이론가는 아이의 울음을 통제할 수 없다는 경험이 부모(가해자)의 무기력 학습을 낳아 아동 학대로 이어진다고 주장한다. 표면적으로만 봐도 이 설명은 개연성이 낮다. 통제 불가능한 울음이 학대의 선행 요인인 것은 맞지만(Parkin, 1975), 학대 자체는 부적응적 수동성이 아니다. 엄밀히 말해 부적응성은 맞지만 수동성은 아니다. 심지어 좁은 의미에서 아동 학대는 수단적이기까지 하다. 강한 폭력에 노출된 아이는 울음을 멈추기 때문이다.

실험실 연구에서 무기력해진 동물은 공격 반응을 덜 보인다. 다른 반응과 마찬가지로 말이다(Seligman, 1975). 따라서 통제 불가능한 울음이 부모의 무기력을 유발한다면(Donovan, 1981; Donovan & Leavitt, 1985; Donovan, Leavitt, & Walsh, 1990; Kevill & Kirkland, 1979 실험에서는 그렇게 나왔다) 그 표현은 방임이어야지, 적극적 학대일 수는 없다.

무기력 학습 적용이 여러 영역에서 인기 있었던 이유는 그 설명이 낙관적이기 때문이다. 어떤 사람이 무기력을 '학습했다'고 말하는 것은 그가 겪는 불행에 대해 그에게 책임을 묻지 않는다는 의미다. 이는 동시에 개입을 시도할 명확한 표적을 제시하기도 한다. 다만, 어떤 현상을 아동 학대 사례처럼 무기력 학습으로 보지 말자고 주장한다고 해서 마조히즘 같은 복잡한 설명을 대신 들이대자는 것은 아니다. 이런 경우에는 무기력 학습이 좋은 설명이 아니라는 뜻일 뿐이다. 실제로 우리는 무기력 학습이 자기 파괴 행동의 설명으로 부진한 성과를 보이는 경우 가장 그럴듯한 대안은 대부분 더 평범한, 즉 지역사회에서 일반적으로 작동하는 보상과 처벌 구조라고 본다. 이것 역시 개입의 표적을 분명히 제시한다.

중간급 사례들

이제부터는 무기력 학습의 세 가지 구성요소 가운데 보통 '무기력적 인지(스스로의 노력이나 시도가 상황을 바꿀 수 없다고 여겨 어떠한 행동을 할 의욕조차 느끼지 못하는 심리적 상태-편집자주)' 한 가지만 확실히 보여주고, 나머지는 충족하지 못한 사례들을 살펴보자. 추가 연구가 이루어지면 무기력 학습 모델이 이러한 현상들을 잘 설명한다는 증거가 나오겠지만, 그렇지 않을 수도 있다. 현재로서는 각 경우에 대해 주장이 부분적으로만 입증되었다고 결론 내린다.

아동 학대 피해자

무기력 학습이 부모의 아동 학대를 설명하는 데는 적합하지 않지만, 학대당한 아이들의 부정적 반응을 설명하는 데는 도움이 될 수 있다. 학대받은 아동은 내성적, 우울증, 수동성, 사기 저하로 묘사되곤 한다(German, Habenicht & Futcher, 1990; Green, 1978; Martin & Beezley, 1977). 학대받은 이력은 분명 통제 불가능한 나쁜 사건에 포함된다(Kelley, 1986). 그렇다면 여기서 무기력 학습이 작동하는가?

슬레이드(Slade)와 스튜어드(Steward), 모리슨(Morrison), 어브래머위츠(Abramowitz, 1984)는 학대 아동 집단과 비학대 아동 집단에서 핵심 무기력 구성개념들을 면밀히 살핀 뒤 무기력 학습이 이들의 심리적 기능을 설명하는지 검토했다. 학대 아동의 수동성이 무기력 학습을 반영한다면 이 아이들은 과제 수행 시 지속성이 낮고, 수반성 정보를 부적절하게 사용하며, 성공과 실패를 비관적으로 설명할 것이라는 예측이 가능하다.

8~12세 아동을 대상으로 표준 실험실 과제와 질문지를 사용해 조사한 결과는 대부분 두 집단 간 차이가 없었다. 드러난 한 가지 차이는 오히려 무기력 예측과 반대였다. 즉 학대 아동이 실패를 자기 탓으로 돌릴 가능성이 비학대 아동보다 낮았다. 이는 나쁜 사건의 책임이 피해자에게 있지 않다는 학대의 현실을 반영한 듯하다. 그러나 동시에 이러한 반응은 아동 학대의 결과를 무기력 학습으로 설명하는 것이 부적절할 수 있다는 점을 시사한다. 학대받은 아동의 수동성은 다른 틀에서 이해하는 편이 더 타당할 수 있다.

소아 자폐

소아 자폐의 정의적 특징 가운데 하나는 심각한 사회적 소외다. 자폐 아동은 타인과의 관계 맺기에 거의 나서지 않는다. 현재는 자폐와 관련해 생물학적 원인이 중시되지만, 기본 생물학적 문제를 악화하는 심리적 과정이 개입될 여지는 충분하다. 흔히 관찰되는 동기 저하의 뿌리에 무기력 학습이 자리할 수 있다는 주장도 제기되었다(Meline, 1985).

쾨겔(Koegel)과 멘티스(Mentis, 1985)는 자폐 아동이 학습 과제에서 성과가 낮은 이유를 능력 부족이 아닌, 동기 부족에서 찾았다. 초기 시도에서 강화가 주어지지 않는 어려움 때문에 자폐 아동을 돌보는 사람이 좌절해 산발적으로(비연합적으로) 강화하는 패턴을 만들 수 있고(Koegel & Egel, 1979), 그 결과 아동이 반응 개시 자체를 회피한다는 것이다. 쾨겔과 오델(O'Dell), 던랩(Dunlap, 1988)은 소리 자체보다 말하려는 시도를 강화할 때 자폐 아동의 언어가 더 잘 향상된다는 점을 확인했다. 즉 기술 개입보다 동기 개입이 더 효과적이라는 뜻이다. 다른 연구들도 촉구, 과제 성공 경험, 강화 빈도 증가가 자폐 아동의 동기를 높일 수 있다고 밝혔다(Dunlap, 1984). 이는 자폐 아동이 생각보다 더 많은 것을 학습할 수 있다는 것을 보여주며, 문제가 전적으로 생물학적 결함 때문만은 아니라는 점을 시사한다.

그럼에도 이러한 연구들은 무기력 학습의 관여를 강력히 뒷받침하지는 못한다. 쾨겔과 멘티스(1985)는 잦은 실패의 해로운 효과를 강조하면서도 통제 불가능성을 실패 자체의 트라우마와 구분해 다루는 데는 소홀하다. 무기력 학습은 단순히 나쁜 사건을 겪은 후 생겨나는 트라우마 반응이 아니다. 결론적으로 이 경우 무기력 학습 귀인은 충분히 성립되었다고 보기 어렵다.

가정 폭력

모든 부부가 행복하게 사는 것은 아니다. 신체적 폭력은 전체 부부의 15퍼센트 이상에서 발생한다(Kalmuss & Straus, 1982). 그렇다면 왜 일부 여성은 폭력을 행사하는 배우자 곁에 머무는가(Gelles, 1976)? 예상과 달리 폭력 빈도나 강도는 아내의 이혼/분리 여부와 강하게 연결되지 않는다(Pageglow, 1981). 이론가들은 다른 이유를 찾았고, 그중 타당성이 입증된 두 요인은 결혼에 대한 심리적 헌신과 경제적 의존이다(Strube & Barbour, 1983). 여기에 일부는 무기력 학습의 관여를 제안하기도 했다(Peterson & Seligman, 1983).

이 적용은 얼마나 설득력 있는가? 표면적으로는 학대 관계에 머무르는 선택이 부적응적 수동성처럼 보인다. 가정 폭력 피해 여성들은 배우자의 구타를 통제 불가능하다고 느끼고, 경찰이나 사회복지사 같은 사회적 기제가 도움이 되지 않는다고 믿는 경향이 있다고 한다(Gayford, 1975; Martin, 1976). 일부 연구는 폭력 피해 여성들의 문제해결 기술 결손을 보고했다(Launius & Lindquist, 1988). 그러나 머무르겠다는 결정이 순전히 수단적 고려일 수 있다는 점을 잊지 말아야 한다. 떠날 만한 경제적 능력이 없는 경우 가해자 옆에 남는 이유는 무기력이 아니라, 대안의 부재일 수 있다.

폴링스태드(Follingstad, 1980)의 사례 연구는 겉보기에는 무기력 학습 모델에 부합한다. 그러나 그는 "구타당하는 여성들은 수동적 양식을 합리적이라 생각하고, 때로는 유일한 대안으로 지각하기 일쑤다"라고 서술함으로써 무기력 학습에 관한 약간의 혼란을 드러낸다. 더

구나 그는 "구타당한 여성의 헛된 변화 시도는 보통 학대 심화라는 결과로 이어진다"고 덧붙임으로써 피해자의 수동성은 선행 사건이 아니라 학대의 결과라고 결론 내린다. 폴링스태드의 결론은 분명 합리적이지만, 이 사례 연구를 무기력 학습의 전형으로 보기에는 부적절하다.

워커(Walker, 1977-1978, 1979, 1983; Walker & Browne, 1985)는 좀 더 광범위하게 무기력 학습 모델을 채택했다. 그는 전통적 사회화가 여성에게 자신의 무기력에 대한 믿음을 주입한다고 주장하면서 많은 피해 여성이 아동기 학대 경험을 갖고 있다고 밝혔다. 이로써 이 표본 안에서 통제 불가능한 사건이라는 선행 요건이 충족되었다. 그러나 여기에도 오해가 있다. "남자아이들 사이에서 인기 있고 잘 어울리려면 자신의 힘을 내줘야 한다는 메시지를 받아들였다"(Walker, 1977-1978)라는 진술은 사회화가 무기력을 낳을 수는 있다는 사실을 보여주지만, 우리가 말하는 무기력 학습과는 다르다. 또한 "구타당한 여성이 느끼는 공포는 적절했고, 별거가 폭력을 악화할 것이라는 두려움은 정확했다"는 결론(Walker, 1983)은 수동성이 수단적일 수 있음을 설명한다.

종합하면 가정 폭력 피해자의 수동성은 무기력 학습의 중간급 사례에 해당한다. 부적응적 수동성, 무기력적 인지, 통제 불가능한 사건 이력은 보이지만, 수동성에 대한 명시적 강화 이력도 있을 수 있다. 이 모든 것을 합쳐 보면 가정 폭력 피해 여성들이 무기력 학습 결과를 보인다고 결론 내리기에는 최선의 근거가 부족하다.

13장에서 봤듯이 무기력은 대리 학습으로도 학습될 수 있다. 그렇다면 이런 가능성에서 출발한 적용 사례가 많을 법한데, 우리가 아는 한 사실상 하나뿐이며, 그것도 무기력 대리 학습의 원시적 실증 이전에 나왔다. 레빈(1977)은 1970년대 텔레비전 뉴스 콘텐츠를 분석했다. NBC와 CBS의 5분짜리 뉴스 조각을 아래 무기력 점수로 코딩했다.

- 4 = 중심인물이 결과에 전혀 영향을 미치지 못함
- 3 = 중심인물이 결과에 대부분 영향을 미치지 못함
- 2 = 중심인물이 결과를 어느 정도 통제함
- 1 = 중심인물이 통제할 수 있었으나 그렇게 하지 않음
- 0 = 무관, 혹은 중심인물이 결과를 완전히 통제함

예를 들어 항공기 추락이나 지진 같은 참사는 4점, 개인 기량으로 거둔 스포츠 경기 승리는 0점으로 분류했다. 그 결과 뉴스 조각의 14퍼센트가 최고 무기력 점수(4점)를, 19퍼센트가 그다음 점수(3점)를 받았다. 두 방송사 간 일관된 차이는 없었으나, 같은 뉴스가 방송사에 따라 다른 점수를 받는 경우가 흔했다. 이는 뉴스 속 무기력 모델링이 사건 자체뿐 아니라, 보도 방식에 의해서도 좌우된다는 사실을 보여준다.

사실 레빈(1977)의 연구는 무기력 학습 조사라기보다 시연에 가깝다. 매일 밤 통제 불가능한 나쁜 사건들이 시청자를 덮친다는 사실만 확정적으로 결론지을 수 있다. 이러한 사건들의 실제 효과가 어땠는지, 1970년대가 유독 무기력한 시대였는지는 알 수 없다. 1960년대

와 1970년대 뉴스를 비교했다면 더 좋았을 것이다. 1980년대를 지나 1990년대에 들어선 지금(집필 당시 시점–옮긴이 주) 동시대 뉴스를 포함한 비교도 의미 있을 것이다. 만약 미국인의 우울증이 실제로 증가하고 있다면(15장), 뉴스의 무기력성에도 변화가 있었을까? 레이건 대통령 시절 이야기가 카터 대통령 시절 이야기보다 더 효과가 확실했을까? 닉슨과 케네디의 비교는 무엇을 말해줄까?

제도화(기관 환경)

무기력 학습 연구는 동물실험에서 출발했지만, 사회학 문헌과도 흥미로운 평행을 이룬다. 개인 수준의 무기력과 제도 수준의 소외 사이에는 유사점이 있다. 두 경우 모두 사건이 개인의 행위와는 독립적으로 인식되고, 소외가 인지적 표현으로 나타나며, 그 결과 수동성이 뒤따른다. 놀랄 일이 아닌 것이 일부 연구자는 왜 어떤 기관이 다른 곳보다 더 무기력, 무력감, 사기 저하를 겪는지 설명하는 데 무기력 학습을 끌어왔다(Aasen, 1987; Sahoo & Tripathy, 1990).

토레슨(Thoreson)과 이글스턴(Eagleston, 1983)은 전형적인 교육 시스템이 아동·청소년에게 자원이 부족한 과제를 제시해 불필요한 스트레스를 유발한다고 주장하면서 그 예로 체육을 들었다. 학교는 모두에게 이로운 유산소 운동(조깅·수영·자전거)보다 엘리트만 숙달 가능한 경쟁 스포츠(미식축구·농구·야구)를 강조한다. 그 결과 일반 학생은 무기력해지고 활동량이 줄어들며, 이 패턴이 이후 삶에서도 반복되어 건강 유지와 스트레스 대처에 필요한 운동을 소홀히 한다는 설명이다.

이와 관련해 와인필드와 페이(Fay, 1982)는 전통 고등학교와 '열린

학교' 학생들을 비교했다(Rosen, 1977은 열린학교가 학업 결과에 대한 통제감을 높인다고 봤다). 표준 무기력 학습 실험에서 학생들에게 각각 해결 가능한 문제, 해결 불가능한 문제를 제공한 뒤 두 번째에는 통제 가능한 과제를 수행하게 했다. 해결 가능한 문제 후에는 두 학교 학생 모두 무난한 결과를 나타냈지만, 해결 불가능한 문제 후에는 전통 학교 학생들만 손상을 보였고 열린학교 학생들은 그렇지 않았다.

마르틴코(Martinko)와 가드너(Gardner, 1982)는 무기력 학습이 조직 내 부적응, 즉 저생산성·저품질·결근·이직·수동성·위축·불만족 등을 설명할 수 있다고 본다. 중앙집권적 관료제와 경직된 규칙(Aiken & Hage, 1966; Blauner, 1964)은 통제 불가능성에 대한 지각을 불러온다. 또한 근로자들은 성과와 보상의 비연합을 흔히 지각한다(Kerr, 1975; Lawler, 1966).

병원 내 사례로 맬컴슨(Malcomson, 1980)은 간호사들이 자신의 제안이 반복적으로 무시되는 경험을 통해 무기력과 무관심이 생겨난다고 주장한다. 공식 자료는 없지만 맬컴슨은 통제 불가능성 경험, 수동성, 무기력 지각 등에 대해 서술했다. 다만 "여기서는 무엇을 해도 달라지지 않는다는 것을 배우지 못하면 6개월도 못 버틴다"는 한 수간호사의 발언을 인용하면서 무기력 자체가 강화된다고 주장하는 등 무기력 학습에 대한 익숙한 오해를 드러냈다.

환자 측면에서도 테일러(1979)는 병원이 환자를 능동적 주체가 아닌, 고장 난 기계로 간주함으로써 무기력을 만든다고 본다. 환자들의 행동은 상황에 따라 다른 반응을 얻지 못한다. 랩스와 피터슨, 조나스(Jonas), 셀리그만(1982)은 일반 의료 병원에 입원한 환자들이 입원 기간이 길어질수록 우울감이 심해지고 문제해결 능력이 떨어지며, 심지어 신체적 상태가 호전되는 동안에도 이러한 경향이 나타난다는 사실을 보여줌으로써 관련 주장을 뒷받침했다.

이 분석들의 문제점은 세 가지다. 첫째, 결과의 통제 불가능성을 명시적으로 측정하지 않았다. 오히려 많은 경우 기관이 능동적 반응을 보이는 사람을 체계적으로 처벌한다고 보는 편이 더 설득력 있을 수 있다(Baltes, 1983; Goffman, 1961). 물론 이것도 무기력을 낳지만, 무기력 학습은 아니다. 둘째, 상황 간 일반화가 거의 보이지 않는다. 이는 무기력 학습 설명을 검증하는 실제 시험대다(Peterson, Zaccaro & Daly, 1986). 셋째, 집단적 무기력과 개인적 무기력을 구분하지 않았다. 결론적으로, 제도화를 무기력 학습 사례로 보는 주장은 충분히 타당하게 입증되지 못한 상황이다(Lennerlof, 1988).

외로움과 수줍음

대인관계 문제(외로움·수줍음)는 무기력 학습의 좋은 사례처럼 보인다. 수동성이 두드러지고 우울, 불안, 부정적 자기 인지와 연관되기 때문이다. 특히 앤더슨을 비롯한 여러 연구자가 그것을 설명양식과 연결해 보고했다(Anderson & Arnoult, 1985; Anderson, Horowitz & French, 1983; Girodo, Dotzenroth & Stein, 1981; Goetz & Dweck, 1980; Revenson, 1981; Snodgrass, 1987). 타인과 소원한 사람일수록 나쁜 사건에 대해 내부적·영속적·만연적 설명을 하려는 경향이 있다.

이 작업은 아직 예비적이지만, 설명양식과 사회적 어려움의 정확한 관계를 파악할 수 있는 실마리가 있다. 첫째, 앨든(Alden, 1984)은 '인과적 설명'과 '자기 주장성'의 관계를 조사했다. 무기력 학습 재정식화 모델의 예측대로, 자기 주장적인 사람은 성공과 실패 모두에 대해 낙관적 설명을 했고, 비자기 주장적인 사람은 더 비관적이었다. 즉 설명 양식이 개인의 사회적 자기 주장성 또는 비자기 주장성을 형성하고, 이것이 다시 사회적 적응에 영향을 미칠 수 있다.

둘째, 고틀리브(Gotlib)와 비티(Beatty, 1985)는 상대방이 나쁜 사건을 성격(내부적·영속적·만연적) 탓으로 돌릴 때보다 행동(내부적·일시적·부분적) 탓으로 돌릴 때 사람들이 덜 부정적으로 반응한다는 것을 확인했다. 한마디로 비관적 설명양식은 인간관계에서 '감점 요인'이다(Weary, Jordan & Hill, 1985). 무기력 학습 재정식화 모델은 주로 개인 내부에서 인과적 설명이 촉발하는 과정을 다루지만, 이 같은 결과는 대인관계 과정에도 주목할 필요가 있다는 것을 시사한다. 타인에게 부정적 감정과 거절을 유발하는 개인은 외롭고 수줍어할 가능성이 크다.

이런 대인관계 문제들이 무기력 학습 사례일까? 현재까지 연구는 완전한 답을 줄 수 없다. 수동성이 개입되어 있긴 하지만, 그것이 항상 부적응적인지는 불분명하다. 사회적 위축은 과도한 불안을 스스로 조절하려는 시도일 수 있다. 또한 외로움과 수줍음의 원인은 불투명하며, 통제 불가능한 사건 이력이 선행 요인인지도 입증되지 않았다. 따라서 이러한 사회적 문제들은 기껏해야 '중간급' 무기력 학습 사례이며, 향후 연구가 이 결론을 바꿔놓을 가능성은 충분하다.

좋은 사례

무기력 학습 모델 관점에서 어떤 사회문제를 '좋은' 사례라고 부를 수 있으려면 세 가지 기준 가운데 하나만이 아니라 둘 이상이 입증되어야 한다(물론 모두는 아니다). 이제부터는 그런 사례 몇 가지를 검토할 것이다. 다시 말하지만, 추가 연구가 이루어지면 이들 사례가 매우 우수한 사례로 격상될 가능성도 있다.

노화

최근 노인학 연구는 노화가 신체적 현상일 뿐 아니라, 심리적 현상이기도 하다는 것을 점점 더 상기케 한다. 일부 이론가는 노년기에 나타나는 장애와 결핍 일부분이 무기력 학습을 반영한다고 제안했다 (Rodin, 1986; Schulz, 1980). 우리는 이제 이 같은 주장을 평가하려면 무엇을 봐야 하는지 잘 안다. 즉 부적응적 수동성, 통제 불가능한 사건 이력, 그리고 무기력적 인지다.

노인은 통제 결핍을 겪을까? 분명한 의미에서는 "그렇다". 사람은 나이가 들수록 친지의 죽음, 실직, 소득 상실 같은 통제 불가능한 사건을 필연적으로 더 많이 경험한다. 덜 분명한 의미에서도 답은 "그렇다"일 수 있다. 다음과 같은 노인에 대한 일반적인 고정관념을 떠올려보자. 이런 고정관념은 전문가 사이에서도 발견된다.

> "더 많은 침상 간호가 필요하고, 기억력 감퇴, 신체적 문제… 관심이 제한적… 신체 상태 불량… 가족에게 중요하지 않음… 부정적 성격 특성… 정신적·신체적 퇴화… 보수적이고, 불안정하며, 외롭고, 참견쟁이이고, 비관적."(Solomon, 1982)

이 같은 고정관념이 실무에 적용되면 보건의료 종사자들은 개별 노인의 필요(=그의 행동에 연합적으로 반응)에 따라 대응하는 대신, 고정관념에 따라 반응한다. 이는 무기력 학습의 적절한 선행 조건이다.

반면, 이 가능성에 맞서는 견해도 있다. 보건의료 종사자들이 노인을 비연합적으로 대하는 것이 아니라, 오히려 수동성을 강화하는 체계적 방식으로 대한다는 주장이다(Solomon, 1982). 앞서 봤듯이 이는 무기력 학습이 의미하는 바와는 다르다.

토메이(Thomae, 1981)는 평균 연령 75세인 남녀 174명을 대상으로 생활 사건이 자신의 통제에서 벗어났다고 보는 정도를 측정했다. 이 점수는 그들이 얼마나 스트레스 사건에 정면으로 대응하고 삶에 만족을 느끼는지를 예측했다. 결과는 대체로 소득 같은 객관적 자원과는 독립적이어서 노년기 결손을 만들어내는 데 인지가 중요한 역할을 한다는 점을 뒷받침한다.

유사한 절차의 연구에서 랭어와 로딘(1976), 슐츠(Schulz, 1976)는 기관에 거주하는 노인의 통제성을 높이는 중재가 신체적·심리적 건강을 향상한다는 사실을 발견했다. 다른 연구들도 마찬가지로, 통제성 향상 중재가 노인의 과제 수행을 개선할 수 있음을 보여준다(Kennelly, Hayslip & Richardson, 1985).

그렇다면 노화는 무기력 학습 사례로 어떤가? 사례로서 좋긴 하지만 뛰어나지는 않다고 평가할 만하다. 수동성이 존재할 수 있으나 수단적일 수도 있다(Voelkl, 1986). 즉 무기력적 인지는 가장 허약한 노인들에게서 나타났다. 마지막으로, 노인의 무기력에 선행하는 통제 불가능한 사건 이력이 있을 법하지만, 아직 명확히 입증되지는 않았다.

운동 수행

요기 베라(Yogi Berra: 전 미국 메이저리그 뉴욕 양키스 선수이자 지도자 – 편집자 주)는 "야구 경기의 90퍼센트는 정신력에 달려 있다"고 말한 것

으로도 유명하다. 이 격언에서 영감을 받은 셀리그만과 피터슨(1986)
은 운동 실패에 무기력 학습이 관여하는지 궁금했다. 그래서 CAVE 기
법을 사용해 프로농구 선수들의 나쁜 사건에 대한 설명을 평가했다.
가설은 이랬다. 어떤 선수들은 나쁜 사건(패배) 이후 무기력에 빠지기
쉽고, 그 상황에서 경기를 매우 못하는 경향이 있다는 것이다.

한 시즌 내내 우리는 미국프로농구(NBA) 애틀랜틱 디비전에 속한
보스턴 셀틱스, 뉴저지 네츠(현 브루클린 네츠–편집자 주), 뉴욕 닉스, 필
라델피아 76ers, 워싱턴 불리츠(현 워싱턴 위저스–편집자 주) 팀의 연고
지 신문 스포츠 기사를 읽었다. 팀 선수와 코치가 발언한 나쁜 사건에
대한 인과적 설명을 모두 추출해 내부성·영속성·만연성으로 평정했
다. 그다음 팀 전체 스타일을 반영하는 합성 점수를 만들었다. 이 점
수가 패배 직후 팀 회복력을 예측했을까?

우리는 다음 시즌 경기들을 들여다봤다. 팀 간 기본 실력이 크게
다르기 때문에 승패 기록만 볼 수는 없었다. 그래서 라스베이거스의
'포인트 스프레드(point spread)'를 활용했다. 포인트 스프레드는 간단
히 설명하면 두 팀의 베팅을 균형 있게 맞추려고 책정하는 핸디캡이
다. 예를 들어 보스턴이 뉴저지에 8.5점 우세로 책정되면 보스턴에 거
는 사람은 9점 이상 승리를, 뉴저지에 거는 사람은 8점 이내 패배를
사는 셈이다. 이 같은 포인트 스프레드는 홈 어드밴티지, 팀 기복, 부
상 등 설명양식과 수행의 관계를 흐릴 만한 요인들을 반영한다. 평균
적으로 포인트 스프레드는 팀을 아주 잘 동등화한다.

낙관적 설명양식을 보이는 팀은 패배 직후 포인트 스프레드를 더
자주 능가했다. 이 효과는 승리 직후에는 나타나지 않았는데, 이는
'소질–스트레스' 관점에 들어맞는 결과다. 우리는 이 결과를 3시즌

연속(1982년부터) 거의 복제했다. 그러나 이후 애틀랜틱 디비전에서 트레이드와 커리어를 끝내는 부상 등이 잇달아 표본 안정성이 무너졌고, 우리 결과도 타격을 입었다. 결론적으로 운동 수행에서 무기력 학습의 역할은 아직 확실하게 입증되지 않았다.

그럼에도 이 연구 설계는 사회문제에 무기력 학습을 적용하는 올바른 방식을 보여준다. 우리는 수동성(=포인트 스프레드 대비 패배), 통제 불가능한 사건 이력(=직전 경기 패/승), 매개 인지(=나쁜 사건에 대한 인과적 설명)를 모두 평가했다. 다만 스포츠면에 실린 인용문으로 프로선수를 연구하는 것은 승산이 없는 일(말장난할 의도 없음)이다. 비교적 적은 수의 팀과 운동선수가 가장 탄탄한 관계를 보여주는 것은 아니기 때문이다. 또한 우리는 개인적 대 집단적 무기력을 구분하지 않았다(운동선수의 개인/집단 귀인에 대해서는 Zaccaro, Peterson, & Walker, 1987 참고).

좀 더 유망한 것은 더 큰 선수 집단을 대상으로 한 3개의 연구다. 첫 번째 연구는 압박받는 상황에서 설명양식이 야구 선수의 타격 실력에 어떤 영향을 미치는지 살폈다. 지금까지 나온 결과에 따르면 그러한 영향력은 존재한다(Rettew, Reivich, Peterson, Seligman & Seligman, 1990). 두 번째 연구는 레슬링 선수가 (한 경기 전체 3라운드 중) 1라운드나 2라운드에서 진 이후 보이는 회복 정도를 설명양식으로 예측할 수 있는지에 중점을 두었다. 세 번째 연구는 테니스 선수의 설명양식이 토너먼트 성적을 예측하는지를 확인했다. 레슬링 선수와 마찬가지로 테니스 선수 사이에서도 역전 능력의 변이가 컸다. 어떤 선수는 지미 코너스(Jimmy Conors)처럼 초반 악재에 흔들리지 않고, 어떤 선수는 이반 렌들(Ivan Lendl)처럼 앞설 때만 강하다. 이 차이는 무기력 학습을 반영하는가?

만성 통증

스케빙턴(Skevington, 1983)은 만성 통증이 환자들에게 무기력 학습을 일으키는지 궁금했다(Chapman & Brena, 1982; Love, 1988; Seltzer & Seltzer, 1986). 이는 무기력 학습 개념을 적용하는 사람들이 일반적으로 사용하는 전략과 다르다. 보통은 부적응적 행동에서 출발해 무기력에 대한 선행 요건이 있었는지 거꾸로 추적한다. 하지만 스케빙턴은 이와 반대로 누가 봐도 통제 불가능한 나쁜 사건인 만성 통증에서 출발해 그것이 수동성을 낳는지, 무기력적 인지가 이 효과를 매개하는지를 살폈다. 그렇다면 무기력적 인지가 이러한 효과를 중재했을까?

수동성 지표로는 우울증 증상 질문지를 사용했는데, 만성 통증 환자들은 건강한 비교 집단보다 더 많은 증상을 보고했다. 또한 다차원 통제소재 척도와 나쁜 사건에 대한 자기 비난 질문지도 시행했다. 그 결과 우연건강통제소재(개인이 건강과 질병의 결과를 통제할 수 있다고 느끼는 정도에서 '우연' 또는 '운명론적 태도'가 차지하는 역할–편집자 주)를 지지한 통증 환자들이 우울할 가능성이 가장 컸다. 반면, 자기 비난은 우울과 관련이 없었다.

스케빙턴(1983)은 자신의 연구 결과가 만성 통증이 보편적 무기력을 낳는다는 방증이고 무기력 이론과도 완전히 일치한다고 밝혔다. 우리는 이에 동의하지 않는다. 그가 살펴본 통증 환자 다수는 (보편적 무기력 상태라면 당연한 일이지만) 나쁜 사건을 자기 탓으로 돌리지 않았다. 그럼에도 자기 비난 변이가 어느 정도 있었고, 이 변이가 우울증 증상 변이와 상관관계가 없다는 점(재정식화 이론의 요구)에 주목해야 한다.

따라서 만성 통증은 기준 대부분을 충족하지만 모두는 아닌, 무기력 학습의 좋은 사례라고 결론 내리는 것이 타당하다(Feldman, 1986).

지적장애

무기력 학습 이론은 지적장애 및 학습장애 아동들이 보이는 수동성을 설명하는 데도 적용되어 왔다(Ayres, Cooley & Dunn, 1990; Canino, 1981; DeVellis & McCauley, 1979; Lowenthal, 1986; Stamatelos & Mott, 1983; Wilgosh, 1984). 데벨리스(DeVellis, 1977)는 지적장애인에게서 관찰되는 수동성, 복종, 학습 곤란이 지적장애 자체 때문이 아니라, 오히려 그들을 둘러싼 제도적 환경 때문에 발생한다고 주장했다. 그는 세 가지 비수반성 요인을 지적했다. 첫째는 개인 욕구보다 편의에 맞추어 반응(예: 보행이 어려운 사람을 항상 화장실 근처에 배치)하는 보호자의 행동, 둘째는 개인의 반응에 아무런 피드백도 보이지 않는 또래의 행동, 셋째는 개인의 발작 및 다른 신체 상태 등이다.

바이스(Weisz, 1979; Raber & Weisz, 1981)의 연구는 특히 지적장애인에게서 무기력 현상이 나타난다는 점을 지적했다. 그는 지적장애 아동이 비장애 아동에 비해 나이가 들수록 실패 경험이 더 많이 누적된다는 점(Cromwell, 1963; Zigler & Balla, 1976)에 주목했다. 실제로 교사가 제공하는 피드백을 분석한 결과, 지적장애 아동은 비장애 아동에 비해 상대적으로나 절대적으로 훨씬 부정적인 피드백을 받았으며, 그 피드백은 지적 수행과 직접적으로 관련된 경우가 대부분이었다. 바이스가 이후 연구에서 입증한 바에 따르면 지적장애 아동은 나이를 먹으면서 유독 실패에 쉽게 무너졌다. 통제 불가능한 경험이 일상생활에 축적될수록 실패 앞에서 무기력해지는 경향이 강해진다는 사실을 밝힌 것이다.

여기서 한 가지 문제는 라버(Raber)와 바이스(1981)의 연구에서 지적장애 아동들이 능력과 관련된 귀인을 거의 하지 않았다는 점이다. 실제로 비장애 아동과 비교했을 때 그들은 실패 원인을 능력 부족보다 노력 부족으로 돌리는 경향이 강했다. 물론 여기서 '노력'이라는 개념이 다르게 이해될 수도 있지만, 표면적으로 볼 때 이러한 결과는 무기력 학습이 지적장애와 관련 있다는 주장을 뒷받침하지 못한다. 요약하자면 지적장애도 무기력 학습의 '부분적 사례'라고 볼 수 있다. 세 가지 기준 가운데 두 가지(수동성과 통제 불가능성)는 부합하지만, 세 번째(인지적 측면)는 명확히 입증되지 않았다.

또 다른 문제는 지적장애 아동의 수동성을 무기력 학습으로 해석하는 데 있다. 가르줄로(Gargiulo)와 오설리반(O'Sullivan, 1986)은 경도 지적장애 아동 44명을 대상으로 한 연구에서 인내, 반응 개시, 귀인, 그리고 교사가 인식한 무기력 척도들이 예측한 것처럼 함께 변하지 않았다는 사실을 발견했다. 만약 무기력 학습이 실제로 작용했다면 이렇게 서로 다른 측정 지표에 일정한 관련성이 있어야 한다.

판매(영업)

셀리그만과 슐먼(1986)은 무기력 학습 개념을 직업 영역으로 확장했다. 일부 직업은 본질적으로 좌절을 동반한다. 어떤 직장에서는 실망이나 좌절이 불가피할 수 있고, 따라서 이러한 실패에 근로자가 어떤 반응을 보이는지가 중요하다. 누가 계속 해결책을 찾아 나서는가? 누가 포기하는가? 이러한 질문들의 실질적인 중요성은 자명하다. 산업·조직심리학자들이 근로자 동기에 큰 관심을 보여온 것(Dunnette,

1976)을 보면 알 수 있다.

무기력 학습 재정식화 모델에 따르면 나쁜 사건에 대해 내부적·영속적·만연적 설명을 하는 근로자는 좌절 후 위축되어 포기할 가능성이 크다. 반면, 외부적·일시적·부분적 설명을 하는 근로자는 자신을 막고 있는 문제를 해결하려고 계속 시도한다. 그래서 셀리그만과 슐먼(1986)은 이러한 가능성을 생명보험 판매원들을 대상으로 검증했다. 예상할 수 있듯이 보험 판매는 좌절이 가득한 직업이다. 영업사원이 접촉한 잠재 고객 중 실제로 보험을 구매하는 사람은 극소수에 불과하기 때문이다.

그렇다면 설명양식은 이렇게 좌절이 많은 직업에서 성공을 예측할 수 있을까? 실제로 설명양식은 어떤 판매원이 일을 계속했는지 혹은 그만두었는지뿐 아니라, 남은 직원들이 얼마나 많은 보험을 판매했는지도 예측했다. 이러한 결과는 매우 흥미롭다. 그렇다면 이런 결과가 무기력 학습이 낮은 판매 실적에 작용한다는 것을 보여줄까? 꼭 그렇다고 볼 수는 없다. 무기력 학습의 한 기준, 즉 무기력적 인지만 명확히 나타났기 때문이다. 따라서 저조한 판매 실적이 실제로 비수반적 사건에 의한 것인지, 판매원의 단순한 사회적 기술 부족이나 고객 네트워크 부족 때문인지는 추가 연구가 필요하다.

사도 바울

무기력 학습 개념의 가장 흥미로운 적용 사례 가운데 하나는 맥민(McMinn)과 맥민(1983)의 연구로, 그들은 바울의 신약성서 저작들을 이 모델의 관점에서 해석했다. 우리는 신학자가 아니니, 여기서는 무기력 기준이 타당하게 적용되었는지만 논하고자 한다. 그리고 결론적으로 그렇다고 본다. 그렇다면 통제 불가능성의 역사는 어떨까? 인간의 상태에 대해 바울은 이렇게 말한다.

> "사악한 마음과 잘못된 행실로 가득 차서 온갖 불의와 악, 탐욕, 악의로 가득하다. 시기, 살인, 다툼, 속임, 악의로 가득하며 그들은 수군대는 자요, 중상하는 자요, 하나님을 미워하는 자요, 오만하고 자만하며, 악을 고안하고, 부모에게 불순종하며, 어리석고, 신의 없고, 무정하고, 무자비하다."(로마서 1:28-31)

또한 바울은 사람에게는 자신이나 타인의 본성을 바꿀 힘이 없다고 봤다. "나는 옳은 것을 행하기를 원하지만, 그것을 행하지 못한다"(로마서 7:18). 통제 불가능한 나쁜 사건들뿐 아니라, 무기력적 인지도 바울의 글 속에 풍부하게 드러난다. 바울은 선하게 살고자 하는 의지가 강했지만, 그 목표를 이루지 못했다.

맥민과 맥민(1983)은 무기력 학습 모델에 근거해 바울이 낙담하고 수동적일 것이라고 예측했다. 그러나 놀랍게도 로마서에는 바울이 그런 모습이었다는 증거가 전혀 없으며, 오히려 그는 활동적이고 낙관적인 인물로 보인다. 그렇다면 겉으로는 '무기력 학습의 실패'로 보이는 이것을 어떻게 설명할 수 있을까? 표본 수가 적어서 그렇다고 할 수도 있지만, 맥민과 맥민(1983)에 따르면 인과적 재정식화가 더 나은 답을 제시한다. 바울은 인간의 타락한 상태를 외부적이고 일시적 요인으로 설명했다. 따라서 그는 무기력을 경험하기보다 오히려 평화(빌립보서 4:7)와 기쁨(갈라디아서 5:22)을 경험했다.

맥민과 맥민(1983)이 바울의 저작에 무기력 학습 이론을 적용한 것은 매우 적절하다. 바울 자신이 낙관적인 설명양식을 통해 무기력 학습에서 벗어난 좋은 사례라고 단정하기는 조심스럽지만, 오늘날 우리가 연구하는 개념들이 바울 시대 저작에서도 잘 드러난다는 점은 매우 흥미롭다(비슷한 맥락으로 욥기를 무기력 학습 관점에서 분석한 Reynierse, 1975도 참고할 만하다).

실업

일부 학자는 실직이 무기력 학습을 유발한다고 봤다. 직업 상실에 따른 수동성과 좌절은 새로운 일자리를 찾기 어렵게 만들고, 이는 악순환으로 이어진다. 무엇이 이러한 분석을 뒷받침하는가? 바움(Baum)과 플레밍(Fleming), 레디(Reddy, 1986)의 연구에 따르면 실업 기간이 길어질수록 개인은 실험실 문제해결 과제에서 통제 불가능한 상황에 더 쉽게 방해를 받았으며, 어려운 과제를 해결할 능력에 대한 믿음도 감소했다.

이러한 연구 결과는 피더(Feather)의 몇몇 연구 결과로 수렴된다(1982; Feather & Barber, 1983; Feather & Davenport, 1981). 그의 연구에서 실업자가 보이는 우울증은 내부적·영속적·만연적 설명양식과 관련 있었다. 하지만 피더는 무기력 학습 모델과 반대로, 자신의 표본 집단에서 우울증이 심한 사람일수록 새로운 직업을 찾기 위한 노력을 더 많이 기울인다는 사실을 발견했다.

이러한 연구는 실업이 다양한 대상에게 미치는 물질적 영향력을 전부 다 평가하지는 못했다. 이는 곧 '실업'의 일반적 범주가 극히 다양할 수도 있다는 뜻이다. 실업의 중요성을 다양한 대상에게 일괄적으로 적용할 만한 연구가 더욱 많이 이루어지기 전까지는 실업을 무기력 학습의 우수 사례라고 평가할 수 없다(Abbott, 1984 참고).

뛰어난 사례

마지막으로, 무기력 학습 모델로 매우 잘 설명될 수 있는 몇 가지 사회문제를 살펴보자. 물론 여기서 무기력 학습의 구성개념만 유일하게 사회문제에 적용되어야 한다고 결론짓는 것은 아니다. 다만, 사례마다 부적응적 수동성, 통제 불가능한 사건 이력, 무기력적 인지가 어느 정도 개입되어 있다는 점은 입증되었다.

우울증

15장에서 우울증과 관련해 자세히 들여다봤지만, 이 맥락에서 다시 언급할 필요가 있다. 연구자들이 무기력 개념의 관련성을 가장 결정적으로 보여준 영역이 우울증이고, 그런 점에서 우울증은 다른 탐구들을 가늠할 수 있는 준거 표준이 된다.

우울증은 어떻게 무기력 학습의 기준을 충족하는가? 첫째, 우울증은 부적응적 수동성을 포함한다. 이는 그 정의의 일부이기도 하다(미국정신의학협회, 1987). 우울증은 또한 부정적 사건, 특히 사람들이 통제 불가능하다고 판단하는 사건에 뒤따라 발생한다(Thoits, 1983). 그리고 우울증은 무기력, 무망감, 비관에 대한 인지로 매개된다(Beck, 1967). 설명양식은 우울증 증상과 일관되게 상관관계를 보이며(Sweeney, Anderson & Bailey, 1986), 위험 요인인 것으로 입증되었다(Peterson & Seligman, 1984).

앞서 언급했듯이, 무기력 학습 개념으로 우울증을 설명하는 것에 대한 비판이 이어져 왔다. 그러나 여기서 제시한 관점에 따르면, 이러한 비판은 종종 잘못된 방향으로 향할 뿐 아니라, 무기력 학습이 우울증(혹은 그 밖의 적응 실패)을 설명하는 데 도움이 된다는 주장의 의미를 오해한 것에서 비롯되었다. 무기력이 우울증 모델이라고 해서 그것이 곧 우울증이라는 뜻은 아니다. 모델과 그것이 설명하는 현상은 서로 다른 추상적 수준에서 존재하기 때문에 둘이 완전히 일치할 수 없으며, 그래야 할 이유도 없다.

어떤 모델의 타당성을 평가할 때는 그 모델의 핵심 특징이 해당 현상의 본질적 측면을 포착하고 있는지를 살펴야 한다. 무기력 학습 모델에는 세 가지 핵심 특징이 있으며, 이 세 가지는 모두 우울증 영역에서도 나타난다. 이러한 특징들이 우울증의 증상, 원인, 치료에 대해 알려주는 바가 있다면(Peterson & Seligman, 1985) 우리는 이 모델이 우울증이라는 장애를 의미 있게 설명한다고 본다.

만약 누군가 무기력 학습을 우울증 모델로 보는 관점을 비판하고자 한다면, 그는 무기력 학습의 기준 가운데 하나 이상이 우울증에 존재하지 않거나 관련이 없다고 주장해야 한다. 아리에티(Arieti)와 벰포라드(Bemporad, 1978)는 이 길을 택해서 우울증 환자들이 겉으로 드러내는 수동성이 실제로는 도구적이라는 관점을 제시했다. 즉 우울한 사람들은 타인을 조종하기 위해 '무기력한' 방식으로 행동한다는 것이다. 그러나 우리가 아는 한, 이러한 주장을 뒷받침하는 연구는 존재하지 않는다(우울한 사람들이 타인에게서 어떤 반응을 이끌어내는지에 관한 검토로는 Coates & Wortman, 1980 참고). 그럼에도 이런 유형의 접근은 적어도 타당한 형태의 비판이라고 할 수 있다.

다른 비판들은 무기력 학습 모델의 적합성 자체를 다루지 않기 때문에 부적절하다. 이를테면 무기력 학습 연구가 대학생 대상의 연구

자료에 의존했다는 이유만으로 우울증에 적용할 수 없다고 일축하는 식이다. 요점은 '무기력한 대학생'이 우울증 환자와 모든 면에서 닮았느냐가 아니라, 핵심 특성을 공유하느냐다. 이러한 생각은 우리가 지금 해야 할 일, 즉 무기력 학습의 뛰어난 사례를 식별하는 일에 도움을 준다. 평가 규칙이 분명해지면 불필요한 논쟁을 피할 수 있다. 이는 무기력 학습과 우울증을 둘러싼, 때로는 무익했던 논란에서 얻을 수 있는 교훈이기도 하다(Peterson, 1985).

학업 성취

우울증 다음으로 무기력 학습이 널리 적용된 영역은 학업 성취다.[8] 그 이유는 적어도 두 가지다. 첫째, 삶의 다른 많은 영역보다 학교는 정답과 오답이 분명하고, 개인의 노력이 실제로 중요한 상황이 전개되기 때문이다. 그만큼 학교는 무기력 학습이 처음 기술된 실험실 상황에 매우 가깝다. 또한 무기력 개념의 일반화가 가능한 곳이다.

둘째, 무기력 연구는 귀인 재구성을 통해 와이너(1972, 1974, 1979, 1986)가 수행한 성취의 귀인 결정 요인 연구에 수렴하기 때문이다. 와이너는 성취 동기 전통에서 출발해 거기에 인지 전환을 가했으며, 무기력 연구자들 역시 동물 학습 전통에서 출발해 같은 인지 전환을 가했다. 두 연구가 귀인의 중요성에 대해 의견을 같이한다는 점은 흥미롭다.

드웩(1975; Dweck & Reppucci, 1973)은 무기력 개념을 학업 성취에

---

8 좀 더 확장된 논의는 피터슨(1990, 1992)을 보라.

처음 적용한 연구자다. 그의 연구에서 아이들은 학업 성공과 실패의 이유를 묻는 질문지에 대한 답을 바탕으로 '무기력형'과 '숙달지향형'으로 분류되었다. 무기력형은 실패를 능력 부족에 귀인하는 아이들을 가리킨다. 그들은 과제를 풀 때 비효율적 전략을 사용하고, 부정적 정서를 보고하며, 낮은 기대를 갖고, 과제와 무관한 생각에 빠지곤 했다(Diener & Dweck, 1978). 이런 아이들은 실패를 만나면 무너질뿐더러, 이전 성공이 거의 도움이 되지 않았다(Dweck & Reppucci, 1973).

드웩(1975)은 귀인 재훈련, 즉 실패를 능력 부족이 아니라 노력 부족으로 돌리도록 가르치는 개입이 실제로 실패에 대한 반응을 개선한다고 보고했다. 인지적 개입이 성공했다는 사실은 학업 실패가 무기력 학습 사례임을 한층 강하게 뒷받침한다. 학업 실패에 효과적인 다른 인지적 개입들에 대해서는 브루스타인(Brustein, 1978), 세실(Cecil)과 메드웨이(Medway, 1986), 크라스크(Craske, 1985, 1988), 소와(Sowa)와 버크스(Burks, 1983), 윌슨과 린빌(1982, 1985) 등이 논의한 바 있다.

학업 실패에 대한 또 다른 무기력 관련 분석은 읽기 부진에 초점을 맞춘 부트코우스키(Butkowsky)와 윌로스(Willows, 1980)의 연구에서 찾아볼 수 있다. 그들은 읽기 곤란이 무기력을 수반한다는 가설을 지지하는 증거로 읽기에 어려움을 겪는 5학년 남학생들이 읽기 과제에서 낮은 미래 기대를 보이고, 실패를 내부적·영속적 원인으로 설명하며, 지속성이 떨어진다는 점을 제시했다.

핀참과 호코다, 샌더스(1989)는 초등학생들을 2년간 추적 관찰하면서 교사들에게 두 시점에 각각 학생들이 보이는 '무기력'을 평정하게 했다. 무기력 평정은 안정적이었고, 1차 시점의 무기력은 2차 시점의 객관적 성취도 검사에서 낮은 수행을 예측했다.

대학생들을 대상으로 한 연구에서도 무기력 구성개념과 학업 성과 간 연결이 보고되었다. 카멘(Kamen)과 셀리그만(1986)은 학년 초 펜실베이니아대학교 신입생과 상급생 두 집단에게 ASQ를 실시하고, 능력 추정치로 SAT 점수를 확보했다. SAT 점수, 즉 능력을 통제했을 때 설명양식이 학년 말 성적을 예측하는가? 상급생 결과는 단순명료했다. 부정적 사건을 내부적·영속적·만연적 원인으로 설명하는 습관적 경향은 SAT 점수를 통제한 후에도 저조한 학업 성과를 예측했다. 이는 학업 실패에 무기력 학습이 관여한다는 해석과 맞닿아 있다.

한편 신입생의 경우 설명양식은 능력이 부진한 학생에게서만 성적을 예측했다. 이는 신입생들이 아직 '나쁜 사건'에 많이 노출되지 않았기 때문일 수 있다. 수강생이 많은 기초과목은 다지선다형 시험이 대부분이고, SAT 점수가 높은 신입생들은 이러한 객관식 평가를 무난히 통과했을 것이다. 실패를 거의 겪지 않았기 때문에 그것을 어떻게 설명하느냐가 중요하지 않았던 셈이다. 반대로 SAT 점수가 낮은 신입생은 첫해에 시행착오를 겪었을 개연성이 크다. 그중에서 긍정적 설명을 한 학생은 계속 도전했고, 비관적 설명을 한 학생은 포기했다.

버지니아텍(버지니아공과대학교) 신입생을 대상으로 한 유사 연구는 더 명료한 결과를 보였다(Peterson & Barrett, 1987). 이 표본은 SAT 점수 기준으로 좀 더 '평균적'이었다. 부정적 사건에 대한 설명양식은 SAT 점수를 통제한 후에도 신입생 첫해 성적을 유의미하게 예측했다. 또한 연구는 학생들이 연중 학업 지도(상담)를 얼마나 찾았는지도 기록했다. 무기력 가설대로, 내부적·영속적·만연적 설명을 하는 학생일수록 상담을 찾지 않는 경향이 컸고, 상담 회피는 다시 낮은 성적과 연결되었다.

이처럼 학업 성취 관련 연구들은 수동성과 인지라는 무기력의 두 가지 기준을 상당히 잘 충족하는 듯하다. 그렇다면 세 번째 기준은 어떤가? 케넬리(Kennelly)와 마운트(Mount, 1985)의 연구가 관련 단서를 제공한다. 이들은 초등학교 6학년 학생 86명을 대상으로 교사가 보상이나 처벌을 얼마나 수반적으로 제공한다고 스스로 지각하는지를 묻는 '교사 수반성 척도'를 고안해 실시했다. 학생의 성공/실패 원인에 대한 믿음, 실제 학업 성취(성적), 그리고 교사가 평가한 무기력성도 함께 측정했다.

처벌의 비수반성에 대한 지각은 다른 변인들과 관련 없었지만, 보상의 비수반성에 대한 지각은 학생의 무기력과 강한 상관관계를 보였다. 더 나아가 학업 결과가 자신의 통제 밖에 있다고 믿는 학생은 교사에게서 무기력하다는 평정을 받았다. 이 모든 변인은 결국 실제 성적을 예측했다.

무기력 학습 관점에서 볼 때 맞지 않는 조각은 왜 보상의 비수반성만 다른 변인들과 관련 있는가 하는 점이다. 그 외 연구들에서는 오히려 반대, 즉 보상이 아니라 처벌의 비수반성이 낮은 학업 성취를 예측하기도 했다(Kennelly & Kinley, 1975; Yates, Kennelly & Cox, 1975). 아마 교실마다 양상이 다를 수 있다. 그럼에도 이들 연구를 종합하면 교실에서 관찰되는 수동성은 무기력 학습에 상당히 부합한다.

존슨(1981)이 보고한 연구는 학업 실패에서 무기력 학습의 기준을 더욱 뚜렷하게 보여준다. 그는 9세에서 12세 사이 남학생 세 집단을 비교했다. 첫 번째 집단은 학업 수준이 평균적인 학생들로 구성되었고, 두 번째 집단은 만성적으로 학업에 실패하는 학생들, 세 번째 집단은 과거에 만성적인 실패를 경험했으나 현재는 보충수업을 받고 있는 학생들로 이루어졌다. 모든 실험 참여자는 귀인 질문지, 자아개념 척도, 지속성을 측정하는 실험 과제를 수행했다.

이 연구에서는 무기력 학습의 세 가지 구성요소, 즉 부적응적 수동성, 통제 불가능한 사건 이력, 무기력적 인지가 모두 평가되었다. 연구 결과는 학교에서 만성적 실패가 무기력 학습과 관련 있다는 주장과 일치했다. 이 세 변수는 서로 함께 변화했으며, 낮은 자존감과 더불어 만성 실패 집단에서 가장 부정적인 수치를 나타냈다. 마지막으로, 보충수업은 무기력 상태를 어느 정도 완화하는 효과를 보였다.

아시아계 미국인

수(Sue, 1977)는 아시아계 미국인을 미국 사회에서 흔히 '모범적 소수 집단'으로 간주하는 고정관념에 문제를 제기했다. 실제로 차별은 존재하며, 많은 아시아계 미국인은 이상적이라고 할 수 없는 삶을 살아가고 있다. 수는 무기력 학습 개념이 아시아계 미국인이 가진 경험의 일부를 설명하는 데 도움을 줄 수 있다고 제안했다. 그렇다면 그의 분석은 얼마나 타당할까?

우선 부적응적 수동성 기준부터 살펴보자. 수(1977)는 이것이 가장 입증하기 어려운 기준이라고 지적한다. 전통적인 아시아 문화가 개인의 자기주장을 덜 강조하기 때문이다. 아시아계 미국인들이 차별에 맞서 집단적으로 행동하지 않는 등 수동적 행위를 지적할 수 있지만, 그것이 문화적 가치의 반영인지, 혹은 무기력 학습의 결과인지는 불분명하다(Nicassio, 1985).

반면, 무기력적 인지 기준을 논증하는 것은 조금 쉽다. 수(1977)는 여러 연구를 인용하면서 백인을 비롯한 다른 미국인들과 비교했을 때 아시아계 미국인은 자율성이 낮고 불안, 긴장, 외로움, 소외감, 거절감을 더 많이 보고한다는 사실을 강조했다. 수는 이러한 인지적 특성이 아시아계 미국인이 더 넓은 미국 사회에 진입함으로써 두드러지게 나타나고 있다고 주장한다.

통제 불가능한 사건의 이력 역시 분명하게 드러난다. 초기 아시아계 이민자들은 투표권이나 법정에서 증언할 권리가 없었다. 수많은 입법 조치가 이들의 권리를 노골적으로 제한했다. 제2차 세계대전 당시 미국 정부는 일본계 미국인 10만 명 이상을 강제 수용소에 가두었다. 오늘날에도 아시아계 미국인은 자신의 행동이 아니라 인종적 배경에 따라 평가되고 대우받는다. 이는 무기력 학습의 핵심 기준에 부합한다.

수(1977)의 분석은 정교하며, 무기력 학습 재정식화 모델의 발전을 예견하는 측면이 있다. 그는 무기력이 특정 영역에 국한될 수 있음을 지적하면서 아시아계 미국인은 통제가 가능한 상황과 조건 안에 머무르는 경향을 보인다고 설명했다. 즉 아시아계 미국인의 경험 속에 무기력 학습이 개입되어 있다는 주장을 설득력 있게 제시했다. 따라서 이는 무기력 학습의 탁월한 예시에 해당한다.

흑인 미국인

아시아계 미국인에게서 무기력 학습이 나타난다면 흑인 미국인도 그럴까? 여러 이론가가 이 가능성을 탐색해왔다. 셀리그만(1975)은 많은 흑인 미국인이 겪는 빈곤과 차별이 단순히 물질적 결핍 때문이 아니라, 심리적 자산의 박탈 때문이기도 하다고 가정했다. 즉 빈곤과 차별은 통제 불가능성을 의미하며, 이는 수동성과 패배주의로 이어지고 결국 무기력 학습으로 귀결된다는 설명이다(Fernando, 1984; Powell, 1990).

케네스 클라크(Kenneth Clark, 1964)는 할렘 게토(harlem ghetto)에 내재된 무기력을 다음과 같이 묘사한다.

> "할렘 게토는 무력함의 제도화다. 할렘은 사회적으로 조장된 불만, 분노, 정체는 물론, 무기력과 지속적 학대에 대해 잠재적으로 폭발하는 반응으로 구성되어 있다. 무력한 개인과 공동체는 이러한 사실을 점증하는 의존성, 그리고 가장 명백한 학대를 막기 위해 잠재적 힘조차 동원하지 못하는 어려움으로 드러낸다. 정체, 무관심, 무기력, 냉담, 패배주의는 개인적·공동체적 무능력의 가장 명백한 결과들이다."

다만, 흑인 미국인의 모든 수동성을 무기력 학습 증거로 해석해서는 안 된다. 어떤 경우에는 그들이 노력하지 않는 이유가 자신의 노력이 실제로 보상받지 못할 것임을 정확히 인식하기 때문일 수 있다. 또 다른 경우에는 결과를 통제하려는 적극적인 시도가 처벌로 귀결되었기 때문일 수도 있다. 이때는 무기력 학습이 작동하지 않는다.

그럼에도 두 가지 근거는 흑인 미국인의 수동성이 무기력 학습 기준을 충족하는 측면이 있다는 것을 보여준다.

첫째, 스미스와 셀리그만(1978)은 흑인 아동과 백인 아동을 대상으로 한 연구에서 통제 불가능한 사건을 경험한 후 흑인 아동이 백인 아동보다 문제해결에서 더 큰 방해를 받는다는 사실을 발견했다. 와이즈(1981)도 유사한 결과를 보고했다. 이는 흑인 미국인이 노력하면 성취 가능한 상황에서도 인내하지 못할 수 있다는 점을 보여준다.

둘째, 1960년대 게토 폭동 연구에 따르면 가장 전투적인, 즉 능동적인 흑인 미국인들은 오히려 자신의 삶을 통제할 수 있다는 신념이 강했다. 특히 이들은 자신의 삶에서 사건을 통제하고 미래를 만들어나갈 수 있다는 강한 믿음을 가지고 있었다(Forward & Williams, 1970).

다른 기준들을 입증하기는 훨씬 쉽다. 흑인 미국인들이 통제 불가능한 사건을 경험해왔다는 사실은 자명하다. 여기서는 그중 하나, 실업에 주목해보자. 미국에서 실업률이 가장 높은 계층은 젊은 흑인 미국인들이며, 그 수치가 50퍼센트에 달하기도 한다(Freeman & Wise, 1982). 그 원인은 다양할 수 있지만, 실업 자체는 무기력적 인지로 전환된다. 보먼(Bowman, 1984)은 직업이 없는 젊은 흑인들을 인터뷰한 결과 23퍼센트가 일자리를 얻을 수 있다는 희망이 거의 없다고 응답했다. 그리고 가장 절망적인 이들은 자신의 상황을 내부적·영속적·만연적 원인, 즉 능력 부족 탓으로 돌렸다.

따라서 무기력 학습은 흑인 미국인의 경험에도 적용될 수 있다. 물론 교육과 직업 현장에 실제로 존재하는 구조적 장벽을 간과해서는 안 되지만, 흑인 미국인들이 보이는 수동성 일부는 무기력 학습의 작용을 반영한다고 결론 내릴 수 있다(Spencer, Kim & Marshall, 1987).

번아웃

번아웃은 사회복지, 상담, 의료 등 대인 서비스를 제공하는 사람들이 겪는 정서적·신체적 소진 상태를 의미한다(Edelwich & Brodsky, 1980; Freudenberger & Richelson, 1980). 이는 주로 즉각적인 욕구가 개인의 내적 자원을 초과할 때 발생한다. 번아웃 증상은 우울증과 상당

히 겹치지만, 대부분 직무와 관련된 상황적 맥락에서 나타난다는 점
이 다르다. 한마디로 번아웃은 일종의 '하루 8시간짜리 우울증'이라고
할 수 있으며, 그 맥락의 특수성은 무기력 학습이 개입할 가능성이 있
음을 시사한다.

그리어(Greer)와 웨더레드(Wethered, 1984)는 이러한 견해에 동의하
면서 번아웃을 다룬 여러 연구를 검토한 결과 무기력 학습의 세 가지
기준이 모두 충족된다고 보고했다. 즉 번아웃은 부적응적 수동성을
수반한다. 직무에서 에너지 소진을 경험한 사람은 경직되고, 문제해결
을 위한 새로운 방법을 찾지 못한다(Pines, Aronson & Kafry, 1981). 또
한 번아웃은 통제 불가능한 사건, 특히 당사자의 진전 없는 경험에 의
해 선행되며(Sarata, 1974), 무기력적 인지와 비관적 설명양식(McMullen
& Krantz, 1988)과도 연결된다. 따라서 번아웃은 무기력 학습의 훌륭한
사례라고 할 수 있다.

혼잡

혼잡(crowding)이 미치는 해로운 영향은 이미 잘 알려져 있다
(Altman, 1975). 물론 붐비는 환경에서는 신체적 고통이 사람들의 반응
에 영향을 미치지만, 통제감에 대한 인식 또한 중요한 역할을 한다. 혼
잡이 결과를 통제 가능하다고 느끼는 개인의 감각을 약화할수록, 그
것은 불쾌한 경험으로 받아들여진다(Cohen & Sherrod, 1978; Fleming,
Baum & Weiss, 1987; Rodin, Solomon & Metcalf, 1978). 이러한 경험의 이
면에 학습된 무기력이 작용하는 것일까?

바움과 동료들(Baum, Aiello & Calesnick, 1978; Baum & Gatchel,
1981; Baum & Valins, 1977)이 시행한 일련의 연구는 혼잡에 대한 반

응이 무기력 학습의 탁월한 사례임을 보여준다(Kuykendall & Keating, 1984). 해당 연구는 대학 기숙사 거주자들이 대상이었으며, 혼잡한 조건과 덜 혼잡한 조건의 대학생들을 비교했다. 그 결과 혼잡한 조건의 학생들은 과제 수행에서 끈기 부족, 사회적 위축, 생활 사건에 대한 통제감 저하, 미래 통제 기대의 감소 등을 보였다.

여기서 몇 가지 추가적으로 주목할 점이 있다. 첫째, 혼잡에 대한 즉각적이고 단기적인 반응은 통제를 되찾으려는 시도, 즉 워트먼과 브렘(1975)이 설명한 '반발 효과'라는 점이다. 하지만 혼잡이 만성화되면 결국 수동성이 뒤따른다. 둘째, 혼잡의 부정적 효과는 개입을 통해 완화할 수 있다는 점이다(Baum & Davis, 1980). 혼잡 상황에서 통제 불가능한 핵심 요인은 대개 타인의 지속적인 출입이었다. 따라서 기숙사를 설계할 때 이러한 불가피한 통행량을 최소화한다면 혼잡에 따른 해로운 효과를 줄일 수 있다.

간질

무기력 학습을 적용하는 한 가지 방법은 통제 불가능한 부정적 사건에서 출발해 그것이 부적응적 수동성을 유도하는지 살펴보는 것이다. 이는 앞서 만성 통증을 다룬 연구에서 사용한 접근법이기도 하다. 유사한 연구가 간질 환자들을 대상으로도 진행되었다. 간질 환자들은 수동적이고, 경쟁심이 낮으며, 성취욕이 부족할 뿐 아니라 집중력이 떨어지고, 고립되며, 우울하다고 묘사되어 왔다(Hermann, 1977). 물론 이러한 행동 특성의 일부는 간질의 생리적 원인에 직접적으로 기인할 것이다. 그러나 발작에 대한 심리적 반응 또한 중요한 역할을 할 수 있다. 한마디로 간질은 무기력 학습을 적용하기에 적절한 영역처럼 보인다.

데벨리스와 데벨리스, 웰스턴(Wallston)과 웰스턴(1980)은 이 가정을 탐구하고자 간질 환자 289명을 조사했다. 그들에게 발작의 예측 가능성과 통제 가능성, 그리고 발작 빈도와 심각성을 질문했다. 또한 우울 척도와 통제소재 척도를 통해 무기력 수준을 평가했다.

그 결과 간질 환자들은 일반인보다 더 우울했고, 생활 사건에 대한 통제력을 더 낮게 지각했다. 더 나아가 발작이 자신의 통제 밖에 있다고 인식할수록 우울 수준이 높았다. 이러한 상관관계는 발작 심각성을 통제한 후에도 유지되었다(Rosenbaum & Palmon, 1984).

이 연구 결과는 무기력 학습의 세 가지 기준을 모두 충실히 입증했으며, 간질을 무기력 학습의 탁월한 사례로 자리매김하게 한다.

소음

무기력 학습 모델이 사회문제에 적용되는 가장 직접적인 사례 가운데 하나는 소음 문제다. 앞서 13장에서 살펴봤듯이 통제 불가능한 소음 자극은 실험실에서 무기력 학습을 유발하는 대표적 방법이다. 따라서 이 결과가 사회 현상에 일반화되는 것은 자연스럽다.

글래스(Glass)와 싱어(Singer, 1972)가 시행한 일련의 인상적인 연구는 동일한 소음이라도 그것을 통제 불가능하다고 해석할 경우 문제해결 능력이 손상되는 반면, 통제 가능하다고 인식하면 그런 효과가 나타나지 않는다는 사실을 입증했다.

이후 코헨과 에반스(Evans), 크란츠(Krantz), 스토콜스(Stokols, 1980), 그리고 그들과 함께 켈리(1981)는 이러한 실험실 연구를 학교 현장으로 확장했다. 비행기 항로 아래에 위치한 교실에서 공부하는 학생들과 그렇지 않은 교실에서 공부하는 학생들을 비교한 결과, 통제 불가능한 소음에 지속적으로 노출된 학생들은 학업 수행이 현저히 낮았다.

종합하면, 소음 공해라는 사회문제는 무기력 학습에 대한 또 하나의 탁월한 사례라고 평가할 수 있다.

우리가 아는 것

이 장에서는 이론가들이 무기력 학습 사례라고 제시해온 여러 현상을 검토했다. 우리의 분석 방법, 즉 부적응적 수동성, 통제 불가능한 사건 이력, 무기력적 인지 등 전형적인 무기력 학습의 구성요소와 각 현상을 대조해 확인하는 절차에 따르면 몇몇 적용 사례는 상당히 좋은 성적을 나타낸다(표 9 참조). 반면, 대다수 적용 사례는 괜찮긴 해도 탁월하지는 않은 예시에 머무른다. 소수는 부적절한 예시로 보인다.

표 9 | 무기력 학습 적용 사례

무기력 학습 기준			
사회문제	부적응적 수동성	통제 불가능한 사건 이력	무기력적 인지
나쁜 사례			
알코올 의존	존재하지 않음	드러나지 않음	드러남
신체 통제	존재하지 않음	드러나지 않음	드러나지 않음
아동 학대자	존재하지 않음	드러남	드러나지 않음

보통 사례			
아동 학대 피해자	드러나지 않음	드러남	드러나지 않음
아동 자폐증	다소 드러남	드러나지 않음	드러나지 않음
가정 폭력	드러나지 않음	드러나지 않음	드러남
저녁 뉴스	-	드러남	-
제도화	드러나지 않음	드러나지 않음	드러남
외로움·수줍음	드러나지 않음	드러나지 않음	드러남
좋은 사례			
노화	드러나지 않음	드러남	드러남
운동 경기력	다소 드러남	다소 드러남	다소 드러남
만성 통증	드러남	드러남	드러나지 않음
지적장애	드러남	드러남	드러나지 않음
영업	다소 드러남	드러나지 않음	드러남
성 바울	-	드러남	드러남
실업	모순적	다소 드러남	드러남
우수 사례			
우울증	드러남	드러남	드러남
학업 성취	드러남	드러남	드러남
아시아계 미국인	드러남	드러남	드러남
흑인 미국인	드러남	드러남	드러남
번아웃	드러남	드러남	드러남
혼잡	드러남	드러남	드러남
간질	드러남	드러남	드러남
소음	드러남	드러남	드러남

결론적으로, 무기력 학습은 다양한 사회문제에서 일정 역할을 하는 것으로 보인다. 그것이 두드러지게 나타나는 사례가 아닌 경우에도 무기력 학습 모델은 우리의 관심을 내적 '병리'에서 상황적 우연성이나 인지 같은 좀 더 일상적인 구성개념들로 옮겨 놓는다. 이러한 개념들은 개입의 표적을 좀 더 명확히 파악할 수 있게 한다. 흥미롭게도 인지의 역할은 기본 연구(13장)보다 여기에서 더 잘 입증되었다. 동시에 무기력 학습은 일부 사람이 믿는 것만큼 보편적이지는 않다. 사회문제에 무기력 학습 개념이 적용된 사례들을 보면 그 적합성의 폭이 넓다는 사실을 알 수 있다.

우리가 모르는 것

지금까지 사회문제에 무기력 학습을 적용한 연구는 대부분 비판적 검증이 부족한 시범 보고에 가까웠다. 향후 연구는 무기력 학습의 세 가지 기준을 명시적으로 문서화하려는 노력을 기울여야 한다. 우리는 문헌 자료들을 검토하면서 모든 연구자가 무기력 학습이 정확히 무엇을 의미하는지 충분히 이해하고 있지 못하다는 사실에 다소 실망했다. 이 장에서 우리는 무기력 학습이 무엇인지, 그리고 무엇이 아닌지를 다양한 사례를 통해 반복해서 살펴봤다. 앞으로 이어질 적용 연구들은 적절한 기준을 최소한으로라도 고려하길 바란다. 또한 우리는 종단 연구가 무기력 학습 모델을 적용하는 좀 더 엄격한 방법이라고 권고한다. 연구자들은 하나의 장애뿐 아니라, 여러 형태의 적응 실패를 동시에 측정해야 한다. 그리고 실천적 개입 설계에서 무기력 학습이 중요하려면 무기력적 설명을 대안 설명들과 비판적으로 맞붙여 비교함으로써 무기력 이론의 메커니즘이 특정 사회문제에서 얼마나 큰 역할을 하는지 분명히 할 필요가 있다.

향후 연구에서 더욱 주목해야 할 쟁점이 몇 가지 있다. 첫째, 지금까지 적용 연구들은 트라우마 자체를 넘어 인지가 독립적으로 중요하다는 점을 충분히 보여주지 못했다. 실험연구에서 표준인 '짝지은 절차'는 현장 연구에서 인간을 대상으로 적용하기 어렵거나 불가능할 수 있다. 그러나 많은 연구가 그것에 상응하는 합리적 유사 절차조차 시도하지 않았다. 왜 그럴까? 아마도 '사람들의 신념이 문제를 일으킬 수 있음'이 무척이나 자명하기 때문일 것이다. 하지만 트라우마 자체도 수동성을 낳을 수 있다. 우리가 무기력 학습 적용을 비판할 때 일관되게 강조한 부분은 무기력 학습을 설명으로 들이대기 전에 트라우마가 혼재 요인으로 작용하지 않음을 먼저 확인하는 것이 중요하다는 점이다.

둘째, 지금까지 적용 연구는 대체로 두 갈래로 갈렸다. 즉 초기 무기력 학습 모델(11장)에 기반한 연구와 무기력 학습 재정식화 모델(13장)에 기반한 연구다. 차이는 연구자가 무기력 학습이 존재한다고 주장할 때 무엇을 보는가에 있다. 초기 모델에 관심 있으면 관찰된 수동성의 선행 사건으로서 통제 불가능을 강조한다. 재정식화 모델에 관심이 있으면 인지, 즉 인과적 설명을 강조한다. 그러나 14장에서 강조했듯이 재정식화 모델은 취약성-스트레스 모델로서 인지와 사건이 모두 중요하다. 재정식화 모델은 초기 모델을 대체한 것이 아니라, 정교화한 것이다. 적용 연구자들은 이를 충분히 인식하지 못했다.

셋째, 13장에서 강조했듯이 인간의 기본적인 무기력 현상에 대해서는 아직 해결되지 않은 쟁점이 있다. 이러한 쟁점이 무기력 구성개념 적용에 가지는 함의는 무엇일까? 이는 무기력 학습이 존재하지 않는다는 뜻이 아니다. 통제 불가능한 사건은 일관되게 결손을 낳는다. 인지가 중요하지 않다는 뜻도 아니다. '통제 불가능성'은 인간과 세계의 관계적 성질로서 인지적 표상을 가질 수밖에 없다.

문제는 연구자들이 무기력한 사람이 정확히 무엇을 생각하는지, 그리고 왜 그것 때문에 힘들어하는지 아직 충분히 파악하지 못했다는 점이다. 실험실 현상에 대한 비판 및 의문은 통제 불가능한 사건과 관찰된 결손을 잇는 인지의 본질에 관한 것이다. 귀인 재구성은 무기력한 사람의 인지를 좀 더 복합적으로 보는 방향으로 한 걸음 나아갔지만, 우리는 추가적인 걸음이 필요하다고 본다. 지각, 기대, 설명이 관련된다는 것은 이미 알고 있고, 그 밖에 무엇이 있을까? 무기력 개념의 응용, 심지어 우리가 탁월하다고 평가한 것들조차 기본 현상에 대한 이해가 여전히 발전하고 있는 만큼, 통상적으로 생각하는 것보다 더 신중히 다루어야 한다.

넷째, 무기력 이론 전통에서는 대다수 연구가 개인적 무기력에 초점을 맞춰 왔지만, 이러한 아이디어는 집단으로도 확장될 수 있다. 피터슨과 스텅커드(Stunkard, 1989)는 집단적 통제 이론과 집단적 무기력 이론의 시초를 설명했다. 집단적 통제는 집단이 작동하는 방식, 어떤 행동으로 무엇을 할 수 있고 무엇을 할 수 없는지에 관한 규범, 공유된 신념으로 여겨진다. 이는 무기력 학습에서의 개인적 기대(11장)와 엄밀하게 평행을 이룬다(11장).

유추를 더하자면 집단적 통제감의 약화는 사기 저하, 실패 앞에서 지속성 결여, 중단과 이직에 대한 낮은 내성, 신체 건강 악화를 낳을 수 있다. 예를 들어 관료체제 하에 있는 일부 집단은 자신들의 행위와 그러한 활동의 결과가 연결되지 않는다고 판단될 때 집단적 무기력을 경험하곤 한다. 이런 상황에서는 구성원들이 무기력해지거나, 또는 조직 목표를 외면한 채 자신에게 더 근접한 목표를 설정하고 그것만 추구할지도 모른다.

물론 집단적 통제와 무기력은 개인 수준의 대응보다 훨씬 복잡하다. 소속 집단이 무엇을 할 수 있고, 무엇을 할 수 없는지에 대한 집단 구성원들의 신념이 늘 균일한 것은 아니다. 몇몇 집단은 의견 차이가 크고, 집단의 무기력이나 유효성에 관한 합의 수준도 연속체를 이룬다.

또 하나 복잡한 문제는 집단이 개인들로 이루어져 있고, 개인은 집단의 목표 달성 능력과 집단을 돕는 자신의 능력에 대해 신념을 가지고 있다는 점이다. 집단적/개인적 무기력은 상호 영향을 미친다. 사람들은 소속 집단의 적절성에 기대어 개인적 무기력을 판단할 수 있다. 또 반대로 구성원과 리더의 개인적 유능함을 보고 집단 역량을 가늠한다. 아마도 이것이 스포츠팀 성적이 팬들에게 그토록 중요한 이유일 것이다. 동시에 심킨과 레더러, 셀리그만(1983)의 연구는 개인적 무기력이 집단 수행으로 일반화되지 않을 수도 있고, 집단적 무기력이 개인 수행으로 일반화되지 않을 수도 있음을 보여주었다(4장).

우리가 검토한 몇몇 적용 연구는 집단·조직 맥락에서 무기력 학습을 다루었지만, 개인적 무기력과 집단적 무기력을 말끔하게 구분한 연구는 없다. 우리는 무기력이 양쪽에 모두 존재한다고 믿으며, 둘 사이 관계는 집단에 따라 다를 수 있다. 이 영역은 개념적·실증적으로 더 많은 연구가 필요하다(Munton & Antaki, 1988).

요약하자면, 무기력 학습 모델은 인간의 다양한 실패에 적용될 때 놀라울 만큼 풍부해진다. 그뿐 아니라 통제 불가능한 사건 이력이 있고 무기력적 인지를 가진 사람은 세상의 온갖 수동적 결과에 빠질 위험에 처한다는, 비현실적으로 포괄적인 예측을 가능하게 한다. 사회문제가 무리 지어 나타나기는 하지만, 이 예측이 시사하는 바만큼 긴밀하지는 않을 것이다. 나아가 사회문제가 한꺼번에 발생할 때는 각각의 문제에 무기력 학습이 원인으로 작용했다기보다 하나의 문제가 다른 문제를 악화해서 그럴 수 있다.

그렇다면 핵심 쟁점은 무엇인가? 이론가들은 왜 통제 불가능한 사건 이력과 무기력적 인지가 한 집단에서는 우울, 다른 집단에서는 학업 실패, 또 다른 집단에서는 암, 또 다른 집단에서는 무기력한 직무 수행을 낳는지에 대해 충분히 씨름하지 않았다. 14장에서 제안했듯이 어쩌면 해결책은 무기력 학습을 모델이라고 부르는 것을 멈추고 메커니즘이라고 부르기 시작하는 데 있을지 모른다. 이는 겉치레 차원을 넘어선다. 모델은 어떤 현상의 관련 특성들을 완벽하게 포착하는 것으로 간주되는 반면, 메커니즘은 단지 중요한 구성 요인이다. 따라서 메커니즘으로서 무기력 학습은 다른 요인들과 결합되어야 한다.

17장

무기력 학습과 신체 건강

심리 상태가 건강과 연관된다고 믿는 사람은 많지만, 실제로 심리적 요인이 신체 건강에 미치는 영향을 과학적으로 입증하는 일은 쉽지 않다. 이와 관련해서는 노먼 커즌스(Norman Cousins, 1981: 강직성 척추염이라는 불치병 진단을 받고 웃음과 비타민C 요법으로 극복한 경험을 《웃음의 치유력》이라는 책에 담아 유명해진 저널리스트 – 편집자 주)가 긍정정서를 불러일으키며 질병과 싸운 과정을 기록한 사례가 특히 유명하다. 이러한 이야기는 흥미롭지만, 동시에 어느 정도 회의적 태도를 견지할 수밖에 없다. 사람의 신체 건강이 극적으로 달라질 수 있다는 사실 외에 거의 아무것도 증명하지 못하기 때문이다. 즉 심리적 요인이 실제로 건강에 관여한다는 사실을 결정적으로 보여주지 못할뿐더러, 어떠한 요인이 핵심인지도 알 수 없다. 또한 다른 사람들에게 일반화하는 것도 불가능하다. 커즌스가 생명을 위협하는 병을 이겨내고 오래도록 만족스러운 삶을 살았다는 사실은 기쁘지만, 해당 사례에 대해 그 이상 무엇을 말할 수 있을지는 분명하지 않다.

이러한 극적 사례의 진정한 가치는 심리 상태와 신체 건강의 연관성을 더 면밀히 탐구할 정당성을 제공했다는 데 있을 것이다. 실제로 연구자들은 최근 이러한 관계를 더 세밀하게 탐구했으며, 그 결과 무기력 학습이 일정한 역할을 한다는 주장이 제기되었다. 이번 장에서는 관련 연구들을 살펴볼 것이다. 참고로, 일부 내용은 피터슨과 보시오(1991)의 연구에 기초한다.

몇 가지 기본 원칙

무기력 학습이 건강 악화와 관련 있다는 말은 무엇을 의미하는가? 이는 무기력이 질병 자체 모델이라는 뜻은 아니다. 이는 우울증 연구(15장)에서 출발점으로 삼았던 가정이기도 하다. 그 대신 여기서는 무기력이 건강 악화의 잠재적 원인 가운데 하나일 수 있다는 가설을 제시하고자 한다. 즉 무기력은 수많은 원인 가운데 하나일 뿐이다. 질병과 관련된 분명한 사실은 건강 악화가 여러 원인의 영향을 받는다는 것이다. 따라서 무기력 학습과 건강에 관해 논할 때 두 가지 과제에 직면하게 된다. 첫째, 무기력 학습 개념과 건강 악화 사이에 실제로 연관이 있는가? 둘째, 만약 연관이 확인된다면 무기력이 어떻게 건강 악화로 이어지는가? 이 두 질문에 대한 답은 아직 찾고 있으며, 지금까지 나온 단서는 대체로 일관성을 보이지만 여전히 많은 부분이 빠져 있다.

건강과 질병의 관계는 연구자가 파악하기에 단순해 보이지만, 가까이서 들여다볼수록 그 경계가 흐릿해진다. 신체 질환을 규정하는 기준은 다양하다.

- 스스로 아프다고 호소하는 것
- 림프샘 부종 등 특정 증상의 발현
- 의사의 진단
- 혈액검사, 소변검사, 엑스레이 등 진단을 뒷받침하는 검사 결과
- 면역 기능 같은 신체 반응, 즉 신체가 외부 공격에 어떻게 반응하는가
- 기대수명, 즉 얼마나 오래 사는가
- 생존 여부 자체

연구자는 건강 상태를 측정하는 한 가지 방식을 선택해야 하지만, 어떤 조작적 정의도 완벽하지 않다. 질환을 나타내는 다양한 기준이 서로 완전히 일치하는 것도 아니다. 겉으로는 건강해 보여도 심각한 질병을 가진 사람이 있는가 하면, 몸이 아프다고 느껴도 실제로는 활력이 넘치는 사람이 있다. 또한 증상은 있으나 질환이 없는 경우는 물론, 질환은 있으나 증상이 없는 경우도 존재한다. 역학적으로 잘 확립된 사실 가운데 하나는 성별을 고려할 때 이환율(병에 걸리는 비율-편집자 주)과 사망률이 일치하지 않는다는 점이다. 여성은 남성보다 질병이 많지만 더 오래 산다(Verbrugge, 1989).

우리는 무기력 학습과 신체 건강을 다양한 방식으로 측정하고, 여러 연구에서 결과가 수렴하는지를 살폈다. 이를 통해 일정한 일반성을 확보할 수 있었다. 다만, 각 연구를 충분히 오래 진행하면서 가능한 모든 혼란 변수를 배제하지는 못했다. 연구 전체는 아직 예비적 단

계이며, 개별 연구들은 우리가 바라는 수준보다 결함이 많다. 각 사례에서 대안적 해석을 완전히 배제하기 전까지 우리가 말할 수 있는 부분은 여러 연구가 흥미로운 수렴성을 보인다는 점뿐이다.

질병 위험 요인

무기력 학습이 건강을 악화하는 위험 요인이라는 것은 무엇을 의미하는가? 여기서 '무기력 학습'은 부적응적 수동성, 통제 불가능한 사건 이력, 무기력적 인지라는 세 가지 구성요소를 포함한다. 따라서 이 질문은 세 가지 기준이 각각, 혹은 결합해서 건강 악화에 어떤 영향을 미치는가를 묻는 것이다. 지금까지 연구는 무기력적 인지, 즉 개인적 설명양식이 신체 건강과 어떤 관련이 있는지를 가장 많이 살펴봤다.

부적응적 수동성

부적응적 수동성은 건강 악화를 초래하는 것으로 보이며, 이는 그 어느 때보다도 중요한 문제다. 의료 전문 분야는 질병과 싸우는 과정에서 크게 세 시기를 거쳤다(Taylor, Denham & Ureda, 1982). 첫 번째 시기는 철저히 반응적이었다. 사람이 아프면 그제야 치료가 이루어졌다. 두 번째 시기는 비교적 최근에 나타났으며, 질병 발생을 아예 차단하고자 물리적 환경을 바꾸려는 시도를 했다. 즉 감염 가능성을 줄이는 방식이다. 예를 들어 말라리아 매개체인 모기가 서식하는 늪을 메우거나, 흑사병을 전파하는 쥐와 벼룩의 서식처인 쓰레기 더미를 치우고, 외과 의사가 수술 전후에 손을 씻는 것 등이다.

두 시기는 모두 중요했으며, 그 전략은 오늘날에도 여전히 유효하다. 그리고 이제 우리는 과거와 크게 다른 세 번째 시기에 들어서고 있다. 현재 일반 사람들의 대체적인 사망 원인은 개인의 생활방식과 관련된 질병으로 추정된다. 흡연, 음주, 영양 및 운동 부족은 놀라울 정도로 많은 질병을 유발한다. 따라서 세 번째 시기에는 건강에 해로운 개인의 생활습관을 근본적으로 바꾸도록 유도하는 데 질병 예방의 초점이 맞춰진다. 이와 같은 '건강 증진 시대'에는 의사나 보건 전문가가 대신 싸워주는 것을 옆에서 지켜보는 데 머물러서는 안 된다. 개인이 스스로 다른 방식으로 행동해야 한다. 이를 위해 텔레비전 방송, 학교, 직장, 지역사회, 국가 단위로 사람들에게 건강한 생활방식을 장려하는 프로그램을 추진하고 있다. 이러한 권고 앞에서 수동성은 명백히 건강에 해롭다.

더 논쟁적인 부분은 통제 불가능한 사건 이력, 무기력적 인지가 신체 건강과 어떤 관련이 있는가 하는 점이다. 우리는 이 두 기준을 직접적으로 다룬 연구를 수행했다. 동물 연구에서는 통제 불가능한 사건을 경험한 동물이 생리적 변화를 겪었고, 이후 질병에 더 취약해졌다는 사실을 확인했다. 인간 연구에서는 비관적 설명양식이 건강 악화와 상관관계를 가진다는 결과가 나왔다.

통제 불가능한 사건 이력

동물과 인간을 대상으로 한 연구들은 통제 불가능한 혐오스러운 사건을 겪은 경험이 건강 악화와 이른 사망으로 이어질 수 있음을 보여준다. 여기서는 인간을 대상으로 한 연구들을 먼저 검토하고, 동물 연구는 뒷부분에서 다루겠다. 다만, 자세히 들여다보면 동물 연구와 인간 대상 연구는 상당히 다르다는 점을 미리 밝혀둔다. 또한 여러 경우에서 연구자들이 통제 불가능성 자체가 결정적 위험 요인임을 보여주지 못했다는 점도 짚어야 한다. 스트레스가 대체로 건강에 좋지 않다는 것, 그리고 스트레스를 야기하는 요인 가운데 하나가 통제 결여라는 것은 이미 알려진 사실이다. 하지만 "스트레스는 그 통제 불가능성 때문에 건강에 해롭다"고까지 말하려면 추가 증거가 필요하다.

조사 연구들은 스트레스성 생활 사건이 건강을 갉아먹는다는 사실을 보여준다. 스트레스와 질병의 연관성은 잘 통제된 여러 연구에서 보고되었다(Rabkin & Struening, 1976). 예를 들어 토머스 홈스(Thomas Holmes)와 리처드 라에(Richard Rahe, 1967)는 개인이 경험한 스트레스 양을 측정하기 위해 '사회적 재적응 평정 척도(Social Readjustment Rating Scale)'를 만들었다. 이 질문지에서 피험자는 지난 1년 동안 43가지 주요 생활 사건 가운데 어떤 일을 경험했는지 표시한다. 그 일이 일상생활을 얼마나 크게 흔들고 얼마나 많은 재적응을 요구했는지에 따라 각 사건에는 '생활 변화 단위' 점수가 매겨진다. 이 척도의 총점이 높을수록 그 사람은 병에 걸릴 가능성이 크다.

스트레스를 유발하는 것은 큰 사건만이 아니다. 카너(Kanner)와 코인, 셰퍼(Schaefer), 라자루스(Lazarus, 1981)는 사회적 재적응 평정 척도와 평행한 도구를 만들되, 일상에서 반복되는 작지만 '성가신 일'을 물었다. 자동차 키 잃어버리기, 저녁식사 방해받기, 장부를 맞추다 실수하기, 반려동물 돌보기 등이 그 예다. 성가신 일이 쌓일수록 스트레스도 누적되어 신체적 안녕이 조금씩 갉아먹힌다. 단순히 개수가 많다는 점에서 이런 성가신 일은 오히려 주요 생활 사건보다 더 스트레스를 줄 수 있다(Weinberger, Hiner & Tierney, 1987).

연구자들은 스트레스와 질병의 연관성을 확인한 뒤 그 성격을 들여다보기 시작했고, 이 둘의 연결고리에 심리적 요인이 핵심으로 자리한다는 사실을 발견했다. 구체적으로 말하면 어떤 사건이 스트레스가 되어 질병으로 이어질 가능성은 그 사건을 어떻게 생각하느냐에 달렸다. 사건을 예측 불가능하고 통제할 수 없다고 여길수록 더 큰 스트레스를 받는 것이다. 사건을 둘러싼 갈등 역시 스트레스를 유발한다. 또 나쁜 사건을 자기 탓으로 돌리면서도 바꿀 힘이 없다고 느낄 때 그 사건은 스트레스가 된다.

이러한 신념이 어떤 경우에는 상황의 현실을 반영하기도 있지만, 사실을 넘어서는 왜곡된 믿음이 불필요한 스트레스를 만들어내기도 한다. 관련 연구들의 요지는 생활 사건을 비관적으로 보는 방식이 스트레스를 만들고, 그것이 질병 발생 가능성을 높인다는 것이다. 반대로, 낙관적 사고방식은 건강을 위협하는 스트레스에 맞서 일종의 완충 역할을 한다.

이 분야 연구들의 문제는 대체로 실험적이지 않다는 점이다. 또한 "생활 사건 자체가 건강 악화 위험을 높인다"는 결론에는 다른 혼재 요인들이 위협 요소로 작용한다. 게다가 스트레스성 생활 사건은 단순히 통제 불가능할 뿐 아니라, 본질적으로 트라우마를 일으키기도 한다. 16장에서 강조했듯이 순수한 신체적 트라우마를 배제하지 못한다면 통제 불가능성이 결정적 요인이라고 결론 내릴 수 없다.

무기력적 인지

이제 설명양식과 건강 악화의 연관성을 살핀 일련의 인간 대상 연구들로 넘어가보자. 여기에는 무기력 학습을 특징짓는 몇몇 인지가 신체적 안녕과 연결된다는 점을 보여주는 강한 증거들이 담겨 있다.

35년 종단 연구

'하버드 성인 발달 연구(Harvard Study of Adult Development)'는 1937년 하버드대학교 의과대학의 클라크 히스(Clark Heath)와 알리 보크(Arlie Bock)가 시작했고 현재는 다트머스대학교 의과대학의 조지 바일란트(George E. Vaillant)가 이끄는, 생애 전반에 걸친 인간의 성장과 발달을 다룬 독특한 종단 연구 자료다. 이 연구를 통해 '대처'(Vaillant, 1977)와 '알코올 중독'(Vaillant, 1983)에 관한 중요한 결론이 도출되었으며, 우리는 설명양식과 건강의 관계를 분석할 수 있었다(Peterson, Seligman & Vaillant, 1988).

연구는 1942~1944년 하버드대학교 학부 졸업반 가운데 신체와 정신 모두 건강하고 성취 지향적인 학생들을 선발하는 것으로 시작되었다. 그 후 학업 성적을 기준으로 전체 학생에서 40퍼센트를 제외했고, 이어 신체·정신 건강 기준에 따라 다시 30퍼센트를 제외했으며, 마지막으로 단과대학 학장들이 지명한 가장 독립적이고 유능한 학생들을 선발했다. 젊은 남성 총 268명이 표본에 포함되었다.

각 피험자는 학부 재학 중에 광범위한 신체검사와 성격·지능검사를 받았다. 졸업 후에는 매년 직업, 가족, 건강 등을 보고하는 설문지를 작성했고, 정기적으로 자신의 주치의에게 신체검사도 받았다. 결과는 연구팀 내 내과 전문의에게 전달되었다. 대학교 재학 중 10명이, 졸업 후 2명이 연구에서 이탈했다.

이 연구가 특별한 이유는 심리 상태가 신체 건강에 미치는 영향을 다루는 연구가 이상적으로 갖춰야 할 요건들을 대부분 충족했기 때

문이다. 즉 종단적이고, 표본 규모가 크며, 탈락률이 낮은 데다, 의학
적 검사로 뒷받침된 의사 평가라는 우수한 건강지표가 포함되어 있
다. 또한 피험자가 젊었을 때 드러낸 개인적 설명양식을 알아낼 수 있
다는 점도 중요하다. 특히 1946년에 작성된 개방형 설문지가 있는데,
전쟁 때 겪은 어려운 경험에 대해 질문했다.

> "당신이 겪은 어려운 개인적 상황은 무엇이었습니까(구체적으로
> 기술해주십시오)? 전투 중에 그랬나요, 아니면 상급자나 부하와의
> 관계에서였나요? 그것이 당신 내부에서 벌어진 싸움이었습니까?
> 당신은 자신의 판단으로 그 상황에서 얼마나 성공/실패했다고
> 보나요? 그 상황은 당신의 일이나 건강과 어떤 관련이 있었습니
> 까? 그때 어떤 신체적/정신적 증상이 있었습니까?"

이는 성찰을 촉구하는 질문이었고, 실제로 피험자들의 응답은 짤
막한 답변이 아닌, 에세이에 가까웠다.

우리는 전체 표본에서 무작위로 선정한 남성 99명에게 주목했다.
그들이 작성한 1946년 에세이를 읽고, 그 안에서 나쁜 사건의 원인 설
명을 찾아 원문 그대로 색인카드에 옮겼다. 이렇게 해서 총 1,102개
부정적 사건과 그것에 관한 인과적 설명을 확보했다. 인당 평균 11.1
개였다. 그다음 연구 조교 4명이 각 인과 귀인을 내부적(vs 외부적), 영
속적(vs 일시적), 만연적(vs 부분적) 차원에서 평정했다. 이후 연구 조교
들과 함께 세 차원을 평균 낸 다음, 한 피험자가 설명한 여러 사건을
통틀어 다시 평균을 구하는 식으로 각 피험자에게 설명양식 점수 하
나씩을 부여했다. 그 결과 매우 낙관적부터 매우 비관적까지 연속선

위에서 각자 위치가 정해졌다.

이 과정에서 우리는 한 개인이 일관된 방식으로 사건을 설명하는지 확인했다. 14장에서 경고했듯이, 때로는 사실 자체가 설명양식을 규정해 개인의 습관적 관점(설명양식)이 특정 설명에 반영되지 않는다. 이 경우 우리가 부여한 점수가 각자의 전쟁 경험(현실)만 반영할 뿐, 습관적 설명양식을 반영하지 않을 수 있다. 다행히 일관성 점검 결과 피험자들은 서로 다른 사건을 유사한 방식으로 설명하는 경향을 보였다. 이로써 절차 타당성에 대한 우려는 누그러졌다.

이제 건강 평가로 넘어가자. 피험자들은 여덟 차례, 즉 개방형 설문지를 작성한 대략 25세를 시작으로 30세, 35세, 40세, 45세, 50세, 55세, 60세 때 주치의에게 정밀 신체검사를 받았고, 그 결과가 연구팀 내과의에게 전달되었다. 당시에는 설명양식 점수를 알지 못했던 내과의는 다음 기준으로 건강을 평정했다.

1 = 건강 양호, 정상

2 = 복수의 경미한 불편(가벼운 허리 통증, 전립샘염, 통풍, 신장결석, 단일 관절 문제, 만성 이비인후과 문제 등)

3 = 장애는 없으나 돌이키기 어려운 만성질환(완전한 완화는 어렵고 진행 가능성이 큰 고혈압, 폐성심을 동반한 폐기종, 당뇨 등)

4 = 장애를 동반한, 돌이키기 어려운 만성질환(협심증을 동반한 심근경색, 기능 제한을 일으키는 요통, 고혈압과 심한 비만, 당뇨와 중증 관절염, 다발성 경화증)

5 = 사망

50세 이후에는 피험자 대부분이 혈액·소변검사, 심전도, 흉부 엑스레이 촬영을 했고 그 자료도 함께 제출되었다(Vaillant, 1977).

또 하나의 지표가 있었다. 1945년에 정신과 의사가 피험자들을 대상으로 향후 정서적 어려움을 겪을 가능성에 대한 전반적인 예측 평정을 실시했다. 이는 중요한 부분으로, 예를 들어 우울증 같은 기저 정서 문제가 비관적 설명양식과 나쁜 신체 건강을 동시에 유발했을 개연성을 배제해야 하기 때문이다.

예상대로 나이가 들수록 전체적으로 건강은 나빠졌다. 동시에 점수 분산이 커졌다. 즉 가장 건강한 사람과 가장 건강하지 못한 사람의 점수 차이가 점점 벌어졌다. 다행히 엄격한 선발 기준 덕분에 모두가 매우 건강한 상태에서 연구가 시작된 터라 놀랍지는 않았다. 그럼에도 흥미로운 점은 매우 건강했던 젊은이 중 일부가 시간이 지나면서 꽤 병약해졌다는 사실이다. 99명 가운데 13명은 60세 이전에 사망했다. 우리는 누가 좋은 결과를 얻고 누가 그렇지 못했는지를 가르는 요인이 무엇인지 알고 싶었다. 설명양식이 관련 있을까?

결론적으로 25세에 나쁜 사건을 낙관적으로 설명한 남성들은 비관적으로 설명한 남성들보다 이후 생애 전반에 걸쳐 더 건강했다. 이 상관관계는 초기 신체적·정신적 건전성을 통제한 뒤에도 유지되었다. 한마디로, 젊었을 때 낙관적 설명양식은 후일의 좋은 건강과 연관성이 있었다.

좀 더 구체적으로 살펴보자. 우리는 각 연령대 조사 시점(8회)의 건강과 설명양식의 관계를 확인했다. 30~40세 구간에서는 관련이 없었지만, 그 후부터 관계가 나타나 45세에 가장 뚜렷했다. 이는 설명양식을 측정한 때로부터 약 20년 뒤다. 50~60세에는 그 관련성이 다소 약화되었다.

또 25세 때 설명양식이 연령대별 건강 변화와 어떻게 연관되는지도 살펴봤다. 35~40세에 걸쳐 비관적 설명양식은 건강 악화와 어느 정도 관련 있었고, 40~45세 구간에서 연관성이 가장 분명했다(부분 상관 r=0.42). 젊었을 때 낙관적 설명양식을 지녔던 사람들은 건강을 유지한 반면, 비관적 설명양식을 지녔던 이들은 뚜렷한 건강 악화를 보였다.

이 연구 결과는 심리 변수(설명양식)가 20~30년 뒤 신체 건강과 연관된다는 점을 명확히 드러낸다. 초기 신체 건강과 정신적 건전성 같은 제3의 변인을 통제해도 연관성은 유지되었다.

다만, 설명양식은 즉각적인 건강 상태는 예측하지 못했다. 이는 연구를 시작할 때 피험자들의 건강 변이가 거의 없었기 때문으로, 놀랄 일은 아니다. 그러나 중년 초기(35~50세)에 접어들면서 건강 변이가 커졌고, 그 시점부터 심리 요인이 역할을 하기 시작했다. 중년 후기(50~60세)에는 설명양식과 신체 건강의 연관성이 다소 약해졌다. 이에 관한 분명한 해석은 아직 없지만, 아마도 체질적 요인이나 생활양식(혹은 둘 다)의 비중이 그 시기에 커지기 시작했을 수도 있다.

아무리 인상적인 결과라 해도 단 하나의 연구가 최종 결론이 될 수는 없다. 이 연구의 가장 큰 한계는 표본이 애초에 일반 인구의 대표성을 갖도록 뽑히지 않았다는 점이다. 물론 이것이 "어떤 상황에서는 심리 상태가 건강과 관련 있다"는 시범적 증명으로서 가치를 깎아내리지는 않는다. 다만 이 결과를 받아들인 뒤에는 경계 조건이 문제로 떠오른다. 이러한 설명양식과 신체 건강의 관계가 모든 사람에게, 모든 상황에서 성립하는가? 표본은 초기부터 건강하고, 대개 부유하며, 성공적이고, 미국 북동부 출신 남성이었다. 그래서 우리는 설명양식과 신체 건강의 연관성을 좀 더 폭넓게 탐색하는 후속 연구를 진행했다.

감기

다음 연구는 다른 집단, 다른 설명양식 측정치, 그리고 건강상 다른 준거를 사용해 설명양식과 신체 건강의 관계를 검토했다(Peterson, 1988). 질문은 동일하다. 설명양식은 신체 건강과 연관성이 있는가?

대상은 버지니아주 블랙스버그의 버지니아텍 학생 172명이었다. 연구는 1984년 가을(시점 1)에 시작되었다. 이때 피험자들은 '귀인양식 질문지'의 한 버전을 작성했다. 또한 우리는 '질병 척도'라고 이름 붙인 질문지 조사를 실시했는데, 지난 30일 동안 경험한 모든 질병을 보고하는 것이었다(Suls & Mullen, 1981). 각 질병에 대해 증상을 처음 자각한 날짜와 마지막으로 앓았던 날짜를 적게 했다. 그달에 하루 이상이라도 증상이 있었던 날짜 수가 곧 질병 점수가 된다(범위 0~30). 점수가 높을수록 그달에 더 '아팠다'고 본다. 일부 피험자의 불평 성향이 강할 가능성을 통제하고자 우울 기분 척도도 함께 실시했다.

한 달 후(시점 2) 피험자들을 다시 만나 질병 척도를 재실시했다. 원 표본 172명 중 170명(99퍼센트)이 시점 2에 참여했다. 시점 2에 보고된 증상은 설명양식을 측정한 시점 1 이후 발생한 것들이다. 하버드 성인 발달 연구와 마찬가지로 우리 관심은 이전 시점의 설명양식과 이후 시점의 신체 건강 간 관계였다.

마지막으로 1년 후(시점 3) 반송용 봉투를 동봉해 우편으로 다음과 같이 물었다.

"지난 추수감사절 이후 질병의 진단/치료를 위해 의사를 방문한 횟수를 아래에 적으시기 바랍니다. 정기 건강검진이나 부상(예: 골절) 때문에 병원에 간 것은 포함하지 마십시오."

첫 172명 가운데 시점 3에 146명(86퍼센트)이 회신을 해왔다. 우리의 판단 근거는 이 지표상 건강이 나쁠수록 의사 방문 빈도가 잦을 것이라는 가정에 있었다. 다시 말해 시점 1의 설명양식과 시점 3의 지표로 측정한 건강 상태 간 관계를 보고자 했다.

결과는 하버드 성인 발달 연구에서 얻은 것과 똑같은 방향이었다. 낙관적인 대학생들은 비관적인 또래들에 비해 그다음 달에 아픈 날수가 적었고, 그다음 해에 의사 방문 횟수도 적었다. 이 결과는 초기 건강 상태(시점 1의 질병 척도 점수)를 통제한 뒤에도 유지되었다. 이는 불평 성향에 대한 타당한 통제 변수인 우울 기분 척도 점수를 고려한 뒤에도 마찬가지였다.

효과 크기는 하버드 성인 발달 연구보다 다소 작았는데, 아마도 관찰 기간이 짧았기 때문일 것이다. 우리는 ASQ 점수 상위 25퍼센트(가장 비관적)와 하위 25퍼센트(가장 낙관적)인 집단을 비교했다. '표 10'에는 두 집단의 평균 아픈 날수와 평균 의사 방문 횟수가 표시되어 있다. 전자에서는 2배 이상, 후자에서는 3배 이상 차이가 났다.

표 10 | 낙관적 개인과 비관적 개인의 일반 감기 연구

집단	다음 달에 아픈 날수	다음 해에 의사 방문 횟수
비관주의자 (표본의 25퍼센트)	8.56일	3.56회
낙관주의자 (표본의 25퍼센트)	3.70일	0.95회

출처: Peterson, C., & Bossio, L. M. (1991). Health and optimism. New York: Free Press. © 1991 Christopher Peterson and Lisa M. Bossio. The Free Press. 맥밀런사 산하 프리출판사 허가를 받아 전재함.

시점 1과 시점 2에 질병을 보고한 피험자 가운데 95퍼센트는 감기, 인후염, 독감을 기술했다. 나머지는 폐렴, 중이염, 성병, 단핵구증 같은 질환을 보고했다. 즉 모두 감염성 질환이었다. 시점 3에서는 의사를 찾게 된 질환을 기술하라고 요구하지 않았지만, 소수는 스스로 기입했다. 이 또한 모두 감염성 질환이었다.

이 결과는 하버드 성인 발달 연구가 말해주지 못한 점, 즉 비관성이 특히 관련될 수 있는 질병 종류를 시사할지도 모른다. 물론 심리 상태와 특정 건강 문제를 지나치게 구체적으로 연관 짓는 것은 신중해야 한다. 그럼에도 이 발견은 설명양식과 신체 건강 사이에 '감염에 대한 신체 반응'을 매개로 한 경로가 존재할 수 있음을 암시한다.

물론 이 연구도 이상적이지는 않다. 하버드 성인 발달 연구와 마찬가지로 피험자들이 일반 인구를 대표하지 않기 때문이다. 대학생은 평균적으로 더 건강하고, 더 영리하며, 더 특권적이다. 또한 감기는 암이나 심장질환처럼 중대한 질병과는 급이 다르고, 서로 가까이 생활하는 대학생들은 감기에 특히 취약할 가능성도 있다. 그럼에도 이 연구 결과는 하버드 성인 발달 연구에 수렴하며, 그만큼 설명양식과 신체 건강의 연관성에 더 큰 신뢰를 갖게 된다.

암환자의 생존

설명양식과 건강의 연관성을 다룬 또 다른 연구에서 피츠버그대학교 의과대학의 샌드라 레비(Sandra Levy)와 동료들은 재발성 유방암을 가진 중년 여성 36명을 조사했다(Levy, Morrow, Bagley & Lippman, 1988). 이들의 관심은 초기 암 진단 이후 얼마 동안 생존하는지를 예측할 수 있는 요인이었다. 특히 설명양식을 포함한 심리적 요인의 역할을 살폈다.

피험자들은 연구에 처음 참여할 때 다양한 주제를 포괄하는 심층 면접을 받았다. 해당 면접은 전사되었고, 그 안에 포함된 원인 설명을 식별·추출·평정하기 위해 CAVE 기법이 적용되었다. 연구자들은 또한 여성의 생존에 영향을 미치는 것으로 알려진 의학적 요인들(암 특성 등)을 확인했으며, 의사들은 당연히 표준 치료를 진행했다.

레비와 동료들은 피험자들을 4년간 추적했다. 처음 36명 가운데 24명이 이 기간 중 사망했으며, 이들의 생존 기간은 100여 일에서 약 1,300일(3.6년)까지 다양했다. 초기 측정된 여러 요인이 여성들의 생존 기간을 예측했는데, 설명양식도 그중 하나였다. 예상대로 초기 면접에서 낙관적으로 설명한 여성일수록 더 오래 생존했다.

설명양식은 생존 기간을 예측하는 가장 강력한 변수는 아니었다. 초기 암 병소(병원균이 모여 있어 조직에 병적 변화를 일으키는 자리―편집자 주) 수 같은 생리학적 요인이 더 중요했다. 또 설명양식과 건강(=생존)의 상관관계 크기는 앞서 소개한 다른 연구들보다 작았다. 레비 등(1988)은 적절히 신중한 태도를 유지하면서 이 결과를 '경향(trend)'이라고 표현했다. 마지막으로 표본 수가 적어 고려·배제할 수 있는 제3의 변인이 제한적이었다.

그럼에도 이 결과는 설명양식과 신체적 안녕의 연관성을 뒷받침하는 증거를 보탠다. 다만, 이 표본은 "심리 상태가 건강에 영향을 미친다"는 주장을 기대하기에는 그다지 적합한 집단이 아니었다. 모든 피험자가 연구 시작 시점에 이미 질병을 앓고 있었고, 그중 상당수는 중증이었다. 심리 상태는 질병 발생에 영향을 미치기도, 경과에 영향을 미치기도 하는데 이 둘은 서로 다른 문제다. 한쪽 영향만 있고 다른 쪽은 없을 수 있으며, 질병이 충분히 진행되면 심리적 요인의 역할은 점점 줄어들기도 한다. 이런 점들을 고려하면 레비가 표현한 '경향'은 그 자체로 주목할 만하다.

심장마비 회복

뷰캐넌과 셀리그만(1989)은 설명양식이 심장마비 이후 회복에 어떤 영향을 미치는지 조사했다. 피험자는 스탠퍼드대학교에서 진행한 심장마비 재발 예방 연구의 대조군에 속한 사람들이었다. 이들은 연구 참여 최소 6개월 전 심장마비를 경험한 남성이었으며, 흡연을 하지 않거나 금연한 상태였고 당뇨 징후는 없었다.

연구를 시작하면서 피험자들은 '관상동맥질환 성향 행동' 평가를 위해 표준화된 면접을 받았다. 이 면접은 비디오로 기록되었고, 이후 뷰캐넌과 셀리그만은 CAVE 기법을 통해 이들의 설명양식을 분석했다. 총 160명 남성이 대조군에 속했으며, 8년 이상 추적한 결과 그중 60명은 두 번째 심장마비로 사망했다.

연구자들은 사망자와 생존자를 연령대, 이전 심장마비 손상 위치 및 범위를 고려한 PEEL 지수(Feeling of Evaluation, Evaluated, Living: 완화의료 예후 지수-편집자 주)를 기준으로 짝을 맞추었다. 그 결과 예상대로 두 집단은 설명양식에서 차이를 보였다. 사망한 사람들은 생존자들보다 8년 전 더 비관적인 설명양식을 나타냈다. 이는 설명양식이 단순히 감염성 질환뿐 아니라 심장질환에도 취약성을 부여할 수 있음을 보여주는 하나의 증거다.

면역체계 기능

다음 연구는 펜실베이니아대학교의 레슬리 카멘시겔(Leslie Kamen-Siegel)과 동료들(Kamen-Siegel, Rodin, Seligman & Dwyer, 1991)이 수행했다. 이들의 주요 관심은 설명양식과 또 다른 신체 건강 지표인 면역체계 기능 간 관계였다. 물론 연구에 사용된 '건강' 기준과 마찬가지로 면역체계 기능 지표 역시 완전한 것은 아니었다. 혈액 샘플에서 분류해낼 수 있는 면역체계 기능 지표는 매우 다양하며, 면역학자 사이에서도 어떤 지표가 더 적절한지에 대한 논쟁이 치열하다. 면역 능력은 건강이나 장수와 일대일 관계를 갖지는 않지만, 일반적으로 합리적 척도로 간주된다.

카멘시겔과 동료들은 비교적 건강한 62~87세 성인 47명을 대상으로 면담을 진행했다. 이 면담에서는 주요 생활 사건, 문제, 사소한 불편, 걱정 등 다양한 주제를 다루었고, 피험자들은 인과적 설명을 충분히 제시했다. 이 설명들은 CAVE 기법을 통해 설명양식으로 점수화되었다.

각 피험자의 혈액 샘플은 T4 세포와 T8 세포의 비율이라는 면역체계 기능 지표를 파악하는 데 사용되었다. 구체적으로 T4 세포는 흔히 '도움세포(helper cells)', T8 세포는 '억제세포(suppressor cells)'로 불린다. 각각 감염에 맞서 신체 방어를 '켜고 끄는' 역할을 한다고 해서 이런 이름이 붙었다.[10] 한마디로, T4/T8 세포 비율이 높을수록 면역 능력이 강하다는 의미이며, 반대로 비율이 낮으면 면역 기능이 손상되었음을 뜻한다.

연구 결과 낙관적 설명양식은 T4/T8 세포 비율, 즉 면역체계 기능과 중간 정도의 상관관계를 보였다. 비록 단면적 연구라서 인과관계의 방향을 확정하기는 어렵지만, 연구자들은 몇 가지 제3의 변인을 통제하고자 했다. 우선 의사 2명이 피험자들의 현 건강 상태를 종합적으로 평가해 이미 질병을 앓고 있는 경우에는 면역계가 공격받는 상태라 왜곡된 T4/T8 세포 비율이 나타날 가능성을 미리 걸러냈다. 또한 피험자가 작성한 설문지를 통해 우울증 수준을 측정했다. 기존 연구에 따르면 우울증은 면역체계 기능에 영향을 미치고 이것이 잠재적 혼란 요인으로 작용할 수 있기 때문이다. 이러한 통제를 거친 후에도 설명양식과 면역체계 기능의 관계는 유지되었다.

반복 연구

이제부터는 설명양식과 신체 건강의 관련성을 발견한 몇 가지 추가 연구를 간략히 살펴보자. 첫 번째 연구에서는 미시간대학교 여름학기 수강생 83명에게 귀인양식 질문지(ASQ)를 작성하게 하고 "지금 아픈가요?"라는 질문에 "전혀 아니다", "그럴지도 모른다", "확실히 그렇다" 중 하나로 답하게 했다(Peterson, Colvin & Lin, 1989).

이후 피험자들은 3주 동안 자신이 경험한 모든 질병을 일지에 기록했다. 83명 중 72명(87퍼센트)이 일지를 제출했다. 우리는 이전 연구에서 사용했던 질병 척도를 동일한 방식으로 적용해 건강 상태를 점수화했다. 즉 피험자가 적어도 한 가지 이상 증상을 경험한 '서로 다

---

9 실제로 모든 T4 세포가 조력자(helper)인 것도, 모든 T8 세포가 억제자(suppressor)인 것도 아니다. 따라서 T4/T8 세포 비율은 면역 능력 지표로서 다소 모호하다. 건강과 질병에 관한 모든 측정이 일정 정도 회의적 시각으로 다뤄져야 한다는 우리의 앞선 논점이 다시 한 번 입증되는 지점이다.

른 날수'를 기준으로 했다.

결과적으로 설명양식이 더 낙관적일수록 질병을 앓은 날이 적었다. "지금 아픈가요?"라는 질문에 대한 응답을 통계적으로 통제한 후에도 같은 경향이 나타났다. 이 관계의 크기는 중간 정도(r=0.33)였으며, 보고된 증상의 95퍼센트가 감기나 독감에 의한 것으로 보였다.

나머지 연구들은 종단 연구가 아니었다. 설명양식과 신체 건강을 동시에 측정했기 때문에 인과관계의 방향을 알 수 없었다. 다만, 앞선 연구들과 결합하면 낙관적 설명양식이 건강과 관련 있음을 지지하는 근거를 넓혀준다.

그중 한 연구의 피험자들은 중년 세대 90명이었는데, 이들은 어렸을 때 부모의 훈육 방식에 대한 연구(Sears, Maccoby & Levin, 1957)에 참여한 바 있다. 이들 90명은 1988년 후속 연구(Peterson & Bossio, 1991)를 위해 다시 연락을 받았다. 피험자들은 여러 가지 성격 검사와 질문지 작성을 시행했고, 연구 목적에 맞게 약 300단어 분량의 짧은 에세이를 썼다. 주어진 지시는 다음과 같다.

지난 1년 동안 당신에게 일어난 가장 힘들었던 일을 기술하십시오.
(1) 그것이 언제 일어났는지
(2) 다른 사람이 관련되었다면 그 사람이 누구였는지
(3) 당시 대화 요지가 무엇이었는지
(4) 그리고 마지막에 어떻게 되었는지를 쓰십시오.
다른 사람은 누구라도 상관없습니다. 그 사건은 당신에게 매우 중요한 일이어야 합니다. 최소 800단어 이상으로 작성하십시오.

우리는 에세이들을 CAVE 기법으로 분석해 각 개인의 설명양식을 평정했다. 하버드 성인 발달 연구와 마찬가지로, 각 피험자에게는 개인적 설명양식을 반영하는 단일 점수가 부여되었다. 이 연구에서 건강은 현 건강 상태에 대한 자기보고식 질문지로 측정되었다. 결과는 이전 연구들과 마찬가지로 낙관적 설명양식을 가진 사람일수록 비관적인 사람보다 건강 상태가 좋았다. 이 관계의 크기도 다른 연구들과 비슷한 수준이었다.

또 다른 횡단 연구는 린과 피터슨(1990)이 수행했다. 미시간대학교 학생들은 ASQ와 함께 자신의 신체 건강에 대한 질문지를 작성했다. 주요 문항은 다음과 같다.

- 지난 12개월 동안 몇 번이나 아팠습니까?
- 지난 12개월 동안 몇 번이나 의사에게 진단 및 치료를 받으러 갔습니까?
- 지금 아픈가요?
- 전반적으로 당신의 건강 상태는 또래에 비해 어떻습니까?

이전 연구 결과들처럼 비관적 설명양식은 건강이 좋지 않은 것과 관련 있었다.

마지막으로, 마지 라흐만(Margie Lachman, 1989)은 노인을 대상으로 설명양식을 측정하고 신체적 불편감을 평가했다. 이 연구에서도 다시 한 번 비관적 설명양식과 나쁜 건강 상태의 상관관계가 확인되었다.

관련 연구 분야

통제 불가능한 사건과 비관적 설명양식이 신체 건강 악화에 연관된다는 연구 결과들을 살펴봤다. 앞서 각 연구가 결코 결정적인 결론을 도출한 것은 아니라고 지적했지만, 이러한 연구들은 심리 상태가 신체적 웰빙에 영향을 미칠 수 있다는 하나의 근거가 된다. 지난 10년 동안 긍정적 사고와 건강이 서로 관련되어 있다는 연구가 폭발적으로 증가했다.

이 방대한 연구를 모두 다루는 것은 불가능하지만, 최소한 우리 연구에 수렴하는 몇 가지 연구 분야 흐름을 간략히 살펴볼 수는 있다. 여기서는 주로 인지 양식을 중심으로 심리 상태와 신체적 웰빙을 연결하는 몇 가지 연구를 언급하고자 한다. 이 연구들은 무기력 구성개념을 직접적으로 살핀 연구들과 맥락을 같이한다.

심리학자 마이클 셰이어(Michael Scheier)와 찰스 카버(Charles Carver)는 수년 동안 '성향적 낙관성'으로 불리는 성격 특성을 탐구했는데, 특히 그것이 신체 건강과 어떻게 연관되는지에 주목했다. 이들의 연구는 우리가 설명양식을 다룬 연구와 가장 유사하다. 성향적 낙관성이란 미래가 긍정적 결과를 담고 있으리라는 일반화된 기대를 의미하며, 연구 결과 낙관성은 좋은 건강, 비관성은 나쁜 건강과 연결된다는 사실이 밝혀졌다(Scheier & Carver, 1985, 1987; Scheier 외, 1989).

설명양식 개념과 상당히 겹치는 신체적 웰빙 관련 성격 특성으로 '강인성'이 있다. 수잰 코바사(Suzanne Kobasa, 1979)가 개발한 강인성은 '헌신', '통제', '도전' 등 세 차원으로 구성된 개인차 개념이다. 헌신은 개인적 과제와 목표에 대한 몰입을 의미한다. 헌신 수준이 높은 사람은 적극적으로 참여하는 반면, 낮은 사람은 형식적으로만 참여한다. 통제는 중요한 결과를 관리하고 인생 문제에 대한 해결책을 마련할 수 있다는 신념을 뜻한다. 통제 수준이 높은 사람은 능동적으로 환경에 맞서지만, 낮은 사람은 운이나 숙명을 기대하며 체념한다. 마지막으로 도전은 스트레스 사건을 해석하는 방식과 관련 있다. 어떤 사람은 그것을 개인적 성장을 위한 도전으로 보는가 하면, 또 다른 사람은 자존감과 안전에 대한 위협으로 본다. 관련 연구들은 강인성이 높은 사람이 스트레스를 경험할 때 질병에 걸릴 확률이 낮다는 사실을 보여준다(Kobasa, 1979, 1982; Kobasa, Maddi & Courington, 1981; Kobasa, Maddi & Kahn, 1982).

무기력 학습과 관련된 또 다른 개념은 앨버트 반두라(1977, 1986)가 제시한 '자기효능감(self-efficacy)'이다. 이는 특정 행동을 수행해 특정 결과를 만들어낼 수 있다는 개인의 신념으로 정의된다. 반두라는 여러 연구에서 특정 행동을 수행할 수 있다는 자기효능감이 실제 그 행동을 하게 될지를 강력하게 예측한다고 주장했다. 즉 자기효능감은 과거 행동보다 미래 행동에 더 큰 영향을 미치는 것으로 나타났다. 심리학에서 가장 잘 확립된 일반화 중 하나는 "과거 행동이 미래 행동을 이끈다"는 것이다. 우리가 사고하거나 느끼고 행동하는 방식에는 상당한 관성이 있다. 그러나 자기효능감은 이러한 일반화의 예외이며, 그렇기에 주목할 가치가 있다.

그럼 자기효능감은 건강과 어떤 관련이 있을까? 오리어리(O'Leary, 1985)는 광범위한 문헌 검토를 통해 자기효능감이 건강과 관련된 여러 행동에 영향을 미친다는 사실을 입증하고 다음과 같이 정리했다.

"전체적인 증거는 사람들의 자기효능감 인식이 다양한 건강 관련 행동과 연관되어 있다는 것을 일관되게 보여준다. 예컨대 약물 남용 영역에서 자기조절 효능감은 누가 재발할지, 첫 번째 재발은 어떤 상황에서 일어날지를 신뢰성 있게 예측한다. 통증을 조절할 수 있다는 강한 효능감 인식은 통증 내성을 끌어올린다. 식사와 체중 조절에 대한 효능감은 누가 섭식장애를 극복할지 예측한다. 심근경색의 극심한 외상으로부터 회복은 환자와 배우자의 신체적·심장적 능력에 대한 판단을 향상함으로써 크게 촉진된다. 또한 본인 건강에 영향을 미칠 수 있다는 자기효능감은 의료 지침을 따르는 행동을 증가시킨다. 비록 영역별로 구체적인 절차는 다르지만, 건강에 영향을 미칠 수 있다는 자기효능감에 대한 인식을 평가하고 강화하는 일반적 전략은 상당히 폭넓은 효용성을 지닌다.”

한마디로 오리어리의 주장은 사람들이 자신이 건강 관련 행동을 실제로 수행할 수 있다고 믿는 정도에 따라 건강한 행동을 하게 된다는 것이다. 자기효능감은 다이어트나 다른 건강 증진 활동을 유지하는 핵심 요인 가운데 하나일 수 있다(Peterson & Stunkard, 1989).

자기효능감이 건강에 좀 더 직접적인 영향을 미친다는 사실은 반두라와 동료들의 최근 연구에서 입증되었다. 이 연구 결과는 스트레스에 대한 사람들의 생리적 반응이 대처 반응과 관련된 자기효능감 수준에 따라 달라진다는 점을 보여준다. 즉 스트레스에 잘 대처할 수 있다고 믿는 사람일수록 신체는 스트레스로부터 덜 손상된다(Bandura, Taylor, Williams, Mefford & Barchas, 1985). 관련 연구들은 자기효능감이 높은 사람이 더욱 강력한 면역체계를 지닌다는 점도 시사한다(Bandura, 1987).

공통 주제

지금까지 무기력 학습과 신체 건강 악화를 연결하는 다양한 연구들의 흐름을 살펴봤다. 심리 상태가 신체적 웰빙에 영향을 미친다는 점에는 의심의 여지가 없다. 그렇다면 왜 이 연구들이 이제야 성과를 내기 시작했을까?

그 답은 연구자들이 '마음(mind)'의 어떤 측면을 탐구해야 하는지를 마침내 정확히 알아냈다는 점에서 찾을 수 있다. 다음은 여러 연구에서 공통적으로 강조되는 부분들이다.

① 건강에 가장 직접적으로 관련되는 것은 사람들의 명백한 생각과 신념이다. 이전 연구자들은 주로 감정, 갈등, 무의식 과정을 탐구했고 성과는 훨씬 미미했다.

② 역경과 좌절을 어떻게 생각하는지가 중요하다. 생각의 목적은 의심을 해소하는 것(Peirce, 1955)이며, 최근 심리학 연구자는 사람들이 가장 사려 깊게 생각할 가능성이 큰 상황에 초점을 맞추고 있다.

③ 현실 세계 사건의 원인·결과에 대한 생각이 신체적 웰빙과 연결된다.

④ 행동으로 이어지고 행위성과 효능감을 담고 있는 신념은 건강으로 연결된다. 반대로 수동성과 의기소침으로 이어지는 신념은 그렇지 않다.

모든 연구가 이 네 가지를 다 충족하는 것은 아니다. 어떤 연구는 감정·동기 차원에 더 가깝고, 어떤 연구는 순수한 인지적 영역에 더 가깝다. 어떤 연구는 '현실'에 민감하며, 또 어떤 연구는 미시적이다.

무기력 학습에 관한 우리 연구는 이러한 대비 항목에서 대부분 중간쯤에 위치한다. 이 연구들은 하나의 '가족 유사성'을 지니며, 무기력 학습은 충분히 존중받을 만한 '가족 구성원'이라고 할 수 있다. 그러나 지금까지 결과는 기술적일 뿐, 설명양식이 건강에 어떻게 영향을 미치는지는 구체적으로 밝혀지지 않았다. 따라서 현재 우리의 연구목표는 무기력과 신체적 웰빙을 연결하는 경로를 구체적으로 지도화하는 것이다. 우리는 단일 경로가 아니라, 생물학적·정서적·행동적·대인관계적 경로가 서로 교차하면서 영향을 주고받을 것이라고 가정한다.

메커니즘

이제부터는 무기력 학습이 어떻게 신체 건강에 영향을 미칠 수 있는지 구체적으로 논의해보자. 이를 통해 여러 경로의 다양성을 상세히 다루면서 개인 내부의 생물학적 과정과 정서적 과정 같은 경로를 명확히 설명할 수 있다. 물론 개인 외부에 존재하는 경로들도 명확히 할 것이다. 이는 다소 임의적인 구분 방식이지만, 단순화를 위해 이러한 대략적 구분을 따를 계획이다.

특히 누군가의 일상적 행동이 어떻게 건강을 증진하거나 손상하는지를 살펴보면서 무기력 학습에 관한 우리의 연구와 식이요법, 운동 프로그램, 스트레스 관리 등(Peterson & Stunkard, 1989) 건강 증진을 다룬 방대한 문헌들을 연결하고자 한다. 건강 증진은 때때로 무비판적으로 대중에게 강요되는데, 이는 두 가지 측면에서 그렇다. 첫째, 건강 증진이 전반적인 웰빙 이론에 근거하지 않고 단순히 '더 많을수록 좋다'는 식으로 제시되다 보니 사람들이 오히려 신체적·정서적 건강을 해치는 경우가 있다(Barsky, 1988). 우리는 '건강하다'는 것이 무엇을 의미하는지에 대한 포괄적 관점이 건강 증진에 합리성을 부여할 수 있으리라고 본다.

둘째, 건강 증진이 신체 측면에서 강조되는 것은 당연하지만, 마음에 대해서는 기이할 정도로 소홀하다. 인간의 심리 상태는 단순히 신체 상태의 부산물이 아니며, 건강 증진 전문가들이 종종 암시하는 것처럼 일방적이지 않다. 영향은 양방향으로 흐른다. 우리는 마음을 건강 증진에 문자 그대로 포함하고, 웰빙 증진 과정을 사고와 신념에서 시작해야 한다고 주장한다.

생물학적 경로

무기력 학습으로 발생하는 생물학적 변화가 질병의 과정을 바꾸는 방법은 많다. 이러한 잠재적 영향들을 간략히 요약하는 것은 쉽지 않다. 12장에서 살펴본 바와 같이 무기력 학습의 생물학적 수반 요인들은 복잡하다. 거의 모든 생물학적 시스템이 어느 정도는 통제 불가능한 스트레스의 영향을 받고, 이 시스템들은 다시 서로 얽히고설켜 지속적으로 상호 영향을 미친다. 더 나아가 무기력과 질병을 연결하는 잠재적 생물학적 매개체는 질병 유형에 따라 달라질 수 있다.

예를 들어 동맥경화는 미국에서 심장질환의 주요 원인이다. 여기

에는 높은 콜레스테롤 수치가 영향을 미치는데, 쥐에게 회피 불가능
한 전기충격을 가하면 혈액 내에서 순환하는 콜레스테롤 수치가 증가
한다(Brennan, Job, Watkins & Maier, 1992). 회피 불가능한 충격으로 혈
액에 분비되는 여러 호르몬은 유리지방산 방출에 영향을 미치며, 이
는 콜레스테롤의 화학적 변환에도 관여한다. 따라서 무기력과 심장병
사이에는 비교적 상세한 생물학적 경로를 명시할 수 있다. 다만, 호르
몬이나 콜레스테롤은 감염성 질환 같은 다른 질병의 발생에는 중요한
역할을 하지 않을 수 있으며, 이 경우 완전히 다른 생물학적 연쇄 과
정을 규명해야 한다.

그럼에도 어느 정도 일반성을 지닌 하나의 생물학적 경로를 지적
할 수 있는데, 바로 면역체계다. 면역체계는 면역세포를 생성하고 저
장하는 기관(비장, 림프샘, 골수, 흉선 등)과 면역세포 자체로 구성된다.
이 세포는 대부분 백혈구이며, 감염성 질환과 싸우는 다양한 기능을
담당한다. 즉 바이러스, 세균 등 외부 병원체부터 종양 같은 내부 비정
상 산물에 이르기까지 신체에서 이물로 간주되는 분자를 인식해 파괴
하거나 불활성화한다. 대식세포, 보조 T세포, 세포독성 T세포, B세포
등 여러 세포가 면역 반응에 관여하고, 이것들이 다양한 방식으로 결
합해 공격을 수행한다.

면역 반응에 성공하려면 이런 다양한 반응의 조정이 필요하다. 신
경계의 신호뿐 아니라, 신경계의 통제를 받는 내분비샘에서 분비되는
호르몬들도 면역체계 내에서 일어나는 세포 상호작용의 순서를 지시
하고 조절하는 데 관여한다. 비장과 골수 같은 면역기관은 실제로 교
감신경에 의해 신경계의 지배를 받으며, 교감신경 섬유의 말단은 해당
기관 내 백혈구와 실제로 시냅스 '접촉'을 한다(Felton & Felton, 1991).

백혈구는 특히 뇌하수체와 부신에서 분비되는 신경전달물질 및 호르몬에 대한 수용체를 갖고 있다.

결론은 명확하다. 즉 뇌가 면역 반응에 영향을 미칠 수 있는 연결은 분명히 존재한다. 더 나아가 면역 반응 동안 백혈구가 생성하는 물질은 다시 뇌에 접근해 신경 기능을 변화시킬 수 있다. 신경계와 면역계 사이에는 양방향 소통이 존재해 심리적 요인이 면역과 건강, 질병에도 영향을 미칠 가능성을 만든다.

많은 신경 및 내분비 시스템이 면역 반응에 영향을 미치고, 이들 자체가 스트레스에 반응하는 만큼 스트레스가 면역 기능을 변화시킬 수 있다는 사실은 놀랍지 않다. 관련 문헌은 방대하며 쉽게 결론 내릴 수 있는 내용도 없다. 특히 스트레스 요인의 통제 가능성이 어떤 역할을 하는지 명확하지 않다(Maier & Laudenslager, 1988). 많은 연구자는 스트레스가 어떻게든 면역 기능을 억제하거나 방해해 질병을 촉진한다고 결론 내리고 싶어 한다(Peterson & Bossio 외, 1991). 그러나 이 단순한 진술이 아무리 매력적으로 보일지라도 늘 정당화되는 것은 아니다. 스트레스가 면역 기능에 미치는 영향은 스트레스 요인의 특성, 사용된 면역 지표, 그리고 수많은 다른 요인에 따라 달라진다.

스트레스는 어떤 면역 반응을 줄이기도 하고, 아무런 영향을 미치지 않기도 하며, 심지어 강화하기도 한다. 또한 면역에 책임 지는 과정이 워낙 복잡하기 때문에 특정 면역 지표의 감소가 곧 면역 반응 전체의 손상을 의미하는 것은 아니다. 다른 면역 반응이 이를 보상할 수도 있다. 스트레스와 면역 기능의 관계를 이해하고 해석하려면 훨씬 더 많은 연구가 필요하다. 현 맥락에서 우리가 긍정적으로 말할 수 있는 부분은 면역체계가 원칙적으로 무기력과 신체 건강을 연결하는 매우 중요한 생물학적 경로라는 점이다.

물론 그 복잡성을 인정한다면 관련 설명의 모든 가능성을 생물학적 틀에 다 넣으려 하지 않는 것이 오히려 다행이다. 우리는 생물학적 환원주의자가 아니며, 무기력과 건강 사이에 존재하는 추가 경로를 탐색해야 할 충분한 이유가 있다고 본다.

정서적 경로

심리학 문헌 전체에서 가장 확고하게 정립된 관계 중 하나는 설명양식과 우울증의 연관성이다(15장 참고). 수백 건의 연구가 나쁜 사건에 대한 비관적 설명양식과 우울증 증상의 증가에 연관성이 있다고 보고했다. 이 결과는 아동, 청년, 중년, 노인에 이르기까지 일관되게 나타났다(Sweeney, Anderson & Bailey, 1986). 이것의 명백한 함의는 낙관적 설명양식이 행복과 기쁨 같은 긍정정서 상태와 연결된다는 점이다.

이런 강력한 연관성은 중요하다. 관련 연구들이 우울증 증가가 이환율 및 사망률 증가와 연관되어 있음을 보여주기 때문이다. 이 관계는 심각한 우울증에 흔히 동반되는 현상인 자살을 고려할 때조차 유지된다.

비관적 설명양식은 단순히 우울증 증상뿐 아니라 불안장애, 섭식장애, 그리고 다른 정서적 문제와도 연결되어 있다. 무기력 학습 일반, 특히 비관적 설명양식에 대해 가장 보수적으로 말할 수 있는 부분은 그것이 다양한 부정정서 상태, 즉 심리학자와 정신과 의사가 '디스포리아(dysphoria)'라고 부르는 단순히 기분 나쁜 상태로 이어진다는 것이다(Gallagher, 1988). 디스포리아는 우울, 불안, 죄책감, 분노, 적대감 등 다양한 형태로 나타날 수 있다. 이러한 부정적 감정의 구체적인 조합은 아마도 다른 수많은 요인에 달려 있을 것이다.

15장에서 무기력 학습이 우울증에 특이적인 현상이라고 언급했지만, 여전히 회의적인 이유가 있다. 이번 장의 목적을 생각한다면 무기력과 절망이 우울증으로 완벽하게 연결되지 않는다고 해도 큰 문제는 아니다. 최근 증거들은 정서적 장애 중에서도 우울증이 건강 악화와 특별히 독점적으로 연관된 것은 아니라는 점을 보여주고 있기 때문이다. 프리드먼(Friedman)과 부스크롤리(Booth-Kewley, 1987)는 수백 건의 연구를 검토한 후 "질병과 만성 심리적 고통 사이에는 신뢰할 만한 연관성이 있다는 강력한 증거가 존재한다. 따라서 심리학자들이 의료 환자를 대상으로 치료를 시도하는 것은 신중하면서도 가치 있는 일이다"라고 결론 내렸다. 만성 심리적 고통에는 불안, 분노, 적대감, 우울증 같은 정서 상태가 포함된다. 연구들은 이러한 정서가 심장병, 천식, 위궤양, 관절염 같은 질환들과 관련되어 있다는 사실을 보여준다. 다만, 그 연관성은 특정 감정이 특정 질병과 직접적으로 연결된다는 식의 구체적인 관계가 아니라, 좀 더 일반적인 관계다. 우리는 비관성이 부정적 감정 전반을 관통하며, 그 결과 건강 악화와의 연관성을 만들어내는 근본 요인이 된다고 제안한다.

지금까지 살펴본 내용은 주로 '내적' 경로, 즉 개인 내부의 경로에 초점을 맞추었다. 우리는 특히 생물학적·정서적 경로를 살펴봤다. 이제부터는 사람들 사이에 존재하고 좀 더 쉽게 관찰할 수 있는 '외적' 경로에 주목할 것이다. 앞서 말한 바를 기억하라. 무기력 학습과 건강을 연결하는 단일한 경로가 그 모든 설명을 담당할 가능성은 낮다.

행동적 경로

사람의 행동은 그의 생각을 반영한다. 따라서 설명양식이 건강으로 이어지는 가장 중요한 경로 가운데 하나도 행동일 것이다. 낙관적 설명양식을 가진 개인은 비관적 설명양식을 가진 사람과는 다르게 생각하고 행동한다. 실제로 많은 연구가 비관적인 사람은 문제를 잘 해결하지 못한다는 사실을 보여준다. 심지어 앞서 언급한 무기력한 동물들처럼 상황이 실제보다 낫다는 증거가 주어져도 이를 잘 활용하지 못한다. 반면, 낙관적인 사람은 상황이 합리적일 때 과제를 끝까지 끈기 있게 수행한다. 같은 상황에서 비관적 개인은 포기하고 지쳐버린다. 낙관적 개인의 이러한 특성은 건강을 증진하는 반면, 비관적 개인의 특성은 건강 악화, 심지어 조기 사망으로 이어질 수 있다.

비관적 관점에서 사건 원인을 바라보는 사람은 무기력하게 행동한다. 이는 비관성이 건강 악화로 이어지는 하나의 경로가 건강 관리 측면에서의 수동성이라는 점을 시사한다. 몇몇 연구가 이 추론을 온전히 지지한다.

건강 습관

피터슨(1988)은 대학생 126명을 대상으로 설명양식과 함께 유행병학자들이 건강·장수와 관련 있다고 정의한 습관들을 얼마나 잘 지키는지 평가했다(Belloc, 1973; Belloc & Breslow, 1972).

- 균형 잡힌 식사하기
- 소금 섭취 피하기
- 지방 섭취 피하기

- 운동하기
- 아침식사 하기
- 흡연하지 않기
- 과음하지 않기
- 밤에 8시간 수면하기

비관적인 학생들은 낙관적인 학생들보다 이러한 건강 증진 활동에 참여하는 비율이 낮았다. 무기력 학습 용어로 표현하자면, 비관적 개인은 쉬운 길을 택하는 것이다. 이 같은 결론은 나쁜 건강 습관을 바꿀 수 있다고 믿는지에 대한 자신감 평가로도 뒷받침된다. 비관적 설명양식을 가진 사람은 자신이 바꿀 수 있다거나 바꿀 것이라는 자신감이 낮았다. 이 발견은 대다수 사람이 나쁜 건강 습관을 바꾸는 데 성공하기까지 여러 번 시도한다는 점에서 특히 중요하다. 예를 들어 금연을 시도하는 사람은 평균 세 번의 재발을 거친 뒤에야 흡연 습관을 완전히 끊는다(Prochaska, Velicer, DiClemente & Fava, 1988).

동일한 주장을 펼치는 또 다른 연구는 피터슨과 에드워즈(Edwards, 1992)가 수행한 것으로, 개인의 설명양식이 건강 문제에 대한 위험 인식과 어떻게 관련되는지를 조사했다. 이 연구에서 대다수 사람은 낙관적 편향을 보이며 자신이 여러 질병에 걸릴 위험이 평균보다 낮다고 인식했다(Weinstein, 1989). 특히 낙관적 설명양식을 가진 사람이 그런 경향이 강했는데, 왜 그럴까? 이 경우 피험자들의 다른 평가 결과는 설명양식과 위험 인식의 관계가 건강 문제를 예방할 수 있다는 인식 정도에 의해 완전히 매개된다는 것을 보여준다. 다시 말해 낙관적 설명양식을 가진 사람은 자신이 건강할 수 있다고 믿기 때문에, 즉 건강을 유지하기 위해 자신이 할 수 있는 일이 있다고 믿기 때문에 건강에 대해 낙관적 태도를 보이는 것이다.

질병에 대한 반응

피터슨과 콜빈(Colvin), 린(Lin, 1989)은 설명양식과 건강 관련 행동을 또다시 연구했다. 미시간주 앤아버에 사는 청년 72명은 ASQ를 작성했고, 몇 주 동안 자신이 경험한 질병 증상과 이를 개선하기 위해 무엇을 했는지 기록했다. 결과적으로 낙관적 개인은 비관적 개인보다 병에 걸릴 확률이 낮았으며, 아프더라도 회복하려고 더 많이 쉬거나 수분 섭취를 늘리는 등 적극적으로 행동했다.

이 연구에서 또 다른 발견을 자세히 살펴보자. 만약 당신이 한 주 동안 아팠고 회복을 위해 적극적인 조치를 취했다고 하자. 이것이 다음 주에 아플 가능성을 줄인다는 의미인가? 답은 아니다. 적극적인 조치가 질병 경과에 즉각 영향을 미치지는 않았다. 처음에는 이 결과가 약간 놀랍고 실망스러웠다. 지금까지 이야기해온 내용과 불일치하는 듯 보였기 때문이다. 그러나 우리는 '건강한' 습관의 효과가 비현실적으로 짧은 시간 안에 나타나기를 기대했다는 사실을 깨달았다.

만약 일주일 동안 쉬었을 때 다음 주 질병 발생 가능성이 낮아지는 그렇게 단순한 문제라면 이는 누구나 쉽게 알아차릴 수 있는 명백한 관계일 것이다. 낙관적 설명양식을 가졌든, 비관적 설명양식을 가졌든 상관없이 말이다. 마찬가지로 행동과 건강의 관계가 미묘하고 장기적인 것이 아니라 직접적이고 즉각적이라면 사람들이 그렇게 많은 시간과 노력을 들여 건강 증진 캠페인에 참여하지는 않을 것이다. 이러한 관계의 본질은 그것이 명백하지 않으며, 효과가 나타나는 데 수년, 심지어 수십 년이 걸린다는 점에 있다. 결국 공익광고가 시민들에게 잿물로 가글을 하거나 손을 선풍기에 넣지 말라고 경고하지 않는 이유도 여기 있다. 이러한 행동들은 즉각적으로 건강에 영향을 미치기 때문이다. 이는 전혀 과장이 아니다!

행동과 건강 사이에 연결이 존재한다는 것은 분명한 사실이다. 특정 습관과 장기적인 건강 상태의 관계를 입증하는 역학적 증거는 명백하다. 예를 들어 흡연자는 평균적으로 비흡연자보다 12년 일찍 사망한다. 그렇다면 왜 사람들은 흡연을 할까? 그 12년이 삶의 끝부분에서 깎여 나가기 때문이다. 만약 담배를 피울 때마다 즉시 12년이 사라진다면 담배 상자에 외과의사의 경고는 필요 없을 것이다.

여기서 핵심은 행동과 건강의 입증된 연관성에 따라 행동하려는 성향은 믿음에 기반해야 한다는 점이다. 즉 오늘 하는 행동이 먼 미래에 좋든 나쁘든 영향을 미칠 것이라고 자신 있게 기대해야 한다. 이것이 바로 낙관적 설명양식이 내포하고 있는 바다. 그래서 우리의 결과는 의미가 있다. 낙관적 개인은 아플 때 즉각적인 보상이 주어지지 않더라도 예방 조치를 취한다. 건강 증진은 이점이 확실히 보장되는 것은 아니며, 단순히 일반적인 경향이다. 그러나 낙관적 개인은 가능성이 큰 쪽을 택한다. 다른 현실적 선택으로 무엇이 있겠는가?

이후 연구에서 우리는 설명양식과 건강 관련 행동의 연관성을 살펴봤다. 린과 피터슨(1990)은 미시간대학교 학생 96명을 대상으로 ASQ를 실시하면서 동시에 질병에 걸렸을 때 기분이 나아지기 위해 보통 어떤 적극적인 조치를 취하는지 묻는 설문지를 배포했다(표 11 참조). 피험자들은 자신이 아플 때 평소 어떤 행동을 하는지 보고했다. 그 결과 낙관적인 사람은 비관적인 사람보다 개인적으로든, 집단적으로든 더 적극적인 조치를 취하는 경향을 보였다.

연구자들은 동일한 피험자들에게 최근 경험한 질병과 그것에 대한 자신의 반응을 묘사하도록 요구했으며, 이를 위해 라자루스와 포크맨(Folkman, 1984)이 고안한 '대처 방식(Ways of Coping) 질문지'를 사용했다. 이 질문지의 일부 문항은 피험자에게 스트레스 사건 중 무엇이 위태로운지를 묘사하게 한다. 분석 결과, 비관성과 아플 때 타인에게 거부당하거나 조롱당할 것이라는 두려움 사이에 뚜렷한 연관성이 발견되었다. 이 결과는 아래에서 설명양식의 대인관계 경로 측면을 논할 때 다시 다룰 것이다. 요약하면 비관적 개인은 아플 때 단순히 질병 자체뿐 아니라, 타인으로부터 거부당하거나 비웃음을 당할지도 모른다는 이중 문제에 직면한다.

표 11 | 질병에 대한 적극적인 조치

나는 휴식과 수면을 늘린다.
나는 제시간에 잠자리에 드는 경우가 더 많다.
나는 격렬한 운동을 줄인다.
나는 업무 부담을 줄인다.
나는 의사나 진료소를 방문한다.
나는 일반 의약품을 복용한다.
나는 처방약을 복용한다.
나는 비타민 복용을 늘린다.
나는 평소보다 더 영양가 있는 음식을 먹는다.
나는 평소보다 정크푸드를 덜 먹는다.
나는 제시간에 식사하는 경우가 더 많다.

| 나는 수분(주스, 수프 등)을 더 많이 섭취한다. |
| 나는 평소보다 신선한 공기를 더 많이 마신다. |
| 나는 평소보다 햇볕을 더 많이 쬔다. |
| 나는 가습기를 사용한다. |
| 나는 침대에 이불을 더 깐다. |
| 나는 방 온도를 높인다. |
| 나는 가지고 있을지 모르는 걱정을 제쳐둔다. |

출처: Lin, E. H., &Peterson, C. (1990). Pessimistic explanatory style and response to illness. Behaviour Research and Therapy, 28, 243-249. © 1990 Pergamon Press Ltd. 출판사 허가를 받아 각색함.

대처 방식 질문지의 또 다른 문항에는 어떤 상황에서 개인이 시도할 수도 있고, 시도하지 않을 수도 있는 특정 대처 행동이 포함되어 있다. 우리는 질병에 대한 '무기력한' 반응이나 그 반대인 '적극적인' 반응을 보여주는 것들을 다음과 같이 확인했다.

- 나는 스스로를 탓했다(무기력).
- 나는 운명에 따랐다(무기력).
- 나는 상황을 피할 수 없어서 기분이 나빴다(무기력).
- 나는 문제를 스스로 초래했다는 것을 깨달았다(무기력).
- 나는 행동 계획을 세우고 그것을 따랐다(적극적).
- 나는 몇 가지 다른 해결책을 찾아냈다(적극적).

이러한 반응들을 종합적으로 측정한 결과 설명양식과 중간 강도 정도의 연관성이 나타났다. 낙관적 개인은 질병에 대처하려는 시도에서 적극적이었고, 비관적 개인은 무기력했다.

건강 증진

우리는 몇몇 연구에서 낙관적 설명양식이 질병을 처음부터 예방하거나, 질병이 생겼을 때 그 영향을 최소화하려는 건강 행동으로 이어진다는 사실을 발견했다. 따라서 개인이 취하는 행동이 무기력 학습과 신체 건강 사이에 연결 경로를 제공할 가능성이 크고, 이는 사람들을 더 길고 만족스럽게 살도록 도우려는 보건 전문가들에게 매우 적절한 개입 대상이다.

피터슨과 스텅커드(1989)는 최근 방대한 양의 건강 증진 연구 문헌을 검토했다. 하지만 그 가능성에도 다소 실망스러운 결론에 도달했다. 현재 건강 증진 분야에는 사람들의 행동을 좀 더 나은 방향으로 변화시키는 방법에 대한 통합된 이론이 없다. 사실상 기술들의 집합에 불과하다. 어떤 것은 특정 상황에 효과가 있고, 또 어떤 것은 다른 상황에 효과가 있으며, 어떤 것은 전혀 효과가 없다. 하지만 왜 그런지에 대해서는 명확한 설명이 없다. 전형적인 건강 증진 메시지는 단순한 도덕적 훈계와 복잡한 기술 정보의 혼합물이다. "이 콜레스테롤은 '좋은' 것인가, '나쁜' 것인가?" 하는 식이다. 그리고 놀랍지 않게도 소수자나 하류 계층 같은 일부 집단은 건강 증진 메시지에 잘 도달하지도 못하고, 감동받지도 않는다.

현 건강 증진 프로그램들의 문제 가운데 하나는 모든 사람을 똑같이 대하며, 개인 사이에 존재하는 중요한 사회적·성격적 차이를 무시한다는 점이다. 특히 우리는 건강 증진 프로그램이 개인의 설명양식에 주목해야 한다고 생각한다. 낙관적 설명양식을 가진 사람과 비관적 설명양식을 가진 사람은 서로 다른 메시지를 필요로 한다. 낙관적 개인은 단지 올바른 정보만 제공받아도 괜찮을 수 있다. 하지만 비관적 개인은 그러한 정보가 자신에게 의미 있기 전 자기효능감부터 북돋울 필요가 있다.

대인관계 경로

이제 설명양식과 건강의 마지막 경로를 살펴보자. 우리는 이미 여러 차례 타인이 개인의 신체적 안녕에 영향을 미친다는 사실을 언급했다. 곤경에 처했을 때 의지할 수 있는 풍부한 지지망을 갖춘 사람은 더 오래 건강하게 살아간다. 그들은 일상생활 속 스트레스와 사소한 골칫거리에 강하다(Cobb, 1976). 우정은 건강과 장수를 예측하는 좋은 변수이며(House, Landis & Umberson, 1988), 심지어 반려동물을 기르는 사람도 털 달린 친구가 없는 이들보다 더 오래 사는 것으로 보인다 (Friedmann, Katcher, Lynch & Thomas, 1980). 두 발이든, 네 발이든 좋은 동반자의 존재는 건강에 이롭다.

반면, 부족하거나 파괴된 인간관계는 건강과 행복을 약화한다. 예를 들어 배우자와 사별한 사람은 첫 6개월 동안 사망 위험이 증가한다. 외로운 사람은 더 오래 살지 못한다. 친구가 많은 사람보다 세균에 노출될 기회가 적다고 하더라도 말이다.

물론 여기서 타인이 개인의 신체적 건강에 어떤 효과를 가져다주는지 다 설명할 생각은 없다. 사회적 지지와 사회적 상호작용이 건강에 미치는 영향은 설명양식이 미치는 영향만큼이나 복잡하며, 이미 앞에서 살펴본 생물학적·정서적·행동적 경로 등을 공유할 가능성이 크다. 우리는 이러한 효과들을 전제로 삼고, 남은 장에서는 설명양식과 개인의 대인관계가 어떤 연관성을 가지는지 검토하려 한다. 이를 통해 무기력의 부재와 건강 사이에 또 다른 경로, 즉 좋은 대인관계를 통한 경로를 구체화하는 것이 목표다.

크레이그 앤더슨(Craig Anderson)과 동료들은 여러 연구에서 비관적인 사람이 외롭고 사회에서도 소외된다는 사실을 보여주었다(Anderson & Arnoult 외, 1985). 한 연구에서 피험자들은 ASQ와 함께 외로움을 측정하는 표준 설문조사를 시행했는데, 설문지는 다음과 같은 감정을 얼마나 자주 경험하는지 물었다.

- 의지할 사람이 아무도 없다.
- 나는 소외감을 느낀다.
- 아무도 나를 진정으로 잘 알지 못한다.
- 나의 사회적 관계는 피상적이다.

비관성과 외로움의 연관성은 비관성과 우울증의 연관성만큼이나 강력해서 앤더슨은 이것들이 완전히 별개 현상이 아니라고 제안했다. 우리도 이에 동의한다. 낙관적 개인은 당연히 더 만족스러워하고 더 많은 사회적 관계를 맺는다.

그렇다면 비관적인 사람은 왜 외로운가? 고틀리브와 비티(1985)의 연구가 그 단서를 제공한다. 그들은 피험자들에게 가상 인물이 자신의 삶과 그 안에서 벌어지는 일들을 이야기하는 글을 읽게 했다. 이야기의 모든 부분은 동일했으나, 원인 설명이 삽입된 부분만 달랐다. 일부 시나리오는 외부적·일시적·부분적 원인을 사용하는 낙관적 설명을, 다른 시나리오는 내부적·영속적·만연적 원인을 사용하는 비관적 설명을 담고 있었다. 그런 다음 고틀리브와 비티는 피험자들에게 그 가상 인물들을 보고 어떤 반응을 했는지 물었다. 피험자들은 비관적인 인물을 멀리했고, 낙관적인 인물에게는 호감을 느꼈다!

주변에 있는 비관적인 사람에게 당신이 어떻게 반응하는지 생각해보라. 물론 그를 격려하거나 희망을 주고 싶을 수도 있다. 그러나 "아무것도 할 수 없다"는 그의 단언은 적어도 좌절감을 주는 것이 사실이다.

우울증과 비관성에 대해 확실하게 알려진 점 가운데 하나는 그것들이 전염된다는 사실이다. 우울증은 가족 내에 퍼지고, 비관성과 암울함도 마찬가지다. 예를 들어 우리는 비관적인 부모 밑에서 자란 아이가 비관적이라는 사실을 보여주었다(Seligman 외, 1984). 아마 고틀리브와 비티의 연구에 참여한 사람들도 이 같은 사실을 인식하고 있었고, 비관적인 지인의 유해한 존재감으로부터 자신을 보호하려고 애썼는지 모른다.

아직 아무도 이 문제를 직접 연구하지는 않았지만, 우리는 비관적 설명양식을 가진 사람은 자신이 가진 어려움에 더해 특히 타인의 부정적인 영향을 막아내는 능력이 부족할 것이라고 추측한다. 또한 그들은 적극적으로 친구를 찾기보다 그저 우연히 다가오는 사람을 받아들일 것이다. 그들은 관계에서 주도권을 잡지 않는다. 게다가 비관적 개인이 다른 비관적 개인을 친구로 삼을 경우 이제는 우리에게 너무도 익숙한 또 다른 악순환을 볼 수 있다. 그리고 그 결과가 신체적 건강에 얼마나 중요한지는 자명하다. 비관적 개인은 타인이 전해 오는 이익을 받지 못하는 반면, 낙관적인 개인은 그것을 누린다.

14장에서 살펴본 연구를 기억해보자. 대학생들에게 특정 친구를 떠올리게 하고, 그 친구가 전형적으로 무기력한 행동을 얼마나 자주 하는지 보고하게 한 연구 말이다(Peterson, 1986). 후속 연구에서는 피험자들에게 그 친구의 행동에 어떻게 반응했는지를 물었다. 친구가 드물게 무기력한 경우 연민을 느끼고 도움을 주었다. 반면 자주 무기력하게 행동한 경우에는 화를 내거나 무시하거나 회피했다. 누가 그들을 탓할 수 있겠는가? 무기력한 사람과 함께 있는 데는 비용이 따른다.

이러한 결과들은 일관성을 보인다. 비관적 개인은 과도할 정도로 무기력하게 행동하기 때문에 주변 사람들이 멀어지고, 그 결과 외롭고 사회적으로 소외된다. 단기적으로는 주변 친구가 요구를 충족해줄 수 있다. 이는 보람될 뿐 아니라 우정의 본질이기도 하다. 그러나 장기적으로는 대부분의 사람이 이런 요구를 계속 채워주지 않는다. 비관적 개인은 결코 만족하지 않는 것처럼 보이기 때문이다. 이것이 바로 핵심이다. 친구는 자신이 무엇을 해도 상대방의 반응이 바뀌지 않는다는 것을 경험하면서 스스로 '무기력하다'고 느끼고, 결국 떠나버린다. 혹은 상대방이 나아져서 떠날 수도 있다. 아마도 후자가 더 많을 것이다. 이로써 비관적인 사람은 좋은 대인관계에서 나오는 건강 보호 효과를 잃게 된다.

비관적 개인은 그런 상황을 전혀 이해하지 못한다. 앞서 언급했던 결과를 떠올려보라. 비관적인 사람은 자신이 병이 들면 그 병 때문에 남들에게 거절당할 것이라며 두려워한다. 겉으로 보기에는 전혀 근거 없는 두려움 같다. 사람들은 대부분 누군가 아픈 것을 비난하지 않는다. 그러나 비관적 개인은 마치 양치기 소년처럼 너무 자주 불평을 늘어놓다 보니 결국 주변 사람들이 그의 정당한 도움 요구에도 무관심해진 것일 수 있다. 다시 말해 비관적 개인은 상황을 필요 이상으로 더 나쁘게 만든다.

동물과 인간의 건강 및 질병

이 장의 애초 의도는 무기력 학습과 건강의 연관성에 관한 동물 연구를 인간 대상 연구에 통합하는 것이었다. 멀리서 보면 두 연구군은 분명한 평행선을 이룬다. 즉 통제 불가능성이 가져오는 인지적·동기적·정서적 결과는 동물과 인간에게서 상당히 유사하게 나타난다(11·13장). 이러한 결과가 건강과 질병에 영향을 미칠 수 있다는 점도 명백하다. 그럼에도 관련 연구들을 더 면밀히 들여다보며 표면 이상의 수준에서 두 영역을 연결하려고 하자, 유사점 못지않게 비유사성이 두드러진다는 사실을 깨달았다. 곰곰이 생각해보니 그 불일치는 합리적이다. 이에 관한 우리의 생각을 나누고자 한다.

전형적인 동물실험에서 연구자는 연구 대상 개체를 어떤 스트레스 요인이나 사건에 노출되게 한 뒤 병원체에 감염시키거나 종양세포를 주입한다. 그다음 스트레스 요인이 질병 발생에 미치는 영향을 측정한다. 이런 연구들에서는 회피 불가능한 전기충격 같은 스트레스 요인에 단 한 번 노출되는 것만으로도 질병이 생기는 일이 자주 관찰된다. 특히 스트레스의 통제 가능성이 중요하다. 예를 들어 스클라르와 애니스먼(1979)은 쥐에게 회피 가능한 충격, 짝지은 회피 불가능한 충격, 무충격(11장에서 설명한 삼분 설계) 가운데 하나를 한 번만 경험하게 한 후 종양세포를 주입했다. 회피 불가능한 충격을 받은 쥐는 종양세포가 빠르게 증식해 결국 죽음에 이르렀다. 반면 회피 가능한 충격은 종양 성장과 사망률에 영향을 미치지 않았다.

이런 결과는 겉으로 보면 동물 문헌과 인간 문헌이 서로 일치하는 것 같다. 그럼에도 우리가 평행선을 함부로 긋는 것에 신중한 까닭은 두 가지다. 첫째, 방금 살펴본 결과는 수많은 조건에 의존한다. 스트레스 요인은 종양세포 주입 시점과 매우 근접하게 제시되어야 하고(Ben-Eliyahu, Yirmiya, Liebeskind, Taylor & Gale, 1991), 동물이 받는 배경 스트레스 수준은 낮아야 하며(Sklar & Anisman, 1980), 기타 등등이 필요하다. 스트레스와 무기력은 사람의 건강 전반에 일반적으로 영향을 미치는 것 같지만, 동물에게서는 그 영향이 상황의 갖가지 특수 요인에 의해 크게 조절된다.

둘째, 동물의 경우 반복적·만성적 스트레스가 몸에 주입된 특정 병인에 의한 질병 발생에 아무런 영향을 미치지 않거나 오히려 보호 효과를 보이는 경우가 많다. 예를 들어 스클라르와 애니스먼(1979)은 쥐에게 종양세포를 주입한 후 회피 불가능한 충격을 하루에 한 번씩 5~10일간 가한 결과, 충격에 단 한 번 노출되었을 때와 달리 종양 성장이 촉진되지 않았다는 사실을 발견했다. 더 나아가 다른 연구들에서는 스트레스 요인에 만성적으로 노출될 경우 종양 성장 속도가 느려지고 사망률이 감소한다는 보고도 있다(종합적 검토는 Sklar & Anisman, 1981 참고). 이 같은 결과는 동물실험에서 발생한 다른 질환들에서도 관찰되었다. 대조적으로, 우리가 이 장 앞에서 다룬 인간 대상 연구들은 단일한 스트레스에 한 번 노출된 경우가 아니라 만성 스트레스를 다루었고, 만성 스트레스에 노출된 사람은 동물과 달리 건강이 악화되었다.

우리는 다른 곳에서 동물과 인간이 통제 가능성의 정도가 다른 스트레스 요인에 대해 놀라울 만큼 유사한 반응을 보인다고 제안한 바 있다. 그렇다면 여기서는 왜 차이가 생긴 것일까? 핵심 요인 중 하나는 동물 연구와 인간 대상 연구가 일반적으로 진행 방식이 다르다는 점이다. 동물실험에서는 특정 병인을 주입해 구체적인 질환을 유발한 뒤 질환의 진행 상황을 추적한다. 반면 인간 대상 연구에서는 특정 시점에 시작된 한 가지 질환이 아니라 전반적인 건강을 측정한다. 사람은 잠재 병원체와의 접촉이 무수히 많기 때문에 인간 대상 연구에서 스트레스와 병원체 노출의 정확한 타이밍은 그리 중요하지 않다. 질병 촉진에 영향을 미칠 만한 기회가 셀 수 없이 많은 것이다. 만약 인간 대상 연구도 단일 스트레스와 특정 병원체에 대한 단회 노출로 설계되었다면 그 결과는 동물 연구만큼이나 상황 특이적이었을지 모른다.

또 다른 요인은 만성 스트레스의 효과를 다룰 때 동물은 회피 불가능한 충격 같은 스트레스 사건에 반복해서 노출된다는 점이다. 그만큼 스트레스에 적응할 가능성이 극대화된다. 인간 대상의 만성 스트레스 연구는 그렇지 않다.

더 넓게 보면 동물과 인간은 무기력과 건강을 매개하는 연결고리가 서로 다를 가능성이 크다. 오늘날 사람들의 건강과 질병은 부분적으로 생활양식에 의해 좌우된다. 사람들은 건강을 증진하고 질병을 예방할 수 있는 행동적 선택지를 갖고 있다. 설명양식 같은 개인 특성은 이러한 선택을 매개해 건강을 바꾼다. 이처럼 스트레스는 동물에게는 존재하지 않는 간접 경로, 즉 건강 행동의 변화를 통해 사람들의 건강에 영향을 미친다. 물론 스트레스는 동물뿐 아니라 사람의 호르몬·면역·생물학적 변화를 유발하며, 이러한 변화는 질병과 싸우는 능력에 효과를 발휘한다. 하지만 장기적으로는 개인의 건강 행동을 바꾸는 스트레스가 훨씬 중요한 영향력을 행사할 수 있다.

동물의 경우 스트레스는 건강에 직접적으로만 관여한다. 쥐는 의도적으로 생활양식을 선택하지 않고, 건강한 습관과 해로운 습관에 관한 지식을 동원하지도 않는다. 따라서 동물실험에서 발견한 무기력과 신체 건강의 연관성은 인간 대상 연구에서 나타난 것과는 본질적으로 다르다. 무기력 학습 개념은 동물 연구와 인간 대상 연구 모두에서 연구자의 관심을 이러한 연관성으로 돌리는 데는 유용했지만, 당분간 우리 결론은 두 영역의 연관성이 동일하지 않다는 것이다.

우리가 아는 것

이 장에서 소개한 연구들은 무기력 학습이 나쁜 건강과 연관되고, 그 부재가 좋은 건강과 연관된다는 우리 가설과 일치한다. 수많은 연구에서 무기력 학습의 세 구성요소인 부적응적 수동성, 통제 불가능한 사건 이력, 무기력적 인지가 각각 독립적으로 신체적 안녕과 연관된다는 점이 드러났다. 건강 상태는 매우 다양한 방식으로 확인했다. 의사의 신체검사, 증상 보고, 의사 방문 횟수, 유방암 진단 후 생존 기간, 심근경색 후 회복, 면역 능력을 반영하는 T4/T8 세포 비율 등이 그것이다. 따라서 무기력 학습은 건강과 연관성이 있다고 결론지을 수 있다. 우리 연구는 동물과 인간을 모두 포함하며, 무기력 학습이 광범위한 적용성을 지닌 개념이라는 사실에 확신을 준다.

무기력 학습이 왜 건강에 관여하는지는 단순하게 결론 내릴 수 있는 문제가 아니며, 우리는 단일한 메커니즘이 작동한다고 보지 않는다. 오히려 생물학적·정서적·행동적·대인관계적 경로가 모두 관련되고, 어느 하나가 전부를 설명하지도 못한다고 생각한다. 더 복잡하게는 그 조합이 동물과 인간 사이, 개인 간, 질환 간, 그리고 시간에 따라 달라질 가능성도 있다.

우리가 모르는 것

앞에서 밝혔듯이 이 연구 프로그램은 여전히 진행 중이며, 다른 무기력 학습 분야에 비해 훨씬 예비적 경향을 보인다. 무기력 학습의 여러 분야 중에서도 설명양식의 역할만 상대적으로 더 철저히 연구되었고, 그마저도 관련 자료들은 대체로 상관관계를 지닌다. 다만, 가능한 모든 제3의 변인이 통제된 것은 아니다. 설명양식이 스트레스와 상호작용해 질병 소인을 높이는지조차 아직 모른다. 더 일반적으로는 지금까지 연구들이 무기력 학습의 세 구성요소를 동시에 측정해 질병과의 관계를 살펴본 적은 거의 없다. 우리는 이들 구성요소 사이에 상호작용이 있을 것이라고 예측하지만, 아직 검증되지 않았다는 점이 한계다.

또 하나의 한계는 기존 연구들이 비판적 검토를 충분히 거치지 않았다는 점이다. 이 책 전반에서 개념적 논쟁을 강조하고 있다는 사실을 떠올리면 아이러니하다. 다른 영역에서는 논쟁을 조금 줄여도 괜찮지만, 신체 건강 영역에서는 더 많은 논쟁을 환영한다. 아마도 "무기력과 비관성이 질병의 원인이 된다"는 우리의 주장이 너무 시대정신과 맞물려 있어 누구나 자명한 진리로 받아들이고 있는지 모른다. 우리 역시 그렇게 여겼을 수도 있다. 무기력 학습이 이단적 관점에서 학계 정설로 완전히 자리잡은 것은 아닐까?

무기력 학습이 질병을 타당하게 설명한다고 가정하면 미답의 질문은 차고 넘친다. 첫째, 무기력 학습은 질병 발생에 영향을 미치는가, 아니면 일단 시작된 후 질병 경과에 영향을 미치는가, 혹은 둘 다인가? 우리는 둘 다일 것이라고 추측한다. 동시에 무기력 학습이 몸과 마음에 작용하는 다른 수많은 요인과 분리되어 작동하는 것은 아니라는 점을 인정해야 한다. 건강상 만점인 사람이 한 번 소극적으로 행동했다고 해서 곧바로 질환이 발병하는 것은 아니다. 임종 직전에 놓인 사람이 자기효능감 몇 번으로 구원받지도 않는다.

둘째, 무기력 학습은 암이나 심장병 같은 특정 질환과 관련 있는가, 아니면 일반적으로 질병과 관련 있는가? 해당 연구 결과가 다양하다는 점을 감안하면 우리는 무기력이 비특이적 위험 요인, 무기력 부재는 보편적 보호 요인일 가능성이 크다고 본다. 대학생 대상 연구에서는 감기와 독감이 설명양식의 영향을 받는 것처럼 보였지만, 그렇다고 다른 질환이 영향권 밖이라는 뜻은 아니다. 마찬가지로 레비의 유방암 생존 기간 연구는 암의 경과가 설명양식에 의해 좌우될 수 있음을 보여주지만, 역시 다른 질환에 영향을 미치지 않는다는 뜻은 아니다. 하버드 성인 발달 연구에서는 의도적으로 비특이적인 방식으로 질병을 다루었다. 연구에 참여한 남성들의 구체적인 질환을 자세히 들여다보면 매우 다양하다. 우리는 비특이적 연결을 의심하긴 하나, 전혀 확신할 수는 없다. 비관성과 우선적으로 연관되는 주된 건강상 문제가 하나 있고, 그것으로부터 다른 질환들이 파생될 가능성도 있다.

셋째, 어떤 건강 지표가 무기력 학습에 가장 민감한가? 아마도 개인의 자기보고일 것이다. 다만 논리는 조금 미묘하다. 개인은 자신의 느낌을 가장 잘 아는 특권적 위치에 있는 만큼 원칙적으로 자기보고는 '객관적'인 의학 검사보다 더 민감할 수 있다. 또한 개인은 자신의 느낌을 좋게든, 나쁘게든 왜곡할 가능성이 있다. 설명양식은 이런 경향에 영향을 미칠지도 모른다. 예를 들어 코스타(Costa)와 맥크레(McCrae, 1987)는 우리가 말한 불쾌 정서적 비관성에 해당하는 이른바 '신경증적' 개인이 증상을 과장한다고 주장했다. 낙관적 설명양식을 가진 사람은 그렇지 않을 것이다. 그래서 단기적으로는 증상에 대한 자기보고를 불신할 만한 이유가 있다. 반면 장기적으로는 여기서 기술한 과정들이 자기 성취적으로 작동하기 때문에 자기보고가 결국 타당해질 것이라고 본다. 비관적 개인이 처음에는 자신의 증상을 정확히 묘사하지 못할지라도 결국에는 맞게 될 것이다!

유행병학자들의 몇몇 흥미로운 연구도 유사한 요점을 제시한다(Kaplan & Camacho, 1983; Mossey & Shapiro, 1982). 한 시점에 사람들에게 자신의 전반적인 건강 상태를 '매우 좋다, 좋다, 보통, 나쁘다' 등으로 평가하게 하면 해당 결과는 그들이 얼마나 오래 사는지를 예측한다. 핵심은 이것이다. '인지된' 건강은 유행병학자들이 떠올릴 수 있는 모든 다른 요인, 즉 성별·나이·만성질환·장애로 지표화된 이른바 객관적인 건강 상태는 물론 건강 습관, 소득, 교육 등을 통제한 뒤에도 장수로 이어진다. 다른 요인을 모두 통제한 상태에서 자신의 건강을 '매우 좋다'고 생각하는 사람과 '나쁘다'고 여기는 사람을 비교했을 때 10년 내 사망 위험은 후자가 전자의 약 3배였다!

넷째, 무기력 학습과 질병의 관계에서 성별 차이는 어떤가? 이에 대한 우리의 잠정적 결론은 무기력 학습이 이른바 이환율과 사망률의 성별 차이를 설명하지 못한다는 것이다. 여성은 남성보다 우울할 가능성이 크고, 따라서 우울증이 유발하는 질환들을 더 많이 겪을 수 있지만, 그것이 여성의 비관성과 남성의 낙관성, 즉 설명양식의 성별 차이에서 유래한다는 유의미한 증거는 없다(15장 참고). 우리가 측정한 수치에서는 남녀 평균 점수에 차이가 나타나지 않았다.

다섯째, 어떤 사람이 더 무기력한 상태에서 덜 무기력한 상태로 변화하면 건강에는 어떤 영향이 있는가? 앞에서 우리는 인지치료를 통해 설명양식이 변경될 수 있고, 그 변화가 안정적인 것으로 보인다는 사실을 살펴봤다(15장). 그런 변화를 이룬 사람은 처음부터 자기효능감이 높았던 사람과 동일한 건강상의 혜택을 누릴까? 적절한 시간 척도를 전제한다면 그럴 것이라고 본다. 심리 상태가 건강과 질병에 미치는 영향은 분명히 즉각적으로 나타나지 않는다.

이 미해결 질문들을 제시한 것은 몇 가지 이유에서다. 그중 하나는 우리의 지식 수준을 정직하게 드러내기 위해서다. 이는 사소한 문제가 아니며, 무기력과 건강의 관계에 대해 아는 바를 과장해서도 안 된다. 우리는 '좋게 생각하는 것'과 '건강하게 느끼는 것' 사이의 연관성이 꽤 탄탄하다고 믿지만, 그 관계가 아무리 확고하다고 해도 그것을 정확히 이해하려면 훨씬 더 많은 지식이 필요하다.

18장

에필로그

'무기력 학습' 이야기의 끝에 이르렀다. 물론 앞서 소개한 여러 영역에서의 연구는 지금도 계속되고 있다. 마지막 장에서는 한 발 물러서서 지금까지 무기력 학습 연구에서 무엇을 이루었는지, 그리고 향후 어디로 향하게 될지를 살펴보고자 한다.

짧은 선택의 역사

무기력 학습은 1964년 펜실베이니아대학교 교수인 리처드 솔로몬의 동물 학습 실험실에서 처음 발견되었다. 그곳에서 동료들과 함께했던 스티븐 마이어와 마틴 셀리그만은 과학의 기성 질서에 도전하는 젊은 연구자들이었다. 그로부터 30여 년이 지난 지금, 그들의 작업은 심리학의 핵심 일부가 되었다. 어떻게 이런 일이 가능했을까?

과학사 맥락을 잘 모르는 사람이라면 무기력 학습 모델이 옳았기 때문에 대중화되었다고 생각할지 모른다. 그러나 과학의 진보는 그렇게 작동하지 않는다. 옳은 생각이 그릇된 생각을 자동으로 이기는 경우는 없다. 온갖 사회적 요인이 어떤 아이디어가 수용될지, 배척될지를 좌우한다. 무기력 학습이 번성하는 동안에는 다른 관점들이 길가에 남겨졌다. 우리의 판단으로는 몇 가지 선택이 행운으로 이어졌기 때문에 가능한 일이었다. 이 선택들은 심리학 전체적으로 격변의 시기인 1970~1980년대에 무기력 학습을 시대 흐름에 발맞추게 했다.

첫 번째 훌륭한 선택은 무기력 학습을 인지적 용어로 설명하기로 한 것이다. 11장에서 지적했듯이 무기력 학습 이론은 출발부터 자극-반응(S-R) 식 행동관에 맞서 말초적 운동 반응이 아니라, 생각과 믿음으로 현상을 설명하는 쪽에 섰다. 전통 행동주의는 완강히 저항했지만 그 전투는 이제 끝났다. 이른바 '인지 혁명'은 성공적으로 수행되었다(Gardner, 1985).

흥미롭게도 인지 관점이 승리하자 바로 불만이 뒤따랐다. 인간 행동을 지나치게 합리적이고, 지나치게 차분하며, 지나치게 질서정연하게 그린다는 이유에서다. 심리학의 관심을 정서와 동기로 되돌리는 이 반(反)혁명 속에서도 무기력 학습은 충분히 생존할 수 있을 것이다. 무기력 학습은 특정 인지의 동기적·정서적 결과를 정확히 다루고 있기 때문이다.

두 번째 훌륭한 선택은 개와 쥐로 시작된 연구 프로그램에 인간을 피험자로 넣은 일이다. 20세기 초 동물 연구가 유행한 이래 심리학계가 줄곧 바라던 바는 동물 실험실과 인간 대상 실험실을 오가면서 설명하는 것이었다. 하지만 대체로 그 기대는 공허했다. 동물 행동을 설명하기 위한 전통 이론들은 사람에게 적용되는 순간 어색함이 극에 달했다. 연구자는 물론, 피험자들조차 그 일반화를 진지하게 받아들이기 어려웠다. 하지만 무기력 학습은 달랐다. 통제에 대한 표상과 기대라는 이론적 초점이 사람에게도, 동물에게도 똑같이 그럴듯했기 때문이다.

무기력 학습 이론에 지속성을 더한 세 번째 훌륭한 선택은 이 모델을 중요한 인간 문제들에 적용하기로 한 것이다. 우울(15장), 낮은 성취(16장), 질병(17장) 같은 주제들이다. 종종 적합성이 매우 좋았고, 꼭 그렇지 않은 경우에도 우리는 심리학이 오래전부터 인간 조건에 관해 의미 있는 말을 하겠다고 약속만 해오던 것들을 실제로 해냈다. 우리의 작업이 부적응 행동에 대한 해결책까지 제시했다는 사실은 두말할 나위 없이 큰 장점이다.

우리가 인간 문제들에 적용한 인지적 관점은 당시 심리학 전체 흐름과 정확히 맞물려 있었다. 벡의 인지적 우울 이론, 사회문제를 귀인으로 해석하는 여러 접근, 정신신경면역학의 출현 등은 모두 우리 작업과 동시대에 이루어졌다. 다만, 이 같은 인지적 접근들과 구분되는 부분은 무기력 학습이 일반적이라는 것, 즉 같은 구성개념으로 다양한 적응 실패를 설명할 수 있다는 점이다. 우리는 동일한 모델을 들고 문제에서 문제로 거침없이 이동할 수 있었다. 모델 자체는 단순하며, 우리의 이론적 예측은 언제나 사전적이었지 사후적 임상 관찰의 요약이 아니었다.

앞 장들에서 전통 학습이론을 맹렬히 비판했지만, 그 정신은 여전히 무기력 학습 연구 전반에 스며 있다. 우리는 늘 광범위하게 적용 가능한 설명들을 찾으려 했다. 그리고 상당히 성공했다고 믿는다.

초기 행동주의적 시도들이 실패한 까닭은 그것이 일반적이어서가 아니라, 연구자들이 중추가 아닌 말초 설명에 자신의 운명을 걸었기 때문이다.

네 번째 훌륭한 선택은 실험실 연구든, 상관 연구든 단순한 연구 절차를 고안한 뒤 그것을 충분히 숙달할 때까지 끝까지 붙들고 있었다는 점이다. 어떤 심리학자들은 방법 선택에서 지나치게 '바람기'가 있어서 이 절차 저 절차로 폴짝폴짝 옮겨 다닌다. 이는 가장 단순한 연구조차 수행하기가 얼마나 어려운지를 과소평가한 것이다.

다섯 번째로 강조하고 싶은 선택은 최소한 우리의 연구 범위에서만큼은 늘 유리잔이 반이나 찼다고 보는 태도를 고수했다는 점이다. 우리는 '긍정의' 과학을 한다. 즉 아이디어를 제시한 뒤 그것을 얼마나 잘 지지할 수 있는지를 살핀다. 물론 다른 이론이나 이상한 데이터에도 귀를 기울인다. 그러나 우리는 복잡성을 장애물로 여기지 않으며 우리가 배운 것과 분명한 것, 단순한 것에 초점을 맞추고 계속 나아간다. 너무 많은 심리학자가 행동 현상의 복잡성 앞에서 얼어붙는다. 그러면서 어떤 이론도 현상을 제대로 설명할 수 없고, 어떤 연구도 사소할 수밖에 없으며, 어떤 결론도 틀릴 수밖에 없다고 여긴다. 이런 태도는 존재론 입문 강의에는 어울릴지 몰라도, 인간 행동에 관한 복잡하고 현실적인 이론으로 나아가는 데는 도움이 되지 않는다.

여섯 번째 선택은 무기력 학습 현상을 설명할 때 생생한 언어를 사용한 것이다. '무기력 학습'이라는 말은 우리 자신을 포함해 누구에게나 관심을 불러일으킨다. 이는 동물 현상을 처음 보고한 논문 제목 〈외상적 충격으로부터 벗어나기 실패(failure to escape traumatic shock)〉보다 훨씬 강렬하다(Seligman & Maier, 1967). '설명양식' 역시 인과 귀인을 제시하는 개인차를 표현하기에 생생한 용어이며, '귀인적'이라는 라벨을 달고 있는 숱한 개념들과 구별되게 해준다. 설명양식을 '낙관적/비관적'이라고 부르는 것 또한 마찬가지로 생동감 있는 선택이었다(Peterson, 1991).

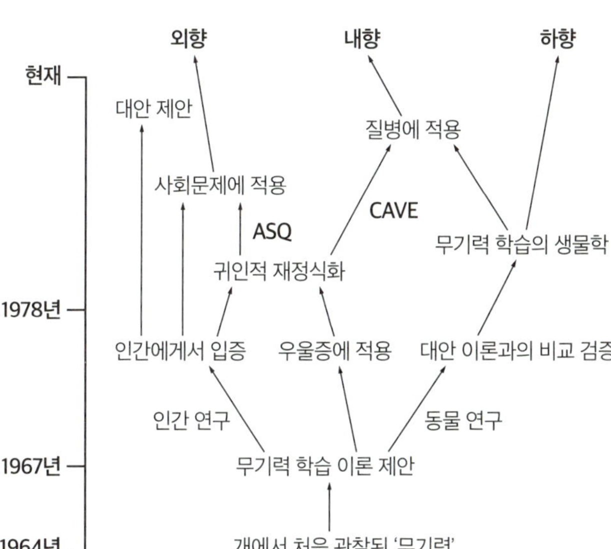

그림 5 | **무기력 학습 역사**

최근 피터슨과 셀리그만은 무기력보다 낙관성에 대한 글을 훨씬 많이 쓰고 있다(Peterson & Bossio, 1991; Seligman, 1990). 이는 그리 새로운 것은 아니다. 우리는 무기력과 낙관성을 서로 반대되는 의미로 개념화하기 때문이다. 무기력에 관해 배운 모든 것은 곧 낙관성에 관해 배운 것이고, 그 반대도 마찬가지다. 그러나 이는 동시에 우리 작업을 새로운 맥락에 위치하게 한다. 우리는 지난 25년 동안 통제 개념이 사람들이 잘못되는 과정에서 어떤 역할을 하는지 이야기해왔다. 이제 우리는 같은 결과들을 가지고 무엇이 잘될지를 논하고 있다. 무기력에 초점을 맞추었던 시기가 세계적 침체기인 1970~1980년대였고, 낙관성으로 전환한 시기가 더 긍정적인 1990년대였다는 점은 거의 의식하지 못한 일이지만, 때에 맞는 좋은 선택이었다.

'그림 5'는 무기력 학습 역사를 보여준다. 이 그림에서 두 가지 점을 강조해야 한다. 첫째, 시간이 흐르면서 연구가 점점 더 다양해져 이제는 단일한 분야라기보다 '무기력 학습의 여러 연구 분야'라고 표현하는 편이 더 정확할 것이다. 그 과정에서 인지, 통제 불가능성, 결손으로 정의되는 기본 현상에 대한 개념은 그대로 유지되고 있다. 물론 관련 주장들을 크게 수정하고 확장하기도 했지만, 무기력 학습을 인지적 현상으로 보는 개념은 결코 흔들리지 않았다.

그렇다면 무기력 학습 연구의 미래는 어떨까? 어디로 나아가고 있을까?

크리스 피터슨은 건강심리학자 역할을 맡아 건강과 질병의 심리적 맥락을 탐구하고 있다. 17장에서 다룬 연구는 이러한 새로운 방향의 한 예이며, 여기에는 사람들이 자신이나 사랑하는 지인들의 만성적·급성적 어려움에 어떻게 대처하는지를 묻는 것도 포함된다. 초점은 인과적 설명, 통제의 지각 등에 맞추어져 있다.

스티븐 마이어는 면역 분야에서의 심리적 영향에 점점 더 관심을 기울이고 있다. 12장과 17장에서 설명했듯이 스트레스 요인의 통제 가능성은 동물과 사람의 생리 전반에 광범위한 영향을 미친다. 왜 그런지 이해하려면 관련된 생화학 분야를 면밀히 살펴야 하는데, 마이어는 바로 그 방향으로 나아가고 있다. 이때 강조해야 할 점은 그가 면역학자가 아니라는 것이다. 그는 여전히 행동, 특히 통제에 관심이 있으며, 이는 그의 연구를 심리학 전통 안에 두게 한다.

마틴 셀리그만은 이 연구의 사회적 적용에 관심을 가지고 학생들을 대상으로 무기력의 장기적 영향을 예방할 수 있는 프로그램을 고안하고 있다. 특히 그는 청소년 사이에서 가파르게 증가하는 우울증 발병률을 억제하고자 한다(15장). 이 프로그램은 학교와 직장에서 성취를 끌어올리는 추가 이점을 가져올 수 있으며(16장), 아마도 아동의 신체적 건강에도 기여할 수 있을 것이다(17장). 이를 위해 그는 인지치료 기법을 수업 활동에 적용해 학생들의 통제감과 효능감을 높이는 것은 물론, 필라델피아 지역 학교들에도 관련 기법을 보급하고 있다.

10장에서 언급했듯이 무기력 학습 연구는 세 가지 일반 방향, 즉 안으로(inward), 아래로(downward), 밖으로(outward)로 진행되어 왔다. 이 방향들은 앞으로도 이 분야의 성장 경로가 될 것이다.

통제의 중요성

무기력 학습 이론은 인지 혁명의 흐름을 타고 등장했지만, 동시에 독자적으로 기여한 부분도 있다. 바로 통제를 가장 중요한 심리학적 변수 중 하나로 자리매김하게 한 것이다. 이전에 다른 이론가들도 통제를 언급하긴 했지만, 무기력 학습 연구는 이 변수가 생화학적 수준부터 사회적 수준에 이르기까지 얼마나 중요한지를 입증했다.

다만, 우리는 통제 결과를 설명하려고 시도하는 과정에서 점점 더 복잡성을 발견했다. 통제 혹은 그 부재가 영향을 미치는 단일한 메커니즘을 규정하려 할 때마다 더 많은 것이 동시에 작동하고 있음을 알게 된 것이다. 우리가 가정한 과정들이 실제로 작동하는 듯 보였지만, 그것들은 꽉 찬 무대 위 많은 배우 중 일부에 불과했다. 이는 동물의 무기력 학습 기본 연구(11장), 그 현상의 생물학적 기초를 찾으려는 시도(12장), 인간 대상의 기본 연구(13장), 귀인적 재정식화(14장), 그리고 무기력 개념의 다양한 적용에서 우리가 목도해온 바다.

한편으로 이런 발견은 자기 자신을 단순화 맹신자라고 칭하는 이들에게는 좌절감을 안겨줄 수 있다. 또 한편으로는 한 걸음 물러서서 보면 통제의 영향이 다양하게 나타난다는 사실이 오히려 심리적 과정의 중요성을 강조한다는 것을 알 수 있다. 통제는 무척이나 핵심적이라서 모든 가능한 체계에서 그 영향을 드러낸다. 왜 그렇지 않겠는가? 삶이란 결국 엔트로피와의 투쟁 아니던가? 현재 벌어지는 사건들을 유용하게 조율할 수 있다면 우리는 활동으로부터 이득을 얻게 된다. 그리고 통제는 이러한 사건과 상황을 조율하는 과정을 심리적으로 기록하는 방식이다.

우리는 진화 개념을 '수반성'과 '비수반성'이라는 통제의 언어로 설명할 수 있으리라고 본다. 진화란 자신이 속한 틈새에 맞추어 무엇이 허용되고 허용되지 않는지를 파악하면서 그 혜택을 누릴 만큼 충분히 활력을 유지하는 투쟁이다. 인간은 한 걸음 더 나아가 자신의 틈새를 바람직하게 만들고자 적극적으로 조작한다. 즉 그것을 통제 가능한 상태로 만든다.

여기에는 인간 본성에 대한 하나의 비전이 숨어 있는가? 우리는 그렇다고 본다. 인간은 자신을 둘러싼 세계, 특히 그것의 인과적 구조에 대단히 민감하다. 이러한 민감성이 어떻게 획득되고, 표상되며, 이후 어떤 방식으로 행동을 조율하는지는 여전히 탐구 중이지만, 우리가 확신을 가지고 말할 수 있는 부분은 사람은 모두 무엇이 통제 가능하고 무엇이 통제 불가능한지를 이해하려고 노력한다는 점이다. 이렇게 배운 것은 근본적이면서도 깊게 각인되어 인간의 생리적 과정부터 세계 정치에 이르기까지 영향을 미친다.

무기력 학습은 통제 가능한 상황에서 특히 더 흥미롭다. 마찬가지로, 반응하지 않는 세계에서 태연하게 자기효능감을 가지는 개인은 통제 가능한 상황에서 무력한 사람만큼이나 기능 장애적이다. 우리는 결코 맹목적인 인내가 항상 이롭다고 주장하는 것이 아니다. 이는 환경에 달렸으며, 따라서 무기력 학습의 인간 본성에 대한 비전은 상호작용적 관점으로 이어진다. 이는 현재 심리학 이론에서 인기를 얻고 있는 관점이기도 하다.

따라서 개인의 상황이 정말로 반응하지 않는다면 통제 가능하다는 지각은 오히려 역효과를 낳는다. 이 경우 '무기력'은 에너지를 보존하고 상황에 대처하는 하나의 방식이 된다. 사실 앞에서 언급했듯이 무력기한 동물은 비수반성을 더 빨리 파악할 뿐 아니라, 외적 단서들에 더 많은 주의를 기울인다(11장). 이와 유사하게 우울한 사람은 자신의 통제 부족을 좀 더 현실적으로 평가하는 경향이 있다(15장). 이는 곧 무기력이 단순한 결핍이라기보다 세계가 반응하지 않을 때 몸을 낮추고 눈을 크게 뜨는 또 다른 대응 방식일 수 있다는 의미다. 무기력이 동물과 사람 모두에서 시간적 경과를 따른다는 사실은 이러한 해석을 뒷받침한다. 충분히 몸을 낮추고 있다가 보면 세계의 인과적 구조가 변해 마침내 다시 시작하고 환경을 탐색하기에 안전한 시점이 올지도 모른다.

무기력한 동물이나 사람은 단기적으로는 무기력하게 지내는 편이 오히려 도움이 될 수 있다. 무익한 세계에서 더는 자신을 소모하지 않아도 되기 때문이다. 하지만 이것은 단지 비수반성의 교훈을 더욱 깊이 새기는 결과일 뿐이다. W. C. 필즈(Fields)가 말했다고 전해지는 바와 같다. "처음에 성공하지 못하면 다시 시도하라. 그리고 그만둬라. 어리석게 굴 필요는 없다."

과학적 논쟁과 진보의 모델로서 무기력 학습

우리는 과학이 실질적 아이디어와 발견을 넘어 어떻게 진보하는지를 보여주는 교훈적 사례 가운데 하나가 무기력 학습이라고 생각한다. 이 책 전체에서 무기력 학습 이론을 둘러싼 논쟁들을 언급했으며, 때로는 짜증 섞인 어조로 다루기도 했다. 다만, 이러한 논쟁은 대부분 어떤 흥미로운 점을 포착했다는 신호다. 언젠가 논쟁이 끝나버린다면 우리는 스스로가 지루하거나 진부해졌다고 판단해야 할지도 모른다.

앞서 언급했듯이 무기력 학습은 우리가 '단순함 애호가'라고 자처한 데서 출발했다. 그런데 역설적이게도 이 단순한 가정들이 우리를 행동에 대한 복잡한 관점으로 이끌었다. 아마도 여기서 얻을 수 있는 교훈은 과학적 진보는 사안이 본질적으로 지나치게 복잡하다고 전제될 때가 아니라, 오히려 그것과는 정반대 태도를 가질 때 이루어진다는 점일 것이다.

단순한 관점을 유지한 덕분에 우리는 무기력 학습 연구의 궤도에서 벗어나지 않을 수 있었고, 또 하나의 이득을 봤다. 우리가 도달한 복잡한 관점은 추상적 구호가 아니다. 그래서 우리는 "통제는 신체의 여러 생리적 체계에 영향을 미친다"고 말하면서 그 내용들을 열거할 수 있다(12장). "비수반성이 여러 방식의 인지적 결손을 초래한다"고 말하면서 그 내용들을 구체적으로 명시할 수 있다(13장). "무기력 학습은 무기력함을 수반하는 여러 사회문제에 연관될 수 있다"고 말하면서 그 내용들을 나열할 수 있다(16장).

따라서 무기력 학습 이론과 연구는 세부 사항 및 구체성의 중요성을 보여주는 증거다. 일부 비판자는 우리가 예상에 맞지 않는 데이터들을 무시한다고 비난하지만, 이러한 비판은 사실과 매우 동떨어져 있다. 무기력 학습 연구는 처음부터 데이터에 의해 형성되어 왔다. 동물과 인간 모두에게 적용되는 이론을 구상하는 과정에서 여러 중요한 변화가 있었고, 각 변화는 언제나 데이터가 이끌었다.

개인적 통제 시대와 무기력 학습

10장에서 언급했듯이 무기력 학습은 오늘날 특히 중요한 이론이다. 서구 사회에서 살아가는 현대인에게 개인적 통제는 지배적 이슈이기 때문이다. 동시에 우리는 미래를 경계한다. 개인적 통제에 대한 엄청난 강조는 그만큼 대가를 수반하기 때문이다. 우리는 젊은 이 사이에 급증하는 우울증을 개인적 통제의 장애라고 봤다(15장). 이러한 개인적 통제의 강조는 덜 분명한 형태로도 나타난다. 예를 들어 물질주의 팽창, 정치와 사회 제도에 대한 냉소 등이 그것이다. 일반적으로 말해 오늘날 미국 사회에 만연한 엄청난 이기심은 개인적 통제라는 단어로 설명될 수 있다.

사람들은 세계가 즉각적으로 자신에게 반응한다고 느낄 때 '좋은 삶'을 살고 있다고 믿는다. 그리고 대다수가 기술적 고치에 파묻힌 채 살아가고 있다. 우리는 텔레비전, 콤팩트디스크 플레이어, 비디오 플레이어, 각종 기기를 조작하는 리모컨, 휴대전화, 팩스, 전 세계가 모뎀으로 연결되는 개인용 컴퓨터 같은 기술적 진보를 부정하지는 않는다. 다만 이러한 장치들이 실제로는 더 많은 것을 약속한다는 점을 지적하고 싶다. 삶의 본질에 효율적으로 접근하게 하기보다 그것들 자체가 삶의 본질이 되어버려 더 불분명하고 덜 즉각적으로 반응하는 다른 문제들을 장면 밖으로 몰아내고 있다는 점이다.

기술이 지배하는 세계는 일종의 빠른 해결책을 제공하는 심리적 정크푸드 역할을 한다. 우리 연구는 즉각적으로 반응하는 결과가 왜 그토록 매혹적인지를 보여준다. 그것은 생기를 불어넣을 뿐 아니라, 사람 안에 있는 깊은 어떤 것을 건드린다. 로버트 화이트(Robert White, 1959)가 수십 년 전 '효능 동기'라고 부른 그것이다. 인간은 환경과 유능하게 상호작용하려는 동기를 가진다. 그리고 자신의 유능함을 판단할 수 있는 방법은 자신이 가진 통제를 확인하는 것뿐이다. 오늘날 기술적 장치들은 인류가 지금까지 경험한 그 어떤 것보다도 즉각적으로 반응한다. 문제는 그토록 정교하게 통제 가능한 결과가 실은 하찮을 수 있다는 점이다.

많은 사람이 지금 기술적 장치에 중독된 이유는 다른 만족의 원천들이 이처럼 즉각적으로 반응하지 않기 때문이다. 사람은 사회화 과정에서 무한한 기대를 주입받는다. 누구나 대통령이 될 수 있고, 테니스 챔피언이 될 수 있으며, 영화배우나 최고경영자(CEO)가 될 수 있다고 말이다. 하지만 그 어떤 것도 쉽게 성취할 수 없다. 대다수는 이런 성취에 가까이조차 가지 못한다. 그러니 개인적 통제 시대가 얼마나 큰 대가를 치르게 하는지는 놀라운 일도 아니다.

우리는 개인적 통제의 중요성을 배제할 수 없고, 기술을 과거로 되돌릴 수도 없다. 통제는 인간의 뇌 화학에까지 영향을 미치는 중요한 심리 과정이다(12장). 통제의 중요성은 언제나 사라지지 않을 것이다. 우리가 우려하는 부분은 다른 문제들이 밀려나는 현상이다. 사회적 과제로서 우리가 해야 할 일은 통제를 다루는 더 나은 방법을 찾아 희생자를 줄이는 것이다. 덜 이기적인 방식으로 통제 욕구를 충족하도록 사람들을 도우면서 다른 목표들을 가치 있게 여기도록 장려해야 한다.

그 방법은 다양할 수 있다. 우선, 사회적 세계를 기술의 세계만큼이나 반응적으로 만들려고 노력해야 한다고 본다. 이는 단순히 타인이 나의 필요에 더 잘 반응하도록 꾀하자는 뜻이 아니다. 오히려 각자가 다른 모든 사람의 사회적 세계에 속한 일부임을 기억하면서 그들에게 더욱 명확하게, 직접적으로, 그리고 즉시 반응하는 존재가 되어야 한다.

같은 맥락에서 사회 제도도 더욱 반응적으로 만들 필요가 있다. 수년 동안 지리멸렬하게 이어지는 법정 사건들, 무시되는 법과 사회적 관습들, 아무런 변화도 가져오지 못하는 개혁들, 단지 짧은 발언으로만 구별될 뿐 차별점이 없는 정치인들, 시민의 믿음과 어긋나는 법원 판결들, 제대로 작동하지 않는 제품들, 발송되지 않는 수표 등을 바로잡아야 한다.

더 깊이 들어가면, 사람들은 사회에서 공동선을 향한 태도를 길러야 한다. 상호의존성을 모두가 가치 있게 여기는 무언가로 만들어야 한다. 내가 다른 사람들의 복지를 진지하게 받아들일 때만 그들도 나의 복지를 진지하게 여기기 시작할 것이다. 이것은 반응적인 세계, 즉 모두의 자기효능감을 고양하는 세계를 만들기 위한 전제 조건처럼 보인다. 서로 파괴적인 방식으로 경쟁하지 않을 때 우리 모두는 자신의 성취에 만족할 수 있을 것이다.

한때 이러한 비전이 미국 사회를 정확히 특징짓는 요소였을지 모른다. 혹은 아닐 수도 있다. 어느 쪽이든 지금은 그렇지 않다. 지금 미국 사회에는 특수한 이해관계가 넘쳐나고, 그들의 의제는 해마다 더욱 좁아지고 있다. 통합은 다양성으로 대체되었다. 비록 정치적으로 인기가 없을지라도, 사람들 사이에 존재하는 차이에 주의를 기울인다고 해서 이 사회가 더 나은 곳이 되지는 않는다는 점을 분명히 해야 한다.

과거를 덮으라는 의미가 아니다. 인종차별과 성차별이 많은 사람을 사회 주류에서 배제해왔다는 사실을 외면하려는 것도 아니다. 그러나 오늘날 사람들을 더 크게 분열하게 만드는 것이 과거 부정의를 해결하는 방법이 될 수는 없다. 사람들을 끌어모아 진정한 연합을 만드는 것이 해답이다.

물론 도덕적 주장처럼 들릴 수도 있겠지만 우리는 연구를 통해 이러한 결론에 도달했다. 우리의 유일한 전제는 우울, 의기소침, 성취 부족, 질병은 나쁘다는 것이다. 우리는 공동체 지향의 결여, 즉 우리 사회에 만연한 놀라운 수준의 이기심이 이러한 병폐들의 주요 원인 가운데 하나라고 생각한다.

낙관성 연구소

이런 과감한 제안들은 어떻게 실행될 수 있을까? 수십 년 동안 미국 정부는 기초 연구에 막대한 자금을 지원했으며, 우리 연구도 포함되어 있었다. 해당 연구를 통해 많은 것을 배웠고, 이제는 그 성과를 실제로 적용할 때가 되었다고 믿는다. 우리는 개인과 사회 모두에 이익이 되는 방식으로 사회를 재구성하는 방법을 알고 있다. 이제는 작은 해결책만으로는 충분하지 않다. 근본적이고도 큰 해결책이 필요하다.

무엇보다 침체된 지역사회의 정신건강 운동을 다시 일으켜야 한다. 단순한 스티커나 팸플릿 배포로는 부족하다. 심리학은 이미 우리에게 중요한 사실을 알려주었다. 정보만으로는 굳건히 자리 잡은 습관을 바꿀 수 없다는 것이다. 사람들이 변하려면 세상의 조건이 바뀌어야 하는 것은 물론, 스스로를 변화시키면서 무기력과 좌절을 예방할 수 있는 인지적·행동적 기술도 배워야 한다.

오늘날 학교는 수많은 사회적 요구를 떠안고 있다. 그렇다면 왜 학생들에게 가장 기본적이면서도 중요한 교육을 시키지 않는가? 세상을 행복하고 건강하며 생산적으로 살아갈 수 있도록 준비시키는 교육 말이다. 우리는 학생들에게 어떻게 끈기 있게 노력할 수 있는지, 어떻게 희망을 유지하는지, 어떻게 현실적이면서도 동시에 미래 비전을 품을 수 있는지를 가르쳐야 한다. 또한 타인과 사회 전체에 관심을 기울이도록 격려해야 한다. 유능함과 성취에는 합당한 보상을, 실패와 한계에는 인정과 이해를 부여해야 한다. 학생들의 자존감 자체를 인위적으로 높이려 애쓰기보다 자존감을 자연스럽게 길러내는 기술에 더 큰 관심을 둘 필요가 있다.

이런 맥락에서 가장 이상적인 형태가 바로 '낙관성 연구소(Optimism Institute)' 설립이다. 이 연구소는 개인적 통제에 관한 기초 연구를 수행하고, 그 성과를 학교와 직장, 나아가 사회 전반에 적용하는 중심지가 될 것이다. 여기에 참여하는 구성원들은 심리학 연구의 교훈을 바탕으로 변화를 이끌어낼 수 있다는 낙관적 신념을 지녀야 한다. 더 나아가 시민들을 이러한 연구와 그 응용의 기획, 평가에 직접 참여하게 함으로써 사회 전반의 목소리를 반영할 필요가 있다. 그리고 사회가 개인적 통제 시대를 지배하는 관념보다 이러한 아이디어가 더 나은지를 판단해야 한다.

(옮긴이 주: 1998년 마틴 셀리그만은 '낙관성 연구소'가 아니라 '긍정심리학센터'를 설립했다. 펜실베이니아대학교에 위치한 긍정심리학센터는 세계적인 긍정심리학 연구의 중심지로, 긍정정서와 강점, 행복한 삶에 관한 연구를 주도하고 있으며, 교육 프로그램과 다양한 응용 활동을 통해 긍정심리학을 확산하고 있다.)

1부

Abramson, L. Y., Seligman, M. E. P., &Teasdale, J. D. (1978). Learned helplessness in humans: Critique and reformulation. Journal of Abnormal Psychology, 87(1), 49–74. https://doi.org/10.1037/0021-843X.87.1.49

Brunwasser, S. M., Gillham, J. E., &Kim, E. S. (2009). A meta-analytic review of the Penn Resiliency Program's effect on depressive symptoms. Journal of Consulting and Clinical Psychology, 77(6), 1042–1054. https://doi.org/10.1037/a0017671

Gillham, J. E., &Reivich, K. J. (2004). Cultivating optimism in childhood and adolescence. The ANNALS of the American Academy of Political and Social Science, 591(1), 146–163. https://doi.org/10.1177/0002716203260095

Gillham, J. E., Jaycox, L. H., Reivich, K. J., Seligman, M. E. P., &Silver, T. (1990). The Penn Resiliency Program (Unpublished manual). University of Pennsylvania.

Gillham, J. E., Reivich, K. J., Jaycox, L. H., &Seligman, M. E. P. (1995). Prevention of depressive symptoms in schoolchildren: Two-year follow-up. Psychological Science, 6(6), 343–351. https://doi.org/10.1111/j.1467-9280.1995.tb00524.x

Maier, S. F., &Seligman, M. E. P. (1976). Learned helplessness: Theory and evidence. Journal of Experimental Psychology: General, 105(1), 3–46. https://doi.org/10.1037/0096-3445.105.1.3

Peterson, C., Maier, S. F., &Seligman, M. E. P. (1993). Learned helplessness: A theory for the age of personal control. Oxford University Press.

Peterson, C., &Seligman, M. E. P. (2004). Character strengths and virtues: A handbook and classification. American Psychological Association; Oxford University Press.

Rashid, T. (2015). Positive psychotherapy: A strengths-based approach. The Journal of Positive Psychology, 10(1), 25–40. https://doi.org/10.1080/17439760.2014.920411

Rashid, T. (2018). Strengths-based resilience: Practitioner's guide. Oxford University Press.

Rashid, T., &Seligman, M. E. P. (2018). Positive psychotherapy: Clinician manual. Oxford University Press.

Rashid, T., &Seligman, M. E. P. (2018). Positive psychotherapy: Workbook. Oxford University Press.

Reivich, K. J., Seligman, M. E. P., &McBride, S. (2011). Master resilience training in the U.S. Army. American Psychologist, 66(1), 25–34. https://doi.org/10.1037/a0021897

Seligman, M. E. P. (1975). Helplessness: On depression, development, and death. W. H. Freeman.

Seligman, M. E. P. (1991). Learned optimism. A. A. Knopf.

Seligman, M. E. P. (2002). Authentic happiness: Using the new positive psychology to realize your potential for lasting fulfillment. Free Press.

Seligman, M. E. P. (2011). Flourish: A visionary new understanding of happiness and well-being. Free Press.

Seligman, M. E. P., Rashid, T., &Parks, A. C. (2006). Positive psychotherapy. American Psychologist, 61(8), 774–788. https://doi.org/10.1037/0003-066X.61.8.774

Seligman, M. E. P., Steen, T. A., Park, N., &Peterson, C. (2005). Positive psychology progress: Empirical validation of interventions. American Psychologist, 60(5), 410–421. https://doi.org/10.1037/0003-066X.60.5.410

Southwick, S. M., Bonanno, G. A., Masten, A. S., Panter-Brick, C., &Yehuda, R. (2014). Resilience definitions, theory, and challenges: Interdisciplinary perspectives. European Journal of Psychotraumatology, 5(1), 25338. https://doi.org/10.3402/ejpt.v5.25338

2부

Aasen, N. (1987). Interventions to facilitate personal control. Journal of Gerontological Nursing, 13(6), 20–28.

Abbott, M. W. (1984). Unemployment responses from a community mental health perspective. Mental Health in Australia, 1(10), 24–31.

Abrams, R. D., &Finesinger, J. E. (1953). Guilt reactions in patients with cancer. Cancer, 6(3), 474–482.

Abramson, L. Y., Metalsky, G. I., &Alloy, L. B. (1989). Hopelessness depression: A theory-based subtype of depression. Psychological Review, 96(2), 358–372.

Abramson, L. Y., &Sackeim, H. A. (1977). A paradox in depression: Uncontrollability and self-blame. Psychological Bulletin, 84(6), 838–851.

Abramson, L. Y., Seligman, M. E. P., &Teasdale, J. D. (1978). Learned helplessness in humans: Critique and reformulation. Journal of Abnormal Psychology, 87(1), 49–74.

Affleck, G., Allen, D. A., McGrade, B. J., &McQueeney, M. (1982). Maternal causal attributions at hospital discharge of high-risk infants. American Journal of Mental Deficiency, 86(6), 575–580.

Aiken, M., &Hage, J. (1966). Organizational alienation: A comparative analysis. American Sociological Review, 31(4), 497–507.

Akil, H., Mayer, D. J., &Liebeskind, J. C. (1976). Antagonism of stimulation-produced analgesia by naloxone, a narcotic antagonist. Science, 191(4230), 961–962.

Akiskal, H. S., &McKinney, W. T. (1973). Depressive disorders: Toward a unified hypothesis. Science, 182(4107), 20–29.

Akiskal, H. S., &McKinney, W. T. (1975). Overview of recent research in depression. Archives of General Psychiatry, 32(3), 285–305.

Alden, L. (1984). An attributional analysis of loneliness. Cognitive Therapy and Research, 8(6), 607–618.

Allen, M. G. (1976). Twin studies of affective illness. Archives of General Psychiatry, 33(12), 1476–1478.

Alloy, L. B. (1982a, August). Depression: On the absence of self-serving cognitive biases [Paper presentation]. 90th Annual Meeting of the American Psychological Association, Washington, DC.

Alloy, L. B. (1982b). The role of perceptions and attributions for response-outcome noncontingency in learned helplessness: A commentary and discussion. Journal of Personality, 50(4), 443–479.

Alloy, L. B., &Abramson, L. Y. (1979). Judgment of contingency in depressed and nondepressed students: Sadder but wiser? Journal of Experimental Psychology: General, 108(4), 441–485.

Alloy, L. B., &Abramson, L. Y. (1988). Depressive realism: Four theoretical perspectives. In L. B. Alloy (Ed.), Cognitive processes in depression. Guilford Press.

Alloy, L. B., &Ahrens, A. H. (1987). Depression and pessimism for the future: Biased use of statistically relevant information in predictions for self versus others. Journal of Personality and Social Psychology, 52(2), 366–378.

Alloy, L. B., Peterson, C., Abramson, L. Y., &Seligman, M. E. P. (1984). Attributional style and the generality of learned helplessness. Journal of Personality and Social Psychology, 46(3), 681–687.

Alloy, L. B., &Seligman, M. E. P. (1979). On the cognitive component of learned helplessness and depression. In G. H. Bower (Ed.), The psychology of learning and motivation (Vol. 13). Academic Press.

Altenor, A., Kay, E., &Richter, M. (1977). The generality of learned helplessness in the rat. Learning and Motivation, 8(1), 54–62.

Altmaier, E. M., &Happ, D. A. (1985). Coping skills training's immunization effects against learned helplessness. Journal of Social and Clinical Psychology, 3(2), 181–189.

Altman, I. (1975). The environment and social behavior: Privacy, personal space, territory, and crowding. Brooks/Cole.

American Psychiatric Association. (1987). Diagnostic and statistical manual of mental disorders (3rd ed., rev.).

Anderson, C. A. (1983). Motivational and performance deficits in interpersonal settings: The effects of attributional style. Journal of Personality and Social Psychology, 45(5), 1136–1147.

Anderson, C. A., &Arnoult, L. H. (1985a). Attributional models of depression, loneliness, and shyness. In J. Harvey &G. Weary (Eds.), Attribution: Basic issues and applications. Academic Press.

Anderson, C. A., &Arnoult, L. H. (1985b). Attributional style and everyday problems in living: Depression, loneliness, and shyness. Social Cognition, 3(1), 16–35.

Anderson, C. A., Horowitz, L. M., &French, R. deS. (1983). Attributional style of lonely and depressed people. Journal of Personality and Social Psychology, 45(1), 127–136.

Anderson, C. A., &Jennings, D. L. (1980). When experiences of failure promote expectations of success: The impact of attributing failure to ineffective strategies. Journal of Personality, 48(3), 393–407.

Anderson, D. C., Crowell, C. R., Cunningham, C. L., &Lupo, J. V. (1978). Behavior during shock exposure as a determinant of subsequent interference with shuttle box escape-avoidance learning in the rat. Journal of Experimental Psychology: Animal Behavior Processes, 5(3), 243–257.

Anisman, H. (1975). Time-dependent variations in aversively motivated behaviors: Non-associative effects of cholinergic and catecholaminergic activity. Psychological Review, 82(5), 359–385.

Anisman, H., deCatanzaro, D., &Remington, G. (1978). Escape performance following exposure to inescapable shock: Deficits in motor response maintenance. Journal of Experimental Psychology: Animal Behavior Processes, 4(3), 197–218.

Anisman, H., Irwin, J., &Sklar, L. S. (1979). Deficits of escape performance following catecholamine depletion: Implications for behavioral deficits induced by uncontrollable stress. Psychopharmacology, 64(2), 163–170.

Anisman, H., &Sklar, L. S. (1979). Catecholamine depletion in mice upon reexposure to stress: Mediation of the escape deficits produced by uncontrollable shock. Journal of Comparative and Physiological Psychology, 93(4), 610–625.

Anisman, H., Suissa, A., &Sklar, L. S. (1980). Escape deficits induced by uncontrollable stress: Antagonism by dopamine and noradrenaline agonists. Behavioral and Neural Biology, 28(1), 34–47.

Anisman, H., &Waller, T. G. (1973). Effects of inescapable shock on subsequent avoidance performance: Role of response repertoire changes. Behavioral Biology, 9(3), 331–355.

Anisman, H., &Zacharko, R. M. (1986). Behavioral and neurochemical consequences associated with stressors. In D. D. Kelley (Ed.), Stress-induced analgesia. Wiley.

Antonitis, J. J. (1951). Response-variability in the white rat during conditioning, extinction, and reconditioning. Journal of Experimental Psychology, 42(4), 273–281.

Arieti, S., &Bemporad, J. (1978). Severe and mild depression. Basic Books.

Aston-Jones, G. (1985). Behavioral functions of locus coeruleus derived from cellular attributes. Physiological Psychology, 13(2), 118–126.

Atlas, G. D., &Peterson, C. (1990). Explanatory style and gambling: How pessimists respond to lost wagers. Behaviour Research and Therapy, 28(6), 523–529.

Ayres, R., Cooley, E., &Dunn, C. (1990). Self-concept, attribution, and persistence in learning-disabled students. Journal of School Psychology, 28(2), 153–163.

Baker, A. G. (1976). Learned irrelevance and learned helplessness: Rats learn that stimuli, reinforcers, and responses are uncorrelated. Journal of Experimental Psychology: Animal Behavior Processes, 2(2), 130–142.

Baltes, M. M. (1983). On the social ecology of dependence and independence in elderly nursing home residents: A replication and extension. Journal of Gerontology, 38(5), 556–564.

Bandura, A. (1977). Self-efficacy: Toward a unifying theory of behavioral change. Psychological Review, 84(2), 191–215.

Bandura, A. (1986). Social foundations of thought and action. Prentice-Hall.

Bandura, A. (1987, September). Perceived self-efficacy in the exercise of control over AIDS infection [Paper presentation]. National Institute of Mental Health and Drug Abuse Research Conference on Women and AIDS, Bethesda, MD.

Bandura, A., Taylor, C. B., Williams, S. L., Mefford, I. N., &Barchas, J. D. (1985). Catecholamine secretion as a function of perceived coping self-efficacy. Journal of Consulting and Clinical Psychology, 53(3), 406–414.

Barber, J. G., &Winefield, A. H. (1986). Learned helplessness as conditioned inattention to the target stimulus. Journal of Experimental Psychology: General, 115(3), 236–246.

Barber, J. G., &Winefield, A. H. (1987). Three accounts of the learned helplessness effect. Genetic, Social, and General Psychology Monographs, 113(2), 141–163.

Bard, M., &Dyk, R. B. (1956). The psychodynamic significance of beliefs regarding the cause of serious illness. Psychoanalytic Review, 43(2), 146–162.

Barsky, A. J. (1988). Worried sick: Our troubled quest for wellness. Little, Brown.

Basbaum, A. I., &Fields, H. L. (1984). Endogenous pain control systems: Brainstem spinal pathways and endorphin circuitry. Annual Review of Neuroscience, 7, 309–339.

Baum, A., Aiello, J. R., &Calesnick, L. E. (1978). Crowding and personal control: Social density and the development of learned helplessness. Journal of Personality and Social Psychology, 36(9), 1000–1011.

Baum, A., &Davis, G. E. (1980). Reducing the stress of high-density living: An architectural intervention. Journal of Personality and Social Psychology, 38(3), 471–481.

Baum, A., Fleming, R., &Reddy, D. M. (1986). Unemployment stress: Loss of control, reactance, and learned helplessness. Social Science and Medicine, 22(5), 509–516.

Baum, A., &Gatchel, R. J. (1981). Cognitive determinants of reaction to uncontrollable events: Development of reactance and learned helplessness. Journal of Personality and Social Psychology, 40(6), 1078–1089.

Baum, A., &Valins, S. (1977). Architecture and social behavior: Psychological studies of social density. Erlbaum.

Beck, A. T. (1967). Depression: Clinical, experimental, and theoretical aspects. Hoeber.

Beck, A. T. (1984). Cognition and therapy. Archives of General Psychiatry, 41(11), 1112–1114.

Beckman, L. J. (1980). An attributional analysis of Alcoholics Anonymous. Journal of Studies on Alcohol, 41(7), 714–726.

Belloc, N. B. (1973). Relationship of health practices and mortality. Preventive Medicine, 2(1), 67–81.

Belloc, N. B., &Breslow, L. (1972). Relationship of physical health status and family practices. Preventive Medicine, 1(3), 409–421.

Ben-Eliyahu, S., Yirmiya, R., Liebeskind, J. C., Taylor, A. N., &Gale, R. P. (1991). Stress increases metastatic spread of a mammary tumor in rats: Evidence for mediation by the immune system. Brain, Behavior, and Immunity, 5(2), 193–206.

Berridge, C. W., &Dunn, A. J. (1987). A corticotropin-releasing factor antagonist reverses the stress-induced changes of exploratory behavior in mice. Hormones and Behavior, 21(3), 393–401.

Bersh, P. J., &Alloy, L. B. (1978). Avoidance based on shock intensity reduction with no change in shock probability. Journal of the Experimental Analysis of Behavior, 30(3), 293–300.

Biggio, G. (1983). The action of stress, B-carbolines, diazepin, and Ro15-1788 on GABA receptors in the rat brain. In G. Biggio &E. Costa (Eds.), Benzodiazepine recognition site ligands: Biochemistry and pharmacology (Vol. 38). Raven Press.

Blauner, R. (1964). Alienation and freedom: The factory worker and his industry. University of Chicago Press.

Boakes, R. A. (1977). Performance on learning to associate a stimulus with positive reinforcement. In H. Davis &H. M. B. Hurwitz (Eds.), Operant-Pavlovian interaction. Erlbaum.

Bolles, R. C. (1967). Theory of motivation. Harper &Row.

Bolles, R. C., &Fanselow, M. S. (1980). A perceptual-defensive-recuperative model of fear and pain. Behavioral and Brain Sciences, 3(2), 291–301.

Bower, G. H. (1981). Mood and memory. American Psychologist, 36(2), 129–148.

Bowman, P. J. (1984). A discouragement-centered approach to studying unemployment among black youth: Hopelessness, attributions, and psychological distress. International Journal of Mental Health, 13(1/2), 68–91.

Bracewell, R. J., &Black, A. H. (1974). The effects of restraint and noncontingent preshock on subsequent escape learning in the rat. Learning and Motivation, 5(1), 53–69.

Brehm, J. W. (1966). A theory of psychological reactance. Academic Press.

Brehm, J. W. (1972). Responses to loss of freedom: A theory of psychological reactance. General Learning Press.

Breier, A., Albus, M., Pickar, D., Zahn, T. P., Wolkowitz, O. M., &Paul, S. M. (1987). Controllable and uncontrollable stress in humans: Alterations in mood and neuroendocrine and psychophysiological function. American Journal of Psychiatry, 144(11), 1419–1425.

Brennan, F. X., Job, R. F. S., Watkins, L. R., &Maier, S. F. (1992). Total plasma cholesterol levels of rats are increased following only three sessions of tailshock. Life Sciences, 50(13), 945–950.

Brewin, C. R. (1985). Depression and causal attributions: What is their relation? Psychological Bulletin, 98(2), 297–309.

Brewin, C. R. (1989). Cognitive change processes in psychotherapy. Psychological Review, 96(3), 379–394.

Brewin, C. R., &Furnham, A. (1986). Attributional versus preattributional variables in self-esteem and depression: A comparison and test of learned helplessness theory. Journal of Personality and Social Psychology, 50(5), 1013–1020.

Brewin, C. R., &Harris, J. (1985). Induced mood and causal attributions: Further evidence. Cognitive Therapy and Research, 9(2), 225–229.

Brewin, C. R., &Shapiro, D. A. (1984). Beyond locus of control: Attributions of responsibility for positive and negative outcomes. British Journal of Psychology, 75(1), 43–49.

Brewin, C. R., &Shapiro, D. A. (1985). Selective impact of reattribution of failure instructions on task performance. British Journal of Social Psychology, 24(1), 37–46.

Brewster, R. G., &Wilson, M. E. (1976). Learned helplessness in pet rocks (Roccus pettus). Worm Runner's Digest, 18, 111–113.

Britton, D. R., Koob, G. F., Rivier, J., &Vale, W. (1982). Intraventricular corticotropin-releasing factor enhances behavioral effects of novelty. Life Sciences, 31(4), 363–367.

Britton, K. T., Lee, G., &Koob, G. F. (1988). Corticotropin releasing factor and amphetamine exaggerate partial agonist properties of benzodiazepine antagonist, Ro15-1788, in the conflict test. Psychopharmacology, 94(3), 306–311.

Brown, G. W., &Harris, T. O. (1978). Social origins of depression. Free Press.

Brown, I., &Inouye, D. K. (1978). Learned helplessness through modeling: The role of perceived similarity in competence. Journal of Personality and Social Psychology, 36(8), 900–908.

Brown, J. D., &Siegel, J. M. (1988). Attributions for negative life events and depression: The role of perceived control. Journal of Personality and Social Psychology, 54(2), 316–322.

Brown, M. R., &Fisher, L. A. (1985). Corticotropin-releasing factor: Effects on the autonomic nervous system and visceral systems. Federation Proceedings, 44(1 Pt 2), 243–248.

Brustein, S. C. (1978). Learned helplessness. Journal of Instructional Psychology, 5(1), 6–10.

Buchanan, G., &Seligman, M. E. P. (1989). Explanatory style and heart attack survival [Unpublished raw data]. University of Pennsylvania.

Buchwald, A. M. (1977). Depressive mood and estimates of reinforcement frequency. Journal of Abnormal Psychology, 86(4), 443–446.

Bukstel, L. H., &Kilmann, P. R. (1980). Psychological effects of imprisonment on confined individuals. Psychological Bulletin, 88(2), 469–493.

Bulman, R. J., &Wortman, C. B. (1977). Attributions of blame and coping in the "real world": Severe accident victims react to their lot. Journal of Personality and Social Psychology, 35(5), 351–363.

Bunney, W. E., &Davis, J. M. (1965). Norepinephrine in depressive reactions. Archives of General Psychiatry, 13(6), 483–494.

Burns, M. O., &Seligman, M. E. P. (1989). Explanatory style across the life span: Evidence for stability over 52 years. Journal of Personality and Social Psychology, 56(3), 471–477.

Buss, D. M., &Craik, K. H. (1984). Acts, dispositions, and personality. In B. A. Maher (Ed.), Progress in experimental personality research (Vol. 13). Academic Press.

Butkowsky, I. S., &Willows, D. M. (1980). Cognitive-motivational characteristics of children varying in reading ability: Evidence for learned helplessness in readers. Journal of Educational Psychology, 72(3), 408–422.

Canino, F. J. (1981). Learned helplessness theory: Implications for research in learning disabilities. Journal of Special Education, 15(4), 471–484.

Carlson, J. G. (1982). Some concepts of perceived control and their relationship to bodily self-control. Biofeedback and Self-Regulation, 7(3), 341–375.

Carlson, J. G., &Feld, J. L. (1981). Expectancies of reinforcement control in biofeedback and cognitive performance. Biofeedback and Self-Regulation, 6(1), 79–91.

Carver, C. S. (1989). How should multi-faceted personality constructs be tested? Issues illustrated by self-monitoring, attributional style, and hardiness. Journal of Personality and Social Psychology, 56(4), 577–585.

Castellon, C., &Seligman, M. E. P. (1985). Explanatory style of patients [Unpublished raw data]. University of Pennsylvania.

Cecil, M. A., &Medway, F. J. (1986). Attribution retraining with low-achieving and learned helplessness children. Techniques, 2, 173–181.

Cedarbaum, J. M., &Aghajanian, G. K. (1978). Activation of the locus coeruleus by peripheral stimuli: Modulation by a collateral inhibitory mechanism. Life Sciences, 23(13), 1382–1392.

Chapman, S. L., &Brena, S. F. (1982). Learned helplessness and response to nerve blocks in chronic low back pain patients. Pain, 14(4), 355–364.

Chappell, P. B., Smith, M. A., Kilts, C. D., Bissette, G., Ritchie, J., Anderson, C., &Nemeroff, C. B. (1986). Alterations in corticotropin-releasing factor-like immunoreactivity in discrete rat brain regions after acute and chronic stress. Journal of Neuroscience, 6(10), 2908–2916.

Cherniss, C. (1980). Professional burnout in human service organizations. Praeger.

Clark, K. B. (1964). Youth in the ghetto: A study of the consequences of powerlessness and a blueprint for change. Haryou.

Coates, D., &Wortman, C. B. (1980). Depression maintenance and interpersonal control. In A. Baum &J. E. Singer (Eds.), Advances in environmental psychology: Applications of personal control (Vol. 2). Erlbaum.

Cobb, S. (1976). Social support as a moderator of life stress. Psychosomatic Medicine, 38(5), 300–314.

Cohen, S., Evans, G. W., Krantz, D. S., &Stokols, D. (1980). Physiological, motivational, and cognitive effects of aircraft noise on children: Moving from the laboratory to the field. American Psychologist, 35(3), 231–243.

Cohen, S., Evans, G. W., Krantz, D. S., Stokols, D., &Kelly, S. (1981). Aircraft noise and children: Longitudinal and cross-sectional evidence on adaptation to noise and the effectiveness of noise abatement. Journal of Personality and Social Psychology, 40(2), 331–345.

Cohen, S., &Sherrod, D. (1978). When density matters: Experimental control as a determinant of crowding effects in laboratory and residential settings. Journal of Population, 1(3), 189–202.

Cole, B. J., &Koob, G. F. (1988). Propranolol antagonizes the enhanced conditioned fear produced by corticotropin releasing factor. Journal of Pharmacology and Experimental Therapeutics, 247(3), 902–910.

Cole, B. J., &Koob, G. F. (1991). Corticotropin-releasing factor, stress, and animal behavior. In J. A. McCubbin, P. G. Kauffman, &C. B. Nemeroff (Eds.), Stress, neuropeptides, and systemic disease. Academic Press.

Cole, C. S., &Coyne, J. C. (1977). Situational specificity of laboratory-induced learned helplessness. Journal of Abnormal Psychology, 86(6), 615–623.

Cook, M. L., &Peterson, C. (1986). Depressive irrationality. Cognitive Therapy and Research, 10(3), 293–298.

Costa, P. T., &McCrae, R. R. (1987). Neuroticism, somatic complaints, and disease: Is the bark worse than the bite? Journal of Personality, 55(2), 299–316.

Cousins, N. (1981). The anatomy of an illness. Norton.

Coyne, J. C., &Gotlib, I. H. (1983). The role of cognition in depression: A critical appraisal. Psychological Bulletin, 94(3), 472–505.

Craske, M. L. (1985). Improving persistence through observational learning and attribution retraining. British Journal of Educational Psychology, 55(2), 138–147.

Craske, M. L. (1988). Learned helplessness, self-worth motivation, and attribution retraining for primary school children. British Journal of Educational Psychology, 58(2), 152–164.

Crawley, J. N., Ninan, P. T., Pickar, D., Chrousos, G. P., Linnoila, M., &Skolnick, P. (1985). Neuropharmacological antagonism of the B-carboline-induced "anxiety" response in Rhesus monkeys. Journal of Neuroscience, 5(2), 477–485.

Cromwell, R. L. (1963). A social-learning theory approach to mental retardation. In N. R. Ellis (Ed.), Handbook of mental deficiency. McGraw-Hill.

Cronbach, L. J. (1951). Coefficient alpha and the internal structure of tests. Psychometrika, 16(3), 297–334.

Cronbach, L. J. (1957). The two disciplines of scientific psychology. American Psychologist, 12(11), 671–684.

Crowell, C. R., &Anderson, D. C. (1981). Influence of duration and number of inescapable shocks on intrashock activity and subsequent interference effects. Animal Learning &Behavior, 9(1), 28–37.

Cunningham, E. T., &Sawchenko, P. E. (1988). Anatomical specificity of noradrenergic inputs to the paraventricular nuclei of the rat hypothalamus. Journal of Comparative Neurology, 274(1), 60–76.

Curtis, R. C. (Ed.). (1989). Self-defeating behaviors: Experimental research, clinical impressions, and practical implications. Plenum Press.

Cutrona, C. E. (1983). Causal attributions and perinatal depression. Journal of Abnormal Psychology, 92(2), 161–172.

Cutrona, C. E., Russell, D., &Jones, R. D. (1985). Cross-situational consistency in causal attributions: Does attributional style exist? Journal of Personality and Social Psychology, 47(5), 1043–1058.

Darley, J. M., &Latané, B. (1968). Bystander intervention in emergencies: Diffusion of responsibility. Journal of Personality and Social Psychology, 8(4), 377–383.

Davis, E. R., &Platt, J. R. (1983). Contiguity and contingency in the acquisition and maintenance of an operant. Learning and Motivation, 14(4), 487–513.

DeBlas, A. L., &Sangameswaran, L. (1986). Demonstration and purification of an endogenous benzodiazepine from the mammalian brain with a monoclonal antibody to benzodiazepines. Life Sciences, 39(20), 1927–1936.

DeMonbreun, B. G., &Craighead, W. E. (1977). Distortion of perception and recall of positive and neutral feedback in depression. Cognitive Therapy and Research, 1(4), 311–329.

Dengerink, H. A., &Myers, J. D. (1977). The effects of failure and depression on subsequent aggression. Journal of Personality and Social Psychology, 35(2), 88–96.

Dennard, D. O., &Hokanson, J. E. (1986). Performance on two cognitive tasks by dysphoric and nondysphoric students. Cognitive Therapy and Research, 10(3), 377–386.

Desan, P. H., Silbert, L. H., &Maier, S. F. (1988). Long-term effects of inescapable shock on daily running activity and reversal by desipramine. Pharmacology Biochemistry and Behavior, 30(1), 21–29.

Desiderato, O., &Newman, A. (1971). Conditioned suppression produced in rats by tones paired with escapable or inescapable shock. Journal of Comparative and Physiological Psychology, 77(3), 427–443.

De Souza, E. B. (1987). Corticotropin-releasing factor receptors in the rat central nervous system: Characterization and regional distribution. Journal of Neuroscience, 7(1), 88–100.

DeVellis, R. F. (1977). Learned helplessness in institutions. Mental Retardation, 15(1), 10–13.

DeVellis, R. F., DeVellis, B. M., Wallston, B. S., &Wallston, K. A. (1980). Epilepsy and learned helplessness. Basic and Applied Social Psychology, 1(3), 241–253.

DeVellis, R. F., &McCauley, C. (1979). Perception of contingency and mental retardation. Journal of Autism and Developmental Disorders, 9(3), 261–270.

Devins, G. M. (1982). Perceived self-efficacy, outcome expectancies, and negative mood states in end-stage renal disease. Journal of Abnormal Psychology, 91(4), 241–244.

Diener, C. I., &Dweck, C. S. (1978). An analysis of learned helplessness: Continuous changes in performance, strategy, and achievement cognitions following failure. Journal of Personality and Social Psychology, 36(5), 451–462.

Dohrenwend, B. S., Dohrenwend, B. P., Dodson, M., &Shrout, P. E. (1984). Symptoms, hassles, social supports, and life events: Problem of confounded measures. Journal of Abnormal Psychology, 93(2), 222–230.

Donovan, W. L. (1981). Maternal learned helplessness and physiologic response to infant crying. Journal of Personality and Social Psychology, 40 (5), 919–926.

Donovan, W. L., &Leavitt, L. A. (1985). Simulating conditions of learned helplessness: The effects of interventions and attributions. Child Development, 56(3), 594–603.

Donovan, W. L., Leavitt, L. A., &Walsh, R. O. (1990). Maternal self-efficacy: Illusory control and its effect on susceptibility to learned helplessness. Child Development, 61(5), 1638–1647.

Dorow, R. (1982). B-carboline monomethylamide causes anxiety in man. CINP Congress Jerusalem, 13, 76.

Dorworth, T. R., &Overmier, J. B. (1977). On learned helplessness: The therapeutic effects of electroconvulsive shocks. Physiological Psychology, 5(3), 355–358.

Douglas, D., &Anisman, H. (1975). Helplessness or expectation incongruency: Effects of aversive stimulation on subsequent performance. Journal of Experimental Psychology: Human Perception and Performance, 1(4), 411–417.

Dowd, E. T., Lawson, G. W., &Petosa, R. (1986). Attributional styles of alcoholics. International Journal of the Addictions, 21(4-5), 589–593.

Drugan, R. C., &Holmes, P. V. (1991). Central and peripheral benzodiazepine receptors: Involvement in an organism's responses to physical and psychological stress. Neuroscience &Biobehavioral Reviews, 15(2), 277–298.

Drugan, R. C., McIntyre, T. D., Alpern, H. P., &Maier, S. F. (1985). Coping and seizure susceptibility: Control over shock protects against bicuculline-induced seizures in rats. Brain Research, 342(1), 9–17.

Drugan, R. C., Maier, S. F., Skolnick, P., Paul, S. M., &Crawley, J. N. (1985). An anxiogenic benzodiazepine receptor ligand induces learned helplessness. European Journal of Pharmacology, 113(3), 453–457.

Drugan, R. C., Morrow, A. L., Weizman, R., Weizman, A., Deutsch, S. I., Crawley, J. N., &Paul, S. M. (1989). Stress-induced behavioral depression in the rat is associated with a decrease in GABA receptor-mediated chloride ion flux and brain benzodiazepine receptor occupancy. Brain Research, 487(1), 45–51.

Drugan, R. C., Moye, T. B., &Maier, S. F. (1982). Opioid and nonopioid forms of stress-induced analgesia: Some environmental determinants and characteristics. Behavioral and Neural Biology, 35(3), 251–264.

Drugan, R. C., Ryan, S. M., Minor, T. R., &Maier, S. F. (1984). Librium prevents the analgesia and shuttlebox escape deficit typically observed following inescapable shock. Pharmacology Biochemistry and Behavior, 21(5), 749–754.

Dunlap, G. (1984). The influence of task variation and maintenance tasks on the learning and affect of autistic children. Journal of Experimental Child Psychology, 37(1), 41–64.

Dunn, A. J., &Berridge, C. W. (1987). Corticotropin-releasing factor administration elicits a stress-like activation of cerebral catecholaminergic systems. Pharmacology Biochemistry and Behavior, 27(4), 685–691.

Dunnette, M. D. (Ed.). (1976). Handbook of industrial and organizational psychology. Rand McNally.

Dweck, C. S. (1975). The role of expectations and attributions in the alleviation of learned helplessness. Journal of Personality and Social Psychology, 31(4), 674–685.

Dweck, C. S., Davidson, W., Nelson, S., &Enna, B. (1978). Sex differences in learned helplessness: II. The contingencies of evaluative feedback in the classroom; III. An experimental analysis. Developmental Psychology, 14(3), 268–276.

Dweck, C. S., &Gilliard, D. (1975). Expectancy statements as determinants of reactions to failure: Sex differences in persistence and expectancy change. Journal of Personality and Social Psychology, 32(6), 1077–1084.

Dweck, C. S., Goetz, T. E., &Strauss, N. (1980). Sex differences in learned helplessness: IV. An experimental and naturalistic study of failure generalization and its mediators. Journal of Personality and Social Psychology, 38(3), 441–452.

Dweck, C. S., &Licht, B. G. (1980). Learned helplessness and intellectual achievement. In J. Garber &M. E. P. Seligman (Eds.), Human helplessness: Theory and applications. Academic Press.

Dweck, C. S., &Reppucci, N. D. (1973). Learned helplessness and reinforcement responsibility in children. Journal of Personality and Social Psychology, 25(1), 109–116.

Dyck, D. G., &Breen, L. J. (1978). Learned helplessness, immunization, and importance of task in humans. Psychological Reports, 43(1), 315–321.

Dykema, J., Bergbower, K., &Peterson, C. (1992). Explanatory style, life events, hassles, and depressive symptoms [Unpublished raw data]. University of Michigan.

Eaves, G., &Rush, A. J. (1984). Cognitive patterns in symptomatic and remitted unipolar major depressives. Journal of Abnormal Psychology, 93(1), 31–40.

Eckelman, J. D., &Dyck, D. G. (1979). Task- and setting-related cues in immunization against learned helplessness. American Journal of Psychology, 92(4), 653–667.

Edelwich, J., &Brodsky, A. (1980). Burn-out: Stages of disillusionment in the helping professions. Human Sciences Press.

Egeland, J. A., &Hostetter, A. M. (1983). Amish Study, I: Affective disorders among the Amish, 1976-1980. American Journal of Psychiatry, 140(1), 56–61.

Elig, T. W., &Frieze, I. H. (1979). Measuring causal attributions for success and failure. Journal of Personality and Social Psychology, 37(4), 621–634.

Engberg, L. A., Hansen, G., Welker, R. L., &Thomas, D. R. (1973). Acquisition of key pecking via autoshaping as a function of prior experience: "Learned laziness"? Science, 178(4064), 1002–1004.

Engel, G. L., &Schmale, A. H. (1972). Conservation-withdrawal: A primary regulatory process of organismic homeostasis. In Physiology, emotions, and psychosomatic illness. Elsevier.

Epstein, S. (1980). The stability of behavior: II. Implications for psychological research. American Psychologist, 35(9), 790–806.

Epstein, S. (1983). Aggregation and beyond: Some basic issues on the prediction of behavior. Journal of Personality, 51(3), 360–392.

Epstein, S. (1984). The stability of behavior across time and situations. In R. A. Zucker, J. Aronoff, &A. I. Rabin (Eds.), Personality and the prediction of behavior. Academic Press.

Eysenck, M. W. (1982). Attention and arousal. Springer-Verlag.

Fanselow, M. S. (1986). Conditioned fear-induced opiate analgesia: A competing motivational state theory of stress-analgesia. Annals of the New York Academy of Sciences, 467, 404–454.

Fanselow, M. S., &Bolles, R. C. (1979). Naloxone and shock-elicited freezing in the rat. Journal of Comparative and Physiological Psychology, 93(4), 736–744.

Fanselow, M. S., &Lester, L. S. (1987). A functional behavioristic approach to aversively motivated behavior: Predatory imminence as a determinant of the topography of defensive behavior. In R. C. Bolles &M. D. Beecher (Eds.), Evolution and learning. Erlbaum.

Feather, N. T. (1961). The relationship of persistence at a task to expectation of success and achievement-related motives. Journal of Abnormal and Social Psychology, 63(3), 552–561.

Feather, N. T. (1963). Persistence at a difficult task with an alternative task of intermediate difficulty. Journal of Abnormal and Social Psychology, 66(6), 604–609.

Feather, N. T. (1982). Unemployment and its psychological correlates: A study of depressive symptoms, Protestant ethic values, attributional style, and apathy. Australian Journal of Psychology, 34(3), 309–323.

Feather, N. T., &Barber, J. G. (1983). Depressive reactions and unemployment. Journal of Abnormal Psychology, 92(2), 185–195.

Feather, N. T., &Davenport, P. R. (1981). Unemployment and depressive affect: A motivational and attributional analysis. Journal of Personality and Social Psychology, 41(3), 422–436.

Feldman, H. R. (1986). Self-esteem, types of attributional style, and sensation and distress pain ratings in males. Journal of Advanced Nursing, 11(1), 75–86.

Felton, S. Y., &Felton, D. L. (1991). Innervation of lymphoid tissue. In R. Ader, D. L. Felton, &N. Cohen (Eds.), Psychoneuroimmunology. Academic Press.

Fernando, S. (1984). Racism as a cause of depression. International Journal of Social Psychiatry, 30(1-2), 41–49.

Fielstein, E., Klein, M. S., Fischer, M., Hanan, C., Koburger, P., Schneider, M. J., &Lichtenberg, H. (1985). Self-esteem and causal attributions for success and failure in children. Cognitive Therapy and Research, 9(4), 381–398.

File, S. E. (1980). The use of social interaction as a method for detecting anxiolytic activity of chlordiazepoxide-like drugs. Journal of Neuroscience Methods, 2(3), 219–238.

Fincham, F. D., &Cain, K. M. (1986). Learned helplessness in humans: A developmental analysis. Developmental Review, 6(4), 301–333.

Fincham, F. D., Hokoda, A., &Sanders, R. (1989). Learned helplessness, test anxiety, and academic achievement: A longitudinal analysis. Child Development, 60(1), 138–145.

Finn, P. R., &Pihl, R. O. (1987). Men at high risk for alcoholism: The effect of alcohol on cardiovascular response to unavoidable shock. Journal of Abnormal Psychology, 96(3), 230–236.

Firth, J., &Brewin, C. R. (1982). Attributions and recovery from depression: A preliminary study using cross-lagged correlation analysis. British Journal of Clinical Psychology, 21(3), 229–230.

Fisher, L. A. (1991). Corticotropin-releasing factor and autonomic-cardiovascular responses to stress. In J. A. McCubbin, P. G. Kauffman, &C. B. Nemeroff (Eds.), Stress, neuropeptides, and systemic disease. Academic Press.

Fisher, L. A., Jessen, G., &Brown, M. R. (1983). Corticotropin-releasing factor (CRF): Mechanism to elevate mean arterial pressure and heart rate. Regulatory Peptides, 5(2), 153–161.

Fiske, S. T., &Taylor, S. E. (1984). Social cognition. Addison-Wesley.

Flannery, R. B. (1986). The adult children of alcoholics: Are they trauma victims with learned helplessness? Journal of Social Behavior and Personality, 1(4), 497–504.

Fleming, I., Baum, A., &Weiss, L. (1987). Social density and perceived control as mediators of crowding stress in high-density residential neighborhoods. Journal of Personality and Social Psychology, 52(5), 899–906.

Fleshner, M., Peterson, P., &Maier, S. F. (1992). The relationship between dominance and learned helplessness [Manuscript submitted for publication]. University of Colorado.

Floor, L., &Rosen, M. (1975). Investigating the phenomenon of helplessness in mentally retarded adults. American Journal of Mental Deficiency, 79(5), 565–572.

Follingstad, D. R. (1980). A reconceptualization of issues in the treatment of abused women: A case study. Psychotherapy: Theory, Research &Practice, 17(3), 294–303.

Forsterling, F. (1985). Attribution retraining: A review. Psychological Bulletin, 98(3), 495–512.

Forward, J. R., &Williams, J. R. (1970). Internal-external control and black militancy. Journal of Social Issues, 26(1), 75–92.

Fosco, E., &Geer, J. H. (1971). Effects of gaining control over aversive stimuli after differing amounts of no control. Psychological Reports, 29(3), 1153–1154.

Frankel, A., &Snyder, M. L. (1978). Poor performance following unsolvable problems: Learned helplessness or egotism? Journal of Personality and Social Psychology, 36(12), 1415–1424.

Freeman, R. B., &Wise, D. A. (Eds.). (1982). The youth unemployment problem: Its nature, causes, and consequences. University of Chicago Press.

Freud, S. (1905). Humor and its relation to the unconscious (Standard ed., Vol. 8). Hogarth Press.

Freud, S. (1917). Mourning and melancholia (Standard ed., Vol. 14). Hogarth Press.

Freudenberger, H. J., &Richelson, G. (1980). Burn-out: The high cost of high achievement. Anchor Press.

Friedman, H. S., &Booth-Kewley, S. (1987). The "disease-prone personality": A meta-analytic view of the construct. American Psychologist, 42(6), 539–555.

Friedmann, E., Katcher, A. H., Lynch, J. J., &Thomas, S. A. (1980). Animal companions and one-year survival of patients after discharge from a coronary care unit. Public Health Reports, 95(4), 307–312.

Fromm, E. (1941). Escape from freedom. Rinehart.

Funder, D. C., &Ozer, D. J. (1983). Behavior as a function of the situation. Journal of Personality and Social Psychology, 44(1), 107–112.

Gallagher, W. (1988, April). The DD's: Blues without end. American Health, 80–88.

Gamzu, E. R. (1974). Learned laziness in dead pigeons. Worm Runner's Digest, 16, 86–87.

Garber, J., Miller, S. M., &Abramson, L. Y. (1980). On the distinction between anxiety and depression: Perceived control, certainty, and probability of goal attainment. In J. Garber &M. E. P. Seligman (Eds.), Human helplessness: Theory and applications. Academic Press.

Gardner, H. (1985). The mind's new science: A history of the cognitive revolution. Basic Books.

Gargiulo, R. M., &O'Sullivan, P. S. (1986). Mildly mentally retarded and nonretarded children's learned helplessness. American Journal of Mental Deficiency, 91(2), 203–206.

Gatchel, R. J., Paulus, P. B., &Maples, C. W. (1975). Learned helplessness and self-reported affect. Journal of Abnormal Psychology, 84(6), 732–734.

Gatchel, R. J., &Proctor, J. D. (1976). Physiological correlates of learned helplessness in man. Journal of Abnormal Psychology, 85(1), 27–34.

Gayford, J. J. (1975). Wife battering: A preliminary survey of 100 cases. British Medical Journal, 1(5951), 194–197.

Gelenberg, A. J., &Klerman, G. L. (1978). Maintenance drug therapy in long-term treatment of depression. In J. P. Brady &H. K. H. Brodie (Eds.), Controversy in psychiatry. Saunders.

Gelles, R. J. (1976). Abused wives: Why do they stay? Journal of Marriage and the Family, 38(4), 659–668.

German, D., Habenicht, D., &Futcher, W. (1990). Psychological profile of the female adolescent incest victim. Child Abuse &Neglect, 14(3), 429–438.

Gibbon, J., Berryman, R., &Thompson, R. L. (1974). Contingency spaces and measures in classical and instrumental conditioning. Journal of the Experimental Analysis of Behavior, 21(3), 585–605.

Gilmor, T. M., &Reid, D. W. (1979). Locus of control and causal attributions for positive and negative outcomes on university examinations. Journal of Personality and Social Psychology, 13, 154–160.

Girodo, M., Dotzenroth, S. E., &Stein, S. J. (1981). Causal attribution bias in shy males: Implications for self-esteem and self-confidence. Cognitive Therapy and Research, 5(3), 325–338.

Glass, D. C., &Singer, J. E. (1972). Urban stress: Experiments on noise and social stressors. Academic Press.

Glazer, H. I., &Weiss, J. M. (1976). Long-term and transitory interference effects. Journal of Experimental Psychology: Animal Behavior Processes, 2(3), 191–201.

Gleitman, H., &Holmes, P. A. (1967). Retention of incompletely learned CER in rats. Psychonomic Science, 7, 19–20.

Gloor, P. (1978). Inputs and outputs of the amygdala: What the amygdala is trying to tell the rest of the brain. In K. E. Livingston &O. Hornykiewicz (Eds.), Limbic mechanisms: The continuing evolution of the limbic system concept. Plenum Press.

Glow, P. H., &Winefield, A. H. (1982). Effect of regular noncontingent sensory changes on responding for sensory changes. Journal of General Psychology, 107(1), 121–137.

Goetz, T. E., &Dweck, C. S. (1980). Learned helplessness in social situations. Journal of Personality and Social Psychology, 39(2), 246–255.

Goffman, E. (1961). Asylums. Anchor Books.

Golin, S., Sweeney, P. D., &Shaeffer, D. E. (1981). The causality of causal attributions in depression: A cross-lagged panel correlational analysis. Journal of Abnormal Psychology, 90(1), 14–22.

Golin, S., Terrell, F., &Johnson, B. (1977). Depression and the illusion of control. Journal of Abnormal Psychology, 86(4), 440–442.

Gong-Guy, E., &Hammen, C. (1980). Causal perceptions of stressful life events in depressed and nondepressed clinic outpatients. Journal of Abnormal Psychology, 89(5), 662–669.

Goodkin, F. (1976). Rats learn the relationship between responding and environmental events: An expansion of the learned helplessness hypothesis. Learning and Motivation, 7(3), 382–394.

Goodwin, D. W. (1986). Anxiety. Oxford University Press.

Gotlib, I. H., &Beatty, M. E. (1985). Negative responses to depression: The role of attributional style. Cognitive Therapy and Research, 9(1), 91–103.

Grau, J. W., Hyson, R. L., Maier, S. F., Madden, J., &Barchas, J. D. (1981). Long-term stress-induced analgesia and activation of the opiate system. Science, 213(4514), 1409–1411.

Gray, T. S. (1989). Autonomic neuropeptide connections of the amygdala. In Y. Tache, J. E. Morley, &M. R. Brown (Eds.), Neuropeptides and stress. Springer-Verlag.

Green, A. H. (1978). Self-destructive behavior in battered children. American Journal of Psychiatry, 135(5), 579–582.

Greer, J. G., &Wethered, C. E. (1984). Learned helplessness: A piece of the burnout puzzle. Exceptional Children, 50(6), 524–530.

Griffith, M. (1977). Effects of noncontingent success and failure on mood and performance. Journal of Personality, 45(3), 442–457.

Griffith, P. R. (1986). "Learned helplessness" and ego defense mechanisms in alcohol treatment. Employee Assistance Quarterly, 1(4), 87–92.

Guidotti, A., Forchetti, C. M., Corda, M. G., Konkel, D., Bennett, C. D., &Costa, E. (1983). Isolation, characterization, and purification to homogeneity of an endogenous polypeptide with agonistic action on benzodiazepine receptors. Proceedings of the National Academy of Sciences, 80(11), 3531–3535.

Guthrie, E. R. (1935). The psychology of learning. Harper.

Hammen, C., &deMayo, R. (1982). Cognitive correlates of teacher stress and depressive symptoms: Implications for attributional models of depression. Journal of Abnormal Psychology, 91(2), 96–101.

Hammond, L. J. (1980). The effect of contingency upon the appetitive conditioning of free-operant behavior. Journal of the Experimental Analysis of Behavior, 34(3), 297–304.

Hammond, L. J., &Paynter, W. E. (1983). Probabilistic contingency theories of animal conditioning: A critical analysis. Learning and Motivation, 14(4), 527–550.

Hayes, R. L., Bennett, G. J., Newlon, P. G., &Mayer, D. J. (1978). Behavioral and physiologic studies on non-narcotic analgesia in the rat elicited by certain environmental stimuli. Brain Research, 155(1), 69–90.

Heider, F. (1958). The psychology of interpersonal relations. Wiley.

Hermann, B. P. (1977). Psychological effects of epilepsy: A review. Catalog of Selected Documents in Psychology, 7(1), 6.

Hineline, P. N. (1970). Negative reinforcement without shock reduction. Journal of the Experimental Analysis of Behavior, 14(3), 259–268.

Hiroto, D. S. (1974). Locus of control and learned helplessness. Journal of Experimental Psychology, 102(2), 187–193.

Hiroto, D. S., &Seligman, M. E. P. (1975). Generality of learned helplessness in man. Journal of Personality and Social Psychology, 31(2), 311–327.

Hirt, M., &Genshaft, J. L. (1981). Immunization and reversibility of cognitive deficits due to learned helplessness. Personality and Individual Differences, 2(3), 191–196.

Hollon, S. D., Shelton, R. C., &Loosen, P. T. (1991). Cognitive therapy and pharmacotherapy for depression. Journal of Consulting and Clinical Psychology, 59(1), 88–99.

Holmes, T. H., &Rahe, R. H. (1967). The Social Readjustment Rating Scale. Journal of Psychosomatic Research, 11(2), 213–218.

House, J. S., Landis, K. R., &Umberson, D. (1988). Social relationships and health. Science, 241(4865), 540–545.

Hughes, J., Smith, T. W., Kosterlitz, H. W., Fothergill, L. A., Morgan, B. A., &Morris, H. R. (1975). Identification of two related pentapeptides from the brain with potent opiate agonist activity. Nature, 258(5536), 577–579.

Hull, C. L. (1943). Principles of behavior. Appleton-Century-Crofts.

Hull, J. G., &Mendolia, M. (1991). Modeling the relations of attributional style, expectancies, and depression. Journal of Personality and Social Psychology, 61(1), 85–97.

Hume, D. (1962). A treatise of human nature (A. Flew, Ed.). Collier. (Original work published 1739).

Ickes, W., &Layden, M. A. (1978). Attributional styles. In J. H. Harvey, W. Ickes, &R. F. Kidd (Eds.), New directions in attribution research (Vol. 2). Erlbaum.

Irving, J. (1978). The world according to Garp. Dutton.

Iwata, J., LeDoux, J. E., Meeley, M. P., Arneric, S. P., &Reis, D. J. (1986). Intrinsic neurons in the amygdaloid field projected to by the medial geniculate body mediate emotional responses conditioned to acoustic stimuli. Brain Research, 383(1-2), 195–214.

Jackson, M. E., &Tessier, R. C. (1984). Perceived lack of control over life events: Antecedents and consequences in a discharged patient sample. Social Science Research, 13, 287–301.

Jackson, R. L., Alexander, J. H., &Maier, S. F. (1980). Learned helplessness, inactivity, and associative deficits: Effects of inescapable shock on response choice escape learning. Journal of Experimental Psychology: Animal Behavior Processes, 6(1), 1–20.

Jackson, R. L., Maier, S. F., &Coon, D. J. (1979). Long-term analgesic effects of inescapable shock and learned helplessness. Science, 206(4414), 91–94.

Jackson, R. L., Maier, S. F., &Rapaport, P. M. (1978). Exposure to inescapable shock produces both activity and associative deficits in the rat. Learning and Motivation, 9(1), 69–98.

Jackson, R. L., &Minor, T. R. (1988). Effects of signaling inescapable shock on subsequent escape learning: Implications for theories of coping and "learned helplessness." Journal of Experimental Psychology: Animal Behavior Processes, 14(4), 390–400.

Jackson, S. W. (1986). Melancholia and depression from Hippocratic times to modern times. Yale University Press.

Janoff-Bulman, R. (1989). Assumptive worlds and the stress of traumatic events: Applications of the schema construct. Social Cognition, 7(2), 113–136.

Joffe, J. M., Rawson, R. A., &Mulick, J. A. (1973). Control of their environment reduces emotionality in rats. Science, 180(4093), 1383–1384.

Johnson, D. S. (1981). Naturally acquired learned helplessness: The relationship of school failure to achievement behavior, attributions, and self-concept. Journal of Educational Psychology, 73(2), 174–180.

Jones, E. E., &Davis, K. E. (1965). From acts to dispositions: The attribution process in person perception. In L. Berkowitz (Ed.), Advances in experimental social psychology (Vol. 2). Academic Press.

Jones, S. L., Nation, J. R., &Massad, P. (1977). Immunization against learned helplessness in man. Journal of Abnormal Psychology, 86(1), 75–83.

Kalmuss, D. S., &Straus, M. A. (1982). Wife's marital dependency and wife abuse. Journal of Marriage and the Family, 44(2), 277–286.

Kamen, L., &Seligman, M. E. P. (1986). Explanatory style predicts college grade point average [Manuscript submitted for publication]. University of Pennsylvania.

Kamen-Siegel, L., Rodin, J., Seligman, M. E. P., &Dwyer, J. (1991). Explanatory style and cell-mediated immunity in elderly men and women. Health Psychology, 10(4), 229–235.

Kammer, D. (1983). Depression, attributional style, and failure generalization. Cognitive Therapy and Research, 7(5), 413–423.

Kanner, A. D., Coyne, J. C., Schaefer, C., &Lazarus, R. S. (1981). Comparison of two modes of stress measurement: Daily hassles and uplifts versus major life events. Journal of Behavioral Medicine, 4(1), 1–39.

Kaplan, G. A., &Camacho, T. (1983). Perceived health and mortality: A nine-year follow-up of the Human Population Laboratory cohort. American Journal of Epidemiology, 117(3), 292–304.

Kelley, H. H. (1967). Attribution theory in social psychology. In D. Levine (Ed.), Nebraska symposium on motivation (Vol. 15). University of Nebraska Press.

Kelley, H. H. (1972). Causal schemata and the attribution process. General Learning Press.

Kelley, H. H. (1973). The process of causal attribution. American Psychologist, 28(2), 107–128.

Kelley, S. J. (1986). Learned helplessness in the sexually abused child. Issues in Comprehensive Pediatric Nursing, 9(3), 193–207.

Kennelly, K. J., Hayslip, B., &Richardson, S. K. (1985). Depression and helplessness-induced cognitive deficits in the aged. Experimental Aging Research, 11(3), 169–173.

Kennelly, K. J., &Kinley, S. (1975). Perceived contingency of teacher administered reinforcements and academic performance of boys. Psychology in the Schools, 12(4), 449–453.

Kennelly, K. J., &Mount, S. A. (1985). Perceived contingency of reinforcements, helplessness, locus of control, and academic performance. Psychology in the Schools, 22(4), 465–469.

Kerr, S. (1975). On the folly of rewarding A, while hoping for B. Academy of Management Journal, 18(4), 769–783.

Kevill, F., &Kirkland, J. (1979). Infant crying and learned helplessness. Journal of Biological Psychology, 21(1), 3–7.

Killeen, P. R. (1978). Superstition: A matter of bias, not detectability. Science, 199(4324), 88–90.

Killeen, P. R. (1981). Learning as causal reference. In M. L. Commons &J. A. Nevin (Eds.), Quantitative analyses of behavior (Vol. 1). Ballinger.

Killeen, P. R., &Smith, J. P. (1984). Perception of contingency in conditioning: Scalar timing, response bias, and erasure of memory by reinforcement. Journal of Experimental Psychology: Animal Behavior Processes, 10(3), 333–346.

Kilpatrick-Tabak, B., &Roth, S. (1978). An attempt to reverse performance deficits associated with depression and experimentally induced helplessness. Journal of Abnormal Psychology, 87(1), 141–154.

Klein, D. C., &Seligman, M. E. P. (1976). Reversal of performance deficits in learned helplessness and depression. Journal of Abnormal Psychology, 85(1), 11–26.

Klerman, G. L., Lavori, P. W., Rice, J., Reich, T., Endicott, J., Andreasen, N. C., Keller, M. B., &Hirschfeld, R. M. (1985). Birth-cohort trends in rates of major depressive disorder among relatives of patients with affective disorder. Archives of General Psychiatry, 42(7), 689–693.

Kobasa, S. C. (1979). Stressful life events, personality, and health: An inquiry into hardiness. Journal of Personality and Social Psychology, 37(1), 1–11.

Kobasa, S. C. (1982). Commitment and coping in stress resistance among lawyers. Journal of Personality and Social Psychology, 42(4), 707–717.

Kobasa, S. C., Maddi, S. R., &Courington, S. (1981). Personality and constitution as mediators in the stress-illness relationship. Journal of Health and Social Behavior, 22(4), 368–378.

Kobasa, S. C., Maddi, S. R., &Kahn, S. (1982). Hardiness and health: A prospective study. Journal of Personality and Social Psychology, 42(1), 168–177.

Koegel, R. L., &Egel, A. L. (1979). Motivating autistic children. Journal of Abnormal Psychology, 88(4), 418–426.

Koegel, R. L., &Mentis, M. (1985). Motivation in childhood autism: Can 그들 or won't 그들? Journal of Child Psychology and Psychiatry, 26(2), 185–191.

Koegel, R. L., O'Dell, M. C., &Dunlap, G. (1988). Producing speech use in nonverbal autistic children by reinforcing attempts. Journal of Autism and Developmental Disorders, 18(4), 525–538.

Kofta, M., &Sedek, G. (1989). Repeated failure: A source of helplessness or a factor irrelevant to its emergence? Journal of Experimental Psychology: General, 118(1), 3–12.

Kovacs, M., &Beck, A. T. (1977). An empirical-clinical approach toward a definition of childhood depression. In J. G. Schulterbrandt &A. Raskin (Eds.), Depression in childhood: Diagnosis, treatment, and conceptual models. Raven Press.

Kuhl, J. (1981). Motivational and functional helplessness: The moderating effect of state versus action orientation. Journal of Personality and Social Psychology, 40(1), 155–170.

Kuykendall, D., &Keating, J. P. (1984). Crowding and reactions to uncontrollable events. Population and Environment, 7(4), 246–259.

Lachman, M. E. (1989). When bad things happen to old people: Age differences in attributional style [Manuscript submitted for publication]. Brandeis University.

Langer, E. J. (1989). Mindfulness. Addison-Wesley.

Langer, E. J., &Rodin, J. (1976). The effects of choice and enhanced personal responsibility for the aged: A field experiment in an institutional setting. Journal of Personality and Social Psychology, 34(2), 191–198.

Launius, M. H., &Lindquist, C. U. (1988). Learned helplessness, external locus of control, and passivity in battered women. Journal of Interpersonal Violence, 3(3), 307–318.

Lawler, E. E. (1966). The mythology of management compensation. California Management Review, 9(1), 11–22.

Lazarus, R. S., &Folkman, S. (1984). Stress, appraisal, and coping. Springer Publishing Company.

Lee, R. K. K., &Maier, S. F. (1988). Inescapable shock and attention to internal versus external cues in a water escape discrimination task. Journal of Experimental Psychology: Animal Behavior Processes, 14(3), 302–311.

Lennerlöf, L. (1988). Learned helplessness at work. International Journal of Health Services, 18(2), 207–222.

Lerner, M. J. (1980). The belief in a just world. Plenum Press.

Levine, G. F. (1977). "Learned helplessness" and the evening news. Journal of Communication, 27(4), 100–105.

Levine, M. (1971). Hypothesis theory and nonlearning despite ideal S-R reinforcement contingencies. Psychological Review, 78(2), 130–140.

Levine, M., Rotkin, L., Jankovic, I. N., &Pitchford, L. (1977). Impaired performance by adult humans: Learned helplessness or wrong hypotheses? Cognitive Therapy and Research, 1(4), 275–285.

Levis, D. J. (1976). Learned helplessness: A reply and alternative S-R interpretation. Journal of Experimental Psychology: General, 105(1), 47–65.

Levy, S. M., Morrow, L. A., Bagley, C., &Lippman, M. (1988). Survival hazards analysis in first recurrent breast cancer patients: Seven-year follow-up. Psychosomatic Medicine, 50(5), 520–528.

Lewinsohn, P. M., Mischel, W., Chaplin, W., &Barton, R. (1980). Social competence and depression: The role of illusory self-perceptions. Journal of Abnormal Psychology, 89(2), 203–212.

Lin, E. H., &Peterson, C. (1990). Pessimistic explanatory style and response to illness. Behaviour Research and Therapy, 28(3), 243–248.

Lloyd, C. (1980). Life events and depressive disorder reviewed: I. Events as predisposing factors; II. Events as precipitating factors. Archives of General Psychiatry, 37(5), 529–548.

Loosen, P. T. (1988). The TRH test in psychiatric disorders. In F. Flach (Ed.), Affective disorders. Norton.

Love, A. W. (1988). Attributional style of depressed low back patients. Journal of Clinical Psychology, 44(3), 317–321.

Lowenthal, B. (1986). The power of suggestion. Academic Therapy, 21(5), 537–541.

Luborsky, L. (1964). A psychoanalytic research on momentary forgetting during free association. Bulletin of the Philadelphia Association for Psychoanalysis, 14, 119–137.

Luborsky, L. (1970). New directions in research on neurotic and psychosomatic symptoms. American Scientist, 58(6), 661–668.

MacCorquodale, K., &Meehl, P. E. (1948). On a distinction between hypothetical constructs and intervening variables. Psychological Review, 55(2), 95–107.

MacDonald, A. (1946). The effect of adaptation to the unconditioned stimulus upon the formation of conditioned avoidance responses. Journal of Experimental Psychology, 36(1), 1–12.

McFarland, C., &Ross, M. (1982). Impact of causal attributions on affective reactions to success and failure. Journal of Personality and Social Psychology, 43(5), 937–946.

McFerran, J. R., &Breen, L. J. (1979). A bibliography of research on learned helplessness prior to introduction of the reformulated model (1978). Psychological Reports, 45(1), 311–325.

Mackintosh, N. J. (1975). A theory of attention: Variations in the associability of stimuli with reinforcement. Psychological Review, 82(4), 276–298.

McMinn, M. R., &McMinn, G. N. (1983). Complete yet inadequate: The role of learned helplessness and self-attribution from the writings of Paul. Journal of Psychology and Theology, 11(4), 303–310.

McMullen, M. B., &Krantz, M. (1988). Burnout in daycare workers: The effects of learned helplessness and self-esteem. Child &Youth Care Quarterly, 17(4), 275–280.

Maier, S. F. (1974). Reply to "Learned laziness in dead pigeons" by Gamzu. Worm Runner's Digest, 16, 88.

Maier, S. F. (1986). Stressor controllability and stress-induced analgesia. In D. D. Kelly (Ed.), Stress-induced analgesia. Wiley.

Maier, S. F. (1989a). Determinants of the nature of environmentally-induced hypoalgesia. Behavioral Neuroscience, 103(1), 131–143.

Maier, S. F. (1989b). Learned helplessness: Event co-variation and cognitive changes. In S. B. Klein &R. R. Mowrer (Eds.), Contemporary theories of learning. Erlbaum.

Maier, S. F. (1990). The role of fear in mediating the shuttle escape learning deficit produced by inescapable shock. Journal of Experimental Psychology: Animal Behavior Processes, 16(2), 137–150.

Maier, S. F. (1992). The effects of anxiolytics and anxiogenics on choice escape [Manuscript submitted for publication]. University of Colorado.

Maier, S. F., Albin, R. W., &Testa, T. J. (1973). Failure to learn to escape in rats previously exposed to inescapable shock depends on nature of escape response. Journal of Comparative and Physiological Psychology, 85(3), 581–592.

Maier, S. F., Anderson, C., &Lieberman, D. A. (1972). The influence of control of shock on subsequent shock-elicited aggression. Journal of Comparative and Physiological Psychology, 81(1), 94–101.

Maier, S. F., &Jackson, R. L. (1979). Learned helplessness: All of us were right (and wrong): Inescapable shock has multiple effects. In G. H. Bower (Ed.), The psychology of learning and motivation (Vol. 13). Academic Press.

Maier, S. F., &Laudenslager, M. L. (1988). Commentary: Inescapable shock, shock controllability, and mitogen stimulated lymphocyte proliferation. Brain, Behavior, and Immunity, 2(2), 87–91.

Maier, S. F., Ryan, S. M., Barksdale, C. M., &Kalin, N. H. (1988). Stressor uncontrollability and the pituitary-adrenal system. Behavioral Neuroscience, 100(5), 669–678.

Maier, S. F., &Seligman, M. E. P. (1976). Learned helplessness: Theory and evidence. Journal of Experimental Psychology: General, 105(1), 3–46.

Maier, S. F., Seligman, M. E. P., &Solomon, R. L. (1969). Pavlovian fear conditioning and learned helplessness: Effects on escape and avoidance behavior of (a) the CS-US contingency, and (b) the independence of the US and voluntary responding. In B. A. Campbell &R. M. Church (Eds.), Punishment. Appleton-Century-Crofts.

Maier, S. F., Sherman, J. E., Lewis, J. W., Terman, G. W., &Liebeskind, J. C. (1983). The opioid/nonopioid nature of stress-induced analgesia and learned helplessness. Journal of Experimental Psychology: Animal Behavior Processes, 9(1), 80–90.

Maier, S. F., &Testa, T. J. (1975). Failure to learn to escape by rats previously exposed to inescapable shock is partly produced by associative interference. Journal of Comparative and Physiological Psychology, 88(2), 554–564.

Maier, S. F., &Watkins, L. R. (1991). Conditioned and unconditioned stress-induced analgesia: Stimulus preexposure and stimulus change [Manuscript submitted for publication]. University of Colorado.

Major, B., Mueller, P., &Hildebrandt, K. (1985). Attributions, expectations, and coping with abortion. Journal of Personality and Social Psychology, 48(3), 585–599.

Malcomson, K. (1980). Learned helplessness: A phenomenon observed among the nursing staff of "City Hospital." Perspectives in Psychiatric Care, 18(6), 252–255.

Margules, D. L. (1979). Beta-endorphin and endoxone: Hormones of the autonomic nervous system for the conservation of expenditure of bodily resources and energy in anticipation of famine or feast. Neuroscience &Biobehavioral Reviews, 3(3), 155–162.

Martin, D. (1976). Battered wives. Glide Publications.

Martin, D. J., Abramson, L. Y., &Alloy, L. B. (1984). The illusion of control for self and others in depressed and nondepressed college students. Journal of Personality and Social Psychology, 46(1), 125–136.

Martin, H. P., &Beezley, P. (1977). Behavioral observations of abused children. Developmental Medicine &Child Neurology, 19(3), 373–387.

Martin, P., Soubrié, P., &Simon, P. (1987). The effect of monoamine oxidase inhibitors compared with classical tricyclic antidepressants on learned helplessness paradigm. Progress in Neuro-Psychopharmacology and Biological Psychiatry, 11(1), 1–7.

Martinko, M. J., &Gardner, W. L. (1982). Learned helplessness: An alternative explanation for performance deficits? Academy of Management Review, 7(2), 195–204.

Mason, S. T. (1980). Noradrenaline and selective attention: A review of the model and evidence. Life Sciences, 27(8), 617–631.

Mastrovito, R. C. (1974). Psychogenic pain. American Journal of Nursing, 74(3), 514–519.

Mayer, D. J., Wolfle, T. L., Akil, H., Carder, B., &Liebeskind, J. C. (1971). Analgesia from electrical stimulation of the brainstem of the rat. Science, 174(4016), 1351–1354.

Meline, T. J. (1985). Research note: Diminished communicative intent and learning theory. Perceptual and Motor Skills, 61(2), 476–478.

Metalsky, G. I., Abramson, L. Y., Seligman, M. E. P., Semmel, A., &Peterson, C. (1982). Attributional styles and life events in the classroom: Vulnerability and invulnerability to depressive mood reactions. Journal of Personality and Social Psychology, 43 (3), 612–617.

Metalsky, G. I., Halberstadt, L. J., &Abramson, L. Y. (1987). Vulnerability to depressive mood reactions: Toward a more powerful test of the diathesis-stress and causal mediation components of the reformulated theory of depression. Journal of Personality and Social Psychology, 52(2), 386–393.

Michotte, A. (1963). The perception of causality. Basic Books.

Mikulincer, M. (1986). Attributional processes in the learned helplessness paradigm: Behavioral effects of global attributions. Journal of Personality and Social Psychology, 51(6), 1248–1256.

Mikulincer, M. (1988a). Reactance and helplessness following exposure to unsolvable problems: The effects of attributional style. Journal of Personality and Social Psychology, 54(4), 679–686.

Mikulincer, M. (1988b). The relation between stable/unstable attribution and learned helplessness. British Journal of Social Psychology, 27(3), 221–230.

Mikulincer, M., &Caspy, T. (1986). The conceptualization of helplessness: II. Laboratory correlates of the phenomenological definition of helplessness. Motivation and Emotion, 10(3), 279–294.

Mikulincer, M., Kedem, P., &Zilkha-Segal, H. (1989). Learned helplessness, reactance, and cue utilization. Journal of Research in Personality, 23(2), 235–247.

Mikulincer, M., &Nizan, B. (1988). Causal attribution, cognitive interference, and the generalization of learned helplessness. Journal of Personality and Social Psychology, 55(3), 470–478.

Milgram, S. (1963). Behavioral study of obedience. Journal of Abnormal and Social Psychology, 67(4), 371–378.

Miller, I. W., &Norman, W. H. (1979). Learned helplessness in humans: A review and attribution theory model. Psychological Bulletin, 86(1), 93–118.

Miller, I. W., &Norman, W. H. (1981). Effects of attributions for success on the alleviation of learned helplessness and depression. Journal of Abnormal Psychology, 90(2), 113–124.

Miller, W. R., &Seligman, M. E. P. (1975). Depression and learned helplessness in man. Journal of Abnormal Psychology, 84(3), 228–230.

Mineka, S., Cook, M., &Miller, S. (1984). Fear conditioned with escapable and inescapable shock: The effects of a feedback stimulus. Journal of Experimental Psychology: Animal Behavior Processes, 10(3), 307–323.

Minor, T. R., Jackson, R. L., &Maier, S. F. (1984). Effects of task irrelevant cues and reinforcement delay on choice escape learning following inescapable shock: Evidence for a deficit in selective attention. Journal of Experimental Psychology: Animal Behavior Processes, 10(4), 543–556.

Minor, T. R., &LoLordo, V. M. (1984). Escape deficits following inescapable shock: The role of contextual odor. Journal of Experimental Psychology: Animal Behavior Processes, 10(2), 168–181.

Minor, T. R., Pelleymounter, M. A., &Maier, S. F. (1988). Uncontrollable shock, forebrain NE, and stimulus selection during escape learning. Psychobiology, 16(2), 135–146.

Minor, T. R., Trauner, M. A., Lee, C. Y., &Dess, N. K. (1990). Modeling signal features of escape response: Effects of cessation conditioning in "learned helplessness" paradigm. Journal of Experimental Psychology: Animal Behavior Processes, 16(2), 123–136.

Mischel, W. (1968). Personality and assessment. Wiley.

Mossey, J. M., &Shapiro, E. (1982). Self-rated health: A predictor of mortality among the elderly. American Journal of Public Health, 72(8), 800–808.

Mowrer, O. H. (1947). On the dual nature of learning—A re-interpretation of "conditioning" and "problem-solving." Harvard Educational Review, 17, 102–150.

Mowrer, O. H. (1960). Learning theory and behavior. Wiley.

Mowrer, O. H., &Viek, P. (1948). An experimental analogue of fear from a sense of helplessness. Journal of Abnormal and Social Psychology, 43(2), 193–200.

Moye, T. B., Hyson, R. L., Grau, J. W., &Maier, S. F. (1983). Immunization of opioid analgesia: Effects of prior escapable shock on subsequent shock-induced antinociception. Learning and Motivation, 14(2), 238–251.

Mukherji, B. R., Abramson, L. Y., &Martin, D. J. (1982). Induced depressive mood and attributional patterns. Cognitive Therapy and Research, 6(1), 15–21.

Munton, A. G., &Antaki, C. (1988). Causal beliefs amongst families in therapy: Attributions at the group level. British Journal of Clinical Psychology, 27(2), 91–97.

Nelson, R. E., &Craighead, W. E. (1977). Selective recall of positive and negative feedback, self-control behaviors, and depression. Journal of Abnormal Psychology, 86(4), 379–388.

Newman, H., &Langer, E. J. (1981). A cognitive model of intimate relationship formation, stabilization, and disintegration. Sex Roles, 7(3), 223–232.

Nicassio, P. M. (1985). The psychosocial adjustment of the Southeast Asian refugee: An overview of empirical findings and theoretical models. Journal of Cross-Cultural Psychology, 16(2), 153–173.

Niehoff, D. L., &Kuhar, M. J. (1983). Benzodiazepine receptors: Localization in rat amygdala. Journal of Neuroscience, 3(10), 2091–2097.

Nierenberg, A. A., &Feinstein, A. R. (1988). How to evaluate a diagnostic marker test: Lessons from the rise and fall of the dexamethasone suppression test. JAMA, 259(11), 1699–1702.

Ninan, P. T., Insel, T. M., Cohen, R. M., Cook, J. M., Skolnick, P., &Paul, S. M. (1982). Benzodiazepine receptor-mediated experimental "anxiety" in primates. Science, 218(4579), 1332–1334.

Nisbett, R. E., &Wilson, T. D. (1977). Telling more than we can know: Verbal reports on mental processes. Psychological Review, 84(3), 231–259.

Noel, N. E., &Lisman, S. A. (1980). Alcohol consumption by college women following exposure to unsolvable problems: Learned helplessness or stress induced drinking? Behaviour Research and Therapy, 18(5), 429–440.

Nolen-Hoeksema, S. (1986). Developmental studies of explanatory style and learned helplessness in children [Doctoral dissertation, University of Pennsylvania].

Nolen-Hoeksema, S. (1987). Sex differences in unipolar depression: Theory and evidence. Psychological Bulletin, 101(2), 259–282.

Nolen-Hoeksema, S. (1990). Sex differences in depression. Stanford University Press.

Nolen-Hoeksema, S., Girgus, J. S., &Seligman, M. E. P. (1986). Learned helplessness in children: A longitudinal study of depression, achievement, and explanatory style. Journal of Personality and Social Psychology, 51 (2), 435–442.

Nolen-Hoeksema, S., Girgus, J. S., &Seligman, M. E. P. (1992). Predictors and consequences of childhood depressive symptoms: A 5-year longitudinal study. Journal of Abnormal Psychology, 101(3), 405–422.

Nolen-Hoeksema, S., Skinner, E. A., &Seligman, M. E. P. (1984). Explanatory style [Unpublished raw data]. University of Pennsylvania.

Norem, J. K., &Cantor, N. (1986). Defensive pessimism: "Harnessing" anxiety as motivation. Journal of Personality and Social Psychology, 51(6), 1208–1217.

Nussear, V. P., &Lattal, K. A. (1983). Stimulus control of responding by response-reinforcer temporal contiguity. Learning and Motivation, 14(4), 472–487.

Oakes, W. F., &Curtis, N. (1982). Learned helplessness: Not dependent upon cognitions, attributions, or other such phenomenal experiences. Journal of Personality, 50(3), 387–408.

O'Hara, M. W., Neunaber, D. J., &Zekoski, E. M. (1984). Prospective study of postpartum depression: Prevalence, course, and predictive factors. Journal of Abnormal Psychology, 93(2), 158–171.

O'Hara, M. W., Rehm, L. P., &Campbell, S. B. (1982). Predicting depressive symptomatology: Cognitive-behavioral models and postpartum depression. Journal of Abnormal Psychology, 91(6), 457–461.

O'Leary, A. (1985). Self-efficacy and health. Behaviour Research and Therapy, 23(4), 437–451.

O'Leary, M. R., Donovan, D. M., Cysewski, B., &Chaney, E. F. (1977). Perceived locus of control, experienced control, and depression: A trait description of the learned helplessness model of depression. Journal of Clinical Psychology, 33(1), 164–168.

Orbach, I., &Hadas, Z. (1982). The elimination of learned helplessness deficits as a function of induced self-esteem. Journal of Research in Personality, 16(4), 511–523.

Overmier, J. B., &Leaf, R. C. (1965). Effects of discriminative Pavlovian fear conditioning upon previously or subsequently acquired avoidance responding. Journal of Comparative and Physiological Psychology, 60(2), 213–218.

Overmier, J. B., Patterson, J., &Wielkiewicz, R. M. (1979). Environmental contingencies as sources of stress in animals. In S. Levine &H. Ursin (Eds.), Coping and health. Plenum Press.

Overmier, J. B., &Seligman, M. E. P. (1967). Effects of inescapable shock upon subsequent escape and avoidance learning. Journal of Comparative and Physiological Psychology, 63(1), 23–33.

Pagelow, M. D. (1981). Factors affecting women's decisions to leave violent relationships. Journal of Family Issues, 2(4), 391–414.

Parkin, J. M. (1975). The incidence and nature of child abuse. Developmental Medicine &Child Neurology, 17(5), 641–646.

Pasahow, R. J. (1980). The relation between an attributional dimension and learned helplessness. Journal of Abnormal Psychology, 89(3), 358–367.

Paul, S. M. (1988). Anxiety and depression: A common neurobiological substrate? Journal of Clinical Psychiatry, 49(Suppl), 13–16.

Paul, S. M., Marangos, P. J., &Skolnick, P. (1981). The benzodiazepine/GABA-chloride ionophore receptor complex: Common site of minor tranquilizer action. Biological Psychiatry, 16(3), 213–229.

Peele, S. (1989). The diseasing of America: Addiction treatment out of control. Lexington Books.

Peirce, C. S. (1955). The philosophical writings of Peirce (J. Buchler, Ed.). Dover.

Perkins, C. C., Seymann, R. C., Levis, D. J., &Spencer, H. R. (1966). Factors affecting preference for signal-shock over shock-signal. Journal of Experimental Psychology, 72(2), 190–196.

Persons, J. B. (1986). The advantages of studying psychological phenomena rather than psychiatric diagnoses. American Psychologist, 41(11), 1252–1260.

Persons, J. B., &Rao, P. A. (1985). Longitudinal study of cognitions, life events, and depression in psychiatric inpatients. Journal of Abnormal Psychology, 94(1), 51–63.

Peterson, C. (1976). Learned helplessness and the attribution of randomness [Doctoral dissertation, University of Colorado].

Peterson, C. (1978). Learning impairment following insoluble problems: Learned helplessness or altered hypothesis pool? Journal of Experimental Social Psychology, 14(1), 53–68.

Peterson, C. (1980). Recognition of noncontingency. Journal of Personality and Social Psychology, 38(5), 727–734.

Peterson, C. (1985). Learned helplessness: Fundamental issues in theory and research. Journal of Social and Clinical Psychology, 3(2), 248–254.

Peterson, C. (1986). Explanatory style and helpless behavior [Unpublished raw data]. University of Michigan.

Peterson, C. (1988). Explanatory style as a risk factor for illness. Cognitive Therapy and Research, 12(2), 117–130.

Peterson, C. (1990). Explanatory style in the classroom and on the playing field. In S. Graham &V. S. Folkes (Eds.), Attribution theory: Applications to achievement, mental health, and interpersonal conflict. Erlbaum.

Peterson, C. (1991). The meaning and measurement of explanatory style. Psychological Inquiry, 2(1), 1–10.

Peterson, C. (1992a). Learned helplessness and school problems: A social psychological analysis. In F. J. Medway &T. P. Cafferty (Eds.), School psychology: A social psychological perspective. Erlbaum.

Peterson, C. (1992b). Personality (2nd ed.). Harcourt Brace Jovanovich.

Peterson, C., &Barrett, L. C. (1987). Explanatory style and academic performance among university freshmen. Journal of Personality and Social Psychology, 53 (3), 603–607.

Peterson, C., Bettes, B. A., &Seligman, M. E. P. (1985). Depressive symptoms and unprompted causal attributions: Content analysis. Behaviour Research and Therapy, 23(4), 379–382.

Peterson, C., &Bossio, L. M. (1989). Learned helplessness. In R. C. Curtis (Ed.), Self-defeating behaviors. Plenum Press.

Peterson, C., &Bossio, L. M. (1991). Health and optimism. Free Press.

Peterson, C., Colvin, D., &Lin, E. H. (1989). Explanatory style and helplessness [Manuscript submitted for publication]. University of Michigan.

Peterson, C., &Edwards, M. (1992). Optimistic explanatory style and the perception of health problems [Manuscript submitted for publication]. University of Michigan.

Peterson, C., Luborsky, L., &Seligman, M. E. P. (1983). Attributions and depressive mood shifts: A case study using the symptom-context method. Journal of Abnormal Psychology, 92(1), 96–103.

Peterson, C., Nutter, J., &Seligman, M. E. P. (1982). Explanatory style of prisoners [Unpublished raw data]. Virginia Polytechnic Institute and State University.

Peterson, C., Rosenbaum, A. C., &Conn, M. K. (1985). Depressive mood reactions to breaking up: Testing the learned helplessness model of depression. Journal of Social and Clinical Psychology, 3(2), 161–169.

Peterson, C., Schulman, P., Castellon, C., &Seligman, M. E. P. (1992). The explanatory style scoring manual. In C. P. Smith (Ed.), Handbook of thematic analysis. Cambridge University Press.

Peterson, C., Schwartz, S. M., &Seligman, M. E. P. (1981). Self-blame and depressive symptoms. Journal of Personality and Social Psychology, 41(2), 337–348.

Peterson, C., &Seligman, M. E. P. (1983). Learned helplessness and victimization. Journal of Social Issues, 39(2), 103–116.

Peterson, C., &Seligman, M. E. P. (1984). Causal explanations as a risk factor for depression: Theory and evidence. Psychological Review, 91(3), 347–374.

Peterson, C., &Seligman, M. E. P. (1985). The learned helplessness model of depression: Current status of theory and research. In E. E. Beckham &W. R. Leber (Eds.), Handbook of depression: Treatment, assessment, and research. Dorsey Press.

Peterson, C., &Seligman, M. E. P. (1987). Explanatory style and illness. Journal of Personality, 55(2), 237–265.

Peterson, C., Seligman, M. E. P., &Vaillant, G. E. (1988). Pessimistic explanatory style is a risk factor for physical illness: A thirty-five-year longitudinal study. Journal of Personality and Social Psychology, 55 (1), 23–27.

Peterson, C., Semmel, A., von Baeyer, C., Abramson, L. Y., Metalsky, G. I., &Seligman, M. E. P. (1982). The Attributional Style Questionnaire. Cognitive Therapy and Research, 6(3), 287–299.

Peterson, C., &Stunkard, A. J. (1989). Personal control and health promotion. Social Science &Medicine, 28(8), 819–828.

Peterson, C., &Stunkard, A. J. (1992). Cognates of personal control: Locus of control, self-efficacy, and explanatory style. Applied and Preventive Psychology, 1(2), 111–117.

Peterson, C., &Ulrey, L. M. (1991). Can explanatory style be scored from projective protocols? [Manuscript submitted for publication]. University of Michigan.

Peterson, C., &Villanova, P. (1986). Dimensions of explanatory style [Unpublished raw data]. University of Michigan.

Peterson, C., &Villanova, P. (1988). An expanded Attributional Style Questionnaire. Journal of Abnormal Psychology, 97(1), 87–89.

Peterson, C., Villanova, P., &Raps, C. S. (1985). Depression and attributions: Factors responsible for inconsistent results in the published literature. Journal of Abnormal Psychology, 94(2), 165–168.

Peterson, C., Zaccaro, S. J., &Daly, D. C. (1986). Learned helplessness and the generality of social loafing. Cognitive Therapy and Research, 10(5), 563–569.

Petty, F., &Sherman, A. D. (1980). Regional aspects of the prevention of learned helplessness by desipramine. Life Sciences, 26(17), 1447–1452.

Petty, F., &Sherman, A. D. (1981). GABAergic modulation of learned helplessness. Pharmacology Biochemistry and Behavior, 15(4), 567–570.

Pines, A. M., Aronson, E., &Kafry, D. (1981). Burnout: From tedium to personal growth. Free Press.

Pisa, M., &Fibiger, H. C. (1983). Evidence against a role of the rat's dorsal noradrenergic bundle in selective attention and place memory. Brain Research, 272(2), 319–329.

Pittman, N. L., &Pittman, T. S. (1979). Effects of amount of helplessness training and internal-external locus of control on mood and performance. Journal of Personality and Social Psychology, 37(1), 39–47.

Pittman, T. S., &Pittman, N. L. (1980). Deprivation of control and the attribution process. Journal of Personality and Social Psychology, 39(3), 377–389.

Plous, S., &Zimbardo, P. G. (1986). Attributional biases among clinicians: A comparison of psychoanalysts and behavior therapists. Journal of Consulting and Clinical Psychology, 54(4), 568–570.

Porsolt, R. D., Anton, G., Blavet, N., &Jalfre, M. (1978). Behavioural despair in rats: A new model sensitive to antidepressant treatments. European Journal of Pharmacology, 47(4), 379–391.

Powell, L. (1990). Factors associated with the underrepresentation of African Americans in mathematics and science. Journal of Negro Education, 59(3), 292–298.

Prindaville, P., &Stein, N. (1978). Predictability, controllability, and inoculation against learned helplessness. Behaviour Research and Therapy, 16(4), 263–271.

Prochaska, J. O., Velicer, W. F., DiClemente, C. C., &Fava, J. (1988). Measuring processes of change: Applications to the cessation of smoking. Journal of Consulting and Clinical Psychology, 56(4), 520–528.

Raber, S. M., &Weisz, J. R. (1981). Teacher feedback to mentally retarded and nonretarded children. American Journal of Mental Deficiency, 86(2), 148–156.

Rabkin, J. G., &Struening, E. L. (1976). Life events, stress, and illness. Science, 194(4269), 1013–1020.

Rachlin, H., &Baum, W. M. (1972). Effects of alternative reinforcement: Does the source matter? Journal of the Experimental Analysis of Behavior, 18(2), 231–241.

Radloff, L. S. (1975). Sex differences in depression: The effects of occupation and marital status. Sex Roles, 1(3), 249–265.

Rapaport, P. M., &Maier, S. F. (1978). Inescapable shock and food competition dominance in rats. Animal Learning &Behavior, 6(2), 160–165.

Raps, C. S., Peterson, C., Jonas, M., &Seligman, M. E. P. (1982). Patient behavior in hospitals: Helplessness, reactance, or both? Journal of Personality and Social Psychology, 42(6), 1036–1041.

Raps, C. S., Peterson, C., Reinhard, K. E., Abramson, L. Y., &Seligman, M. E. P. (1982). Attributional style among depressed patients. Journal of Abnormal Psychology, 91(2), 102–108.

Raps, C. S., Reinhard, K. E., &Seligman, M. E. P. (1980). Reversal of cognitive and affective deficits associated with depression and learned helplessness by mood elevation in patients. Journal of Abnormal Psychology, 89(3), 342–349.

Redmond, D. E., Jr. (1987). Studies of the nucleus locus coeruleus in monkeys and hypotheses for neuropsychopharmacology. In H. Y. Meltzer (Ed.), Psychopharmacology: The third generation of progress. Raven Press.

Rescorla, R. A., &Solomon, R. L. (1967). Two-process learning theory: Relationships between Pavlovian conditioning and instrumental learning. Psychological Review, 74(3), 151–182.

Rescorla, R. A., &Wagner, A. R. (1972). A theory of Pavlovian conditioning: Variations in the effectiveness of reinforcement and non-reinforcement. In A. H. Black &W. F. Prokasy (Eds.), Classical conditioning II: Current research and theory. Appleton-Century-Crofts.

Rettew, D. C., Reivich, K., Peterson, C., Seligman, D. A., &Seligman, M. E. P. (1990). Professional baseball, basketball, and explanatory style: Predicting performance in the major leagues [Manuscript submitted for publication]. University of Pennsylvania.

Revenson, T. A. (1981). Coping with loneliness: The impact of causal attributions. Personality and Social Psychology Bulletin, 7(4), 565–571.

Reynierse, J. H. (1975). A behavioristic analysis of the book of Job. Journal of Psychology and Theology, 3(2), 75–81.

Riskind, J. H., Castellon, C., &Beck, A. T. (1989). Spontaneous causal explanations in unipolar depression and generalized anxiety: Content analysis of dysfunctional-thought diaries. Cognitive Therapy and Research, 13(2), 97–108.

Rivier, C., Rivier, J., &Vale, W. (1982). Inhibition of adrenocorticotrophic hormone secretion in the rat by immunoneutralization of corticotropin-releasing factor. Science, 218(4570), 377–379.

Robins, L. N., Helzer, J. E., Weissman, M. M., Orvaschel, H., Gruenberg, E., Burke, J. D., Jr., &Regier, D. A. (1984). Lifetime prevalence of specific psychiatric disorders in three sites. Archives of General Psychiatry, 41(10), 949–958.

Rodin, J. (1986). Aging and health: Effects of the sense of control. Science, 233(4770), 1271–1276.

Rodin, J., Solomon, S. K., &Metcalf, J. (1978). Role of control in mediating perceptions of density. Journal of Personality and Social Psychology, 36(9), 988–999.

Rosellini, R. A. (1978). Inescapable shock interferes with the acquisition of a free appetitive operant. Animal Learning &Behavior, 6(2), 155–159.

Rosellini, R. A., DeCola, J. P., Plonsky, M., Warren, D. A., &Stilman, A. J. (1984). Uncontrollable shock proactively increases sensitivity to response-reinforcer independence in rats. Journal of Experimental Psychology: Animal Behavior Processes, 10(3), 346–359.

Rosellini, R. A., DeCola, J. P., &Shapiro, N. K. (1982). Cross-motivational effects of inescapable shock are associative in nature. Journal of Experimental Psychology: Animal Behavior Processes, 8(4), 376–388.

Rosellini, R. A., &Seligman, M. E. P. (1975). Learned helplessness and escape from frustration. Journal of Experimental Psychology: Animal Behavior Processes, 1(2), 149–158.

Rosen, C. E. (1977). The impact of an open campus program upon high school students' sense of control over their environment. Psychology in the Schools, 14(2), 216–219.

Rosenbaum, M., &Palmon, N. (1984). Helplessness and resourcefulness in coping with epilepsy. Journal of Consulting and Clinical Psychology, 52(2), 244–253.

Rosenthal, R., &Rubin, D. B. (1982). A simple, general purpose display of magnitude of experimental effect. Journal of Educational Psychology, 74(2), 166–169.

Roth, D., &Rehm, L. P. (1980). Relationships among self-monitoring processes, memory, and depression. Cognitive Therapy and Research, 4(2), 149–157.

Roth, S. (1980). A revised model of learned helplessness in humans. Journal of Personality, 48(1), 103–133.

Roth, S., &Bootzin, R. R. (1974). The effect of experimentally induced expectancies of external control: An investigation of learned helplessness. Journal of Personality and Social Psychology, 29(2), 253–264.

Roth, S., &Kubal, L. (1975). Effects of noncontingent reinforcement on tasks of differing importance: Facilitation and learned helplessness. Journal of Personality and Social Psychology, 32(4), 680–691.

Rothbaum, F., Weisz, J. R., &Snyder, S. S. (1982). Changing the world and changing the self: A two-process model of perceived control. Journal of Personality and Social Psychology, 42(1), 5–37.

Rothwell, N., &Williams, J. M. G. (1983). Attributional style and life events. British Journal of Clinical Psychology, 22(2), 139–140.

Rotter, J. B. (1954). Social learning and clinical psychology. Prentice-Hall.

Rotter, J. B. (1966). Generalized expectancies for internal versus external control of reinforcement. Psychological Monographs: General and Applied, 80 (1), 1–28.

Rotter, J. B. (1975). Some problems and misconceptions related to the construct of internal versus external reinforcement. Journal of Consulting and Clinical Psychology, 43(1), 56–67.

Rutter, M. L. (1986). Child psychiatry: The interface between clinical and developmental research. Psychological Medicine, 16(1), 151–169.

Ryan, S. M., &Maier, S. F. (1988). The estrous cycle and estrogen modulated stress-induced analgesia. Behavioral Neuroscience, 102(3), 371–380.

Sahoo, F. M., &Tripathy, S. (1990). Learned helplessness in industrial employees: A study of noncontingency, satisfaction, and motivational deficits. Psychological Studies, 35(2), 79–87.

Sanderson, W. C., Beck, A. T., &Beck, J. (1990). Syndrome comorbidity in patients with major depression or dysthymia: Prevalence and temporal relationships. American Journal of Psychiatry, 147(8), 1025–1028.

Sarata, B. P. V. (1974). Employee satisfactions in agencies serving retarded persons. American Journal of Mental Deficiency, 79(4), 434–442.

Scheier, M. F., &Carver, C. S. (1985). Optimism, coping, and health: Assessment and implications of generalized outcome expectancies. Health Psychology, 4 (3), 219–247.

Scheier, M. F., &Carver, C. S. (1987). Dispositional optimism and physical well-being: The influence of generalized outcome expectancies on health. Journal of Personality, 55(2), 169–210.

Scheier, M. F., Matthews, K. A., Owens, J. F., Magovern, G. J., Jr., Lefebvre, R. C., Abbott, R. A., &Carver, C. S. (1989). Dispositional optimism and recovery from coronary artery bypass surgery: The beneficial effects on physical and psychological well-being. Journal of Personality and Social Psychology, 57(6), 1024–1040.

Schieffelin, B. B. (1990). The give and take of everyday life: Language socialization of Kaluli children. Cambridge University Press.

Schildkraut, J. J. (1965). The catecholamine hypothesis of affective disorders: A review of supporting evidence. American Journal of Psychiatry, 122(5), 509–522.

Schleifer, S. J., Keller, S. E., Siris, S. G., Davis, K. L., &Stein, M. (1985). Depression and immunity. Archives of General Psychiatry, 42(2), 129–133.

Schulman, P., Castellon, C., &Seligman, M. E. P. (1989). Assessing explanatory style: The content analysis of verbatim explanations and the Attributional Style Questionnaire. Behaviour Research and Therapy, 27(5), 505–512.

Schulman, P., Keith, D., &Seligman, M. E. P. (1991). Is optimism heritable? A study of twins [Manuscript submitted for publication]. University of Pennsylvania.

Schulman, P., Seligman, M. E. P., &Amsterdam, D. (1987). The Attributional Style Questionnaire is not transparent. Behaviour Research and Therapy, 25(5), 391–395.

Schulz, R. (1976). Effects of control and predictability on the physical and psychological well-being of the institutionalized aged. Journal of Personality and Social Psychology, 33(5), 563–573.

Schulz, R. (1980). Aging and control. In J. Garber &M. E. P. Seligman (Eds.), Human helplessness: Theory and applications. Academic Press.

Schwartz, D. P., Burish, T. G., O'Rourke, D. F., &Holmes, D. S. (1986). Influence of personal and universal failure on the subsequent performance of persons with Type A and Type B behavior patterns. Journal of Personality and Social Psychology, 51(2), 459–462.

Scott, W. A., Osgood, D. W., &Peterson, C. (1979). Cognitive structure: Theory and measurement of individual differences. Winston.

Sears, R. R., Maccoby, E. E., &Levin, H. (1957). Patterns of child rearing. Row, Peterson, &Co.

Sedek, G., &Kofta, M. (1990). When cognitive exertion does not yield cognitive gain: Toward an informational explanation of learned helplessness. Journal of Personality and Social Psychology, 58(6), 729–743.

Segal, Z. V. (1988). Appraisal of the self-schema construct in cognitive models of depression. Psychological Bulletin, 103(2), 147–162.

Seligman, M. E. P. (1975). Helplessness: On depression, development, and death. Freeman.

Seligman, M. E. P. (1981). A learned helplessness point of view. In L. P. Rehm (Ed.), Behavior therapy for depression: Present status and future directions. Academic Press.

Seligman, M. E. P. (1990). Learned optimism. Knopf.

Seligman, M. E. P., Abramson, L. Y., Semmel, A., &von Baeyer, C. (1979). Depressive attributional style. Journal of Abnormal Psychology, 88(3), 242–247.

Seligman, M. E. P., Castellon, C., Cacciola, J., Schulman, P., Luborsky, L., Ollove, M., &Downing, R. (1988). Explanatory style change during cognitive therapy for unipolar depression. Journal of Abnormal Psychology, 97(1), 13–18.

Seligman, M. E. P., &Maier, S. F. (1967). Failure to escape traumatic shock. Journal of Experimental Psychology, 74(1), 1–9.

Seligman, M. E. P., Maier, S. F., &Geer, J. H. (1968). Alleviation of learned helplessness in the dog. Journal of Abnormal Psychology, 73(3), 256–262.

Seligman, M. E. P., Maier, S. F., &Solomon, R. L. (1971). Unpredictable and uncontrollable aversive events. In F. R. Brush (Ed.), Aversive conditioning and learning. Academic Press.

Seligman, M. E. P., &Peterson, C. (1986). Explanatory style of NBA players [Unpublished raw data]. University of Pennsylvania.

Seligman, M. E. P., Peterson, C., Kaslow, N. J., Tanenbaum, R. L., Alloy, L. B., &Abramson, L. Y. (1984). Attributional style and depressive symptoms among children. Journal of Abnormal Psychology, 93(2), 235–238.

Seligman, M. E. P., &Schulman, P. (1986). Explanatory style as a predictor of productivity and quitting among life insurance agents. Journal of Personality and Social Psychology, 50(4), 832–838.

Sellers, R. M., &Peterson, C. (1991). Explanatory style and coping with controllable events by student-athletes [Manuscript submitted for publication]. University of Virginia.

Seltzer, S. F., &Seltzer, J. L. (1986). Tactual sensitivity of chronic pain patients to non-painful stimuli. Pain, 27(3), 291–295.

Selye, H. (1956). The stress of life. McGraw-Hill.

Sherman, A. D., Allers, G. L., Petty, F., &Henn, F. A. (1979). A neuropharmacologically-relevant animal model of depression. Neuropharmacology, 18(11), 891–893.

Sherman, A. D., &Petty, F. (1980). Neurochemical basis of the action of antidepressants on learned helplessness. Behavioral and Neural Biology, 30(2), 119–134.

Sherrod, D. R., Moore, B. S., &Underwood, B. (1979). Environmental noise, perceived control, and aggression. Journal of Social Psychology, 109(2), 245–252.

Short, K. R., &Maier, S. F. (1990, October). Uncontrollable but not controllable stress produces enduring anxiety in rats despite only transient benzodiazepine receptor involvement [Paper presentation]. Society for Neuroscience Meeting, St. Louis, MO.

Siegel, S. J., &Alloy, L. B. (1990). Interpersonal perceptions and consequences of depressive-significant other relationships: A naturalistic study of college roommates. Journal of Abnormal Psychology, 99(4), 361–373.

Simkin, D. K., Lederer, J. P., &Seligman, M. E. P. (1983). Learned helplessness in groups. Behaviour Research and Therapy, 21(6), 613–622.

Skevington, S. M. (1983). Chronic pain and depression: Universal or personal helplessness? Pain, 15(3), 309–317.

Skinner, B. F. (1938). The behavior of organisms: An experimental analysis. Appleton-Century-Crofts.

Skinner, B. F. (1948). "Superstition" in the pigeon. Journal of Experimental Psychology, 38(2), 168–172.

Sklar, L. S., &Anisman, H. (1979). Stress and coping factors influence tumor growth. Science, 205(4405), 513–515.

Sklar, L. S., &Anisman, H. (1980). Social stress influences tumor growth. Psychosomatic Medicine, 42(3), 347–365.

Sklar, L. S., &Anisman, H. (1981). Stress and cancer. Psychological Bulletin, 89(3), 369–406.

Slade, B. B., Steward, M. S., Morrison, T. L., &Abramowitz, S. I. (1984). Locus of control, persistence, and use of contingency information in physically abused children. Child Abuse &Neglect, 8(4), 447–457.

Smith, R., &Seligman, M. E. P. (1978). Black and lower class children are more susceptible to helplessness induced cognitive deficits following unsolvable problems [Manuscript submitted for publication]. University of Pennsylvania.

Smolen, R. C. (1978). Expectancies, mood, and performance of depressed and nondepressed psychiatric inpatients on chance and skill tasks. Journal of Abnormal Psychology, 87(1), 91–101.

Snodgrass, M. A. (1987). The relationship of differential loneliness, intimacy, and characterological attributional style to duration of loneliness. Journal of Social Behavior and Personality, 2(2), 173–186.

Snyder, M. L., Smoller, B., Strenta, A., &Frankel, A. (1981). A comparison of egotism, negativity, and learned helplessness as explanations for poor performance after unsolvable problems. Journal of Personality and Social Psychology, 40(1), 24–30.

Snyder, M. L., Stephan, W. G., &Rosenfield, D. (1978). Attributional egotism. In J. H. Harvey, W. Ickes, &R. F. Kidd (Eds.), New directions in attribution research (Vol. 2). Erlbaum.

Solomon, K. (1982). Social antecedents of learned helplessness in the health care setting. The Gerontologist, 22(3), 282–287.

Soubrié, P., Blas, C., Ferron, A., &Glowinski, J. (1983). Chlordiazepoxide reduces in vivo serotonin release in the basal ganglia of encéphale isolé but not anaesthetized cats: Evidence for a dorsal raphe site of action. Journal of Pharmacology and Experimental Therapeutics, 226(2), 526–532.

Soubrié, P., Thiebot, M. H., Jobert, A., &Hamon, M. (1981). Serotonergic control of punished behavior: Effects of intra-raphe microinjection of chlordiazepoxide, GABA, and 5-HT on behavioural suppression in rats. Journal de Physiologie, 77(2-3), 449–460.

Sowa, C. J., &Burks, H. M. (1983). Comparison of cognitive restructuring and contingency-based instructional models for alleviation of learned helplessness. Journal of Instructional Psychology, 10(4), 186–191.

Spence, K. W. (1956). Behavior theory and conditioning. Yale University Press.

Spencer, M. B., Kim, S. R., &Marshall, S. (1987). Double stratification and psychological risk: Adaptational processes and school achievement of black children. Journal of Negro Education, 56(1), 77–87.

Staddon, J. E. R., &Simmelhag, V. L. (1971). The "superstition" experiment: A reexamination of its implications for the principles of adaptive behavior. Psychological Review, 78(1), 3–43.

Stamatelos, T., &Mott, D. W. (1983). Learned helplessness in persons with mental retardation: Art as a client-centered treatment modality. The Arts in Psychotherapy, 10(4), 241–249.

Steele, C. M., &Southwick, L. L. (1981). Effects of fear and causal attribution about alcoholism on drinking and related attitudes among heavy and moderate drinkers. Cognitive Therapy and Research, 5(4), 339–350.

Strack, S., &Coyne, J. C. (1983). Social confirmation of dysphoria: Shared and private reactions. Journal of Personality and Social Psychology, 44(4), 798–806.

Strube, M. J., &Barbour, L. S. (1983). The decision to leave an abusive relationship: Economic dependence and psychological commitment. Journal of Marriage and the Family, 45(4), 785–793.

Sue, S. (1977). Psychological theory and implications for Asian Americans. Personnel and Guidance Journal, 55(7), 381–389.

Suls, J., &Mullen, B. (1981). Life events, perceived control, and illness: The role of uncertainty. Journal of Human Stress, 7(2), 30–34.

Swanson, L. W., Sawchenko, P. E., Rivier, J., &Vale, W. W. (1983). Organization of ovine corticotropin-releasing factor immunoreactive cells and fibers in the rat brain: An immunohistochemical study. Neuroendocrinology, 36(3), 165–186.

Sweeney, P. D., Anderson, K., &Bailey, S. (1986). Attributional style in depression: A meta-analytic review. Journal of Personality and Social Psychology, 50(5), 974–991.

Szasz, T. S. (1961). The myth of mental illness. Hoeber-Harper.

Taylor, R. B., Denham, J. R., &Ureda, J. W. (1982). Health promotion: Principles and clinical applications. Appleton-Century-Crofts.

Taylor, S. E. (1979). Hospital patient behavior: Reactance, helplessness, or control? Journal of Social Issues, 35(1), 156–184.

Taylor, S. E. (1989). Positive illusions. Basic Books.

Taylor, S. E., &Fiske, S. T. (1978). Salience, attention, and attribution: Top of the head phenomena. In L. Berkowitz (Ed.), Advances in experimental social psychology (Vol. 11). Academic Press.

Taylor, S. E., Lichtman, R. R., &Wood, J. V. (1984). Attributions, beliefs about control, and adjustment to breast cancer. Journal of Personality and Social Psychology, 46(3), 489–502.

Teasdale, J. D. (1978). Effects of real and recalled success on learned helplessness and depression. Journal of Abnormal Psychology, 87(1), 155–164.

Teasdale, J. D. (1983). Negative thinking in depression: Cause, effect, or reciprocal relationship? Advances in Behaviour Research and Therapy, 5(1), 3–25.

Teasdale, J. D., &Russell, M. L. (1983). Differential effects of induced mood on the recall of positive, negative, and neutral words. British Journal of Clinical Psychology, 22(3), 163–171.

Tennen, H. (1982). A re-view of cognitive mediators in learned helplessness. Journal of Personality, 50(4), 526–541.

Tennen, H., Affleck, G., &Gershman, K. (1986). Self-blame among parents of infants with perinatal complications: The role of self-protective motives. Journal of Personality and Social Psychology, 50(4), 690–696.

Tennen, H., &Herzberger, S. (1985). Attributional Style Questionnaire. In D. J. Keyser &R. C. Sweetland (Eds.), Test critiques (Vol. 4). Test Corporation of America.

Tennen, H., &Sharp, J. P. (1983). Control orientation and the illusion of control. Journal of Personality Assessment, 47(4), 369–374.

Testa, T. J. (1975). Effects of similarity of location and temporal intensity pattern of conditioned and unconditioned stimuli on the acquisition of conditioned suppression in rats. Journal of Experimental Psychology: Animal Behavior Processes, 1(2), 114–121.

Testa, T. J., Juraska, J. M., &Maier, S. F. (1974). Prior exposure to inescapable electric shocks in rats affects extinction behavior after the successful acquisition of an escape response. Learning and Motivation, 5(3), 380–392.

Thoits, P. A. (1983). Dimensions of life events that influence psychological distress: An evaluation and synthesis of the literature. In H. B. Kaplan (Ed.), Psychosocial stress: Trends in theory and research. Academic Press.

Thomae, H. (1981). Expected unchangeability of life stress in old age: A contribution to a cognitive theory of aging. Human Development, 24(4), 229–239.

Thomas, G. V. (1981). Contiguity, reinforcement rate, and the law of effect. Quarterly Journal of Experimental Psychology, 33(1), 33–43.

Thoreson, C. E., &Eagleston, J. R. (1983). Chronic stress in children and adolescents. Theory Into Practice, 22(1), 48–56.

Thornton, J. W., &Jacobs, P. D. (1971). Learned helplessness in human subjects. Journal of Experimental Psychology, 87(3), 367–372.

Thornton, J. W., &Jacobs, P. D. (1972). The facilitating effects of prior inescapable/unavoidable stress on intellectual performance. Psychonomic Science, 26, 185–187.

Thornton, J. W., &Powell, G. D. (1974). Immunization to and alleviation of learned helplessness in man. American Journal of Psychology, 87(3), 351–367.

Tiggemann, M., &Winefield, A. H. (1987). Predictability and timing of self-report in learned helplessness experiments. Personality and Social Psychology Bulletin, 13(2), 253–264.

Tomie, A., &Loukas, E. (1983). Correlations between rats' spatial location and intracranial stimulation administration affects rate of acquisition and asymptotic level of time allocation preference in the open field. Learning and Motivation, 14(4), 471–491.

Traub, G. S., &May, J. G., Jr. (1983). Learned helplessness and the facilitation of biofeedback performance. Biofeedback and Self-Regulation, 8(3), 477–485.

Trice, A. D. (1982). Ratings of humor following experience with unsolvable tasks. Psychological Reports, 51(3), 1148.

Tuffin, K., Hesketh, B., &Podd, J. (1985). Experimentally induced learned helplessness: How far does it generalize? Social Behavior and Personality, 13(1), 55–62.

Vaillant, G. E. (1977). Adaptation to life. Little, Brown.

Vaillant, G. E. (1983). The natural history of alcoholism. Harvard University Press.

Vale, W., Spiess, J., Rivier, C., &Rivier, J. (1981). Characterization of a 41-residue ovine hypothalamic peptide that stimulates secretion of corticotropin and beta-endorphin. Science, 213(4514), 1394–1397.

Valentino, R. J., Foote, S. L., &Aston-Jones, G. (1983). Corticotropin-releasing factor activates noradrenergic neurons of the locus coeruleus. Brain Research, 270(2), 363–367.

Valentino, R. J., &Wehby, R. G. (1988). Corticotropin-releasing factor: Evidence for a neurotransmitter role in the locus coeruleus during hemodynamic stress. Neuroendocrinology, 48(6), 674–677.

Vázquez, C. V. (1987). Judgment of contingency: Cognitive biases in depressed and nondepressed subjects. Journal of Personality and Social Psychology, 52(2), 419–431.

Verbrugge, L. M. (1989). Recent, present, and future health of American adults. Annual Review of Public Health, 10, 333–361.

Villanova, P., &Peterson, C. (1991). Meta-analysis of human helplessness experiments [Unpublished raw data]. Northern Illinois University.

Voelkl, J. E. (1986). Effects of institutionalization upon residents of extended care facilities. Activities, Adaptation &Aging, 8(3-4), 37–45.

Volpicelli, J. R. (1987). Uncontrollable events and alcohol drinking. British Journal of Addiction, 82(4), 381–392.

Volpicelli, J. R., Ulm, R. R., Altenor, A., &Seligman, M. E. P. (1983). Learned mastery in the rat. Learning and Motivation, 14(2), 204–222.

von Wright, G. H. (1974). Causality and determinism. Columbia University Press.

Walker, L. E. (1977). Battered women and learned helplessness. Victimology, 2(3-4), 525–534.

Walker, L. E. (1979). The battered woman. Harper &Row.

Walker, L. E. (1983). The battered woman syndrome study. In D. Finkelhor, R. J. Gelles, G. T. Hotaling, &M. A. Straus (Eds.), The dark side of families. Sage.

Walker, L. E., &Browne, A. (1985). Gender and victimization by intimates. Journal of Personality, 53(2), 179–195.

Wasserman, E. A., &Neunaber, D. J. (1986). Reporting and responding to causal relations by college students: The role of temporal contiguity. Journal of the Experimental Analysis of Behavior, 46(1), 15–35.

Watkins, L. R., Drugan, R. C., Hyson, R. L., Moye, T. B., Ryan, S. M., Mayer, D. J., &Maier, S. F. (1984). Opiate and non-opiate analgesia induced by inescapable tail shock: Effects of dorsolateral funiculus lesions and decerebration. Brain Research, 291(2), 325–336.

Watkins, L. R., &Mayer, D. J. (1982). Organization of endogenous opiate and non-opiate pain control systems. Science, 216(4551), 1185–1192.

Watkins, L. R., Wiertelak, E. P., &Maier, S. F. (1992). Delta opiate receptors mediate tailshock-induced analgesia at supraspinal levels. Brain Research, 582(1), 10–21.

Weary, G., Jordan, J. S., &Hill, M. G. (1985). The attributional norm of internality and depressive sensitivity to social information. Journal of Personality and Social Psychology, 49(5), 1283–1293.

Weinberger, M., Hiner, S. L., &Tierney, W. M. (1987). In support of hassles as a measure of stress in predicting health outcomes. Journal of Behavioral Medicine, 10(1), 19–31.

Weiner, B. (1972). Theories of motivation: From mechanism to cognition. Rand McNally.

Weiner, B. (1974). Achievement motivation and attribution theory. General Learning Press.

Weiner, B. (1979). A theory of motivation for some classroom experiences. Journal of Educational Psychology, 71(1), 3–25.

Weiner, B. (1985). "Spontaneous" causal thinking. Psychological Bulletin, 97(1), 74–84.

Weiner, B. (1986). An attributional theory of motivation and emotion. Springer-Verlag.

Weinstein, N. D. (1989). Optimistic biases about personal risks. Science, 246(4935), 1232–1233.

Weiss, G., Woodmansee, W., &Maier, S. F. (1992). Long duration changes in adrenergic receptors are produced by inescapable shock [Manuscript submitted for publication]. University of Colorado.

Weiss, J. M. (1968). Effects of coping responses on stress. Journal of Comparative and Physiological Psychology, 65(2), 251–260.

Weiss, J. M., Glazer, H. I., &Pohorecky, L. A. (1976). Coping behavior and neurochemical changes: An alternative explanation for the original "learned helplessness" experiments. In G. Serban &A. Kling (Eds.), Animal models in human psychobiology. Plenum Press.

Weiss, J. M., &Goodman, P. A. (1985). Neurochemical mechanisms underlying stress-induced depression. In T. Field, P. M. McCabe, &N. Schneiderman (Eds.), Stress and coping. Erlbaum.

Weiss, J. M., Goodman, P. A., Losito, B. G., Corrigan, S., Charry, J. M., &Bailey, W. H. (1981). Behavioral depression produced by an uncontrollable stressor: Relationship to norepinephrine, dopamine, and serotonin levels in various regions of rat brain. Brain Research Reviews, 3(2), 167–205.

Weiss, J. M., Stone, E. A., &Harrell, N. (1970). Coping behavior and brain norepinephrine level in rats. Journal of Comparative and Physiological Psychology, 72(1), 153–160.

Weisz, J. R. (1979). Perceived control and learned helplessness among retarded and nonretarded children: A developmental analysis. Developmental Psychology, 15(3), 311–319.

Weisz, J. R. (1981). Learned helplessness in black and white children identified by their schools as retarded and nonretarded: Performance deterioration in response to failure. Developmental Psychology, 17(4), 499–508.

Welker, R. L. (1976). Acquisition of a free operant appetitive response in pigeons as a function of prior experience with response-independent food. Learning and Motivation, 7(3), 394–405.

Wener, A. E., &Rehm, L. P. (1975). Depressive affect: A test of behavioral hypotheses. Journal of Abnormal Psychology, 84(3), 221–227.

White, R. W. (1959). Motivation reconsidered: The concept of competence. Psychological Review, 66(5), 297–333.

Whitehouse, W. G., Walker, J., Margules, D. L., &Bersh, P. J. (1983). Opiate antagonists overcome the learned helplessness effect but impair competent escape performance. Physiology &Behavior, 30(5), 731–734.

Wilgosh, L. (1984). Learned helplessness in normally achieving and learning disabled girls. Mental Retardation and Learning Disability Bulletin, 12(2), 64–70.

Williams, J. L. (1982). Influence of shock controllability by dominant rats on subsequent attack and defensive behaviors toward colony intruders. Animal Learning &Behavior, 10(3), 305–313.

Williams, J. L. (1984). Influence of postpartum shock controllability on subsequent maternal behavior in rats. Animal Learning &Behavior, 12(2), 209–216.

Williams, J. L. (1987). Influence of conspecific stress odors and shock controllability on defensive burying. Animal Learning &Behavior, 15(3), 333–341.

Williams, J. L., Drugan, R. C., &Maier, S. F. (1984). Exposure to uncontrollable stress alters withdrawal from morphine. Behavioral Neuroscience, 98(5), 836–846.

Williams, J. L., &Lierle, D. M. (1986). Effects of stress controllability, immunization, and therapy on the subsequent defeat of colony intruders. Animal Learning &Behavior, 14(3), 305–314.

Williams, J. L., &Maier, S. F. (1977). Transsituational immunization and therapy of learned helplessness in the rat. Journal of Experimental Psychology: Animal Behavior Processes, 3(3), 240–253.

Williams, J. M. G., &Brewin, C. R. (1984). Cognitive mediators of reactions to a minor life-event: The British driving test. British Journal of Social Psychology, 23(1), 41–49.

Willner, P. (1985). Depression: A psychobiological synthesis. Wiley.

Wilson, T. D., &Linville, P. W. (1982). Improving the academic performance of college freshmen: Attribution therapy revisited. Journal of Personality and Social Psychology, 42(2), 367–376.

Wilson, T. D., &Linville, P. W. (1985). Improving the performance of college freshmen with attributional techniques. Journal of Personality and Social Psychology, 49(2), 287–293.

Winefield, A. H., &Fay, P. M. (1982). Effects of an institutional environment on responses to uncontrollable outcomes. Motivation and Emotion, 6(2), 103–112.

Winefield, A. H., &Jardine, E. (1982). Effects of differences in achievement motivation and amount of exposure on responses to uncontrollable rewards. Motivation and Emotion, 6(3), 245–257.

Wong, P. T., &Weiner, B. (1981). When people ask "why" questions, and the heuristics of attribution search. Journal of Personality and Social Psychology, 40(4), 649–663.

Wortman, C. B., &Brehm, J. W. (1975). Response to uncontrollable outcomes: An integration of reactance theory and the learned helplessness model. In L. Berkowitz (Ed.), Advances in experimental social psychology (Vol. 8). Academic Press.

Wortman, C. B., &Dintzer, L. (1978). Is an attributional analysis of the learned helplessness phenomenon viable? A critique of the Abramson-Seligman-Teasdale reformulation. Journal of Abnormal Psychology, 87(1), 75–90.

Yates, R., Kennelly, K. J., &Cox, S. H. (1975). Perceived contingency of parental reinforcements, parent-child relations, and locus of control. Psychological Reports, 36(1), 139–146.

Young, L. D., &Allin, J. M. (1986). Persistence of learned helplessness in humans. Journal of General Psychology, 113(1), 81–88.

Zaccaro, S. J., Peterson, C., &Walker, S. (1987). Self-serving attributions for individual and group performance. Social Psychology Quarterly, 50(3), 257–263.

Zeiler, M. D. (1977). Schedules of reinforcement: The controlling variables. In W. K. Honig &J. E. R. Staddon (Eds.), Handbook of operant behavior. Prentice-Hall.

Zigler, E., &Balla, D. (1976). Motivational factors in the performance of the retarded. In R. Koch &J. C. Dobson (Eds.), The mentally retarded child and his family: A multidisciplinary handbook (2nd ed.). Brunner/Mazel.

Zuckerman, M., &Lubin, B. (1965). Manual for the Multiple Affect Adjective Check List. Educational and Industrial Testing Service.

Zullow, H. M. (1984). The interaction of rumination and explanatory style in depression [Master's thesis, University of Pennsylvania].

Zullow, H. M., &Seligman, M. E. P. (1990). Pessimistic rumination predicts defeat of presidential candidates, 1900 to 1984. Psychological Inquiry, 1(1), 52–61.

옮긴이

우문식 한국긍정심리연구소(KPPI) 소장. 경영학 박사이자 상담학 박사로, 2003년부터 국내에 긍정심리학을 처음 소개하고 연구·교육·강의·상담 현장 등에 적용해온 긍정심리학 학자이자 실천가다. 지난 20여 년 동안 긍정심리 행복, 회복력, 성격강점, 낙관성 학습, 긍정심리치료(PPT)를 중심으로 강의와 코칭, 상담은 물론, 기업 및 군(軍) 교육을 진행해왔다.

마틴 셀리그만의 긍정심리학을 국내에 체계적으로 확산한 선구자로 평가받으며, 성격강점과 대표강점 기반의 실천 모델을 개발해 한국적 맥락에 맞는 적용 체계를 구축했다. 특히 회복력 교육과 대표강점 기반 개입 프로그램을 통해 개인·조직의 심리적 성장 및 변화를 지원하고 있다. 미 육군 회복력 전문가 과정(Master Resilience Training·MRT)을 국내에 도입해 우리나라 군 환경에 맞는 프로그램을 설계하고, 2016년부터 회복력 관련 자문과 훈련도 진행하고 있다. 현재 대한민국 육군 발전 자문위원과 한국긍정심리대학교 학장을 맡고 있다.

저서로는 《행복 4.0》, 《긍정심리학이란 무엇인가》, 《긍정심리치료 개입 도구 101》 등이 있으며, 번역서로는 마틴 셀리그만의 《긍정심리학》, 《낙관성 학습》, 《긍정심리치료 치료자 매뉴얼》 등이 있다.

이번 《마틴 셀리그만의 무기력 학습》 번역은 긍정심리학의 뿌리이자 출발점인 무기력 학습 이론을 국내에 온전히 소개하겠다는 오랜 학문적 사명에서 비롯되었다. 이에 더해 "더 많은 사람의 행복을 만들어주라!"는 소명을 감당하고자 긍정심리학 이론과 실천을 연결하는 집필과 교육, 상담 활동을 지속하고 있다.

우정현 동국대학교를 졸업하고 캐나다에서 2년간의 어학연수를 통해 글로벌 역량을 쌓았다. 안양대학교 글로벌 대학원에서 상담심리학 석사학위를 취득했으며, 현재 동 대학원 일반대학원에서 교육 및 상담심리 전공 박사과정을 밟으며 학문적 깊이를 더하고 있다. 현재 한국긍정심리연구소 부소장으로 재직하며 긍정심리학의 현장 적용과 확산에 힘쓰고 있다. 주요 연구로는 공저 논문 「The Effect of Positive Psychology-based Positive Psychotherapy (PPT) Programs on Participants' Happiness and Resilience」가 있으며,. 자격증으로는 긍정심리치료사 1급, 긍정심리상담코칭 1급, 회복력 상담코칭 1급, 기독교심리상담사 1급이 있다.

마틴 셀리그만의 무기력 학습
개인의 통제력은 어떻게 무너지고 다시 회복하는가

마틴 셀리그만·크리스토퍼 피터슨·스티븐 마이어 지음 | 우문식·우정현 옮김

초판 1쇄 인쇄 2026년 3월 23일
초판 1쇄 발행 2026년 3월 26일

지은이 마틴 셀리그만·크리스토퍼 피터슨·스티븐 마이어
옮긴이 우문식·우정현
펴낸이 우문식
펴낸곳 물푸레
등록번호 제1072호
등록일자 1994년 11월 11일
주소 경기도 의왕시 위인로 15, 101동 1101호 전화 031-453-3211
팩스 031-458-0097
홈페이지 www.kppsi.com
이메일 ceo@kppsi.com
저작권자 ⓒ 2026, 우문식

값 38,500원
ISBN 978-89-8110-358-3 13180